Modeling and Control of Engines and Drivelines

汽车发动机与传动系统建模及控制

（瑞典） 拉尔斯·埃里克松（Lars Eriksson） 拉尔斯·尼尔森（Lars Nielsen） 著

郭建华 吴坚 王继新 主译

化学工业出版社

·北京·

Modeling and Control of Engines and Drivelines/by Lars Eriksson，Lars Nielsen.
ISBN 978-1-118-47999-5

北京市版权局著作权合同登记号：01-2014-7291

图书在版编目（CIP）数据

汽车发动机与传动系统建模及控制/（瑞典）拉尔斯·埃里克松（Lars Eriksson），（瑞典）拉尔斯·尼尔森（Lars Nielsen）著；郭建华，吴坚，王继新主译. —北京：化学工业出版社，2018. 3
书名原文：Modeling and Control of Engines and Drivelines
ISBN 978-7-122-31487-1

Ⅰ. ①汽… Ⅱ. ①拉…②拉…③郭…④吴…⑤王… Ⅲ. ①汽车-发动机-系统建模②汽车-传动系-系统建模 Ⅳ. ①U464

中国版本图书馆 CIP 数据核字（2018）第 024836 号

责任编辑：周 红 张燕文　　装帧设计：王晓宇
责任校对：王素芹

出版发行：化学工业出版社（北京市东城区青年湖南街 13 号 邮政编码 100011）
印 刷：大厂聚鑫印刷有限责任公司
装 订：三河市宇新装订厂
787mm×1092mm 1/16 印张 28 字数 677 千字 2018 年 6 月北京第 1 版第 1 次印刷

购书咨询：010-64518888（传真：010-64519680） 售后服务：010-64519661
网 址：http://www.cip.com.cn
凡购买本书，如有缺损质量问题，本社销售中心负责调换。

定 价：168.00 元

前言

FOREWORD

本书介绍了一套完整新颖的发动机及传动系统建模与控制方法。目前，发动机及传动系统部件的建模已经得到了深入研究，并开发出了适用于建立仿真模块或设计控制和诊断系统的较为有效的模型。其他著作是从力学和流体动力学的角度进行分析，而本书则从一个系统工程和控制系统开发的角度展开。这个角度是目前车辆整体性能设计的核心，同时我们与汽车企业进行了密切合作，使本书可以为工程师开发动力总成和分析动力控制系统提供良好的参考。

撰写本书有三个主要目标。第一，为教师和需要长期使用参考资料的工程师提供全面的零部件建模知识。因此，以下这些方面对于我们来说非常重要：在描述和处理不同系统时，首先提出在实际工程中系统的评价性能指标；然后解释其潜在的物理学原理，描述建模中的注意事项，并用试验数据验证所建模型的有效性。总之，就是要表明模型是如何对实际事物进行仿真并与工程相适应的。模型是不受时间影响的，但是本书第二个重要目标就是，它们是如何在现代的、重要的控制和诊断系统设计中被利用的。我们会利用研究的实例和案例来解释设计的控制系统如何实现需要的性能，以及解决这些复杂系统相互冲突的目标。当然，组件和系统需要整合起来开发，所以第三个重要的目标就是提供一种用于系统集成和评估的完整的解决方案。这就是本书中所描述的包含纵向运动的整车模型，并且该模型考虑了在驾驶循环和模拟仿真中用于尾气排放与燃油消耗分析的实际需求。

我们的目标读者既包括正在学习本领域的学生，也包含需要学习本领域的工程师。从1998年开始，林雪平大学（Linköping University）已将本书作为电气工程和机械工程专业硕士生的教材。它也用于国内外的课程中，甚至为企业设计了专门的课程。例如，它已被用在国立的“瑞典绿色汽车计划”课程中。在国际上，法国的法国石油研究院（IFP）、西班牙的瓦伦西亚理工大学（UPV）以及中国的天津大学动力总成工程计划也是本书应用的实例。除了这些读者，本书还面向在车企从事开发和整合组件的工程师，为他们提供一个参考。有效的模型是零部件供应商、系统制造商和汽车制造商的工程师们之间交流的重要手段。

本书是专为硕士生或已毕业的学生而写。阅读本书应具有一般工程课程的学习基础，主修过像数学、机械工程、物理学和自动控制或信号和系统等相关课程。读者具有一定热力学知识背景对阅读本书有一定的帮助，但并不绝对要求。对于喜欢使用本书作为教学或学习材料的人，本书编排的1.3章节会给出学科的总览。在教学工作中，很自然地需要将试验工作和计算机的实例演练相结合来完成数据采集的工作，然后通过建模来进行控制系统设计和验证。本书可作为问题研讨会的补充资料，而对于教师、学生，或者想练习该方面知识的人，可以在主页上搜索更多可用的材料（wiley.com/go/powertrain 和 www.fs.isy.liu.se/Software）。例如，可以下载图8.27的完整发动机模型（LiU柴油机）。由于Matlab/Simulink在汽车工业中占据着主导地位，在书中我们还准备了许多利用该软件完成的例子和图。本书的重点在于工具的独立性，可以使读者在任何恰当的软件或建模环境下运行模型的测量数据和方程式。

鸣谢

出于对汽车建模和控制领域的兴趣和热情，我们完成了这本书，同时也少不了其他同仁的倾情奉献。编写本书的材料来源于“车辆系统研究团队（Vehicular Systems group）”在发动机和传动系统控制领域的研究成果，很大程度上，它已经运用到了与车企紧密的合作中。从1994年我们的发动机实验室就开始着手这项工作，第一次课程是在1998年。后来发展为与大学内外许多企业合作的模式，因此许多人都做出过贡献，在这里就不一一列举了。

我们大学的团队已经努力为我们的学生开展高度关联且高质量的课程，团队的许多博士也参与了对课程范围及学习方法的讨论。因此，本书也是我们同团队的博士共同研究和讨论的成果，所有我们以前和现在的博士的贡献都得到了高度认可。

最后我们想感谢的是那些对终稿校对做出贡献的人士：Daniel Eriksson，Erik Frisk，Erik Höckerdal（斯科讷），Mattias Krysander，Anders Larsson（斯科讷），Patrick Letenturier（英飞凌公司），Oskar Leufvén，Tobias Lindell，Andreas Myklebust，Vaheed Nezhadali，Peter Nyberg，Andreas Thomasson，Frank Willems（TU/e和TNO汽车）及Per Öberg。

Linköping，2013夏

Lars Eriksson

Lars Nielsen

系列前言

FOREWORD

发动机作为汽车的心脏，能够将储存的能量转化为机械能。动力传动系统的任务是将动力转变为运动。发动机和传动系统组成的动力总成是汽车的典型的主要组成部分。几乎可以肯定，当一位消费者计划购买一辆高性能汽车时，发动机和传动系统规格是主要考虑的因素。在过去的时间里，由于技术创新，发动机和动力传动系统性能显著提高。而且，消费市场和一系列世界范围内的法规对车辆性能提出了更高的要求，这些要求包括更高的燃油效率和更低的排放。因此，需要充分理解发动机、动力传动系统以及它们不同种类的构型，例如火花塞点火、柴油机、电混合和涡轮增压，这些在汽车领域都是很关键的技术。这些技术不仅应用于汽车 OEMs（原始装备制造商），也应用于网络零部件供应商，它们生产和测试用于汽车系统的各种部件。

随着发动机和传动系统技术的飞速发展，发动机和传动系统建模与控制提出了关于发动机和动力传动系统发展均衡性的讨论，包括驱动、发动机基本部件、建模与控制、驱动系统性能与诊断等几个方面。《汽车发动机与传动系统建模及控制》作为发动机和动力传动系统领域高级工程课程的一部分，也是汽车系列丛书（其主要是出版针对研究者、行业从业者和车辆工程专业本科生与研究生的实用且专业的图书）的一部分。该系列图书介绍了车辆工程领域出现的新技术，能够使汽车更高效、更安全、更环保。《汽车发动机与传动系统建模及控制》讨论了许多主题，包括设计、制造和操作，旨在提供相关信息来源，使汽车工程领域的人受益。

发动机和动力传动系统建模与控制提供了一个详细的有关发动机和传动系统设计、分析和控制的框架，也包含大量对从业工程师有帮助的实用概念，因此本书是基本概念和实际应用的完美结合。本书的优点是结合大量基本概念和应用实例，使读者更透彻地理解发动机和动力传动系统的设计与操作。本书不仅体现了技术深度和宽度，也深入介绍了相关的技术法规，这些法规使发动机系统的技术不断进步（例如排放标准）。这使本书可以作为本领域的全面参考。本书清晰而简洁，由本领域受认可的专家编写，为读者提供了基础与实用兼备的信息，是对汽车系列的补充。

Thomas Kurfess

2013 年 12 月

目录
CONTENTS

第1部分　车辆-驱动的基本原理

第 2 部分 发动机的工作原理

第3部分 发动机的建模和控制

第 4 部分 传动系统的建模和控制

第 5 部分 诊断和可靠性

A 热力学数据和传热公式

第1部分

车辆-驱动的基本原理

目 录

1 引言

在当今的社会，用户的需要和需求以及汽车制造商间的激烈竞争已经深深地影响了汽车产业的发展。汽车已经从20世纪初期一种基本的机械系统进化成为现今高度工程化和数字化的机器。计算机控制系统的引入使汽车更加清洁、高效以及可靠。本书特别关注以下两个方面的发展趋势：

- 车辆控制系统计算能力提高；
- 新的机械设计方法使车辆组件更为灵活，且更容易控制。

这两个发展趋势相互交织在一起，因为新型机械系统的发展依赖于更先进的控制器，这些控制器能够控制且能优化使用这些新系统。最终，车辆的设计就演变为机械和控制的协同设计。采用这种方式提升设计的工作量是巨大的，但主要是为了实现以下目标：

- 高效，可降低燃油消耗；
- 低排放，可减少对环境的影响；
- 良好的操控性，对驾驶员的指令提供可预测的响应；
- 最佳的可靠性，提供可预测性、可靠性和可用性。

本书写作的目的是使读者了解这些新的发展情况，并且深入探讨传动系统的基本物理特性与控制设计潜能之间的相互影响。虽然目标确定了，但本书不可能完全覆盖这个广泛的领域，只能有代表性地论述。例如，两行程发动机就不包括在内，因为通常四行程发动机便可以阐释普遍原理，且要充分论述还需要相当长的篇幅。

控制系统已经为现代汽车能够满足低排放和低油耗的目标发挥出了重要作用。为了实现这样的目标，建模、仿真以及分析已经成为汽车工业发展车辆控制系统的标准工具。因此，本书的目的是介绍内燃机和传动系统的基本原理，使读者能够理解现今的车辆控制系统。本书提供的模型和工具也能对未来动力系统的发展提供一定的帮助。本书介绍了发动机及传动系统的建模、分析以及控制方法。同时还建立一系列的标准模型，为本领域的工程师提供参考。

1.1 发展趋势

很大程度上说，当今社会是建立在人和货物运输之上的，完善的基础设施令人称奇。

大量的食物和其他产品被制造出来，垃圾被运走，大部分人都能通过个人或者公共交通上下班。众所周知，交通运输对社会来说是基本需求，但它给资源和环境所带来的影响越来越令人担忧。考虑到发展中国家的需求日益增加，这种担忧更为明显。为了满足这些需求，还需要更多的努力使汽车的运行尽可能地高效、清洁。目前汽车的主要发展趋势有：

- 小型化；
- 混动化；
- 驾驶辅助系统；
- 新型基础设施。

这些将在下面做简要介绍，而在此之前我们先来了解一下政府在保护我们的资源和环境方面所做的努力。

1.1.1 能源与环境

出于对环境的担忧，政府已经出台了许多不同的标准和法规。烃类燃料的完全燃烧将会生成 CO_2 和水，而不充分燃烧将会产生额外的污染物。这意味着 CO_2 的释放量可以直接用来测量汽车的燃油消耗量，因此制定了基于 CO_2 的排放标准以限制化石燃料的过度使用。世界现有的各种标准如图 1.1 所示，由图可以看出社会正在推进节能车辆的发展。不同地区的标准和控制举措是互不相同的，例如美国的制造商使用企业平均燃油消耗量标准（CAFE），而欧洲发布了一份 CO_2 公告用于对车辆征税。

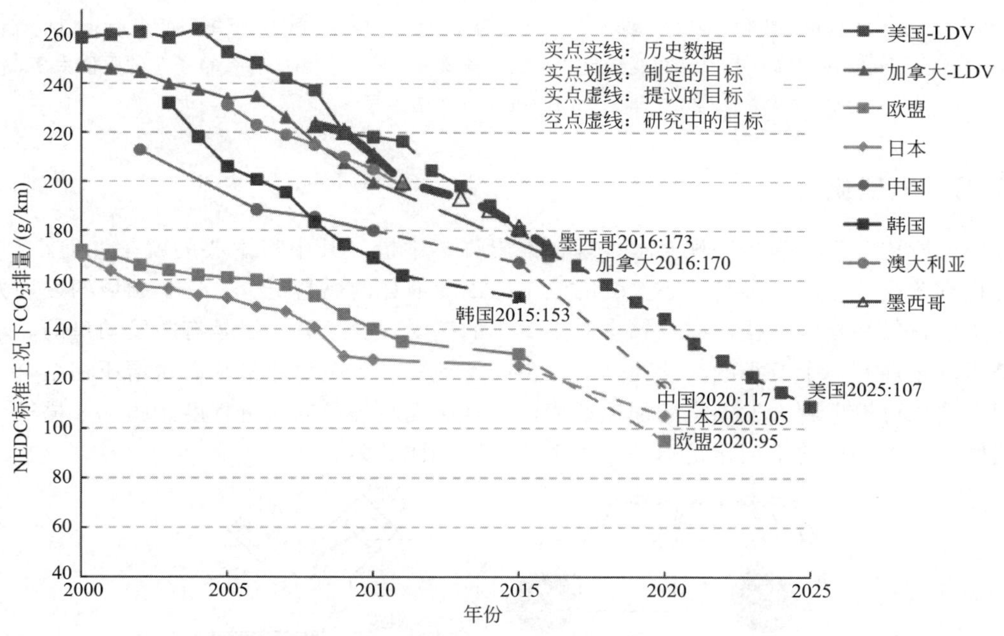

图 1.1 全球 CO_2 排放的历史数据和未来标准（经国际清洁交通委员会同意转载）

注：1. 中国制定的目标仅反映汽油车的情况。如果考虑新能源汽车，目标值可能会略有降低。

2. 美国、加拿大和墨西哥的轻型车包含轻型商用车。

还有一种法规用于限制重要有害污染物的排放。例如颗粒物（即烟）和一氧化碳（CO）、氮氧化物（NO 和 NO_2，合称 NO_x）、碳氢化合物（HC）这类气体。立法者已经使汽车的排放水平日益严格，图 1.2 展示了美国乘用车法规的演变过程。

像图 1.1 和图 1.2 中的法规已经并将继续推动汽车向更好的方向发展，这对汽车领域内的技术发展有着决定性的影响。

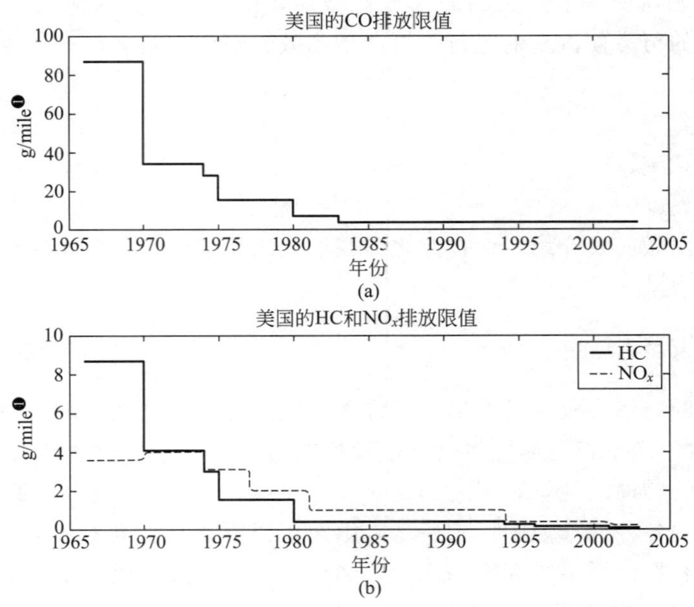

图 1.2 美国乘用车的一氧化碳（CO）、氮氧化物（NO_x）和碳氢化合物（HC）的联邦排放法规发展历程［在 2004 产品年，实施了 Tier2 标准，标准设置了 10 个“箱子”（10 个等级的限值），制造商将它们的车辆放在“箱子”中，并要满足“车队均值排放”法规。由于各“箱子”的限值太多，2004 年之后的数据没有在图中显示］

1.1.2 小型化

如上所述，为了满足法规要求，现在推出许多举措，其中最主要的就是如何小型化。小型化有两层意思。一层是更小更轻的汽车，以使消耗的燃料更少。这个领域的发展方向包含了新材料和新的结构，以及顾客对小型车的接受程度。另一层是有关发动机的，小型化是指汽车拥有一个更小的、消耗燃料更少的发动机。小型化经常与涡轮增压相结合，较小的发动机可以达到大发动机的加速性能，并且能提高客户的认可程度。图 1.3 描述了这两层概念。发动机的小型化是本书一个重要内容，详见第 8 章。

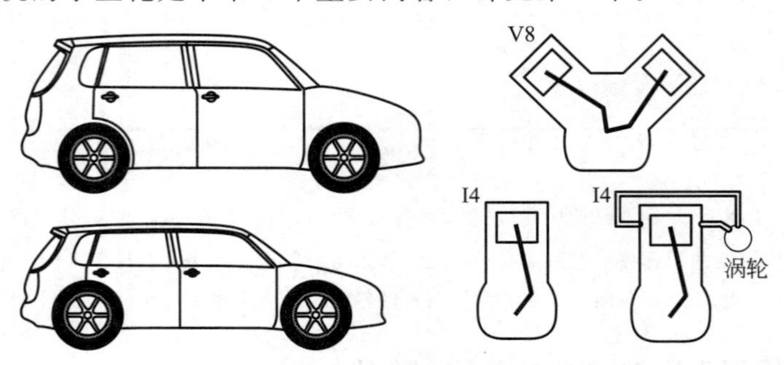

图 1.3 小型化汽车和发动机以提高燃油效率

❶ 1mile＝1.609km（编者注）。

1.1.3 混动化

小型化是减少燃油消耗和降低排放的途径之一。另一条途径是混动化，即车辆中附加一套能量存储和回收装置。存储和回收能量现在有若干种方式，有的将能量存储到飞轮的转动能量中，有的存储到气泵的压力中，或是液压系统的压力中。然而就目前而言，电气化是发展的主线，能量以电能形式被存储到电池中或超级电容器中，并通过电机转化为动能。相比传统车辆，混合动力汽车更加复杂，因为很多部件需要通过协调运作来实现混合度的最大化，这部分将在第3章展开叙述。该章的主题或需要解决的核心问题是如何采用转矩和车速作为主要控制变量进行建模与控制，这意味着本书的模型和方法可以直接应用于混合动力系统的仿真和分析。

1.1.4 驾驶辅助系统和优化驾驶

油耗和排放主要取决于汽车的驾驶方法。相较于不考虑节油的驾驶，优化驾驶可以明显地节省燃油。因此，在车辆驱动时能够帮助甚至取代驾驶员的控制系统便有了很大的研究价值。

驾驶辅助系统能够为驾驶员提供车速和挡位选择的提示，也能够对驾驶员进行评估和指导。有些系统可以基于道路的地形，即利用下一段道路的坡度信息规划出最佳的燃油使用方式，如图1.4所示。这种系统的工作原理是利用GPS定位车辆，应用地图数据库读取未来路面坡度，并利用车载优化算法控制车辆的驱动。这些系统的名称有许多种，如最优驾驶、预测控制和主动预测巡航控制。其中，主动预测巡航控制是传统巡航控制系统的一种延伸。

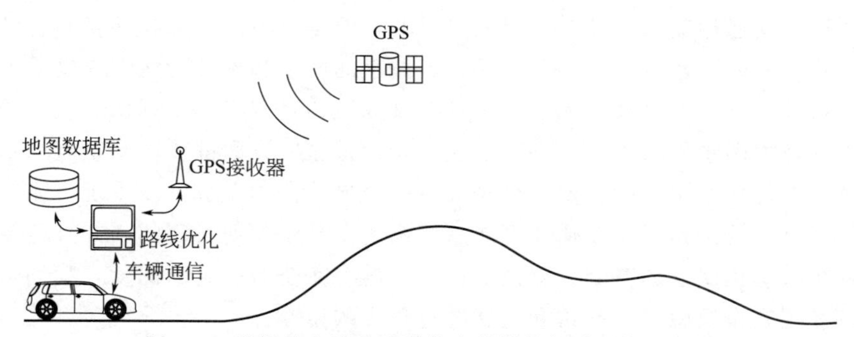

图1.4 根据前方道路地形信息的最优驾驶系统示意图

新型的基础设施

随着全球定位系统和地图数据库技术的发展，基于地形的优化驾驶成为现实。当然，如果能够依据所有的驾驶环境，如交通状况、其他车辆信息、天气信息，对汽车的行驶实现优化也是非常有益的。为了获取这些潜在的好处，人们积极发展了车间通信系统、路边信息系统、交通系统以及能够发布天气和交通状况的在线远程服务系统。图1.5对这些系统的工作原理进行了展示。一些缩写词的应用如车对车即V2V，车对路即V2R，V2X代表对车辆任何其他连接的统称。

除了这些基础设施，车辆自身还有许多传感器。这些传感器即包括内部传感器，如侦测动力系统和车辆运动状态的传感器，也包括外部传感器，像雷达和摄像头等。未来的发展目标是每一辆私家车都可以得到详细的位置信息并且能够进行路线规划，在工程中的任

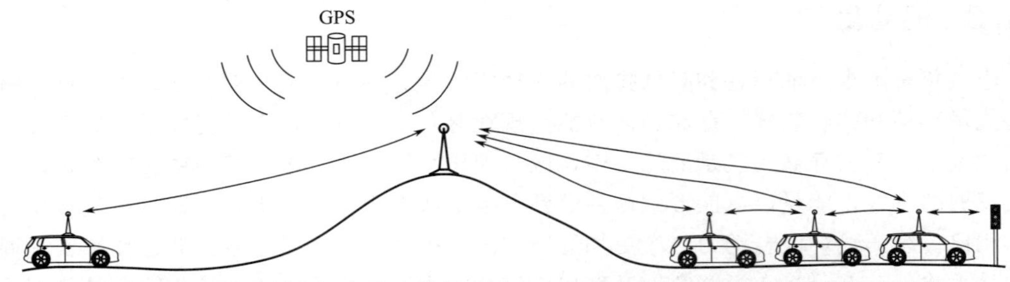

图 1.5 车辆从其他车辆、路边信息系统、GPS和天气信息系统中获取信息的过程

务将是用最佳的方式实现这些潜在的功能。除了使驾驶最优外，图 1.5 还描述了另一种好处，即得到其他车辆的信息、基础设施提供的道路信息、实时天气以及交通状况，也能够提高安全性。

驱动和传动系统集成控制

图 1.5 所示情况也可能会实现新的功能。举个例子，在不久的将来，汽车将会编队行驶，通过相互靠近行驶来减少空气阻力，见 2.2.3，同时更多的自动控制功能也将随之而来。

最终，上文所述的所有功能将会成为基于传动系统实际状态实现的集成动力总成控制的一部分，可以使系统在每一时刻的工作都能达到最优。

1.1.5 工程中的挑战

综上所述，交通运输对于社会是至关重要的，但是有限的资源和环境问题已经迫使我们需要去寻找未来的交通方案。幸运的是，新技术的产生和发展为我们提供了更多新的可能。所以，目前在许多方面都形成了许多具有挑战性的且有实际工程意义的任务。

这些工程技术图景无法用一本书完整表达，但是这些方面都可以归结成一个问题——汽车动力系统的优化。本书的主要内容是提供一个描述传动系统（该系统将能量转换成运动）的工程工具。目标是不仅要描述现在这些系统工具是如何实现的，并且还要为未来要实现的工程挑战提供坚实的基础。要做到这些，内容需要有一定的深度，我们希望从未来的挑战中感受到兴奋及感受在探索和发展的过程中的乐趣。

1.2 汽车的动力系统

如 1.1 节中所述，在解决未来交通运输问题的过程中会有很多挑战，为了应对这些挑战，本书着重讲述的根本问题是如何高效地将能量转化为运动而不产生诸如污染之类的副作用。该转化由动力系统完成，该系统是由能产生能量并可以将之传递到路面的部件组成。动力系统如图 1.6、图 3.1、图 3.5 和图 13.1 所示，包括发动机、电机、电池、变速器（或变速箱）、传动轴、差速器和车轮。不难看出动力系统本身十分复杂，如同 1.1 节中描述的那样，道路信息或与其他车辆的联系增加了系统的复杂性。对这种复杂性进行优化处理是建模和控制的目的所在，这会在后面章节的研究背景和目的中进行叙述。此外，1.3 节将给出本书一个更加详细的提纲。

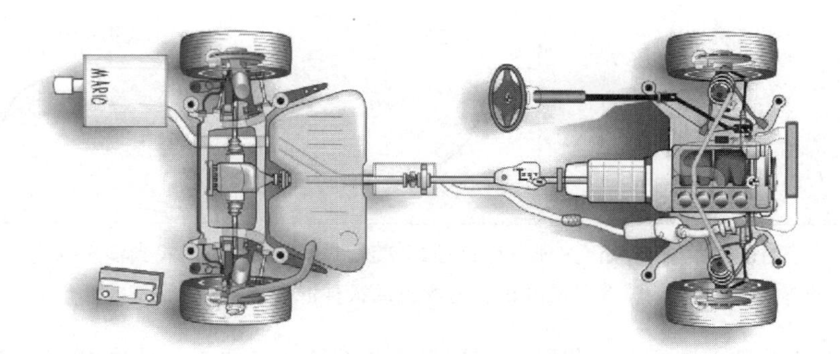

图 1.6 BMW 520D 示意图［旅行车，自动挡，-08，包括传动系统。该动力系统包括发动机、变速器（变速箱）、传动轴、带有主减速器的差速器、驱动轴、车轮。其他的部件有油箱、排气系统、转向轮、悬架系统。此转载已经获得 Mario Slutskij 许可］

1.2.1 动力系统最优操纵控制

动力系统与其部件及其外部的相互作用需要进行协调，并能够在单一且可以满足一系列复杂要求的操纵单元中实现。因此，对动力系统进行控制是顺理成章的事，至少在以下几个方面中令其潜能和优势得以体现：

- 满足法规要求；
- 实现性能；
- 处理复杂性；
- 实现新技术。

从上面的分析中可知，控制是前三个领域的关键技术。至于第四项，需要注意的是我们需要问我们自己这样一个问题，为什么那么多的先进技术，例如像增压、涡轮增压、可变气门正时、可变压缩比发动机、缸内直喷，应用在新的汽车产品中。但实际上这些技术没有一个是新的，即使它们有时看起来很新，但是创新之处仅是它们现在可以通过适当的控制来实现产品中的那些具有竞争力的功能和性能。现在以一个众所周知的例子来说明这一观点。

一个说明性的例子——三元催化器

三元催化器实现了对汽油机减排的突破，这是一个重要的历史里程碑。成功应用的关键一步是引进并整合了持续监测空气燃油混合系统以及修改燃油喷射量的控制系统。催化器必须对空气和燃油进行非常精确的混合来实现最佳工作，这只能通过控制系统来实现。通过适当的控制，三元催化器目前可以去除超过 98%的排放物。该控制问题将在本书发动机相关章节进行更为详细的叙述。而最重要的一点是本例子能够清楚地解释控制系统如何已经成为清洁和高效汽车发展中的重要组成部分。

另一个说明性的例子——混合动力汽车能量管理

再举一个例子来说明控制的重要性。电动机和内燃机的转矩有着不同的特性，如图 1.7 所示。合理地控制可以结合它们各自的优点。

高质量模型的需求

目前对传动系统控制期望已变得很高，对能源利用和环境保护问题的担忧将促使技术朝着最优动力系统控制的方向发展。社会推动力是巨大的，这促使人们要努力找到真正精良的

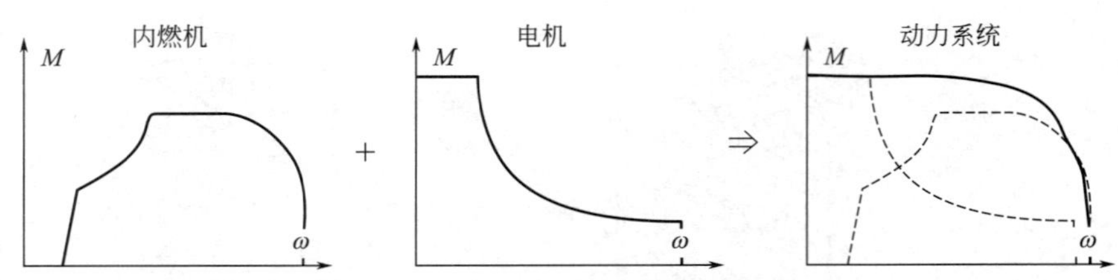

图 1.7　混合动力汽车能量管理原理实例（本例子是为了找到混合动力汽车中电机和内燃机的最佳混合方式）

设计。为了能够处理那些不断变得更好和更复杂的系统，需要更高层次的物理知识，但是这些物理知识也需要通过高效的方式进行分析和设计。要实现这个目的，必须使用模型。

1.2.2　动力系统建模和模型的重要性

本书涵盖建模、控制以及动力系统的诊断，主要焦点在于模型和基于模型的建模方法。特别是建模和模型上的描述较多，建模和模型在基于模型的控制中的应用已经显而易见，并且本书侧重建模和模型还有其他两个原因。

虚拟传感器

第一个原因，如果将动力系统看作能够产生动力并将其传递到路面的一系列部件的集合，此时转矩就是控制的基础。即转矩是一个关键变量，但也应注意的是目前已经产品化的动力系统中转矩是无法直接测量的。因此，为了能够控制该系统，使用模型是必要的，它能够计算（或估计）动力系统中不同位置的转矩，特别是发动机产生的转矩。一般来说，在大批量汽车生产中一个重要的问题是传感器需要成本，但是减少整个系统和每一个部件的成本是最重要的。额外的传感器不应被随意安装，除非它传递的是该控制系统必需的输入信号，也就是说，它必须物有所值。因此，模型便有了很高的使用价值，可代替传感器来确定系统中的各种变量。

知识的系统化构建

其次，模型提供了一个基础，也可用于未来系统的开发，可以说模型在某种意义上构建了控制系统设计的科学依据。控制器和控制架构将在未来发生变化，因为它们都依赖于科技的发展，例如传感器和执行器。举个例子，一个特定的控制工程问题和控制器的设计很大程度上依赖于用了什么传感器和执行器，如果新的更好的选择有效且具有竞争力，那么控制器结构和设计也将从根本上改变。然而，能量转换系统的物理性质不会有本质上的改变，例如它们依然遵循牛顿和热力学定律。因此，今后这些系统的模型也将为系统性能分析和未来控制设计提供基础。

1.2.3　模型知识的可持续性

在 20 世纪 70～80 年代，由于微处理器的推出，建模中的主要内容已经得到了发展。本书介绍的许多模型已经得到充分的试验验证，并在许多现有设计中证明了其实用性。因此，我们相信这些模型会成为未来几年分析和设计的基础，虽然可能会出现新的组合形式，但仍会包括相同的模型部件。

以上内容大致说明了模型是未来技术发展的基础，同时分析和理解现有系统和控制器也很重要。这是因为它们可以给出现有系统设计和构建的实例，这些实例是关于如何将动力需求转化为控制问题以及如何去解决它们的。另外，模型展现了现代车辆中热力学、机械学和控制之间的相互作用，这是一个令人关注且热门的研究领域。

1.3 本书结构

本书核心主题是动力系统的建模和控制、动力系统的部件和这些部件之间的相互作用。建立各系统模型和进行模型整合是成功进行车辆传动系统工程设计的关键问题。同时应强调的是，在整个车辆生命周期内，系统应可以进行维护和诊断，这也是控制系统发展中非常重要的工程目标。

全文分为五个部分：车辆和动力系统、发动机基础、发动机建模和控制、传动系统和故障诊断。在介绍这些主题时，首先给出了各系统在实际工程中性能指标，然后介绍如何用模型来近似实际部件的特性。例如，一个实际的汽油 Otto 发动机，气缸的工作循环并不严格跟随理想的 Otto 循环，但是 Otto 循环却对发动机特性及属性的理解提供了帮助。每一部分的主要内容如下所示。

车辆的驱动原理

本书第 1 部分概述了车辆和动力系统，列出了剩余章节的框架。车辆的性能，涉及车辆的加速、制动和滑行运动，主要指的是车辆对轮胎-路面接触应力的反应。第 2 章对上述问题通过给出模型的方式给以充分介绍，因此工程师们可以在一个完整的车辆背景中学习发动机、电机和传动系统的建模。在 1.1 节中，提出了对高性能汽车的展望，第 2 章通过介绍法规和消费者需求对这些期望进行了具体量化。鉴于第 2 章是从车辆外部着手，接下来的第 3 章则通过进入汽车内部来初步提出一些可能的解决方案。至此，对动力系统控制的架构进行了初步的讨论。

发动机的基础

相对于车辆整体的性能、局限性和排放性，第 2 部分总结了发动机的重要性能和基本工作原理。第 4 章介绍了用来表征发动机运行工况和性能的结构及特性参数。其中许多组件或参数将出现在后面章节中的模型里。第 5 章介绍了四行程发动机工作的基本原理和热力学模型。第一部分致力于简化热力学过程，推导能够反映发动机内部工作过程的方程，并用于建立模型。最后，5.4 节建立了更多具体的模型，这些模型经常用于评估不同设计或控制方法的效果以及对发动机工作点进行优化。第 6 章介绍了点燃式（汽油）发动机和压燃式（柴油）发动机的工作循环以及它们的特性。另外，对发动机排放及其处理进行了总结，并对就排放而言的发动机控制目标进行了背景介绍。

发动机建模和控制

第 5 章和第 6 章的前面部分介绍了气缸中排放污染物的产生过程，包括在一个工作循环下变量是如何变化的，这些量以 1°曲轴转角为单位。第 3 部分中讲述建模与控制的章节将发动机缸体及气缸看作一个系统进行研究，并且搭建了组件和系统模型，而且其拥有更长的时间常数。

第 7 章的主要内容是建立了发动机平均值模型并且建立了发动机不同组成部件的模型。这些模型的时间尺度是按照一个到几个发动机循环的顺序，所考虑的变量是一个或几个循环的平均值（即量值是一个以上循环的平均值，因此称为发动机平均值模型）。这些模型描述了对控制系统设计有直接影响的过程和信号。发动机另一个发展趋势是小型化和增压，这部分内容在第 8 章讲述，即涡轮增压技术基础及其模型，该章讲述了涡轮增压和其他增压技术的基本原理、涡轮增压系统建模以及分别介绍了汽油机和柴油机的完整涡轮增压模型。

发动机管理系统中的一般组成和功能在第 9 章进行了归纳。在第 10 章同时介绍了上层控制器如转矩、供给系统（空气和燃油）和点火系统控制器，以及下层伺服控制器如油门、废气气门以及燃油喷射控制器等。

压燃式（CI）发动机在第 11 章中讲述，柴油发动机的基本控制包括上层控制器如转矩和空气流动控制器，以及下层控制器如燃油喷射控制器。最后，第 12 章描述了一些先进的发动机技术，例如可变气门正时、可变压缩比发动机和先进反馈控制。这些先进技术的主要特点是它们都依赖于控制系统来达到最佳的性能潜力。

传动系统建模和控制

传动系统（包括离合器、变速箱、传动轴和车轮）的主要功能是将原动机（内燃机和电机）的功率传递到车轮并驱动车辆前进，因此传动系统是车辆的基本组成部分之一。由于传动系统零件具有弹性，所以可能会出现机械共振。共振处理是实现传动系统功能和汽车驾驶性能的基础，另外减少机械应力和噪声也是非常重要的。第 13 章定义了相关的名词术语以及传动系统控制的研究领域，该领域是动力系统控制的一部分。作为后续章节的铺垫，本章解释了由于不适当的传动系统控制导致的车辆故障的原因。提出了明确的控制任务并简要讨论了传感器和执行器。第 14 章对传动系统及其部件进行建模，描述了发动机到车轮的传递路线以及弹性如何引起振动的问题，例如传动轴的弹性。在描述车轮上的力和转矩时，会与第 2 章相联系，即对行驶阻力进行充分说明。该章应用系统的建模方法，开发了一系列用于分析不同控制问题的传动系统模型。

在第 15 章中，传动系统控制问题得到处理，除了对一般控制方程的讨论外，还对速度控制和转矩控制两个主要问题进行了特别论述。再加上第 3 章（动力系统）中基于转矩的动力系统控制，这两部分都是传动系统控制参与到短时转矩传递的例子。用于阐述速度控制和转矩控制的两个应用范例分别是变速箱换挡的反冲击控制和传动系统转矩控制。第一个应用对解决轮速波动问题至关重要，这种轮速的波动主要来自于加速踏板位置的变化或牵引拖车的冲击。第二个应用用于自动换挡控制。

诊断和可靠性

车辆控制系统的计算能力也强烈影响着另一个研究领域——诊断和可靠性。起初研究这个领域的动力来自于法规要求——对（发动机的）每个组件和功能进行诊断监控，因为当（发动机）出现故障时，排放可能会增加 50%以上，这个法规需求来自于著名的车载诊断系统（OBD），由加州空气资源委员会（CARB）提出。基本上说来，通过对变量或行为的监测，我们就可以判断出可预期或正常的情况。诊断任务是通过观测和认知来得出一个故障结论，用于确定是否存在故障并识别故障。当开发出一种找出故障和错误的方法时，就会出现很多新的工程应用。第 16 章简要介绍了基本诊断技术及其现在广泛采用的工程应用，同样的技术也被广泛用于安全、机械防护、可用性、寿命、可靠性、功能安全性、健康监测以及维护中。例如，顾客价值通过可靠性得到了提升，或者通过维护降低了用车成本。本书给出了基于诊断模型的具体例子，介绍了这些模型如何开发并应用到诊断和可靠性中。这些例子包括重要的车辆工程应用实例。章节最后给出了 OBDⅡ的概述。

2

车辆

当研究车辆驱动问题时，必须将车辆作为整体并考虑其使用状况。所以，当在为车辆传动系统和发动机建模及控制建立深入且明确的工具时，我们需要考虑车辆受到的外力、驾驶员行为以及道路状况。而且，需要对整车性能提出许多要求，例如：

- 燃油消耗和其他排放物；
- 性能指标，如加速性能；
- 驾驶感觉；
- 故障诊断。

一辆汽车必须符合一系列复杂的要求，并且良好设计可以使它们之间达到一个很好的平衡。如此复杂的一个原因来源于需求，这些需求可能是：

- 客户经济，包括购买、经营和保养；
- 法规，如排放法规；
- 社会因素，如减少环境污染的需求；
- 良好的动力性，对驾驶员指令做出可预见的响应。

对于整车性能的要求需要通过外部方法进行典型评价，这些评价包括燃油消耗、尾气排放、加速性能等。

本章的主要内容是车辆的纵向动力学和性能评价指标。2.1 节至 2.3 节探讨了车辆纵向动力学的基本方程，并推导出了一系列可用的模型。2.4 节补充了驾驶员和道路模型，使整车仿真成为可能（2.5 节）。剩余章节讨论了车辆的性能指标及需求。2.6 节探讨了车辆的性能指标，2.7 节探讨了车辆的燃油消耗，2.8 节探讨了车辆的排放。最后，介绍了车辆行驶工况。

2.1 车辆纵向动力学

总体来说，车辆纵向动力学是研究力之间的平衡。利用牛顿第二定律来分析车辆的外力，而不考虑其内力，即不研究车辆的内在驱动力是怎样产生的。

驱动力的产生和性质将是下一章的主题。除了驱动力，车辆行驶时受到另外两个主要

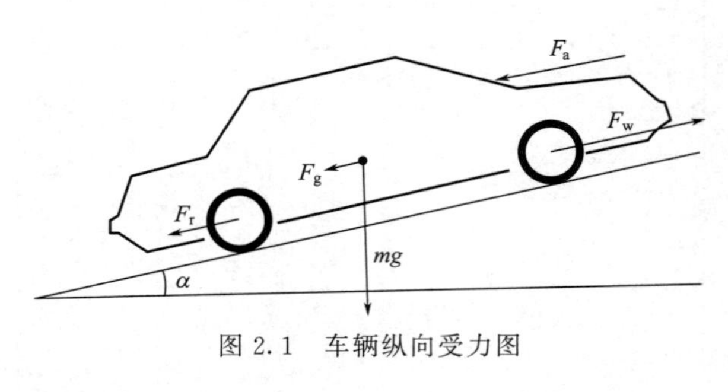

图 2.1　车辆纵向受力图

的力分别是行驶阻力和制动力。行驶阻力表示车辆上受到的外力的总和。制动力表示车辆内部制动力的合力，一般不来自于发动机和传动系统，也就是说，通常指制动系统所产生的制动力，但不包括发动机的反拖力矩或传动系统的阻力。根据上述给出的定义，当研究驱动和动力总成特性时，经常可以省略。图 2.1 中画出了车辆（质量为 m，车速为 v）的纵向受力图，在图中，行驶阻力由三部分组成，即空气阻力、滚动阻力和坡度阻力。

在纵向上，由牛顿第二定律得：

$$m\dot{v}=F_w-F_{DR}-F_b \tag{2.1}$$

式(2.1) 中，驱动力是由车轮和路面之间相互作用产生的。将行驶阻力分解为空气阻力、滚动阻力和坡度阻力，省略制动力，从式(2.1) 中得到车辆驱动时的基本方程：

$$m\dot{v}=F_w-F_a-F_r-F_g \tag{2.2}$$

2.2 行驶阻力

行驶阻力 F_{DR} 包括许多方面，最重要的是空气阻力、滚动阻力和坡度阻力。这些主要阻力相对大小取决于很多因素，例如空气阻力主要受到车速和由车重引起的重力影响。为了考察这些变化，我们来看一个例子。图 2.2 所示为一辆 40t 的卡车在典型路面上行驶时发动机能量的流向，该图可能由于车辆和驾驶情况的不同而有差异，但仍然可以得到以下主要结论，由于空气阻力、滚动阻力和坡度阻力所产生的能量损失是非常巨大的，比传动系统所产生的能量损失大很多。并且，应该更进一步指出在下坡制动过程中，车辆会损失重力势能。最理想情况是所有重力势能均可以回收且不会造成车辆重力势能的损失。我们可以利用混合动力技术来至少回收一部分重力势能，在 1.1.3 中有所介绍。空气阻力、滚动阻力和坡度阻力将在下一小节进行论述，并在 2.3 节中涉及相关模型。作为图 2.2 的补充，图 2.13 具体绘制了各阻力的变化曲线。

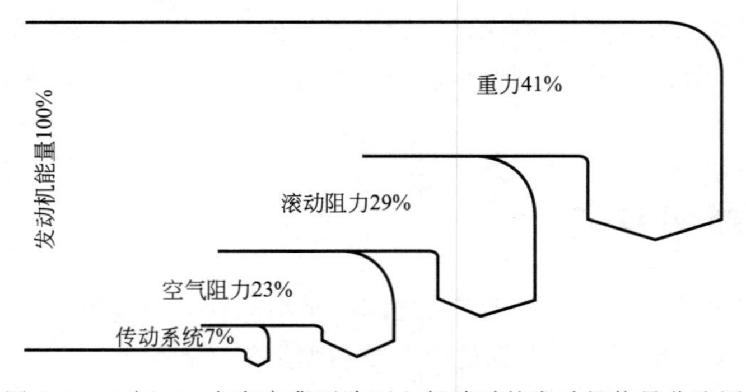

图 2.2　一辆 40t 卡车在典型路面上行驶时的发动机能量分流图

2.2.1 空气阻力

在物理学上，空气阻力可以近似表示为：

$$F_a = \frac{1}{2} c_w A_a \rho_a (v - v_{amb})^2 \tag{2.3}$$

式中，F_a 为空气阻力；c_w 为空气阻力系数；A_a 为车辆的迎风面积；ρ_a 为空气密度；$v - v_{amb}$ 为相对于车辆的风速，表示车辆相对于地面的速度 v 与风相对于地面的速度 v_{amb} 之差。相对于车辆的风速方向可能与车辆行驶方向相反或者相同，为了体现出风速的方向，在式(2.3) 中可以乘以 sign $(v - v_{amb})$。一般现代汽车的 $c_w \approx 0.3$，$A_a \approx 2.2\text{m}^2$，不同车辆的数据见表 2.1。

表 2.1 不同车辆空气阻力相关参数

车型	XC90 多用途车	S80 大型轿车	V70 旅行车	S60 中型轿车	S40 小型轿车	C30 小型跑车
C_w	0.36	0.29	0.31	0.28	0.31	0.28
A_a/m^2	2.75	2.34	2.23	2.27	2.20	2.18
$C_w A_a/\text{m}^2$	0.99	0.679	0.691	0.636	0.682	0.610
质量/kg	2138	2186	1760	1544	1249	1349

注：来源于 Volvo 汽车网站。

为了使表达式更简单，引入 C_w 作为总有效空气阻力系数。根据式(2.3) 知 $C_w = \frac{1}{2} c_w A_a \rho_a$。若风速为零，即 $v_{amb} = 0$，则空气阻力为：

$$F_a = C_w v^2 \tag{2.4}$$

阻力来源

图 2.3 中描绘了影响空气阻力的主要因素以及它们大概所占的相对比例。车身底部约占 30%，车轮和驾驶室约占 25%，车身形状约占 45%。

图 2.3 空气阻力的主要影响因素

对于一款具体车型，空气阻力系数 [式(2.3)] 可由试验测得。然而，其他的一些情况可能会影响空气阻力的大小，如车窗是否关闭等。

2.2.2 冷却系统阻力和可调进气格栅

现代汽车可以装备可调空气格栅，这样可以控制冷却气流的流向。这也是影响空气阻力的一个需要关注的因素。这样做的目的是为了提升发动机的热管理水平。但从空气阻力的角度得出的结论是空气阻力的变化取决于格栅开度的大小，如图 2.4 所示。

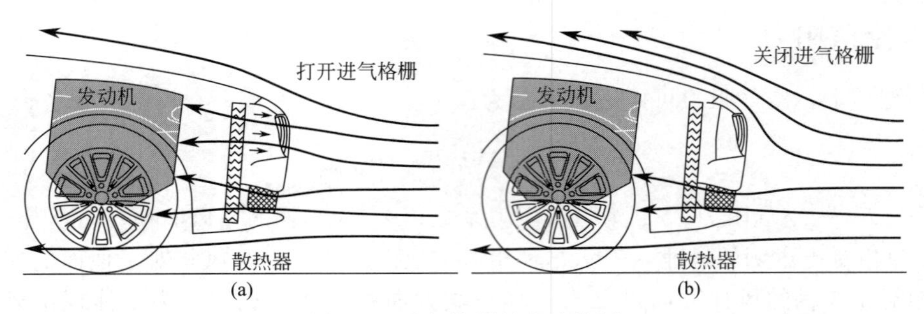

图 2.4　进气格栅的主动控制

总有效空气阻力系数会受到上述因素的影响，考虑上述因素，式(2.4) 可以写为：

$$F_a = C_w(u_a)v^2 \tag{2.5}$$

式中，u_a 为进气格栅的控制变量。根据目前的数据显示空气阻力变化约 20%。也有考虑在驾驶室内使用阀来进一步控制冷却气流和进行热管理。式(2.5) 也涵盖了这种情形。

回顾到 1.1.4，我们知道，最佳热管理方式是一种最优前瞻控制，即根据地形和环境，控制进气格栅的开度。

2.2.3　车辆跟随时的空气阻力

上述公式描述了当车辆单独行驶时（距离前后车辆足够远）空气阻力的计算方法。众所周知，在跟随车辆行驶时空气阻力会大幅减少，并且对于跑步运动员和自行车比赛运动员，这种效应也具有重要意义，其速度在 20～40km/h。由于空气阻力与速度的平方成正比，在典型的车辆巡航速度下空气阻力会很快增加。这种效应在某种程度上可以解释为第一辆车在运动中带动空气，也就是使式(2.3) 中的 v_{amb} 获得某一个值。从图 2.5 可以更直接地看出某些值的变化，图中给出了总有效空气阻力系数 C_w 的减少量随着两车距离变化的关系曲线，由图可知，第二辆车和第三辆车受到的空气阻力有明显减少，但更需要注意的是当两车的距离小于某一值时（本例中距离为 15m），由于第二辆车的跟随，第一辆车所受到的空气阻力也会减少。如果充分利用车辆跟随，可以使车辆的燃油经济性得到提升。

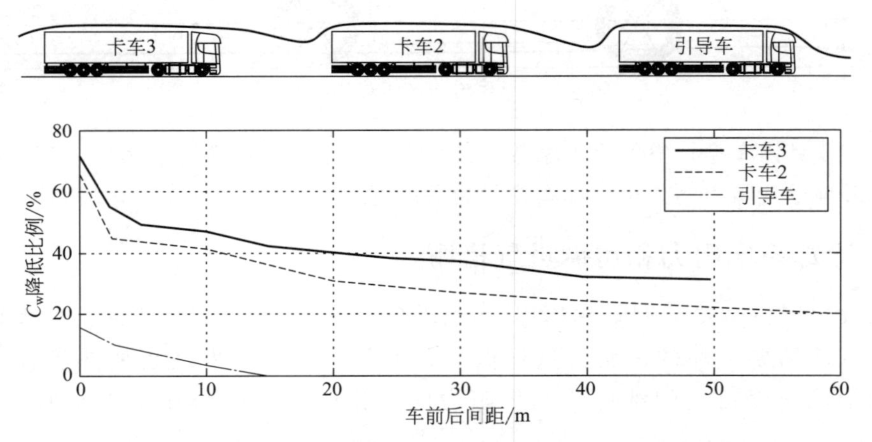

图 2.5　三车跟随行驶时总有效空气阻力系数 C_w 变化曲线

2.2.4 滚动阻力及其物理意义

轮胎是驱动阻力的另外一个来源。实际支撑整车质量并与地面接触的充气式轮胎既不是纯圆的也不做纯滚动。其受力情况如图 2.6 所示，当与地面接触时轮胎会有轻微的变形。这是由于轮胎支撑着整车质量。车轮轮胎在驱动力矩下，轮胎与地面接触的前缘到后缘区域会产生滑动摩擦。轮胎与地面接触区的力的分布使其合力偏向于轮胎中心的前方，如此便产生了滚动阻力。另外一个影响是轮胎并不满足纯滚动状态，即不是 $\omega r - v = 0$；而是 $\omega r - v > 0$，该差值的大小取决于驱动力矩的大小。

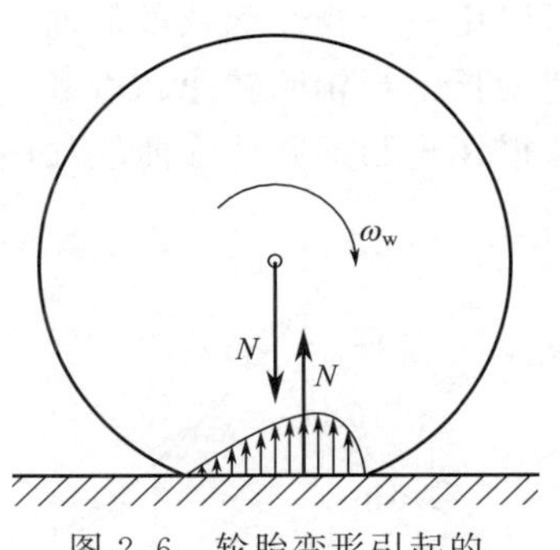

图 2.6 轮胎变形引起的滚动阻力示意图

如果不从受力分析的角度，我们也可以从能量的角度讨论滚动阻力的形成原因。轮胎变形越大，所需的能量越多，并且会产生更大的滚动阻力。从能量损失的过程来看，损失能量会自然地耗散掉，最终的结果是使轮胎发热。

当构建驱动模型时，了解以上的物理背景是很有意义的。为了获得一个合理的描述和分析，依据情况和时间尺度将上述物理特征或多或少地包含进建模中可能是非常有必要的。

转矩因素

一般来说，轮胎变形取决于轮胎是否自由滚动或是否承受转矩。在车辆加速或上坡时，更多的转矩会引起更大的轮胎变形，也会引起更大的滚动阻力。滚动阻力和转矩的典型关系曲线如图 2.7 所示。在这个关系曲线图和之后的两幅图中，y 轴表示 2.2.5 中提到的滚动阻力系数。

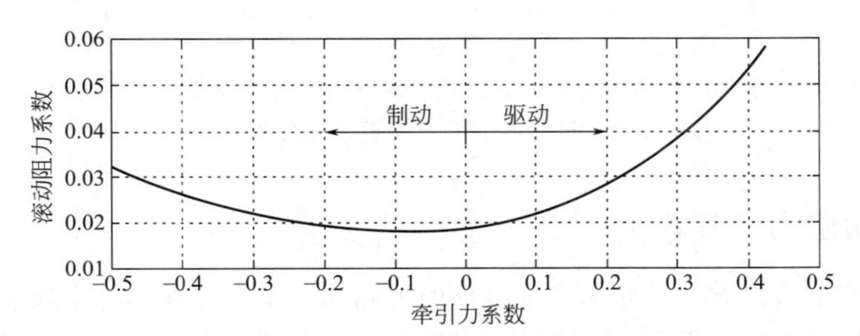

图 2.7 滚动阻力系数与牵引力系数的关系曲线（牵引力系数为 F_w/N，N 为轮胎的垂直反力）

温度、压力和速度因素

通过对轮胎变形的物理分析，有很多相关的物理因素影响轮胎的变形。轮胎的温度影响它的弹性，进而对滚动阻力有很大的影响。轮胎压力决定了静止时轮胎的变形，如图 2.6 所示，但是其总变形量还取决于轮胎的每一次转动。图 2.8(a) 给出了一组轮胎滚动阻力与温度关系的试验曲线，图 2.8(b) 给出了在一个实际行驶过程中轮胎温度和滚动阻力随行驶距离变化的关系曲线。转矩关系可以由查表法通过图 2.7 获得。轮胎温度和轮胎压力的关系能够被轮胎模型参数替代，见 2.2.5。轮胎压力数据见图 2.8 和图 2.10。

对于速度的影响，我们可以将轮胎看成是由许多弹簧和阻尼单元组成的。随着速度的增加，每个单元被压缩的机会增加，阻尼单元的运动导致的能量损失（即滚动阻力）也会增加。但对于普通轮胎，在一般正常行驶速度下，这种效应的影响不大。滚动阻力的增长可以用一个线性函数或低曲率的二次函数表示。然而，当接近轮胎额定转速时，阻力会迅速增长。当轮胎转速超过了其额定转速时，轮胎变形如此之大，以至于其散热后的温升将会损坏轮胎。其特征曲线如图 2.9 所示。

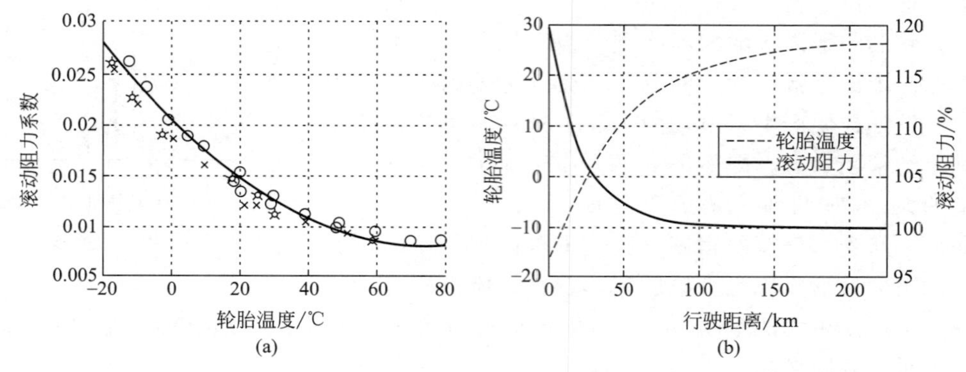

图 2.8 图（a）为滚动阻力系数与轮胎温度之间的关系曲线，
图（b）为轮胎温度、滚动阻力与行驶距离之间的关系曲线

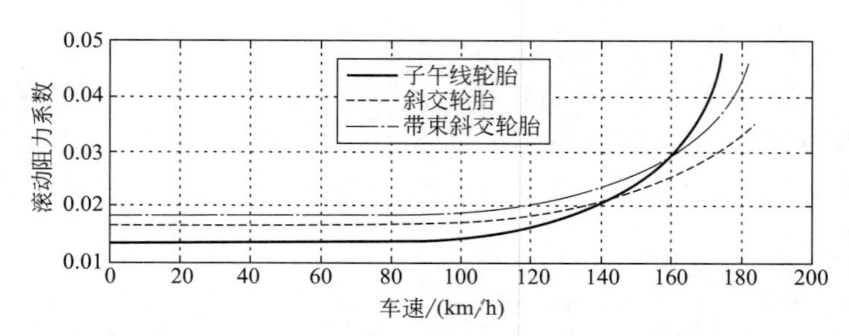

图 2.9 滚动阻力系数与车速的关系曲线（低速时增长缓慢，当达到一定车速时快速增长，甚至造成轮胎损坏）

2.2.5 滚动阻力（建模）

从前面的章节可以看出，轮胎接地点处的力和动力学具有复杂的物理学特性。现在我们将介绍一些常用的模型方程。本小节探讨滚动阻力，下一小节 2.2.6 介绍车辆驱动和制动时滑移率的计算方法。记住，这些模型只有在一定条件下才是有效的，这里时间尺度是需要关注的主要因素。对于车辆动力学的研究（以秒为时间尺度），一套模型就足够了。而在实际行驶时，轮胎特性将会改变。例如，长时间的热效应会变得很重要，这将会在 2.2.7 中探讨。

需要克服的滚动阻力与滚动阻力系数的关系如下：

$$F_r = f_r(T, p, M, v\cdots)mg\cos\alpha \tag{2.6}$$

式中，α 是道路的坡度角。正如之前所述，是轮胎温度、压力、转矩、车速的函数。如图 2.7～图 2.9 所示，滚动阻力随着压力和温度的增加而减小，但随着转矩和车速的增加而增加。还有更多可能的因素，例如湿路面滚动阻力系数能增加到 20%。然而，其影响因素可能已经包含于式(2.6) 中，因为 Gillespie（1992）指出了湿路面能够冷却轮胎的事实。

滚动阻力系数的一些近似值由 Dietsche（2011）给出，如表 2.2 所示。

表 2.2 不同轮胎在不同表面上滚动阻力系数的近似值［数据来自 Dietsche（2011）］

轮胎和路面	滚动阻力系数
充气轿车轮胎在	
大石块路面	0.015
小石块路面	0.015
混凝土、沥青路面	0.013
砾石路面	0.02
柏油路	0.025
未铺砌的路面	0.05
田地	0.1～0.35
充气卡车轮胎在	
混凝土、沥青路面	0.006～0.01
抓地铁轮在田地上	0.14～0.24
履带式拖拉机在田地上	0.07～0.12
轨道轮胎	0.001～0.002

许多解释滚动阻力系数试验数据的经验公式可以在相关文献中找到，并且为了说明这种情况，我们将归纳一些模型。这些典型的模型适用于短时间内的车辆动力学或轮胎处于热稳定状态。Wong（2011）给出了如下滚动阻力和速度的关系式，式中车速 v 的单位是 km/h。配备子午线轮胎或斜交轮胎的乘用车和重型车辆的滚动阻力系数如下。

轿车：$f_r=0.0136+0.40\times10^{-7}v^2$（子午线轮胎）；$f_r=0.0169+0.19\times10^{-6}v^2$（斜交轮胎）

卡车：$f_r=0.006+0.23\times10^{-6}v^2$（子午线轮胎）；$f_r=0.007+0.45\times10^{-6}v^2$（斜交轮胎）

在 Gillespie（1992）中，对三个模型进行了总结。第一个公式适用于低速，在这里滚动阻力系数与速度基本上呈线性增长关系：

$$f_r=0.01(1+v/100) \tag{2.7}$$

式中车速 v 的单位为 mile/h。

第二个公式来自于斯图加特大学，它能够覆盖更大的速度范围，并且描述了滚动阻力系数，公式如下：

$$f_r=f_o+3.24f_s(v/100)^{2.5} \tag{2.8}$$

式中车速 v 的单位为 mile/h。式中的两个系数取决于轮胎压力，由图 2.10 所示的曲线决定。

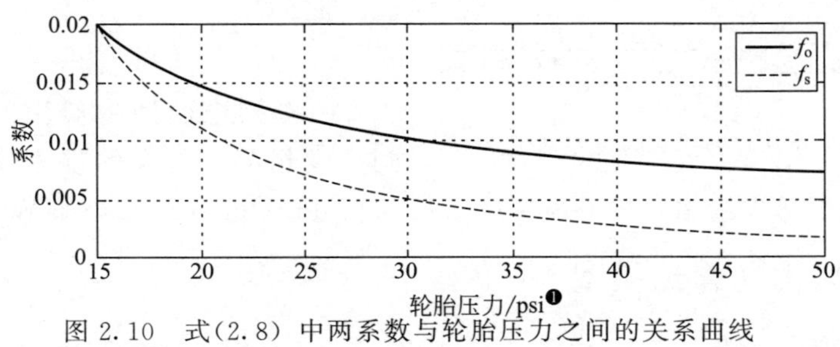

图 2.10 式(2.8) 中两系数与轮胎压力之间的关系曲线

[1] 1psi＝6894.76Pa（编者注）。

标准模型

从上文可以知道，依据不同的情况，滚动阻力的模型可以进行适当扩展，如果模型目标是能够描述图 2.9 所示的全部特性，则需要引入很强的非线性特征。而对于一般正常行驶所用的模型，使用一个线性模型就足够了，就像 Gillespie（1992）中给出的那样。

滚动阻力的表达式：

$$F_r = mg(f_o + f_s v) \tag{2.9}$$

该式将会在本章以及后续章节用到，包括动力系统和传动系统的建模和控制。对于式(2.9）有一个情况需要说明，当与 2.3.2 中描述的标准行驶阻力模型联系在一起时，滚动阻力会比线性增长的更快。

2.2.6 轮胎滑动（打滑）

驱动（或制动）轮并不是纯滚动的，它们比相应的纵向速度旋转得更快（或更慢)。两者的差值称为纵向滑动，并用滑移率来表示。文献中通常有两种滑移率的表示方法：

$$s = \frac{r_w\omega - v}{r_w\omega} \qquad s' = \frac{r_w\omega - v}{v} \tag{2.10}$$

第一个式子经常被用于介绍车辆动力学的一些书中，而第二个式子被 SAE 机构使用。车辆打滑通常指在制动过程中失去制动力的情况。

为了使汽车行驶或制动，在车轮和路面的接触面之间需要一个纵向力，该力取决于滑移率。牵引力是滑移率的非线性函数，它们之间的函数关系如图 2.11 所示（此处的滑移率定义为上文中的第一个式子)。

在速度为零或低速时，滑移率的定义会引起麻烦。在式(2.10）中，当转速接近零（车轮抱死滑动）时，s 会变得无穷大；当车速接近零（车轮静止滑转）时，s 会变得无穷大。

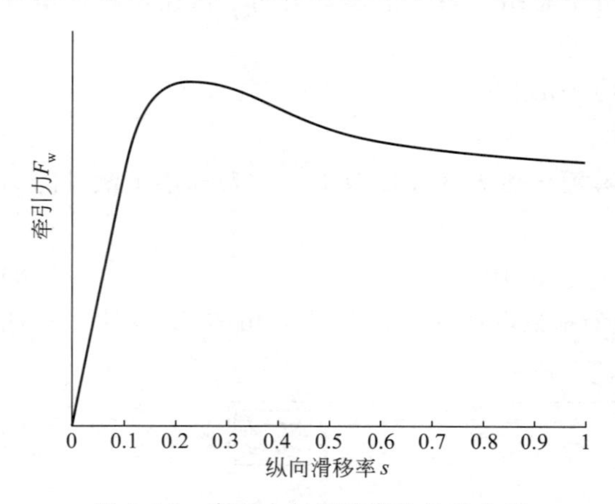

图 2.11　牵引力与滑移率的关系曲线

当研究传动系统控制时，一般情况下滑移率较小，接近于图 2.11 中曲线的起始阶段。从这里可以看出，在低速和小滑移率的情况下，路面接触牵引力与轮速和车速之差基本呈线性关系：

$$F_w = mgk(r_w\omega - v) \tag{2.11}$$

在许多情况下，我们可以采用纯滚动条件将轮胎的转动与车辆的运动联系在一起，即：

$$r_w\omega = v \tag{2.12}$$

汽车操稳模型中使用的轮胎模型与时间尺度相关，这样的许多模型在一些车辆和轮胎动力学的书籍中给出，如 Gillespie（1992)、Pacejka（2002）和 Wong（2001)。

2.2.7 滚动阻力（含热模型）

在行驶开始时，轮胎的温度与环境温度相同，如 10℃，但行程的最后，轮胎将工作在一个相当高的温度下，如达到 60℃。依据气体定律，这将导致轮胎压力的上升。参考图 2.8 和图 2.10，温度和轮胎压力都会导致滚动阻力在行驶过程中的变化，并导致结束时其值大幅减小。在一个测试工况中，不同车速的轮胎热特性如图 2.12 所示，从图中可以看出，时间常数约为 0.5h。这是卡车轮胎的典型测试曲线，当试验需要确定某一试验定值时，记录数据之前至少需要行驶 2h。对于私人轿车来说，时间可以较短，10min 左右即可。

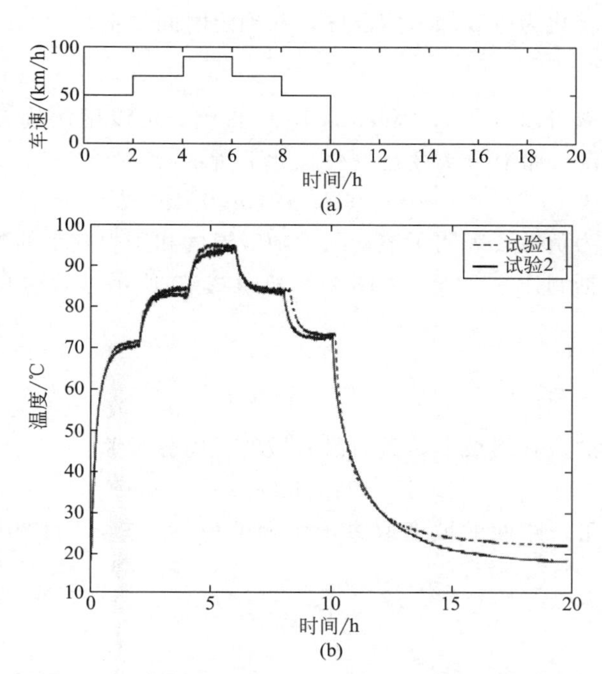

图 2.12 在一个测试工况下一辆卡车轮胎的热特性

从图 2.12 中可以清楚地看到，在轮胎温度不变的条件下，需要保持车速为一常数，并且时间足够，那么轮胎的温度会趋向于一个常值。

附加热模型

为了描述图 2.12 所示的轮胎热特性，需要建立一个热模型，一种方法如下所示：

$$F_r = f_r(T, p, M, v \cdots) mg\cos\alpha \tag{2.13}$$

$$\frac{\mathrm{d}}{\mathrm{d}t}T = g(T, M, v, \theta_{amb}) \tag{2.14}$$

$$\frac{p}{p_0} = \frac{T}{T_0} \tag{2.15}$$

基本观点如下。系数与式(2.6) 中的相同。它只取决于轮胎的结构参数。另外，轮胎温度与压力的关系模型如式(2.15) 所示，该模型采用了一般的气体定律，下角标为零的参数通常为环境温度及在该环境温度下的轮胎压力。参数用于描述周围环境对轮胎温度的影响，包括空气温度、路面温度、阳光辐射以及路面状况（湿或干）。函数描述了所有轮胎上的热效应，包括轮胎里产生的热量和散发到空气中的热量。轮胎里产生的热量可以通过输入功率和使用功率 $F_w v$ 之差得到。但轮胎耗散到空气中的热量是很难得到正确值的。

对这些现象的具体分析超出了本书的范围。但是，一个相当简单的方法可以在 Nielsen 和 Sandberg（2003）的著作中找到。它是基于试验数据的一个恰当的一阶线性模型，即：

$$\frac{\mathrm{d}}{\mathrm{d}t}T=\frac{1}{\tau}(T-T_{\mathrm{SC}}) \tag{2.16}$$

在恒定的环境条件下，固定的温度是由于轮胎中能量耗散并生热产生的。它可以等效表示为恒定速度或恒定温度的函数，如上文所描述并结合图 2.12 可知。然后，主要步骤是把稳定的试验数据转化为等效的恒定温度，并确定时间常量。

滚动阻力系数参数化

式（2.13）中系数可以从图 2.8 和图 2.10 中得到，可以用代数表达式来拟合这些数据，为了说明这一情况，带有分离变量的公式如下所示：

$$f_{\mathrm{r}}(T,p,M,v\cdots)=CT^{h}p^{d}(mg)^{\beta}(a+bv+cv^{2}) \tag{2.17}$$

式中，指数应该为负数，表明了滚动阻力随着温度和压力减小的事实。另外一个更加直接的方法是依据数据制作一个表，如图 2.8 和图 2.10 所示，然后利用插值法查询所需要的值。

2.2.8 重力

重力是垂直向下的。在斜坡上，重力沿斜坡的纵向分量为：

$$F_{\mathrm{g}}=mg\sin[\alpha(s)] \tag{2.18}$$

α 为斜坡的坡度角，路面的坡度取决于车辆的位置（s），因此引入了车辆的位置参数，自然地定义为：

$$\frac{\mathrm{d}s}{\mathrm{d}t}=v \tag{2.19}$$

式(2.18) 较为简单，当用于计算行驶阻力时，就需要考虑式(2.1) 和式(2.2)（并）将汽车作为点质量来建模。实际上，车辆是一个有长度的物体，如私人轿车长约 5m，卡车长约 20m。坡度角可以是车辆瞬时质心处的坡度或是平均坡度，这会在 2.4.2 中道路建模时进一步说明。

2.2.9 分量的相对大小

我们已经了解了行驶阻力的三个主要分量：空气阻力、滚动阻力、重力阻力。前面的章节已经给出了这些力具体数值的例子，但这只是为了解释性地说明各阻力分力的相对大小。速度虽然不是唯一影响行驶阻力的基本变量，但是在许多控制情况或稳定状态评价中，使用速度作为参数就足够了，如图 2.13 所示。

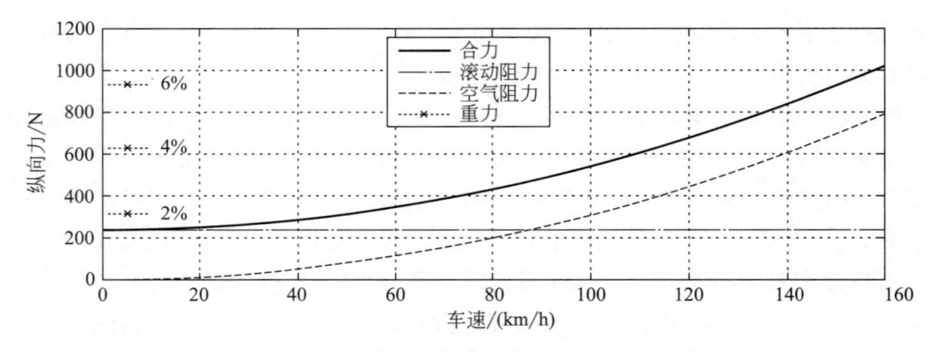

图 2.13 行驶阻力各分量与速度的关系曲线

2.3 行驶阻力模型

具体的行驶阻力模型可以通过使用前面章节中介绍的相关模型组合得到。行驶阻力是汽车所有外力之和，其中最重要的几个分力是空气阻力、滚动阻力和重力阻力（坡度阻力），即：

$$F_{DR}=F_a+F_r+F_g \tag{2.20}$$

使用式(2.1) 的模型，即：

$$m\dot{v}=F_w-F_{DR}-F_b \tag{2.21}$$ [1]

或式(2.2)，该式忽略了制动力，即：

$$m\dot{v}=F_w-F_a-F_r-F_g \tag{2.22}$$

依据上述讨论，建模所需的具体程度（或其典型分量）主要取决于所分析或仿真的情况。一些常见和有用的建模例子将会在本书后面用到，下面对这些模型进行介绍。

2.3.1 传动控制系统模型

许多控制问题是秒或更少的时间尺度，例如许多传动系统控制问题。在这些条件下，F_{DR} 为常数或变化很慢。那么建模时把它作为一个恒定的负载就足够了，通常用 l 表示，其模型如下。

模型 2.1 传动系统控制的行驶阻力模型 1

$$F_{DR}=l \tag{2.23}$$

行驶阻力为一恒定的负载。

由于该负载与其他变量相比变化较慢，在实际应用中通常进行估算，例如使用扩展的卡尔曼滤波估算。这将在第 15 章中用到。

考虑坡度

上述模型的一个变化是需要引入坡度。原因之一是在低速或相对恒定的速度下，其他分量在短时间内变化很小。另一个原因是坡度会随着路面的变化而变化并与车速有关，且可以基于已知路面或使用 GPS 在一定的精度下预测坡度，见 1.1.4。不同的参数可能会被用到，但下面的模型是这样引入参数的。

模型 2.2 传动系统控制的行驶阻力模型 2

$$F_{DR}=mg(f_0+\sin\alpha) \tag{2.24}$$

行驶阻力模型具有恒定负载和变化的坡度。

该模型中质量已经从负载不变的部分中被分离出来。这样的参数化有些随意，但其实汽车的质量可能只知道部分或通过其他方法估算得到。

[1] 个别公式有重复编号现象，原文如此，且上下文是有一定关联性的，故不作修改（译者注）。

该模型的价值是可以应用于在林地里行驶的重型卡车，其速度很低并且坡度不断变化。路面可能较滑且上坡时转矩很大。那么错过换挡时机可能导致车辆熄火，需要倒回重新上坡。对于这种情况下的转矩控制和换挡控制，该模型是比较合适的。

2.3.2 标准行驶阻力模型

在很多情况下，研究和分析的主要目的是理解主要原理或对不同概念进行比较，而绝对准确并不是主要目的，也不值得在上面投入仿真时间。这里有个典型的模型包含 F_{DR} 的所有主要部分，即 F_a、F_r 和 F_g，但是上述各部分仅采用基本的模型。主要例子如下，当不考虑滑动时，F_{DR} 可由以下量得到：

空气阻力
$$F_a=\frac{1}{2}c_w A_a \rho_a v^2 \tag{2.25}$$

式中，c_w 为空气阻力系数；A_a 为汽车最大迎风面积；ρ_a 为空气密度。然而，当打开或关闭车窗时，空气阻力模型将会受到影响并难以建模。

滚动阻力
$$F_r=mg(f_o+f_s v) \tag{2.26}$$

式中，f_o 和 f_s 取决于轮胎类型和轮胎气压。

坡度阻力
$$F_g=mg\sin\alpha \tag{2.27}$$

式中，α 为路面坡度角。

利用式(2.1)，结合上述内容得出下面的模型。

模型 2.3 标准行驶阻力模型

$$F_{DR}=\frac{1}{2}c_w A_a \rho_a v^2+mg(f_o+f_s v)+mg\sin\alpha \tag{2.28}$$

标准行驶阻力模型包含三个主要分量，在很多研究中都得到应用。

建模和参数估计

尽管该模型对参与计算的变量进行了选择，但是标准行驶阻力模型所包含的都是最相关的物理现象。从建模和参数估计的角度来看，表达式中 F_{DR} 包含的量有常量、速度的一次方和平方，以及道路坡度角 α。该模型一般可以与试验数据很好地吻合，即使该模型中系数的含义存在微小的差别。例如，如果要估计速度参数，可能需要考虑传动系统中的黏性摩擦，但是这个估计模型对于分析和设计还是很有用的。不过，我们应注意短期的动态会影响到该模型的估计，例如热效应。

2.3.3 工况分析建模

如上所述，标准行驶阻力模型可以较好地吻合试验数据，所以，它可以成功地用于系统设计或不同概念的相关研究。然而，有时需要获得更高的精度，例如，计算某一工况下的燃油消耗率时需要精确到百分之一。如图 2.13 所示，在正常行驶速度下，空气阻力和滚动阻力为同一数量级，从图 2.8 和图 2.10 中可以明显看出这会影响总的行驶阻力，因此计算燃油消耗率时其误差会超过百分之一。为了得到更精确的结果，可用以下方法将模型结合在一起。

模型 2.4 工况行驶阻力模型

$$F_{DR}=C_w u_a(v-v_{amb})^2+f_r(T,p,M,v\cdots)mg\cos\alpha+mg\sin\alpha \tag{2.29}$$

$$\frac{d}{dt}T=g(T,M,v,\theta_{amb}) \tag{2.30}$$

$$\frac{p}{p_0}=\frac{T}{T_0} \tag{2.31}$$

这个模型和标准行驶阻力模型相似，同样有三个主要分量，但却考虑了更多的影响因素，特别是在一个长时间且不断变化的工况下。一种可行的热模型选择是式(2.16) 中的线性一阶模型。

驱动轮与从动轮

为了达到较高的精度，驱动轮和从动轮的滚动阻力应该是不同的，这意味着要把式(2.29) 中的第二项拆分成两项。首先，这会对图 2.7 中使用的总转矩大小产生直接影响。一个简短的例子说明了这种影响是显著的。

例 2.1 不管进行多么理想的假设，两驱车和四驱车都是不同的。克服行驶阻力 F_{DR} 的转矩是从两驱车的两个驱动轮得到的，而四驱车因为有两个驱动轴所以要将转矩值除以2。根据图 2.7，考虑到两驱车驱动轮要求的牵引力系数为 0.1，四驱车每个驱动轮要求牵引力系数为 0.05 的情况，则总的有效滚动阻力对于两驱车是 $2\times0.24+2\times0.16=0.80$，对于四驱车是 $4\times0.18=0.72$。由于有额外损失，真正的四驱车从传动系统获得的转矩并没那么高，但关键是如果想要得到更高精度的结果，这一实例必须在建模中加以考虑。

除了转矩分配的直接影响，驱动轮和从动轮的热状态也不同，这是很正常的。因为由于转矩的影响，驱动轮的变形较大，所以驱动轮会被加热得更快。在工况开始时，这种由于驱动轮被加热造成的滚动阻力下降抵消了由于转矩造成的滚动阻力增大。考虑到这些，要建立两个热模型，一个用于驱动轮，另一个用于从动轮。

2.4 驾驶员行为和道路建模

现在，我们将研究重点转到整车行驶动力学，意味着我们将再次以式(2.1) 作为参考，还会再次使用图 2.1。

$$m\dot{v}=F_w-F_{DR}-F_b \tag{2.32}$$

在前两节中，行驶阻力 F_{DR} 已经被讨论过了，现在我们看另外两种力：驱动力 F_w 和制动力 F_b。这两种力都是通过驾驶员踩踏加速踏板和制动踏板得到的。1.1.4 中的辅助驾驶系统，例如巡航控制系统，也会影响驱动力和制动力，但是由于驾驶员能够控制辅助驾驶系统的开启和关闭，这些也可以算作是驾驶员行为。

为了进行仿真，对图 2.14 中的驾驶行为进行说明，也可以参看图 2.16 中的内容，驾驶员模型的输入为实际工况参数或状态变量，输出是驾驶员对制动器、变速器、离合器和加速踏板的激励。这些激励有时直接表现为力的作用，如驱动力 F_w 和制动力

F_b。这种观点在下面的章节中会进一步阐述，驾驶员对车辆的需求力是通过传动系统中的某一机构实现的，例如，发动机转矩需求就是通过一种“基于转矩的传动系统控制机构”实现的。

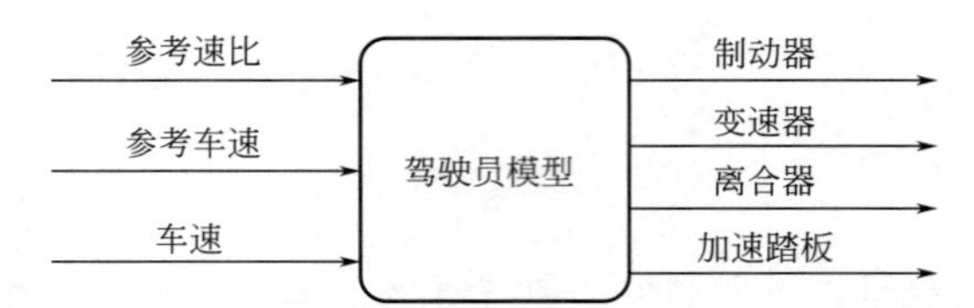

图 2.14 驾驶员模型及其输入与输出，输出有时转化成需求力

2.4.1 简单的驾驶员模型

在最简单的驾驶员模型里，有这样的观点：驾驶员头脑中有期望车速 v_r，通过操作加速踏板和制动踏板来调整现有车速 v，这样就产生了一个作用力 F，依符号的不同来确定（该力）是驱动力还是制动力。一个常用的方法是采用 PID 控制器来建立驾驶员模型：

模型 2.5 简单驾驶员模型

$$F=\mathrm{PID}(v_r-v) \tag{2.33}$$

如果 F 是驱动力，$F=F_w$，如果是制动力，$F=F_b$。

如果将分析或设计作为目标，通常使车辆保持在其正常工作范围内，或者从一个状态转移到另外一个状态，则上述简单的驾驶员模型通常已经够用了。

驾驶员行为的复杂程度不亚于人类行为。例如，一个驾驶员模型可能包含人体对不同刺激或变化的阀值或包括采用有限状态机实现的不同驾驶模式。详情请参阅相关文献，作者分别是 Bigler 和 Cole（2011）以及 Kinecke 和 Nielson（2005）。

2.4.2 道路模型

在 2.2.8 中，我们已经重点给出了道路坡度角 α 的恰当描述。实际的工程数据一般以百分比来表达坡度，其与坡度角的关系是 $\alpha=a\tan$（%/100）[1]。数据离散化的程度存在差异，如使用个人试验测量的数据则每隔 1m 或小于 1m 都可以有一个采样点，但如果用某些“数据库服务”中的数据就会每隔 10m 或 25m 有一个采样点。每个采样点的精度可能会是 0.1%。正如图 2.15(a) 中呈现的那样，坡度数据是分段函数。但是在模拟中使用这样的道路数据会使燃油消耗率的估计值偏高。图 2.15 中还有一种更好的表现方式，其原始数据已经由一个零相位滤波器进行了滤波，该滤波器的滤波常数与车身长度相关。所得出的道路轮廓呈现在图 2.15(b) 中，我们可以将其用于燃油消耗率的计算或其他地方。道路坡度信息有可能影响到传动系统的控制，因为在图 2.15(a) 中未经过滤波的图线的步长变化，可能会潜在地引起传动控制仿真系统的振荡 [Myklebust 和 Eriksson（2012）]。

关于道路模型的另一方面是它的频谱，可以在图 2.15(c) 中看到例子。这些图线都是从

[1] 原文如此，例如已知坡度为 30%，那么这个坡度角为 $\alpha=\arctan$（30/100）$=16.7°$（译者注）。

三条相当长的路段（Koblenz-Trier，Södertälje-Norrköping 和 Södertälje-Norrköping）上得到的，并且已经应用于优化驾驶的研究中［Hellström 等（2010)］。在图 2.15 中还选取了两个较短路段的频谱，因为它们包含更多的变化。在高频段，路谱自然地有更多频率成分，但主要信息仍在低频段。

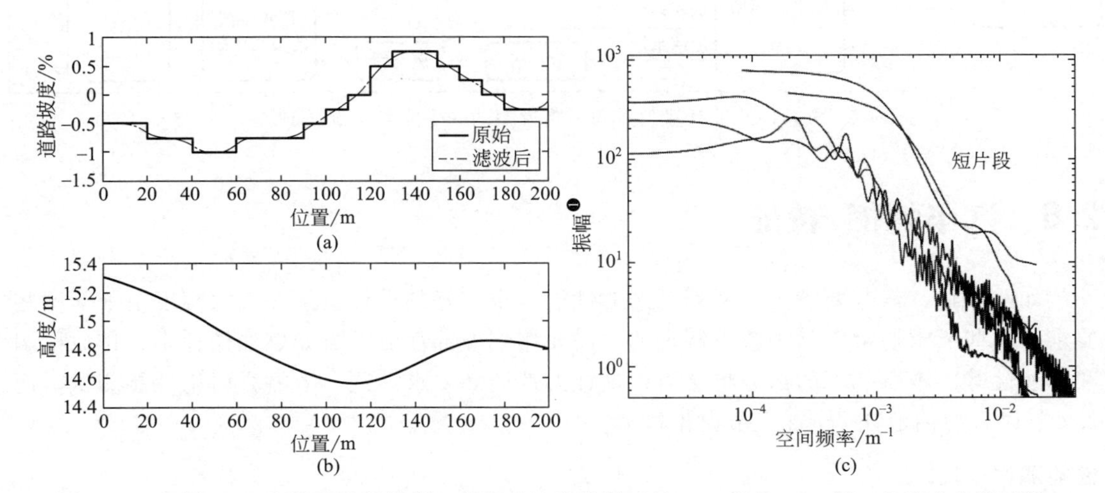

图 2.15　图（a）为道路坡度数据，离散的坡度数据（每 10m 变化 0.25%）表达成分段函数，以及滤波器模板（滤波长度对应为 25m）。经滤波得出的道路轮廓如图（b）所示。图（c）为三条不同长道路和选取的两条较短路段的频谱

弯曲路段

道路曲率对操纵性、侧翻或侧滑的分析都很重要。然而，它也会影响到纵向动力学。当转向轮转动一个转角 δ 时，主要影响是车轮所受的侧向力 F_y。然而，由于车轮的转角，在汽车的纵向还有一个分力，用公式来表达是：

$$2F_y\sin\delta \tag{2.34}$$

式中，系数 2 表示有两个转向轮。对于有明显弯曲的道路，该公式要加入到式(2.32）的纵向力中。另外要注意的是由于更复杂的轮胎变形，滚动阻力也受到转向的影响，但对于有规律的转向这种影响较小。

2.5　工况仿真

现在我们有了式(2.1）中涉及的所有变量的模型，式(2.32）也一样，得到一个完整的仿真模型的方法就是把图 2.16 所说明的这些子模型组合在一起。

仿真方法

图 2.16 所示的方法被称为前向仿真，有一个明确的驾驶员模型，或者是道路模型。还有其他选择的方法，例如逆向仿真，但是首先应介绍行驶工况，这将在 2.8 节中完成，并且该节还对（工况）跟踪性能进行了讨论。由于关于转矩的讨论结果主要集中在第 3 章，因此我们将对仿真方法的进一步讨论推迟到 3.5 节来进行。

---

❶ 原文如此（译者注）。

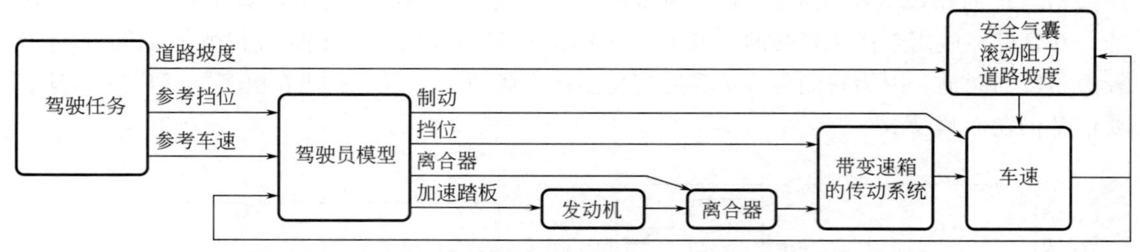

图 2.16 带有驾驶员和道路模型的一个完整工况仿真

2.6 汽车性能/特征

如前所述，汽车要满足一系列复杂的性能要求，好的设计就是在最大程度上平衡这些要求。这些要求通常都是为整车制定的，需要用到外部性能参数如燃油消耗率、排放检测和加速性等。本章剩下的部分将会讨论这样的性能和要求。这一节将会讨论性能测试，而 2.7 节讨论燃油消耗率，2.8 节讨论排放。

性能测试

汽车的性能测试主要关注的是汽车的机械性能。为了说明一个最基本的性能测试，参看图 2.17 中的最高车速，这张图是由图 4.4 按不同速比下的发动机转矩进行缩放得到的，并将图 2.13 中水平路面的行驶阻力结合起来的产物。

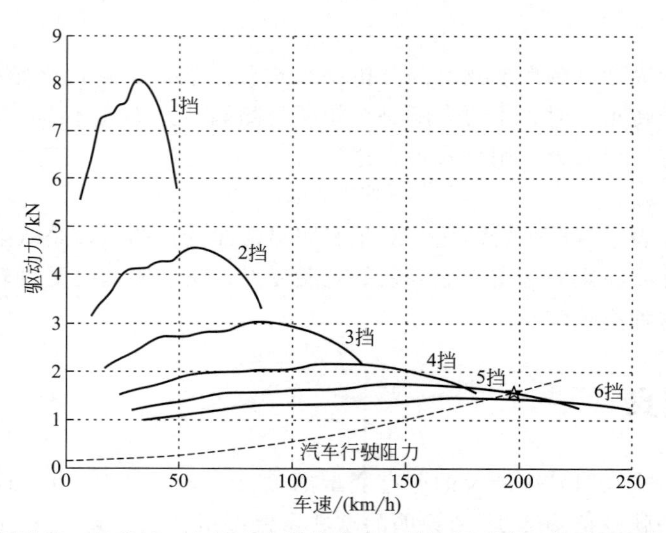

图 2.17 一个带有超速挡（最高挡）六挡变速器的发动机转矩图［为了得到最高车速将图 2.13 得到的行驶阻力也绘制出来了，并标记出了最高车速，要指出的是最高车速不是出现在最高挡，最高挡（超速挡）是用来经济行驶的］

有许多参数可以用来表征汽车的性能，下面从不同的角度选出了几个：

- 最高车速——见图 2.17；
- 加速性能——0～100km/h 加速时间；
- 超车能力——可以定义为 80～120km/h 的加速性能；

- 爬坡能力——汽车以经济车速所能爬的最陡的坡；
- 反应性能——一个例子是涡轮滞后量，详见第 8 章；
- 操纵性能——其中的一个方面是汽车侧滑及跑偏，详见第 13 章。

有些人将汽车的性能分成“硬性”和“软性”。硬性要求必须满足，且能通过一个简单的工况测试其是否达标。例如，爬坡能力的测试要从静止开始。如果汽车不能爬上某个特定的坡度，则汽车就不能在那样的工况下使用。“软性”的性能要求是指那些对用户很重要但是并不存在一个硬性指标的要求。当然，汽车的价格越高其性能也越好。对于爬坡能力，意味着车辆在陡坡上的平均最大车速。即使在陡坡上的速度很低，汽车也是可以使用的，但如果可以在陡坡上开得更快，驾驶员会对该车给予更高的评价。这样消费者对车辆的评价就影响到该车的价格，也就影响了他们是否会买车，所以消费者的评价在汽车设计中也是很重要的。

操纵性能评价

整个车辆操纵性能的概念，包括之前章节中提及的基本性能特征，如在上文中提及的涡轮滞后和汽车的侧滑，但也表现为驾驶员的感受和车辆性能的平滑程度。在本书的许多地方，这是一个重要的话题，因为它是控制设计的一个重要组成部分，涡轮发动机的设计原则会在第 8 章探讨，而 13 章会讨论不正确的控制所导致的传动系统故障，并在后面的章节探讨解决办法。

噪声和振动

噪声和振动对汽车的设计和驾驶感很重要。为了消减汽车噪声和振动，在汽车的机械设计中投入了很多努力，这些方法多数都与控制无关。然而，已经有些发动机和传动系统模型可以用于避免或衰减噪声和振动，尽管这些模型并不是为此目的建立的。此外，新的行驶噪声法规也影响到了发动机的控制。

2.7 燃油经济性

汽车的燃油经济性和 CO_2 排量密切相关，这也将在 4.1.2 中解释。在 1.1 节中的图 1.1 给出了燃油消耗正逐步降低的趋势。更进一步，对于车主来说，燃油消耗就意味着成本。燃油消耗是所有设计方向都需要关心的主要问题。不同的设计目的有着不同的评价指标，最常用的两个是：

- 百公里燃油消耗；
- 每加仑燃油行驶公里数。

除了这些基本的指标外，有更多燃油消耗的对比方法使评价更加完整，一些评价方法在下面进行介绍。

2.7.1 能量密度

为什么我们使用柴油或汽油来作为燃料？主要原因是它们都有比较高的热值并且是现成可用的。从表 2.3 中可以看出，不同燃料质量功率比有很大的不同。下面的例子也说明了汽油的能量密度有多高。

表 2.3 不同燃料每千瓦时所需质量

储存介质	每千瓦时所需质量/kg
铅酸电池	34
镍镉电池	18
钠硫电池	10
锂离子电池	10
锂复合电池	7
锌空气电池	4.5
汽油	0.1

例 2.2 (加油功率) 在加油站给汽车加油时通过加油嘴的能量流动是多少？异辛烷的热值 $q_{\mathrm{LHV}}=44.3\mathrm{MJ/kg}$，密度 $\rho=0.69\mathrm{kg/dm^3}$。在普通的加油站，加满容积为 $55\mathrm{dm}^3$ 的油箱大约需要 1min55s。则能量流为

$$\dot{Q}=\frac{44.3\times0.69\times55}{115}=14.6\mathrm{MW}$$

该功率大约是风力涡轮机“Enercon E-126”的两倍，它的额定功率为 7.58MW，是 2012 年为止最大功率。另一个对比：要获得如此大的功率，14.6MW，对于 240V 电力系统需要 60000A 的电流。

这些例子表明了用碳氢燃料作为能量载体是多么的宝贵，也是目前对工程师寻找替代碳氢能源新方案的一个挑战。

2.7.2 从油箱到车轮——桑基能量分流图

燃油一旦进入油箱，第一个问题是能量去哪儿了？（本小节）基于热力学第一能量守恒定律，展示一辆汽车燃油能量消耗和去向。下面列出了在普通驾驶过程中燃料的能量消耗和耗散。其中的数字只是大约值，但能够表示出各个影响因素的相对大小。图 2.18 中给出了桑基能量分流图（简称桑基图）。

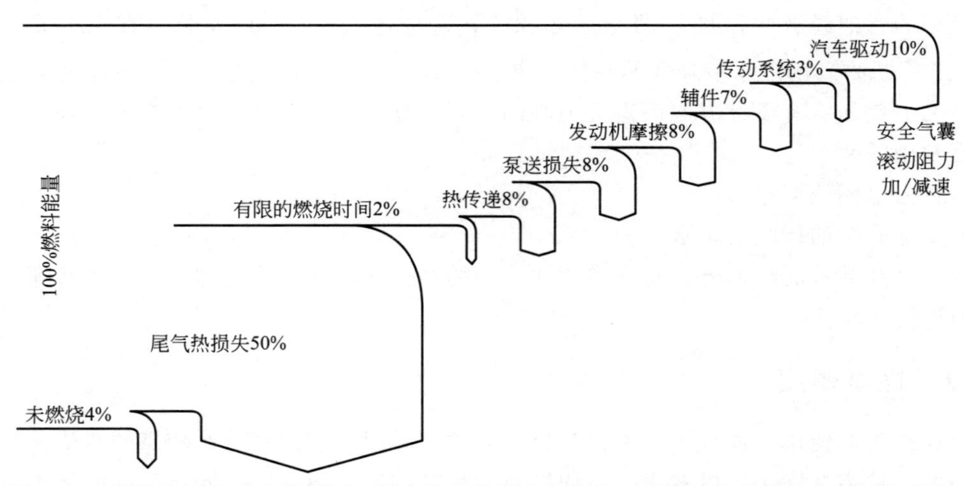

图 2.18 传统汽油机轿车桑基图（图中给出的为大约数据，但能够体现能量的消耗和去向）

不完全燃烧： 1%～5%。能量通过燃料中的化学能提供给发动机。正如前面提到的，

不完全燃烧来自燃烧过程中化学能没有完全释放，并在燃烧废气中形成未燃烧的 HC、H_2 及 CO。在发动机暖机时，2%～5%的能量未完全释放。

理想循环：50%～55%。图 5.11 表示了一个 Otto 循环，其 $r_c=10$，柴油机循环的 $r_c\approx10$，效率为 45%～50%。理想热循环的效率为 50%～55%。

时间损失：1%～5%。燃烧只能持续一段时间，如图 5.15 所示，这减少了燃料能量做功的潜在机会。

热量传导：5%～15%。从气体到气缸壁的热量占燃料总能量的 5%～15%。由于热量传导导致的能量损失，使发动机的效率为 30%～35%。

泵气损失：4%～10%。发动机的泵气损失与发动机特定的负荷点高度相关，占燃料总能量的 4%～10%。因此，泵气损失约占 1/3 的有效能量。当考察实际的发动机示功图(压力-体积或 p-V 图)，以上讨论的所有损失都包括在内，并且产生的功为指示功。实际循环的效率为 20%～27%。

发动机摩擦：5%～10%。活塞与气缸壁之间的摩擦以及曲柄连杆机构中的摩擦。在摩擦之后，发动机的实际功率是可以测量的，约 20%的燃料能量剩余下来。

附件损失：5%～10%。伺服泵、发电机、空调等都被连接在发动机上并消耗能量。这些设备连接后，剩余的能量约占燃料总能量的 13%，并用来驱动传动系统。

传动系统：约 3%。传动系统消耗了燃料总能量的一小部分，例如变速箱。最后，在一般驾驶情况下，燃料总能量的 10%用来驱动车辆。

2.7.3 油井到车轮的比较

当比较不同类型汽车的燃油经济性时，例如一辆传统轿车和一辆混合动力轿车，如果只计算从油箱到车轮的数据，就会引起误导。因此，使用从油井到车轮来进行比较就会显得比较自然，如图 2.19 所示。例如，对于一辆混合动力轿车，就关系到其电能的来源。如果该电能由化石能源、水能或核能产生，那么它们就会包含在油井到车轮的分析中。

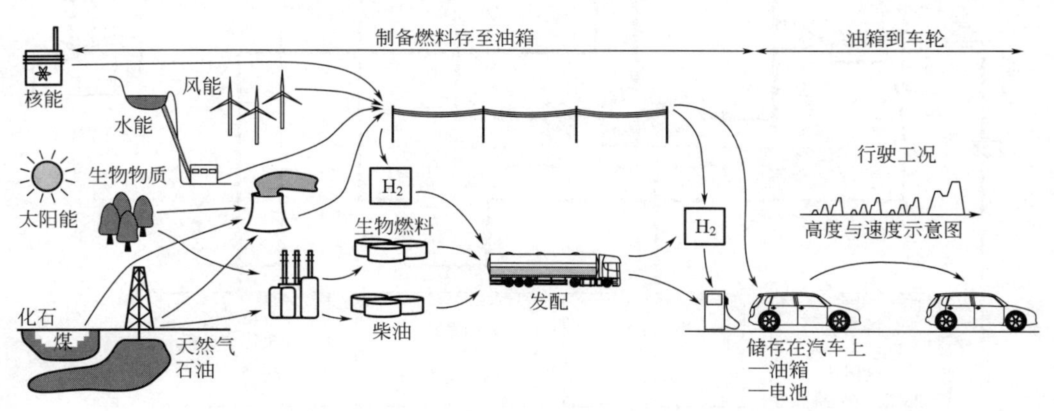

图 2.19 传统轿车和电动轿车或插电式混合动力轿车油井到车轮示意图

2.8 排放法规

在 1967 年，欧洲委员会提出了空气污染的定义：当外来物质或其组成部分比例变化较大时，会引起空气污染，依据当时的科学知识判断，有可能造成有害的影响，或引起不适。

随着认识的深入，该定义抓住了污染概念的演变。同时也抓住了污染物不仅涉及有害物质的排放，也涉及对人类伤害的事实。

在 1915 年，对汽车污染物可能对环境造成污染潜在危险的担心已经被提起。在 1945 年，汽车被认为是造成洛杉矶光化学烟雾的重要原因。在 1959 年，第一部法规在加利福尼亚州颁布，要求消除曲轴箱排放并限制 CO 和 HC 的排放。直到 19 世纪 60 年代，光化学烟雾和发动机排放之间的关系被建立。基于清洁空气法，美国的第一个联邦标准应用于 1968 年的车型，并对应于 1960 年加利福尼亚州的限值。通过对标准的修订，在某测试工况下，将车辆污染物浓度转化为每公里排放的污染物的质量。从图 1.2 和表 2.4 可以看出，联邦排放法规已经被制定，并逐步实施更严格的规定，表格中也提出了一些技术方案来满足该法规。另外，对于废气排放和蒸发排放物也进行了规定。

US 和 EU 循环工况和法规

排放法规定义了这样一个测试流程：整车在测功机上跟随指定的行驶工况行驶并测量其排放的最大值，这称为一个测试循环。图 2.20 为一个车辆排放检测装置的例子，包括

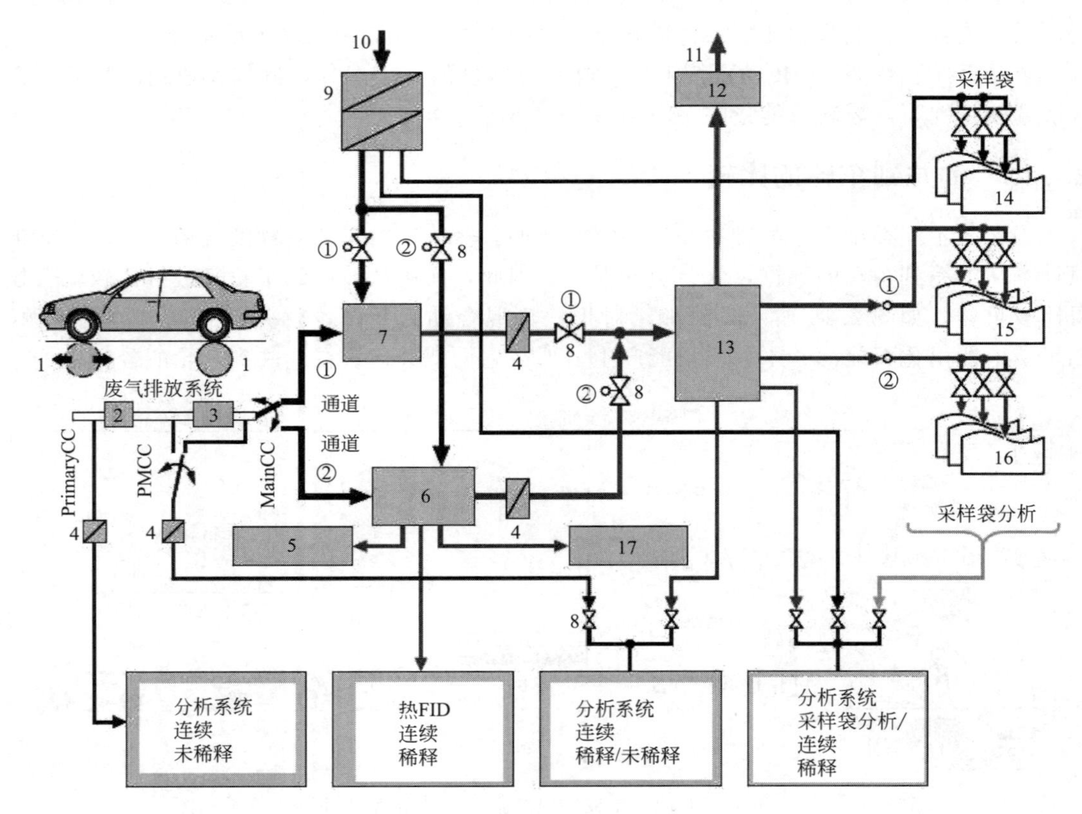

图 2.20 车辆排放认证设备

1—测功机转鼓；2—初级催化转化器；3—主催化转化器；4—过滤器；5—微粒过滤器；6—稀释通道；7—混合-T；8—阀；9—稀释空气调节器；10—稀释空气；11—排气气体/空气混合物；12—风扇；13—CVS 系统（定容采样）；14—空气稀释取样袋；15—废气样品袋；16—废气样品袋（隧道）；17—颗粒计数器；①—排气气体测量通过混合-T 通道（无颗粒物排放的测定）；②—排气气体测量通过稀释通道（有颗粒物排放的测定）

（来源：博世汽车手册 8e，第 510 页图 1。经罗伯特博世有限公司许可转载）

采样袋和分析系统。测试过程和测量方法能够在 Dietsche（2011）中找到参考。不同的国家有不同的循环测试工况。同循环工况一样，对于测试过程中汽车跟随循环工况的好坏也有具体的限值。美国 FTP 75 循环工况被经常采用并作为参考。FTP 75 循环工况和测试流程如图 2.21 所示。1975 年及以后，针对采用 FTP 75 循环工况检测的乘用车法规要求如表 2.4 所示。值得一提的是，1994 年、1996 年和 2001 年的 HC 值还包括非甲烷碳氢化合物。还有来自加利福尼亚州更为严格的要求，如表 2.5 所示。

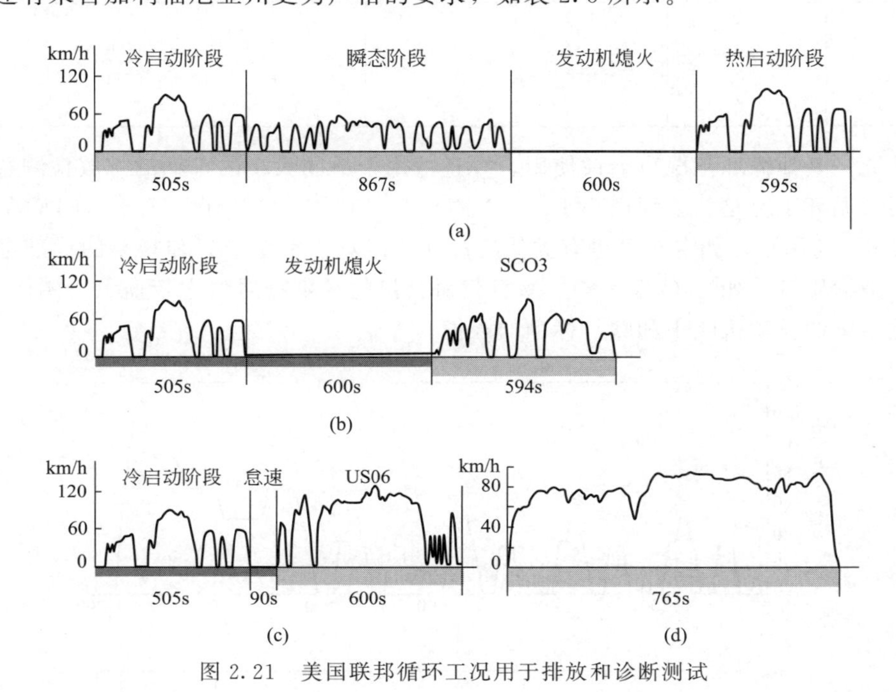

图 2.21　美国联邦循环工况用于排放和诊断测试

表 2.4　美国乘用车排放法规的演变（表中也给出了一些技术方法来满足修订法规。由于这些是美国法规，所以表中衡量排放的单位为 g/mile。从 2004 年开始执行 Tier 2 标准，对于制造商生产的汽车制定 10 项测量项目，如果能够满足均值法规要求，则可以出售自己的车辆。由于项目多样性的限制，2004 年后的数据没有给出）

年份	CO/(g/mile)	HC/(g/mile)	NO_x/(g/mile)	方法
1966	87.0	8.800	3.60	预控制
1970	34.0	4.100	4.00	延迟点火，热反应器，废气再循环(EGR)
1974	28.0	3.000	3.10	同上
1975	15.0	1.500	3.10	氧化催化剂
1977	15.0	1.500	2.00	氧化催化剂，改进 EGR
1980	7.0	0.410	2.00	改进氧化催化剂，三元催化剂
1981	7.0	0.410	1.00	改进三元催化剂，支撑材料
1983	3.4	0.410	1.00	持续改进
1994	3.4	0.250	0.40	持续改进
1996	3.4	0.125	0.40	—
2001	3.4	0.075	0.20	—
2004		2 级标准		—

表 2.5 加利福尼亚州对清洁燃料车辆的排放限值 [LEVⅡ从 2004 年开始有效。NMOG 表示非甲烷有机气体（考虑到排气中各种碳氢化合物的臭氧生成潜力）。TLEV 表示过渡期的低排放车辆；LEV 表示低排放车辆；ULEV 表示超低排放车辆；SULEV 表示超级超低排放车辆]

排放类别	LEVⅠ			LEVⅡ(2004 年开始)		
	CO	NMOG	NO_x	CO	NMOG	NO_x
TLEV	4.2	0.156	0.6			
LEV	4.2	0.090	0.3	4.2	0.090	0.07
ULEV	2.1	0.055	0.3	2.1	0.055	0.07
SULEV				1.0	0.010	0.02

在欧洲，其他循环工况也会被使用，并且适用于不同大小的车辆的排放检测。一种常使用的测试循环工况是新欧洲循环工况（NEDC），如图 2.22 所示。关于 NEDC 的排放法规见表 2.6。商用车，如卡车等也有类似的标准，但对于重型卡车和客车的标准根据每千瓦时的污染物质量［如 g/(kW·h)］来替代每公里的污染物质量进行衡量。图 11.1 给出了一个重型柴油发动机欧Ⅰ和欧Ⅵ标准的限值。

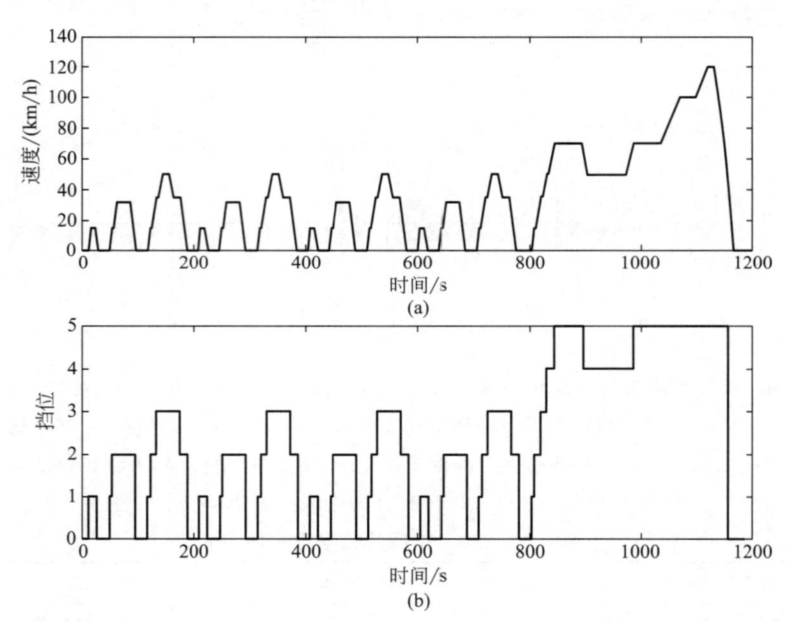

图 2.22 对于装有手动变速箱（5 挡）的乘用车的新欧洲循环工况（NEDC）
（工况总时间 1180s，总长 11023m，最高车速 120km/h，平均车速 33.6km/h）

表 2.6 欧洲乘用车排放标准例子 [表中单位为 g/km，（*）仅适用于直喷汽油机]

排放类别	LEVⅠ				LEVⅡ(2004 年开始)					
	CO	NO_x	HC+NO_x	PM	CO	THC	NMHC	NO_x	HC+NO_x	PM（*）
欧 1,1992	2.72	—	0.97	0.14	2.72	—	—	—	0.97	—
欧 2,1996	1.00	—	0.70	0.08	2.2	—	—	—	0.5	—
欧 3,2000	0.64	0.50	0.56	0.05	2.3	0.20	—	0.15	—	—
欧 4,2005	0.50	0.25	0.30	0.025	1.0	0.10	—	0.08	—	—
欧 5,2009	0.50	0.180	0.230	0.005	1.0	0.10	0.068	0.060	—	0.005
欧 6,2014	0.50	0.080	0.170	0.005	1.0	0.10	0.068	0.060	—	0.005

满足这些法规要求是发展发动机排放管理的强大动力，并对发动机及其控制系统提出了更高的要求。它也刺激了对新传感器的探索，例如能够直接测量排气气体组成的传感器。这使对排放浓度进行直接控制成为可能。

诊断

排放法规不仅要求新生产的车辆要满足法规要求，并且还对（在用车）诊断系统提出了法规要求，这些诊断系统必须能侦测和隔离那些引起高排放的故障。更多的介绍见第16章。

3

动力系统

前面的第 2 章是从车辆的外部展开讨论的，并从驾驶任务和纵向动力学方面探讨了车辆的性能和需求。本章将延续该主题并进入汽车内部考察纵向驱动是如何产生的。完成纵向驱动的系统就是动力总成，定义为一组生成动力并将动力传递到路面的一系列部件。对动力系统的解释如图 1.6 所示，其表示了一个典型的车辆动力系统，包括发动机、变速器（或称为变速箱）、传动轴、差速器和车轮。至于系统开发的目标、动力系统及其控制的目的是传递驾驶员的期望功率到车轮上，同时满足排放需求，要保持高效，且保护部件避免受损。难点在于需要将大量的子系统进行整合以形成一个单一的协调控制单元。

一个车辆动力系统有很多可能的结构，3.1 节给出了一些可能的方案。之后的主题是动力系统的控制问题，3.2 节介绍了车辆驱动控制的问题以及提出动力系统控制中的控制结构要求。然后，一种称为基于转矩控制的策略将在 3.3 节和 3.4 节中进行阐述。3.5 节总结了本章，包括仿真角度，呼应了第 2 章建立的模型。这是贯穿全书的转矩生成及控制这条主线的基础，并且继续在发动机和传动系统章节中跟进。

3.1 动力系统结构

动力系统有很多种可能的结构形式。一种分类方法是通过驱动轮的形式和位置进行分类，一般的形式有：

- 后驱，见图 1.6；
- 前驱；
- 四驱，也称全驱；
- 后置后驱或中置后驱。

后三种如图 3.1 所示。

部件的选择

当根据驱动轮确定动力系统的拓扑结构之后，其包含的部件仍有多种形式需要选择。发动机可以是汽油机或柴油机，有可能采用液力变矩器或干式、湿式离合器。变速器可以是自动变速器、手动变速器、机械式变速器（AMT）、双离合变速器或无级变速器

(CVT)，其他部件也存在多种选择。这些选择在图 3.2 中进行了说明。

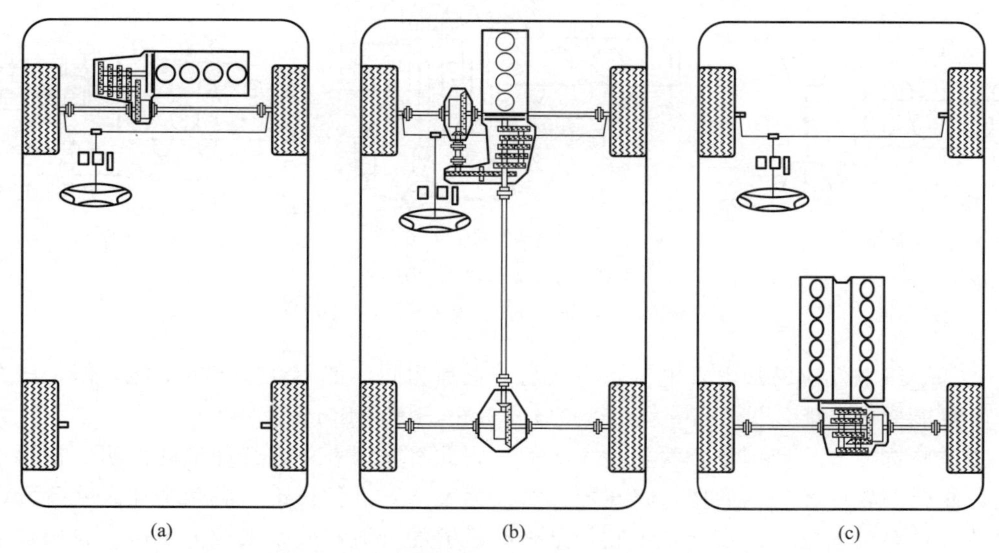

图 3.1　三种动力系统拓扑结构（从左至右为前驱、四驱及发动机后置）

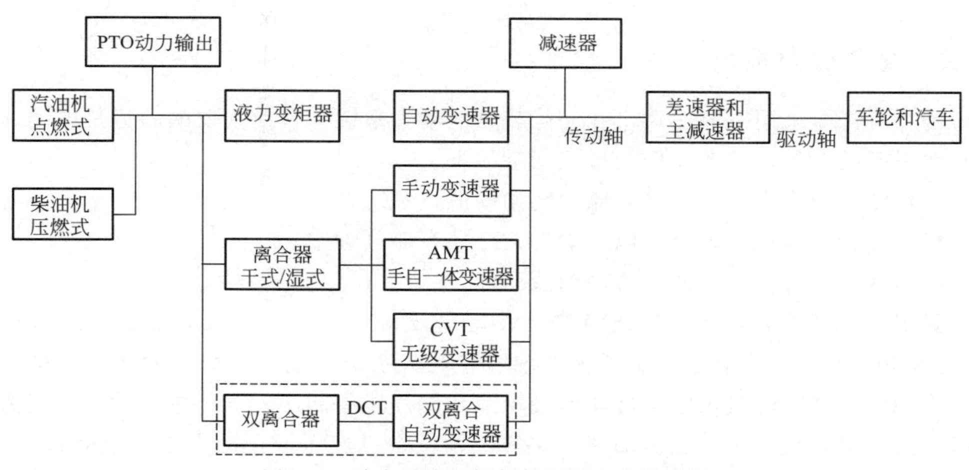

图 3.2　动力系统根据部件不同有多种选择

3.1.1　废气能量回收

另一种分类方法是基于发动机上是否装有废气能量回收装置。图 2.18 展示了该部分能量（废气能量）占总燃料能量的比例。一些废气能量回收装置（图 3.3）有：

• 涡轮，将在第 8 章中详述，涡轮被废气驱动并直接连接压缩机，该部分回收能量用于发动机的进气；

• 复合涡轮，和上面说的相似，但是涡轮直接机械连接在发动机曲轴上；

• 基于郎肯（Rankine）循环回收废气能量，采用一个热机（看作一个小蒸汽机）将废气能量变成电能，见 Carlsson（2012）、Ringler 等（2009）、Teng 等（2007a，b）[1]；

[1] 原文如此（译者注）。

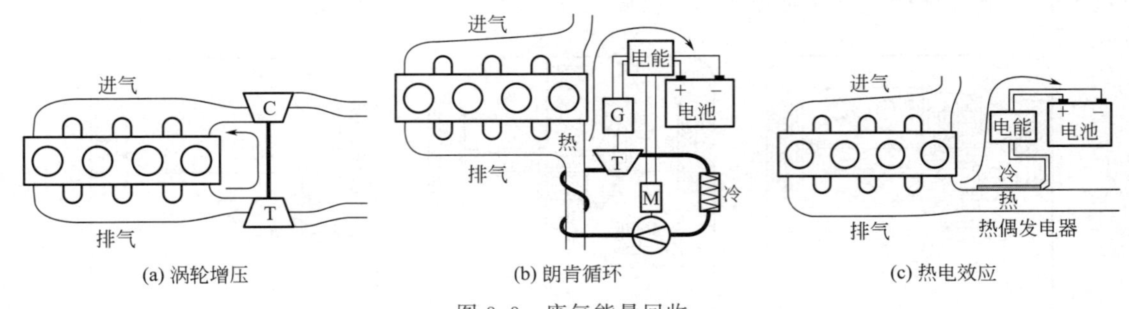

(a) 涡轮增压　(b) 朗肯循环　(c) 热电效应

图 3.3　废气能量回收

T—涡轮；C—压缩机；G—发电机；M—电动机

• 基于热电效应的热电发电机，与之前的选择相同，都用废气产生电能，但是该类型直接将热能变成电能，见 Crane 等（2001）、Stobart 和 Milner（2009）。

在这些选择中，使用复合涡轮是主流的，因此将在第 8 章进行详细的说明。在重型卡车上，复合涡轮已经可以商用，将在同一章（第 8 章）进行讨论。后两个在试验阶段，但被评估为是有前景的。未来会见证它们是否有足够的价值和效率来成为主流。我们自然希望动力系统能够变得尽可能节能高效，但是同样有来自法规的要求来驱使动力系统提高其效率。

3.1.2　混合动力系统

市场上有许多采用不同原动机和储能装置的动力系统。目前主要的趋势是电动，但是也有其他很多的选择。这些其他的形式列举如下：

• 飞轮混合动力汽车，能量存储为转动动能；
• 气动混合动力汽车，能量以压力形式存储在储气罐中；
• 液压混合动力汽车，使用流动的液压油。

这其中许多都可以归为 KERS 系统，即动能回收系统（kinetic energy recovery systems）。在频繁启停的车辆上，会优先考虑安装这些系统。城市公交车就是一个例子，当接近公交站时使制动能量回收至旋转的飞轮或在储气罐中的压缩气体中。然后，当离开公交站时，能量被释放并用于起步加速。在其他领域中，液压混合动力被考虑并进行应用，如工程车辆像轮式装载机和翻斗车。除了进行许多短距离行驶，这些机器在装载、起重、运输时也消耗能量。因此，在这些模式之间切换动力的混合动力技术有着巨大的前景。

在看过了现有的这些例子之后，我们回到车辆电气化这一主要趋势。

3.1.3　电气化

车辆电气化的类型是多种多样的。一种划分方法取决于电能如何存取。

• 电动车：动力系统包括一个电动机，能量存储在电池中，电池由外部电源充电。

• 混合动力汽车：同时拥有内燃机和电动机，电池由发动机或回收的制动能量进行充电。

• 插电式混合动力汽车：可以从外部电源充电的混合动力汽车，这是前两种形式的组合，另一种这样形式的汽车是增程式电动车。

• 燃料电池电动车：是目前另一种形式的电动车，其能量由燃料电池产生。

另一种混合动力汽车划分方法是混合程度，范围从弱混、中混到全混。混合的程度取决于电动机的最大功率 P_{el} 和发动机的最大功率 P_{ice} 的比值，图 3.4 展示了这样的分类，此图同样展示了各分类中通常使用的车辆形式，另外在图的底部，说明了不同的混合程度所采用不同的构型，很自然地引出了对这些构型的讨论。

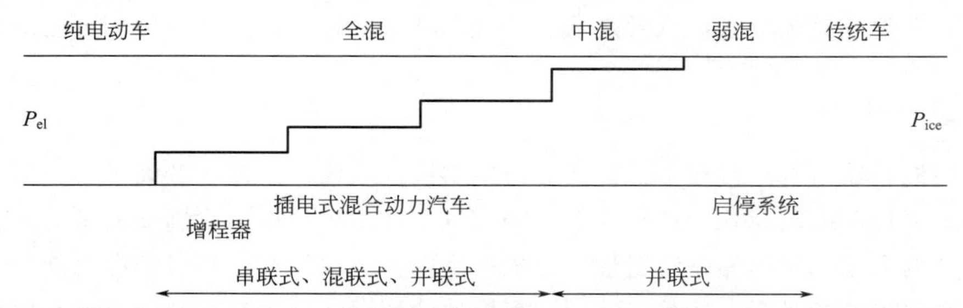

图 3.4 不同形式的混合动力车以及它们对电动机功率 P_{el} 和发动机功率 P_{ice} 的相对使用情况

对于同时拥有发动机和电动机的混合动力车辆，发动机和电动机的耦合形式有：

- 并联混合动力；
- 串联混合动力；
- 功率分流混合动力；
- 分轴式混合动力。

图 3.5 展示了这些构型的例子。

在上述所有的可选结构中，内燃机可能是传统汽油机或柴油机，或者当作为唯一的动力源时，有些人认为可以采用替代发动机替换掉内燃机。对于所有的构型来说，增压的形

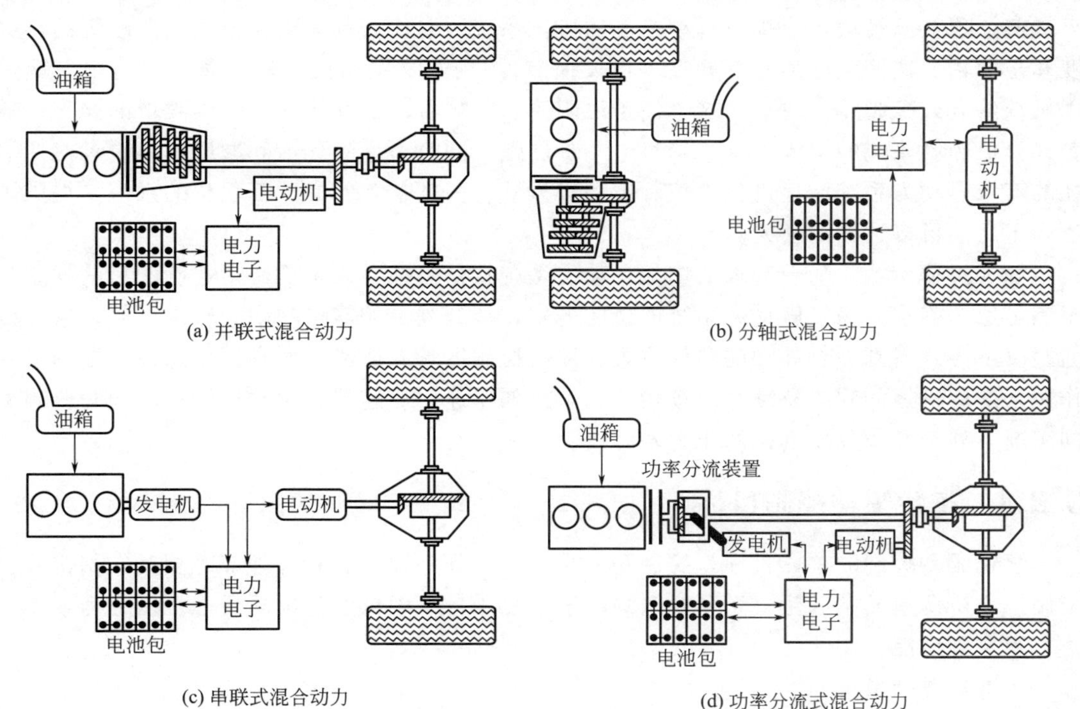

图 3.5 混合动力电动车主要构型示意图（分别称为并联式混合动力、串联式混合动力、功率分流式混合动力、分轴式混合动力）

式也可以被考虑进去，最后，还可以选择是否“插电”。

混合动力电动车的十六种基本形式

基于图 3.5 所示的四种主要混合动力构型，两种主要的发动机形式（汽油机或柴油机），以及是否可以插电，产生了十六种基本的混合动力电动车。每一种可以按照电能的存储方式、电池或超级电容，或者是两者结合来增加一种形式，这样会使可能的主要构型加倍。

设计和范围

在发展混合动力汽车过程中，当然会有很多设计问题。储电装置的大小和使用方式是不同的，主要使用电动模式的插电式混合动力汽车比主要采用回收制动能量的混合动力汽车拥有更大的电池。选择储电装置形式的依据是电池可以储存多长时间的电能。然而，超级电容具有更少的能量损失并且更适用于短期的能量存储。更进一步，电池在恒定电压下工作，而超级电容的电压随储电量大小变化。这导致了对电力电子设备的不同需求。动力系统其他部分也要考虑尺寸和匹配。然而这些结构的物理设计并不是这里讨论的重点。相反，我们将提出一个控制结构，称之为“基于转矩的控制”，它可以处理上述所有的情况。

3.2 车辆驱动控制

在传统意义上，车辆驱动控制完全由驾驶员完成，并且驾驶员是通过一系列机械装置实现所有的控制输入。例如，驾驶员直接控制进入发动机的空气和燃油，以及控制离合器和挡位等传动系统的主要部件。最初，在 20 世纪早期，福特 T 型车的驾驶员直接控制点火提前。现在已经被点火提前自动控制的机械系统所取代，其分电器依据进气歧管的真空度和与曲轴转速相关的离心度调整（点火提前）。按照（发动机）运行条件，这个系统采用机械的方式控制点火时刻，这个例子说明控制意味着改善性能并减少驾驶员的操作。随着计算机控制系统的引入，这个趋势进一步加强。同时考虑到环境问题以及消费者对低油耗的需求，动力系统已经进化为控制器和机械系统高度整合的高度工程化的系统，提供了远高于之前可以达到的性能。

如 3.1 节所示，随着需求的增加，动力系统日益复杂，而车辆驱动控制的目的就是为了满足这个需求。为了解动力系统的功能需求，从驾驶员的需求功率和转矩开始，这可以通过以下方式得到，例如油门踏板位置、巡航控制器输入或离合器和挡位选择。控制系统作用于这些输入的同时持续监控车辆状态，比如车速、变速器和发动机转速，同时监测不同工况下外部环境和发动机的压力及温度。

3.2.1 车辆驱动控制目标

车辆驱动控制的总体目标是控制动力系统及其部件，还有它与外部的相互作用，并且采用一个协调单元来满足一系列复杂的需求。在 1.2.1 中已经列出的目标可以分为：

- 实现性能；
- 处理复杂情况；
- 使用新技术。

这些目标需要落实到实际结构中，其中的主要目的是：

- 控制动力系统中的所有部件；
- 协调动力系统中的所有部件；
- 持续跟踪动力系统状态；
- 满足驾驶员需求同时处理限制；
- 将控制结果分配给执行器；
- 在执行框架中整合发动机控制功能。

以上所列清晰地阐明了在清洁和高效汽车的发展中控制系统已经成为关键的部件。当谈到动力系统控制时，有一种观点认为不需要考虑比控制时间尺度更快的现象。例如，没必要考虑由个别燃烧引起的快速转矩波动的问题，只需要使用第 1 章介绍的均值概念即可，这个概念将在第 7 章展开讨论。

3.2.2 实施框架

现实车辆的驱动控制架构是一些带有实时系统的电子控制单元（ECUs），如图 3.6（a）所示。一些基本的功能需要被实现。不同的作动器需要由 ECUs 控制。在汽车领域，经常采用线控系统，例如电子节气门控制。当然，还需要一些用于发动机位置跟踪的传感器等。ECU 硬件以及软件 I/O，连同基本的软件和实时操控系统都是需要的。如今，功能开发者普遍使用带有自动代码生成的仿真环境进行开发，详见 3.5 节。

如今一辆车内通常有几个 ECU 存在，这些部件由同一网络连接在一起。图 3.6(b) 给出了这种系统的例子。一些节点与车辆驱动控制相关，但是也有一些其他的功能。

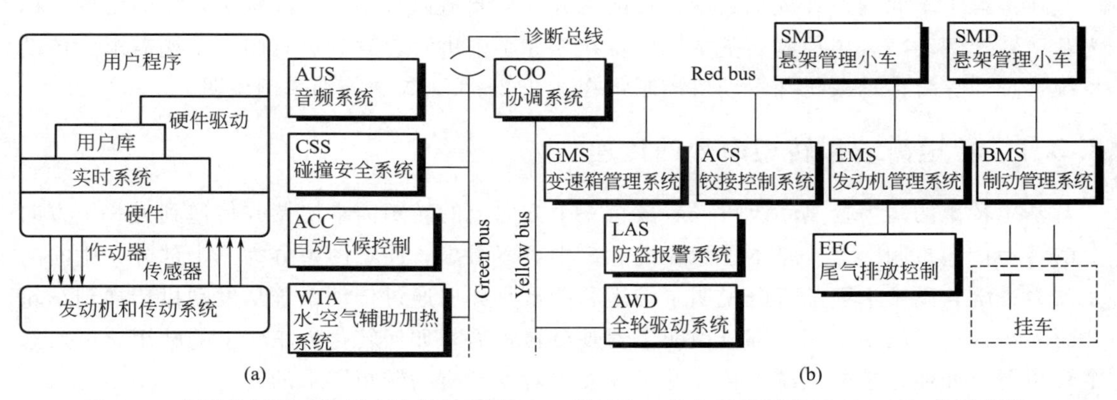

图 3.6 实际车辆驱动控制实施框架［图（a）所示为一种电子控制单元（ECU）的示意图，几个这样的 ECUs 通过一个或通常更多的如图（b）所示的总线连接到一起］

3.2.3 控制结构的要求

当车辆驱动控制系统通过有组织地添加新功能开始一步一步地完善时，每一个单独的功能都提高了系统的性能；但是当与其他功能结合时，复杂性可能超出预期。原因是，例如，一个功能会涉及许多执行器系统并且存在许多交叉的影响。对各种限制的协调也是一个主要的问题，因为新技术的采用和整合所带来的效应可能需要整个系统重新进行设计。图 3.7 描述了这样的一个系统。其结论是必须要有一个控制器结构，下一章节的主题是目前主流的控制器结构。

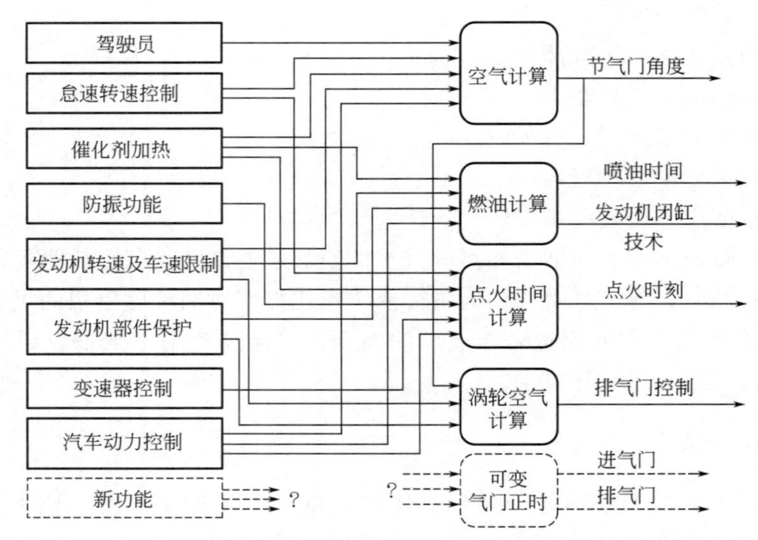

图 3.7 控制系统组织发展实例（其中还有一些功能以一种复杂的方式影响几个控制器和执行器——其太过复杂以至于可能失控）

3.3 基于转矩的动力系统控制

在考虑了不同的设计理念之后，目前绝大多数制造商采用了一种基于转矩的结构，称为基于转矩的动力系统控制。基本思想将在 3.3.1 中讲解，驾驶员意图、车辆需求、传动系统管理、综合传动系统和发动机控制将在 3.3.2～3.3.5 中分别举例说明。

3.3.1 转矩需求和转矩命令的传递

基于转矩的动力控制系统可以看成将一个方向上的转矩需求协调并传递到另一个方向上的转矩传递机制。这个基本思想在图 3.8 中可以看出，注意图中分为三个部分，中间的是动力系统，图中上面的部分说明了转矩和能量是如何通过传动系统从发动机传递到车轮并驱动车辆的，图中下面的部分说明了驾驶员转矩需求如何转化为车轮上的转矩，以及这个转矩需求如何在控制系统中传递并最终成为对发动机的转矩需求的。

选择转矩（作为控制变量）的直接物理解释

选择转矩作为关键变量的一个简单的原因是转矩直接关系到车轮的受力，可以通过传动系统部件传递到发动机。图 3.8 展示了基于转矩的计算方式是如何将驾驶员的输入传递到变速器和发动机的输出的。但这并不是唯一的原因，更重要的是下面的这些。

对复杂性和多变量的处理

在同一类基本模型之间，不同车辆的动力系统也存在明显的差异，因此要为不同配置的车辆做出具有统一功能的控制系统，这对控制工程师来说是很棘手的任务。采用基于转矩结构的目的是通过给出子系统之间完整的接口定义来简化设计过程。通过基于转矩的结构，发动机控制的设计可以与传动系统控制和车辆性能解耦。主要观点是：

• 部件之间的自然接口；

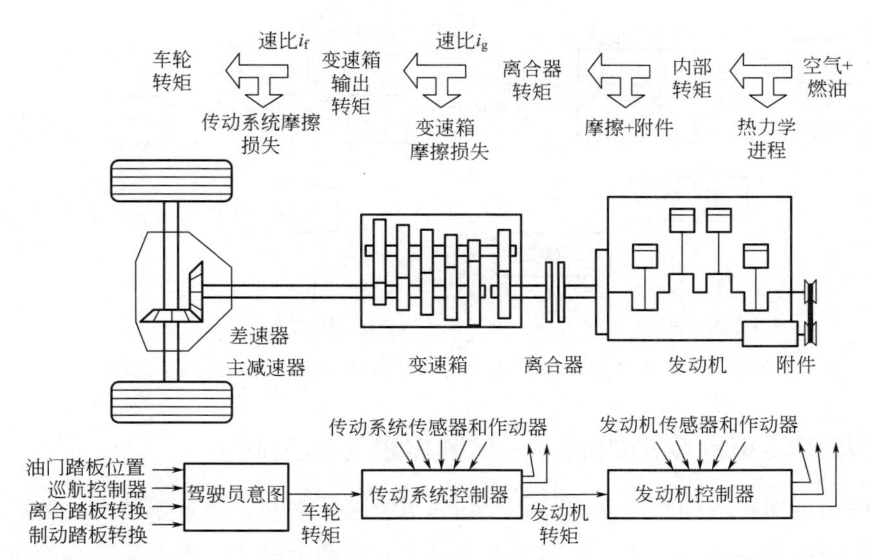

图 3.8 车辆动力系统展示了能量转换路径（上方）并举例说明基于转矩的控制结构（下方）（在基于转矩的控制结构中，车轮转矩或力的需求通过该系统传递并转换为对发动机转矩的需求，然后发动机控制器计算出空气和燃油的供给量）

- 控制任务之间解耦；
- 发动机、变速器等部件变化的灵活性。

转矩请求的传递

基于转矩的控制结构，能够使发动机控制系统设计与传动系统控制和车辆特性解耦。在传动系统中存在很多限制，例如在动力中断之前可以传递的最大允许转矩。当驾驶员踩下加速踏板想要全力加速时，转矩请求在基于转矩的结构中传递到约束最大转矩的传动系统的控制器中，然后将修正后的转矩请求传递给发动机。接着发动机满足转矩的需求，而发动机控制器并不需要了解任何有关传动系统的情况。假如反过来设计，驾驶员直接控制发动机和直接控制传动系统等，那么发动机控制器就需要了解传动系统和车辆状态才能可靠地处理驾驶员需求。

对于每一个子系统，该子系统的特性和控制器能够将转矩需求传递给控制链中的下一个节点。车辆控制器已经配有诸如防空转控制和巡航控制等功能。传动系统控制考虑转矩需求的同时处理内部转矩限制以及传动系统振动，并向发动机请求转矩。最后，发动机通过需求转矩来确定需要的空气和燃油供给量，同时考虑限制和排放。

3.3.2 基于转矩的驱动控制——驾驶员意图

作为详细描述的第一步，我们首先从图 3.8 的左下角开始看起，称之为驾驶员意图。这个模块的功能将所有的输入转换为车轮的转矩需求，如油门踏板位置、巡航控制设置、挡位选择、制动等。图 3.9 中展示了来龙去脉，驾驶员意图放置在左边，引出的箭头代表转矩需求。驾驶员意图的实现要远比想象的复杂，在产品系统中这代表着需要应用大量的代码。

需求转矩是如何通过传动系统和发动机系统最终转化为对发动机的分配转矩，将在下面的章节中举例说明。

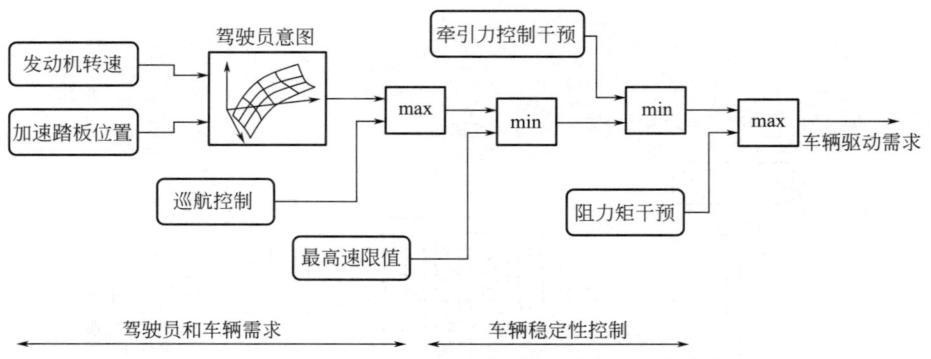

图 3.9 基于转矩驱动控制系统中驾驶员和车辆需求传递示意图

3.3.3 基于转矩的驱动控制——车辆需求（的限制）

从驾驶员意图得到的转矩需求，必须和其他需求、限制、请求相结合。例如，如果它比巡航控制器的需求大，那么它将取代这个需求，否则不取代。还需要注意最高车速的限制。处理这些请求的方法是把它们转化为转矩需求，然后使用图 3.9 左边展示的选择器。

图 3.9 的右边展示了车辆需求（的限制）是如何生成的。牵引力控制是一个当检测到驱动轮滑转时减少作用在这些车轮上转矩的系统。牵引力转矩调节限制最大的负转矩（阻力矩干预）来阻止滑动。从图 3.9 中可以看到，这与处理车辆需求时使用选择器进行转矩传递的原则是一样的。

3.3.4 基于转矩的驱动控制——传动系统管理

更进一步，见图 3.8 右下部，驾驶员转矩需求进入到传动系统控制模块。基于转矩控制的规则再一次被使用。图 3.10 展示了换挡转矩控制的例子。实际使用的换挡干预方法将在第 15 章进行说明。至于右边的最后一个模块，防振模块，是由于传动系统中的传动轴具有弹性，这会产生整车不希望的振荡（称为振动或传动系统振动）。防止振动的模块称为防振模块，将在第 13 章和第 14 章进行讲解和建模，同时在第 15 章继续详细深入介绍。

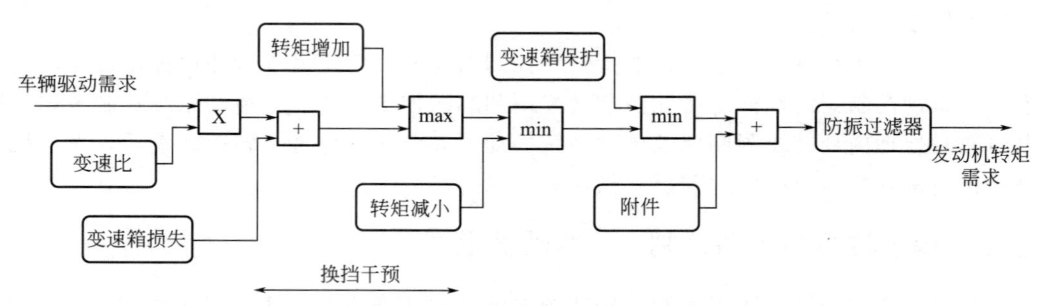

图 3.10 基于转矩的驱动控制中传动系统挡位选择管理的示意图

3.3.5 基于转矩驱动控制——传动系统-发动机集成控制

转矩请求从传动系统到发动机的传递过程和上面的例子是相似的，见示意图 3.11。传动系统控制的防振功能在发动机接口的虚线左面展示。原因是防振功能将用于说明传动系统和发动机的集成依靠前馈过滤或反馈。图 3.11 展示了一个过滤器，但第 15 章讲到反馈时，将使用图 15.2 所示的附加信号。

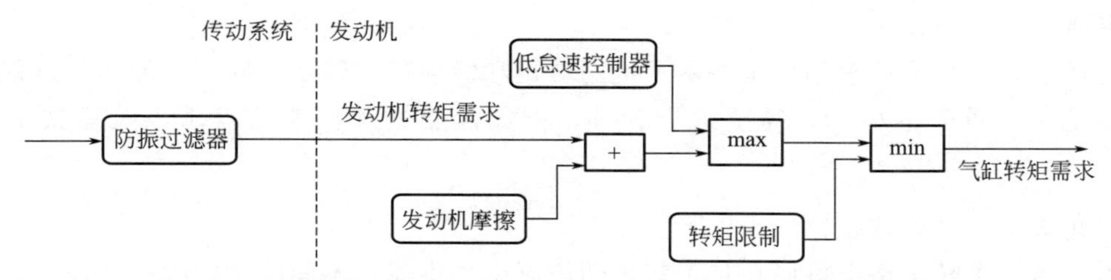

图 3.11 发动机管理系统和传动系统管理最后一步防振控制的示意图

至于发动机管理模块，由于摩擦损失的增加，怠速转速控制器用来保证发动机不熄火。同时存在转矩限制，例如柴油机排放中烟的限制。在第 15 章谈及防振时，传动系统-发动机集成控制中转矩限制所引起的效应是值得关注的部分。由此产生的转矩是发动机气缸需要产生的转矩，并且发动机管理系统将由实际的执行器组成。摩擦模型以及适合实现控制的转矩生成模型将在第 7 章给出。转矩控制的基础将在第 10 章和第 11 章讨论，第 9 章将进一步深入介绍，见图 9.3 等。

3.3.6 处理转矩请求——转矩储备和干预

除了之前章节中传递转矩请求的结构外，处理响应特性限制的算法也是非常重要的。在许多特别的情况下都需要修正转矩请求。举一个显而易见的例子，由于动力学原因转矩请求不可能没有延迟而瞬间达到。另一个例子是来自其他控制单元的干预，例如换挡时的转矩控制。图 3.12 说明了这样的情况，这里的信号是长期转矩需求、（瞬时）可用转矩、短期请求转矩。对每一个情况进行逐一考察，进而引出了长期转矩需求（引导转矩）、短期转矩需求，以及转矩储备的概念。下面介绍这些概念，并在 10.5.3 中给出更详细的说明。

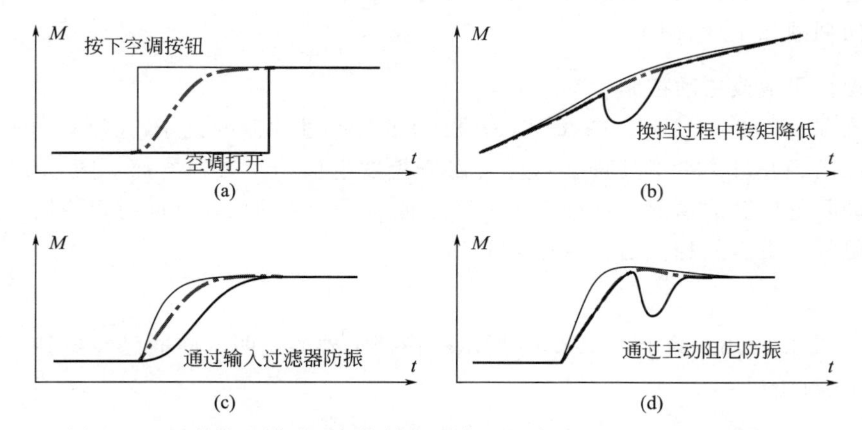

图 3.12 四种情况说明了长期转矩需求（细线）、可用转矩（点划线）、短期请求转矩（粗线）在时间响应上的区别

动力系统预处理

考虑图 3.12(a) 的曲线。它说明了动力系统管理在空调设备请求转矩之后有一定时间的延迟。在这种方式中，可用的转矩在一段时间内已经建立起来了，但直到 AC（空调

压缩机）“无缝启动”时才会被使用。

转矩储备

上述动力系统预处理的例子展示了可用转矩和短期请求转矩之间差异的形成过程。转矩储备是一个重要的概念，需要进行管理，例如需要处理快速的需求以及模式的平滑转换。

长期转矩需求（主要转矩）

本例展示了转矩请求可以在基于转矩的控制结构中通过不同的方式进行转换。通常的需求被称为短期转矩需求，但是也有其他转矩需求，像AC例子中的那些被称为长期转矩需求（lead torque）。图3.13说明了它们的关系。

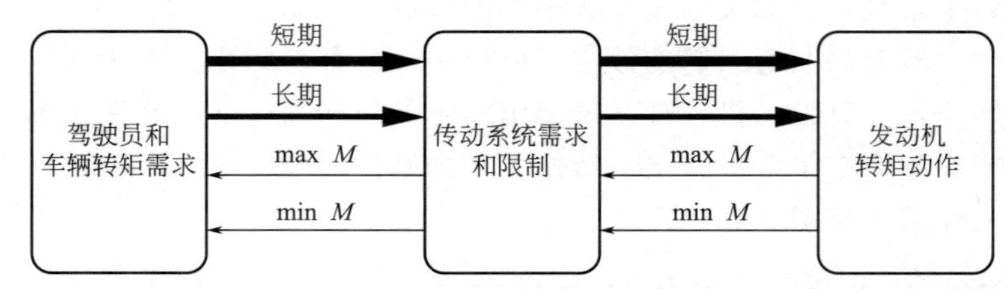

图3.13 转矩如何传递并用于处理响应特性（将发动机转矩动作改成发动机转矩执行）

长期转矩需求也称主要转矩（lead torque），其特征如下。

- 长期使用：代表未来的需求。
- 进程缓慢的控制：如进气、涡轮增压。

短期转矩需求

参看图3.13，短期转矩需求是当前的转矩请求，用于如下方面。

- 短期干预：防振、挡位选择等。
- 快速进程控制：点火时间（SI）、喷油量（DI）。

我们回到图3.12的例子。

需求（转矩）平滑或主动控制

观察图3.12(c)和(d)。图3.12(c)展示了防振过滤器的例子，具体见图3.11，转矩需求曲线已经经过了平滑处理，这样可以避免发生振动。另一方面，图3.12(d)说明了改用主动阻尼控制的情况。这种情况下转矩抵消了反馈的振动。同时也说明了后一种情况的响应更好。更多的相关信息参见第15章。

转矩干预

最后，图3.12(b)给出了图3.10所示的换挡干预的说明。前面已经提到，明确的例子将在第15章给出。

最终转矩的反馈

事实上最终实际传递的转矩和控制结构反馈的需求转矩是不同的，必须将每一步逆向反求才能知道在该结构中的每一步骤的需求转矩和其输出转矩之间的差异。这也在图3.13中进行了说明。产生这种情况的两个主要的原因是：

- 将算法中使用的可用转矩（转矩限制）进行反馈；
- 防止控制器中的积分器饱和（例如怠速转速控制器）。

3.4 混合动力系统

混合动力汽车同 3.1.3 中描述以及图 3.5 中说明的那样，动力系统已经变得非常复杂。然而，它仍然是一辆汽车，当研究驾驶意图时，同样可以使用和图 9.3 中相同的结构，传动系统也是如此。主要的差别来自于传动系统控制，对于传统车，这等同于图 3.11 所示的对发动机的转矩需求。对于混合动力汽车，则变为控制发动机和电动机的转矩分配问题，负责这些计算的模块通常称为能量管理系统（也可能是“转矩分配”这个名字），如图 3.14 所示。回到第 1 章的图 1.7，能量管理系统实现的转矩分配也用于实现需求转矩的合成。总体来说，即使动力系统更加复杂了，但是基于转矩的结构依然是适用的，见图 3.14 中的模块上的附注。

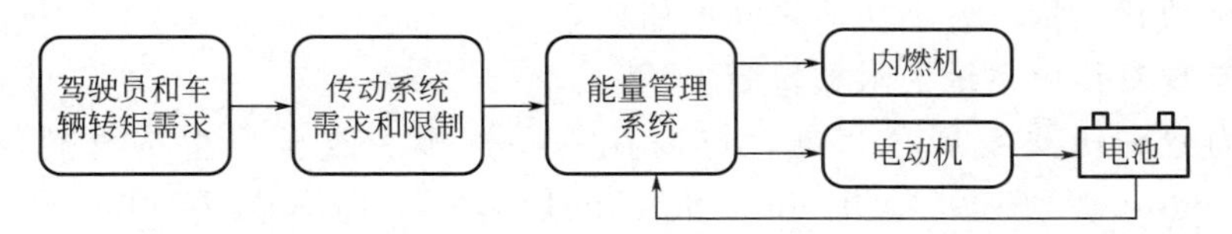

图 3.14 混合动力车的基于转矩（控制）的结构［从驾驶员意图和传动系统控制得到的转矩请求通过能量管理系统（EMS）进行了分配，并分别传递到内燃机和电动机。从电池到能量管理系统的箭头表明了混合动力系统控制中电池管理的重要性］

3.4.1 ICE（内燃机）的处理方式

图 3.14 中从能量管理单元到 ICE（内燃机）的箭头和图 3.11 中相对应箭头原则上没有不同，因此可以使用相同的结构。参数和策略可以不同，或者有很大的不同，因为内燃机可能在混合动力车内按不同方式控制，但是控制结构依然是相同的。

3.4.2 电机的处理方式

电机的转矩特性描绘在图 1.7 中，在学术和工程上，电机控制技术都是非常完善的，见 Fitzgerald 等（2003）和 Leonard（1996）。本书不在这个领域上深入介绍，但是当展开讲车辆中的电机时，需要考虑某些特性。对于成本效益和稳定性有很高的硬性要求，例如要解决电池电压要比电网电压变化更大这个情况。总体来说，电机和电力电子系统虽然已经很完善，但是在车辆中应用还应具有一些特殊的性能。

3.4.3 电池管理

在电动车中，电池是非常昂贵的，并且在可预见的未来将依然是很贵的部件。因此电池系统的监测和管理是一个非常重要的任务。目前的电池包由数百块电池单元连接而成，任何一块电池损坏都会影响整个电池包的性能。因此电池管理系统（BMS）需要仔细监管电池包，同时管理电池电压的平衡。

电池在其他领域的应用要求，如移动电话或电脑，要比车辆对电池性能的要求简单。实际上，对能量密度和功率响应的需求促进了电池化学技术的新发展，但是关于电池老化和寿命的问题依然没有答案。这就意味着发展电池管理系统的愿望是很强烈的。一个主要的监控变量是荷电状态 SOC，图 3.14 中从电池到能量管理系统的箭头代表了当进行 ICE 和电机的转矩需求分配时电池管理的重要性。整个领域，如依照电池的性能调整其功率输出、热管理和寿命，都是当前科技发展的热点问题。

3.5 展望和仿真

综上所述，基于转矩的控制策略是处理复杂动力系统的方法，目的是使车辆、传动系统及发动机控制的设计相互独立。基于转矩的控制结构的主要特点如下：

- 转矩是传动系统部件之间的自然接口；
- 基于转矩的控制是按其物理结构组织的；
- 提升了对变速器的保护和辅助设备的补偿；
- 采用模块化结构，各项功能之间更加独立；
- 容易实现对传动系统的附加转矩干预。

如果对背景和历史发展感兴趣，可以在一些资源中查到更多的材料，如 Dietsche（2011），Gerhardt 等（1998），Heintz 等（2001）以及 Guzzella 和 Onder（2009）所著的书。

3.5.1 仿真结构

基于转矩控制的方法可以被用于基于模型的车辆控制系统建模中。因为对于物理实体来说，很容易想到模型模块之间的接口可以根据转矩和速度来定义。本书的建模部分将很大程度上使用这些方法，见发动机和传动系统章节的例子。图 7.33 和图 8.26 显示的完整模型，都是由带有结构化接口的部件模型组成的。基于上述原理所建立的仿真模型必然是结构化的，并与其相适应，接下来，我们将继续讨论更多的仿真方面的问题。

3.5.2 循环/行驶工况

在 2.8 节中，循环工况的概念已经介绍过了，是用作排放法规中的测试循环。循环工况是一条速度-时间曲线，例如图 2.21 和图 2.22。通常也使用行驶工况这一术语。

循环工况有很多用途，最重要的有：

- 作为法规中的测试循环；
- 最典型的是被应用到车辆的设计和测试中；
- 特别设计的行驶工况用来激活并测试特定的车辆部件或功能。

在第一个和第二个用途中，希望循环工况可以代表车辆的实际使用情况。以此为目标有许多方法可以获得一条行驶工况，如：

- 由实际工况中得出，如图 2.21 所示的 FTP75 工况；
- 构造，如图 2.22 所示的 NEDC 工况；
- 通过驾驶任务、道路模型、车辆模型获得，如图 2.16 描绘的那样。

在优化车辆的性能表现时如果仅使用一个特定的行驶工况将存在风险，即优化标定的车辆将过度适应该特定工况。其风险在于：在相似的工况中车辆的表现可能会很差。因此目前流行的趋势是寻找带有随机元素的方法但仍然生成拥有期望特征的行驶工况。一种方法是从大型数据库中通过统计学方法确定随机元素，这样得到的行驶循环可以代表从数据库中所选的行驶类型。还有一种方法是对上面第三种方法采用马尔科夫方法进行改进，可参考 Lee 和 Filipi（2001）。

3.5.3 正向仿真

直接的正向仿真方法是使用一个实际的驾驶员模型，同 2.5 节所述，并且在 2.16 图中进行了说明。图 3.15 为与之相应的原理图，该图展示了将行驶工况作为驾驶员模型输入的控制结构，其中的驾驶员模型可用式(2.33) 介绍的简单驾驶员模型。

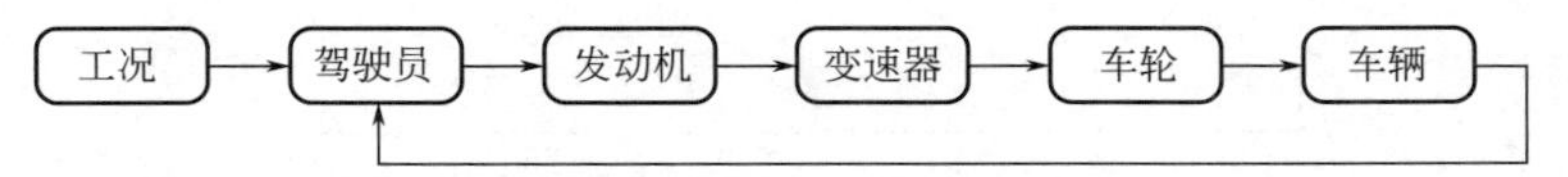

图 3.15 采用简单驾驶员模型的控制结构（其驾驶员模型与图 2.16 相对应，并在 2.3.3 节进行了说明）

3.5.4 准静态逆向仿真

逆向仿真是在一种用循环工况代替实际驾驶员模型的方法。为了解释其基本原理，见图 3.16 的说明。我们回到式(2.32) 的车辆动力学模型，将公式重写如下：

$$m\dot{v}=F_{\mathrm{w}}-F_{\mathrm{DR}}-F_{\mathrm{b}} \tag{3.1}$$

如果车速 v 由行驶工况给出，那么它可以求微分。这样，力的总和为已知量，很容易计算出所需的力，这个所需的力可以计算出车轮上的转矩，反过来这个转矩可以通过动力系统的部件传递并转换为发动机的转矩。当完整计算完这个过程之后，发动机转矩和转速可以用于发动机特性图来计算燃油消耗。注意计算 v 时，只进行了静态的计算，所以这个方法称为准静态逆向仿真。

图 3.16 准静态逆向仿真的说明（不存在驾驶员模型但是直接应用了循环工况）

3.5.5 工况跟随

工况跟随是用于描述在车辆测试或仿真中，工况被跟踪程度的术语。在排放法规中允许跟随出现误差，速度应保持在最大值和最小值之间的区域。图 2.22 所示的 NEDC 工况的部分允许区域如图 3.17 所示，同样在这张图中，展示了两种仿真情况，它们都处于跟随的允许误差中，但是表现出了很大的差异。它们也得出了不同的燃油消耗，即使它们都满足测试程序的要求。

在限制内跟随以及人为驾驶跟随

实际情况是即使在限制中也会得到很多不同的跟随结果。当使用循环工况进行车辆设计时，同 3.5.2 中所述的那样，不可微的循环工况和人为跟随需要特别注意，现在将对它们进行讨论。再一次回到图 2.22 中带有尖锐拐点的 NEDC 工况，显然一个循环工况是不可能同预期的一样是连续可微的。这意味着对于包括附加动态的模型来说，不可能准确跟踪，或跟随循环工况，因此需要控制速度才能按照预期去跟随循环工况。当循环工况用于排放法规中，循环工况是由实际驾驶员在确定的限值范围内进行跟随的。因此按同样的逻辑，应该设计仿真中能够在限值内跟随工况的驾驶员模型。如同前面提到的，处于所述限

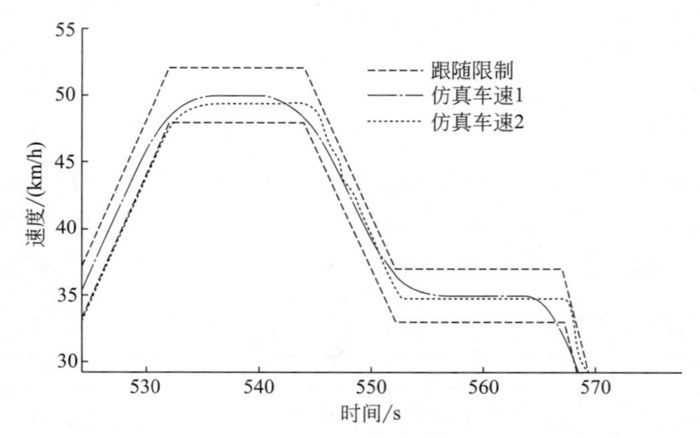

图 3.17 两个不同的 NEDC 仿真（都在跟随限制之内但油耗结果不同）

制内的两种不同的速度曲线所得的燃油消耗也可能是不同的，因此研究行驶工况如何跟随是很重要的，而不仅仅是将跟随限制在一定范围内。

3.5.6 逆向动态仿真

准静态逆向仿真只使用一个状态变量，即车辆速度 $v(t)$，力由 $F_w - F_b = G(v(t), \dot{v}(t))$确定。如果需要向车辆模型添加更多的动力学因素，那么逆向仿真策略需要进行扩充。模型包括了更多的状态变量 z，它们必须取自车速曲线中，这意味着可能需要车速的高阶导数或行驶工况。这可以表示为，其中可能用到附加的状态或高阶导数。这样的仿真称为逆向动态仿真，这个想法在图 3.18 中进行了说明，图中的新模块——驾驶员在下面进行描述。为了包括附加状态 z，可以使用一些算法，例如稳定模型反演（stable model inversion），见 Fröberg 和 Nielson（2008）。本文给出了车辆动力学包括发动机动力学、传动系统动力学和柴油机气流动力学的例子。选择这些例子不仅表明了动力系统模型的重要特点，并且也说明了其数学特征，如零动态、共振、非最小相位系统。

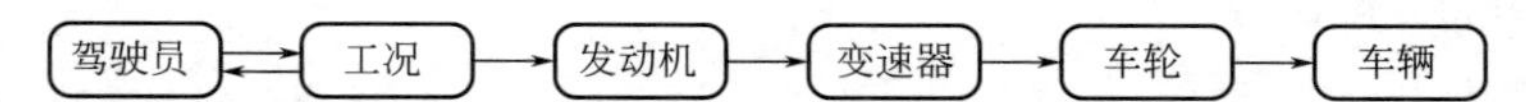

图 3.18 逆向动态仿真的说明（与准静态逆向仿真相比，如图 3.16 所示，可以使用一个实际驾驶员模型，见此图左侧）

驾驶员模型

在逆向动态仿真中，驾驶员模型见图 3.18 最左侧，依据为 3.5.5 中的讨论。实际上，驾驶员模型需要对循环工况进行平滑处理，这样才能像真实的驾驶员那样在限制内跟随曲线。行驶工况的平滑在现实生活中由测试驾驶员完成，但是仿真中通过数学算法进行平滑，可以理解为隐式的驾驶员模型。工况平滑结果有多种可能，平滑后速度曲线的形状由驾驶员模型的行为决定。有一种方法是采用至少和系统具有相同阶数的标准线性低通滤波器对循环工况进行滤波。这将保证滤波后的循环工况有足够的可微次数，如果有要求，可以采用非因果线性滤波器（noncausal linear filter）为驾驶员提供预瞄特性。

另一种平滑的方法是在行驶工况中采用一个卷积积分。循环工况的线性滤波器只能实现渐进准确跟随，然而带有紧支柱（compact support）的卷积积分能够实现大部分行驶工况下的精确跟随，如图 3.19 所示。采用合适的卷积积分，可以避免数值微分运算，见 Fröberg 和 Nielson（2008）。导数通过使用卷积积分计算卷积得到。

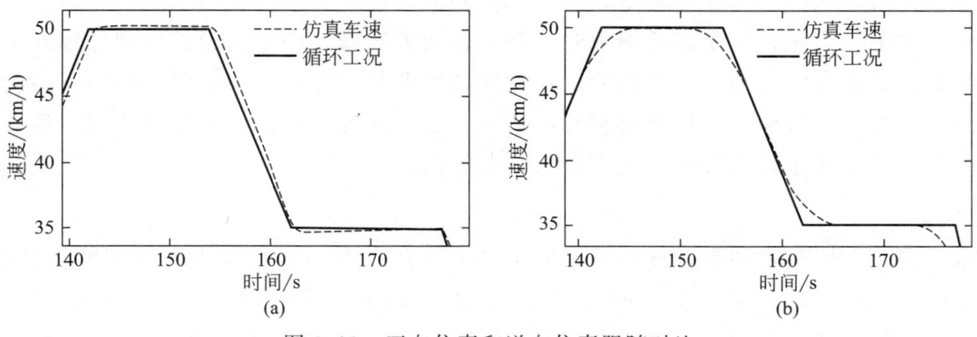

图 3.19　正向仿真和逆向仿真跟随对比

因此，循环工况的平滑可以看成一个隐式驾驶员模型，工况跟随被限定在速度域内而与具体的车辆无关。事实上，这种特定跟随表现的方式可以认为和实际驾驶员在底盘测功机进行循环工况测试时的行为相接近，因为实际驾驶员的跟随并不是由控制器参数来规定的，而只是为了能够平滑跟随。因此这是一个常用的技术，且同样可用于正向仿真，图 3.15 中的例子表明在将循环工况输入给驾驶员模型时应先进行平滑处理。

跟随特征和比较

在正向和逆向动力学仿真中，驾驶循环的跟踪依赖于驾驶员模型，为了比较跟随情况及其表现，使用新欧洲行驶工况（NEDC），如图 2.22 所示，来测试不同的驾驶员模型。图 3.19 展示了正向仿真和逆向仿真跟随结果表现出的典型差异。正向动力学仿真，如图 3.19(a) 所示，虽然存在实际的驾驶员模型，但是跟随结果却不确定，因为跟随取决于驾驶员模型的参数。对于逆向动力学仿真，如图 3.19(b) 所示，虽然不存在驾驶员模型，但是车速跟随是确定的，因为跟随被直接限制了。

驾驶员模型参数决定了驾驶员的灵敏度，在这种类型的仿真中，灵敏度导致了工况跟随的误差大小。图 3.19 中灵敏度参数已经调整为正向和逆向仿真相似的程度。

3.5.7　应用和要求

驾驶循环仿真及其应用有许多重要用途。它经常用于一些新设想的研究，这样的例子有优化设计空间参数、优化动力总成结构或动力总成控制系统设计等。

在这些应用中有很多仿真方法方面的要求，主要有：

- 仿真的工作量；
- 仿真时间；
- 结果精度；
- 跟随；
- 评价一致性。

第一个要求是不能使用太长的时间或精力去进行一个仿真。很自然地，对于仿真时间应有要求，如果有许多仿真要做，仿真时间多少就显得更重要，例如该仿真是优化中的一环时。精确性和正确性的要求也是正常的，但或许需要与仿真时间取得平衡——花了更多的时间，就能够得到一个更好的结果。如上所述，跟踪类型会影响到驾驶工况之间评估的对比结果，并且这也与研究的一致性相关。一致性是一个用来描述两个实例对比结果公平性（或相对公平）的术语。例如，考虑这样一种情况，当通过修改模型参数的方法进行动力系统设计时，同样的驾驶员模型，同样的控制器，由于处理过程的不同，可能会得出不同的跟踪结果。当比较一个品质因数时，例如燃油消耗量，由于驾驶员模型导致的工况跟随结果的好坏使考察的结果也不相同。一致性要求即使存在瑕疵和绝对的误差，品质应当是一致的，即好的（模型）也会得到好的结果，诸如此类。在研究中要想获得一致性也许需要当模型改变时也对其驾驶员模型做出相应的调整。

仿真工具

由于循环工况仿真的重要性，目前的市场上自然存在一些车辆纵向模型的仿真工具。Advisor［Wipket 等（1999）］和准静态仿真工具箱 QSS-TB［Guzzella 和 Amstutz（1999）］都属于准静态逆向工具，而 PSAT［Rousseau 等（2004）］和 V-Elph［Butler 等（1999）］属于正向动力学仿真工具。所有的这些工具都使用了 Matlab/Simulink。

3.5.8 与方法无关的同一模块

显而易见，仿真对于车辆驱动的分析和设计来说是一种重要的工具，有许多不同的仿真方法和途径。然而，即使方法不相同，它们都采用建立具有结构化接口的模块（模型）来描述传动系统和发动机的组件，同样一个模块可以采用不同的方法搭建。已经存在的或新的动力系统可以由这些模块进行组合来完成建模、分析和仿真，一些例子可以参见图 7.33 和图 8.26。我们以第 1 章就已提出来的观点对本章进行总结。本书提出的模型已经过试验验证或在许多已经存在的设计中证明了它们的确可用。因此，我们相信这些模型，也许是新的组合形式，但是仍然使用同样的模型部件，将继续作为未来许多年分析和设计的基础。也就是说，是时候在接下来的章节中深入探讨各种模型的细节了。

第 2 部分

发动机的工作原理

目 录

4 发动机简介

内燃机利用空气和燃料（通常基于碳氢化合物）燃烧来释放能量和排放物，见图 4.1。为了描述和分析发动机、发动机的性能及其能量转换过程，我们需要定义一组关系与参数，并用这些参数来描述空气和燃料的混合物以及发动机的尺寸和性能指标。

通常情况下，发动机分为汽油发动机和柴油发动机，但也有许多其他类型的发动机和发动机分类方法，可以参考 Heywood（1988）中更详细的论述。此外，除了基于燃料类型分类，还可以基于发动机的点火形式，将发动机分成点燃式（SI）和压燃式（CI）。点燃式发动机的燃烧起始于火花塞并通过燃烧室传播，汽油、天然气或沼气发动机属于此种类型。压燃式发动机的燃料被喷入气缸，然后可燃混合气被已压缩的炽热空气点燃，柴油发动机属于此种类型。更多关于点燃式（SI）发动机和压燃式（CI）发动机的燃烧及特征的内容将在第 6 章中给出详细论述。

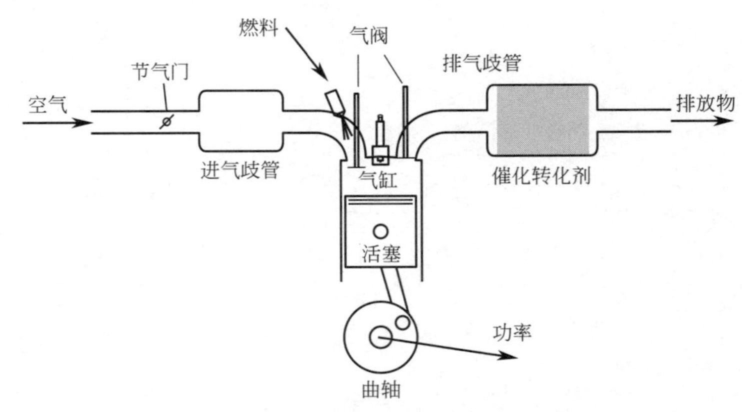

图 4.1　空气和燃料进入发动机产生能量和排放物

4.1　空气、燃料及空燃比

一种对发动机工作的简单描述是，发动机将空气和燃料混合，使空气和燃料的混合物燃烧，然后做功并产生排放。空气和燃料的混合物对于功的产生和排放有很重要的影响。

空气和燃料混合物的特性将会在下面进行说明，而它对做功和排放的影响将在第 5 章和第 6 章中描述。首先，让我们来讨论一下空气。

4.1.1 空气

空气是不同气体的混合物，包含氧气、氮气、氩气、二氧化碳、水和其他少量物质。空气成分的质量分数和体积分数如表 4.1 所示，空气的一些热力学性能参数收录在书末(A 中)。氧气对于发动机是至关重要的，因为它氧化了燃料，同时氧化过程可以释放能量。其他气体对燃烧仅产生微弱的影响，但它们占据了燃烧室内的空间并吸收了热量。在这里，可以将空气认为是仅由氧气和氮气组成的简单模型。忽略空气中的其他成分会造成一些微小的误差，但是，我们可以将其他气体的组分算成氮气的，这样就能减小这样的误差。

表 4.1 干燥空气的成分和它们的相对浓度（空气中的含水量是变化的，例如空气相对湿度为 100%时，在 25℃条件下，以质量计算时含有 2%的水）

成分	符号	摩尔质量[①]	体积分数/%	质量分数/%
氧气	O_2	31.999	20.95	23.14
氮气	N_2	28.013	78.09	75.53
氩气	Ar	39.948	0.93	1.28
二氧化碳	CO_2	44.010	0.03	0.05

① 摩尔质量的单位为 g/mol（编者注）。

100mol 空气中，氮气、氩气和二氧化碳总共占 79.05mol，可认为空气中所有分子除了氧气便是氮气，每有一个氧气分子便有 79.05/20.95=3.773 个氮气分子。这个分子的数目通常被称为大气氮（atmospheric nitrogen)，下面给出了氧气-大气氮空气简易模型。

模型 4.1 空气简易模型

$$Air=O_2+3.773N_2$$

4.1.2 燃料

燃料中最重要的元素是氢和碳，大多数燃料都是由它们组成的，有些情况下也含有氧元素（如醇类)。大多数汽车发动机的液体燃料是碳氢化合物，在大气压下是液态的。有时燃料中也有一小部分的硫、水和氮，但从热力学的角度这些通常可以忽略掉。然而，它们可能会对排放处理设备产生负面影响。为了便于讨论，此处认为燃料仅仅是一种能量载体。

石油是含有数百种不同燃料的复杂混合物，但对于一个工程师来说最重要的是其中各元素的相对比例，如氢和碳等。一个常用的参考燃料是异辛烷 C_8H_{18}，通过它可以确定燃料的辛烷值，见 6.2.2。

燃料的氧化反应可以释放热量，如异辛烷和氧气的反应式为：

$$C_8H_{18}+12.5O_2 \longrightarrow 8CO_2+9H_2O+热$$

以热量的形式从燃料中释放出的能量可由弹式热量计（bomb calorimeter）测定。燃料的特性中，燃料的高热值 q_{HHV} 和低热值 q_{LHV} 经常用于确定燃料释放的热量值。高热值（higher heating value）是单位质量燃料燃烧时，燃烧产物中的水蒸气凝结成液态时所产生的全部热量。低热值（lower heating value）是单位质量燃料燃烧时，燃烧产物中的水仍为水蒸气状态时所产生的全部热量。异辛烷的热值是 $q_{\mathrm{HHV}}=47.8\mathrm{MJ/kg}$ 和 $q_{\mathrm{LHV}}=44.3\mathrm{MJ/kg}$。高热值略大是因为水由气态变到液态的过程中会释放出能量。内燃机尾气的温度很高，因此水是气态的。所以，通常采用低热值描述燃料中可利用的能量。

另一个问题是燃料消耗（能量消耗）与 CO_2 之间的关系，消耗的能量越多，产生的 CO_2 也就越多。对于给定的燃料，减少 CO_2 排放意味着减少燃料消耗。CO_2 排放量随着燃料量的改变而改变。例如，甲烷（天然气的主要成分）的 CO_2 排放量低于异辛烷（近似于汽油），然而类似乙醇这样的可再生燃料只在发动机的局部产生 CO_2，几乎不会对大气 CO_2 排放产生“净贡献”。

4.1.3 化学计量学和空燃比（A/F）

空燃比（A/F）定义为空气质量 m_{a} 和燃料质量 m_{f} 的比：

$$(\mathrm{A/F})=\frac{m_{\mathrm{a}}}{m_{\mathrm{f}}}$$

使用化学计量的燃烧反应，如果发生在一般的碳氢化合物燃料 C_aH_b 和空气之间，其燃烧产物只有水和二氧化碳，表示为：

$$C_aH_b+\left(a+\frac{b}{4}\right)(O_2+3.773N_2)\longrightarrow aCO_2+\frac{b}{2}H_2O+3.773\left(a+\frac{b}{4}\right)N_2 \tag{4.1}$$

这个燃烧反应定义了空气和燃料的化学计量比例，通过表示燃料中的氢和碳的相对含量 $y=b/a$ 和碳、氢、氧和氮的分子量，我们可以得出一个关于化学计量的空燃比表达式：

$$(\mathrm{A/F})_{\mathrm{s}}=\frac{m_{\mathrm{a}}}{(m_{\mathrm{f}})_{\mathrm{s}}}=\frac{(1+y/4)(32+3.773\times 28.16)}{12.011+1.008y}=\frac{34.56\times(4+y)}{12.011+1.008y}$$

理论空燃比在 13.27～17.23 之间变化，而 y 在 1（苯）～4（甲烷）之间变化。一般空燃比（A/F）需要用理论空燃比归一化，这被称为空燃当量比 λ（air/fuel equivalence ratio，也称过量空气系数），即：

$$\lambda=\frac{(\mathrm{A/F})}{(\mathrm{A/F})_{\mathrm{s}}}$$

另一个指标是（F/A），它是（A/F）的反比，归一化后的燃空比称为燃空当量比（fuel/air equivalence ratio），表示为：

$$\phi=\frac{(\mathrm{F/A})}{(\mathrm{F/A})_{\mathrm{s}}}=\frac{1}{\lambda}$$

当混合气中的空气过多时（$\lambda>1$）称为稀混合气。这会使反应方程式(4.1)的右侧出现过多的空气和 NO_x。当燃烧中的燃料过多时，混合气（$\lambda<1$）称为浓混合气。在浓混合气条件下，空气数量的不足会使燃料不能完全燃烧，致使燃烧效率降低，见图 4.2。

如下燃烧放热模型描述了在浓混合气状态下，燃料无法完全释放其所含热量的情况：

$$Q_{\mathrm{heat}}=m_{\mathrm{f}}q_{\mathrm{LHV}}\eta_{\mathrm{c}}(\lambda)$$

当混合气浓度较高时，燃烧效率 η_{c} 便会降低。这种情况的简化模型是 $\eta_{\mathrm{c}}(\lambda)\approx\min(1,\lambda)$。此外，浓混合气产生了未燃烧的碳氢化合物 HC 和一氧化碳 CO，这是不完全氧

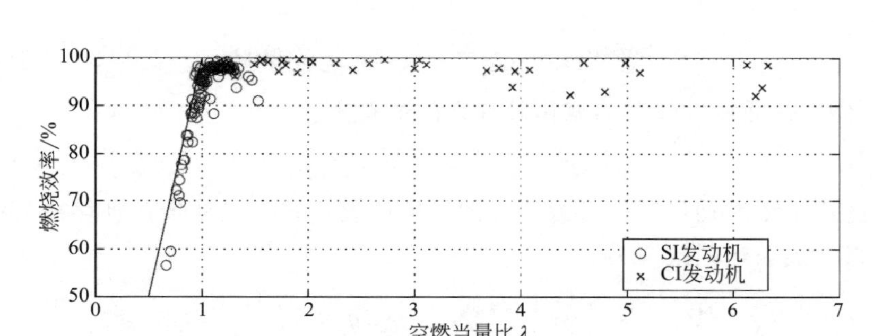

图 4.2 燃烧效率 η_c 是当量比 ϕ 的函数。当混合物中燃油含量多时，燃料中的化学能不能完全转化，效率降低。图中的直线表示 $\eta_c=\lambda$，其中 min（1，λ）对应浓混合气［数据来自于 Heywood（1988)］

化的结果。内燃机排放的机理将在 6.4 节中进行更详细的讨论。

模型 4.2 热量释放的简单模型

$$Q_{heat}=m_f q_{LHV}\min(1,\lambda) \tag{4.2}$$

4.2 发动机结构参数

发动机活塞、曲柄连杆的结构如图 4.3 所示，图中所示的一些参数和一些重要的衍生参数如下。

缸径：B

连杆长度：l

曲柄半径：a

活塞行程：$L=2a$

曲柄角：θ

（最小）间隙体积：V_c

气缸工作容积：$V_d=\dfrac{\pi B^2 L}{4}$

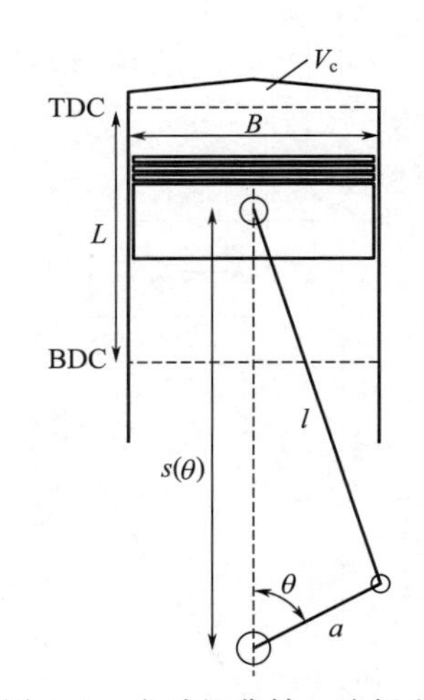

图 4.3 发动机曲轴、连杆和气缸结构尺寸定义

气缸工作容积（displacement volume）V_d 是活塞在气缸内移动所扫过的气缸容积。V_d 常用作定义发动机的排量，即 $V_D=n_{cyl}\dfrac{\pi B^2 L}{4}$（这里面的 n_{cyl} 是发动机的气缸数量）。$V_D=V_d n_{cyl}$ 将会用作表示发动机的排量（engine displacement）。

压缩比（compression ratio）r_c 是一个影响发动机效率的重要参数，表示为：

$$r_c=\frac{最大气缸容积}{最小气缸容积}=\frac{V_d+V_c}{V_c}$$

点燃式发动机（SI）（也单指汽油发动机）的压缩比一般为 $r_c\in$［8，12］。柴油发动机的压缩比一般为 $r_c\in$［12，24］。

当曲柄角为 θ 时，气缸的瞬时容积为：

$$V(\theta)=V_c+\frac{\pi B^2}{4}[l+a-s(\theta)]$$

式中，$s(\theta)$ 是曲柄轴线和活塞销轴线之间的距离：

$$s(\theta)=a\cos\theta+\sqrt{l^2-a^2\sin^2\theta}$$

上述表达式是用发动机结构参数定义的，但该表达式不仅复杂，且存在一些未说明的结构。可以将上述表达式改写为：

$$V(\theta)=V_d\left\{\frac{1}{r_c-1}+\frac{1}{2}\left[\frac{l}{a}+1-\cos\theta-\sqrt{\left(\frac{l}{a}\right)^2-\sin^2\theta}\right]\right\} \tag{4.3}$$

从这个表达式中，我们可以看出气缸工作容积 V_d、压缩比 r_c 和 $\frac{l}{a}$ 的值影响着气缸容积。

4.3 发动机性能

本节重点是发动机功率、油耗和排放，但作为一个驾驶员和车主还要了解一些其他方面的因素。例如，发动机的整体性能、燃料消耗的成本、噪声、污染、可靠性、耐用性和维护要求。在这里，我们把发动机的性能定义为：

- 在发动机有效工作范围内可用的最大功率（或最大转矩）；
- 发动机达到良好运行状态的速度和功率范围。

图 4.4 为一个典型的发动机最大功率和转矩特性图，图中也表示出一些其他常用的性能参数，定义如下。

- 最大额定功率/转矩：在短期内发动机允许达到的最大功率/转矩（在图 4.4 中为 110kW/212N・m）。
- 额定功率/转矩：在连续运行时发动机允许达到的最大功率/转矩（在图 4.4 中与最大额定功率/转矩数值相同）。
- 额定转速：额定功率/转矩时的曲轴转速（在图 4.4 中为 4000～5500r/min）。

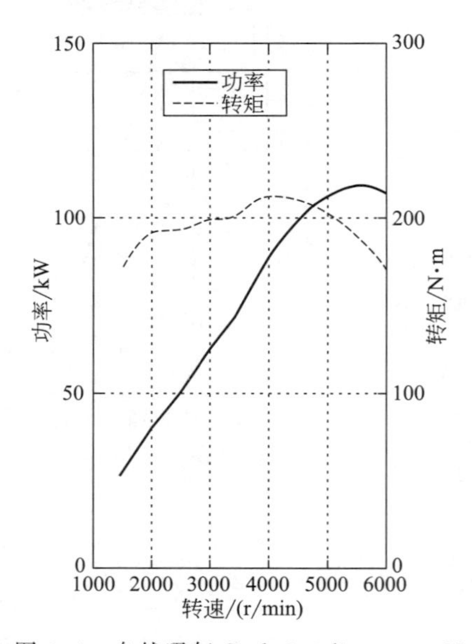

图 4.4 自然吸气 Saab 2.3-literature SI 发动机的转速-功率和转速-转矩特性图

4.3.1 功率、转矩和平均有效压力

发动机转矩通常使用测功机测量，也就是说用测功机对发动机进行“制动”来测量。发动机产生的转矩表示为 M_e（选用符号 M 表示转矩是为了避免与温度 T 产生混淆）。发动机产生的功率 P_b 为：

$$P_b=2\pi NM_e$$

式中，N 是发动机每秒转数。测功机测量的功率值称为制动功率 P_b（brake power）。这个功率是发动机对其负荷所做的有用功，这也是“制动（brake）”一词的含义。注意，转矩是衡量发动机工作能力的指标，而功率是衡量完成工作速率的指标。

转矩可以有效衡量发动机的工作能力，它的大小取决于发动机的排量。另一个有效参数是平均有效压力（mean effective pressure，MEP），可定义为：

$$\mathrm{MEP}=\frac{\text{每循环所做的功}}{\text{每循环气缸工作容积}} \tag{4.4}$$

平均有效压力是通过发动机排量规范化后得到的，单位与压强的单位一样（力/面积），因此起了这个名字。平均有效压力可由测功器测量发动机在工作时的功率计算得到，称为制动平均有效压力（brake mean effective pressure，BMEP）。BMEP 可通过在 MEP 中插入制动功率或转矩来计算得到，即：

$$\mathrm{BMEP}=\frac{P_{\mathrm{b}}n_{\mathrm{r}}}{V_{\mathrm{d}}n_{\mathrm{cyl}}N}=\frac{2\pi M_{\mathrm{e}}n_{\mathrm{r}}}{V_{\mathrm{d}}n_{\mathrm{cyl}}} \tag{4.5}$$

这里的 n_{r} 是发动机完成一个工作循环时曲柄转过的周数（$n_{\mathrm{r}}=1$ 为两行程发动机，$n_{\mathrm{r}}=2$ 为四行程发动机）。

在良好的发动机设计中，最大制动平均有效压力很好建立，并且在发动机排量大范围变化时，其值基本上不变。在特定的发动机设计中，实际 BMEP 可以与上述标称值相比较，用来评估设计人员采用的发动机排量是否合适。

BMEP 的典型值：对于自然吸气点燃式发动机来说，最大值的范围在 850～1050kPa 之间，对应的转速为最大转矩时的转速。在最大额定功率时，BMEP 值要低 10%～15%。对于装有涡轮增压点燃式发动机的汽车，最大 BMEP 范围在 1250～1700kPa 之间，其大小取决于涡轮增压器对气缸压力的增量。对于柴油发动机的 BMEP，自然吸气式的值在 700～900kPa 之间，涡轮增压式的值在 1000～1200kPa 之间。这些值可以用来估算给定排量的发动机的功率或转矩，或在功率和转矩已知的条件下，估算发动机的排量。

4.3.2 效率和燃油消耗率

另一个重要的问题是发动机如何高效地将燃料转换为有用功，解决这个问题需要经常用到两个参数。第一个是燃料转换效率，它由发动机功率与燃料功率 $\dot{m}_{\mathrm{f}}q_{\mathrm{LHV}}$ 的比值表示，即：

$$\eta_{\mathrm{f}}=\frac{\dot{W}}{\dot{m}_{\mathrm{f}}q_{\mathrm{LHV}}}=\frac{M2\pi N}{\dot{m}_{\mathrm{f}}q_{\mathrm{LHV}}} \tag{4.6}$$

另一个常用来比较效率的参数是燃油消耗率 SFC（specific fuel consumption），定义为单位输出功 W 的燃料消耗量 m_{f}，或每单位功率 $\dot{W}$ 的燃料消耗速率 $\dot{m}_{\mathrm{f}}$：

$$\mathrm{SFC}=\frac{m_{\mathrm{f}}}{W}=\frac{\dot{m}_{\mathrm{f}}}{\dot{W}} \tag{4.7}$$

燃油消耗率单位通常为 g/(kW・h)，见图 4.5。从以上定义也可以推出：

$$\mathrm{SFC}=\frac{1}{\eta_{\mathrm{f}}q_{\mathrm{LHV}}} \tag{4.8}$$

这表明 SFC 与效率成反比。燃油消耗率通常与制动功率相关，用 BSFC 表示。图 4.5 为某排量 2.3L 乘用车发动机实测的 BSFC 万有特性图（performance map）。随着发动机负荷的减小，BSFC 有增加的趋势，这与部分负荷效率相关。

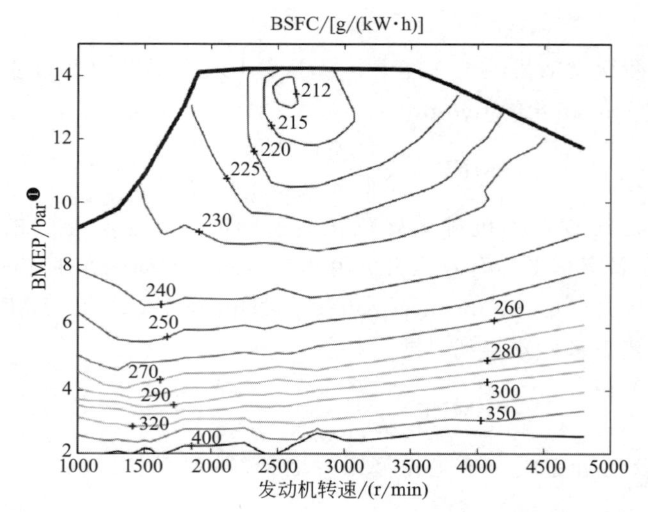

图 4.5　配备低涡轮增压系统的排量 2.3L SI 发动机万有特性图［该图为 BSFC 与发动机转速以及负荷（BMEP）的函数关系，并标记了最大负荷曲线。最低的 BFSC 在最大负荷曲线处获得。需要注意的是，iso-BSFCs 在最优和低负荷区域附近的比例并不相同］

4.3.3　容积效率

进气系统包含空气滤清器、化油器、节气门（SI 发动机内）、进气歧管和进气道，进气门限制了发动机吸入的空气量。用来表征发动机进气效果的参数是容积效率（volumetric efficiency）η_{vol}。容积效率定义为空气进入进气系统的体积流量 $\dot{V}_a$ 与活塞位移引起的气缸容积的变化率 $\dot{V}_d$ 之比，即：

$$\eta_{vol}=\frac{\dot{V}_a}{\dot{V}_d}=\frac{\dot{m}_a n_r}{\rho_{ai} V_d n_{cyl} N} \tag{4.9}$$

式中，ρ_{ai} 是进气口的空气密度；$\dot{m}_a$ 是空气质量流量；$n_r=1$ 为两行程发动机，$n_r=2$ 为四行程发动机。容积效率的另一个定义是直接使用进入气缸内的空气质量，即：

$$\eta_{vol}=\frac{m_a}{\rho_{ai} V_d}$$

该定义与式(4.9）是等效的，但是气缸中的空气质量并不容易确定。

进气道入口处的空气密度可以是进气系统（空气）密度（如上式）或大气密度。前一种情况下 η_{vol} 表示进气门的进气效率，后一种情况则表示整个进气系统的效率。自然吸气发动机的容积效率通常最多为 0.8～0.9，但如果发动机装有优化调整的进气装置，容积效率可以达到通常值以上。

关于变量的重要说明

在此之前有必要给出两个重要说明。

① 用于上述方程的气缸工作容积 V_d 是代表单个气缸的，但 V_d 也经常用来表示发动机的排量，即 $V_d n_{cyl}=V_D$（如前所述）。

---

❶ 1bar＝0.1MPa（编者注）。

② 用于上述方程的发动机转速 N 是按每秒计算的，但也经常使用每分钟（r/min）的表示方法。这就是表达式中包含“60”这个系数的原因。

通常根据上下文是可以确定应使用哪一种容积和发动机转速表示的，但也要注意它们字面含义的频繁转换。

4.4 小型化与涡轮增压

1.1.2 中提到，发动机小型化是通过减小发动机排量来实现减耗的。小型发动机的主要优点是它比大型发动机在道路载荷下具有更高的效率，这是因为较小的发动机在接近最大负载运行时其效率会达到最佳，如图 4.5 所示。之所以会这样，是因为在接近最大负载时，小型发动机受泵气损失和摩擦损失的相对影响是最小的。也就是说，摩擦损失只随负荷有轻微的增加，而泵气损失随负荷减少，这使当发动机有用功增大时其相对的影响降低。更多细节，以及发动机转矩生成和损失模型将在 5.2.3 小节和 7.9 节中进行说明。建议感兴趣的读者参考 Soltic（2000），其中有更多关于发动机小型化的例子和分析。

为了说明发动机的性能，以某款正以 90km/h 的速度行驶的中型车辆为例，在其上安装两个发动机：排量较大为 3.2L，较小的为 1.6L。将道路负荷经过变速箱转换成发动机 2000r/min 的转速和约 50N・m 的转矩。图 4.6 显示了它们在该负荷下的效率和燃油消耗率，并标出了 90km/h 的点。在巡航速度下，较小的发动机运行在一个更高的效率点（接近最大），因此具有更好的燃油经济性。如图 4.6 所示，小型发动机的最大转矩约为 150N・m，大型的发动机最大转矩为 300N・m。巡航速度在 90km/h，小型发动机的需求转矩超过最大转矩 1/3，而大型发动机只需要 1/5。从巡航点到最大转矩之间的储备转矩可用来加速车辆，因此较小的发动机的加速能力自然要低一些。总之，小型发动机的优点是降低了燃料消耗率，缺点是加速性能较低。一种折中的方法是使用增压器或涡轮增压器，这将会在下面介绍。

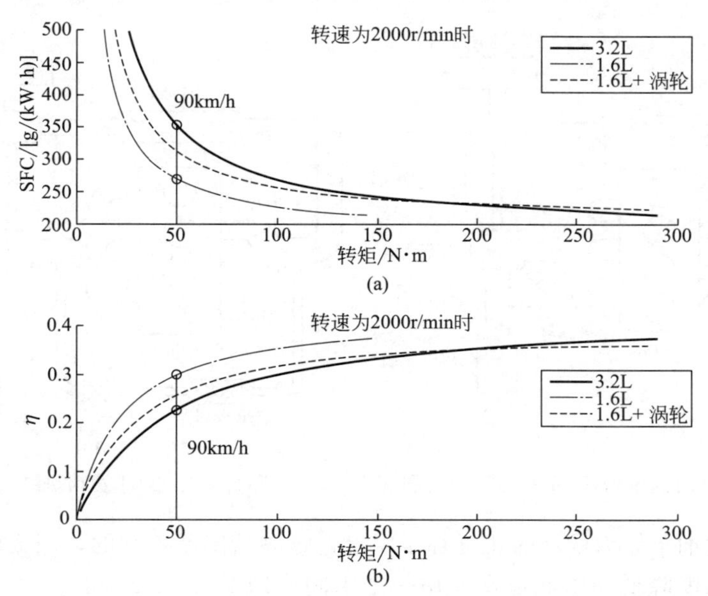

图 4.6 三个发动机的 BSFC 和转速在 2000r/min 时的效率对比图［三个发动机：实线为六缸-3.2L 发动机；点划线为四缸-1.6L 发动机；虚线为四缸-1.6L 涡轮增压发动机。一辆中型汽车在巡航速度 90km/h 的需求转矩大约为 50N・m/(2000r/min)］

增压与涡轮增压

增压是增加进气密度的一系列方法的总称，该方法是将额外的空气通入气缸，其中一种是涡轮增压。对发动机进行增压是为了获得更大的功率和转矩。燃料中的化学能需要与空气中的氧气结合燃烧才能释放出来，由于通入缸内的空气量是一定的，因此发动机的功率和转矩是有限的。式(4.2) 显示了当容积效率限制了式(4.9) 中的空气量时，燃料所能释放的总热量。通过增加空气的密度，通入气缸的空气量也增加了。增压技术通常用于小型化的发动机，以达到提高燃油经济性的目的。

涡轮增压发动机中，用废气的能量来压缩进入气缸的空气从而产生更高的进气歧管压力。这可以通过在排气系统中增加一个涡轮机并与进气系统中的压缩机连接来实现。进气压力的增加导致了进气密度的增加，从而增加了进入燃烧室的空气量，进而可以增加功率的输出。涡轮机同时会增加进气温度，可以使用中冷器进行冷却。涡轮增压器的速度和经压缩机压缩后的最终压力可通过使用排气泄压阀或可变截面涡轮（VGT）增压系统来控制。

涡轮增压汽油和柴油发动机的例子

图 4.7 所示为两个涡轮增压发动机，一个汽油机和一个柴油机。它们之间主要的不同点在于，汽油发动机有节气门，柴油发动机有废气再循环（exhaust gas recirculation，EGR)。汽油发动机在气门处进行燃油喷射，而柴油发动机的燃油则直接喷射到气缸里。此外，汽油机的涡轮功率由排气泄压阀控制，而柴油发动机则由可变截面涡轮（variable geometry turbine，VGT）进行控制。排气泄压阀（wastegate）是一个旁通了涡轮的阀，这导致输出到涡轮的功率减少，最终使涡轮增压器的速度和进气压力均降低。而 VGT 涡轮机则通过改变涡轮的流量特性使排气能量的利用效率更高。由于没有质量流量被旁通，使发动机获得了更好的控制自由度和运行区间。VGT 涡轮机中含有一些活动件，在高温下会对其耐久性产生影响，因此它们主要用于排气温度较低的柴油发动机。

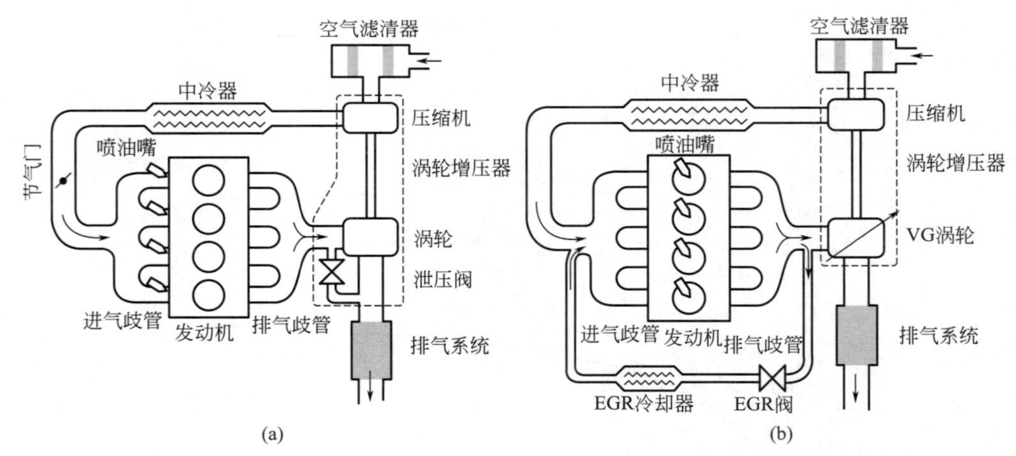

图 4.7 最常见的涡轮增压 SI 发动机结构图［图（a）］和最常见的 CI 发动机结构图［图（b）］

压缩机在增加了压力的同时也增加了温度，这种情况是不利的，因为较高的温度会导致可燃混合气浓度降低。因此通常使用一个中间冷却器（intercooler）［有时也称为后冷却器（aftercooler)］来降低温度，可燃混合气浓度的增加使发动机输出功率增高。中间冷却器也可使发动机的效率提高，因为它可使进入发动机相同（气体）质量流量下的进气压力降低，这样所需的涡轮压力就会减少，从而降低了发动机的泵气功率。

可燃混合气温度的增加会使汽油发动机更容易产生爆震，这是不利的（这将会在6.2.2中讨论）。有多种不同的措施可以用来减少爆震倾向，其中包括降低压缩比、进气冷却（中间冷却器）、点火提前控制以及排气泄压阀控制。如在一辆车上装两种不同进气类型的2.0L发动机，一个是自然吸气，另一个是低涡轮增压。自然吸气发动机的压缩比为$r_c=10.1$，而涡轮增压发动机带有一个中间冷却器，压缩比只有$r_c=9.0$。涡轮增压可使功率从94kW（128马力）升高到118kW（160马力）。

小型化、涡轮增压和燃油经济性

我们现在回到图4.6发动机小型化的例子。在1.6L发动机上安装一个涡轮增压器，增加了进气密度，从而增加了功率和转矩输出。这解决了小型发动机低油耗与大输出功率之间的矛盾。提高最大进气压力的缺点是必须降低压缩比以保证在整个发动机负荷和速度范围内不发生爆震。从图4.6可以看出，在重要的巡航工作区域中，涡轮增压发动机的效率区介于另外两个发动机之间。当最大负载时，涡轮增压发动机相比3.2L发动机有着更低的效率（由于低压缩比），但最重要的是，它比自然吸气1.6L发动机产生了更高的转矩。

5

热力学与工作循环

本章将详细介绍四行程发动机的工作原理，同时阐述控制发动机（排放）限值和效率的基本原理。本章目标是让读者对发动机的工作过程有进一步的了解，可以为建模、控制和诊断打下基础。此外，理解本章内容中所体现出的折中和局限性也很重要。接着第4章的内容，本章将专门讲述发动机的输出、功率的产生和排放，并描述和分析发动机工作原理以及功率和效率的控制机理，下一章再对燃烧和排放进行论述。

5.1 四行程发动机的工作循环

点燃式（SI）发动机（有时也称为Otto发动机、汽油发动机）和压燃式（CI）发动机（或柴油机）是汽车中最常用的发动机。四行程发动机的工作循环如图5.1所示。缸内压力 p_{cyl} 是发动机工作循环和功率生成过程中的重要参数，因为该压力施加给活塞从而使发动机产生转矩。如图5.2所示，缸内压力、进气歧管压力 p_{im} 和排气歧管压力 p_{em} 的压力轨迹与曲轴转角的关系曲线也称为示功图。四个行程与活塞的移动相关，它们是：

进气行程［从上止点（TDC）到下止点（BDC）］，进气门打开，活塞向下移动，可燃混合气由进气歧管进入并充满气缸，注意进气行程中缸内压力 p_{cyl} 接近进气歧管压力 p_{im}；

压缩行程（BDC到TDC），活塞在机械运动的带动下，压缩可燃混合气使之达到一个更高的温度和压力，大概在上止点前（BTDC）曲轴转角为25°时，火花塞点燃混合物，燃烧开始，火焰在燃烧室传播，热量增加，燃烧持续进行直至进入做功行程；

做功（膨胀）行程（TDC到BDC），在上止点之后（ATDC）曲轴转角约40°时燃烧结束，气体在做功行程体积膨胀并向外做功，大约在曲轴转角为130°时排气门打开，排气行程开始，此时由于缸内压力较高，气体被压入排气系统，缸内压力也随之降低；

排气行程（BDC到TDC），燃烧室中的气体被压入排气系统，注意此时缸内压力 p_{cyl} 接近排气歧管压力 p_{em}，当活塞到达上止点（TDC）时，本循环完成，下个循环开始。

本章中的数据通常用来描述点燃式发动机的工作过程，因而接下来的相关讨论均是针对点燃式发动机的。其中一些方面与压燃式发动机的工作过程也有很多相似之处，具体内

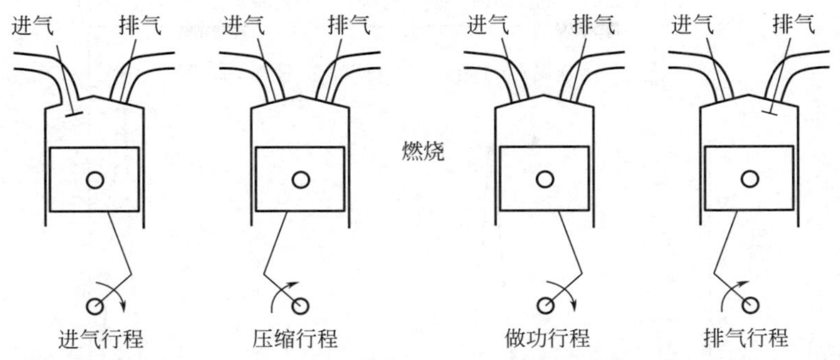

图 5.1 内燃机四行程循环（四行程包括进气行程、压缩行程、做功行程和排气行程）

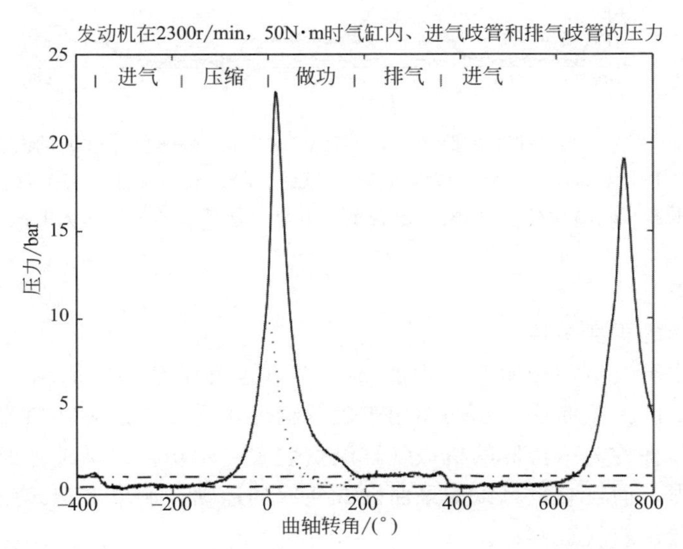

图 5.2 SAAB 9000 在一个微小上坡路面上，以四挡 80km/h 的速度行驶时的缸内压力（实线）、进气歧管压力（虚线）和排气压力（点划线）[其中标注了四个行程（进气、压缩、做功和排气）。图中还表示了电机启动循环的气缸压力曲线（点线）]

容将在 6.2 节和 6.3 节进行详细说明。

燃烧过程从火花塞放电（也称为点火）开始。火花塞放电通常发生在上止点（TDC）之前的 0°～40°之间。在图 5.2 和图 5.3 中点火大约发生在上止点前 25°。大约在上止点前 5°时燃烧压力开始增长，直至达到电机启动循环压力（仅对于压缩行程时的气缸压力）以上，并在上止点后大约 17°时达到最大值。当气缸压力达到最大值时，燃烧产生的压力增加等于由于体积膨胀产生的压降。剩余的混合气继续燃烧，燃烧将持续 10°～20°。电机启动循环（motored cycle）压力在混合气未点燃，发动机由启动电机带动的条件下测量得到。因此缸内压力仅随着气体的压缩和膨胀变化，并在上止点时（或上止点前 1°，该情况是由于热传递和气体泄漏）达到最大值。

图 5.2 和图 5.3 也显示了另外一个重要的原理：节气门对进气歧管气体流量及压力变化的影响，以及进一步对缸内压力的影响。图 5.2 中的发动机负荷为 50N · m 并且进气歧管的压力 p_{im} = 48kPa，图 5.3 中的发动机负荷为 20N · m，进气歧管压力 p_{im} = 30kPa。这说明 SI 发动机的进气歧管压力与发动机负荷是相关的，而且可与发动机转速一起用来

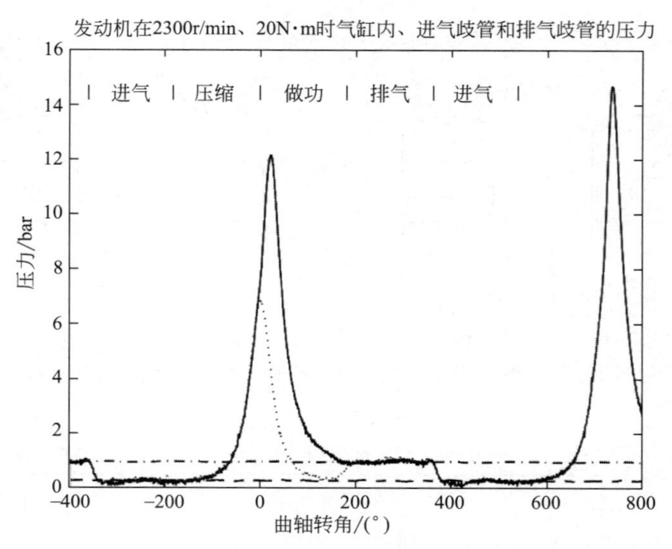

图 5.3 SAAB 9000 在一个微小下坡路面上，以四挡 80km/h 的速度行驶时的缸内压力（实线）、进气歧管压力（虚线）和排气压力（点划线）[其中标注了四个行程（进气、压缩、做功和排气）。图中还表示了电机启动循环的气缸压力曲线（点线）]

估计发动机的负荷。

发动机工作循环中的重要事件

发动机循环中重要事件如图 5.4 中的 p-V 图（也称示功图）所示，图 5.4 所示为缸内压力与气缸容积的关系曲线。示功图用于表示缸内压力随着曲轴转角或气缸容积的变化过程，源于早期一种称为示功器的机械气缸测量装置。示功器以某种方式与气缸相连，可以记录气缸的压力，而且它也可以记录曲轴或活塞的运动，所以在记录压力的同时，也能记录相应的曲轴转角或气缸容积。

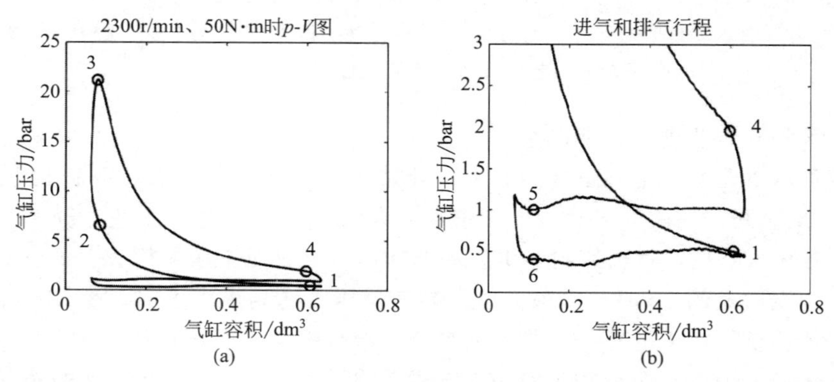

图 5.4 图 5.2 中循环的 p-V 图 [（a）全部循环；（b）显示了放大后的进气和排气行程。标记点表示：1 进气门关闭（IVC）；2 燃烧的开始；3 最大压力；4 排气门打开；5 进气门打开；6 排气门关闭]

① 进气门关闭（晚关）（inlet valve closing，IVC）通常发生在（压缩行程）下止点（BDC）之后 30°～60°曲轴转角，此时气体开始压缩。压缩行程中进气门关闭发生在下止点（BDC）后是为了从“冲压效应”中受益（进气歧管内气体运动的惯性进一步增加了进入气缸的气体量）。优化调整的进气歧管可以使容积效率超过标称值，即 $\eta_{vol}>1$。IVC 是

影响发动机高速运转时容积效率的主要因素。由于进气过程中回流的存在，它也影响低速时的容积效率［Heyhood（1988）］。

② 燃烧是在火花塞点火时开始的，并在燃烧室内传播。火花塞跳火发生在上止点前约 350°时，并且它对发动机效率和排放有直接的影响。点火正时将在 10.5 节进行更详细的介绍。

③ 气缸压力在（做功行程）上止点（TDC）之后 17°左右达到最大值，此时燃烧已经完成了 80%～90%。

④ 排气门打开（早开）（exhaust valve opening，EVO）发生在（做功行程）下止点（BDC）之前 50°～60°曲轴转角，废气开始排出气缸。当排气门打开时，热的气体扩张到排气装置使做功行程末期的气缸压力下降。排气门早开的目的是尽可能快地将气缸压力降低至排气歧管压力。

⑤ 进气门打开（早开）（inlet valve opening，IVO）发生在（排气行程）上止点（TDC）之前 10°～25°曲轴转角。发动机性能对该点的敏感度相对不高。进气门打开发生在上止点（TDC）前使进气行程中气缸压力不至于过早下降。

⑥ 排气门关闭（晚关）（exhaust valve closing，EVC）发生在（进气行程）上止点（TDC）之后 8°～20°曲轴转角。在低负荷、低进气压力时，排气门关闭时刻决定了燃烧室中残余气体的量。在高转速和高负荷时，它影响着排出的废气量。

更多关于 EVO、IVO、EVC 和 IVC 的内容将在 12.1 节可变气门驱动装置中进行介绍。可变气门驱动过程中，对一些变量的控制可以影响发动机的性能。举例如下：

- 总进气量；
- 喷油量；
- 燃烧时间（点火或喷射）；
- 歧管压力（使用节流阀和/或涡轮增压器）；
- 在气缸内燃烧的气体总量［使用废气再循环（EGR）］；
- 进气门开启和关闭时间；
- 排气门开启和关闭时间。

前四个基本上适用于所有的汽车，其他的已在先进的发动机中得以使用，将会逐步得到广泛采用。

5.2 热力学循环分析

通过测量气缸压力可以监测发动机工作循环中所做的功，W_i 能通过对 p-V 图的封闭区域进行积分轻易得出，即：

$$W_i = \int p \, dV$$

为了简化循环效率及不同发动机参数影响的分析过程，在图 5.4 中的 p-V 图上绘制了压力轨迹，并利用属性和形状相似的循环对压力轨迹进行了建模。图 5.5 绘制了气缸压力的 p-V 图，这在之前的图 5.4 中也曾绘制过，图中也涵盖了发动机循环的三种理想模型：Otto（奥托）循环、Seiliger 循环和 Diesel（迪塞尔）循环。Otto 循环和 Diesel 循环仅仅是两种具体模型循环的名称，并不与 Otto 发动机（即四行程发动机）或柴油发动机

(Diesel) 的工作原理直接相关；在一些工作条件下，Otto 发动机用 Diesel 循环模型最好，有时则反过来更好。Seiliger 循环是对两种发动机工作状况进行仿真的最佳循环。

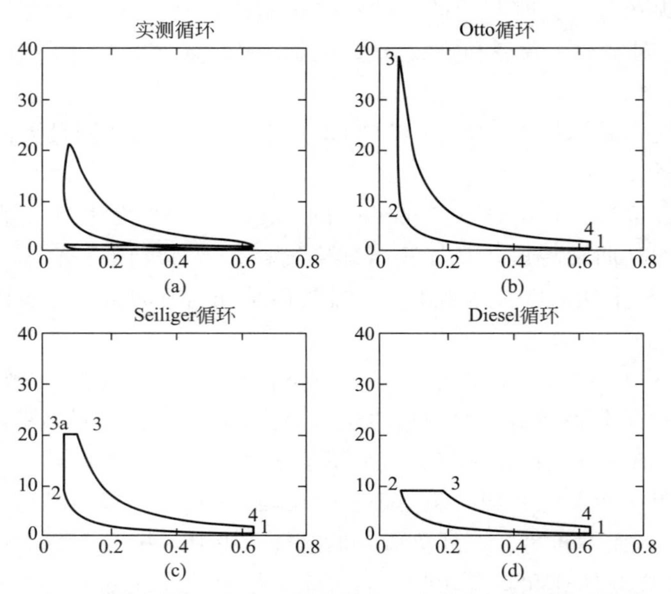

图 5.5 实测循环的 p-V 图和其他三个种常见循环的压力[1]

如果按照严格的热力学定义，内燃机并不是一种热力发动机，因为它不是一个封闭系统，其与周围环境存在着质量交换。图 5.15 中讨论了理想模型与实测气缸压力轨迹之间的不同之处。

在图 5.4 中，发动机循环所做的功由事件 1-2-3-4 围成，称为总指示功（gross indicated work）$W_{i,g}$。当发动机经历过程 4-5-6-1 时，排出废气和吸入新鲜混合气需要消耗功。在 p-V 图中表示做功的区域称为指示泵气功（indicated pumping work）$W_{i,p}$。净指示功（net indicated work）$W_{i,n}$ 是总指示功减去泵气功，即 $W_{i,n}=W_{i,g}-W_{i,p}$。这些术语名称表明其数值来自于示功图，并与缸内压力有关。分析的第一步是考察一种特定循环下的总指示功和循环效率。注意，该循环的运行条件是发动机满载并且节气门完全打开。在这种情况下，进气压力 p_{im} 就是大气压，等于排气压力 p_{em}，即排气压力也是大气压，因此被 4-5-6-1 包围的区域为空，可以被忽略。这相当于不计泵气损失，即发动机在排出已燃气体并吸入新鲜混合气时做的功。

5.2.1 发动机工作过程的理想模型

在建模和分析时，发动机的运行周期可分为几个独立的过程，本节分别对它们进行建模。表 5.1 列出了在不同行程建模时做出的假设。在理想模型中，假设工作流体（工质）在整个工作循环中均为理想气体，并且其比热容（c_p 和 c_V）为常数。这些循环模型通常称为理想气体标准循环（ideal gas standard cycles）。但是，在实际循环和气体燃烧前后，其 c_p 和 c_V 是变化的。由于气体分子和分子量在燃烧前后会发生变化，比气体常数 R 会发生微小改变。在理想气体标准循环中将该微小变化忽略。

---

[1] 图中横、纵坐标参考图 5.4（译者注）。

表 5.1 在理想气体标准循环中不同过程的热力学性质

过程	模型性质	方程式
压缩(1-2)	等熵(绝热并可逆)	$dq=ds=0$
燃烧(2-3)	绝热加热	
	a. 定容	$dq=c_V dT$
	b. 定压	$dq=c_p dT$
	c. 部分定容和部分定压	
做功(3-4)	等熵(绝热并可逆)	$dq=ds=0$
热交换(4-1)	定容	$dV=0$

在比较发动机不同循环时，有两个参数比较重要。第一个是热效率（thermal efficiency）或指示燃油转换效率（indicated fuel conversion efficiency），即：

$$\eta_{f,i}=\frac{W_i}{m_f q_{LHV}}$$

式中，m_f 是发动机在一个循环内消耗的燃料质量；q_{LHV} 是燃料的比热容值，代表1kg 燃料中所含的化学能；W_i 是指示功。指示燃油转换效率是衡量在循环过程中燃油能量 $m_f q_{LHV}$ 转换成机械功 W_i 时，转换效率的指标。

第二个参数是指示平均有效压力（indicated mean effective pressure，IMEP），它直接来自 MEP 的定义 [式(4.4)]：

$$\text{IMEP}=\frac{W_i}{V_d}$$

IMEP 的值只与每个循环的指示功有关，但不受发动机排量的约束，因为它已被气缸工作容积 V_d 标准化。该术语的名称再次表明其值是由示功图计算得到的。IMEP 和制动平均有效压力（BMEP）之间互相关联，BMEP 对应于发动机实际产生的功 [BMEP 的定义见式(4.5)]。IMEP 对应于缸内气体产生的功。该功会被活塞与气缸壁之间、连杆和曲轴总成之间的摩擦所消耗。摩擦功是指示功和制动功之差，即：

$$W_{fr}=W_i-W_b$$

摩擦功也可用发动机排量标准化，得到相应的摩擦平均有效压力（friction mean effective pressure，FMEP），即：

$$\text{FMEP}=\text{IMEP}-\text{BMEP}$$

工作过程的进一步分析

在这里，首先对发动机不同工作循环的状态和性质进行概述，以便后续公式的推导。这个推导是针对定容循环的，但也将可以有效分析其他类型循环的部分显著标识出来，并将其用于效率推导。图 5.5 中定义了工作循环过程的最终状态 1-2-3-4-1。

在分析各循环工作过程前，要先列出两个有用的热力学关系式。首先定义理想气体的比热容 c_p（定压比热容）和 c_V（定容比热容）之差，即：

$$c_p-c_V=R$$

然后，我们也记得比热比的定义为：

$$\gamma=\frac{c_p}{c_V}$$

压缩（1-2） 该模型是一个等熵（绝热和可逆的）过程。对于绝热和可逆的过程，热力学第一定律为（见表 5.1）：

$$dq = du + dw = 0$$

理想气体定律表示为 $pV = mRT$，当质量一定时，理想气体定律表示为 $pv = RT$，其中 $v = \frac{V}{m}$ 是比体积。用下面的关系 $du = c_V dT$、$dw = p dv$ 表示可逆过程得：

$$c_V dT + \frac{RT dv}{v} = 0$$

除以 T 并积分得：

$$c_V \ln\left(\frac{pv}{R}\right) + R \ln v = \text{const}$$

除以 c_V，用 $\frac{R}{c_V} = \frac{c_p - c_V}{c_V} = \gamma - 1$，并改写上式得：

$$\ln\left(\frac{pv}{R}\right) + \ln v^{\gamma-1} = \text{const}$$

最后，由于 R 是常数，得：

$$pv^{\gamma} = \text{const}$$

总之，从状态 1 到 2 之间的理想气体可逆绝热过程可以得到以下三个关系：

$$p_1 v_1^{\gamma} = p_2 v_2^{\gamma} \text{ 或 } \frac{p_2}{p_1} = \left(\frac{v_1}{v_2}\right)^{\gamma} = r_c^{\gamma} \tag{5.1}$$

根据理想气体定律 $p = \frac{RT}{v}$，得：

$$\frac{T_2}{T_1} = \left(\frac{v_1}{v_2}\right)^{\gamma-1} = r_c^{\gamma-1} \tag{5.2}$$

和

$$\frac{T_2}{T_1} = \left(\frac{p_2}{p_1}\right)^{1-1/\gamma} \tag{5.3}$$

燃烧（2-3） 在定容（恒定体积）加热过程中，燃料的化学能转化为热能。

$$m_f q_{LHV} = m_t c_V (T_3 - T_2) \tag{5.4}$$

式中，m_t 是气缸充量的总质量。简记公式为：

$$q_{in} = \frac{m_f q_{LHV}}{m_t}$$

以便下文使用。在此关系式中，q_{in} 是气缸充量的比能量，表示每单位质量充量所含的能量。加热过程可写为：

$$q_{in} = c_V (T_3 - T_2) \text{或} \frac{T_3}{T_2} = 1 + \frac{q_{in}}{c_V T_2} \tag{5.5}$$

一个理想气体的定容过程，$\frac{p}{T} = \frac{R}{v} = \text{const}$，服从如下压力增长比例关系：

$$\frac{p_3}{p_2} = \frac{T_3}{T_2} \tag{5.6}$$

膨胀（3-4） 膨胀过程也是一个等熵过程，与压缩过程相同，也采用式(5.1)与式(5.3)，只不过符号发生了改变。

热交换（4-1） 这种情况出现在气体交换并且不考虑泵气过程的循环中，如图 5.5 所示。在这种循环中，热量流失到周围环境中，其热损耗为 $q_{\text{loss}}=c_V(T_4-T_1)$。

5.2.2 循环效率的推导

前面已经分析了理想循环过程，如图 5.5 所示，并推导了一系列公式。现在依此来分析循环特性。首先分析效率特性，然后分析功和指示平均有效压力。

定容循环——奥托（Otto）循环

对于奥托循环，热量是在点 2 和 3 之间由燃料释放的，$q_{\text{in}}=c_V(T_3-T_2)$，类似地热损失只发生在 4 和 1 之间，$q_{\text{loss}}=c_V(T_4-T_1)$。注意，由于高温气体扩散到排气歧管，排放过程中存在能量损失。压缩和膨胀过程 1-2 和 3-4 是等熵的，因此在这些过程中没有热量损失。其热效率表达式为

$$\eta_{\text{f,ig}}=\frac{q_{\text{in}}-q_{\text{loss}}}{q_{\text{in}}}=\frac{c_V(T_3-T_2)-c_V(T_4-T_1)}{c_V(T_3-T_2)}=1-\frac{T_4-T_1}{T_3-T_2}$$

使用在等熵压缩和膨胀过程中的温度关系式(5.2)，可以得到 $T_3=T_4r_c^{\gamma-1}$ 和 $T_2=T_1r_c^{\gamma-1}$。代入这些表达式最终得到奥托循环的效率为：

$$\eta_{\text{f,ig}}=1-\frac{1}{r_c^{\gamma-1}} \tag{5.7}$$

图 5.6 绘制了在不同 γ 下的奥托循环效率与压缩比 r_c 的函数关系曲线。SI 发动机的混合气 $\gamma=1.3$ 时，可以很好地接近压力测量数据。从图 5.6 中可以看出，当压缩比超过 10 时，效率的增长率开始下降。

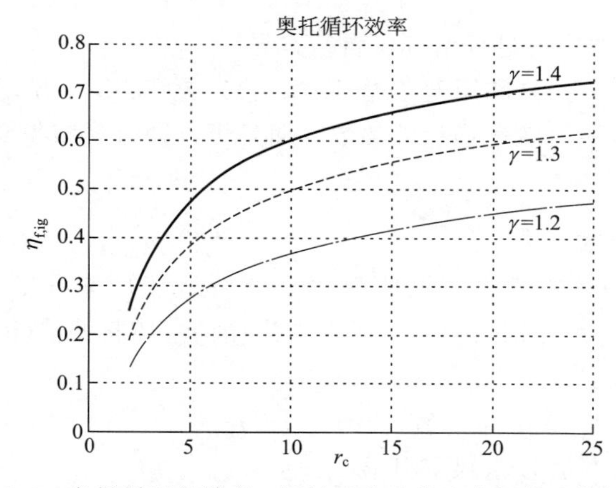

图 5.6 奥托循环的效率、压缩比和比热比之间的函数关系

定压循环——迪塞尔（Diesel）循环

在迪塞尔循环中，热量在一个可逆的恒压过程中增加。在工作过程中热量增加为 $q_{\text{in}}=c_p(T_3-T_2)$，在 4 到 1 之间的热损失为 $q_{\text{loss}}=c_V(T_4-T_1)$。此时循环效率为：

$$\eta_{\text{f,ig}}=\frac{q_{\text{in}}-q_{\text{loss}}}{q_{\text{in}}}=\frac{c_p(T_3-T_2)-c_V(T_4-T_1)}{c_p(T_3-T_2)}=1-\frac{T_4-T_1}{\gamma(T_3-T_2)}$$

对于等压过程 $\mathrm{d}p=0$，在 2 到 3 之间，对于理想气体有如下关系：

$$\frac{v}{T}=\frac{R}{p}=\text{const},\frac{T_3}{T_2}=\frac{v_3}{v_2}$$

对于等熵过程 1-2 和 3-4，有 $p_4 v_4^{\gamma}=p_3 v_3^{\gamma}$ 和 $p_1 v_1^{\gamma}=p_2 v_2^{\gamma}$。把这些参数彼此分开并且要注意条件 $v_4=v_1$ 和 $p_2=p_3$ 服从$\frac{p_4}{p_1}=\left(\frac{v_3}{v_2}\right)^{\gamma}$。由于是等容过程，$dv=0$，由过程（4-1）可以得出：

$$\frac{p}{T}=\frac{R}{v}=\text{const},\frac{T_4}{T_1}=\frac{p_4}{p_1}$$

循环效率现在可写为：

$$\eta_{f,ig}=1-\frac{1}{\gamma}\times\frac{T_1}{T_2}\times\frac{\frac{T_4}{T_1}-1}{\frac{T_3}{T_2}-1}=1-\frac{1}{r_c^{\gamma-1}\gamma}\times\frac{\left(\frac{v_3}{v_2}\right)^{\gamma}-1}{\frac{v_3}{v_2}-1}$$

设$\frac{v_3}{v_2}=\beta$，最终可得：

$$\eta_{f,ig}=1-\frac{1}{r_c^{\gamma-1}}\times\frac{\beta^{\gamma}-1}{(\beta-1)\gamma} \tag{5.8}$$

限压循环——Seiliger 循环

通过假设$\frac{p_3}{p_2}=\alpha$ 和$\frac{v_3}{v_2}=\beta$ 可以得出 Seiliger 循环下的效率：

$$\eta_{f,ig}=1-\frac{1}{r_c^{\gamma-1}}\times\frac{\alpha\beta^{\gamma}-1}{\alpha(\beta-1)\gamma+\alpha-1} \tag{5.9}$$

此处 Seiliger 循环的求解过程请读者自行推导。

要注意奥托循环（$\beta=1$）和迪塞尔循环（$\alpha=1$）是 Seiliger 循环的两种特例。其中参数 α 可视为一个决定着压力轨迹形状的参数，而且可以通过调整得到一个实际发动机的工作循环。

理想循环的功和平均有效压力

上文研究了理想循环的效率。这些效率现在可直接用来确定总指示平均有效压力 IMEP_g 和总指示功 $W_{i,g}$。已知效率就可以反映出循环中燃料的消耗情况，即 $m_f q_{LHV}$，并得到总指示功的表达式：

$$W_{i,g}=\eta_{f,ig} m_f q_{LHV}$$

基于这个表达式，可直接求得 IMEP_g：

$$\text{IMEP}_g=\frac{m_f q_{LHV}\eta_{f,ig}}{V_d}$$

5.2.3 气体交换和泵气功

本章到目前为止只研究了循环的高压部分，也是循环中功产生的部分。气体交换过程也包含了泵气功（图 5.7），伴随着状态的转换，需要较上文做更为仔细的分析，上文的气体交换模型仅针对 4 到 1 的热量交换进行了建模。当考虑图 5.7 的泵气过程时，状态和过程 1-2-3-4-5-6-7-1 将被包含在热力循环中。

放气（4-5） 放空是指气缸中一些高温气体进入到排气装置时，气缸压力会降低到

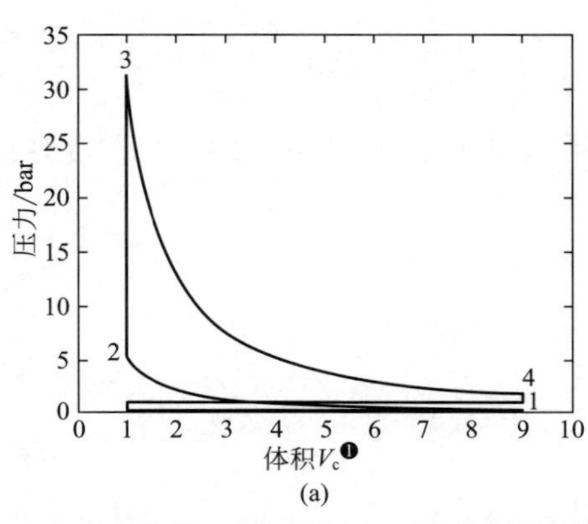

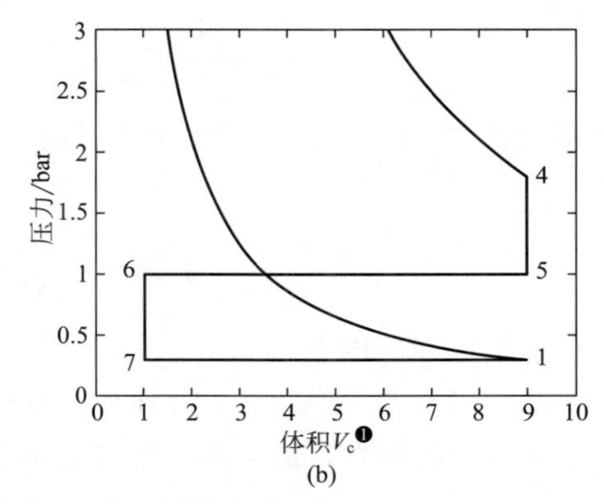

图 5.7 在部分负荷（节气门开启）下进气和排气行程 p-V 图（条件是 $p_{im}=30$kPa 和 $p_{em}=100$kPa）

$p_{cyl}=p_{em}$ 的过程。假设在放气过程中燃烧室内剩余的气体是一个等熵膨胀过程。压力和温度变化之间的关系用流体的状态变化来表示，其推导过程类似式(5.3)。其结果是：

$$\frac{T_e}{T_4}=\left(\frac{p_{em}}{p_4}\right)^{1-1/\gamma} \tag{5.10}$$

排气（5-6） 气体在恒定压力 p_{em} 下进入排气系统，并且不发生热交换。此时 $dT=0$，得到 $T_6=T_e$。当排气门关闭时，状态 6 中燃烧室内的剩余气体称为残留气体，其质量记作 m_r。

进气门打开（6-7） 当进气门打开时，一部分气体膨胀进入进气歧管。在此阶段假定残余气体等熵地从 p_{em} 膨胀到 p_{im}，然后进入进气歧管，可得出如下残余气体温度和残余气体体积的关系：

$$T_r=T_6\left(\frac{p_{im}}{p_{em}}\right)^{1-1/\gamma} \text{ 和 } V_r=V_c\left(\frac{p_{em}}{p_{im}}\right)^{1/\gamma} \tag{5.11}$$

进气（7-1） 在恒压 p_{im} 下，新鲜空气 m_{af} 充满气缸，并在燃烧室与残余气体 m_r 混合。其混合模型为介于新鲜充量和残余气体之间的绝热混合，等同于 $dU=0$：

$$U_1=m_r c_V T_r+m_{af} c_V T_{im} \text{ 和 } U_2=(m_r c_V+m_{af} c_V)T_1$$

考虑到能量守恒，并且在给定初始温度 T_1 条件下，假设已经燃烧和未燃烧的气体具有相同的 c_V 时，可以得到气体质量平均温度，即：

$$T_1=\frac{m_r T_r+m_{af} T_{im}}{m_r+m_{af}} \tag{5.12}$$

泵气功

在排气和进气过程中，当燃烧过的混合物被泵出时活塞对气体做功，当新鲜混合物充入燃烧室时空气对活塞做功。为了分析在整个发动机效率中泵气功（pumping work）的影响，考虑使用燃烧泵气阶段的 p-V 图进行分析。图 5.7 展示了一个循环的进气和排气行程 p-V 图。假设在排气行程中其压力等于排气压力 p_{em}，在进气行程中其压力等于进气歧管压力 p_{im}，那么指示泵气功可表示为：

$$W_{i,p}=p_{em}(V_5-V_6)-p_{im}(V_5-V_6)=(p_{em}-p_{im})(V_5-V_6)$$

现在可以确定循环的净指示效率为：

❶ 原文如此（译者注）。

$$\eta_{f,in}=\frac{W_{i,g}-W_{i,p}}{m_f q_{LHV}}=\eta_{f,ig}\left(1-\frac{p_{em}-p_{im}}{IMEP_g}\right) \tag{5.13}$$

这里 $IMEP_g$ 是总指示平均有效压力。泵气功也能被表示为泵气平均有效压力（PMEP）：

$$PMEP=\frac{W_{i,p}}{V_d}=p_{em}-p_{im}$$

净指示平均有效压力为：

$$IMEP_n=IMEP_g-PMEP$$

根据泵气功的符号，额定净效率可表示为：

$$\eta_{f,in}=\eta_{f,ig}\left(1-\frac{PMEP}{IMEP_g}\right)$$

放气、排气和进气过程与它们的热力学性质将在下面介绍残余气体的章节中详细讨论。

5.2.4 残余气体和理想循环的容积效率

在气体交换过程中，燃烧的气体并不能被完全地交换，这是由于已燃气体会在排气行程和排气门关闭之后占据余隙容积。在进气行程中，该剩余气体会和新混合气混合在一起。此外，排气歧管的回流会产生更多的残余气体。残余气体有时也称为内部 EGR，即内部废气再循环（exhaust gas recirculation）。

残余气体对循环特性有两个影响。首先，它占据了气缸空间使新鲜的可燃混合气不能充满气缸，减少了容积效率。其次，残余气体的质量阻碍了燃烧温度的上升，见式(5.4)。此时，燃烧的气体总质量为空气、燃料和残余气体的质量之和，即：

$$m_t=m_a+m_f+m_r$$

当残余气体质量增加时，燃烧后的温度将会下降。

容积效率

让我们从图 5.7 中 p-V 图的状态 6 开始研究。在这个状态下，压力是 p_{em} 并且排气门关闭，余隙容积 V_c 被残余气体完全充满。当进气门打开并且气体沿着管道从状态 6 到 7 等熵地从 p_{em} 膨胀到 p_{im} 时，它们会占据一定的体积：

$$V_r=V_c\left(\frac{p_{em}}{p_{im}}\right)^{1/\gamma}$$

这意味着一些残余气体膨胀到了进气口，它们在进气行程中被吸入气缸。状态 1 时新鲜空气和燃料占据的体积为：

$$V_{af}=V_1-V_r=V_d+V_c-V_c\left(\frac{p_{em}}{p_{im}}\right)^{1/\gamma}$$

现在来看容积效率，它定义为气缸中新鲜空气体积与气缸排量之比，见之前式(4.9)的讨论。因此理想循环的容积效率可以表示如下：

$$\eta_{vol}=\frac{V_a}{V_d}=\frac{V_a}{V_{af}}\times\frac{V_{af}}{V_d}=\frac{V_a}{V_{af}}\times\frac{V_d+V_c-V_c\left(\frac{p_{em}}{p_{im}}\right)^{1/\gamma}}{V_d}=\frac{V_a}{V_{af}}\times\frac{r_c-\left(\frac{p_{em}}{p_{im}}\right)^{1/\gamma}}{r_c-1}$$

为了简化$\frac{V_a}{V_{af}}$的表达式，这里需要着眼于可燃混合气及其分子量。空气和燃料蒸气占据的体积为：

$$V_a=\frac{m_aR_aT}{p}=\frac{m_a\widetilde{R}T}{M_ap}$$

和

$$V_f=\frac{m_fR_fT}{p}=\frac{m_f\widetilde{R}T}{M_fp}$$

M_a 和 M_f 分别是空气和燃料的摩尔质量。我们已经使用过空燃比的概念（见 4.1.3 小节），整理得到容积效率的最终表达式为：

$$\eta_{vol}=\frac{1}{\underbrace{1+\frac{1}{\lambda(A/F)_s}\times\frac{M_a}{M_f}}_{\approx 1}}\times\frac{r_c-\left(\frac{p_{em}}{p_{im}}\right)^{1/\gamma}}{r_c-1} \tag{5.14}$$

由该表达式可以看出容积效率主要取决于进气和排气之间的压力比。还可以看出，当压力比取$\frac{p_{em}}{p_{im}}=r_c^{\gamma}$极限时，容积效率为零，并且发动机中没有新鲜可燃混合物。图 5.8 所示为容积效率与进气歧管压力的函数关系，并清晰注明了前文所述的极限值。

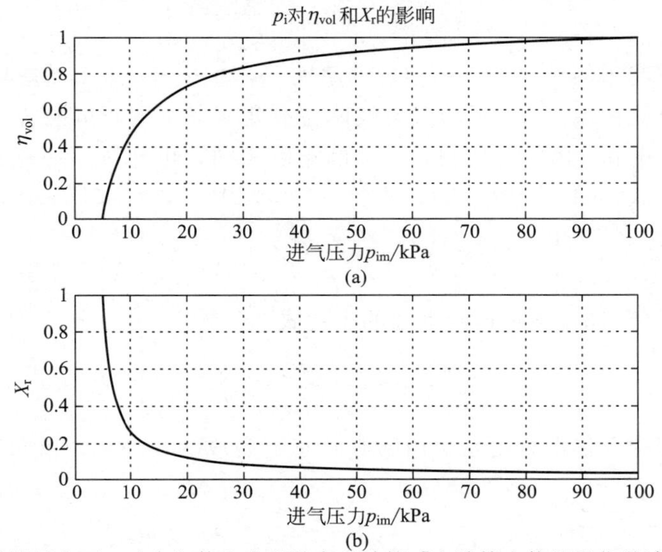

图 5.8 不同进气歧管压力下，残余气体和容积效率的计算［在计算中使用了化学计量条件下的异辛烷，其条件为 $p_{em}=101.3$kPa，$T_{im}=300$K，$q_{LHV}=44$MJ/kg，(A/F) $=14.6$，$\gamma=1.3$，$R=273$J/(kg·K)，且 $r_c=10$。当 p_{em}/p_{im} 接近 r_c^{γ} 时，残余气体分数趋于定值且容积效率变为零，其中 $p_{im}\rightarrow\frac{101.3}{10^{1.3}}\approx 5$kPa］

残余气体分数

已知残余气体质量 m_r 以及气缸中气体总质量 m_t，残余气体分数 x_r 可表示为：

---

[1] 原文表达方式保留（译者注）。

$$x_{\mathrm{r}}=\frac{m_{\mathrm{r}}}{m_{\mathrm{t}}}$$

残余气体分数可用理想气体定律和发动机循环的热力学关系来估计。在随后的分析中仅考虑奥托（Otto）循环的情况。当排气门关闭时，残余气体质量与状态 6 的气体质量相同，这个质量可运用理想气体定律计算：

$$m_{\mathrm{r}}=\frac{p_{\mathrm{em}}V_{\mathrm{c}}}{RT_{\mathrm{e}}}$$

m_{t} 的总质量通过理想气体定律可选为状态 1-2-3-4 中的任意一个，在这里选择状态 4，因为其推导过程较为简单。总质量为：

$$m_{\mathrm{t}}=\frac{p_4V}{RT_4}$$

将以上两个方程式相除并根据式(5.10) 得：

$$x_{\mathrm{r}}=\frac{m_{\mathrm{r}}}{m_{\mathrm{t}}}=\frac{V_{\mathrm{c}}}{V}\times\frac{p_{\mathrm{em}}}{p_4}\times\frac{T_4}{T_{\mathrm{e}}}=\frac{1}{r_{\mathrm{c}}}\left(\frac{p_{\mathrm{em}}}{p_4}\right)^{1/\gamma}$$

压力比可根据式(5.1)、式(5.6) 和式(5.5) 确定，表达式为：

$$\frac{p_{\mathrm{em}}}{p_4}=\frac{p_{\mathrm{em}}p_{\mathrm{im}}p_2p_3}{p_{\mathrm{im}}p_2p_3p_4}=\frac{p_{\mathrm{em}}}{p_{\mathrm{im}}}\left(\frac{1}{r_{\mathrm{c}}}\right)^{\gamma}\frac{T_2}{T_3}\left(\frac{r_{\mathrm{c}}}{1}\right)^{\gamma}=\frac{p_{\mathrm{em}}}{p_{\mathrm{im}}}\left(1+\frac{q_{\mathrm{in}}}{c_VT_2}\right)^{-1} \tag{5.15}$$

状态 2 的温度可由状态 1 确定，根据式(5.2)，得到如下残余气体分数的表达式：

$$x_{\mathrm{r}}=\frac{1}{r_{\mathrm{c}}}\left(\frac{p_{\mathrm{em}}}{p_{\mathrm{im}}}\right)^{1/\gamma}\left(1+\frac{q_{\mathrm{in}}}{c_VT_1r_{\mathrm{c}}^{\gamma-1}}\right)^{-1/\gamma} \tag{5.16}$$

这个表达式看起来简单，但其中包含的事实是，式中 T_1 和 q_{in} 是与残余气体相关的函数。由于混合物是由温度 T_{r} 下的残余气体与温度 T_{im} 下的新鲜混合气所组成的，故温度 T_1 是未知的。残余气体的温度与状态 7 的温度相同，可通过下面这组公式与 T_1 联系起来，其中综合了式(5.1)、式(5.5)、式(5.10) 和式(5.11)，即：

$$\frac{T_{\mathrm{r}}}{T_1}=\frac{T_{\mathrm{r}}T_5T_4T_3T_2}{T_5T_4T_3T_2T_1}=\left(\frac{p_{\mathrm{im}}}{p_{\mathrm{em}}}\right)^{1-1/\gamma}\left(\frac{p_{\mathrm{em}}}{p_4}\right)^{1-1/\gamma}\left(\frac{1}{r_{\mathrm{c}}}\right)^{\gamma-1}\left(1+\frac{q_{\mathrm{in}}}{c_VT_2}\right)\left(\frac{r_{\mathrm{c}}}{1}\right)^{\gamma-1}$$

将上式带入式(5.15) 整理得到下面的表达式：

$$\frac{T_{\mathrm{r}}}{T_1}=\left(1+\frac{q_{\mathrm{in}}}{c_VT_1r_{\mathrm{c}}^{\gamma-1}}\right)^{1/\gamma} \tag{5.17}$$

假设进气行程中气体混合是在自由膨胀状态下完成的，$dq=0$ 和 $dU=0$，温度 T_1 可由下式计算得出：

$$U_1=m_{\mathrm{r}}c_VT_{\mathrm{r}}+m_{\mathrm{af}}c_VT_{\mathrm{im}}=U_2=(m_{\mathrm{r}}+m_{\mathrm{af}})c_VT_1$$

得到：

$$T_1=x_{\mathrm{r}}T_{\mathrm{r}}+(1-x_{\mathrm{r}})T_{\mathrm{im}} \tag{5.18}$$

最后需要考虑输入到系统内的热量，因为系统中的残余废气对其产生了影响。前文定义了燃料提供给系统的比热值 q_{in} 为：

$$q_{\mathrm{in}}=\frac{m_{\mathrm{f}}q_{\mathrm{LHV}}}{m_{\mathrm{t}}}=\frac{m_{\mathrm{f}}}{m_{\mathrm{af}}}q_{\mathrm{LHV}}\frac{m_{\mathrm{af}}}{m_{\mathrm{t}}}$$

$\frac{m_{\mathrm{f}}}{m_{\mathrm{af}}}$是燃料与新鲜空气的比，定义为$\frac{1}{1+(\mathrm{A/F})}=\frac{1}{1+\lambda(\mathrm{A/F})_{\mathrm{s}}}$，$\frac{m_{\mathrm{af}}}{m_{\mathrm{t}}}$的比为 $1-x_{\mathrm{r}}$。代

入上式得出如下在燃烧过程中的比能量和因燃烧产生的温度增量的表达式：

$$q_{in}=\frac{1-x_r}{1+\lambda(A/F)_s}q_{LHV}\Rightarrow\Delta T=T_3-T_2=\frac{q_{in}}{c_V}=\frac{1-x_r}{1+\lambda(A/F)_s}\times\frac{q_{LHV}}{c_V} \tag{5.19}$$

对于已知的某种燃料，q_{LHV} 值可在热力学表中查得。这个值可与燃料的质量共同确定出燃烧室内气体所含的能量。

为了确定残余气体分数，需要已知四个变量的值 x_r、T_r、T_1 和 q_{in} 来解出式(5.16)～式(5.19）的四个方程。该方程组无法用解析法解出，不过可将它们变形后，通过定步长迭代技术进行数值方法求解。下面的例子给出了具体的迭代方法。

例 5.1（残余气体分数的计算） 求某发动机的残余气体分数，该发动机使用异辛烷 C_8H_{18} 和空气进行混合形成化学计量混合气。在发动机运行期间排气压力为 101.3kPa，进气温度为 20℃，进气歧管压力为 30kPa［这近似于图 5.3 中发动机的运行条件］，该燃料的化学当量空燃比为 (A/F)=15.1，热值为 q_{LHV}=44.6MJ/kg，比热容比 γ=1.3，比热容 c_V=946J/(kg·K)。发动机的压缩比为 10.1。

求解此问题使用定步长迭代法。首先必须假设一个初始值 x_r，这样可以得到一个迭代的起始点，假设 x_r=0。然后使用式(5.19）来确定第一个值 q_{in}=2.77MJ/kg。这些初始条件可以反复使用式(5.16)、式(5.19)、式(5.17）和式(5.18）来确定残余气体分数。迭代结果如下表[1]所示。步骤经过六个迭代周期，得到该运行条件下的残余气体分数是 7.6%。

迭代	式(5.16) x_r	式(5.19) q_{in}/(MJ/kg)	式(5.17) T_r/K	式(5.18) T_1/K
1	0.0637	2.594	1114	345.3
2	0.0736	2.566	1177	358.1
3	0.0757	2.560	1192	361.1
4	0.0762	2.559	1196	361.8
5	0.0763	2.559	1197	362.0
6	0.0763	2.559	1197	362.0

压缩比 r_c 和排气压力与进气压力的比值 p_{em}/p_{im} 都对残余气体分数有着直接影响。考虑到图 5.7 中理想循环下状态 6、7 和 1 的使用条件，这就不难理解了。状态 6 给出了残余气体的质量，状态 7 给出了在更低的压力下有多少残余气体已经膨胀。

图 5.9 显示了 r_c 和 p_{em}/p_{im} 是如何影响残余气体的。利用化学当量条件下的辛烷燃料在不同的压缩比和进气压力下得到了方程组式(5.16)～式(5.19）的解。可以看出进气压力的增加降低了残余气体分数，而且压缩比的增加也降低了残余气体分数。

值得一提的是，上述讨论中涉及的理论循环既没有热传递，也没有废气回流。但是，这也能够很好地说明发动机控制的基本原则。

5.3 理想循环效率

本节将对理想气体循环下所得到的最关键结果进行概括和描述。在对工况进行仿真和

---

[1] 个别表未编表号，原文如此，因其关系明确，不进行处理（译者注）。

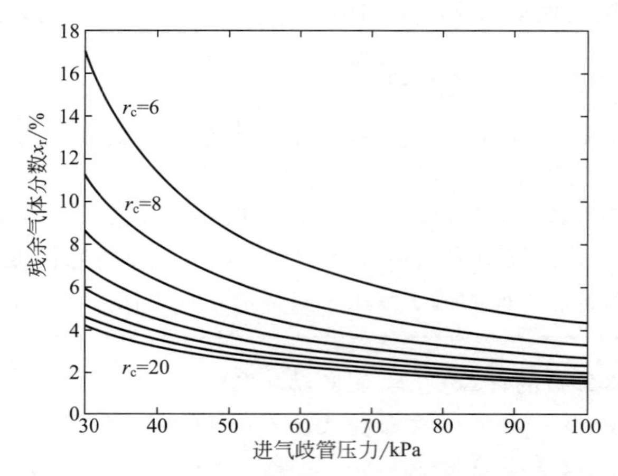

图 5.9 在化学当量条件下使用异辛烷计算残余气体（计算的条件与图 5.8 是相同的，但是这里压缩比改变了。残余气体随着压缩比和进气压力的上升而有所下降）

对比时，应事先假设一些热力学性质，如混合气的能量值，但是当对理想循环效率进行对比时，可以不进行任何假设（除去 γ）。能量值的变化仅仅改变了工况（特性图）的形状，即改变了 p_3/p_2（或 V_3/V_2）。

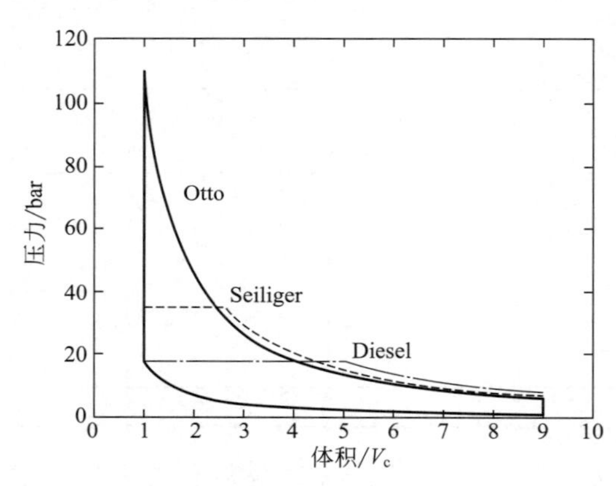

图 5.10 理想气体标准循环仿真结果（用于表征三种理想循环特征的 p-V 图）

理想气体标准循环

在图 5.10 中，显示了三种标准循环的仿真结果，图中描述了三种循环在供给相同数量的化学能条件下的仿真结果存在的差别。假设在三种循环中，燃料的能量值是在化学当量混合气中异辛烷燃烧产生的热量，其中 $q_{in}=2.92\times10^6\times(1-x_r)$、$\gamma=1.3$。循环的残余气体分数为 $x_r=7\%$、压缩比 $r_c=9$、进气歧管压力为 100kPa。此外，对于限压循环，其最大压力限定为 $p_3/p_1=35$。

由于 Otto（奥托）循环中燃料都在上止点（TDC）处燃烧，因而燃烧时气缸压力最大，Seiliger 循环中的气缸压力最大能达到 3.5MPa，随后变为定值，而 Diesel（迪塞尔）循环中气缸最大压力值最小。在 Otto 循环中，所有的化学能都在上止点（TDC）处由燃烧释放，这使气缸内气体热量增加。在膨胀过程中，热能转化为机械能做功，因此相比于 Seiliger 循环，Otto 循环在膨胀初期有更多的热能转换为机械能。所以，在膨胀末期，Otto 循环中的气缸压力要低于 Seiliger 循环。Diesel 循环与 Seiliger 循环相比也是一样的道理。

理想气体标准循环效率比较

图 5.11 对比了三种理想气体标准循环的效率随压缩比 r_c 的变化情况。Otto 循环效率最高，Diesel 循环效率最低，Seiliger 循环处于两者之间。选择压力比 p_3/p_1 为 100、

70 和 40（bar）[1] 分别作为限压循环的上限。显然，发动机承受的最大压力（温度）越高，它能达到的效率就越高。

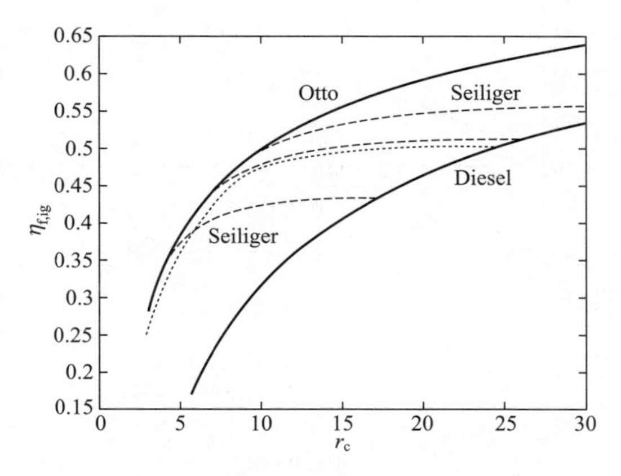

图 5.11 $\gamma=1.3$ 时三种理想气体标准循环的效率对比（Otto 循环效率最高。对于限压循环，压力限制在$\frac{p_3}{p_1}=100$、$\frac{p_3}{p_1}=70$ 和$\frac{p_3}{p_1}=40$。限压循环有最大压力限值和压力比限值$\frac{p_3}{p_2}$。循环模仿实际循环，最大压力限值由爆燃确定，比例限值由燃烧速率确定）

如图 5.5 所示，利用限压循环来描述被测循环效果是最好的，该限压循环中一部分燃料是在定容条件下燃烧的，另一部分是在定压条件下燃烧的。将一个循环的最大压力值设为真实发动机的上限值（约 10MPa），当压缩比 r_c 增大到 10 以上时，效率的增益会变少。图 5.11 中的点线代表一次燃烧的限压循环过程，其中 70% 的能量是在定容过程中释放的，30% 的能量是在定压过程中释放的，整个燃烧过程一直持续到最大压力 p_3，其值可达 6.5MPa。选择百分比 70/30 是因为这样得出的循环压力图更接近实测循环。真实压力上限选为 6.5MPa 是为了防止发动机由于爆震产生损坏，见 6.2.2。

5.3.1 负荷、泵气功与效率

点燃式发动机的节气门开度和进气歧管压力会对其负荷具有一定的控制功能。如式(5.13) 所示，由于进气歧管压力下降到排气压力以下，这造成了一定的效率损失。发动机负荷，也就是指示平均有效压力，可以用来分析在较低进气压力下，自然吸气时的效率损失。在循环仿真中，将进气歧管压力 p_{im} 从 1 个大气压开始下降，直到指示平均有效压力为零，这是一个没有做任何功的工作循环。在仿真过程中，记录效率和指示平均有效压力（IMEP）的结果。为了表征发动机负荷，IMEP 由其最大值标准化，记作 $IMEP_{max}$。结果如图 5.12 所示，图 5.12(a) 的曲线表示由于需要克服泵气功，负荷减少，效率也随着负荷的减少而有所降低。

图 5.12(b) 的曲线为（指示）燃油消耗率（specific fuel consumption，SFC）与负荷的关系。由式(4.8) 得出，由于负荷减少，效率逐渐降至零，燃油消耗率增大到无穷大。泵气功是点燃式发动机低负荷工作时效率降低的部分原因（摩擦是另一个原因）。在某一特定转速下，与图 4.5 中的 BSFC 数据进行对比，其总体趋势是负荷越低 SFC 越高，在

[1] 所比较的压力的单位为 bar（译者注）。

接近最大负荷处取得最佳 BSFC。

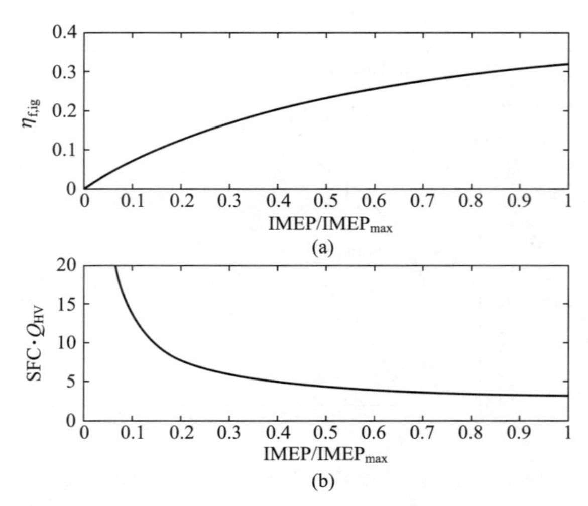

图 5.12　在有泵气损失的情况下，Otto 循环效率与发动机负荷关系图［其中负荷标准化为最大负荷。随着标准化负荷的减小，发动机效率也降低。同时也显示了发动机负荷与（指示）燃油消耗率的关系］

5.3.2　空燃比（A/F）与效率

前文讨论发动机效率时并未考虑空燃比的影响，这是由于在理想的气体模型中无法分析混合度带来的影响，因此需要使用更为复杂的模型。改变气缸的空燃比会改变进入气缸充量的热力学特征，如 γ。在分析混合气当量比的影响时，通过使用热力学特性数据建立一个标准循环。这些数据用来表征混合气在压缩、燃烧和膨胀行程中的热力学特性，这要比在理想气体标准循环中使用参数 c_V 和 c_p 更精确。c_p 和 c_V 的变化表征了混合气组成及温度的变化。其中，比热容比 $\gamma=c_p/c_V$ 与温度呈非线性关系。这种分析方法称为燃料-空气循环分析（fuel-air cycle analysis），因为它考虑了燃料-空气混合物的特性。例如，燃料-空气循环分析可以用化学平衡程序包（chemical equilibrium program package）CHEPP［Eriksson（2005）］实现，但是其完整分析过程超出了本书的范围，感兴趣的读者可以参考 Heywood（1988，第 5 章）以了解更多细节。但其主要的分析结果很重要，因此在图 5.13 及以下条目中进行总结。

• 压缩比对效率的影响与前文图 5.6 所述的一致。通过对比图 5.6 和图 5.13 可知，改变当量比 λ 可视作相应地改变比热容比 γ。

• 当混合气变得稀薄时，燃烧效率增加，这使 λ 变大。出现这种现象的原因是燃烧的气体温度降低从而使比热容降低，因而增加了膨胀行程的 γ 值。

• 燃油较多的混合气称为浓混合气，由于缺乏足够的空气完全氧化燃油，致使燃烧效率降低。

• 指示平均有效压力的增长与 $m_f\eta_{f,i}$ 成正比。燃空当量比 ϕ 也与 m_f 成正比。指示平均有效压力在 $\phi\in[1.0,1.1]$ 内达到了最大值，此时混合气浓度较高。这意味着在较浓混合气时，发动机能够获得最大功率。

• p_{im}、T_{im} 和 x_r 的变动对 $\eta_{f,i}$ 的影响不大。它们对指示平均有效压力（IMEP）的影响较大，这是由于 IMEP 的大小直接取决于初始充量的密度。

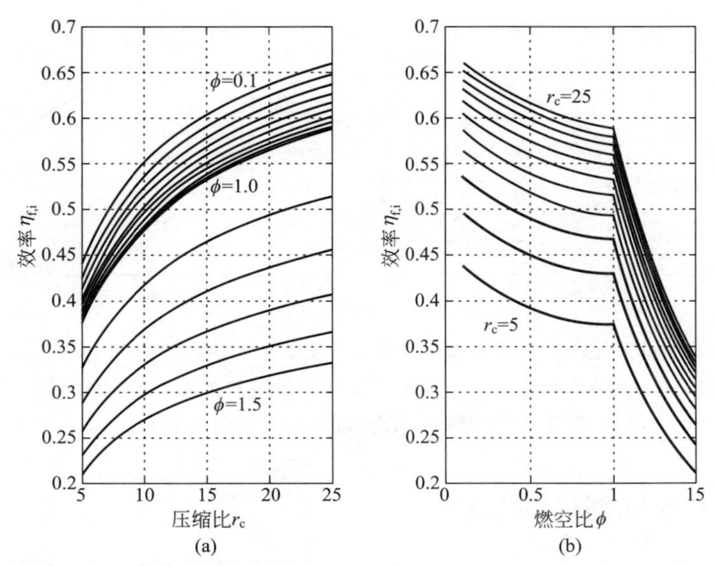

图 5.13 定容循环效率与压缩比以及燃空当量比 ϕ 的变化关系图
（条件为：异辛烷燃油，$x_f=0.05$，$p_{im}=1bar$ 和 $T_1=350K$）

经过优化后，由燃料-空气循环（Taylor 1985）获得的 p-V 图可以有 80%的面积与实际发动机的 p-V 图相一致。因此燃料-空气循环常用来进行估算，并在发动机工作和转矩模型中使用，见式(7.57) 中的 $\eta_{ig,ch}$。

SI 发动机与空燃比变化

针对混合气的浓度和效率，之前章节所做的燃料-空气循环分析说明了两点内容。第一，当使用浓混合气时（$\phi>1$ 或 $\lambda<1$），发动机效率降低，在实际的发动机中也同样出现这种现象。第二，发动机效率随着混合气变稀单调增加，这在均匀（混合气）点燃式（SI）发动机中并不会出现。当 SI 发动机中的混合气被稀释后，燃烧不再稳定，发动机转矩和效率也开始降低。图 5.14 显示了两条发动机转矩与 λ 的关系曲线，图中用圆圈与虚线表示的曲线，其 λ 的改变是在保持空气量不变的前提下，改变燃料量获得的。该试验表明，当混合气较浓，即 $\lambda\approx0.9$（$\phi\approx1.1$）时，发动机可达到最大转矩和最大功率。这个现象可用来增大全负荷时发动机的功率和转矩；当空气流量达到极限时，通过增大喷油量也可以略微增加转矩。

图 5.14 中由叉形和实线表示的曲线，其 λ 的改变是在保持燃油量不变的前提下，改变空气量获得的。当喷油量一定时，发动机效率与转矩成正比。可以看出，实测发动机效率与图 5.13 所示的燃料-空气循环结果存在微小的差异。均匀混合气条件下的 SI 发动机，大约在 $\lambda=1.1$ 附近获得其最高效率。

稀混合气有一个燃烧稳定极限，达到极限时燃油将不会被点燃和燃烧，这就是图 5.14 中当混合气变稀时转矩减少的原因。当混合气非常稀薄时，燃烧反应将会停止。这个极限称为稀薄极限（lean limit），对于使用均匀混合气的发动机，稀薄极限在 $\lambda\approx1.5$ 左右，但也取决于具体的发动机。另外，也存在一个富油极限（rich limit），在 $\lambda\approx0.5$ 左右，此时由于缺氧，燃烧将不能持续进行。

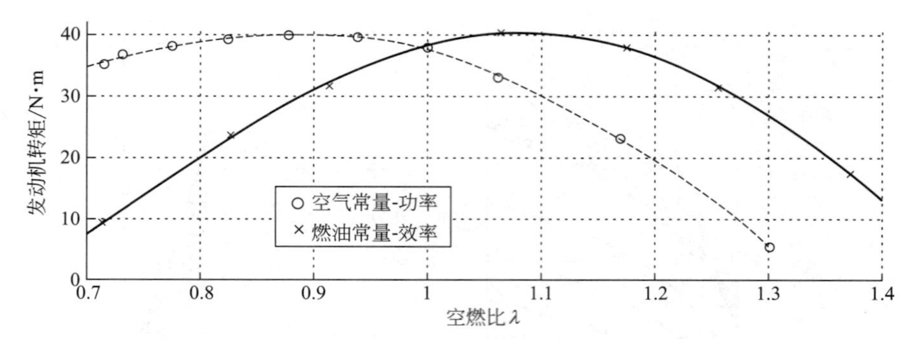

图 5.14 SI 发动机部分负荷下转矩与 λ 的关系（虚线和圆圈代表空气量不变，燃油量变化。可以看出发动机最大转矩和功率在较浓混合气条件下获得。实线和叉代表燃油量不变而空气量变化，该情况下转矩与效率成正比）

5.3.3 理想与实际循环的差异

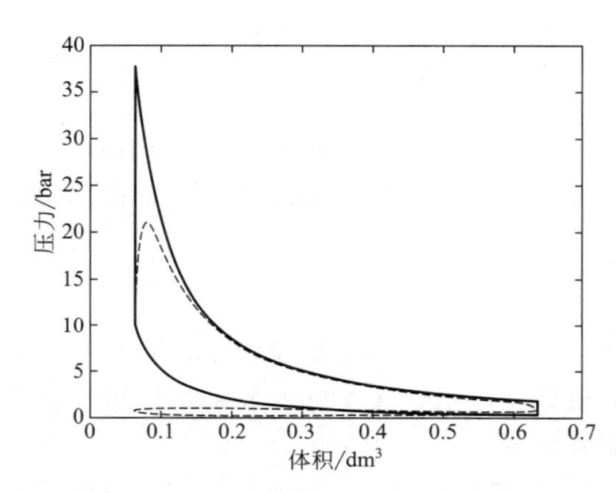

图 5.15 一台 SI 发动机与理想气体 Otto 循环 p-V 图的对比（理想过程中一个循环结束另一个循环才开始，可以看到 Otto 循环的边界，而实际循环中却没有。总体来说，它们还是很接近的，尤其是在压缩和做功行程中）

理想循环已经用于说明发动机工作原理以及不同参数对发动机功率和效率的影响。图 5.15 显示了一个实测循环和一个 Otto 循环。下面讨论理想气体标准循环与实际循环的差异。

① 实际循环中流体比热容 c_p 和 c_V 不是常数。未燃烧混合气的比热容比大约为 $\gamma_u=1.3$，燃烧后混合物的比热容比 $\gamma_b=1.2$。在气体膨胀时，热量由流体传至燃烧室内壁，降低了膨胀行程的压力。试验表明 $\gamma_b=1.3$ 依然适用于膨胀过程中的压力与体积（的计算）。因此，可以在整个循环中选择 $\gamma=1.3$ 作为一个恰当近似值。另外，c_p 和 c_V 也与温度呈非线性关系，但一般在分析和估计时不考虑这些因素的影响。

② 压缩和膨胀并不是一个等熵过程，这是因为摩擦以及热量传递至燃烧室内壁和冷却剂会引起热量损失。在压缩行程中，热传递的影响并不大，这是因为气缸壁及混合气的温差不会像膨胀行程中的那样大，在膨胀行程中混合气会燃烧而具有非常高的温度。然而，在压缩行程末期，实测的压力曲线会略低于理想气体循环，这是由热量传递造成的，但因为其差距太小在图中很难看到。实测压力略微升高的现象在第④条中进行了解释。在膨胀行程中，气体温度更高，热传递也更多，但是根据前文讨论的，$\gamma=1.3$ 依然与膨胀行程的测量数据很好地吻合。

③ 燃烧过程中，混合气的成分发生变化，这也使气体常数 R 发生改变。

④ 时间损耗：燃烧不是瞬间完成的，完全燃烧需要曲轴转过一定的角度（约 60°），因此在压缩和膨胀过程中存在损耗。主要的时间损耗发生在膨胀过程早期，因为燃烧在活塞达到上止点（TDC）之后还要持续一定的曲轴转角。在压缩行程末期，如图 5.15 所

示，活塞到达上止点之前，实测的压力曲线开始上升，这是由于混合气大约在上止点（TDC）前约 20°BTDC 被点燃。此外，完全燃烧需要花费一定的时间，且实测循环不能达到跟 Otto 循环一样高的压力。

⑤ 进气门和排气门的打开和关闭并不是立即发生的。特别地，排气门在下止点（BDC）前 40°～60°开启，这使膨胀过程的气体压力降低从而减少了膨胀做功。

⑥ 缝隙的影响。缝隙占余隙容积的 1%～2%。当气体进入缝隙时，假设其温度与气缸壁的温度接近，而气缸壁的温度大大低于平均燃气温度，燃气浓度增加，因此，进入缝隙的混合气可能占气缸充量很高的比例（大于 10%）[Gatowski 等（1984）]。

⑦ 不完全燃烧。供入燃烧室的燃料并不能完全燃烧。SI 发动机在热启动状态下会有未燃烧的碳氢化合物，占总燃油质量的 1%～3%。CO 和 H_2 也包含了燃油能量的 1%～2%。如果有充足的空气使燃烧反应完全，那么总燃烧效率可达 95%左右。

5.4 缸内燃烧过程建模

前面章节中循环模型的燃烧过程是理想化的，如等熵压缩或者在上止点瞬时放热，这样便于我们进行分析，最重要的是，可以让我们了解发动机的基本工作原理和各种限制条件。例如，对比图 5.5，理想化的 p-V 图有尖锐的拐角，而实际测量的数据却没有。因此，为了能够更为准确地描述实测压力曲线，下一步需要建立更精确的模型。这些模型包含了诸如有限燃烧时间以及热传递和质量交换等因素带来的影响，无法用解析法求解，但是可以用计算机仿真的方式求解。

气缸压力轨迹包含的信息较多，例如气缸压力受到体积变化、热传递和燃烧的影响。对这些过程建模可以使我们获得关于气缸压力的重要信息，其中最重要的是，气缸中的燃烧是何时以及怎样进行的。使用压力轨迹描述气缸内的燃烧情况称为放热分析（heat release analysis）。该分析建立在气缸内部充量的热力学第一定律框架下，通常采用单区模型。

5.4.1 单区模型

在单区模型（single-zone model）中，气缸内部充量被看成是一种具有均匀压力、温度和成分的单一气体。燃烧模型为一个温度和压力增加的持续加热气体的过程。利用质量和能量守恒定律推导出该模型的基本控制方程。区域内的气体质量用 m 表示，其微分为：

$$\mathrm{d}m=\sum_i \mathrm{d}m_i \tag{5.20}$$

式中，$\mathrm{d}m_i$ 是流量 i 时转移到区域内的气体质量。如图 5.16 所示，利用第一定律对气缸燃烧过程进行分析，推导出气缸状态随曲轴转角（或时间）变化的微分方程，其结果如下：

$$\mathrm{d}U=\mathrm{d}Q_{\mathrm{hr}}-\mathrm{d}W-\mathrm{d}Q_{\mathrm{ht}}+\sum_i \mathrm{d}H_i$$

此时考虑了包含质量在内的外延性质。当进入和排出气缸的气体质量变化时，这些外延性质也需要一同考虑进来并用于公式的推导。下一步，我们通过气体体积膨胀，$\mathrm{d}W=p\mathrm{d}V$，将功插入公式中，同时利用理想气体定律 $pV=mRT$ 将 p 消去。对内能 $U=mu$ 求微分并利用链式法则可得：

$$\mathrm{d}U=m\mathrm{d}u+u\mathrm{d}m=mc_V\mathrm{d}T+u\mathrm{d}m$$

进而得出下面的公式：

$$mc_V\mathrm{d}T + u\mathrm{d}m = \mathrm{d}Q_{\mathrm{hr}} - \frac{mRT}{V}\mathrm{d}V - \mathrm{d}Q_{\mathrm{ht}} + \sum_i h_i \mathrm{d}m_i \tag{5.21}$$

要特别注意质量流量的内能 $u\mathrm{d}m$，这需要精确计算每一步的流量 $u_i^* \mathrm{d}m_i$。

式(5.21) 中对温度的微分可以表示为：

$$\mathrm{d}T = -\frac{(\gamma-1)RT}{V}\mathrm{d}V + \frac{1}{mc_V}\left[\mathrm{d}Q_{\mathrm{hr}} - \mathrm{d}Q_{\mathrm{ht}} + \sum_i (h_i - u_i^*)\mathrm{d}m_i\right] \tag{5.22}$$

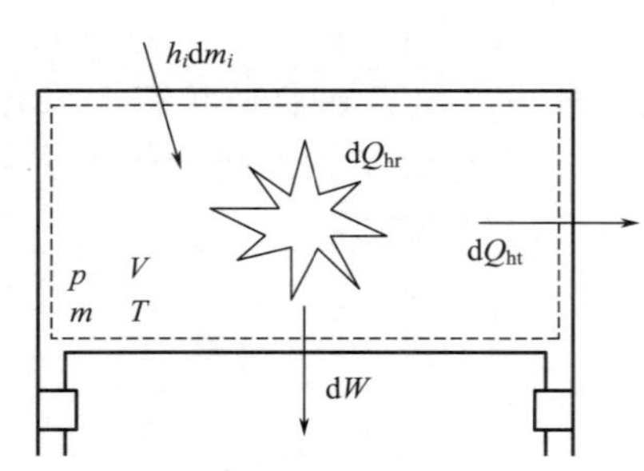

图 5.16 用第一定律分析气缸内气体的控制体积（边界处的虚线和箭头表示能量的传递方向）

该式将温度的变化与体积的变化相关联，正如温度与质量和能量的流动相关联一样。式(5.20) 和式(5.22) 是描述区域内充量和特性的基本公式。这两个公式也是文献中能见到的许多模型中的基本公式，主要的差异存在于放热 $\mathrm{d}Q_{\mathrm{hr}}$、热传递 $\mathrm{d}Q_{\mathrm{ht}}$ 和质量流量 $\mathrm{d}m_i$ 这样的子项（子模型）中。许多模型中与式(5.22) 等价的公式是由理想气体定律的标准式 $pV=mRT$ 和微分式 $p\mathrm{d}V+V\mathrm{d}p=mR\mathrm{d}T+RT\mathrm{d}m$ 导出的，用于消去 T 和 $\mathrm{d}T$ 项，并改由对压力微分而不是对温度微分。例证之一就是 Gatowski 等（1984）提出的并被广泛应用的模型结构。

封闭系统模型

下面对第一个封闭系统模型进行推导。首先假设质量转移为零（$\mathrm{d}m=0$），也就是考虑气门关闭的工作过程，并假设没有其他的质量转移或损失发生。温度的微分表达式如下：

$$\mathrm{d}T = -\frac{(\gamma-1)RT}{V}\mathrm{d}V + \frac{1}{mc_V}(\mathrm{d}Q_{\mathrm{hr}} - \mathrm{d}Q_{\mathrm{ht}}) \tag{5.23}$$

该公式可用于封闭循环的温度仿真，其中放热 $\mathrm{d}Q_{\mathrm{hr}}$ 是已知的。压力也可由理想气体定律 $p=\frac{mRT}{V}$ 求得。如前所述，还有另一个经常使用的公式，即将式(5.23) 改写为压力的微分方程。利用标准理想气体定律及其微分消去 $\mathrm{d}T$ 和 T，即：

$$\mathrm{d}p = -\frac{\gamma p}{V}\mathrm{d}V + \frac{\gamma-1}{V}(\mathrm{d}Q_{\mathrm{hr}} - \mathrm{d}Q_{\mathrm{ht}}) \tag{5.24}$$

如果既没有热量释放（$\mathrm{d}Q_{\mathrm{hr}}=0$），又没有热量传递（$\mathrm{d}Q_{\mathrm{ht}}=0$），那么本公式描述的便是众人熟知的等熵过程压力-体积关系式，见式(5.1)。燃烧释放的热量使（气体）压力要高于气体单纯压缩和膨胀过程的压力。接下来详细说明热量是如何释放的。

5.4.2 放热与已燃质量分数分析

放热分析是利用实测的气缸压力轨迹来计算燃烧室内热释放速率的过程。其基本思想是通过研究压力的增长规律并排除已知的影响因素，如体积变化、热传递以及气体流出（如流入缝隙中的气体和活塞环的漏气现象）等，最后剩下的就是由于燃烧对压力上升所带来的影响。基于热力学分析对影响因素进行排除，其中最常用的模型就是单区模型。

单区模型的使用通常有两种方法。一种是前文介绍的方法，见式(5.24)，以放热量

dQ_{hr} 为输入，以压力轨迹为输出。另一种方法是通过求解式(5.24) 中的热释放率，即：

$$dQ_{hr}=\frac{V}{\gamma-1}dp+\frac{\gamma}{\gamma-1}p\,dV+dQ_{ht} \tag{5.25}$$

并以实测气缸压力轨迹 p（以及其微分 dp）为输入来计算放热率 dQ_{hr}。气缸压力与曲轴转角通常是同时采集的，这就使压力与体积很好地实现了同步，同时也能更方便地选择曲轴转角 θ 作为自变量。压力轨迹表达式 $p_i=p(\theta_i)$ 在采样点（以 i 计）处有实际值，压力的微分可利用该式计算出来，即：

$$\frac{dp(\theta_i)}{d\theta}=\frac{p(\theta_{i+1})-p(\theta_{i-1})}{\theta_{i+1}-\theta_{i-1}}$$

应用此式时，重要的是需要使用对称差分来避免在压力、压力微分、体积和体积微分之间产生相位滞后。为了完成分析，我们也需要得出体积 $V(\theta_i)$ 及其微分，这些可由体积方程式(4.3) 直接确定。为了描述这一过程，经常用到下述两种方法。第一种是净热释放法，其分析基于第一定律。另一种方法是经典的 Rassweiler - Withrow 法。

净热释放法

净热释放法（net heat release method）由 Krieger 和 Borman（1967）提出，是将式(5.25) 中的热传递 dQ_{ht} 假定为零。图 5.17 显示了来自三个气缸压力轨迹的热释放分析结果。图 5.17(a) 显示了压力轨迹 $p(\theta)$，图 5.17(b) 显示了放热率轨迹，公式为：

$$\frac{dQ_{hr}(\theta)}{d\theta}=\frac{V(\theta)}{\gamma-1}\times\frac{dp(\theta)}{d\theta}+\frac{\gamma}{\gamma-1}p(\theta)\frac{dV(\theta)}{d\theta}$$

图 5.17(c) 显示了累积放热轨迹。放热轨迹由放热率积分求得，积分区间由 θ_{ivc} 至当前转角：

$$Q_{hr}(\theta)=\int_{\theta_{ivc}}^{\theta}\frac{dQ_{hr}(\alpha)}{d\alpha}d\alpha$$

没有必要非得从进气门关闭（IVC）时刻开始积分，也可以从 IVC 与燃烧开始之间的任意点开始。放热曲线经常被认为是曲轴转角的函数，并在其中运用归一化的已燃质量分数 $x_b(\theta)$ 曲线。其数值由燃烧之前的 0 开始到燃烧结束时的 1 为止。

如图 5.18 所示，假设已燃质量分数与放热成正比，则轨迹之间存在如下关系：

$$x_b(\theta)=\frac{Q_{hr}(\theta)}{\max Q_{hr}(\theta)} \tag{5.26}$$

Rassweiler and Withrow 的经典已燃质量分数法

确定已燃质量分数 x_b 轨迹的经典方法是 Rassweiler-Withrow 法（由 Rassweiler 和 Withrow 于 1938 年提出）。该算法是基于观测发现的，当气缸内没有气体燃烧时，压力和体积的值便可以由下面的关系方程精确描述：

$$pV^n=\text{常数}$$

在 $n\in[1.25,1.35]$ 内，无论是压缩过程还是膨胀过程，指数 n 都能很好地拟合实测数据。假设两个采样点 i 和 $i+1$ 之间的压力变化 $\Delta p=p_{i+1}-p_i$ 是由燃烧导致的压力升高值 Δp_c 与体积变化导致的压力升高值 Δp_v 两部分组成，即：

$$\Delta p=\Delta p_c+\Delta p_v \tag{5.27}$$

在气体没有燃烧的情况下，在某区间起始和终止位置的气体压力和体积的关系为

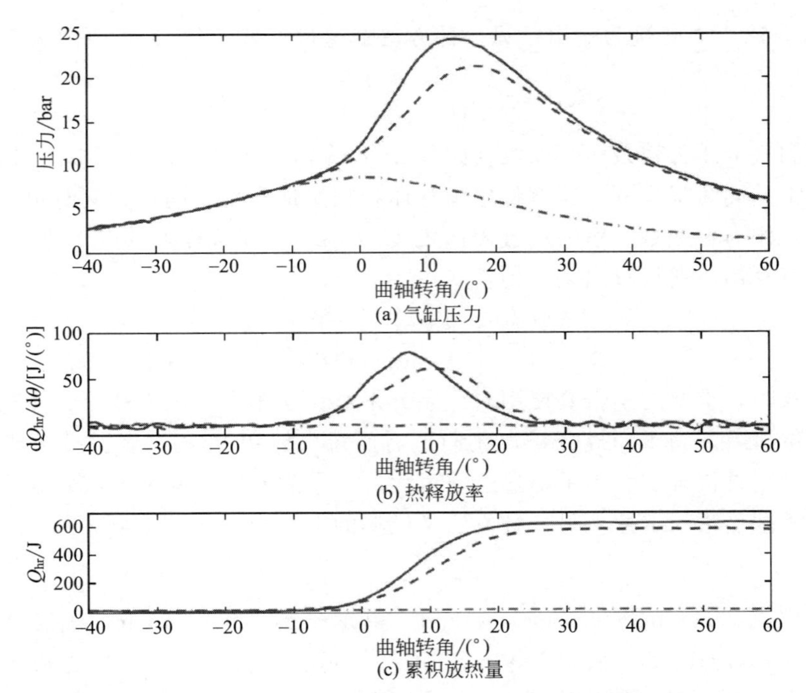

图 5.17 三种气缸压力轨迹下的热释放分析［实线代表（燃烧）速度快且能量多，虚线代表能量少且速度慢，点划线代表电机启动压力］

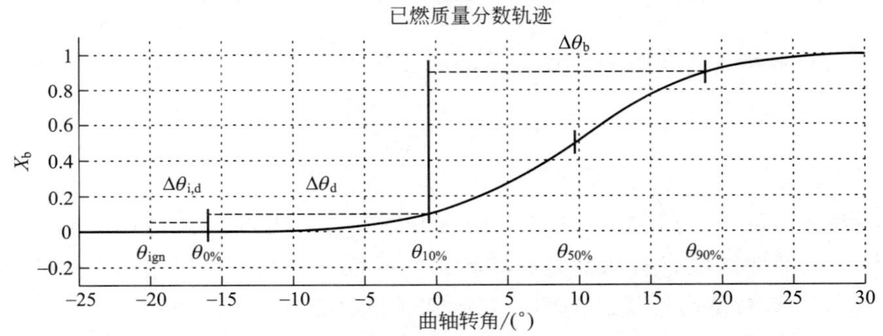

图 5.18 带有燃烧位置与形状特征的已燃质量分数轨迹［（实线）：θ_{ign} 代表点火正时，$\Delta\theta_{i,d}=\theta_{0\%}-\theta_{ign}$ 代表点火延迟，$\Delta\theta_{d}=\theta_{10\%}-\theta_{0\%}$ 代表火焰传播角，$\Delta\theta_{b}=\theta_{90\%}-\theta_{10\%}$ 代表快速燃烧角，$\theta_{50\%}$ 代表 50%已燃质量分数曲轴转角］

$p_iV_i^n=\hat{p}_{i+1}V_{i+1}^n$，从而：

$$\Delta p_{v}=\hat{p}_{i+1}-p_i=p_i\left[\left(\frac{V_i}{V_{i+1}}\right)^n-1\right] \tag{5.28}$$

此时，式(5.27) 中燃烧导致的压力升高值 Δp_c 便可计算出来。假设区间内燃烧导致的压力升高值与燃烧的混合气质量成比例关系，那么第 i 个区间结束时的已燃质量分数可以通过求和计算得出：

$$x_b(i)=\frac{m_b(i)}{m_b(\text{total})}=\frac{\sum_0^i \Delta p_c}{\sum_0^M \Delta p_c} \tag{5.29}$$

式中，M 是各区间曲轴转角之和。利用式(5.27) 和式(5.29) 可得到已燃质量分数曲线。

5.4.3 已燃质量分数的特征

分析燃烧过程时，放热位置和（曲线）形状特征经常由一系列指标来描述，如图 5.18 所示，其下方是各指标的定义，这些指标用来表征燃烧速率与燃烧过程的位置。

点火正时 θ_{ign}　点燃式发动机点火时的曲轴角度。对应压燃式发动机开始喷油的时刻 θ_{soi}。

点火延迟 $\Delta\theta_{i,d}$　点火或喷油时刻到燃烧开始时刻或在 x_b 轨迹中可以看到的曲轴转角。这对于压燃式发动机尤为重要，但是在点燃式发动机中，燃烧火焰是由点火引发的，因此并无延迟现象。然而，在燃烧的初期，由于火焰前缘过小，因此在已燃质量分数轨迹中并无显现，这可以称为一种延迟。

火焰传播角 $\Delta\theta_d$　从燃烧开始到 10% 的可燃混合气完全燃烧时的曲轴转角。

快速燃烧角 $\Delta\theta_b$　已燃质量分数为 10% 到 90% 之间的曲轴转角。

50%已燃质量分数曲轴转角 $\theta_{50\%}$　通常用来指示燃烧位置。

在建立燃烧模型时，需要描述燃烧过程的函数方程，主要有三种方法，且其变量互不相同。第一种方法是给出已经测得的 x_b 轨迹（如由热释放分析得到）作为仿真模型的输入，第二种方法是建立带有参数化方程的燃烧模型，第三种方法是根据缸内状态建立一个燃烧传播的微分方程。现在讨论第二种方法，常用模型为 1970 年由 Vibe 提出的 Vibe 模型（也称为 Wiebe 或 Wibe）。

$$x_b(\theta)=\begin{cases}0 & (\theta<\theta_0)\\ 1-e^{-a\left(\frac{\theta-\theta_0}{\Delta\theta}\right)^{m+1}} & (\theta\geqslant\theta_0)\end{cases} \tag{5.30}$$

式中，参数 θ_0 代表燃烧开始时的角度；$\Delta\theta$ 和 a 与燃烧的持续时间有关；m 关系着燃烧曲线的形状。如图 5.19 所示，m 值越小燃烧开始得越早。Heywood 等（1979）为点燃式发动机的已燃质量分数曲线拟合的参数为 $a=5$ 和 $m=2$。需要注意的是，Vibe 函数过于参数化，尤其是 a 和 $\Delta\theta$ 不能唯一确定（但参数 m 可以）。

如果知道 $\Delta\theta_d$ 和 $\Delta\theta_b$，Vibe 参数可以由它们计算得出。由于该函数过于参数化，$\Delta\theta$ 或 a 必须确定唯一值，再通过事先确定 $\Delta\theta$（例如利用公式 $\Delta\theta=\Delta\theta_d+\Delta\theta_b$），进而计算出 Vibe 参数：

$$m=\frac{\ln\dfrac{\ln(1-0.1)}{\ln(1-0.9)}}{\ln(\Delta\theta_d)-\ln(\Delta\theta_d+\Delta\theta_b)}-1$$

$$a=-\ln(1-0.1)\left(\frac{\Delta\theta}{\Delta\theta_d}\right)^{m+1}$$

单点喷射的压燃式（CI）发动机有两个燃烧阶段，预混合燃烧阶段和主燃烧阶段，对此采取的惯用方法是使用两个 Vibe 函数（2006 年 Merker 等提出）。对于多点喷射，需要依据数目和重要程度的不同确定更多个燃烧阶段，这同样需要建模来对燃烧曲线进行充分的描述。通用的方法是对已燃质量分数 $x_b(\theta)$ 进行多函数建模，函数如下：

$$x_b(\theta)=\sum_i \omega_i x_{bi}(\theta)\quad\left(\omega_i\geqslant 0 \text{ 且 } \sum_i \omega_i=1\right) \tag{5.31}$$

式中，对于式(5.30) 的每个 x_{bi}，都有其参数 a_i、m_i、$\Delta\theta_i$ 和 θ_{0i}。

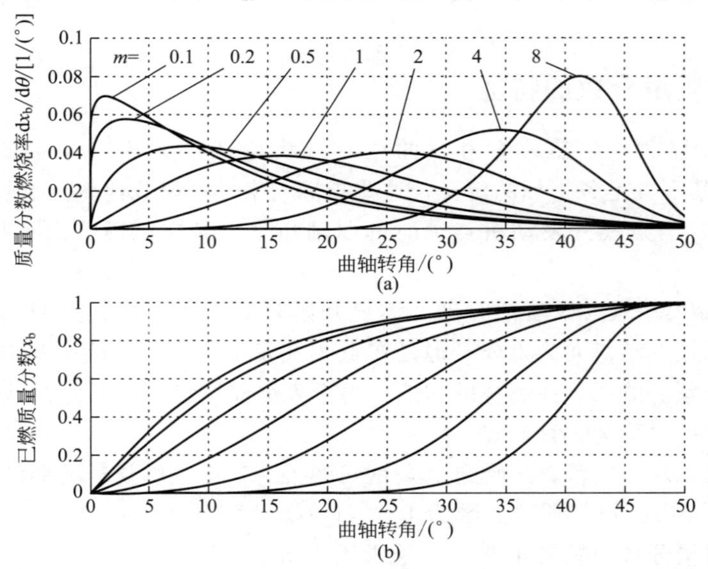

图 5.19 Vibe 函数与参数 m 的关系图（其他的参数还有 $\Delta\theta=50°$和 $a=5$）

5.4.4 单区模型其他组成部分

虽然单区模型可以很好地描述气缸压力，但是描述品质的好坏还依赖于其包含的子模型。其中，值得我们研究的有两个部分，分别是热传递和气体特性描述。

气体到气缸壁的热传递

由燃烧室到气缸壁的热损失大约为燃料释放总热量的 20%，这个因素在许多研究中需要被考虑进去。在发动机循环中，大部分热损失产生于做功行程和排气行程。在点燃式和压燃式发动机中，大部分热量是通过强制对流的方式由气体传到气缸壁的。在点燃式发动机中，气体到气缸壁的热辐射较小，但是在压燃式发动机中，其热辐射将占总热量传递的 20%～35%。

发生在流体表面垂直方向上的能量转移速率$\dot{Q}_{ht}$，可以用牛顿冷却定律表达，即：

$$\dot{Q}_{ht}=hA\Delta T=hA(T-T_w) \tag{5.32}$$

式中，A 是与流体相接触的缸体表面积；ΔT 是气体与缸体表面的温差；h 是对流热传递系数。在这里，如何精确估算对流热传递系数是最重要的。由于其大小既受到微观现象的影响，又受到宏观现象的影响，因此需要将多种因素考虑在内。对于一些流体几何形状，h 可以通过 Nusselt/Reynolds/Prandtl 关系式表示：

$$Nu=C(Re)^m(Pr)^n$$

热传递的背景知识参见 A.4 或 Holman（2009）。

目前，在对流热传递系数 h 的如何确定上已经发表了很多种表达式和关系式，例如 Annand（1963），Eichelberg（1939），Zapf（1969）。1967 年 Woschni 提出的方法受到了广泛应用，其在本质上是一个 Nusselt-Reynolds 参数，且其表达式为 $Nu=0.035Re^m$，其中 $m=0.8$，又考虑到一些影响 Nusselt-Reynolds 参数的因素，最终确定表达式为：

$$h=C_0 B^{0.2} p^{0.8} \omega^{0.8} T^{-0.53} \tag{5.33}$$

式中，$C_0=1.30\times10^{-2}$。特征速度 ω 的数学模型由两部分构成：

$$\omega=C_1 S_p+C_2 \frac{VT_{ivc}}{V_{ivc} p_{ivc}}(p-p_m) \tag{5.34}$$

式中，第一项描述的是一般气体的运动，这取决于活塞平均速度 S_p，而第二项描述了由燃烧引起的气体运动增加所造成的影响。后者的模型是在压力升高到超过电机启动压力（motored pressure）时建立的，该状态被称为进气门关闭时（IVC）的基准状态（T_{ivc}、V_{ivc} 和 p_{ivc}）。参数、变量及单位如下。

B：气缸内径（m）。

p：气缸压力（Pa）。

p_m：电机启动压力（Pa）。

h：热传递系数［W/(m^2·K)］。

S_p：活塞平均速度（m/s）。

T：平均温度（K）。

V：体积（m^3）。

ω：特征速度（m/s）。

其中，参数 C_1 和 C_2 的大小取决于发动机工作循环中的具体阶段，即：

系数	气体交换	压缩	燃烧和膨胀[①]/(m/s)
C_1	6.18	2.28	2.28
C_2	0.0	0.0	0.00324

①代表燃烧和膨胀速度（译者注）。

Woschni 的热传递模型的关系式是基于无涡流柴油机建立的，该模型的其他形式现在也已使用多年。该模型经修改也可用在涡流柴油机［通过在式（5.34）中增加一个涡流项 S_p］及采用其他新燃烧形式的柴油机上，例如 Chang 等（2004），Hohenberg（1979），Sihling 和 Woschni（1979）所提出的模型。

式(5.32)［包含子模型式(5.33)、式(5.34)］的牛顿冷却定律，可以得出每时刻的热传递速率$\dot{Q}_{ht}$。为了以曲轴转角作为变量对热传递速率进行仿真，将变量从时间变为曲轴转角是必要的，表达式如下：

$$\frac{dQ_{ht}}{d\theta}=\frac{dQ_{ht}}{dt}\times\frac{dt}{d\theta}=\dot{Q}_{ht}\frac{1}{\omega_e}$$

式中，ω_e 是发动机转速，rad/s。

气体特性

在利用第一定律分析气缸充量时，清晰地描述做功、温度和压力之间的相互关系非常重要。通过利用热力学特性参数 c_p、c_V，模型中的等式可用 $\gamma=c_p/c_V$ 和 R 来表达。在一项对气缸压力各种模型参数影响的敏感度分析中，Klein（2007）指出 γ 是最重要的变量。发动机的这些参数取决于温度和压力，γ 随温度升高而降低。一个简单而有效的模型是温度线性模型（1984 年由 Gatowski 等提出）：

$$\gamma(T)=\gamma_{300}-b(T-300) \tag{5.35}$$

式中，γ 在 $T=300$K 时，$\gamma_{300}\approx1.35$；$b\approx7\times10^{-5}$ 是沿温度下降时的斜率。Klein 和

Eriksson（2005）之后又研究了更多先进的单区模型。

5.4.5 单区气缸压力模型

到现在为止，建立一个发动机单区模型所需的全部内容都已经介绍过了。前面的公式都是用微分表示的，建模者在实际建模时可以选择不同的自变量。在许多模型中，把时间选为自变量，但当研究对象是气缸行程时，一般选择曲轴转角θ作为自变量，具体方法如下列模型所述。

模型 5.1　燃烧和热传递的单区模型

该模型描述的是气缸在曲轴转角域内，进气门关闭（IVC）到排气门打开（EVO）时的气缸工作状态。起始点是进气门关闭时刻，此时的压力、体积和温度已知，分别用p_{ivc}、V_{ivc}和T_{ivc}表示。利用理想气体定律确定缸内气体质量，即：

$$m_{\text{t}}=\frac{p_{\text{ivc}}V_{\text{ivc}}}{RT_{\text{ivc}}} \tag{5.36}$$

在模型过程区间内，该值为常值。体积、体积变化率、气体温度、比热容比以及放热率的函数关系式为：

$$V(\theta)=V_{\text{d}}\left\{\frac{1}{r_{\text{c}}-1}+\frac{1}{2}\left[\frac{l}{a}+1-\cos\theta-\sqrt{\left(\frac{l}{a}\right)^{2}-\sin^{2}\theta}\right]\right\}$$

$$\frac{\text{d}V(\theta)}{\text{d}\theta}=\frac{1}{2}V_{\text{d}}\sin\theta\left(1+\frac{\cos\theta}{\sqrt{\left(\frac{l}{a}\right)^{2}-\sin^{2}\theta}}\right)$$

$$T(\theta)=\frac{p(\theta)V(\theta)}{m_{\text{t}}R}$$

$$\gamma(T(\theta))=\gamma_{300}-b[T(\theta)-300]$$

$$\frac{\text{d}Q_{\text{hr}}(\theta)}{\text{d}\theta}=m_{\text{f}}q_{\text{LHV}}\eta_{\text{co}}\frac{\text{d}x_{\text{b}}}{\text{d}\theta}(\theta)$$

式中，$m_{\text{f}}q_{\text{LHV}}\eta_{\text{co}}$是释放的能量值；$\frac{\text{d}x_{\text{b}}}{\text{d}\theta}(\theta)$是前文所述的 Vibe 函数。利用式(5.24)，将θ作为自变量，加上以上的若干公式，可得到如下的压力常微分方程：

$$\frac{\text{d}p(\theta)}{\text{d}\theta}=-\frac{\gamma(T(\theta))p(\theta)}{V(\theta)}\times\frac{\text{d}V(\theta)}{\text{d}\theta}+\frac{\gamma(T(\theta))-1}{V(\theta)}\left[\frac{\text{d}Q_{\text{hr}}(\theta)}{\text{d}\theta}-\frac{\text{d}Q_{\text{ht}}(\theta)}{\text{d}\theta}\right] \tag{5.37}$$

该式利用数值方法求解，并给出压力与曲轴转角的函数关系$p(\theta)$。在求解时有必要知道电机启动压力，其在点火之前等于$p(\theta)$，在点火之后是一个多变过程，公式如下：

$$p_{\text{m}}(\theta)=\begin{cases}p(\theta) & (\theta\leqslant\theta_{0})\\ p(\theta_{0})\left[\frac{V(\theta)}{V(\theta_{0})}\right]^{n} & (\theta>\theta_{0})\end{cases}$$

式中，n是多变指数，其值接近于γ。

图 5.20 描述了该模型与实测气缸压力轨迹的对比结果，如图所示，单区模型很好地描述了缸内压力的变化，因而也很好地描述了气缸做功的变化。也因此，这个模型较为适

合分析发动机和燃烧时的做功和发动机效率问题。

需要注意的是，模型 5.1 包含一个当量热模型，该模型需要求解式(5.37) 中的 $\frac{dQ_{hr}(\theta)}{d\theta}$，并将压力轨迹 $p(\theta)$ 和 p_m 作为输入值。除了缝隙气流，该模型与惯用的 Gatowski 模型（1984 年由 Gatowski 等提出）结构相同。

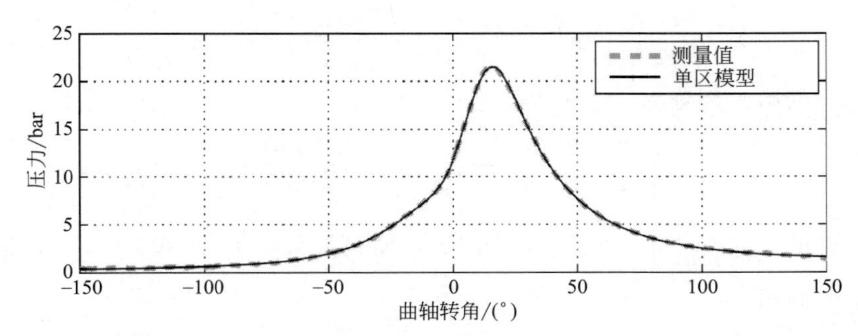

图 5.20 点燃式发动机单区模型（细实线）和实测气缸压力轨迹（阴影虚线）对比
[表明单区模型可以很好地描述压力的变化。用 Eriksson（1998）的方法对模型进行了调校]

5.4.6 多区模型

当需要更多地了解气缸内充量或燃烧的细节时，如描述排放或发动机爆燃时，就需要建立更细致的模型。通常使用的方法是将缸内混合物分为两个区域，燃烧区域和未燃烧区域，然后监测每个区域的热力学状态和特性。

多区模型建模的基础与单区模型一致，包括能量和质量的平衡以及状态方程（理想气体定律）。但是在建立燃烧模型的方式上，二者还是有些区别。在单区模型中，燃烧是加热过程，给定 dQ_{hr} 作为输入值，而多区模型中，燃烧是质量在燃烧区与非燃烧区之间的转移过程，利用燃烧反应物和产物的绝对焓值来监测燃烧的质量单元。下面对于多区模型总表达式的数学描述是建立在 Nilsson 和 Eriksson（2001）所进行的研究基础之上的。

多区模型是一个包括 N 个区域的系统，系统的总体积、总压力和总质量是一定的（V、p 和 m）。假定燃烧室的压力 p 是均匀的。每个区域都有其各自的体积、温度、质量（区域 i 用 V_i、T_i 和 m_i 表示）和气体成分。假设系统由区域 i 到区域 j 的体积和质量传递的变化量（分别为 dV 和 dm_{ij}）是已知的，一个区域的质量可通过对流入和流出区域的质量进行积分轻松求得。其他参量［p、T_i 和 V_i（$i=1,2,\cdots,N$)］的变化值是未知的，需要进一步确定。

多区模型系统包括 N 个区域，各区域体积 $V_i(i=1,2,\cdots,N)$ 之和必须等于总体积，即：

$$\sum_i dV_i = dV \tag{5.38}$$

区域 i 的能量平衡关系为

$$m_i du_i + \sum_{j\neq i} u_i dm_{ij} = -dQ_i - dW_i + \sum_{j\neq i} dm_{ij} h_{ij} \tag{5.39}$$

多区模型中气体成分是多样的（尤其是在燃烧区），并且内能 u_i 由温度和压力共同决定：

$$du_i(p,T_i) = \left(\frac{\partial u_i}{\partial p}\right)_{T_i} dp + \left(\frac{\partial u_i}{\partial T_i}\right)_p dT_i \tag{5.40}$$

该式的第一部分可以展开，由热力学第二定律得：

$$\mathrm{d}U_i = T_i \mathrm{d}S_i - p\mathrm{d}V_i$$

又由 Maxwell 关系式［见 Finn（1988）］得：

$$\left(\frac{\partial u_i}{\partial p}\right)_{T_i} = T_i\left(\frac{\partial s_i}{\partial p}\right)_{T_i} - p\left(\frac{\partial v_i}{\partial p}\right)_{T_i} =$$

$$-T_i\left(\frac{\partial v_i}{\partial T_i}\right)_p - p\left(\frac{\partial v_i}{\partial p}\right)_{T_i} = -\frac{T_i^2}{p}\left(\frac{\partial R_i}{\partial T_i}\right)_p - T_i\left(\frac{\partial R_i}{\partial p}\right)_{T_i} \tag{5.41}$$

式(5.40) 的第二部分为：

$$\left(\frac{\partial u_i}{\partial T_i}\right)_p = \left(\frac{\partial h_i}{\partial T_i}\right)_p - R_i - T_i\left(\frac{\partial R_i}{\partial T_i}\right)_p \tag{5.42}$$

并且根据定义 $\left(\frac{\partial h_i}{\partial T_i}\right)_p = c_{p,i}$。能量平衡式(5.39) 与式(5.40)、式(5.41)、式(5.42) 可合并为：

$$p\mathrm{d}V_i + c_i\mathrm{d}p + d_i\mathrm{d}T_i = -\mathrm{d}Q_i + \sum_{j\neq i}(h_{ij} - h_i + R_iT_i)\mathrm{d}m_{ij} \tag{5.43}$$

其中：

$$c_i = -m_iT_i\left[\frac{T_i}{p}\left(\frac{\partial R_i}{\partial T_i}\right)_p + \left(\frac{\partial R_i}{\partial p}\right)_{T_i}\right]$$

$$d_i = m_i\left[c_p - R_i - T_i\left(\frac{\partial R_i}{\partial T_i}\right)_p\right]$$

基于气体定律，一般状态方程为 $pV=mR(p, T)T$，并且允许 R 的值改变。对于多区模型，最后一个方程的微分形式需要获得一个明确的方程组，即：

$$p\mathrm{d}V_i + a_i\mathrm{d}p + b_i\mathrm{d}T_i = RT\sum_{j\neq i}\mathrm{d}m_{ij} \tag{5.44}$$

其中：

$$a_i = V_i\left[1 - \frac{p}{R_i}\left(\frac{\partial R_i}{\partial p}\right)_{T_i}\right]$$

$$b_i = -m_i\left[R_i + T_i\left(\frac{\partial R_i}{\partial T_i}\right)_p\right]$$

式(5.38)、式(5.43) 和式(5.44) 组成一个由 $2N+1$ 个常微分方程构成的方程组。在这些方程中，等号右边是已知量，而等号左边的微分是需要去求取的。等号左边的微分变量在方程组中呈线性输入，系统的表达式如下：

$$\begin{bmatrix} 0 & 1 & 0 & \cdots & 1 & 0 \\ a_1 & p & b_1 & \cdots & 0 & 0 \\ c_1 & p & d_1 & \cdots & 0 & 0 \\ \vdots & \vdots & \vdots & \vdots & \vdots & \vdots \\ a_N & 0 & 0 & \cdots & p & b_N \\ c_N & 0 & 0 & \cdots & p & d_N \end{bmatrix} \begin{bmatrix} \mathrm{d}p \\ \mathrm{d}V_1 \\ \mathrm{d}T_1 \\ \vdots \\ \mathrm{d}V_N \\ \mathrm{d}T_N \end{bmatrix} = \begin{bmatrix} \mathrm{d}V \\ R_1T_1\sum_{i\neq 1}\mathrm{d}m_{1i} \\ -\mathrm{d}Q_1 + \sum_{i\neq 1}(h_{1i} - h_1 + R_1T_1)\mathrm{d}m_{1i} \\ \vdots \\ R_NT_N\sum_{i\neq N}\mathrm{d}m_{Ni} \\ -\mathrm{d}Q_N + \sum_{i\neq N}(h_{Ni} - h_N + R_NT_N)\mathrm{d}m_{Ni} \end{bmatrix}$$

可整理成矩阵表达式：

$$A(x)\mathrm{d}x=B(x,\mathrm{d}u) \tag{5.45}$$

式中，x 为状态变量；$\mathrm{d}u$ 是用来推动进程的子模型，如体积函数 $\mathrm{d}V$，热传递模型 $\mathrm{d}Q$，以及区域间传递质量的质量流量模型 $\mathrm{d}m$。它们的核心部分是 $\mathrm{d}x$，它是未知状态的微分向量：

$$\mathrm{d}x=[\mathrm{d}p\,\mathrm{d}V_1\,\mathrm{d}T_1\cdots\mathrm{d}V_N\,\mathrm{d}T_N]^{\mathrm{T}}$$

通过求解线性方程组（5.45）可以确定状态变量的微分 $\mathrm{d}x$，即状态变量对时间/曲轴转角的导数。结果用下式表示：

$$\mathrm{d}x=A(x)^{-1}B(x,\mathrm{d}u)$$

但要记得，在实际工作中需要使用更好的数值求解方法。确定导数 $\mathrm{d}x$ 之后，进而利用数值积分可以将状态变量计算出来。有关多区模型公式更多的数值表达和应用参见 Brand（2005），Nilsson（2007），Nilsson 和 Eriksson（2001），以及 Oberg（2009）。

5.4.7 零维模型的应用

本章讨论的模型其类型属于零维模型（zero-dimensional models），因为该类模型并不描述任何空间（维度）。该模型自 20 世纪 60 年代开始被使用，如今已经是发动机工作过程建模和分析的常用工具。前文所述的放热分析就是一个范例。这些模型可用于分析不同的发动机控制方法对其性能及排放的影响。

总之，可以这样说，单区模型用于将气缸作为一个做功部件（或单元）的研究中，也就是研究不同的能量形式是如何产生或交换的。应用实例有气缸压力和做功过程仿真，发动机外部温度以及通过排气门和进气门的气流量的计算。多区模型主要用于研究发生在气缸内部的事件，并且这些事件与气缸内的空间是相关的。例如分成已燃气体和未燃气体，或者将气缸分成更多区域来描述它们的行为特征。多区模型的应用实例有点燃式发动机爆燃模型，NO 排放生成模型以及柴油机燃烧模型。

6 燃烧和排放

发动机的功能就是燃烧燃料，将化学能转化为热能，然后将热能转化为机械功。之前的章节讲解了功的转化过程，而本章将更多地分析工作过程，如混合气形成，点燃式发动机和压燃式发动机的燃烧过程，以及污染物的形成或由气缸产生的有害副产品排放（污染物）。发动机排出的尾气或污染物可通过废气处理系统来削减，这将在 6.5 节中讨论。

6.1 混合气准备与燃烧

点燃式（SI）和压燃式（CI）发动机混合和燃烧燃料的方式并不相同，常可分为均匀充量或分层充量。均匀充量（homogeneous charge）是指气体混合后在整个气缸内均匀分布。分层充量（stratified charge）是气缸内的空气燃油混合气是不均匀的，如气缸容积的 60%可能仅是空气和残余废气，剩下的则可能由 λ 值不同的空气-燃油-废气的混合物占据。混合气的均匀程度取决于混合气的制备过程，即混合气的形成、传输与分配过程的统称。

6.1.1 燃油喷射

对于点燃式发动机，过去常用化油器完成燃料的计量，但是现在则由燃油喷射系统对其进行控制。实现燃油喷射控制和混合气制备的喷射系统主要有两种：顺序式燃油喷射系统和直接喷射系统。

顺序式燃油喷射（sequential fuel injection）系统中每个气缸都有一个喷射器，在每个气缸的进气门打开时依次有序地进行定时喷射。（喷射）正时使喷射在进气门打开之前停止以避免混入废气中的碳烟。每个气缸的喷射可以实现单独控制，燃油供给也可以实现单独中断。图 7.15 显示了顺序式燃油喷射系统中带有多个喷射器的油轨。历史上，还有单点喷射和多点喷射两种形式。在单点喷射（single point injection）系统中，燃油被喷射到节气门上；而在多点喷射（multi point bank injection）系统中，每个气缸都有一个喷射器，它们同时将燃油喷入各自的进气歧管中。

直接喷射（direct injection）系统是将燃油直接喷入气缸内。以往，这项技术主要用于压燃式发动机，但现在在点燃式发动机上也得到了广泛应用，常称之为汽油直接喷射(gasoline direct injection，GDI)。在压燃式发动机中，在上止点（TDC）附近喷射并开始燃烧，而点燃式发动机喷射则发生在进气行程或压缩行程过程中，以便产生更均匀的混合气。汽油直接喷射的一个好处是不会在进气系统内产生油膜，另一个好处是通过产生分层充量来实现稀薄燃烧以提高发动机的经济性。当点燃式发动机使用直喷来产生分层充量时，节气门完全打开使大量空气流入，然后在压缩行程中喷入少量燃油，这导致总 λ 远远超过 1。如果混合气是均匀的将导致混合气无法着火燃烧，但是由于延迟喷射，燃油没有时间传递并在整个燃烧室内混合，因此产生了分层混合气。此混合气内局部可燃区域的 λ 的范围是 $\lambda \in [0.8, 1.3]$。由于节气门是全开的，因此可通过减少泵气损失来提高经济性。

6.1.2 SI 和 CI 发动机工作过程对比

图 6.1(a) 表示点燃式（SI）发动机的燃烧过程。无论是在发动机的进气系统中将燃油喷入进气道，还是对于直喷发动机在压缩行程中进行喷油，其燃油喷射的时间都相对提前。这使燃油在其点火燃烧之前有足够时间与空气混合并形成均匀混合气。在一般情况下，混合气由火花塞点火燃烧并形成一个小的火焰中心。火焰中心扩散并形成湍流火焰，然后传播到燃烧室内的均匀可燃混合气中。当火焰穿过燃烧室在到达气缸壁时熄灭（淬熄）。整个燃烧过程曲轴转过了 40°～90°，其放热轨迹见图 5.17，其中的火焰传播速度要比声速慢得多。

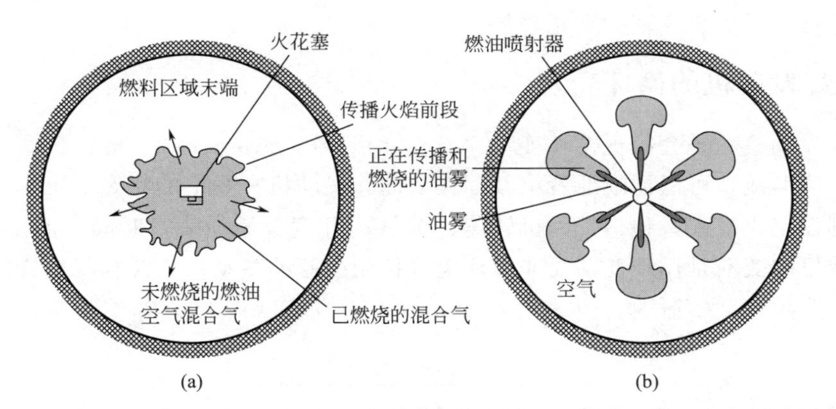

图 6.1 气缸俯视图，描述一般的 SI 和 CI 发动机的不同点（SI 燃烧时先进行预混合，然后火花塞点火使火焰传播至可燃混合气中。CI 发动机中，由于燃油是在喷油器中加热并与空气混合的，因此燃烧在喷油后开始）

图 6.1(b) 表示了压燃式（CI）发动机的燃烧过程。空气进入气缸后被压缩，当到达燃烧时刻［活塞到达上止点（TDC）之前的一定曲轴转角］时燃油被直接喷入燃烧室。油雾与热空气混合并且从喷射到燃烧反应开始之间存在一个延迟。燃烧需要在温度足够且有氧气参与反应时才会发生。由于燃油是被直接喷入气缸的，在燃烧之前燃油没有足够时间与空气充分混合，因此柴油机中的混合气是分层充量。

像柴油机或缸内直喷汽油机这样采用分层充量的发动机，可以使用空燃比很高的混合气，但 λ 的值需在 1 左右才可以。还有许多形式的 SI 和 CI 发动机，这里只讨论了最常见的几种车用发动机，如均质 SI 发动机和直喷 CI 发动机，对于其他形式的发动机，可参考

Zhao（2010a，b）[1]，Heywood（1988）和 Stone（1999）。

6.2 SI 发动机的燃烧

点燃式发动机的燃烧率主要由层流燃烧速度和湍流燃烧速度决定。层流燃烧速度（laminar burning velocity）取决于温度、压力、混合气浓度（λ）以及稀释度（如残余废气和 EGR）。对于不同的混合气浓度，当 $\lambda \approx 0.9$ 时层流燃烧速度最高，并且随着稀释度的增加而减小［Heywood（1988）］。温度越高，层流燃烧速度越高；而压力越高，层流燃烧速度则越低。当具有极少或没有湍流时，层流火焰前锋扩散到燃烧室内，此时层流燃烧速度达到最大。当湍流出现并开始增加时，火焰前锋开始出现皱纹，这使火焰前锋的影响区域有所增加，因而燃烧消耗可燃混合气的速率上升。

发动机的工作条件，如转速和负荷均影响着以上这些过程。发动机负荷增高将会缩短燃烧持续的时间，这是由于残余废气减少，气流速度增加（湍流）以及温度升高。高负荷也会增大气缸压力，这会使燃烧速度降低，但是占据着主导位置却是其他因素，最终使燃烧速度增加。发动机转速升高会增加湍流，短时间内也会使燃烧速率提升。通过监测曲轴转角可以看出发动机转速呈相对平稳的趋势。Eriksson（1999）指出当发动机处于2200rad/m 的中等速度时燃烧持续时间最长（通过测量曲轴转角），这表明转速升高时的主要影响是湍流提高了燃烧率而非高转速缩短了燃烧时间。Bayraktar 和 Durgun（2004），Blizard 和 Keck（1974），Csallner（1981）和 Lindström 等（2005）提出了多种不同的模型来描述运行工况中燃烧率的变化趋势。

6.2.1 SI 发动机的循环变动

点燃式发动机总是会出现循环变动（cycle-to-cycle variations）。图 6.2 描绘了连续十次的气缸压力曲线，可以清晰地看出其存在变动。发动机在稳定的状态下工作，所有可控制的参数都设定为常数，包括发动机转速、节气门开度、燃油喷射时间、温度以及压力。因此，图像里的变动是循环变动而非因环境或控制引起的变动。从混合气燃烧的速率方面讲，有三个产生变动的原因。

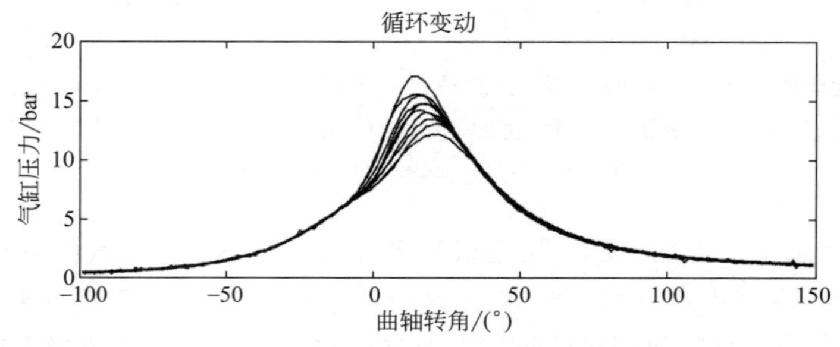

图 6.2　SI 发动机燃烧过程和气缸压力的变动（连续十个循环的气缸压力，发动机在稳定的条件下运行）

- 由气缸内气体的运动产生的变动。气体运动时的变动影响着燃烧（火焰）的传播。
- 燃料、空气和循环气体的变动导致气缸内的能量在不同循环中也各不相同。

---

[1] 原文如此（译者注）。

• 空气、燃油和循环气体的空间变动。每个循环都有其独有的空间分布，循环不同，空间分布也不同。尤其是火花塞附近的分布状况，对早期火焰的燃烧及传播有着很重要的影响。

气缸压力的循环变动影响着发动机的工作。一般来说，可以通过调整发动机的控制器使其拥有良好的性能，但是在循环变动中会出现极端情况，这会影响发动机的工作。例如，在高负荷状态下，最快速燃烧循环会由于温度过高而引起发动机爆燃（见 6.2.2）。因而，在许多情况下极端循环是限制发动机性能的原因。

6.2.2 爆燃和自燃

爆燃是点燃式发动机的基本问题，如果爆燃不能得到控制，将会损坏发动机。当末端混合气被自发性点燃时，爆燃（knock）往往伴随着在发动机机体中传播的噪声而产生。末端混合气（end-gas）指的是位于火焰前锋前面未燃烧的可燃混合气的部分。发生自燃时，末端混合气中大量的化学能以极快的速度释放，如图 6.3 所示。其释放过程持续大约 1°转角。如此迅速的过程会产生很大的局部压力，相应地会造成压力波传播到整个燃烧室。在图 6.3 中，由于末端混合气的大部分区域已经被快速消耗，因此，在上止点之后（ATDC）的 8°～9°之间，着火区域会大幅减少。

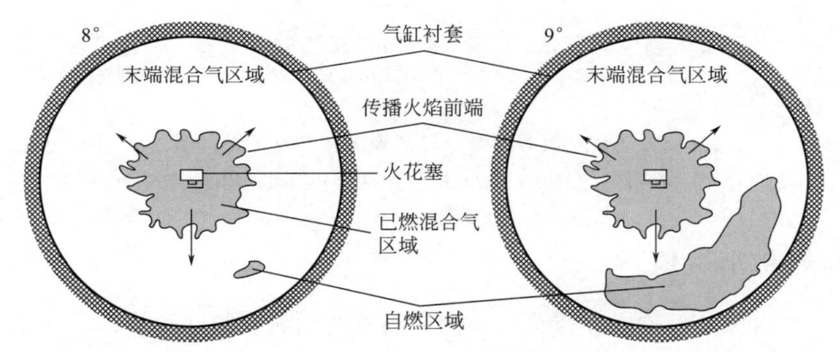

图 6.3 上止点后 8°和 9°时的气缸内自燃示意图（火花塞已经点燃混合气并产生在气缸内传播的火焰。在 8°时自燃开始，并且放热的速度比正常燃烧快得多，9°时已经消耗了大部分的末端混合气）

爆震时会出现气缸压力的振荡并且其振幅随着时间有所衰减，这通常在气缸压力达到最大值时发生。图 6.4 描绘了三个气缸压力的轨迹图：正常燃烧，轻微爆燃，剧烈爆燃。局部压力的快速升高引起压力波传播到燃烧室并引起了气缸共振，也正是由于燃烧室内的共振才产生了气缸压力的振荡。而其振动频率与正在爆震的状况有关，并取决于燃烧室的振动类型，一阶振动频率通常介于 5～10kHz 之间。

爆燃的起因需要通过自燃（autoignition）理论进行解释。该理论认为当末端可燃混合气被压缩后的压力和温度足够大时，燃油开始在部分乃至全部的末端混合气中自发氧化，如图 6.3 所示。当发生自燃时，会加热末端混合气，并使燃烧过程逐步推进，以极快的速度将能量释放出去。图 6.4 描述了此现象，图中气缸压力平稳增加至上止点后 8°位置，随后燃烧速度急剧增加。

如果不加以控制，爆燃严重时对发动机的损坏很大，并且即使发动机没有损坏或爆燃不严重，发动机也会产生令人厌烦的噪声。通常可以认为爆燃对发动机造成机械损害与受振动影响的气缸壁热边界层处的热传递有关。Heywood（1988）指出，严重的爆燃可以在短时间内让发动机发生故障。发动机的爆燃倾向可以通过点火正时来控制，推迟点火时刻可以降低末端混合气的温度，因此降低了发生爆燃的可能性。这部分内容将在 10.5.1 中详细讨论。

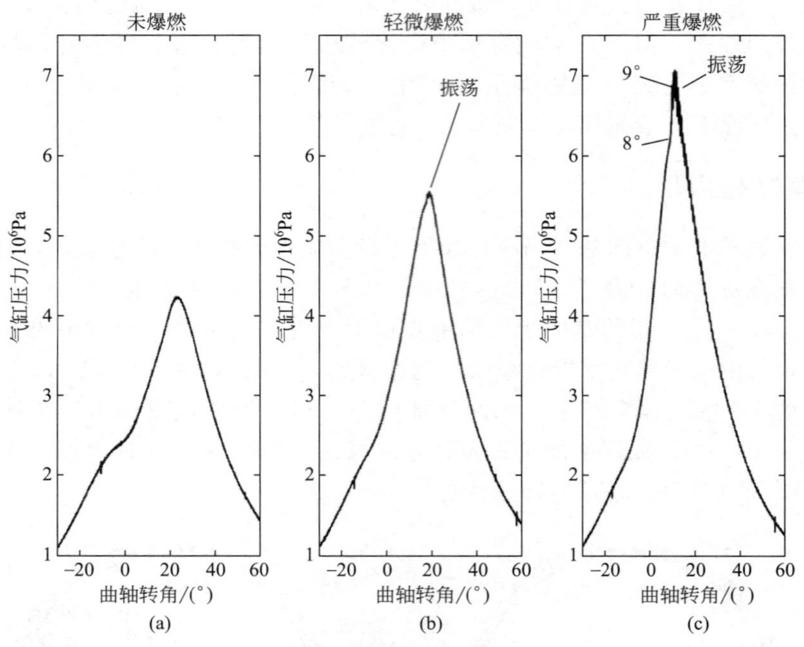

图 6.4　三种循环下的气缸压力轨迹：没有爆燃，轻微爆燃和严重爆燃［图（c）中，上止点后的 8°～9°之间，有一段明显的急速的压力增长，这是由爆燃引起的放热导致的］

6.2.3　自燃和辛烷值

爆燃还与燃料以及它们触发氧化过程的能力有关。尤其是辛烷值，它是衡量燃料抗爆性的指标。辛烷值的数值取决于两种碳氢化合物：定义正庚烷（normal heptane）（n-C_7H_{16}）的辛烷值为零，异辛烷（isooctane）（C_8H_{18} 2,2,4-三甲基戊烷）的辛烷值为 100。图 6.5 表示了两种碳氢化合物的化学结构。一般情况下，认为链烷烃的链越长爆燃的趋势越大，此说法对于这两种化合物也适用。一个短的或者紧凑的分子结构抗爆燃的能力要比长链的高。

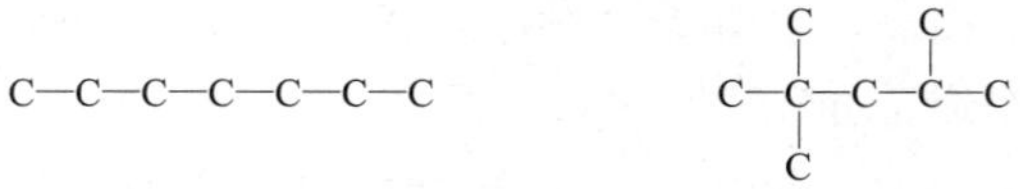

C—C—C—C—C—C—C

正庚烷

C　C
C—C—C—C—C
C

异辛烷

图 6.5　碳氢化合物正庚烷和异辛烷结构（只列出了碳分子，因为它决定化合物的结构）

使用一种特殊的单缸发动机可以确定燃料的辛烷值。该发动机包含两个化油器，并且可以相互切换，而且可以通过升高或降低气缸来改变发动机的压缩比。一个化油器中是需要测定的燃油，另一个化油器中是混合了正庚烷和异辛烷的基准燃油。发动机工作在指定状态下，给定的状态参数包括进气压力、进气温度、湿度、冷却剂温度、发动机转速、点火正时和空燃比。表 6.1 是研究法辛烷值（research octane number,

RON）测试和马达法辛烷值（motor octane number，MON）测试的试验条件。发动机在基准条件下运行，使用需要测定的汽油，增加压缩比直到发动机出现轻微爆燃为止。然后用异辛烷和正庚烷按不同比例混合形成参考燃料，开始试验直到参考燃料与测定的燃油具有同等的爆燃强度为止。如果参考燃料含有5％的正庚烷和95％的异辛烷，则被测燃油的辛烷值即为95。

表 6.1 确定辛烷值时发动机的工作条件

项目	研究法	马达法
发动机转速	600r/min	900r/min
点火正时	上止点前13°(固定值)	上止点前19°～26°(随 r_c 变化)
进气温度	52℃(125°F)	149℃(300°F)
进气压力	1个大气压	
湿度	0.0036～0.0072kg/kg 干空气	
冷却剂温度	100℃	
空燃比	调整到能引起最大爆燃的值	

这种方法是在特定的稳定状态下用单缸发动机进行的，但是无法用来推测各种转速负荷和天气条件下汽车发动机的燃油性质。对于一般的燃油，MON法测定的辛烷值要比RON法低些，因为MON法的测试条件更严格。因此，可以采用许多方法来进一步确定燃油特性，其中一个是燃料敏感性（fuel sensitivity），即：

$$\text{燃料敏感性}=\text{RON}-\text{MON}$$

用来表示与工作条件有关的燃油爆燃倾向。

另一个特性是抗爆指数（anti-knock index，AKI）：

$$\text{AKI}=\frac{1}{2}(\text{RON}+\text{MON})$$

也称为泵辛烷值（pump octane number，PON），该参数是试图寻找道路辛烷值（road octane number，RdON，$\text{RdON}=a\text{RON}+b\text{MON}+c$）时得到的结果，道路辛烷值的条件与车辆道路行驶条件相似。RdON介于RON和MON之间，当$a\approx b\approx 0.5$且$c\approx 0$时，该值接近于AKI。在美国、加拿大和墨西哥，AKI得到广泛应用；而在欧洲、亚洲和澳大利亚，则是RON应用广泛。

每对汽车与发动机的组合都有一个辛烷值要求（octane number requirement，OR），即在全负荷全转速范围内防止发动机爆燃的最低燃油辛烷值。例如，带有辛烷值控制的现代发动机推荐的辛烷值要求为98RON，但是由于发动机控制系统能够改变点火时刻而避免爆燃的发生，可以允许辛烷值达到95RON，但是此时会在高负荷下损失部分功率和转矩。

燃油添加剂

所有汽油都含有添加剂，目的是通过多种手段来提高燃油质量。通过添加抗爆剂可以增加辛烷值，相比于利用提炼技术改变燃油碳氢化合物结构，其成本有所降低。抗爆元素中最主要的是铅，它在燃油中的成分是烷基铅，其中的铅不仅具有稳定性而且可溶于汽油。烷基铅即四乙铅（$(C_2H_5)_4Pb$），发现于1923年。20世纪70年代时，由于四乙铅会造成空气污染并且在利用催化剂进行尾气处理时会产生问题，人们开始致力于开发无铅汽油，例如，使用在燃烧后对环境更加友好的其他种类的化学添加剂。这是由于铅具有毒性会影响城市环境，并且会沉淀在催化剂上使催化效率降低。

压缩比和爆燃

当末端混合气温度足以达到自燃时，爆燃就会发生。压缩比会直接影响发动机的爆燃倾向，因为它能够影响未燃混合气的温度，参看前文确定辛烷值时的论述。发动机的爆燃以及燃料的辛烷值使点燃式发动机的压缩比有了上限，通常比 $r_c=10$ 高一点。如今，自然吸气式 SI 发动机的压缩比为 10～12，而涡轮增压 SI 发动机稍低些，为 8～10。

6.3 CI 发动机的燃烧

压燃式（CI）发动机的燃烧是从喷射始点（start of injection，SOI）开始的，共有三个阶段，即着火延迟、预混燃烧和混合控制燃烧，如图 6.6 所示。在喷射柴油时需将冷的液态柴油转化成蒸气状态并加热，才能使柴油自燃。从喷射到柴油燃烧这段时间称为着火延迟（ignition delay）$\Delta\theta_{i,d}$（也可参照 5.4.2）。当柴油蒸气到达或超过自燃温度时被点燃，这段时间称为预混（premixed）燃烧阶段。然后在混合控制（mixing controlled）燃烧阶段，喷油器里的燃油与空气混合并燃烧。在压燃式发动机中，燃油沿着富油喷雾（$\lambda=1$）向总体稀薄混合气的路径扩散，稀薄混合气中足量的空气可以氧化燃油。更多有关柴油雾化、氧化和排放的内容将在 6.4 节进行详细讲解。

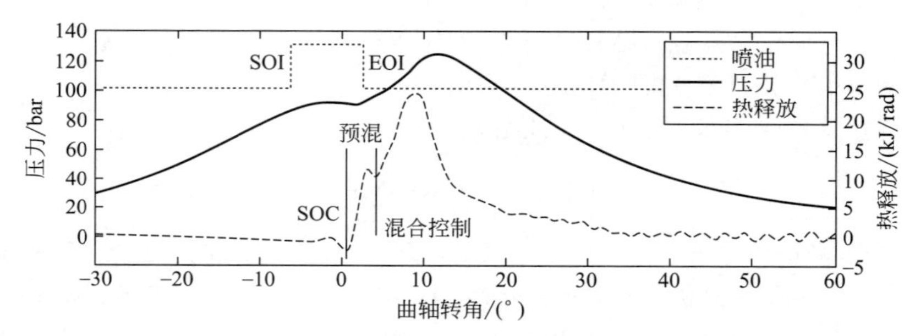

图 6.6 重负荷柴油机的喷油正时［包括喷油开始（SOI）和喷油结束（EOI），气缸压力和热释放。可以看出有三个阶段：着火延迟，是从 SOI 到 SOC；预混燃烧，是从 SOC 到热释放达到首次峰值；混合控制燃烧，是从热释放首次峰值到燃烧结束］

自燃和十六烷值

柴油机的着火延迟影响着燃油在预混燃烧阶段的燃烧量，着火延迟越大预混燃料越多，预混燃烧就越明显。在极端条件下，柴油机会发出敲缸声，即柴油机爆燃（diesel knock）。着火延迟由运行工况和燃油品质决定，柴油品质由十六烷值（cetane number，CN）决定，十六烷值的定义方式与辛烷值类似。测试试验使用的是一种带有特殊预燃室的柴油机，其压缩比也是可以调整的，运行工况如表 6.2 所示。调整测试柴油机的压缩比使着火延迟为 13°并用受检柴油做试验。然后将燃料换成两种参考燃料的混合物，一种是正十六烷（*n*-hexadecane，$C_{16}H_{34}$，也称十六烷），定义其 CN=100；另一种是七甲基壬烷（heptamethylnonane，HMN），定义其 CN=15。最初是采用一种更不稳定的化合物（α-甲基萘 $C_{11}H_{10}$），其 CN=0，但是这种燃料如今被 HMN 代替，相应的十六烷值的确定公式调整为：

$$CN=\%n-\text{hexadecane}+0.15\%HMN$$ [1]

辛烷值和十六烷值所表达的意义相反。高辛烷值表示抗自燃能力强，而高十六烷值表示燃油容易自燃。这可以由下面辛烷值和十六烷值的近似关系式看出：

$$ON=120-2CN \quad \Leftrightarrow \quad CN=60-0.5ON$$

其中，减号代表着辛烷值和十六烷值是相反的趋势。

表 6.2 确定十六烷值时的发动机工作条件

发动机转速	900r/min
喷油正时	上止点前(BTDC)13°
进气温度	65.6℃(150°F)
冷却剂温度	100℃
喷油压力	10.3MPa

6.4 发动机排放

空气污染是一个受到广泛关注的问题，特别是汽油机和柴油机的尾气排放。点燃式发动机排放的污染物主要有氮氧化物（NO 和少量的 NO_2，统称为 NO_x），一氧化碳（CO）和未完全燃烧或者部分燃烧的碳氢化合物（统称为 HC）。压燃式发动机的主要污染物是 NO_x 和颗粒物（particulate matter，PM），也称碳烟（soot）。燃烧过程中和燃烧结束后，其尾气中污染物的确切排放量与发动机设计和运行工况有关，但很难给出一个准确数值。Heywood（1988）指出，从气缸进入排气装置的污染物总量大约为：

污染物	SI 发动机	CI 发动机
NO_x	$(500\sim1000)\times10^{-6}$(约 20g/kg 燃油)	$500\sim1000\times10^{-6}$(约 20g/kg 燃油)
HC	3000×10^{-6}(约 25g/kg 燃油)	600×10^{-6}(约 5g/kg 燃油)
CO	1%～2%(约 200g/kg 燃油)	很少
碳烟	很少	2～5g/kg 燃油

其中 HC 标准化为 C_1。需要注意的是，这是 20 世纪 70 年代和 80 年代的发动机排放数据。现代柴油喷射和燃烧系统已经大大减少了这些污染物的排放。直喷汽油机出现后，分层进气也使其排放中出现了一些碳烟。

发动机排出的尾气中，也有一些排放物是来自于其他地方，例如一些未燃烧的碳氢化合物来自于活塞漏气或者油箱排放阀处的雾化燃油。因此，已经采取了一些有效的措施来减少排放。例如，曲轴箱通风、废气再循环或通过炭罐给油箱通风，炭罐可以在发动机工作时由空气净化，详见 10.5.3。

6.4.1 排放形成的总趋势

发动机排放物的形成是一个复杂的过程，而且发动机中的全部化学物质是何时、何地以及怎样形成的目前还不完全清楚。这是一个活跃的研究领域，这个领域结合了发动机试验、热力学建模以及反应动力学建模等内容。最详细的模型包含燃油氧化反应时全部化学动力反应路径的计算，这对于简单燃料都是一项很复杂的工作。例如，Hunter 等（1994）

[1] 原文如此(译者注)。

的模型中讲到，甲烷在空气中的燃烧有 40 种，反应有 207 种，而丙烷的氧化反应模型（Hoffman 等 1991 年提出）包括 493 种反应。考虑到通常的燃油是由不同的、更复杂的碳氢化合物混合而成的，其建模工作就变得极其复杂。

通过对化学平衡中组分浓度的研究，人们无需对复杂的反应路径进行仿真就能了解特定组分是何时和怎样在发动机中形成的。例如，发动机排放与空燃比有很强的相关性，如图 6.10 中给出的点燃式发动机的排放。而且研究化学平衡组分对理解空燃比、温度和压力的变化趋势是有帮助的。

化学平衡组分

当各组分浓度变化率为零时，反应系统达到化学平衡。对一个恒温恒压系统，化学平衡可由吉布斯自由能 $g=h-sT$ 确定。为了得到下面总反应的化学平衡：

$$\frac{\phi}{8+18/4}C_8H_{18}+O_2+3.773N_2 \longrightarrow$$
$$x_1CO_2+x_2H_2O+x_3N_2+x_4NO+x_5CO+x_6O_2+x_7CH_4+x_8OH+x_9O+$$
$$x_{10}C_2H_2+x_{11}C_2H_4+x_{12}HCN+x_{13}N+x_{14}H_2+x_{15}NO_2+x_{16}H$$

吉布斯自由能是由成分 $g=\sum x_i\tilde{g}_i$ 确定的，用来将 g 极小化的 x_i 是通过一个优化程序进行搜索得到的。更多有关化学平衡的范例参考 Borman 和 Ragland(1998) 的教科书或 Turns（2000）或 CHEPP 程序包［Eriksson(2005)］。

图 6.7 显示了不同空燃比 $\lambda=\frac{1}{\phi}$ 的平衡组分，图中主要有三个区域呈现出了不同的特征。对于稀混合气（lean mixtures），$\lambda>1$，过量的空气使分子浓度升高，包括 O_2、NO、OH 和 O。稀混合气产生的 NO 最多。对于浓混合气（rich mixtures），$0.32<\lambda<1$，由于没有足够的空气来完全氧化燃油，产生的 CO、H_2 和 H 更多。对于过浓混合气（excessively rich mixtures），碳氧比 C/O>1（相当于 $\lambda<0.32$，使用异辛烷），产生的碳氢化合物增多。在混合气较浓时，氧气极少，就形成了碳烟。Heywood（1988）指出，在真实的发动机中，碳烟形成的临界 C/O 值为 0.5～0.8。

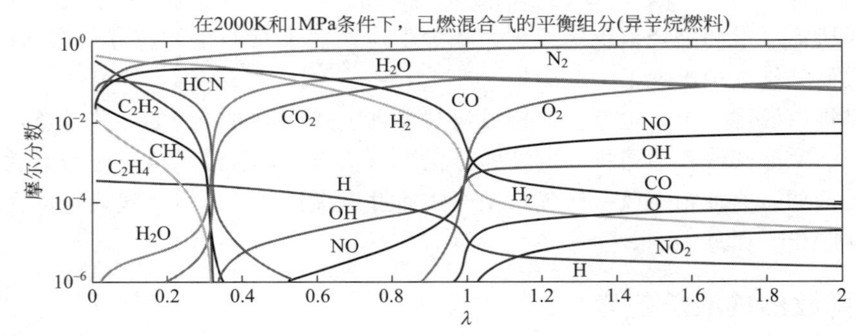

图 6.7 异辛烷在空气中燃烧后，2000K 和 1MPa 时平衡组分与空燃比（λ）的关系图
{该图利用 CHEPP 方法生成［Eriksson(2005)］。需要注意 y 轴为对数刻度}

在图 6.8 中，温度对平衡组分有很大的影响。对于稀混合气，在低温时主要成分是 N_2、CO_2、H_2O 和 O_2。当温度升高时，这些成分开始分解，导致 NO、OH、CO、H_2、O 和 H 数量增加。在更高温度时，压力也对组分浓度产生一定影响，此时更高的压力会使分解作用减弱。

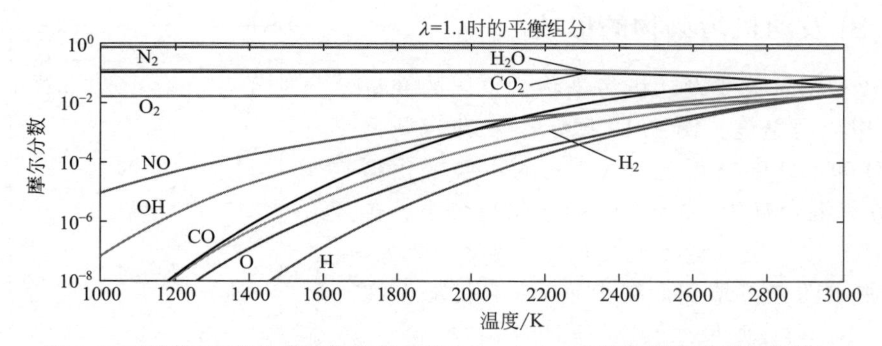

图 6.8 不同温度下的排放物浓度（其中 λ=1.1。需要注意随着温度的增加，N_2、CO_2 和 H_2O 是减少的，这是因为在分解过程中产生了其他物质）

绝热火焰温度和混合气浓度

图 6.7 和图 6.8 说明温度和空燃比在许多方面影响着平衡组分。利用化学平衡和火焰温度，可以通过简单的计算和估计得出组分浓度。下面的例子说明异辛烷 C_8H_{18} 和空气的混合物在恒压且没有热损失的情况下燃烧（如等压和绝热燃烧）。对于这种燃烧，反应物焓值 h_{re}（T_{re}）等于生成物焓值 h_p（T_p）。在初始温度和压力已知的条件下，生成物的温度即绝热火焰温度可由关系式 $h_{re}(T_{re})=h_p(T_p)$ 得到。图 6.9 说明了在等压条件下，异辛烷绝热燃烧时的绝热火焰温度 T_p 和平衡组分。需要注意以下几件事：首先，最高温度出现在 λ=0.95 的较浓混合气中，其次，在最高温度和混合气最稀时 NO 都没有达到最大排放量，反而在较稀混合气中，λ=1.14 时，NO 排放量达到了最大，其值接近于试验测量值，如图 6.10 所示的范例。

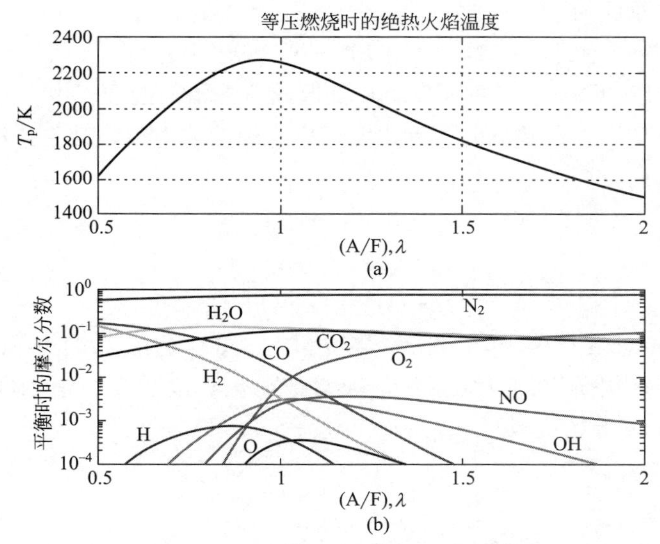

图 6.9 异辛烷（C_8H_{18}）在绝热和等压燃烧中的浓度
（燃烧的初始条件是 T_{re}=293K 和 p=1atm[1]）

[1] 1atm=101325Pa（编者注）。

6.4.2 SI发动机污染物的形成

确定火花塞点火式发动机污染物最重要的变量是空燃比和缸内温度。图 6.10 展示了三种污染物 NO_x、CO 和 HC 随空燃比（A/F）的主要变化趋势。CO 在稀混合气中，$\lambda=1$ 时的变化趋势小；在浓混合气中，由于空气量不充足，CO 变化趋势大，碳氢化合物也随 λ 的增加而减少。NO 起初随 λ 增加，当 $\lambda=1.1$ 时达到最大值，随后开始减少。

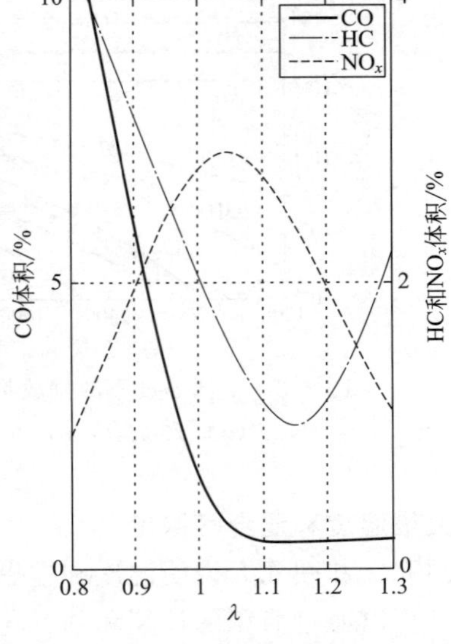

图 6.10 不同空燃比时发动机的排放物（测量是在 2500r/min 和 65N·m 时的 5 缸 2.4L SI 发动机上进行的）

氮氧化物（NO_x）

NO_x 是一氧化氮（NO）和二氧化氮（NO_2）的统称。点燃式发动机生成的二氧化氮（NO_2）比一氧化氮（NO）少，NO_2 浓度最大时才达到 NO 浓度的 2%。然而，在紫外线的照射下，NO 在空气中随后被氧化成 NO_2，NO_2 与碳氢化合物反应生成光化学烟雾。

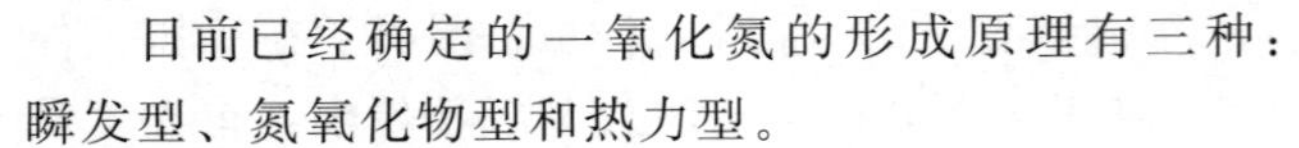

目前已经确定的一氧化氮的形成原理有三种：瞬发型、氮氧化物型和热力型。

瞬发型的原理为：

$$CH+N_2 \longrightarrow HCN+N$$

该反应是在燃油燃烧的火焰中发生的，尤其是在燃油中富含氮的情况下。

氮氧化物型的原理为：

$$N_2+O+M \longrightarrow N_2O+M$$

反应之后再分解为 NO。其主要发生在低温或非常稀的混合气中。

一般点燃式发动机，最常见的一氧化氮形成原理是热力型，其中使用最多的模型是扩展的 Zeldovich 机制，即：

$$O+N_2 \longrightarrow NO+N \tag{6.1}$$

$$N+O_2 \longrightarrow NO+O \tag{6.2}$$

$$N+OH \longrightarrow NO+H \tag{6.3}$$

该模型由 Zeldovich 在 1946 年提出，其中式（6.3）是在 1970 年由 Lavoie 等新增进去的。这是个经过多次研究的反应系统，通常被简化和改写为一个 NO 浓度的微分方程（参见 1970 年 Lavoie 等的资料），即：

$$\frac{\mathrm{d}[NO]}{\mathrm{d}t}=2R_1\frac{1-\left(\frac{[NO]}{[NO]_e}\right)^2}{1+\frac{[NO]}{[NO]_e}\times\frac{R_1}{R_2+R_3}} \tag{6.4}$$

式中，R_i 是平衡反应率，可由下列公式确定：

$$R_1=k_1^+[O]_e[N_2]_e=k_1^-[NO]_e[N]_e \tag{6.5}$$

$$R_2=k_2^+[N]_e[O_2]_e=k_2^-[NO]_e[O]_e \tag{6.6}$$

$$R_3 = k_2^+[N]_e[OH]_e = k_3^-[NO]_e[H]_e \tag{6.7}$$

式中，$[\,]_e$ 为平衡浓度；k_i^+ 和 k_i^- 为反应式(6.1)～反应式(6.3) 的正向和反向的反应率常数。反应率 k_i 与温度存在很强的相关性，因此在分析的过程中有必要对温度进行动态说明。

NO 的形成可通过设定两个分区进行说明，包括燃烧区和未燃烧区，如图 6.11 所示。反应率主要取决于温度，高温时 NO 迅速形成并重组。在膨胀行程中反应率随温度和反应物的冷却开始下降，此时 NO 浓度也大大超过了平衡浓度（130°时因素超出 20）。单凭经验来讲，当最大燃烧温度超过 1800K 时，NO 形成。

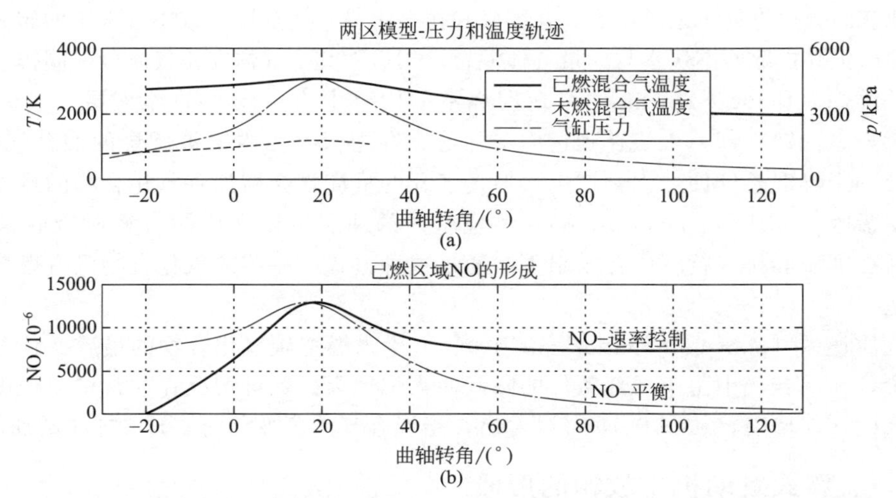

图 6.11　高负荷下，两区模型中燃烧区内生成 NO，并将可控速率的 NO 与平衡状态下的 NO 进行对比［反应速率 k_i^+ 来自于 Heywood(1988)，发动机工作在全负荷工况下，且 $\lambda=1$，$\theta_{ign}=-20°$］

发动机负荷对 NO 的形成具有间接影响，因为负荷越高温度越高，生成的 NO 就越多。除了负荷，空燃比也控制着 NO 的形成，在较稀混合气中产生的 NO 最多，如图 6.10 所示。点火正时也影响着 NO 的生成，点火正时越晚产生的 NO 越少，这是由于最大燃烧温度有所降低。

NO 排放量可以通过废气再循环（EGR）来减少，即将一部分废气进行冷却并重新输送回进气道。燃烧室内气体燃烧时氧气减少，温度增加，也就减少了 NO 的生成。对于点燃式发动机，废气再循环也有其缺陷，它增加了循环变动，使发动机稳定性有所降低。点燃式发动机通过 EGR 允许有 20%～30%的混合气稀释率，超过该值则不能引发燃烧，并且在 EGR 作用下燃烧温度降低使氮氧化物 NO_x 的排放也有所减少。

一氧化碳（CO）

一氧化碳的生成主要受空燃比的影响。这点可以通过燃烧反应来说明：当燃烧室内燃油过量时，没有足够的氧气来完全氧化燃油，因此会产生 CO 而不是 CO_2。图 6.10 说明了当量比（过量空气系数）λ 对排出发动机的 CO 有何影响。当混合气开始变浓且 $\lambda<1$ 时，CO 稳定增加；而当混合气变稀时，CO 则稳定在一常值，摩尔分数大约是 10^{-3}。在浓混合气状态下，CO 量占总排放量的分数接近于化学平衡计算的浓度。然而，稀混合气时 CO 的生成方法要复杂得多，仅考察化学平衡已经无法估计，需要利用化学-动力学方法（类似于热力型 NO 所采用的方法）。

碳氢化合物（HC）

图 6.10 显示了空燃比对碳氢化合物排放量的影响。碳氢化合物的排放量随 λ 的增加稳定减少，直到混合气被稀释到极限值使燃烧无法维持稳定为止。此时火焰在可燃混合气完全消耗之前熄灭。HC 的产生方式也有许多种，而无论哪种方式都与燃油“逃避”燃烧有关。下面将介绍四种主要的产生方式。

缝隙效应（crevice effects）：在压缩行程和火焰传播的早期阶段，不断增加的气缸压力将可燃混合气压入一些缝隙中，这些缝隙是与燃烧室相连通的狭小空间，像活塞、活塞环和气缸壁之间的部分。大多数进入缝隙的气体都无法燃烧，因为缝隙太窄，燃烧反应无法进行，因此它们会一直处于未燃状态。在膨胀和排气阶段，气缸压力减小，未燃的碳氢化合物在缝隙中产生并扩散回燃烧室与大量气体混合，然后随其他气体在排气阶段一同排出气缸。

火焰淬熄（flame quenching）：在燃烧室的内壁上有一块小的淬火层（<0.1mm），该层由燃烧室内壁冷却，火焰在到达内壁之前就会熄灭。当内壁被燃烧的混合气扫过时，在淬火层的未燃混合气便会立刻燃烧，但是多孔的沉淀物会增加碳氢化合物的排放。

油层吸收（oil layer absorption）：燃烧室内的油层可以在压缩行程时吸收碳氢化合物，然后在膨胀和排气行程中释放出去。通过这种方式，一些碳氢化合物没有燃烧就排出了燃烧室。

燃烧质量差（poor combustion quality）：产生未燃烧碳氢化合物的最后一种方式是燃烧不完全，在混合气中由于局部条件的限制使火焰熄灭。这种情况在非常稀或极度稀释后的混合气中才能出现。从图 6.10 可以看出，当混合气浓度变稀时，HC 排放增加。

6.4.3 压燃式发动机排放物的形成

压燃式发动机（柴油机）的排放物主要有氮氧化物（NO_x）、碳烟或颗粒物（PM）。排放物的形成大多由局部特征决定，如混合喷雾控制的混合物浓度以及燃烧温度。Dec（1997）和 Dec 与 Canaan（1998）提出了一种柴油机燃烧产生碳烟和一氧化氮（NO）排放的概念模型，主要的研究结果在这里进行了概括。试验测得的气缸压力、喷油器针阀升程和放热轨迹见图 6.12。试验使用的是燃烧室内部可视的发动机，因此可以记录和分析

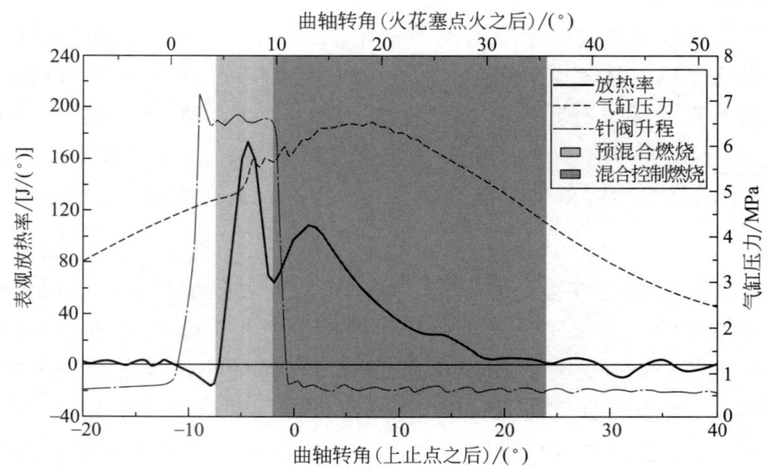

图 6.12 Dec（1997）中发动机的气缸压力与热释放轨迹［由于燃油的蒸发带走了燃烧室中的能量，热释放量最初是下降的，当燃烧开始时热释放增加（来源：Dec，J. E. 1997。经 SAE 许可转载）］

燃烧室内的情况。图 6.13 显示了从柴油喷射到混合气燃烧随时间的变化过程，并使用示意图按顺序表示出来。通过示意图可以看出，在燃油喷射后以及预混合燃烧之前的几个曲轴转角处，液态燃油喷雾就达到了最大的穿透长度，并在喷雾器顶端及周围形成了燃油蒸气。化学反应的第一个现象是在油雾的边缘产生淡蓝色的化学反应发光，并随后蔓延至油雾的整个下游区域。

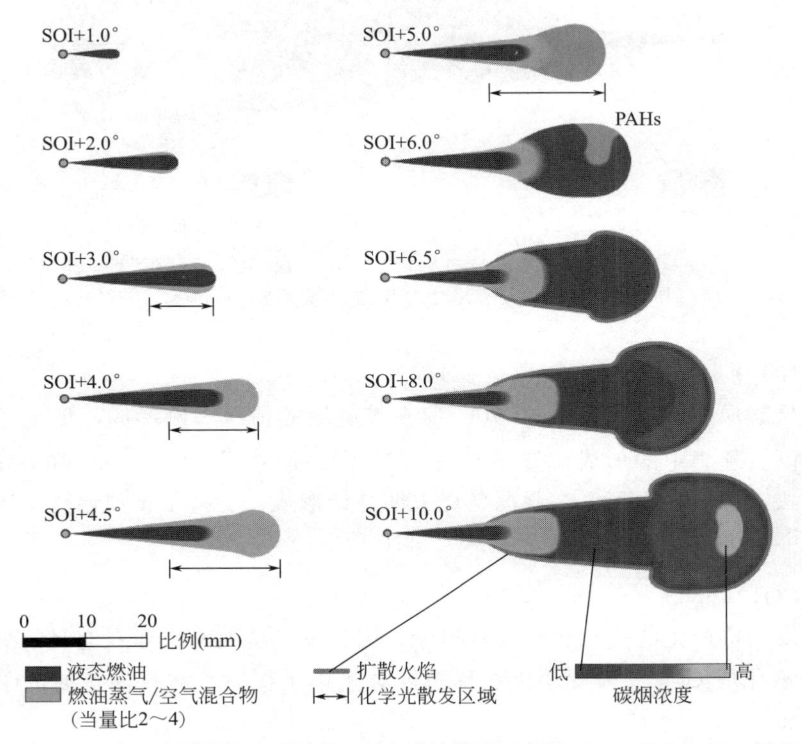

图 6.13 在 Dec（1997）中，油雾扩散、碳烟和 NO 生成的模型（来源：Dec，J. E. 1997。经 SAE 许可转载）

碳烟的生成

当燃油在喷雾器顶端分解，预混合燃烧阶段开始，此时 λ 在 0.25～0.5 之间。小的碳烟颗粒在富燃预混合火焰下游生成。另外，颗粒的大小随喷油量的增加而增大，富燃预混合燃烧使在喷雾羽流内也有碳烟形成。在碳烟形成前会在碳烟形成的区域检测到多环芳香烃（PAH）。

图 6.14 显示了混合控制燃烧下的燃油喷射及反应过程，该图说明了燃料团在其运动过程中所发生的一系列事件的顺序，即从喷射器下端开始到混合、燃烧和废气形成这一过程。富油预燃火焰以及碳烟形成区域被扩散燃烧所形成的薄层包覆。在该层中，预燃烧所形成的产物被进一步氧化。对扩散燃烧的检测是通过测量在化学计量条件下的 OH 原子团的方式进行的。

概括地说，该模型最主要的特点是将燃烧分成两个步骤。首先是预混合和富油火焰的燃烧，在该火焰中碳烟和其他部分氧化产物开始形成。最初形成的碳烟颗粒非常小，但随着它们到达扩散油雾的下游而逐渐变大。碳烟的氧化和其他产物的形成是发生在富油预混燃烧扩散层的富油一侧，接近于化学计量值。这一层代表着燃烧的第二步，如图 6.14 中虚线外面的一层。

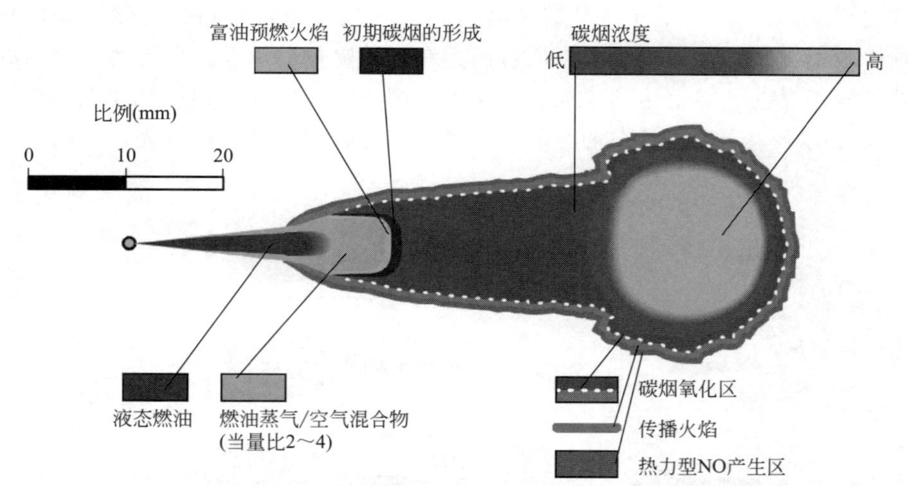

图 6.14 在 Dec（1997）中，油雾扩散、碳烟和 NO 生成模型（来源：Dec，J. E. 1997。经 SAE 同意转载）

氮氧化物（NO_x）

在上述概念模型中，预测中的 NO_x 应在扩散层的稀薄一侧形成，那里存在氧气并且温度也足够高。理想中的形成位置是在图 6.14 中的最外层，随后 Dec 和 Canaan（1998）确认了此说法，图中显示 NO 在预混燃烧末期开始形成，支持了预混燃烧中因混合气太浓而无法产生 NO 的说法。

一氧化碳（CO）

压燃式发动机产生的一氧化碳通常很少，因为发动机通常工作在充足的氧气中，可以将燃油完全氧化成 CO_2。当发动机在稀薄混合气中工作时，在喷油正时的末期 CO 的产量会有所增加。

碳氢化合物（HC）

压燃式发动机只产生少量的碳氢化合物。点燃式发动机中 HC 未燃烧的情况在压燃式发动机里是没有的。压燃式发动机既没有预混燃料进入缝隙，也没有油层吸收现象。压燃式发动机生成 HC 最主要的一个来源是燃油喷射器内的许多小孔，被称为针阀压力室容积，其内含有未燃烧的燃油并在随后的做功行程中进入燃烧室；也有一部分 HC 是因冷启动或过浓混合气而产生的。

6.5 尾气处理

目前，有关尾气处理的讨论主要指的是由发动机直接产生的排放物。这些排放物的污染水平远高于 2.8 节中提到的限值要求，因此需要通过处理发动机排气系统中的尾气来减少其排放量。可以通过一种或多种催化剂、过滤器和存储尾气捕捉器来实现。下面针对催化剂材料及其一般特性进行简单讨论。

催化剂是由许多材料混合使用设计而成的，为了设计出高效且长期稳定的催化剂，需要很复杂的过程。催化剂的活性表面通常由三种稀有金属组成：铂（Pt）、钯（Pd）和铑（Rh）。每种稀有金属都有其特殊的功用，但是将它们相互分开使用会获得最好的效果

[Kummer(1986)]。这些稀有金属是非常罕见的，其主要的用途就是生产催化剂。催化剂的化学配方不仅取决于其期望的性能，还取决于目前稀有金属的价格。金属的添加量传统上是 0.2%的 Pt 或 Pd 和 0.04%的 Rh，各金属之间的比例多种多样，差别也很大，例如 Pt/Pd 的值就从 15/1 到 1/3 不等，更多信息参见 Degobert（1995）。

6.5.1 催化剂的效率、温度和起燃

转化效率（conversion efficiency）是由各污染物成分的质量流率$\dot{m}$ 确定的，污染物包括 CO、NO_x 和 HC。以 HC 为例，其转化效率的公式为：

$$\eta_{cat,HC}=\frac{\dot{m}_{HC,in}-\dot{m}_{HC,out}}{\dot{m}_{HC,in}}=1-\frac{\dot{m}_{HC,out}}{\dot{m}_{HC,in}}$$

催化剂的效率由催化前后的条件决定，如图 5.13 所示。

传统催化转化器的效率直接由转化器的温度决定。起燃温度（light-off temperature）是催化效率达到 50%时的温度，氧化催化剂的起燃温度为 150～300℃。图 6.15 说明了三种不同催化剂的效率和起燃温度，其中的促进型 Pt 催化剂是由 Rh 作为促进剂的。Pt/Rh 组合的起燃温度要比 Pt/Pd、Pd/Rh 和 Pt/Pd/Rh 组合低。起燃温度随着使用年限的增加而变高。

发动机冷启动时的排放是污染物的主要来源，这是因为发动机在预热期间，催化剂没有达到起燃温度，催化效率很低，全部排放物直接进入了大气。图 6.16 是一个行驶循环的累积排放量曲线，明显看出大量的汽车尾气在前 120s 产生的，此时催化剂还未达到起燃温度。

温度太高也会对催化剂造成永久性损伤从而降低其转化效率。Pt 对高温尤其敏感。离发动机越远，废气温度越低。因此，转化器的安装位置在设计上存在一个明显的矛盾：如果将它装在发动机附近，将会在短时间内达到起燃温度，从而减少冷启动的排放量，但是在全负荷时，高温废气可能会损坏转化器；如果将它安装在远离发动机的位置则会起到相反的效果。

一些催化剂的性质会因温度变化而变化，例如，在某一温度区间会促进一种反应，而在另一更高的温度区间则会促进另一种反应。对于这类控制系统，对温度的测量和管理成为一项重要工作。

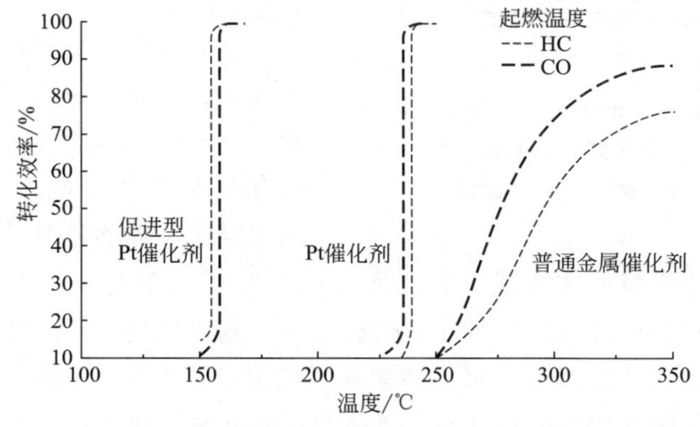

图 6.15 不同催化剂的起燃温度［促进型 Pt 催化剂将 Rh 作为促进剂（来源：Stone，R. 1999。转载得到 Johnson Matthey 授权）］

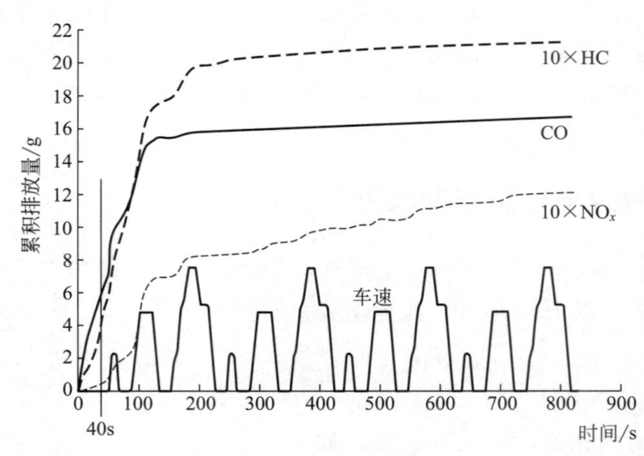

图 6.16 欧洲行驶循环（NEDC）第一阶段汽车尾气累积排放量［大部分排放是在循环的前 120s 产生的，催化剂还未达到起燃温度。（来源：Degobert，P. 1995。版权属于 Editions Technip）］

例如，避免 SI 发动机催化剂过热的一个方法是在高负荷时增加混合气的浓度，其结果是降低了排气温度以节约催化剂，但是另一方面也同时降低了发动机和催化剂的效率。

6.5.2 SI 发动机的后处理——TWC

三元催化剂（three-way catalyst，TWC）是现在汽油机最常用的催化剂，之所以起这个名字是因为它能同时消减全部三种污染物。如果发动机在化学计量条件下运行，将会产生大量的减排气体来消除 NO，并且拥有足够的 O_2 来氧化 CO 和 HC。

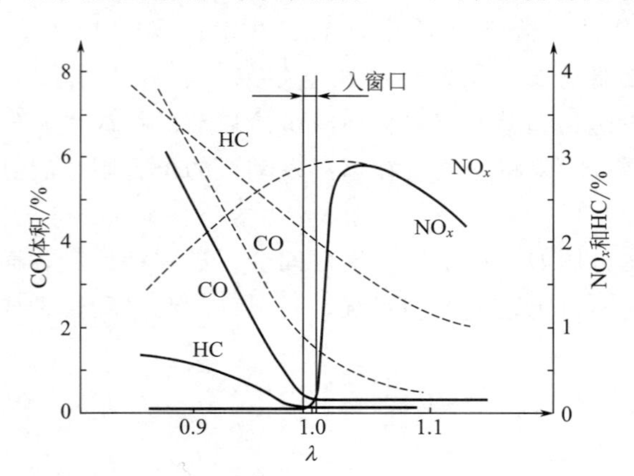

图 6.17 催化前（虚线）和催化后（实线）的排放（λ=1 附近的狭窄区间，此时排放物控制效果最为明显，也称 λ 窗口）

图 6.17 显示了三元催化剂在催化前后的效率与空燃比和排放物的关系。在 λ=1 附近的狭窄区间内，三元催化剂达到最大的转化效率。该狭窄区间的宽度大约是 0.7%，由于太窄而无法由化油器实现，但是，燃油喷射控制系统可以满足这个需求。SI 发动机 TWC 系统的关键是引入反馈控制，这需要使 λ 被控制在很窄的允差范围内。

图 6.17 显示了催化剂在稳流条件下的性能，但是也显示了重要的动态存储过程。三元催化剂含有氧化铈和稀有金属，稀有金属促使反应发生，氧化铈储存氧气。铈（Ce）首次使用是在 20 世纪 80 年代中期，是当今载体涂料的主要成分，比例大约为 30%。氧化铈 CeO_2（ceria），或者在某种程度上说，稀有金属使 TWC 拥有了储氧能力。氧化铈通过反应 $CeO_2 \rightleftharpoons CE_2O_3$ 储存和释放氧气，在混合气稀薄时，氧化铈储存废气中过量的氧气和经稀有金属催化产生的氧气。如果有足够的储存氧气的空间，那么 NO_x 将会被转化成氮。在混合气较浓时，氧化铈释放储存的氧气将 CO 和 HC 氧化成 CO_2 和水。

由于催化剂具有储存氧气的能力，λ 可以在短时间内偏离上述的狭窄区间，只要平均值接近于 1 就可以。试验数据表明如果燃油流量是周期性变化的，那么上述的区间可以变宽。然而与没有变动相比，最大效率仍稍有降低。变动频率在 1～2Hz 时是效果最好的，可以使区间宽度增加至 5%。在反应系统中，催化剂的精确控制包括对催化剂储存的氧气进行监测和控制。

GDI 发动机的颗粒物

在缸内直喷的点燃式发动机中，会产生碳烟或颗粒物，主要在冷启动和瞬态过程中，因此已有提议称未来需要对点燃式发动机的颗粒物排放制定相关限值要求。因此，需要给点燃式发动机加装颗粒捕集器，称为汽油颗粒捕集器（gasoline particle filters，GDF），并且目前在研究和优化颗粒捕集器和三元催化剂方面仍在不断努力，更多信息参见 Richter 等（2012）和 Zhan 等（2010）的研究。

6.5.3 CI 发动机的尾气后处理技术

柴油发动机上使用宽量程的废气处理系统，该系统将不同的催化剂整合在一起用于微粒捕捉或过滤，如图 6.18 所示。除了过滤器和催化剂，CI 发动机经常装备有废气再循环（EGR）系统用来减少 NO_x 的排放。

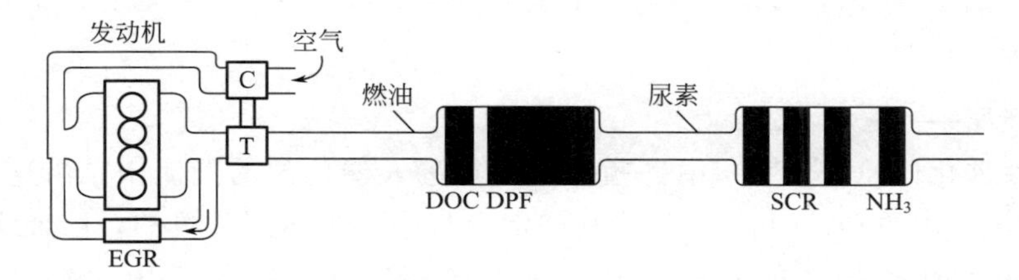

图 6.18 重型发动机尾气处理装置示意图［详情见 Charlton 等（2010）。装置包括压缩机（C），可变截面涡轮增压器（T），废气再循环（EGR）装置，柴油氧化催化剂（DOC）装置，柴油颗粒捕集器（DPF）。第三个部分是选择性催化还原（SCR）催化剂装置，第四个部分是氨滑催化剂（NH_3）装置。其中 DOC 中的燃油喷射和 SCR 中的尿素喷射都是可控的］

柴油氧化催化剂——DOC

氧化催化剂需要充足的氧气来氧化 CO 和 HC，这可以通过为发动机提供比化学计量更稀的混合气或给排气系统供入额外的空气来实现。饱和碳原子最难被氧化，而随着分子量的增加，会变得更容易氧化。柴油氧化催化剂（DOC）使用钯和（或）铂作为催化剂来将碳氢化合物和一氧化碳转化为二氧化碳和水。大多数柴油氧化催化剂的效率在 90%左右。

在 DOC 中，与 CO 和 HC 反应的氧气来自稀混合气而不是 NO_x 中含有的氧。因此，柴油氧化催化剂并不能有效地减少 NO_x 的排放，但是通过氧化 NO 和 NO_x 可以对选择性催化还原系统（SCR）的 NO_x 转化效率起到提高作用，并能提高柴油颗粒捕集器（DPF）的低温再生能力。Glover 等（2011）以及 Millo 和 Vezza 等（2012）指出一些 DOC 在低温时也能储存 NO_x，此时 SCR 效率较低。对于柴油机，DOC 是整个系统的一部分，与 DPF 和吸附催化还原系统（LNT）或 SCR 一同来提高颗粒物和 NO 的减少量，如图 6.18 所示。

DOC 还有另一个功用，它可以作为一个催化燃烧器来提升温度，如使颗粒捕集器进行再生。燃油可能被直接喷入排气系统，如图 6.18 所示，或者在做功行程晚期或排气行程喷入，以提供与空气混合的碳氢化合物用来在催化过程中燃烧（氧化）并加热气体。

稀 NO_x 催化剂——LNC

现在还没有任何足够高效的催化剂能够使催化反应 $2NO \longrightarrow N_2 + O_2$ 有效进行，以减少汽车的 NO 排放。因此，最有效的 de-NO_x 催化剂便是还原剂。在稀 NO_x 催化剂中 NO 的还原催化剂采用的是废气中的 CO 或 H_2。在混合气较浓时，由于还原的产物超过氧化的产物，NO 有所减少。例如，当温度在 350～600℃之间时，通过使用碱金属催化剂（CuO、NiO），可以完成 CO 或 H_2 对 NO 的还原。

稀薄氮氧化物捕集器——LNT

稀薄氮氧化物捕集器（LNT），也称 NO_x 储存催化剂（NSC），将 NO_2 储存在沉积于转化器上的金属氧化物中，储存形式为硝酸盐，$NO_2 + MeO \longrightarrow MeNO_3$。这需要将 NO 转化为 NO_2，可以直接通过在 LNT 中使用 DOC（或氧化催化材料）来实现。经过一段时间后，金属氧化物的位点被充满，转化效率降低，此时捕集器需要进行再生。再生是通过给催化剂充入浓混合气实现的，这使金属硝酸盐变得不稳定并且发生分解，$2MeNO_3 \longrightarrow 2MeO + 2NO + O_2$。最后，浓混合气中的 CO 和 HC 成为还原剂，将 NO 还原为 N_2、CO_2 和 H_2O。储存过程历时 30～300s，再生过程历时 2～10s，这都取决于其工作状态 [Dietsche(2011)]。

选择性催化还原——SCR

在选择性催化还原（SCR）中，还原剂加在进入催化剂的气流中。由这种还原剂与 NO_x 发生氧化来代替 O_2，此反应发生在稀混合气中。为达到此目的，已证实氨 NH_3 是最好的选择并且具有很高的效率，但是由于氨有毒，所以要使用无毒载体——尿素 $(NH_2)_2CO$。它是一种尿素和水的溶液，也称柴油机排气处理液（DEF），其品牌名为 AdBlue。溶液是由质量分数为 32.5%的尿素和 67.5%的去离子水构成，这样配比是为了将混合物凝固点降到最低（−11℃）。并且，在低温下，DEF 膨胀了 7%，因此其储存器在设计时要考虑此膨胀量。

如图 6.18 所示，尿素溶液在 SCR 催化剂的上游喷射，随即分解为氨，在催化剂作用下将 NO_x 还原。在这里存在一个平衡：一方面如果尿素喷射得太少，NO_x 就无法被还原；另一方面如果喷出的尿素太多，NH_3 将从 SCR 中游离出来。为了解决该问题，图 6.18 中废气处理系统的最后部分用来减少 SCR 中的氨滑（ammonia slip）现象。催化剂温度会对氨的储存产生影响，催化剂温度越低，储存的氨就越多。结论是，催化剂温度升高的瞬时将会引起氨的释放，必须通过减少尿素的喷射量来抑制氨的释放，以避免出现氨滑现象；而在催化剂温度降低的瞬时，其过程正好相反。总之，这说明，在反应系统中需要进行精确的控制，尤其是在发动机的瞬态过程中。

柴油颗粒捕集器——DPF

柴油颗粒捕集器（DPF）用来高效地清除颗粒物（PM，碳烟），其效率为 80%～100%。由于阻塞的 DPF 会产生背压，降低转化效率，增加燃油消耗，故利用被动和主动再生来保持捕集器的清洁。

通过使用排气系统传感器，并结合碳烟生成模型可以确定捕集器收集一定量 PM 的时刻，且系统于此时刻触发主动再生模式。碳烟是燃油未完全燃烧的结果，因此自然要将捕集器里的碳烟烧掉，这就需要温度达到约600℃。在主动再生过程中，燃油被引入排气气流中并被点燃，进而加热DPF。既可以在排气行程中将燃油喷入燃烧室，也可以在排气管中使用一个专门的喷射器进行喷油。然而，主动再生模式的应用也是需要权衡的，应用过于频繁会对发动机的燃油经济性产生不利影响，而应用过少同样也会损害车辆驾驶性能以及发动机燃油经济性。

被动再生同样可以通过NO_2得以实现，当温度在300～450℃之间时，系统中存在着碳烟氧化的影响，因此可以将其用作持续再生DPF。DOC能够在DPF的上游起催化作用产生NO_2，但是NO_2的生成同样需要系统达到足够高的温度。最后，当发动机高负荷时，若系统达到足够高的温度，DPF同样可以进行自我再生。

6.5.4 排放的减少与控制

经过以上讨论，可以明显看出要减少发动机和尾气排放中污染成分主要依靠控制系统中的装置和功能来实现。例如，点燃式发动机中的三元催化剂，为了使其达到最佳效率，往往对λ值有严格的要求，且它需要的是一个闭环控制系统。而对于受非线性影响的EGR系统，为保证其具有良好的性能，需要对控制系统进行精心设计。同时，SCR系统和尿素的使用量也属于一个不稳定的控制问题。最后，LNT和DPF系统的模式切换和再生也需要依赖控制实现，并需要使用传感器和模型来确定再生时刻。以上问题将分别在第10章和第11章中SI和CI发动机的控制部分进行更加详细的讨论。

第3部分

发动机的建模和控制

目　录

7 平均值发动机建模

前面涉及发动机的各章节讲述了发动机燃烧的基本原理、缸内工作过程和开发模型，这些模型主要用于分析和理解那些影响发动机性能、效率和排放的诸多复杂现象。这些缸内模型描述了一个工作循环内的参数变化，其分辨率为1°曲轴转角，频率最高达到5～15kHz。本章叙述的这种模型称为平均值发动机模型（mean value engine models，MVEM），该模型则应用于发动机控制系统和诊断系统的分析与设计。

定义 7.1 平均值发动机模型是把一个或者几个工作循环的信号、参数和变量取平均值的模型。

因此，平均值模型描述了一个发动机循环以内的变化，其频率范围为0.1～50Hz。由于平均值模型在控制和诊断方面的应用，也常常被称为面向控制的模型。平均值模型从19世纪70年代开始应用，但是平均值发动机模型（MVEM）这一名词则来自Elbert Hendricks，最早出现在Hendricks（1986）发表的平均值模型（MVM）里。伴随着发动机控制系统的快速发展，关于平均值发动机模型的文献也随之大量出现，这些模型的组成与公式相似，但某些参数或效率子模型等有所不同。这些模型归属于“填充与排空模型”（filling and emptying models）一类（我们将在7.5节和7.6节明白其含义），并且由于模型中不包含空间维度，所以还属于零维模型的范围。

由于传感器和执行器是发动机硬件和发动机管理系统之间的接口，所以用于（发动机）控制和诊断的建模自然地涉及了这些传感器和执行器。因此，在7.1节中首先对传感器和执行器进行概述。另外，发动机及其子系统的仿真是用于发动机控制系统开发的重要工程工具，因此在7.1.2中将讨论如何用组件模型组成系统模型。气流也是模型的重要组成部分，7.2节至7.6节将讲述气路上的组件，而7.7节将讲述燃油喷射与其气体通路之间的相互作用。转矩的产生是7.8节和7.9节的主题，前者讲述了转矩的周期变化，后者主要讲述了均值发动机模型转矩。发动机排气与废气温度的影响，以及中间冷却器的建模将在7.10节、7.11节和7.12节中描述。最后，力学和电子节气门的建模在7.13节给出。

涡轮增压是非常重要的，第8章主要建立涡轮增压模型。这一章以建立两个完整的发动机模型作为例子来结束，这两个模型的组件模型来自第7章和第8章。

7.1 发动机的传感器和执行器

图 7.1 所示为带有传感器和执行器的 SI 发动机的简图，这些传感器和执行器被用于发动机控制和诊断。上述传感器和执行器也列在了表 7.1 中。

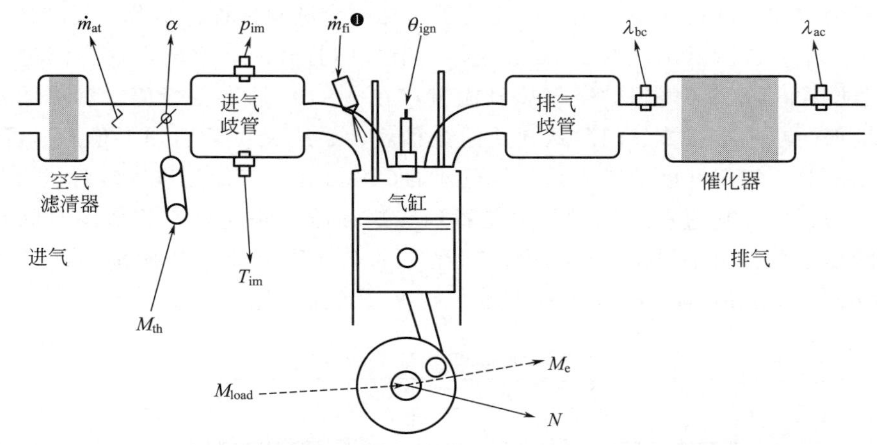

图 7.1 发动机传感器和执行器简图，用于 SI 发动机的控制和诊断

表 7.1 图 7.1 中的符号和变量（在实际的发动机产品中，发动机的输出转矩和负荷率并不会被测量，但是在建模中它们是很重要的变量，所以也把它们列在了表中）

传感器	执行器
流过节气门气体质量流量 $\dot{m}_{at}$	节气门伺服转矩 M_{th}
节气门开度 α	喷油量 m_{fi}❶
进气歧管压力 p_{im}	点火角 θ_{ign}
进气温度 T_{im}	
催化前 λ λ_{bc}	
催化后 λ λ_{ac}	
发动机转速 N	
发动机输出转矩 M_e	发动机负荷 M_{load}

控制输入有三个：点火角 θ_{ign}，控制（发动机）效率，喷油量，控制总喷油量，进而控制空燃比和发动机负荷；节气门转矩 M_{th}，控制节气门转角 α，它相应地控制进气量从而控制负荷率，它还能控制空燃比。在许多模型中认为节气门转角是直接控制的而无需考虑伺服滞后，因此它的动态响应比其他组件快。例如，在要建立的空气流动模型中，节气门转角 α 就被看成输入量。

CI 发动机模型和 SI 发动机模型遵循几乎相同的规则，它们最大的不同在于前者的负荷是由缸内的燃油喷射量控制的，而后者是控制节气门开度。基本上，所有 CI 发动机都有涡轮增压器，因此，在涡轮增压模型建立之后，第一个完整的 CI 发动机模型将在第 8 章介绍。有兴趣的读者可以在图 4.7 中观察 CI 发动机和 SI 发动机的供气系统的相似之处。

7.1.1 传感器、系统和执行器的响应

面向控制模型的目标是建立一个能够描述执行器对传感器的系统响应模型，并且能够

❶ 原文如此（译者注）。

描述各传感器之间的关系。在建立方程之前，我们首先通过一些实测信号观察发动机有怎样的系统响应和采样频率。

图 7.2 和图 7.3 所示为发动机混合气制备阶段的空气和燃油的动态响应。图 7.2 表明了进气歧管填充过程的动态响应过程，通常称为进气动态响应。给节气门转角一个阶跃输入，会对流经节气门的空气流量产生一个跳变 $\dot{m}_{at}$，并且进气歧管压力 p_{im} 也会出现一个跳变，这将会增加发动机转矩。图 7.2 展现了这样一个试验过程：给节气门转角一个连续的阶跃输入，第一次阶跃出现在 $t=10s$ 处，当节气门打开时，空气迅速充满进气歧管并且压力迅速增大；流经节气门的空气质量流量仅在 $t=10s$ 后取得峰值，然后随着进气歧管压力的增加而减小；在节气门阶跃开始的数秒后，系统又重新达到了稳态。可以看出，气体质量流量对节气门开度的响应是非常迅速的，并且在节气门与进气歧管压力和转矩之间存在一个动态的变化过程。同时，也能看到转矩和压力响应具有相似的时间常数。最后，在阶跃结尾处的几秒内，$t=10s$[1]，存在一个空气质量流量的振荡，这是由所谓的“压气机喘振”（compressor surge）引起的。喘振及其建模见 8.6.5。

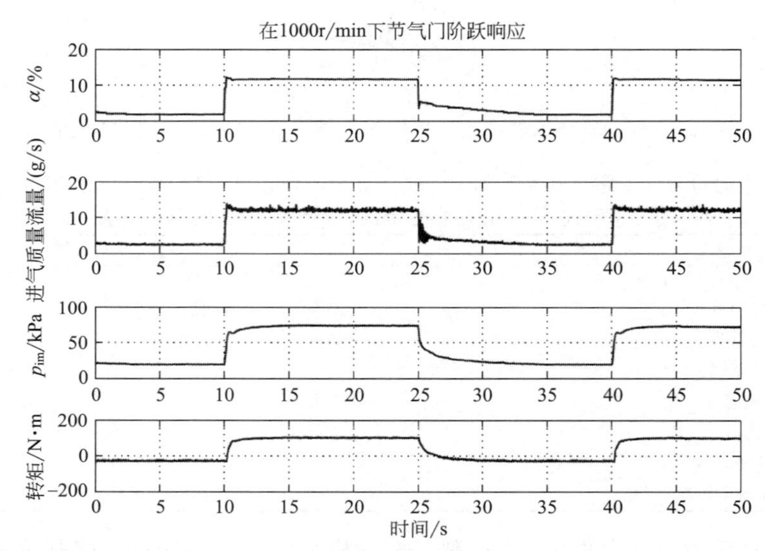

图 7.2　节气门转角阶跃输入下，引起节气门处进气流量的增加并建立进气歧管压力 p_{im}（进气流量的峰值出现在阶跃开始处的后面，这表明在该时间点空气涌进节气门。在 25s 后面出现了空气流量的振荡，这是由“压气机喘振”引起的）

现在来观察一些有关燃油制备阶段燃油动态特性的试验数据。在不改变节气门位置的情况下改变燃油喷射时间可以改变空燃比。使用脉宽调制信号对喷入发动机的燃油量进行计量。燃油喷射阀打开时间越长，燃油喷射得就越多。图 7.3 所示为催化器前的实测空燃比对喷油器喷射时间 t_{inj} 的阶跃响应。

λ_{bc} 的动态响应是由于燃油喷射时间的变化不是瞬时的。首先，存在一个约 0.2s 的延迟，然后，需要另外的 0.4s 才能达到稳态。这表明了有些动态现象不能仅用进气量（其在试验中是常量）除以喷油量来表示。

通过实测数据可以看到，某些变量，如空气质量流量 $\dot{m}_{at}$，在其他变量（如进气歧管

[1] 原文如此，$t=25s$ 更符合逻辑（译者注）。

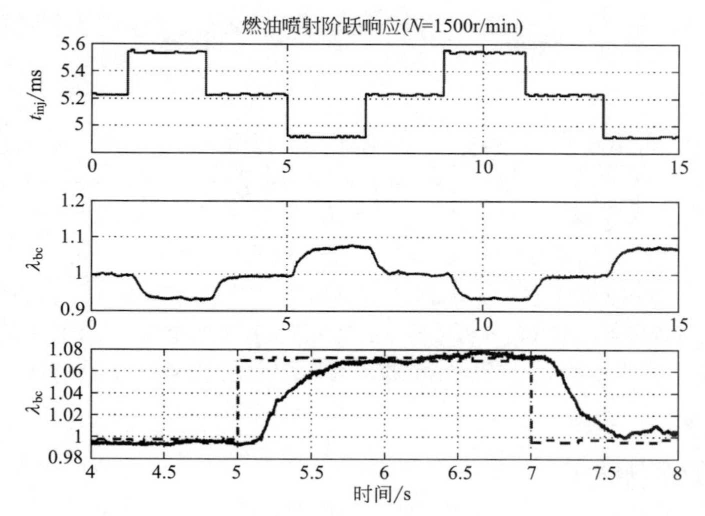

图 7.3　喷油量和 λ 的阶跃响应［当喷油量增加时，λ 减小。最后一幅图中，信号被放大显示并且喷油量（虚线）已经被等比例缩小，更清楚地显示了 λ_{bc} 对 t_{inj} 的时间延迟和动态响应过程］

压力 p_{im} 和 λ）动态变化时，具有快速的响应。结合发动机控制的时间尺度，在 MVEM 建模中通常要遵循下列原则：

- 在 10～1000 个循环内能够达到最终状态的量（如 p_{im}）一般用微分方程表示；
- 变化较快的量（如$\dot{m}_{at}$）用静态关系式表达；
- 变化较慢的量用常数表示（如冷却液温度和环境温度）。

7.1.2　发动机组件建模

在接下来的章节中，将收集在大多数 MVEMs 模型中出现的一些重要子系统模型。这些子系统不仅包括发动机循环工作过程，还包括了那些传感器和执行器。连同模型描述一起，一些与发动机控制有关的内容和问题也会一同指出。在模型描述中，当没有出现歧义时，时间变量 t 将被忽略。大多数组件均适用于 CI 和 SI 发动机并且其模型组件也没有差别。

发动机是一种热机，所以在建模的过程中要充分考虑热力学定律。我们通过研究发动机流动系统可知，质量和能量的传递和守恒是最基本的物理过程，这些在建模时显然一定会用到。一种基于组件的建模方法也将会在下文中提到，并且会将模型细分成容积组件(volume components)，这些组件存储质量和能量，以及流量组件（flow components），这些组件在各存储组件之间传递质量和能量，见图 7.4。所有的组件都需要从周围的组件中获取输入来决定它的状态和输出，这些都用上下的箭头表示。在发动机平均值模型(MVEMs）中流量组件的例子有空气滤清器、节气门、气缸、催化器和消声器，以及机械增压和涡轮增压发动机中的压缩机和涡轮等。容积系统模型的例子有进气歧管、排气歧管和组件之间管道的有限容积等。如图 7.4 所示，对于流量组件和容积组件串联连接的这类系统来说，需要采用一套结构化的建模方法，这种建模方法可以实现组件的再利用，并且可以更容易地扩展到复杂的发动机模型中。文献 Eriksson 等（2002b）[1] 中讨论了此方

[1] 原文如此（译者注）。

法，并将其扩展到涡轮增压发动机中。接下来将首先探讨流量组件模型的搭建，然后是容积模型。

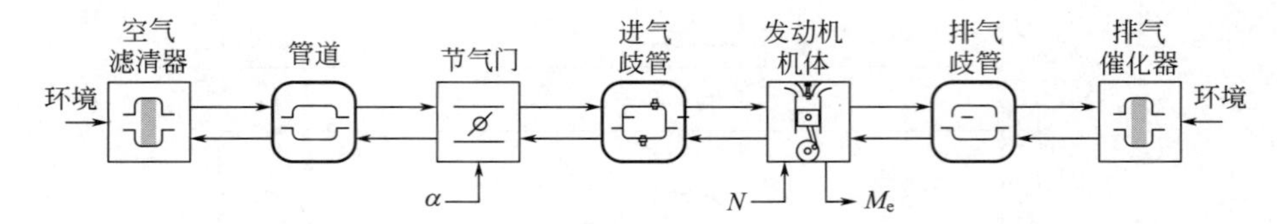

图 7.4 对比图 7.1，本图说明了基于发动机气体传播路径组件的建模方法［在 MVEMs 中流量组件的例子为空气滤清器、节气门和催化器（也包括压缩机和涡轮增压发动机中的涡轮）。容积组件的例子是进气歧管、排气歧管和组件之间管道的有限容积］

7.2 节流组件模型

发动机包含许多能够影响气流的组件，这里首先讨论像空气滤清器、中冷器、排气系统和节气门这类组件，它们统称节流组件（flow restrictions）。当气流流过这些组件时，气体压力会降低，图 7.5 所示为一些出现压力损失的场合。更多的压力损失的例子及其背后的理论在一些涉及流体力学的教科书中给出，如 Mill（1990）和 Massey（1998）。

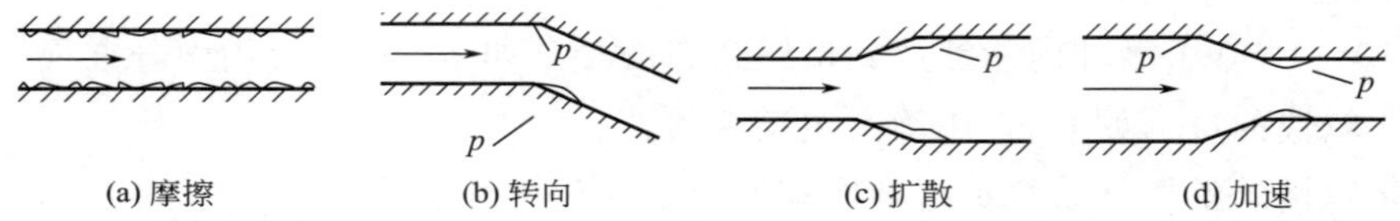

图 7.5 在流量系统中出现压力损失的不同场合的实例
（反向压力梯度发生在图中标记为 p 的地方，这些压力梯度引起了的压力损失）

节流模型分为不同的类别，代表着方程背后所描述的物理过程和系统的不同。其中一种分类方法是按照流体是否可以被压缩进行分类。不可压缩流体模型能够表达速度在 0.2～0.3 马赫的流体，这相当于空气在外界环境中速度达到 70～100m/s。对于更高的速度的流体，通常需要按照可以被压缩来建模。对于不可压缩流体还可以分为两类，层流和湍流，可用雷诺数 Re（参照附录 A.3）来判断是层流还是湍流。在附录的例 A.1 中表明发动机中大多数的流体是湍流和不可压缩的。但在节气门和控制阀这些地方，流体就要被看作是可压缩的。

节流模型中的质量传递

在 MVEMs 中，节流一般用于描述质量流体流经某个组件时的情形，并且在周围管路和组件上由于节流作用产生的压力也将被考虑进来。质量流量方程中，质量流量是上游压力、下游压力以及上游密度的函数，即

$$\dot{m}=f(p_{us},p_{ds},\rho_{us}\cdots)$$

这里只存在一个质量流量，因为在搭建节流模型时不考虑质量储存，并且质量流量在节流口前后是相同的。另外的一个假设就是下面的这个方程，它将上、下游环境中的质量流量$\dot{m}$ 和平均流速 U 联系起来。

$$\rho_{us}A_{us}U_{us}=\dot{m}_{us}=\dot{m}_{ds}=\rho_{ds}A_{ds}U_{ds} \tag{7.1}$$

式中，A 是横截面积；ρ 是流体密度。

节流模型中的能量传递

能量通过节流截面进行传递，能量的变化会引起温度的变化。很多节流模型功和热既不增加也不减少，所以能量是守恒的。这遵循热力学第一定律，因为能量守恒，能量在流体上游和下游的状态是相同的，则可以表示为下面的方程式

$$H_{us}+KE_{us}+PE_{us}=H_{ds}+KE_{ds}+PE_{ds}$$

式中，H 为焓；KE 为动能；PE 为势能。在发动机中，动能和势能的变化是可以忽略的，所以焓是个常量。在这些模型中，把流体看成理想气体，对于理想气体，内能（和焓）仅仅是温度的函数。所以上游和下游温度相同，流动温度的方程可以简化为：

$$T_{flow}=T_{us} \tag{7.2}$$

焓流公式为：

$$\dot{H}_{ds}=\dot{H}_{us}=\dot{m}_{us}c_{p}T_{us} \tag{7.3}$$

这些关系式可用于来自节流截面的没有热和功传递的系统，并且对于许多系统来说，这种假设是合理的。但也有一些系统，如在涡轮增压发动机中的中冷器（热交换器），它的热传递现象是非常明显的，用式(7.2) 和式(7.3) 表达温度和焓就不成立了，建模时还需要考虑更多的细节。

7.2.1 不可压缩流体

对于不可压缩流体（incompressible flows），主要存在两个不同的节流（或压力损失）模型。第一个模型方程是针对层流（laminar flow）的。试验观察表明在管道内通过多孔介质和层流的流体压力损失 $\Delta p=p_{us}-p_{ds}$ 正比于流速，$\Delta p\propto U$。该比例关系可以表示为质量流量的函数：

$$\Delta p=K_{la}\frac{RT_{us}}{p_{us}}\dot{m}$$

式中，几何形状和流体性质的影响被归为 K_{la}，并看成是一个调整常数；$\frac{RT_{us}}{p_{us}}$ 取决于进口密度。这是层流模型的基础公式，并且也是基于组件的均值模型表示流体压力变化率的等价形式。此外，还需要包含式(7.2) 的流体温度方程。因此，最终的模型形式如下。

模型 7.1　不可压缩层流节流模型

$$\dot{m}(p_{us},T_{us},p_{ds})=C_{la}\frac{P_{us}}{RT_{us}}(p_{us}-p_{ds}),T_{flow}=T_{us}$$

$C_{la}=1/K_{la}$ 为调整常数。

第二个更重要的模型则能够完全描述湍流（turbulent flow），它常常可以用来描述这样一些组件：截面积变化的组件，弯管及黏性流体等。

通过节流口的压力损失正比于流体的密度和速度的平方，即：

$$\Delta p=K_{tu,1}\rho_{us}U^{2}=[应用式(7.1)]=K_{tu,2}\frac{\dot{m}^{2}}{\rho_{us}} \tag{7.4}$$

式中，$K_{tu,1}$ 和 $K_{tu,2}$ 是常数，取决于几何结构和流体的性质，并且气体的密度可以进一步表达成 $\rho_{us}=\frac{p_{us}}{RT_{us}}$。考虑计算的因果关系也是很重要的，在发动机系统中，往往将压降看成是流体流经组件的驱动力。因此，压力被看成是输入量，流量被看成是输出量，因此，最终的模型形式为：

模型 7.2　不可压缩湍流节流模型

$$\dot{m}(p_{us}T_{us}p_{ds})=C_{tu}\sqrt{\frac{p_{us}}{RT_{us}}}\sqrt{\Delta p},T_{flow}=T_{us} \tag{7.5}$$

式中，C_{tu} 为调整常数，取决于几何形状和流体性质。

在该模型应用于仿真时，一个非常重要的方面是当 Δp 接近于零时，式(7.5) 的导数将趋近于无限大。因此，这个方程不符合 Lipschitz 条件，这是很重要的，因为关系到常微分方程是否存在唯一解。因此，在使用该模型仿真时，必须做好一定的预防措施。一个简单且常用的方法是修改 $\Delta p=p_{us}-p_{ds}=0$ 邻近区域内的方程使该处的导数是一个有限值。一般会用到一个线性的部分，则模型变为以下形式。

模型 7.3　具有直线区域的不可压缩湍流节流模型

$$\dot{m}(p_{us},T_{us},p_{us})=\begin{cases}C_{tu}\sqrt{\frac{p_{us}}{RT_{us}}}\sqrt{p_{us}-p_{ds}},p_{us}-p_{ds}\geqslant\Delta p_{lin}\\ C_{tu}\sqrt{\frac{p_{us}}{RT_{us}}}\frac{p_{us}-p_{ds}}{\Delta p_{lin}},\text{其他}\end{cases} \tag{7.6}$$

$$T_{flow}=T_{us} \tag{7.7}$$

线性区域在 $p_{us}-p_{ds}\in[0,\Delta p_{lin}]$ 内，C_{tu} 是一个调整常数，取决于几何形状和流体性质。

这个扩展模型也具有实际的物理意义，因为流体在低流速时是层流，而在流速增加时会变成湍流，该扩展模型给出了两者之间的过渡，参照 Ellman 和 Piche′ (1999) 的平滑过渡的例子。

不可压缩湍流节流实例

在发动机中，大多数气流在管道里相遇是湍流且不可压缩。所以式(7.5) [或式(7.6)] 经常用于描述发动机系统里的组件模型。这个模型易于调整，并且其准确性也得到了验证。下面是一个实例。

例 7.1 (空气滤清器、中冷器、排气系统中的质量流量模型)　考虑以下发动机中的三个组件：空气滤清器、中冷器和排气系统（催化器和消声器）。不可压缩节流模型如何描述整个组件（或流过组件）的压力损失？

图 7.6 给出了这些模型依据一个来自于涡轮增压发动机的试验数据进行调整后的仿真结果。可以看到，一个参数可调的简单模型就能够精确地描述压力损失 [参照 Eriksson

等（2002b）[1] 中的讨论]。

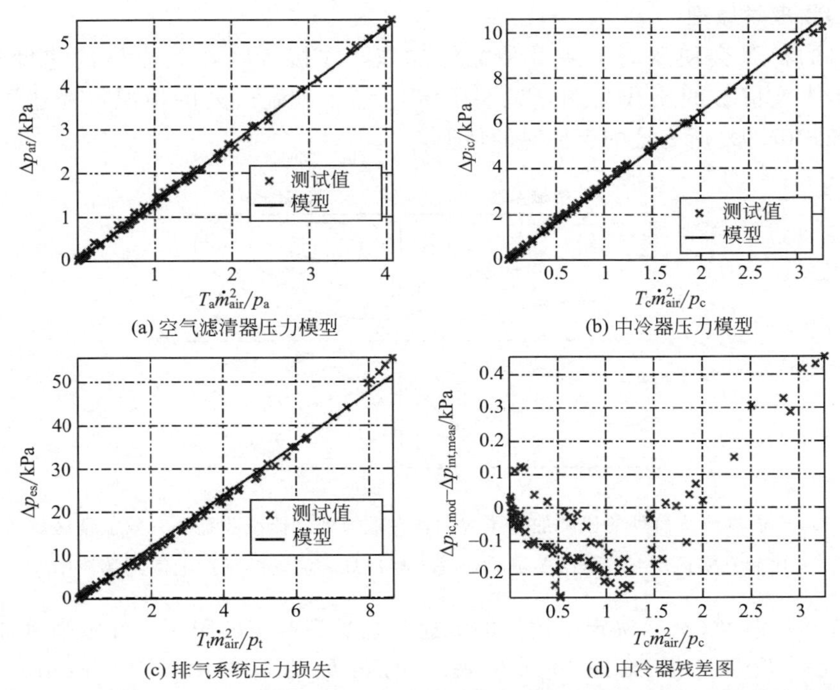

图 7.6 验证了涡轮增压 SI 发动机中三个组件的流体模型，模型仿真值和试验值吻合得非常好

7.2.2 可压缩流体

现在我们转向节气门和其他控制阀等组件的建模，这些组件内的气体流速很高，因此，必须采用可压缩流体模型。对于流经横截面积小并且压力差异较大的组件的流体宜采用等熵可压缩流体进行描述（isentropic compressible flow）。质量流量 $\dot{m}$ 取决于开口面积、节气门前的气体密度和压力比 $p_r=\frac{p_{ds}}{p_{us}}$。这里，我们直接给出质量流量的方程及特性机理。感兴趣的读者可以参考 Heywood（1988，附录 C）中关于该方程的推导过程。质量流量通过文氏管的方程为：

$$\dot{m}=\frac{p_{us}}{\sqrt{RT_{us}}}AC_D\Psi(p_r) \tag{7.8}$$

式中，A 是节流面积；C_D 是流量系数，它决定于流动区域的形状。$\Psi(p_r)$ 的表达式为：

$$\Pi(p_r)=\max\left(p_r,\left(\frac{2}{\gamma+1}\right)^{\frac{\gamma}{\gamma-1}}\right) \tag{7.9a}$$

$$\Psi_0(\Pi)=\sqrt{\frac{2\gamma}{\gamma-1}(\Pi^{\frac{2}{\gamma}}-\Pi^{\frac{\gamma+1}{\gamma}})} \tag{7.9b}$$

---

[1] 原文如此（译者注）。

$$\Psi(p_r)=\Psi_0(\Pi(p_r)) \tag{7.9c}$$

流量模型的物理学原理

节流口的扩张会使压力下降并使流体加速，在接近喉口处流体的速度达到最大。图 7.7 所示为该情形的流线简图，说明了流体流经节流口处的情况，描述了流体流经式(7.8) 和式(7.9) 所表达的组件时的情形。

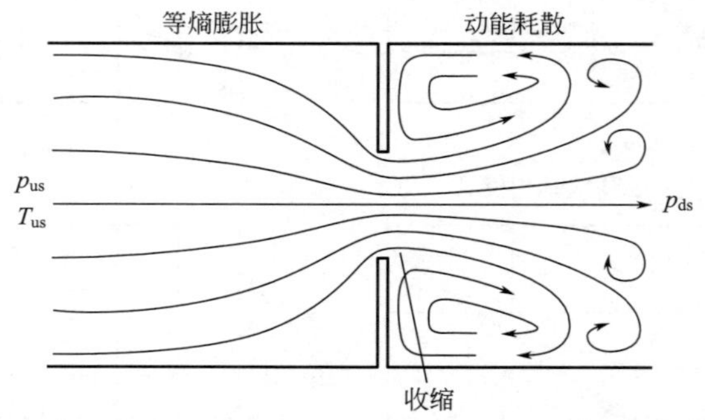

图 7.7　通过节流口处的压降加速了流动，在喉口处，流线收缩，有效流动区域 A_{eff} 比起真实区域 $A_r=C_DA$ 更小，过了喉口处，流动的动能消散到湍流中

在式(7.8) 中 $\Psi(p_r)$ 决定了流体的流速，它受到声速的限制，在喉口处流体速度由压力比决定，并且流体流速达到声速时的值称为临界压力比（critical pressure ratio)，即：

$$p_{r,crit}=\left(\frac{2}{\gamma+1}\right)^{\frac{\gamma}{\gamma-1}}$$

式中，γ 为比热容比。当压力比达到 $p_{r,crit}$ 以下时，流体速度就达到了声速。图 7.8 描述了当 $\gamma=1.4$ 时的 $\Psi(p_r)$ 函数图。比热容比影响了函数图像的形状，我们可以看到在靠近原点的地方影响很小。在模型中，Ψ 给出了流体流速的信息，式(7.8) 中的 $\frac{p_{us}}{\sqrt{RT_{us}}}\Psi(p_r)$ 项描述了进口条件下的流体密度和速度。在喉口处流线轻微地收缩并比几何面积 A 稍大，这个收缩被流量系数 C_D 描述。A 和 C_D 共同决定节流口的有效流通面积。经过喉口处，动能转化成了湍流。

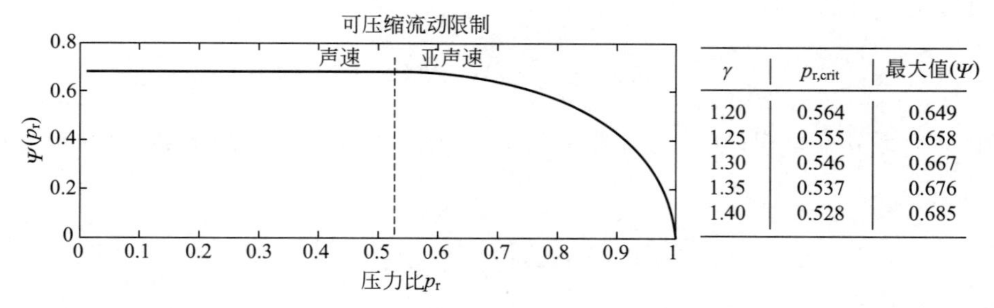

γ	$p_{r,crit}$	最大值(Ψ)
1.20	0.564	0.649
1.25	0.555	0.658
1.30	0.546	0.667
1.35	0.537	0.676
1.40	0.528	0.685

图 7.8　函数 Ψ（p_r）的形状和影响因子 γ［虚线表示临界压力比 $p_{r,crit}$，图形旁边的表格表示了临界压力比和 Ψ（p_r）最大值随着 γ 的变化，可以看出 γ 对 Ψ（p_r）只有很小的影响］

这个模型［式(7.8) 和式(7.9)］，能够很好地描述质量流体通过像节气门、废气门和

EGR阀等组件时的情况。与不可压缩和湍流模型类似，当使用到这个模型时也需要同样的预防措施，由于 $p_r=1$ 时，该方程也不符合 Lipschitz 条件（注：$p_r=1 \Leftrightarrow \Delta p=0$）。解决这个问题的一个方法就是在 $p_r=1$ 附近采用一个线性函数，参照图 7.8 中从 0.99 至 1.00 中的直线部分。

等熵流动也储存能量，当流体离开节流口时，流体的温度会和上游的相同。现在，就可以采用下面的方式建立等熵流体模型。

模型 7.4　可压缩湍流节流模型

$$\Pi\left(\frac{p_{ds}}{p_{us}}\right)=\max\left(\frac{p_{ds}}{p_{us}},\left(\frac{2}{\gamma+1}\right)^{\frac{\gamma}{\gamma-1}}\right) \tag{7.10a}$$

$$\Psi_0(\Pi)=\sqrt{\frac{2\gamma}{\gamma-1}\left(\Pi^{\gamma-2}-\Pi^{\frac{\gamma+1}{\gamma}}\right)} \tag{7.10b}$$

$$\Psi_{li}(\Pi)=\begin{cases}\Psi_0(\Pi), \Pi\leqslant\Pi_{li}\\ \Psi_0(\Pi_{li})\dfrac{1-\Pi}{1-\Pi_{li}}, 其他\end{cases} \tag{7.10c}$$

$$\dot{m}(p_{us},T_{us},p_{ds},A)=AC_D\frac{p_{us}}{\sqrt{RT_{us}}}\Psi_{li}\left(\Pi\left(\frac{p_{ds}}{p_{us}}\right)\right) \tag{7.10d}$$

$$T_{flow}=T_{us} \tag{7.10e}$$

线性区域定义在 $\frac{p_{ds}}{p_{us}}\in[\Pi_{li},1]$。

关于直线区域和仿真

在以上的模型［式(7.6) 和式(7.10)］，中已经提及需要在 $\Delta p=0$ 周围区域添加一个直线区域使方程满足 Lipschitz 条件。但直线区域的大小不容易提前确定［Ellman 和 Piché(1999) 中给出了一种提前确定的方法］。一项研究证明：如果在进行 MVEM 组件质量流体稳态条件仿真时出现振荡，就应该采用平滑处理，线性区域就应该被添加进来，或者将这个组件做得更大些。

7.3　节气门流量建模

节气门建模需要描述两个不同的方面，第一个是描述节气门的运动，第二个是描述气体质量流量通过节气门的状态。后者对于发动机空气流动和进气压力的建立非常重要。最经常使用的节气门是蝶形的，如图 7.9 所示，节流板控制流通面积。节气门或者通过驾驶员直接控制，如通过机械拉线，或者通过一个带有伺服电机的 EMS 进行控制。后者在现今的车辆发动机中普遍采用，因为可以通过设计不同的节气门运动轨迹使车辆控制更加灵活。

在接下来建立的流体模型中将节气门转角（开度）α 作为输入。机械系统（用于描述节气门运动和节气门开度 α）将会在稍后的 7.13 节进行介绍和建模。

节流面积和流量系数

图 7.9 所示为节气门体并且定义了控制节气门打开区域或者空气质量流量的一些参

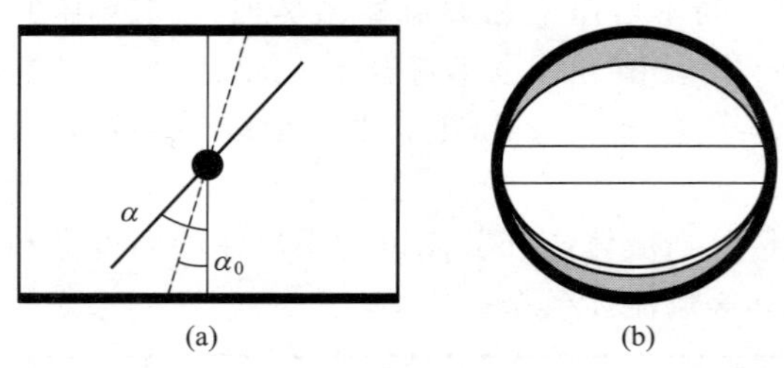

图 7.9　带有节气门转角定义的节气门体示意图（其中，以节气门壳体为参照，节气门关闭角为 α_0 和实际节气门的转角为 α）[图（a）] 及其流通区域（两个月牙区域）[图（b）]

数。节气门面积通常由节气门转角 α 进行表达，节气门转角的定义与节气门体有关，如图 7.9 所示，节气门关闭角为 α_0。对于节气门，开启面积和通流面积随着节气门转角变化，也就是说节流面积和流量系数是 α 的函数，即 $A_{th}(\alpha)$ 和 $C_{D,th}(\alpha)$。

对于大部分节气门来说，当 $\alpha=\alpha_0$ 时，会有一个微小的空气流通过节气门，即 $\dot{m}_{at,0}$，这是由于节气门的制造缺陷引起的。因此，通流面积可以表达为：

$$A(\alpha)=A_{th}(\alpha)+A_L$$

式中，A_L 为在节气门关闭时（$\alpha=\alpha_0$）的泄漏通流面积。由于狭窄区域的流体流速非常高，流过节气门的流体可视为可压缩流体，适用于可压缩流体模型 [式(7.8) 和式(7.9)]。于是，流过节气门的空气质量流量模型可采用如下形式。

模型 7.5　节气门质量流量模型

$$\dot{m}_{at}(\alpha,p_{us},p_{ds},T_{us})=\frac{p_{us}}{\sqrt{RT_{us}}}A_{th}(\alpha)C_{D,th}(\alpha)\Psi_{li}(\Pi) \tag{7.11a}$$

$$\Psi_{li}\left(\Pi\left(\frac{p_{ds}}{p_{us}}\right)\right)=[\text{式}(7.10a)\sim\text{式}(7.10c)] \tag{7.11b}$$

$$T_{flow}=T_{us} \tag{7.11c}$$

对于简化的几何结构，面积 $A(\alpha)$ 仅需要考虑节气门壳体、节气门板、节气门板轴的几何形状，然而，节气门板附近的几何形状是很复杂的。如果采用以下的假设会得到一个简单的面积函数：忽略节气门板轴；节气门板无限薄；管截面是直径为 D 的圆形；节气门在 α_0 处是完全关闭的。然后假设节气门板为长轴长度为 $D/\cos(\alpha_0)$ 的椭圆形，则简化后的面积公式为：

$$A_{th}(\alpha)=\pi D^2\left[1-\frac{\cos(\alpha)}{\cos(\alpha_0)}\right]$$

这个公式变得十分简洁，但是当节气门开度很大时会有很大的误差，因为此时轴的影响就会变得很明显。如果将转轴形状的影响考虑进来，面积公式就会变得更复杂，具体的实例可以参见 [Heywood (1988)，方程式(7.18)]。现在节气门体不在设计和制造成直管，这从几何角度来说使导出节流面积公式更加困难。可以使用简单的参数化法来估算该面积，如由一个三角函数或者多项式进行表达，即：

$$A_{th}(\alpha)=A_0+A_1\cos(\alpha)+A_2\cos^2(\alpha)+\cdots \tag{7.12}$$

$$A_{th}(\alpha)=A_0+A_1\alpha+A_2\alpha^2+\cdots$$

如果采用 3 项仍无法获得足够的精度，上面的公式也很容易添加新项（sin 项也能包含在公式里）。当节气门关闭（$\alpha=\alpha_0$），理想的节气门面积应该是零。但是由于生产误差和粗糙度的影响会有一个很小的泄漏面积，这个面积也应该被包含进模型中，或者单独地添加进来，即 $A(\alpha)=A_L+A_{th}(\alpha)$。在几何面积确定之后，必须在流体试验台或发动机上进行试验来确定泄漏面积 A_L 和流量系数。

从几何形状方面对流量系数 $C_{D,th}$ 建模是很困难的，因为它对有效通流面积有显著的影响，图 7.10 清楚地显示了流线的收缩。这个问题在［Blair（1999），第 3 章］中进行了清楚的说明，文献中的整个章节致力于解决确定流量系数所遇到的问题。$C_{D,th}$ 取决于气门转角、压力比和节气门板雷诺数，即 $C_{D,th}$（α，p_r，Re）。$C_{D,th}$ 经常通过测量确定。包含压力比（或压力差）的流量系数扩展模型也已经提出来了，如在文献［Hendricks 等（1996）］中提出，该文献提出了双平行流体并且改变了 $\Psi(p_r)$ 的方程形式。

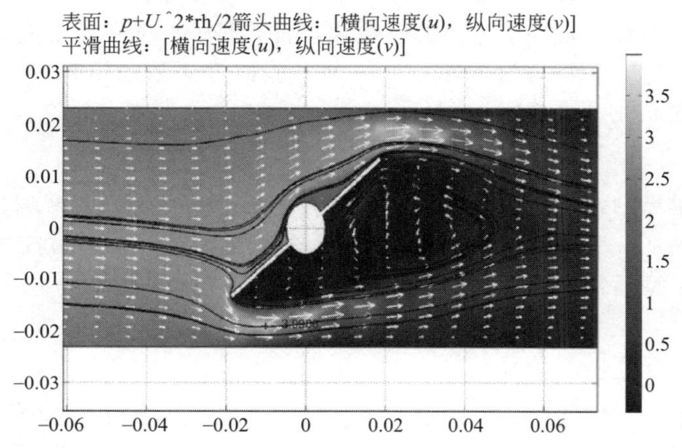

图 7.10 通过节气门板的二维流体（节气门转角为 $\alpha=50°$，静态压力显示在灰色区域，箭头表示了速度矢量。在节气门板的后面有的流体有一个明显的收缩区域）［图片来自 Krysander（2000）］❶

因为模型中面积和流量系数都很难获得，把它们归结到一起是很有利的，并由试验确定乘积 $A_{eff}(\alpha)=A_{th}(\alpha)C_{D,th}$，然后使用参数化模型，如式(7.12)。

7.4 进入气缸的质量流量

描述气体质量流量 $\dot{m}_{ac}$（下标 ac 意思是空气和气缸）通过进气阀从进气歧管外面进入气缸这个过程取决于很多参数，但是发动机转速 N、进气歧管压力 p_{im} 和进气温度 T_{im} 是最重要的。容积效率 η_{vol} 常用于描述发动机气缸吸入新鲜空气的效率，参照 4.3.3。容积效率决定于发动机的很多参数，如发动机转速、进气歧管压力、燃油挥发性、冷却水温度等，即 $\eta_{vol}(N, p_{im}\cdots)$。在稳态下，进入进气歧管的空气质量等于进入气缸的。容积效率可以采用空气质量流量计在发动机工作范围内测量获得。因此，容积效率的子模型由发动机试验确定，其实例将在下面介绍。

在给定容积效率模型的前提下，进入气缸的质量流量可以由式(4.9) 定义的容积效率

❶ 原文如此，图中未给出数值单位（译者注）。

确定，进而求出$\dot{m}_{ac}$。空气密度ρ_{ai}是在理想气体进气状态下给出的。即$\rho_{ai}=\dfrac{p_{im}}{RT_{im}}$，下面给出该质量流量模型。

模型 7.6　发动机质量流量模型

$$\dot{m}_{ac}(N,p_{im},T_{im})=\eta_{vol}(N,p_{im}\cdots)\frac{V_D N p_{im}}{n_r R T_{im}} \tag{7.13}$$

其中使用了容积效率η_{vol}（N,p_{im}）的子模型。

注意这个模型是针对整个发动机的流体，没有考虑到具体的单个缸，所以，V_D是指整个发动机的工作容积。质量流量因此被容积效率参数化，当发动机运行在稳定状态，容积效率可以由空气质量流量计测定。使用容积效率进行参数化，解决了进气系统流体密度的变化问题。下面的部分是寻求η_{vol}的参数化，首先是一些简单的黑盒近似法，这些方法依据进气过程背后的一些物理学定律。另一种可能的方法是采用查表（或 map 图）表示质量流量，这将在 9.3.1 中描述。

容积效率模型

很多容积效率模型在均值发动机模型的研究文献中已经提出，范围从黑盒模型到基础物理模型。我们先从η_{vol}（N,p_{im}）的一些黑盒参数化模型开始，最简单的模型是一个常数，然而其他的模型通常采用压力和发动机转速的二阶多项式。

$\eta_{vol}=c$　　常数

$\eta_{vol}=c_0+c_1\sqrt{p_{im}}+c_2\sqrt{N}$　　简单多项式

$\eta_{vol}=\eta_{v,0}+\eta_{v,N_1}N+\eta_{v,N_2}N^2+\eta_{v,p_1}p_{im}$　　Hendricks 和 Sorenson（1990）

$\eta_{vol}=s(N)+\dfrac{y(N)}{p_{im}}$　　Jensen 等（1997）

其中，最后一个公式中的$s(N)$和$y(N)$是N的弱函数。

压力、燃料和热传递、从属物

现在，我们对进气背后的物理过程进行研究。第一步，我们先忽略发动机转速的影响，专注于研究诸如残余气体代替新鲜气体、热气体经过管壁和接口并且被蒸发的燃油冷却的影响。气缸中残余气体的影响已经在第 5 章进行了讨论和说明，得出如下公式：

$$\eta_{vol}(p_{im},p_{em},\lambda)=\underbrace{\frac{r_c-\left(\frac{p_{em}}{p_{im}}\right)^{\frac{1}{\gamma}}}{r_c-1}}_{\text{残余气体}}\times\underbrace{\frac{1}{1+\frac{1}{\lambda(A/F)_s}\times\frac{M_a}{M_f}}}_{\text{分子置换}\approx 1} \tag{7.14}$$

该公式包括了废气从排气系统扩散到进气系统的影响。分子置换（molecule displacement）只是影响容积效率的一个很小的因素，然而热传递会有显著的影响。为了更好地与试验数据相吻合，一个与发动机转速相关的因子被简单地添加到模型中，即：

$$\eta_{vol}(p_{im},p_{em})=C_{\eta_{vol}}(N)\frac{r_c-\left(\frac{p_{em}}{p_{im}}\right)^{\frac{1}{\gamma}}}{r_c-1}$$

其他的影响，如由燃油加浓引起的充气冷却，也可以被处理。参照［Heywood (1988)，第 6 章］推导的一般模型。一般来说 SI 发动机在 $\lambda=1$ 的状态下运行，但是在有些时候也需要燃油加浓来保护催化剂。Andersson 和 Eriksson(2004) 中提出了 λ 偏离 $\lambda=1$ 时的模型：

$$\eta_{vol}(p_{im},p_{em},\lambda,T_{im})=C_{\eta_{vol}}\frac{r_c-\left(\frac{p_{em}}{p_{im}}\right)^{\frac{1}{\gamma}}}{r_c-1}\times\underbrace{\frac{T_{im}}{T_{im}-C_1(1/\lambda-1)}}_{\text{充气冷却}} \tag{7.15}$$

式中仅添加了一个额外的常数 C_1，常数 C_1 取决于燃油的性质，如蒸发焓，参见 Andersson 和 Eriksson (2004) 中的详述。这个扩展模型提高了模型的一致性：当不考虑充气冷却影响时相对误差为 10%，当考虑时相对误差缩小到了 3%。

发动机转速的影响

发动机转速是一个影响因素，其由发动机的设计决定，我们需要能够对每一个影响因素进行描述，无论是否最终将其包含在内。下面的公式结构使我们很好地获得了表达速度变化影响的能力，即：

$$\eta_{vol}(N,p_{im},p_{em},\lambda,T_{im})=C_{\eta_{vol},N_1}(N)\eta_{vol}(p_{im},p_{em},\lambda,T_{im})+C_{\eta_{vol},N_2}(N)$$

式中，$C_{\eta_{vol},N_1}(N)$ 和 $C_{\eta_{vol},N_2}(N)$ 是 N 的弱函数。$\eta_{vol}(p_{im},p_{em},\lambda,T_{im})$ 源于以上模型，如式(7.15)。当考虑发动机转速的影响时，该模型很难描述所有的情况：带有调谐进气管的发动机可能需要一个四阶（甚至六阶）多项式来描述进气管共振的影响；而有其他设计方面考虑的涡轮增压发动机，发动机转速对 η_{vol} 的影响仅需要一个变化就能表达；可变气门驱动则是一个更加复杂的情况，参照 12.1 节中的讨论。

含氧和已燃气体组分的 EGR

当考虑废气再循环装置（EGR）时，燃烧产生的废气会被引入进气系统，废气会替代部分空气。因此，当采用 EGR 时，缸内的气体流量并不仅仅是空气。一个处理该问题的常用方法是采用容积系数来确定整个气缸的质量流量 $\dot{m}_{cyl}$，完整的模型中包含了进气系统中的空气和废气的质量流量。EGR 率定义为：

$$x_{egr}=\frac{m_{egr}}{m_{tot}}=\frac{m_{egr}}{m_{air}+m_{egr}}$$

其中，质量流量指进入进气系统中的，但是也可以用于任何系统。现在，可用下式表达进入气缸的空气和 EGR 质量流量：

$$\begin{bmatrix}\dot{m}_{ac}\\ \dot{m}_{egr}\end{bmatrix}=\begin{bmatrix}x_{air}\\ x_{egr}\end{bmatrix}\dot{m}_{cyl}=\begin{bmatrix}1-x_{egr}\\ x_{egr}\end{bmatrix}\dot{m}_{cyl}$$

相同的步骤也能应用于更详细的气体组分模型。为了进一步简化，注意到如果发动机是稀薄燃烧，如柴油发动机，则 EGR 中也会携带氧气。相反的情况较少见，但是在富油燃烧时，在 EGR 中就会含有 CO 和 HC，则可以看成是缺少氧气。有两种方法来表达氧气的含量。一种方法是采用氧气分数（oxygen fraction），定义为：

$$X_O=\frac{m_O}{m_{tot}} \tag{7.16}$$

式中，m_O 是在容积中的氧气质量。当存在几个不同氧气分数 $X_{O,i}$ 的流量 $\dot{m}_i$ 进入该容积时，容积中的氧含量会发生变化。为了描述这种变化，可以对式(7.16)进行微分得到一个微分方程，并且使用理想气体定律，由 $m_{tot}=\frac{pV}{RT}$ 得：

$$\frac{dX_O}{dt}=\frac{RT}{pV}\sum_i(X_{O,i}-X_O)\dot{m}_i \tag{7.17}$$

另外一种方法就是监测燃烧气体分数 X_B，就是从 EGR 中的未燃空气中分离出已燃气体。其定义和微分方程变为：

$$X_B=\frac{m_B}{m_{tot}}\Rightarrow\frac{dX_B}{dt}=\frac{RT}{pV}\sum_i(X_{B,i}-X_B)\dot{m}_i \tag{7.18}$$

举一些例子，当气体的 $X_{Bair}=0$ 和 $X_{Oair}=\frac{32}{32+3.773\times28.16}$（参看模型 4.1），当气体在 $\lambda=1$ 燃烧时，得 $X_B=1$，$X_O=0$。

7.5 容积

目前为止，均值发动机模型的组件都是静态的，表达静态关系。现在我们转到那些描写系统动态的模型。它们一般用微分方程来表达。进气和排气歧管以及发动机系统中的其他容积，可以视为一个存储质量和能量的热力学控制容积，如图 7.11 所示。该热力学控制容积包括一个固定的容积 V 以及充满和排空的动态存储部分。质量的增加和减少由气体进口质量流量和出口质量流量确定，即 $\dot{m}_{in}$ 和 $\dot{m}_{out}$。质量和能量的守恒是基础，将被用来推导容积中流体动态变化的微分方程。

由流入和流出质量的差（$\dot{m}_{in}-\dot{m}_{out}$）直接给出系统中质量的变化率，即：

$$\frac{dm}{dt}=\dot{m}_{in}-\dot{m}_{out} \tag{7.19}$$

能量也在系统中存储并保持守恒。当考虑能量时，可能存在热传递 $\dot{Q}$，但是在控制容积中没有机械功的传递，如图 7.11 所示，能量也随着流体进出系统。假设为开放系统，第一定律（能量守恒）给出了如下内能变化率：

$$\frac{dU}{dt}=\dot{H}_{in}-\dot{H}_{out}-\dot{Q} \tag{7.20}$$

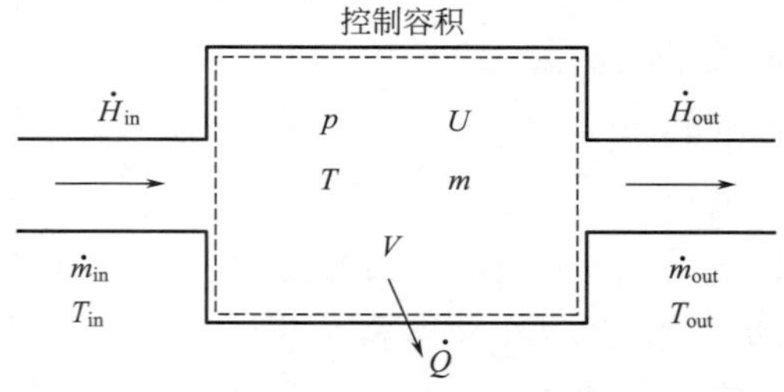

图 7.11 控制容积由虚线表示，压力、温度、质量状态也显示在其中［有两个流体穿过边界。除流体外，没有容积变化（V 是一个常数），所以没有机械功交换］

这种容积被称为充分搅拌的反应器（well-stirred reactor），因为输入焓瞬时分布在整个容积中，它也被称为集中模型（lumped model），因为它把所有的空间信息集中到一个点上。

质量和能量是很难测量的，所以这些方程往往通过可以测量的量，像温度和压力，来表示系统状态，参见下面的等温绝热模型。在我们探讨这个之前，做出如下假设：

- 气体是理想气体（如 $pV=mRT$）；
- c_p 和 c_V 都是一个常数。

基于以上假设，温度可以直接由内部能量和质量决定，通过

$$U=mu(T)=[c_V \text{ 为常数}]=mc_VT \tag{7.21}$$

压力可以通过理想气体定律求出：

$$pV=mRT \tag{7.22}$$

另外，焓流可以表示为：

$$\dot{H}_{\text{in}}=\dot{m}_{\text{in}}c_pT_{\text{in}} \text{ 和 } \dot{H}_{\text{out}}=\dot{m}_{\text{out}}c_pT_{\text{out}} \tag{7.23}$$

其中，在容积中流出气体的温度和内部温度相同，即 $T_{\text{out}}=T$。式(7.19)～式(7.23)给出了系统的方程，可以求解所有的系统信息，如温度和压力。注意当流量方向改变时，质量流量的符号也随之改变，另外，流体温度也必须相应改变。任何进出容积的流体都能够通过增加它们的焓流项的方式添加进来。

两种容积模型经常出现在文献中，一种称为等温模型（isothermal model），另一种称为绝热模型（adiabatic model）。在模型的微分方程形式中压力和温度是状态变量，它们将在下面进行讨论。不同模型之间的比较见 7.6 节的图 7.14。

等温模型

最常用的模型是等温模型，顾名思义，模型中假设在系统中没有温度的改变，即$T=T_{\text{in}}=T_{\text{out}}$。这样温度是确定的。为了导出压力的微分方程，对理想气体定律 $pV=mRT$ 求导，即：

$$\frac{\mathrm{d}p}{\mathrm{d}t}=\frac{RT}{V}\times\frac{\mathrm{d}m}{\mathrm{d}t}$$

加入质量守恒定律，由式(7.19) 得到容积中的压力动态变化模型如下。

模型 7.7　等温容积模型

压力发展的动力学方程是：

$$\frac{\mathrm{d}p}{\mathrm{d}t}=\frac{RT}{V}(\dot{m}_{\text{in}}-\dot{m}_{\text{out}}) \tag{7.24}$$

并且温度是常数 $T=T_{\text{in}}=T_{\text{out}}$。

这个模型能够很好地描述进、排气系统的压力动态变化过程。这个模型，就像所有模型一样，做了简化。并且由于假设温度是一个常数，能量守恒已经可以不用考虑了。将进气歧管温度假设为常数，当快速瞬态变化时并不总是合理的。例如，当节气门快速打开时，气体在进气系统中压缩时温度有一个短暂的升高。更加详细的模型将在下面描述。

绝热模型

下面的容积模型是绝热模型，采用此名称的原因是在能量方程中热传递通常设为零。这个模型是通过改写质量状态方程式(7.19) 和内能方程式(7.23) 得到的。第一步，重写

内能方程，将温度选为状态变量。为了得到温度微分，对内能方程式(7.21）求导，得到关系式$\frac{\mathrm{d}U}{\mathrm{d}t}=\frac{\mathrm{d}(mu)}{\mathrm{d}t}=\frac{u(T)\mathrm{d}m}{\mathrm{d}t}+m\frac{\mathrm{d}u}{\mathrm{d}t}$，代入式(7.20）得到：

$$mc_V\frac{\mathrm{d}T}{\mathrm{d}t}=\dot{m}_{\mathrm{in}}[h(T_{\mathrm{in}})-u(T)]-\dot{m}_{\mathrm{out}}[h(T_{\mathrm{out}})-u(T)]-\dot{Q} \tag{7.25}$$

其中，$T_{\mathrm{out}}=T$。第二步，根据焓的定义并假设为理想气体，$h(T)=u(T)+RT$。进一步，假设c_p和c_V是一个常数，整理上述方程的各项得到温度的导数：

$$\frac{\mathrm{d}T}{\mathrm{d}t}=\frac{1}{mc_V}[\dot{m}_{\mathrm{in}}c_V(T_{\mathrm{in}}-T)+R(T_{\mathrm{in}}\dot{m}_{\mathrm{in}}-T\dot{m}_{\mathrm{out}})-\dot{Q}]$$

通过这个方程并由质量守恒得到一个完整的容积状态模型。以质量和温度作为状态变量，容积中的压力可以依据理想气体定律计算出来。下面给出了一种形式的容积模型。

模型 7.8 以质量和温度作为状态变量的绝热容积模型

带有热力学状态变量（m和T）的热力学方程为：

$$\begin{cases}\frac{\mathrm{d}m}{\mathrm{d}t}=\dot{m}_{\mathrm{in}}-\dot{m}_{\mathrm{out}}\\ \frac{\mathrm{d}T}{\mathrm{d}t}=\frac{1}{mc_V}[\dot{m}_{\mathrm{in}}c_V(T_{\mathrm{in}}-T)+R(T_{\mathrm{in}}\dot{m}_{\mathrm{in}}-T\dot{m}_{\mathrm{out}})-\dot{Q}]\end{cases} \tag{7.26a}$$

模型输出为上述状态变量及压力：

$$\begin{cases}m=m\\ T=T\\ p=mRT/V\end{cases} \tag{7.26b}$$

从以上可以看出，采用质量和温度作为状态变量能够使公式更紧凑，但是需要添加一个额外的输出方程来表示压力。一种等效方程也可以被推导出来，唯一的不同是状态变量从质量和能量变为压力和温度。其目的是用压力和温度的微分方程形式来构建模型。当用变量的微分形式替换方程中的质量、压力和温度项时，理想气体方程变为：

$$V\frac{\mathrm{d}p}{\mathrm{d}t}=RT\frac{\mathrm{d}m}{\mathrm{d}t}+mR\frac{\mathrm{d}T}{\mathrm{d}t}$$

由理想气体定律消掉上式的质量，插入式(7.19)，重写方程，我们得到如下的压力微分方程形式：

$$\frac{\mathrm{d}p}{\mathrm{d}t}=\frac{RT}{V}(\dot{m}_{\mathrm{in}}-\dot{m}_{\mathrm{out}})+\frac{p}{T}\times\frac{\mathrm{d}T}{\mathrm{d}t}$$

上式变为以$\frac{\mathrm{d}T}{\mathrm{d}t}$为变量的压力微分方程。综上，绝热容积模型的微分方程形式如下。

模型 7.9 以压力和温度作为状态变量的绝热容积模型

状态变量（T和p）的微分方程为：

$$\begin{cases}\frac{\mathrm{d}T}{\mathrm{d}t}=\frac{RT}{pVc_V}[\dot{m}_{\mathrm{in}}c_V(T_{\mathrm{in}}-T)+R(T_{\mathrm{in}}\dot{m}_{\mathrm{in}}-T\dot{m}_{\mathrm{out}})-\dot{Q}]\\ \frac{\mathrm{d}p}{\mathrm{d}t}=\frac{RT}{V}(\dot{m}_{\mathrm{in}}-\dot{m}_{\mathrm{out}})+\frac{p}{T}\times\frac{\mathrm{d}T}{\mathrm{d}t}\end{cases} \tag{7.27}$$

将上式中第一个方程带入到第二个方程。输出为状态变量（T 和 P），如果需要质量，可用理想气体状态方程 $m=\frac{pV}{RT}$ 进行代换。

令 $\dot{Q}=0$，得到绝热模型，这是文献中这个模型名称的来源。然而也可以将热传递包含进去并得到一个更一般的模型。注意到模型 7.9 和模型 7.8 是质能守恒方程的等效形式，仅仅是在热力学状态的选择上有差别。

两个容积模型，等温模型在文献中经常遇到，因为它应用起来简单并且能够描述压力的变化。绝热模型也已经被一些作者使用，但是“绝热”这个名词是在 Chevalier 等（2000）中使用后才逐渐流行起来，Hendricks（2001）对绝热模型进行了总体描述。绝热和等温模型的比较将会在 7.6 节的最后讲述，并包括了进气歧管模型。

7.6 示例——进气歧管模型

现在我们已经写到了建模的重点，我们已经有足够的组件对带有节气门、进气歧管和发动机空气质量流量的进气系统进行建模，如图 7.12 所示。进气系统很重要，因为它决定了自然吸气发动机的瞬态动力学特性，这里我们将要考察在某瞬时节气门转角 α 下的进气歧管压力 p_{im}。

例 7.2（进气歧管动力学模型） 本例的主要任务是对自然吸气 SI 发动机的进气歧管系统进行建模，如图 7.12 所示。该系统由一个带有伺服装置的蝶形节气门、进气歧管以及流入气缸的空气质量流量组成。我们用实测的气门转角阶跃响应数据来验证模型。

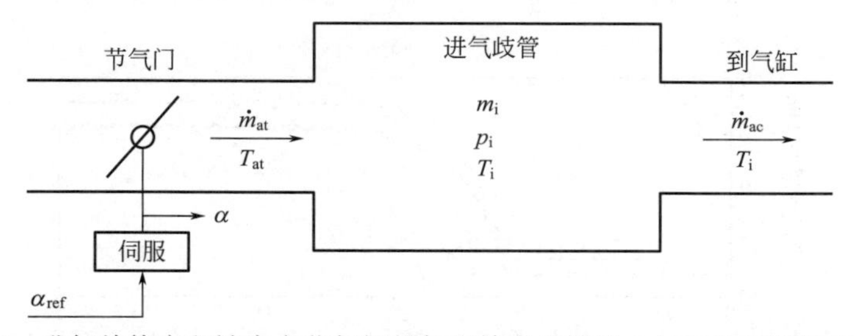

图 7.12 进气歧管容积被来自节气门的气流填充和被流入气缸的气流排空的简图

我们先从节气门开始，它由伺服装置进行控制。一个参考信号 α_{ref} 提供给伺服装置来对节气门的角度进行控制，实际输出转角通过测量安装在节气门板上的电位计输出电压 α 得到。节气门伺服装置用一个带有时间常数 τ_α 的一阶系统来建模，即 $\alpha=\frac{1}{1+s\tau_\alpha}\alpha_{ref}$。节气门空气质量流量建模使用式(7.11)，其中，我们假设节气门前的压力和温度等于环境压力和温度，即 $p_{us}=p_{amb}$ 和 $T_{us}=T_{amb}$。下游进气歧管压力为 p_{im}。有效面积 A_{eff} 为包含 $\cos(\alpha)$ 的多项式。

接下来，我们对流入气缸的空气流进行建模，采用式(7.13)，其中包含 p_{im} 和 N 的一阶多项式用来表示容积效率。

假设进气温度等于环境温度，$T_{im}=T_{amb}$，进气歧管动力学模型采用等温模型式(7.24)。综上，我们得到以下一组方程：

$$\alpha=\frac{1}{1+s\tau_{\alpha}}\alpha_{\text{ref}}$$

$$A_{\text{eff}}(\alpha)=A_{\text{th}}(\alpha)C_{\text{D,th}}(\alpha)=A_0+A_1\cos(\alpha)+A_2\cos^2(\alpha)$$

$$\dot{m}_{\text{at}}(p_{\text{amb}},p_{\text{im}},T_{\text{amb}},\alpha)=\frac{p_{\text{a}}}{\sqrt{RT_{\text{a}}}}A_{\text{eff}}(\alpha)\Psi_{\text{li}}\left(\Pi\left(\frac{p_{\text{im}}}{p_{\text{a}}}\right)\right)$$

$$\Psi_{\text{li}}\left(\Pi\left(\frac{p_{\text{im}}}{p_{\text{a}}}\right)\right)=[\text{式(7.10a)}\sim\text{式(7.10c)}]$$

$$\dot{m}_{\text{ac}}(N,p_{\text{im}},T_{\text{amb}})=\eta_{\text{vol}}(N,p_{\text{im}}\cdots)\frac{V_{\text{D}}Np_{\text{im}}}{n_{\text{r}}RT_{\text{im}}}$$

$$\eta_{\text{vol}}(N,p_{\text{im}})=\eta_0+\eta_1 p_{\text{im}}+\eta_2 N+\eta_3 Np_{\text{im}}$$

$$\frac{\mathrm{d}p_{\text{im}}}{\mathrm{d}t}=\frac{RT_i}{V_i}[\dot{m}_{\text{at}}(\alpha,p_{\text{amb}},p_{\text{im}},T_{\text{amb}})-\dot{m}_{\text{ac}}(N,p_{\text{im}},T_{\text{im}})]$$

最后，我们通过对比验证该模型能否较好地描述节气门的运动和与测量的压力轨迹吻合。图 7.13(a) 验证了模型对节气门伺服装置运动的仿真，此外，图 7.13(b) 验证了进气歧管压力模型。对比结果证明了带有特定参数的模型能够模拟压力的建立过程并且对节气门转角的变化也具有正确的时间响应。

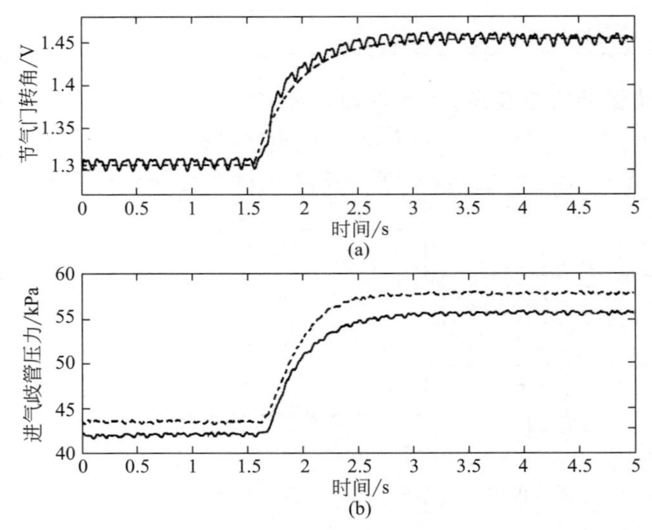

图 7.13 进气歧管动力学等温模型［式（7.24）］的评价（实线为测量值，虚线为模型输出值）

这个例子表明，具有一个状态变量的等温模型就足够对压力的动态变化过程进行很好的仿真。

等温、绝热控制容积的比较

在图 7.14 中，通过使用一个进气系统的示例来对比等温和绝热控制容积模型。上述进气系统模型，除了容积模型假设不同之外，所有的参数全部相同。给节气门两个阶跃输入，开关各一次，对两个控制容积模型的仿真压力和温度进行对比。

比较表明，绝热模型的压力动态变化过程稍快，但是区别不大。等温模型温度没有动态变化，而绝热模型温度则随着控制体积中的气体膨胀（节气门关闭）和压缩（节气门开启）在平衡位置振荡。在稳态下，这两个模型的温度不存在差别。

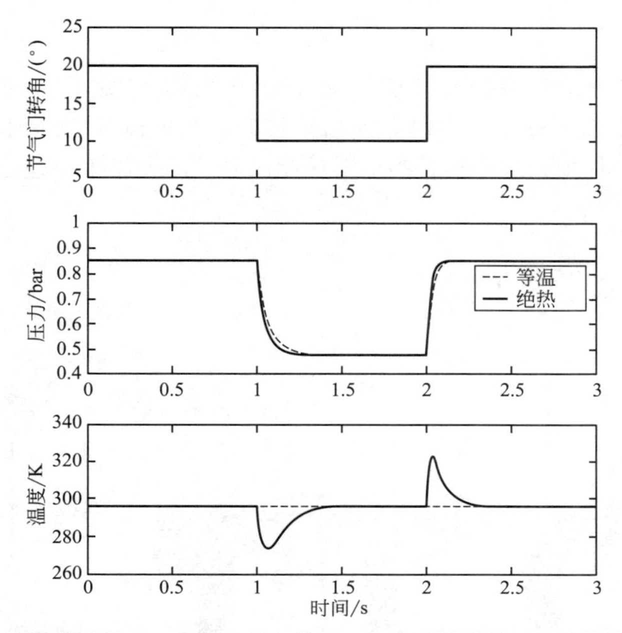

图 7.14 绝热和等温模型对比（虚线为等温模型，实线为绝热模型。绝热模型中的压力动态变化稍快，但区别不大。等温模型的温度没有可见的动态变化）

7.7 燃油路径和空燃比

这里的燃油路径包括以下部分：油箱、燃油泵、燃油轨、喷油器、混合物生成装置。在混合物生成阶段，混合物进入气路，混合物由空气、可燃混合气以及剩余或再循环废气组成，这个阶段并不是一个独立的过程。实际上，供油量对 EGR 和涡轮增压发动机中的气路有很大的影响。为了能够对发动机系统动力学进行描述，我们需要对它们一起处理。接下来的章节中我们将要对油路进行讨论，然后将它同气路连在一起，重点关注 SI 发动机模型。

7.7.1 燃油泵、燃油轨、进料喷射器

在 SI 发动机中，燃油泵和供油路线有两种方式：具有压力调节器和回油管的调速泵，或者具有压力传感器和控制器的更先进的可控泵，这种形式没有回油管。在 CI 发动机中，产生高压燃油需要用到两个泵，低压和高压油泵，分别产生所需的压力水平。燃油压力模型的输出是燃油经过喷油器喷嘴的压力。在进气道喷射的 SI 发动机中，燃油泵和压力调节器组件（连接油轨和进气系统）产生一个恒定的压力 Δp_{reg}，并确保燃油循环的精确喷射。该模型简写成：

$$p_{rail}=p_{im}+\Delta p_{reg}$$

缸内直喷发动机的压力显著增高，这需要将燃油的可压缩性考虑进来。在喷油器开启之后，压力波常在高压油管中产生。这将会影响到喷油器特性（见图 7.17），但是这种变

化太快以至于已经超出了均值发动机模型的范围。油轨和喷油器模型实例在 Chiavola 和 Giulianelli (2001)、Hu 等 (2001)、Woermann 等 (1999) 的文献中有介绍。

7.7.2 喷油器

进入气缸的油流是通过电控阀计量和控制的。喷油器(见图 7.15)由电磁线圈、阀和弹簧组成。当电流流经电磁线圈时,喷油器打开,当电流被切断时,弹簧使喷油器关闭。喷油器每个喷油周期开启一次。喷油器关闭时刻(喷射结束)通常发生在进气阀刚刚开启之前或之后。

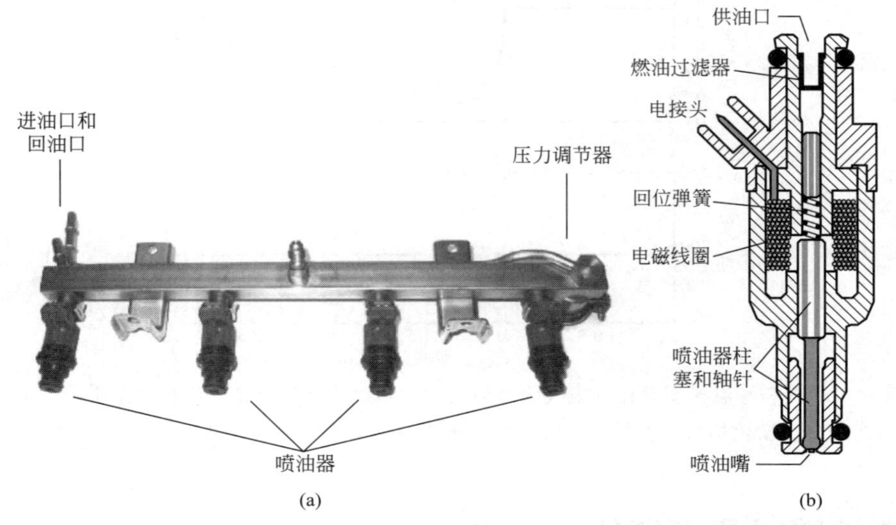

图 7.15 具有四个喷油器和压力调节器的燃油轨照片[图(a)]和喷油器剖视图[图(b)](显示如下关键组件:电磁线圈,针阀和弹簧)

喷油阀计量的燃油量正比于阀体压力的平方根[式(7.4)]和开启时间 t_{inj},如图 7.16 所示,开启时间要比一个脉冲打开和关闭时间短。

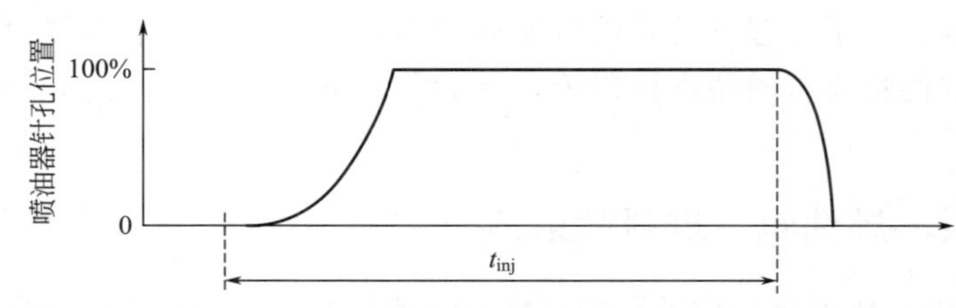

图 7.16 脉冲持续时间 t_{inj},在针阀抬起时,用于控制喷油器开启(如图所示,针阀运动不是瞬时的,当电脉冲加载在线圈上,线圈被磁化,喷油器开始动作,一段时间后喷油器才能完全开启。当电脉冲处于下降沿,电磁力消失,轴针被弹簧推回关闭位置)

$$m_{fi}=c_0\sqrt{\rho_{fuel}\Delta p_{inj}}\left[t_{inj}-t_0(U_{batt})\right] \tag{7.28}$$

针阀的启闭时间 t_0 取决于电池电压 U_{batt},因为针阀的打开取决于通过电磁线圈的电流,进而取决于电池电压,然而针阀的关闭则依靠弹簧力。当喷油器模型应用于发动机时,由于压力调节器的作用可以忽略油压的影响,如图 7.15 所示,流过针阀的油液压力保持恒定($\Delta p_{inj}=\Delta p_{reg}$),并且不会受到发动机工作状态的影响。此外,燃油密度也假定为一个合适的常数。每循环的平均喷油量，乘以发动机转速，得到总的喷油量。

模型 7.10　简化的喷油器质量流量模型

$$\dot{m}_{fi}=\frac{Nn_{cyl}}{n_r}m_{fi}=NC[t_{inj}-t_0(U_{batt})] \tag{7.29}$$

式中，C 是一个常数，表达喷油器常数、气缸数和每循环的冲程数对喷油压力的影响（由于压力调节器，压力为常数）。

采用一个进气道直喷 SI 发动机的试验数据对喷油器模型［式(7.29)］进行验证，如图 7.17(a) 所示。可以看到喷油器模型与数据吻合得很好。

缸内直喷发动机的燃油喷射压力很高并且不断地变化并可以调整。因此，需要一个更加精细的喷油器和喷油质量模型。图 7.17(b) 显示了这种喷油器的试验数据，可以看到简单的线性模型已经无法满足要求，因此，图中的数据可以包含在一个查表中，其模型为：

$$m_f=f(t_{inj},p_{rail},p_{cyl}\cdots) \tag{7.30}$$

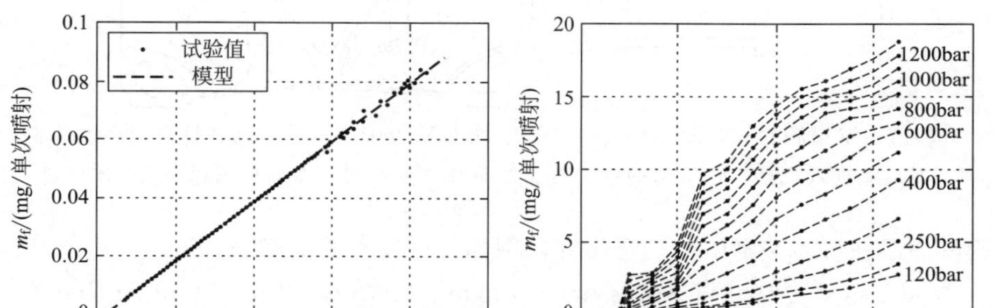

图 7.17　喷油脉宽 t_{inj} 用于确定喷油器的开启时间和总喷油量｛图(a) 所示为 SI 发动机的进气道喷油器，其喷油器压力由压力调节器控制，图 (b) 所示为 CI 发动机［来自 Woermann 等 (1999)］的共轨喷油器数据，其供油压力由 EMS 依据发动机工作点进行控制。注意虽然在某喷油器开启时刻和油轨压力下其数据是单调的，但在不同数值下，喷油量是变化的｝

在柴油发动机中，一个工作循环中可以进行多次喷射，其喷油量也取决于喷油脉冲间隔，但是由于一次喷射降低了油轨局部的压力，这会影响下一次喷射。

7.7.3　燃料制备过程的动态响应

从喷油器喷射的燃油必须传递到气缸中，并且经历一次相变变成气态后才能燃烧。蒸发对空气流的冷却作用会产生两个方面的影响：增加了容积效率（见 7.4.1），并且也减少了爆震的趋势（见 6.2.2）。这里我们将关注燃油质量输送到气缸的过程。

缸内直喷发动机

在缸内直喷发动机中，燃油被直接喷入气缸，也就是说在 MVEM 模型中，这是立即发生的。对缸内直喷发动机，喷射到气缸的燃油量就等于喷射量。

模型 7.11　缸内直喷发动机缸内燃油质量模型

$$m_{fc}=m_{fi} \text{ 和 } \dot{m}_{fc}=\dot{m}_{fi}$$

进气道燃油喷射发动机

对于进气道燃油喷射发动机，仅有一部分的燃油会直接喷入气缸。一些燃油会以油膜或者以凹坑的形式沉积在进气道壁上。图 7.18 所示为进气道内壁浸润的示意图。进气道内壁浸润可以用来解释当燃油喷射时间 t_{inj} 变化时，空燃比 λ 测量值的动态响应，也可以用来解释废气混合及传感器的动态响应。

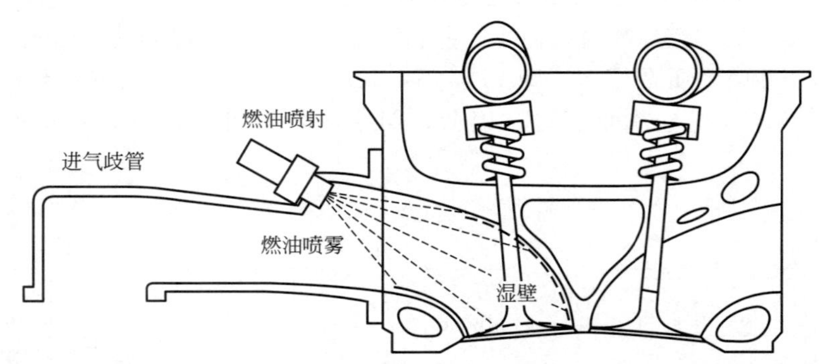

图 7.18　进气道内壁浸润的示意图［注入的一部分燃油 X 击中进气道内壁并且形成燃油薄膜，剩下的燃油（$1-X$）将进入气缸。进气道内壁上的燃油蒸发需要经过一个时间常数 τ_{fp} 后才能进入气缸］

油膜动力学在许多文献中被广泛研究，例如，可以参看文献 Aquino（1981）、Curtist 等（1996）、Hendricks 等（1992）、Hires 和 Overington（1981），以及一个在 Aquino（1981）提出的被广泛采用的模型。喷射燃油的一部分 X，沉积在进气道内壁上形成一个油膜（fuel film）［有时也称为小油坑（fuel puddle）］，其余的部分 $1-X$，则与空气混合。随着时间常数 τ_{fp} 油膜中的燃油蒸发并与空气混合。假设蒸发速度与油膜的面积成正比，进而假设其与油膜中的燃油质量 m_{fp}，也成正比，这个假设成立的条件是油膜完全铺开并且很薄。

如图 7.18 所示，描述如下：

- 油膜质量的变化率 $\frac{dm_{fp}}{dt}$，为沉积质量 $X\dot{m}_{fi}$ 减去蒸发的油膜质量 $\frac{1}{\tau_{fp}}m_{fp}$；
- 流入气缸的燃油质量 $\dot{m}_{fc}$ 是直接从喷油器喷入气缸的燃油质量 $(1-X)\dot{m}_{fi}$，加上这部分蒸发量 $\frac{1}{\tau_{fp}}m_{fp}$。

综合这两部分的影响，流入气缸的燃油模型如下。

模型 7.12　壁浸润模型（Aquino）

壁浸润和燃油传送系统的动态方程为：

$$\frac{dm_{fp}}{dt}=X\dot{m}_{fi}-\frac{1}{\tau_{fp}}m_{fp} \tag{7.31}$$

流入气缸的燃油输出方程为：

$$\dot{m}_{fc}=(1-X)\dot{m}_{fi}+\frac{1}{\tau_{fp}}m_{fp} \tag{7.32}$$

式中，X 和 τ 是模型参数。

参数 X 和 τ 依赖于发动机的状态及燃油的特性。即使发动机周围的一切保持不变，上述参数始终也随着发动机的工况而改变。一种解释认为燃油沉积和蒸发取决于流过油膜表面的空气。一个简单的模型是让这些参数为发动机工况的函数，即

$$X=X(N,p_{im}) \tag{7.33}$$

$$\tau_{fp}=\tau_{fp}(N,p_{im}) \tag{7.34}$$

油膜的动态变化在发动机冷启动时最显著，并随着发动机变暖而变得不明显，当发动机高速运转时这种影响也显得没那么重要了。关于壁浸润和蒸发过程的物理模型在 Curtis 等（1996）和 Locatelli 等（2004）的文献中有更详细的描述。

气缸内的空燃比

在前面的章节中，分别对进入气缸的空气质量流和燃油质量流进行了建模，现在，我们已经拥有了对发动机空燃比（A/F，λ）建模的全部组件。

模型 7.13　气缸空燃比 λ

$$\lambda_C=\frac{\dot{m}_{ac}}{\dot{m}_{fc}}\times\frac{1}{(A/F)_s} \tag{7.35}$$

根据前面章节中介绍的模型组件和方程，一些 SI 发动机空燃比控制的难题就能获得解释了。为了让发动机控制器能够计算要喷射多少燃油，$\dot{m}_{fc}$，需要知道流入气缸的空气量 $\dot{m}_{ac}$，同时还需要知道来自油膜影响的贡献量。这将在 10.4 节中讨论。

废气再循环（EGR）和 λ_O

当存在废气再循环（EGR）时，为了计算 λ，流入气缸的气流 $\dot{m}_{cyl}$，应该被分成空气和废气两部分。例如，如果发动机运行在稀薄燃烧状态，如柴油机，则 EGR 中也会存在氧气。当总的气缸流量 $\dot{m}_{cyl}$ 取决于容积效率时，可以定义一个归一化的氧气/燃油比，即：

$$\lambda_O=\frac{m_O}{m_f}\times\frac{1}{(O/F)_s}=\frac{\dot{m}_{cyl}X_{Oim}}{\dot{m}_{fc}(O/F)_s}=\frac{\dot{m}_{cyl}(1-X_{Bim})}{\dot{m}_{fc}(A/F)_s} \tag{7.36}$$

其中，氧含量式(7.16)，或者等价的已燃气体分数已应用在上式中。表达式 $(O/F)_s$ 为理论氧/燃油比，定义为：

$$(O/F)_s=(A/F)_s X_{Oair}=(A/F)_s\frac{32}{32+3.773\times 28.16}$$

注意到在稳态条件下，有 $\lambda_O=\lambda$。λ_O 的一个应用是在瞬态工况下，计算生成柴油机碳烟的 λ 的限值。

7.7.4　气体传输与混合

燃油喷射点与传感器位置之间的距离和发动机的往复运动引起了可变传输延迟（variable transport delay）τ_d，这限制了发动机闭环控制的性能。图 7.3 所示为燃油喷射时刻

到 λ 测量值之间的传输延迟示意图，可以看到有两个部分：第一部分是与发动机循环有关的延迟，主要取决于发动机转速，这部分延迟是由于空气-燃油混合物被吸入气缸，并被压缩和膨胀引起的，延迟时间约为 $\frac{180+180+180}{360N}$（s）；第二部分来自废气处理过程，即废气的排空和排气行程以及最后在排气系统中的传递时间，这部分延迟主要与发动机转速和发动机负荷有关。

这些不同的延迟可以合计成为一个总延迟时间 $\tau_d(N, P_{im})$，对一台实际的发动机的可变传输延迟进行测量表明，对于仿真来说，该测量值已经足够精确。对于传输延迟的建模仅需要采用一个以发动机转速作为变量的方程［Bergman(1997)］，也就是 τ_d(N)。从喷油点到测量点的时间延迟（也是动态变化参数）τ_d，还会造成闭环燃油喷射控制中的另一个难题，主要是因为它影响到了相位裕度（phase margin），进而限制了反馈增益。

另外一个影响发生在气体从气缸传输到 λ 传感器这一过程中，也就是气体沿着管路混合的过程。这产生了一个动态的影响，这个影响平滑了排气的动态响应。我们可以用一个带有混合时间常数 τ_{mix} 的低通滤波器来对其建模，如应用在 λ 传感器的建模中。

模型 7.14　排气 λ 传感器模型

$$\frac{d}{dt}\lambda_{eg}(t)=\frac{1}{\tau_{mix}}\{\lambda_c[t-\tau_d(N)]-\lambda_{eg}(t)\} \tag{7.37}$$

当从发动机排放系统一侧来看，混合时间参数和时间延迟随着其与气缸的距离的增加而增加。更多的关于气体混合动态过程的研究可以参看 Locatelli 等（2003）。

7.7.5　空燃比（A/F）传感器

一个或多个 λ 传感器，如图 7.1 所示，用于确定 SI 发动机排气系统的空气/燃油的比例。图 7.19 显示了两个传感器的例子：指形传感器和平面型传感器。指形传感器属于 EGO 传感器类别，EGO 是排气气体氧传感器（exhaust gas oxygen）的首字母缩写。平面型传感器需要被加热才能工作，属于加热型 EGO 传感器（HEGO）一类。加热可以使传感器更早进入工作状态并能控制温度。这两类传感器基本属于开关型 λ 传感器，通过检测排气中的氧含量，检测富油或稀油混合气的相关信息。也有些传感器能给出连续的输出信号，它们属于宽范围 λ 传感器或通用 EGO（UEGO）传感器。

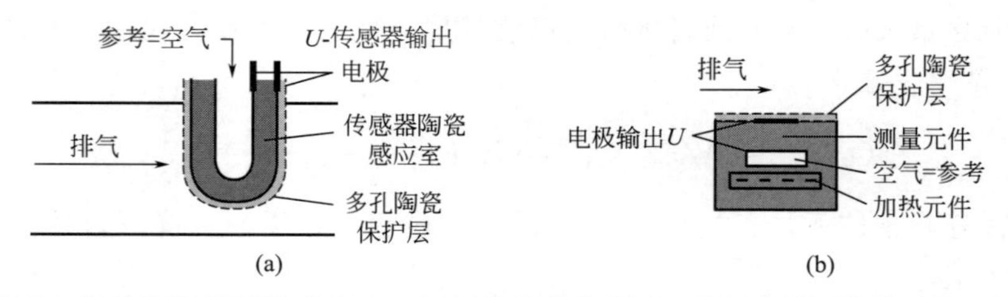

图 7.19　两个 λ 传感器横截面图［图（a）所示为指形传感器，安装在排气管中，图（b）所示为平面型传感器。注意两个传感器都是用空气作为参考气体］

λ 传感器的响应并不是瞬时的，其响应时间与传感器中氧的传播速度有关。一个简单和常用的模型能够描述这种影响，该模型是一个带有时间常数 τ_λ 的一阶系统［Chang 等

(1995)、Onder 等 (1997)]。

模型 7.15 线性 λ 传感器动力学模型

$$\frac{d}{dt}\lambda_s(t)=\frac{1}{\tau_\lambda}[\lambda_{eg}(t)-\lambda_s(t)] \tag{7.38}$$

式中，$\lambda_{eg}(t)$ 是传感器中的气体混合物浓度。

这个模型描述了传感器元件的 λ 值，并且现在的传感器具有一个 10～20ms 的时间常数。

空燃比和传感器电压

空燃比传感器测量废气中的氧含量，氧含量与 λ 密切相关，其感应元件为氧感应室 (nernst cell)。其原理是在传感器元件的表面氧原子变成阳离子：

$$O_2+4e^- \longleftrightarrow 2O^{2-}$$

并且阳离子穿过传感器套管并生成一个遵循能斯特方程的电动势：

$$U=\frac{kT}{4e}\ln\frac{p(O_{2,a})}{p(O_{2,e})} \tag{7.39}$$

式中，k 是波尔兹曼常数；T 是温度；e 是元电荷；$p(O_{2,a})$ 和 $p(O_{2,e})$ 分别为大气中和废气中的氧分压。

注意参考气体为空气 (见图 7.19)，因此提供了氧气的参考分压 $p(O_{2,a})$。图 7.20 所示为 EGO 和 HEGO 传感器元件特性，其中图 7.20(a) 为废气中平衡状态下的氧分压，它是温度和 λ 的函数，图 7.20(b) 为采用能斯特方程式(7.39) 得出的电压，并与一台实际发动机 λ 传感器的试验值进行了对比。EGO 和 HEGO 传感器广泛应用在汽车产品中，仅给出了输出是否比 λ=1 大还是小 (见图 7.20)，并可用下列分段输出函数表示：

$$\lambda_{ego}=\begin{cases}1 & (\lambda_s<1)\\0.5 & (\lambda_s=1)\\0 & (\lambda_s>1)\end{cases}$$

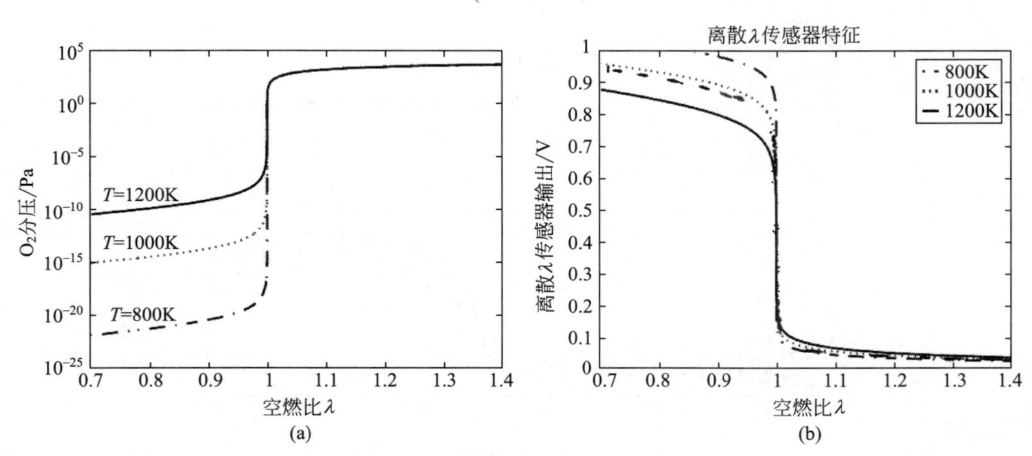

图 7.20 图 (a) 为氧气分压在平衡态下的变化趋势｛它是 λ 和温度的函数 [采用文献 CHEPP: Eriksson(2005) 的内容计算得到]｝，图 (b) 中的实线、点划线和虚线为依据能斯特方程计算的电压与 λ 和温度的关系曲线，点线为采用 HEGO 传感器的发动机试验得到的测量值

UEGO 传感器特性

宽范围λ传感器 UEGO 的一个特性是其电压与λ的关系是非线性的，如图 7.21 所示。现代的宽范围λ传感器，采用平面工艺，具有两个感应室，其中一个作为氧泵，而另一个作为感应元件［Dietsche(2011)］。其泵浦电流（pumping current）取决于λ，并且电流在λ=0 处改变方向。λ传感器对绝对压力很敏感，其泵浦电流与压力成比例变化。其结果就是在λ=1（电流为 0）处输出没有变化，但是对富油混合物的敏感性增加，对于稀薄混合物更加如此。当λ传感器被用于控制 CI 发动机的稀薄空燃比和作为进气系统的氧/EGR 传感器时这一点就显得尤为重要。

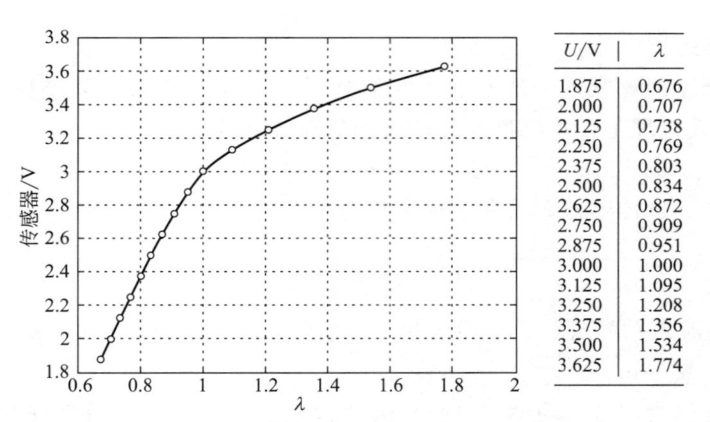

U/V	λ
1.875	0.676
2.000	0.707
2.125	0.738
2.250	0.769
2.375	0.803
2.500	0.834
2.625	0.872
2.750	0.909
2.875	0.951
3.000	1.000
3.125	1.095
3.250	1.208
3.375	1.356
3.500	1.534
3.625	1.774

图 7.21 λ传感器 UEGO 的特性［校准点用圆圈表示，函数 $f(x)$ 通过点之间的线性插值获得］

此外，平面型传感器（EGO 和 UEGO）的时间参数 τ_λ 对于气缸的单个脉冲来说已经足够短，使之能够被检测到。例如，由于进气不均匀或喷油器个体差异引起的气缸间的λ值的分散性就能够被检测到。气缸单个脉冲在图 7.22 中显示成λ测量信号的一个波纹。侦测和控制的一个实例发表在 Cavina 等（2010）和 Grizzle(1991) 文献中。

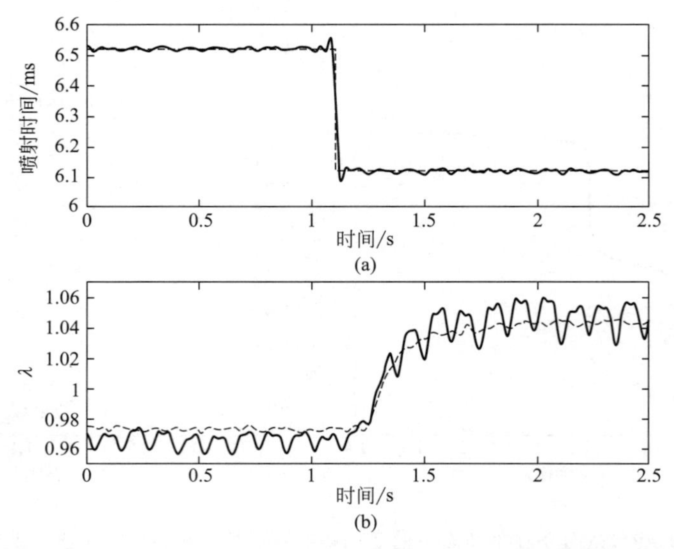

图 7.22 湿壁动态模型的验证［λ用连续的 UEGO 传感器测量。实线是测量得到的传感器输入和输出，虚线是模型的输入和输出。叠加在λ信号上的变化来自于一个稀薄燃烧的气缸（对比其他三个气缸）］

7.7.6 燃油路径模型验证

图 7.1 中的两传感器 λ_{bc} 和 λ_{ac} 位于不同的地方，因此从燃油喷射点到传感器的响应具有不同的时间延迟：记为 τ_{bc} 和 τ_{ac}。燃油传送路径上的全部组件都已经描述了，现在该系统的模型能够被建立和验证了。下面的燃油路径模型是从喷油器到催化器之前的一个传感器的路径上的。

例 7.3（燃油路径模型和验证） SI 发动机燃油路径建模，并采用在计量燃油阶跃输入下，采用 UEGO 测量的 λ 值进行验证。

结合喷油器模型方程［式(7.29)］、油膜模型［式(7.31) 和式(7.32)］、传输延迟和 λ 传感器动态模型［式(7.38)］得到我们所研究系统的动态模型。使用了一个连续 λ 传感器（UEGO）（在本例中没有用到开关型）。这个模型描述的是从喷油器到 λ 传感器这一燃油传输路径系统的动态过程。λ 传感器的时间常数来自于供应商的数据表，油膜参数由阶跃响应决定，时间延迟也来自于阶跃响应。图 7.22 显示了该模型仿真结果与实测的 t_{inj}—λ 传感器的燃油动态特性的拟合程度。

7.7.7 催化器和后催化器传感器

在排气系统中有两个传感器，当催化器达到其点火温度之前所经过的气体不会被处理并且系统表现为在两个传感器之间的一个时间延迟（伴随一些气体的混合）。如图 7.23(a) 所示，在催化器达到工作温度之前，在前催化器传感器与后催化器传感器之间有一个时间延迟（并且有一些动态变化）。当催化器开始工作时，其存储和释放氧气的过程已经在 6.5.1 中描述了。催化器下游的氧气浓度不仅仅是上游的滞后，并且还存在动态变化，如图 7.23(b) 所示，其中催化器可以视为一个缓冲器并且对 λ 的振幅进行了衰减。

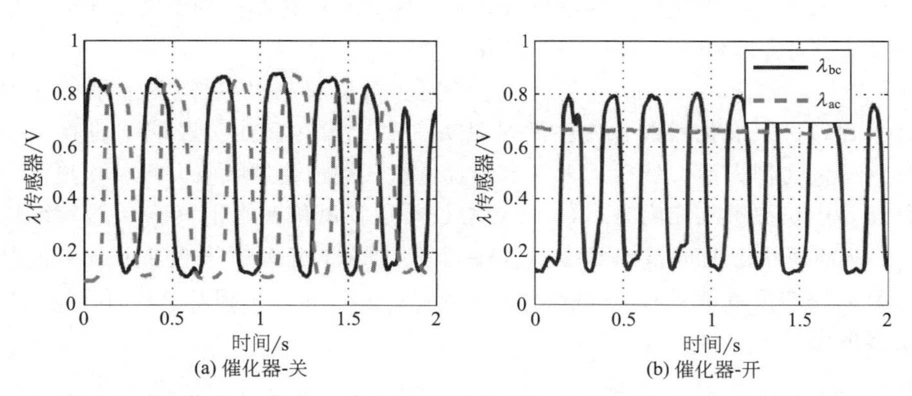

图 7.23 催化器不工作状态［图 (a)］和工作状态［图 (b)］下的前催化传感器和后催化传感器（开关型）的响应（当催化器工作时，进气幅值的衰减取决于催化器的存氧能力）

事实上，传感器的非线性响应是由存储氧气的饱和度决定的，当没有足够的氧气时，催化剂会变得失去活性。此外，传感器不仅仅对氧气和压力敏感，也会对氢敏感。图 7.24 采用一连续的在 $\lambda=1$ 附近变化的阶跃变化来说明该现象。在 A 之前，位于催化器前面的宽范围 λ 传感器 λ_{bc}，从欠氧状态变成富氧状态，发动机正运行在稀薄燃烧状态，于是催化器中的储氧量较高并且催化剂失效水平较低。在 λ_{bc} 传感器从欠氧状态转化成富氧状态之后（A 与 B 之间），即使 λ_{bc} 处于富氧状态，λ_{ac} 依然接近理想配比值，因为催化器中存储的大量氧气弥补了催化器进气中氧气含量的不足。λ_{ac} 的幅值不会下降直到催化器脱离富氧状态（B）。然后，λ_{ac} 下降到其最大富油值（richest value）（C）。

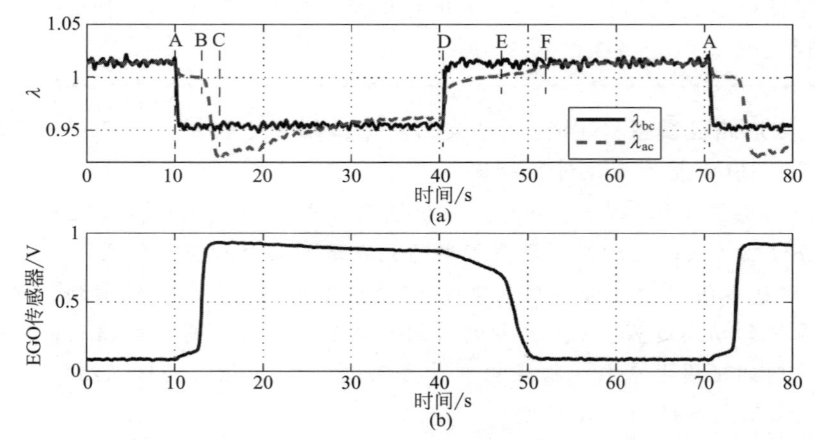

图 7.24 两个 λ 传感器的响应［图（a)］（一个是在催化器之前的传感器 λ_{bc}，一个是在催化器之后的传感器 λ_{ac}）及催化器后面的开关型（EGO）传感器相对应的输出值轨迹［图（b)］

在 B 和 C 之间，尽管对催化器进气中的欠氧量进行了补偿，但是催化器中的储氧水平仍然下降。同时，由于缺少足够的氧气，富油混合气不能被充分氧化，催化剂失活度开始增加。此后，发动机工作在富油燃烧状态，催化器表面有大量的空穴，这促进了生成氢气反应的速度。氢气数量的增加使 λ_{ac} 的富油值比真实值大。这解释了 λ_{ac} 和 λ_{bc} 在 C 处幅值出现的巨大差异。

在 C 和 D 之间，λ_{ac} 和 λ_{bc} 都为富油值（rich values），由于更多成分需要被氧化，导致氧气的供应量不足，催化剂失活度持续增加。因此，催化器内的空穴减少，生氢反应被抑制，这使 λ_{ac} 向稀薄值（leaner value）方向增加。

当 λ_{bc} 转换回稀薄状态（D），就像 λ_{bc} 转换成富油状态时一样，λ_{ac} 维持在理论配比值附近。首先，进入催化器混合气中的过量氧气氧化了在富油阶段催化器收集的气体组分，其导致了催化剂失活。然后，来气中的过量氧气被催化器吸收并再一次增加了储氧水平。当催化器中快被氧气充满时，λ_{ac} 开始增长并达到最稀薄水平（F），然后维持稀薄水平直到 λ_{bc} 从稀薄状态变成富油状态（A）。上例中的试验数据来自 Johansson 和 Waller（2005），有兴趣的读者请参阅 Auckenthaler 等（2002，2004）和 Peyton Jones（2003）文献查阅更多的细节。

7.8 缸内压力和瞬时转矩

在气缸内，活塞力和压力共同产生了发动机转矩。作为转矩模型的第一个实例，首先介绍一种分析气缸压力模型，该模型来自 Eriksson 和 Andersson（2003）。该模型基于理想循环，描述了一个循环内气体压缩、燃烧和膨胀的过程。该模型采用均值发动机模型作为输入（p_{im}，p_{em}，T_{im}…），并给出了在任意一个曲柄转角 θ 下的气缸压力，形式为一个静态函数，即：

$$p_{cyl}(\theta)=f(\theta,p_{im},p_{em},T_{im},\theta_{ign},\Delta\theta_d,\Delta\theta_b,x_r,T_r\cdots)$$

上式中，曲柄转角表示曲柄的位置，其余的输入是一个循环中的发动机状态参数。因此，模型表示为曲柄转角的函数，而不需要去解气缸压力曲线的微分方程。这也是单区和多区气缸模型的主要区别，如 5.4 节中的描述。

图 7.25 展示了这种建模思想，并概述了气缸压力模型的计算步骤和结构。它被分为下面四个冲程：排气、进气、压缩和膨胀，并使用差值的方法使它们之间的转换更平滑。下面给出了重要的模型组件。

• 压缩过程被作为一个多变的过程进行建模，带有指数 k_c。正确选择多变指数，可以很好地对压缩过程及其热传递进行很好的近似。因此，热传递过程已经被隐式地包含在模型中了。压缩行程由进气系统的状态确定。

• 同样地，膨胀渐进线（expansion asymptote）也能由一个带有指数 k_e 的多变过程进行描述。膨胀行程由压缩行程和燃烧状态决定，其为膨胀温度和压力提供了一个参考点，这个参考点采用一个定容燃烧过程计算得到。

• Matekunas（1983，1984，1986）提出了压力比管理的概念，这为从压缩行程到膨胀行程的平滑差值提供了一个途径。压力比的曲线形状与已燃质量分数的很相似，因此，Vibe 函数［式(5.30)］能够被用于差值。

• 对气体交换做如下假设。在进气行程 EVC-IVC 中，压力近似等于进气歧管压力。在排气行程 EVO-IVO 中，压力近似等于排气歧管压力。在各个阶段之间，当气门重叠时，压力可以通过使用插值来确定，例如采用正弦函数。

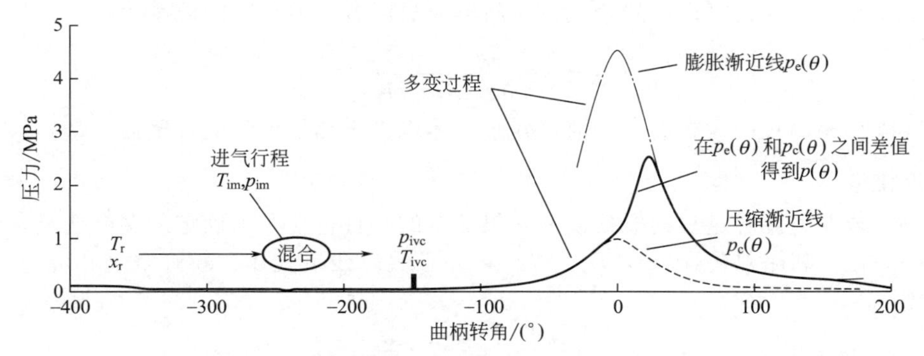

图 7.25　基于压缩和膨胀压力渐近线以及它们之间的差值的气缸压力模型
（其初始条件取决于进气条件和残余气体状态）

7.8.1 压缩渐近线

压缩过程可以使用具有良好精度的多变过程进行建模。这样的一个过程由多变指数 k_c 和在某个参考点的一个参考值进行描述。可将进气阀关闭时刻（IVC）作为参考点，下面给出了压缩时压力和温度的表达式：

$$p_c(\theta)=p_{ivc}\left[\frac{V_{ivc}}{V(\theta)}\right]^{k_c}\qquad T_c(\theta)=T_{ivc}\left[\frac{V_{ivc}}{V(\theta)}\right]^{k_c-1}\tag{7.40}$$

这些（公式的）轨迹描述了各燃烧工作点下的气缸压力和温度。由于对膨胀压力有直接的影响，温度模型也是必要的。

初始压力的确定

进气歧管压力能够很好地反映压缩行程的初始压力。然而，经过气门后，压力会下降，并且进气道的调谐效果也会对压力产生影响。作为第一个近似，IVC 前的一点被用作一个参考点并决定初始压力，即：

$$p_{ivc}=p_{im}(\theta_{ivc}) \tag{7.41}$$

由于生产误差，进气门关闭角 θ_{ivc} 并不能准确获得，但是，它可以作为一个调整参数用来补偿经过气门时引起的压力下降以及其他类似的情况。这个模型可以扩展成带有子模型的复杂模型，例如，一个依据发动机转速的放射校正在 Eriksson 和 Andersson（2003）的文献中被添加到模型中，即：

$$p_{ivc}=p_{im}(\theta_{ivc})+c_1+c_2N$$

这提高压缩压力的准确性。其中，c_1 和 c_2 为必须确定的参数，尽管这提高了灵活性，但是也变得更复杂。

初始温度的确定

在进气门关闭时，与压力相比，流体温度更难确定，因为它受到传热和残余气体影响，很难被测量和确定。由于热的气门和气缸局部的高传热系数，进气歧管中的空气从 T_{im} 加热到 T_a。燃油的喷射和蒸发也会影响到温度。通过一个将加热、蒸发和混合集中在一起的能量方程，初始空燃混合物温度可以表示为：

$$T_{af}=\frac{m_a c_{pa} T_a+m_f c_{pf} T_f-m_f h_{v,f}+Q}{m_a c_{pa}+m_f c_{pf}}$$

式中，$h_{v,f}$ 是燃油的蒸发焓；Q 是添加到新鲜混合物的热量。不经过详细的测量，这些参数难以确定。在气缸内，残余气体与新鲜充量混合，混合物的温度为：

$$T_{ivc}=\frac{m_{af} c_{paf} T_{af}-m_r c_{pr} T_r}{m_{af} c_{paf}-m_r c_{pr}}$$

在气体交换过程中，在混合之前，残余气体也由于热量传到气缸壁而冷却。

简化温度模型

加热、蒸发和混合过程的概括模型是很复杂的并且包含必须确定的多个变量，因而需要做一些简化。忽略热传递，令 $T_{af}=T_{im}$，并且假设残余气体、新鲜空气和混合气的 c_p 相同，则：

$$T_{ivc}=T_{af}(1-x_f)+x_r T_r \tag{7.42}$$

残余气体分数定义为：

$$x_r=\frac{m_r}{m_a+m_f+m_r}$$

残余气体分数 x_r 和温度 T_r 可以看作是调整参数，但也可以使用子模型，例如，基于理想的奥托循环或使用 Heywood（1988）或 Mladek 和 Onder（2000）提出的一个程序。对于该模型，残余气体是很重要的，因为它们直接影响初始温度 T_{ivc}［式(7.42)］，也会影响膨胀压力［式(7.40) 和式(7.45)］。通过具体的数值举例说明它们的重要性：$x_r=0.07$，$T_{im}=298\text{K}$，$T_r=1000\text{K}$，则初始温度 $T_{ivc}=347\text{K}$，比 T_{im} 提高 16%。

7.8.2 膨胀渐近线

渐进膨胀过程也采用多变方程建模，指数为 k_e，则：

$$p_e(\theta)=p_3\left[\frac{V_3}{V(\theta)}\right]^{k_e} \quad T_e(\theta)=T_3\left[\frac{V_3}{V(\theta)}\right]^{k_e-1} \tag{7.43}$$

其中，我们需要确定参数 V_3、p_3、T_3，参看理想奥托循环中的状态 3。这由在 p-V 图中［图 5.5(b)］由状态 2 到状态 3 确定。温度增加量为：

$$\Delta T_{comb}=\frac{m_f q_{LHV}\eta_c(\lambda)}{c_V m_{tot}}=\frac{(1-x_r)q_{LHV}\eta_c(\lambda)}{[\lambda(A/F)_s+1]c_V} \tag{7.44}$$

其中，燃油转换效率 $\eta_c(\lambda)$ 来自图 4.2，其考虑了空燃比变化的影响，该变化考虑了温度增加对燃油质量的影响。废气再循环 EGR 也能被考虑在内，添加进方程的方式与剩余气体对初始温度 T_{ivc} 和残余气体分数 x_r 的影响相同。流体的热力学性质（如已燃和未燃气体的 c_V、k_c 和 k_e）取决于 λ，但是，在简单模型中，这种影响往往被忽略。总之，下面给出燃烧后的气体温度和压力表达式：

$$T_3=T_2+\Delta T_{comb} \qquad p_3=p_2\frac{T_3}{T_2} \tag{7.45}$$

其中，T_2 和 p_2 由式(7.40) 决定。

7.8.3 燃烧

依据已燃气体质量分数 $x_b(\theta)$，燃烧部分的压力由两个压力渐近线 $p_c(\theta)$ 和 $p_e(\theta)$ 差值得到。作为一个插值函数，我们可以使用著名的 Vibe 函数［Vibe(1970)］［参见式(5.30)］，给出以下的压力表达式：

$$p_{cyl}(\theta)=[1-x_b(\theta)]p_c(\theta)+x_b(\theta)p_e(\theta)$$

从燃烧结束到 EVO，压力跟随着膨胀渐近线［式(7.43)］，并且在燃烧持续时可以近似为：

$$\Delta\theta\approx 2\theta_d+\theta_b \tag{7.46}$$

式中，θ_d 为火焰传播角；θ_b 为快速燃烧角。值得指出的是，这种方法可以视为压力比管理的逆向方法，详细细节参照 Matekunas(1983，1986) 及 Sellnau 和 Matekunas (2000)。

燃烧相位

点火时刻和燃烧相位都影响最终压力 p_3，例如比最佳燃烧时刻晚点火的循环压力会更高。可以通过燃烧角调整理想奥托燃烧相位的方法将这种影响考虑进来。如果 50%已燃质量分数时的角度 $\theta_{50\%}$ 的计算位置在其最优值 $\theta_{50\%,opt}$ 处，则燃烧角 θ_c 的起始位置应选择在 TDC 处。如果 $\theta_{50\%}$ 的位置偏离了最优值，则角度 θ_c 应在 CAD 中设成该偏差，这表示为：

$$\theta_c=\theta_{50\%}-\theta_{50\%,opt} \tag{7.47}$$

$$\theta_{50\%}=\Delta\theta_d+\frac{1}{2}\Delta\theta_b \tag{7.48}$$

式中，$\theta_{50\%,opt}$ 是一个模型参数。在 Eriksson 和 Andersson(2003) 中，最初 50%已燃质量分数时的角度的最优值 $\theta_{50\%,opt}$ 被设成 8°，但它是一个调整参数并可以设置为接近 TDC。相位调整将理想奥托循环的燃烧相位角 θ_c 下的已燃质量分数轨迹连接在了一起。因此，定义状态 2，则状态 3 的体积为：

$$V_2=V_3=V(\theta_c),p_2=p_c(\theta_c),T_2=T_c(\theta_c) \tag{7.49}$$

将这些代入式(7.43)和式(7.45)，定义了膨胀渐近线。

7.8.4 气体交换和模型编制

在排气门打开后，排空阶段开始，并且气缸压力接近于排气系统的压力。对于这个阶段，可以使用一个插值方案进行建模，正如上面提到的。与进气门关闭阶段相似，气门重叠阶段也可以采用同样的方法。相位之间的插值，举例来说，可以使用如下余弦函数实现

$$x_{\mathrm{i}}(\theta,\theta_0,\theta_1)=0.5\left[1-\cos\left(\pi\frac{\theta-\theta_0}{\theta_1-\theta_0}\right)\right],\theta\in[\theta_0,\theta_1] \tag{7.50}$$

现在，一个工作循环的气缸压力可以采用以下方程进行建模。

模型 7.16　缸内压力模型分析

完成的模型是将式(7.40)～式(7.49)编辑在一起，并采用 Vibe 方程［式(5.30)］和插值函数［式(7.50)］进行插值。一个工作的循环模型为：

$$p_{\mathrm{cyl}}(\theta)=\begin{cases}p_{\mathrm{im}} & (\theta_{\mathrm{evc}}\leqslant\theta<\theta_{\mathrm{int}})\\ p_{\mathrm{im}}[1-x_{\mathrm{i}}(\theta,\theta_{\mathrm{int}},\theta_{\mathrm{ivc}})]+p_{\mathrm{c}}(\theta)x_{\mathrm{i}}(\theta,\theta_{\mathrm{int}},\theta_{\mathrm{ivc}}) & (\theta_{\mathrm{int}}\leqslant\theta<\theta_{\mathrm{ivc}})\\ p_{\mathrm{c}}(\theta) & (\theta_{\mathrm{ivc}}\leqslant\theta<\theta_0)\\ p_{\mathrm{c}}(\theta)[1-x_{\mathrm{b}}(\theta)]+p_{\mathrm{e}}(\theta)x_{\mathrm{b}}(\theta) & (\theta_0\leqslant\theta<\theta_{\mathrm{evo}})\\ p_{\mathrm{e}}(\theta)[1-x_{\mathrm{i}}(\theta,\theta_{\mathrm{evo}},\theta_{\mathrm{exh}})]+p_{\mathrm{em}}x_{\mathrm{i}}(\theta,\theta_{\mathrm{evo}},\theta_{\mathrm{exh}}) & (\theta_{\mathrm{evo}}\leqslant\theta<\theta_{\mathrm{exh}})\\ p_{\mathrm{em}} & (\theta_{\mathrm{exh}}\leqslant\theta<\theta_{\mathrm{ivo}})\\ p_{\mathrm{em}}[1-x_{\mathrm{i}}(\theta,\theta_{\mathrm{ivo}},\theta_{\mathrm{evc}})]+p_{\mathrm{im}}x_{\mathrm{i}}(\theta,\theta_{\mathrm{ivo}},\theta_{\mathrm{evc}}) & (\theta_{\mathrm{ivo}}\leqslant\theta<\theta_{\mathrm{evc}})\end{cases} \tag{7.51}$$

上述方程有一系列调整参数，其输入的物理解释参见表 7.2。也可以参看图 7.25，其给出了该模型的图形说明。

表 7.2　分析气缸压力模型的调整参数和输入

调整参数	输入
c_{p} 燃烧比热容	p_{im} 进气歧管压力
k_{c} 压缩多变系数	T_{im} 进气歧管温度
k_{e} 膨胀多变系数	$\Delta\theta_{\mathrm{d}}$ 火焰传播角
q_{LHV} 燃油热值	$\Delta\theta_{\mathrm{b}}$ 快速燃烧角
T_{r} 残余气体温度	θ_{SOC} 开始燃烧的角度
x_{r} 残余气体分数	λ 归一化空燃比
θ_{ivc} 进气门关闭角	

7.8.5 发动机转矩的产生

发动机转矩是由缸内压力产生的，缸内压力作用在活塞上并传递给连杆和曲柄后产生转矩。曲轴箱的压力接近大气压，并与缸内压力方向相反。在多缸发动机中，每缸 j 产生的转矩都作用在曲轴上。在式(7.51)中，压力模型和各气缸的上止点（TDC）相关。因此，压力和曲柄位置需要依据各缸的偏移量 θ_j^0 进行相位协调。其和为瞬时指示转矩，即：

$$M_{e,i}(\theta)=\sum_{j=1}^{n_{cyl}}[p_{cyl,j}(\theta-\theta_j^0)-p_{amb}]AL(\theta-\theta_j^0) \tag{7.52}$$

注意到活塞面积和曲柄升程的乘积等于气缸体积对曲轴转角的微分，也就是 $AL(\theta)=\frac{dV(\theta)}{d\theta}$，其中 $V(\theta)$ 来自于式(4.3)。需要特别注意的是，该模型描述了指示转矩，并且摩擦力没有出现在模型中。摩擦力将被添加到接下来发动机转矩模型中，并且在 7.9.3 中详细讨论。

气缸压力和计算得到的瞬时指示转矩结果如图 7.26 所示，图中一并显示了四缸发动机的气缸压力、每个气缸的瞬时转矩以及发动机总转矩。多缸发动机气缸的燃烧遵循一定顺序，由曲轴和气门启闭进行控制，称为点火顺序。图 7.26 所示的发动机点火顺序为 1-3-4-2，并给出了式(7.52) 中曲柄转角偏移值 θ_j^0 的初始角度 $[0,3\pi,\pi,2\pi]$。

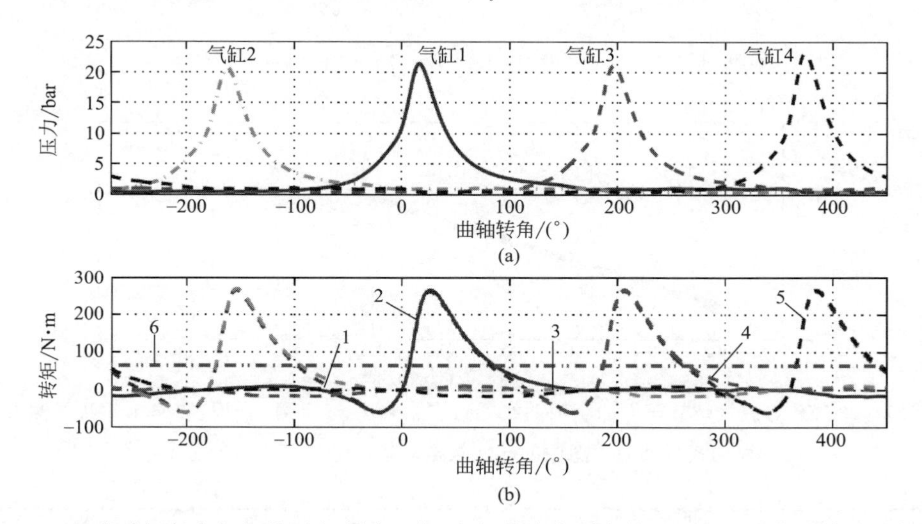

图 7.26 四缸发动机每个气缸的压力［图(a)］（气缸的点火顺序是 1-3-4-2）及指示转矩（虚线 1）、各气缸的转矩贡献（实线 2 和虚线 3、4、5）、气缸平均指示转矩（双点划线 6）（也就是均值发动机模型里的指示转矩）［图(b)］

这个模型中的 MVEN 输入参数及生成的瞬时压力和转矩（不需要求解微分方程）已经在 5.4 节的区域模型中进行了介绍。该模型适合对驱动转矩及其脉动情况进行考察，而缸内过程的细节则是不太重要的情况。参看 Andersson 和 Eriksson(2009)、Eriksson 和 Nielsen(2003)、Johansson(2012)、Larsson 和 Schagerberg(2004)、Scarpatietal(2007) 等使用该模型的实例。

7.9 发动机转矩均值模型

发动机转矩是一个重要的输出，它主导了发动机和车辆的性能。本节开发了一个发动机转矩的简单模型和一个更高级的转矩模型。在本节中，我们的目标是均值模型，这意味着瞬时发动机转矩 $M_{e,i}(\theta)$ 随着不同的气缸及进、排气和工作循环的不同而波动，但在均值模型中它将取均值。气缸中产生的摩擦力也会被从转矩中除去，因此，我们感兴趣的转矩表达式为：

$$M_e=\frac{1}{4\pi}\int_0^{4\pi}M_{e,i}(\theta)\mathrm{d}\theta-M_f$$

简单的模型是通过观测试验数据获得的，例如，图 7.27 所示为一个 SI 发动机的试验数据。在这种情况下，发动机在标准条件下运行，可以看出制动平均有效压力（BMEP）几乎与进气歧管压力呈线性关系。因此，下面简单的仿射（带有偏移的线性）模型就能够很好地对 BMEP 进行近似。

模型 7.17　进气歧管压力下仿射转矩模型

$$\mathrm{BMEP}(p_{im})=-C_{p1}+C_{p2}p_{im} \tag{7.53}$$

C_{p1} 和 C_{p2} 由试验数据测定。对于图 7.27 中的数据，其 $C_{p1}=3.5\times10^5$ 和 $C_{p2}=12.5$，就能取得很好的拟合效果。于是，发动机转矩就变成：

$$M_e(p_{im})=\frac{\mathrm{BMEP}(p_{im})V_D}{n_r 2\pi} \tag{7.54}$$

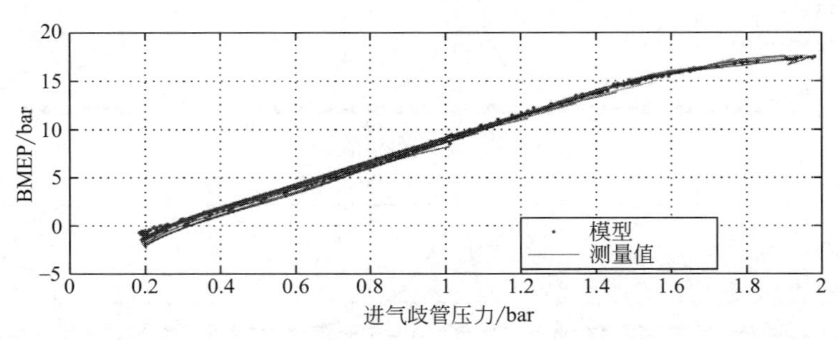

图 7.27　BMEP 与进气歧管压力的函数曲线［对于 λ 和 θ_{ign}，是在发动机正常工作状态测得的。根据式(7.55)，图中的转矩数据对该转矩模型进行验证］

对于 CI 发动机，相似仿射关系可以从燃油喷射质量 m_{fi} 和 BMEP（或力矩）之间获得。对于这些仿射模型，最常见的名字是 Willans 线模型。

上述模型是一个很好的主要近似，但是除了 p_{im} 外，还有很多其他的因素会影响到发动机转矩，例如 λ 和点火角 θ_{ign}。为了表现这种影响，需要更精确的模型。因此，发动机产生的转矩 M_e 需要采用生成和消耗功的三个部分来建模：每循环的总指示功 $W_{i,g}$、泵送功 $W_{i,p}$ 和发动机组件以及其他附件消耗的摩擦功 W_{fr}。发动机转矩模型由上述三个产生和消耗功的子模型来表示，即：

$$M_e=\frac{W_e}{n_r 2\pi}=\frac{W_{i,g}-W_{i,p}-W_{fr}}{n_r 2\pi} \tag{7.55}$$

下面将讨论和描述上述三个子模型。

7.9.1　总指示功

总指示功与燃油产生的能量耦合在一起，可由燃油质量、燃油热值和发动机的工作状态相关的方程来建模，即：

$$W_{i,g}=m_f q_{LHV}\tilde{\eta}_{ig}(\lambda_c,\theta_{ign},r_c,\omega_e,V_d) \tag{7.56}$$

为了细化该模型，我们做出以下简化假设：总指示效率被改写成是引起功率损失的不同因素效率的乘积。下面的方程说明了该影响：

$$\widetilde{\eta}_{ig}(\lambda_c,\theta_{ign},r_c,\omega_e,V_d)=\left(1-\frac{1}{r_c^{\gamma-1}}\right)\min(1,\lambda_c)\eta_{ign}(\theta_{ign})\eta_{ig,ch}(\omega_e,V_d) \tag{7.57}$$

其能给出一个很好的近似，并包括以下损失：

- $1-\frac{1}{r_c^{\gamma-1}}$，代表理想奥托循环效率——即使是最高效的循环都会包括该损失；
- $\min(1,\lambda_c)$，用来描述当富油混合时，燃料产生的能量不能全部被利用的实际情况，如图 5.13 所示，其效率随着 $\phi=\frac{1}{\lambda}>1$ 下降；
- η_{ign}，描述了当 SI 发动机的点火时刻或 CI 发动机的喷油时刻不是最优时，在燃烧阶段的损失，这将在下面进行讨论；
- $\eta_{ig,ch}$（ω_e，V_d），将其他燃烧室损失包含在一起，例如理想循环和实际循环之间的热传递和偏差，它取决于不同发动机，数值范围为 $\eta_{ig,ch}\in[0.70,0.85]$。

该模型可以作为建模的良好开端，并且它也可以包含更详细的子模型使之变得更精确。

点火、燃烧正时和 *p*-*V* 图

在 CI 发动机中，喷射角一般用来控制燃烧的开始和燃烧相位。在 SI 发动机中，火花塞的点火一般控制燃烧相位。它们的角度都可以表示成 θ_{ign}（但是在 CI 发动机中经常用 α 表示），SI 发动机的点火数据将被用来说明上述原理。

燃烧阶段的点火位置与曲轴的转动相关（或等效成容积的变化）。图 7.28 为 6 个不同点火时刻下的气缸压力轨迹、已燃质量分数曲线以及它们的 p-V 图，图中清楚地显示了燃烧的位置，最左面的已燃质量分数曲线在 32°BTDC 处点火，而最右面的则在 7°BTDC 处。各轨迹之间的间隔为 5°。从 p-V 图可以看出，燃烧位置影响指示功和发动机的效率。过早的燃烧导致了过早的压力建立，并导致了膨胀行程后部压力的降低。在 TDC 前面，如果压力建立得太早，会阻碍活塞的运动并且使输出功率降低。此外，也会使膨胀行程压力较低，其结果就是减少了输出功率。较晚的燃烧会使压力的建立延后，但在膨胀行程中的压力会较高。但点火过晚，在膨胀行程晚期由于较高压力所获得的收益无法补偿膨胀行程早期的损失，也就是说，在 p-V 图左上角的损失面积会比膨胀阶段增加的面积大。从物理学上看，过早点火引起的膨胀行程压力降低有两个来源。首先，燃烧产生的内能已经提前做功，可以对比图 5.10 的理想气体循环和图 7.28 中的 p-V 图。如果晚些点火，热能就不会过早地做功，这会提高膨胀行程的温度和压力。其次，由于较高的温度和较长的暴露时间，过早燃烧使更多的热量传递给气缸壁。这使提前点火时，在膨胀行程的气体温度和压力都较低。

点火时刻和效率

对于每一个工况点，都有一个最佳的点火正时位置 $\theta_{ign,opt}$，并且它取决于许多发动机工作状态参数，像发动机转速、燃油、混合度、稀释度及其他参数，即 $\theta_{ign,opt}(\omega_e,m_f,\lambda,x_r)$。当研究点火效率 η_{ign} 时，可以看到其与最佳点火时刻的偏离度有很强的相关性。SI 发动机 η_{ign} 的试验数据如图 7.29 所示。最大值点与最大制动转矩（maximum brake torque，MBT）有关，并且最佳点火角称为 MBT 时刻。对图 7.29 中感兴趣的区域是优

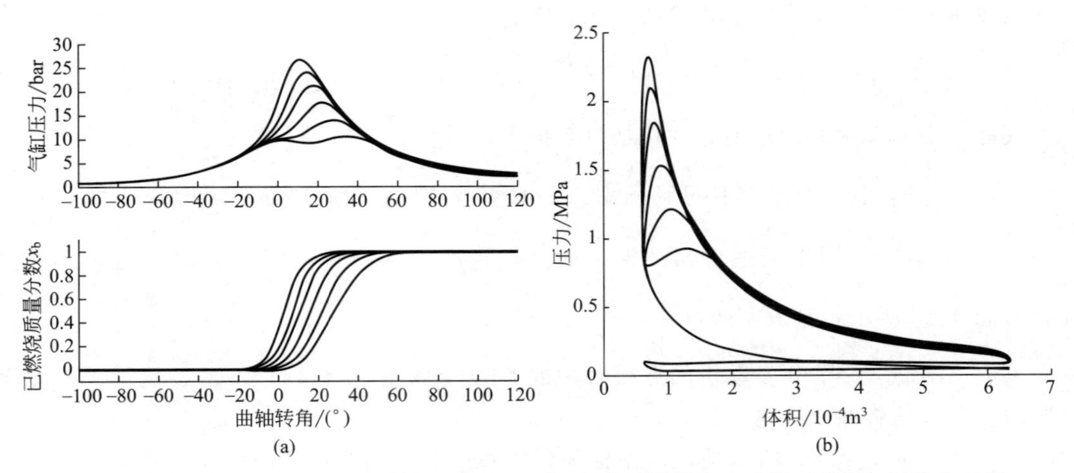

图 7.28 在转速 2300r/min 和转矩 50N·m 时，6 个不同的点火时刻对应的缸压力和已燃质量分数，表明点火时刻对燃烧室压力发展的控制［图(a)］，相应的 p-V 图表明点火时刻是如何影响 p-V 图中的封闭区域的［图(b)］

化延迟点火时刻（最大值及其右侧的区域），因为过早点火产生高压，高温和更多的排放对发动机是不利的。每个点代表一个工作状态下的点火时刻。其数据包括多个工作点下的点火时刻。图 7.29 表明在感兴趣的区域，点火效率取决于发动机工作点。因此，点火效率模型可以很方便地表示成点火正时与其最优值之差的函数，即：

$$\eta_{\text{ign}}=\eta_{\text{ign}}(\theta_{\text{ign}}-\theta_{\text{ign,opt}}(\omega_{\text{e}},m_{\text{f}},\lambda,x_{\text{r}})) \tag{7.58}$$

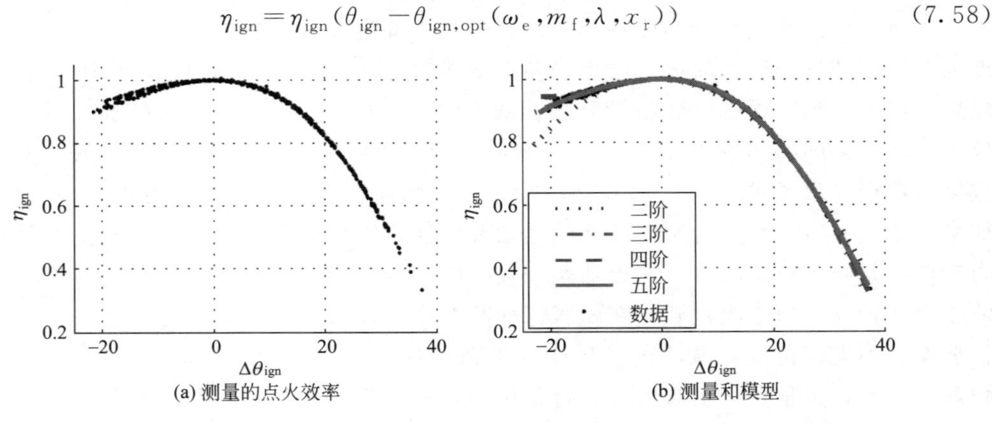

图 7.29 SI 发动机点火鱼钩图［图(a)］［点火效率 $\eta_{\text{ign}}=\text{IMEP}_{\text{g}}/\max(\text{IMEP}_{\text{g}})$ 是 $\theta_{\text{ign}}-\theta_{\text{ign,opt}}$（$\omega_{\text{e}}$，$m_{\text{f}}$，$\lambda$，$x_{\text{r}}$）的函数］及点火效率二阶到五阶拟合曲线和实测值对比［图(b)］

该模型表明点火效率与最佳点火正时的偏离度有关，与运行状态无关。当 θ_{ign} 与其最优值偏离越大时，效率降低越多，并且可以用一个二次方程对其进行一次近似来表达上述影响。

$$\eta_{\text{ign}}=1-C_{\text{ig},2}[\theta_{\text{ign}}-\theta_{\text{ign,opt}}(\omega_{\text{e}},m_{\text{f}},\lambda\cdots)]^2$$

该模型也指出这种递减是对称的，这只是一种简化，如果采用三阶（或更高）多项式进行拟合，近似效果会更好。在图 7.29(b) 中，采用一组高阶多项式 $i\in[2,3,4,5]$ 对点火扫描数据进行拟合。

$$\eta_{ign}(\omega_e, m_f, \lambda\cdots) = 1 - \sum_{i=2}^{N} C_i \left[\frac{\theta_{ign} - \theta_{ign,opt}(\omega_b, m_f, \lambda\cdots)}{100}\right]^i \tag{7.59}$$

多项式系数 C_i 由试验数据确定，在表 7.3 中给出了它们的数值。自然地，五阶多项式在整个数据区间拟合的效果最好，但是三阶多项式已经能够很好地拟合了，如图 7.29 所示。

表 7.3 式(7.59) 中点火效率多项式系数

N	C_i			
2	4.316			
3	3.217	4.722		
4	3.439	8.157	−10.47	
5	3.012	7.063	7.672	−36.95

7.9.2 泵送功

泵送功表明了换气过程中所消耗的功率，由泵气平均有效压力描述，详见 5.2.3。

$$W_{i,p} = V_D \mathrm{PMEP}(p_{em}, p_{im}, N\cdots) = V_D(p_{em} - p_{im})$$

在上式的第二步中，将 PMEP 简化成由进气和排气歧管压力来表达。这没有将进、排气和气门重叠过程中产生的压力损失考虑进来，这种损失在高速和大质量流量时会增大，见 Nilsson 等（2008）。这个简单的模型往往可作为第一次近似，但是在高速和带有可变气门驱动的发动机中，气门的运动会对泵送功产生更大的影响。

7.9.3 发动机摩擦力

摩擦力采用摩擦平均有效压力来建模，即：

$$W_{fr} = 2\pi n_r M_{fr} = V_D \mathrm{FMEP}(N, T_e, p_{im}\cdots)$$

一个摩擦平均有效压力模型的例子是 ETH 模型，参照 Inhelder(1996) 和 Stockli (1989)。该模型由论文中发表的发动机摩擦力数据得出，其表达如下：

$$\mathrm{FMEP} = \xi_{aux}[(0.464 + 0.0072 S_p^{1.8})\Pi_{bl} \times 10^5 + 0.0215\mathrm{BMEP}]\left(\frac{0.075}{B}\right)^{0.5}$$

式中，ξ_{aux} 为来自附件设备的负载，其值为 1.3～1.4；Π_{bl} 为强化设计（boost layout）系数，表示轴承尺寸的增压作用的影响，自然吸气发动机（未经强化）为 $\Pi_{bl}=1$；S_p 为平均活塞速度，用来表示与速度相关的摩擦力；B 为孔径。包括 BMEP 项是考虑发动机负荷对滑动摩擦的影响。该模型的一个小缺点是在计算 FMEP 之前，需要知道 BMEP。然而，有两种解决办法：一种是分解该方程，使 BMEP 能够从模型中解出来；另一种是采用一个模型对 BMEP 进行近似。实现近似的一种方法是使用进气歧管压力[像式(7.53) 中那样] 和进入气缸的空气质量来建模。

还有其他摩擦力模型，例如，仅采用发动机速度的多项式的简单模型，即：

$$\mathrm{FMEP} = C_{fr,0} + C_{fr,1}\frac{60N}{1000} + C_{fr,2}\left(\frac{60N}{1000}\right)^2$$

式中，$C_{fr,0} = 0.97 \times 10^5$，$C_{fr,1} = 0.15 \times 10^5$，$C_{fr,2} = 0.05 \times 10^5$ [Heywood(1988)]。其中，FMEP 的单位是 Pa。在 Patton 等（1989）的文献中提出了一种考虑发动机轴承尺寸的复杂模型。这个模型稍后在 Heywood（2003）中得到了扩展，考虑了温度对摩擦力的影响。图 7.30 所示为一个 14.4L 柴油卡车发动机的转速-温度-摩擦力的 map 图。

泵送功和摩擦功的关系

图 7.31 显示了一个 SI 发动机的有用功和损失功。当负荷较低时，泵气和摩擦损失变得相对重要。在零负荷下泵气和摩擦损失大致相当。柴油也不得不克服摩擦力导致部分负

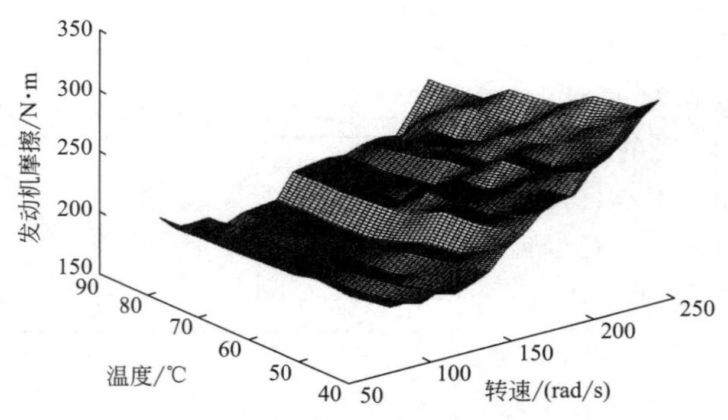

图 7.30　14.4L 卡车发动机的转速-温度-摩擦力 map 图［数据来自 Pettersson 和 Nielsen(2000)］

荷率降低，但是它没有节气门限制气流，这提高了泵送功。因此，对比 SI 发动机，其在部分负荷下效率更高。

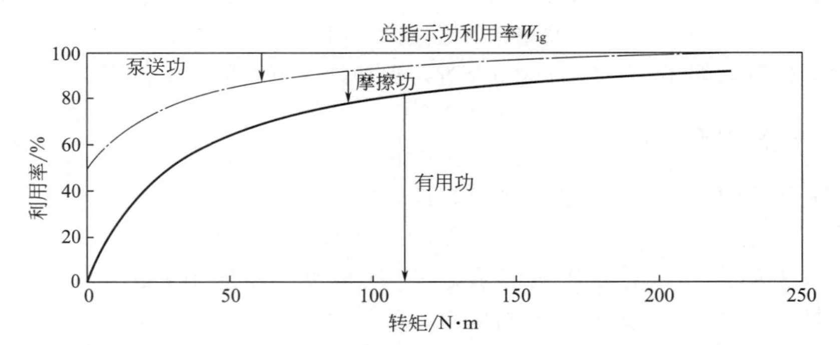

图 7.31　不同发动机负荷下，摩擦功、泵送功和有用功占净指示功的比例示意图

7.9.4　转矩产生中的时间延迟

在发动机的转矩产生过程中，在控制发动机燃烧事件与转矩实际输出之间不可避免地存在一个小的延迟。图 7.32 表明存在三个瞬时：喷油，进气，点火。转矩的产生也在图 7.32 中显示了，并且表明在转矩产生之前存在多个滞后。转矩产生在膨胀行程，转矩最大值发生在 30°ATDC，转矩产生的重心在 55°ATDC 处。发动机转速 N 对延迟产生了直接的影响，并且图中给出了下列事件的大概时间延迟：喷油 $\tau_{M,f}=\dfrac{500}{360N}(s)$，进气 $\tau_{M,a}=\dfrac{330}{360N}(s)$，点火

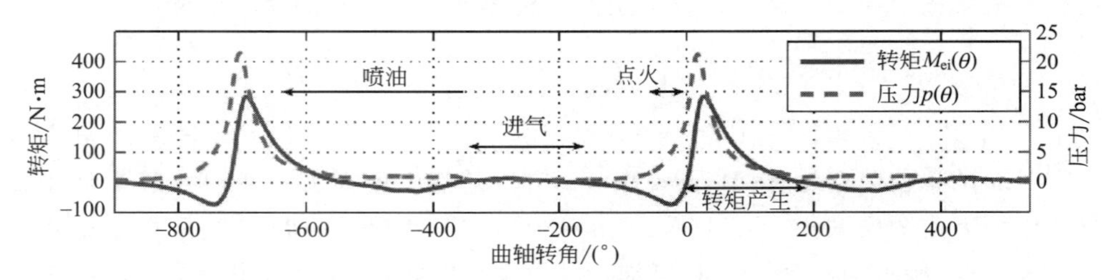

图 7.32　两个循环的气缸压力和瞬时转矩（对 SI 发动机中一个进气口的喷油、进气和点火控制事件进行了标记。燃油喷射用一个方向的箭头标记，说明气门打开的方向。喷油一般在 IVO 点结束，但是在曲轴转角下的喷油时长取决于发动机转速和喷油量 t_{inj}，在全负荷、最大发动机转速条件下，喷射器开启时间几乎能达到 720°）

$\tau_{M,ign}=\frac{80}{360N}$(s)。发动机转速单位为 r/s。

值得注意的是，从上述事件到转矩产生之间仅存在一个延迟。在发动机控制系统中，还需要在计算指令与发动机执行器起作用之间添加一个计算和同步延迟时间。

7.9.5 曲轴动力学

关于本节的内容，可以得到一个完整的转矩模型，并且该模型可以通过发动机转速与传动系统的其他部分（模型）进行交互。基于基本牛顿第二定律，给定发动机转速，发动机曲轴的转动惯量为 J_e，则曲轴旋转动力学方程为：

$$J_e\frac{d\omega_e}{dt}=M_e(p_{im},N,\lambda,\theta_{ign},T_m)-M_{load} \tag{7.60}$$

其中，负载转矩 M_{load}（来自发动机测功机或传动系统）是给定的。应当指出的是，发动机与传动系统之间存在相互作用，在特定驾驶情景中，一个完整的传动系统模型应能够准确模拟发动机速度。在许多情况下，发动机模型将驱动转矩传递给动力总成的旋转部件，然后动力总成模型向发动机提供发动机转速，例如在第 14 章中的传动系统模型包括了发动机的转动惯量。对于 MVEM，发动机转速是发动机模型及其子系统的外部输入。发动机速度作为输入的发动机模型被经常遇到和使用，例如，Wahlström 和 Eriksson (2011a)。[1]

模型 7.18　自然吸气式发 SI 动机

一个完整的发动机模型可以用前面部分编写的公式进行推导。均值发动机模型简化为图 7.33 所示的方框图。方块图显示了气体质量的基本流动路线及部分能量的流动路线，例如，发动机转速也会影响某些组件。使用以下得到的组件和方程得到整个模型：

- 在 7.6 节讨论的节气门空气质量流量；
- 在 7.6 节中讨论的进气歧管气体流入、排出的动力学模型和压力建立模型；
- 在 7.7.3 中描述的燃油动力学模型，包括直接项和油膜模型；
- 在 7.9 节中讨论的转矩产生和曲轴动力学模型；
- 最后，在 7.7.5 中描述的 λ 传感器动力学模型。

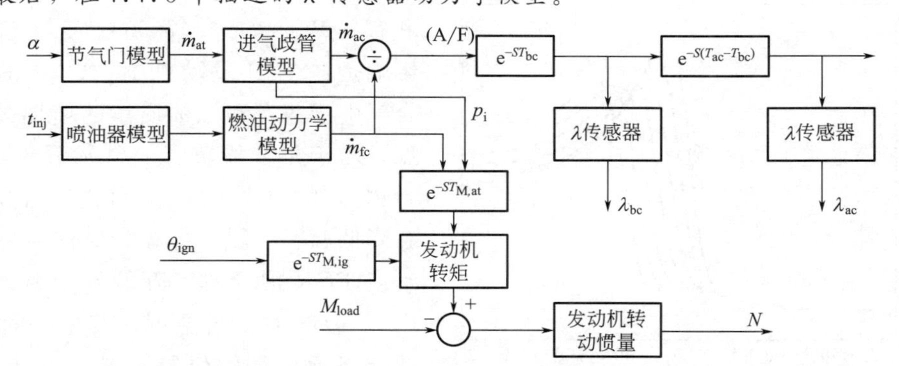

图 7.33　自然吸气式发动机 MVEM 模型子系统简图（注意，该图仅用来说明基本的连接关系而进行了简化，并没有将全部信号及关联都显出出来）

[1] 原文如此（译者注）。

当研究自然吸气发动机时，该模型可以应用于很多地方。例如，可以作为一个仿真模型，一个动力学分析模型，或针对不同的控制器的设计或验证模型。利用上述系统模型，可以对某控制器，尤其是怠速转速控制器进行仿真分析和研究。

7.10 发动机排气温度

当对涡轮机和催化器建模时需要输入温度参数，因此，也需要一个发动机输出温度 T_{eo} 的模型。许多发动机工作参数影响该温度，例如点火时刻、λ、速度和载荷。这个系统非常复杂并难以建模，因为它需要许多参数，并且由于热传递和快速变化的流动条件测量这些参数也非常困难。用第一定律分析发动机时，将其视为开放系统，如图 7.34 所示，图中显示了影响温度的因素。

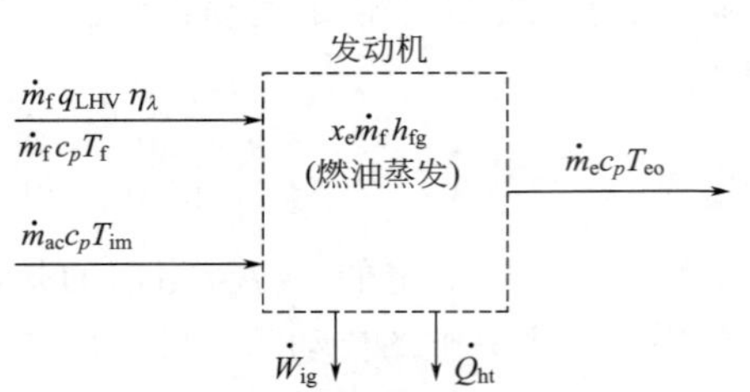

图 7.34 用第一定律分析发动机的排气温度（空气和燃油进入发动机，能量被分成燃油蒸发耗散的能量、在活塞上做的功 $\dot{W}_{ig}$、传递给冷却系统的热量 $\dot{Q}_{ht}$ 和排气带走的能量）

图 7.34 表明，空气和燃油提供能量给系统，燃油携带的能量包括热能 $\dot{m}_f c_p T_f$ 和化学能 $\dot{m}_f q_{LHV} \eta_\lambda$，其中这里的 η_λ 表示在富油条件下燃油不可能释放全部的化学能。提供的能量被消耗在以下部分：部分燃油的蒸发耗散的热能 $\dot{m}_f c_p T_f$、对活塞做的功 $\dot{W}_{ig}$、传递给冷却系统的热能 $\dot{Q}_{ht}$，和通过排气阀传递的热能 $\dot{m}_e c_p T_{eo}$。对于上述部分，排气焓和温度可以由以下方程描述：

$$
\begin{aligned}
(\dot{m}_{ac}+\dot{m}_f) c_p T_{eo} = {} & \dot{m}_{ac} c_p T_{im} + \dot{m}_f c_p T_f + \dot{m}_f q_{LHV} \eta_\lambda \\
& - x_e \dot{m}_f h_{fg} - \underbrace{\dot{m}_f q_{LHV} \tilde{\eta}_{ig}(\lambda_c, \theta_{ign}, r_c, \omega_e, V_d, n_{cyl})}_{\dot{W}_{i,g}} - \dot{Q}_{ht}
\end{aligned} \tag{7.61}
$$

其中，上式还用到了 $\dot{m}_e = \dot{m}_{ac} + \dot{m}_f$ 和有关 $\dot{W}_{i,g}$ 的式（7.56）。三个最重要的影响是：在 SI 发动机中，$\lambda<1$ 的富油混合气由于蒸发和燃油质量的增加会降低温度；对于非常稀薄和非常稀释的 EGR 混合物（如 CI 发动机中可以发生该情况）会降低温度，因一小部分燃油需要加热空气或 EGR 混合物；降低发动机效率 $\tilde{\eta}_{i,g}(\cdots)$ 会增加排气温度，其中一种方法是使燃烧远离最优位置。图 7.35 说明了这种影响，其中显示了不同点火时刻下的气缸温度。延迟点火（或 CI 发动机中延迟喷油）会在膨胀行程的末尾获得更好的温度，这提高了排气温度。对于可变进气正

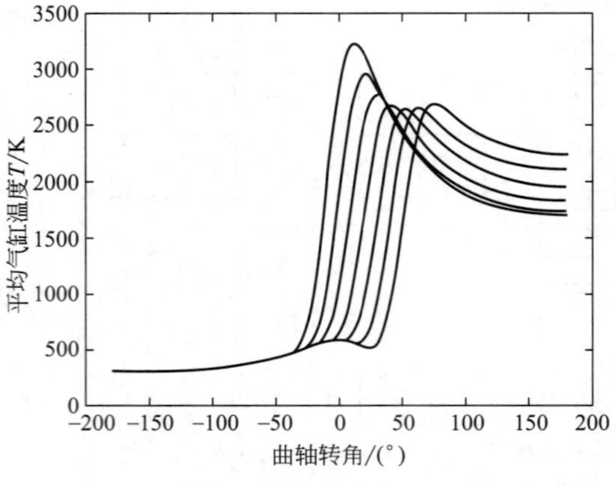

图 7.35 使用模型 5.1，对于不同点火提前下的气缸平均气体温度进行仿真（在 EVO 后延迟点火会获得更高的温度，这会提高排气温度）

时发动机可能有更多的方式影响做功和排气温度。上述讨论给出了影响排气温度的一些重要因素。参见 Ainouz 和 Vedholm（2009）、Keynejad 和 Manzie（2011）、Roth 和 Guzzella（2010）中排气温度模型的例子。基于上述介绍，我们现在讨论一个特别的实例。

特殊情况的简单模型

如果只考虑一个标准 SI 发动机工作在 $\lambda=1$ 的 MBT 时刻，则排气温度可以使用一个质量流量 $\dot{m}$ 的线性函数进行建模。该模型如下。

模型 7.19　简单排气温度模型

$$T_{eo}(\dot{m})=T_{cyl,0}+\dot{m}K_t \tag{7.62}$$

式中，T_{eo} 是从气缸进入排气系统的流体温度。

在 Eriksson（2003）中，一个双区气缸压力模型被用于研究排气温度并且选择了一个简单的模型结构来实现这一点。在涡轮入口的发动机排气温度试验数据表明，这个简单的模型能够与试验数据吻合得很好。

7.11 热传递与废气温度

在发动机中热传递是一个内在过程，其中气体流过管道或其他部件时或被加热或被冷却。在许多发动机部件中，热传递是次要的并且在建模中能够被忽略。然而，在某些情况下，传热的影响会占主导地位，必须被考虑，例如，在排气歧管中的热传递。本节简述一些影响发动机中气体流动的传热现象，并对管路中气体温度的变化进行建模。首先，在 7.11.1 中建立一个管路中气体温度变化的一般方程，然后，将研究重点转到排气系统，该系统热传递的值非常高。在 7.11.2 中研究不同的传热模型及它们在排气系统中的相对重要性。在 7.11.3 中，将建立一系列适合 MVEM 的温度模型。

7.11.1 管道温度的变化

以长度为 L 和直径为 d 的管路为研究对象，在管路中流体将热量传递到恒温为 T_s 的环境中，图 7.36 所示为这种情况的简图。进入管道的流体温度为 T_i，而离开管道的流体温度为 T_o。在 x 点处流体到外部环境的热通量（单位面积流过的热量，其温度为 T_s，传热系数为 h）遵循 $\dot{q}=h[T(x)-T_s]$。在这种情况下，可推导出沿管道的气体温度微分方程，见 Eriksson(2003)。

$$-\frac{dT}{dx}=\frac{h(x)\pi d_i}{\dot{m}c_p(T)}(T-T_s)$$

这个微分方程可以解出在 x 位置的气体温度。在已知进口温度的条件下，解为：

$$T(x)=T_s+(T_i-T_s)e^{-\frac{h\pi d_i}{\dot{m}c_p}x} \tag{7.63}$$

在出口处，令 $x=L$，温度为

$$T_0=T_s+(T_i-T_s)e^{-\frac{h\pi d_i L}{\dot{m}c_p}}=T_s+(T_i-T_s)e^{-\frac{hA_i}{\dot{m}c_p}} \tag{7.64}$$

其中，$A_i=\pi d_i L$ 为管道内壁的面积。

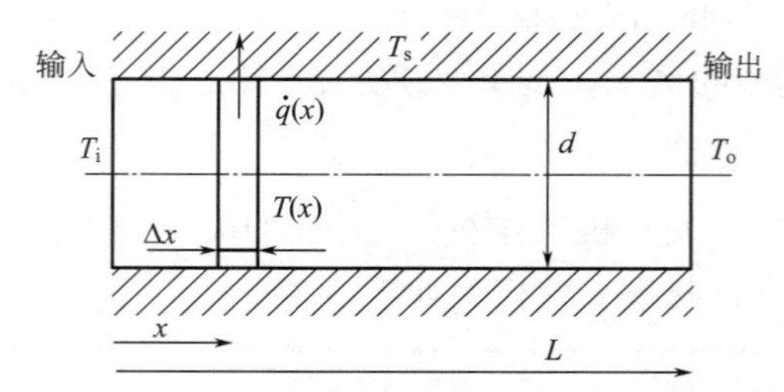

图 7.36 用于推导传热状态微分方程的管道示意图

从管道传到环境的总传热量可以由局部传热量 $\dot{Q}_i(x)=\pi d_i \Delta x h_{cv,i}[T(x)-T_s]$ 在整个管道长度上的积分来确定。将式(7.63) 代入并积分得到：

$$\dot{Q}_i=\pi d_i h_{cv,i}\int_0^L (T_i-T_s)e^{-\frac{h_{cv,i}\pi d_i}{\dot{m}c_p}x}\mathrm{d}x$$

$$=\dot{m}c_p(T_i-T_s)(1-e^{-\frac{h_{cv,i}\pi d_i L}{\dot{m}c_p}})$$

这个表达式可以改写成类似于牛顿冷却定律的表达式：

$$\dot{Q}_i=\underbrace{\frac{1-e^{-\frac{h_{cv,i}A}{\dot{m}c_p}}}{\frac{h_{cv,i}A}{\dot{m}c_p}}h_{cv,i}}_{h_{g,i}}A(T_i-T_s) \tag{7.65}$$

其中，定义一个广义内部传热系数 $h_{g,i}$。式(7.63)、式(7.64) 以及式(7.65) 描述了管道中在加热和冷却条件下温度的变化，它们是下面建立的温度模型的中心方程。

7.11.2 排气系统中的热传递模型

这里介绍和对比不同的排气系统中的传热模型，这些模型借助了电阻类比法。电阻类比是一种简化，但是便于对模型性能进行比较。图 7.37 所示为发生在排气系统中的不同传热模型简图。表 7.4 表明了排气管内部和周围的不同传热模型在传热中的重要程度。对于热辐射，等效传热系数 h_{rad} 的值在方程式(A.4) 中给出。从表 7.4 中很清楚地看出，通过管壁的热传导量非常高，可以成是短路，这推动了双壁排气歧管的发展。传递到发动机气缸体的热量高度取决于排气管的长度，但它对传热总量的影响依然非常大。最后，辐射和外部传热系数是同一数量级的，这表明有必要考虑到辐射传热，更多关于辐射的讨论参照 Eriksson (2003) 和 Wendland (1993)。

表 7.4 在排气系统中不同传热模型的对比

[来自 Eriksson (2003)] W/ (m^2 · K)

热传递模型	数据
内部对流	70～150
壁传导	10^4
传导到发动机	20～30
排气强制对流	20～35
排气对流	10
排气辐射	10～35

7.11.3 排气系统温度模型

根据式(7.64)，对管道内温度下降的三个不同模型进行阐述。这些模型都是带有管道部分温度变化输入和输出关系的集中参数模型。三个模型都是基于相同的组件，如图 7.37 所示，它们是输入温度、流体温度降低和不同的传热模式模型。每部分建模的各种可能性在图 7.37 中由箭头表示。这些模型在 Eriksson（2003）中进行了研究和开发，更多的细节和验证也可以在该文献中找到。

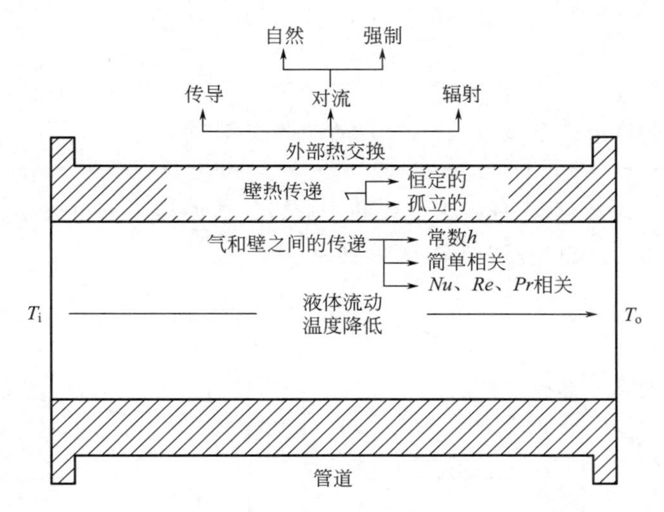

图 7.37　排气管传热和温度模型组成是发动机温度、温差、气体的热传递，管壁传导和从管壁到环境中的传热（箭头表示对不同现象的建模方式不同）

在 7.11 节中对不同传热模型进行了讨论和对比，并且它们也包含在了使用电阻类比法的模型中，参照图 7.38。热阻是传热系数的倒数，即 $R=\frac{1}{h}$。相对于排气和管壁温度，发动机温度 T_e 接近于环境温度 T_{amb}。因此，发动机温度近似等于环境温度，即 $T_e=T_{amb}$，在 T_i 和 T_{amb} 之间给出一个总传热系数，则：

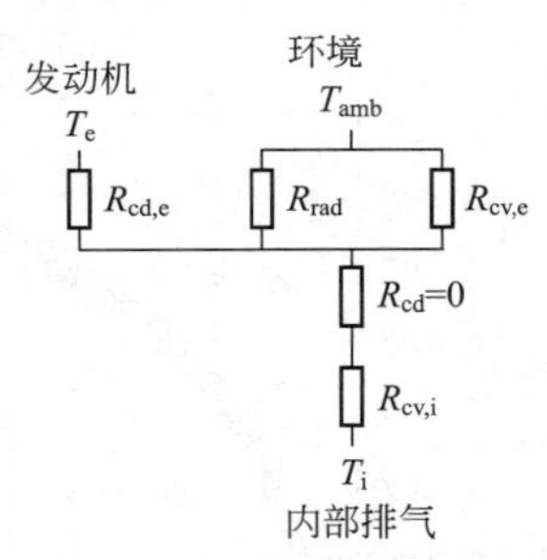

图 7.38　在排气系统中热传递路径的电阻类比

$$\frac{1}{h_{tot}}=\frac{A_i}{A_o}\times\frac{1}{h_{cv,i}}+\frac{1}{h_{cd}}+\frac{1}{h_{cv,e}+h_{cd,e}+h_{rad}} \tag{7.66}$$

通常热传导 h_{cd} 很大，参照表 7.4，它可以视为短路，并且可以被忽略。另外，内、外管道面积的比可以近似为$\frac{A_i}{A_o}\approx 1$，这些项贡献率小于一般的传热系数的不确定性。测量分析表明，有必要包括传导到发动机机体中的热量 $h_{cd,e}$，在 Shayler 等（1997）的文献中也提出相关的报告。在上面的描述中，辐射虽然是近似的但是必须被包括在内，参见 Eriksson（2003）。

静态温度模型

现在，可以从上述结果中给出静态温度模型。传热方式都包含在总传热系数中，见式(7.66)，并假设它与 T 和 x 独立。此外，假设沿着流动方向的管壁上没有热传导，因此，它是一种带有恒定传热系数的气体到恒定环境条件的热传递。热通量为 $q(x)=h_{tot}[T(x)-T_{amb}]$，依据该假设导出式(7.64)，且 $T_s=T_{amb}$。模型变成下面的形式。

模型 7.20　排气管温降模型

进气温度 T_i 到排出温度的模型为：

$$\frac{1}{h_{tot}}=\frac{1}{h_{cv,i}}+\frac{1}{h_{cv,e}+h_{cd,e}+h_{rad}} \tag{7.67}$$

$$T_o=T_{amb}+(T_i-T_{amb})e^{-\frac{h_{tot}A}{\dot{m}c_p}} \tag{7.68}$$

在式(7.67) 中的传热系数由式(A.4) 的子模型得到。

在 Eriksson（2003）中，分析了上述两个假设，表明该模型可以很好地近似排气系统温度。此外，模型的比较和验证如图 7.39 所示。

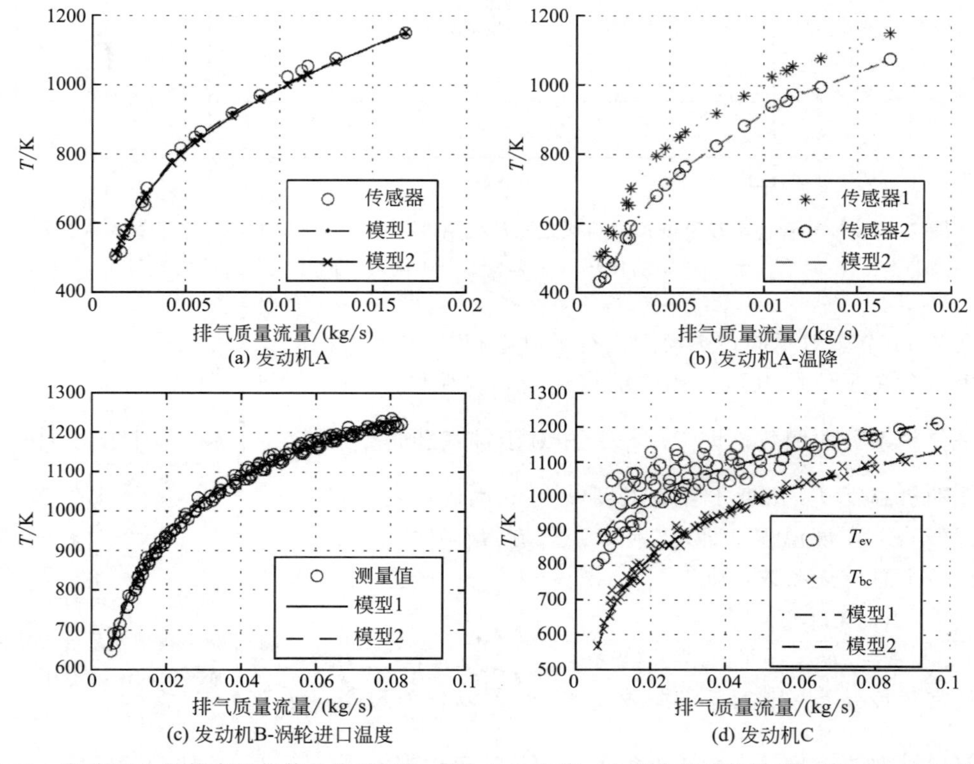

图 7.39　发动机 A 的静态排气传热模型评价［图（a）为第一个温度传感器模型，图（b）为两个传感器之间的温降模型］与发动机 B 和 C 的静态排气传热模型评价［图（c）和图（d）分别为发动机 B 在涡轮进口前有一个传感器，发动机 C 有两个传感器，一个插在排气门附近，一个在预催化器前］

模型验证

三种发动机排气系统的温度测量结果已被用于建立和验证模型。用于建模和验证的发动机以及从它们获得的数据如表 7.5 所示，并给出如下模型验证：

• 从发动机到测量传感器的温度模型，模型使用线性模型［式(7.62)］作为发动机输出温度；

• 排气系统中两个传感器之间温差模型，在第一个传感器上的测量温度作为下一个传感器预测输出模型的输入。

表 7.5 用于建模和验证的发动机以及从它们中获得的数据（Stat 表示静态数据，Dyn 表示动态数据，Surf 表示表面温度传感器的数量，Gas 表示气体温度传感器的数量）

发动机	简述	Stat	Dyn	Surf	Gas
A	0.36L 压力波增压发动机	是	是	4	2
B	2.3L 标准排气歧管增压发动机	是	否	0	1
C	3.2L 双壁排气歧管自然吸气发动机	是	否	0	2

评价 1：图 7.39(a)、(c)、(d) 为发动机输出和温差模型验证结果，当发动机工作接近于额定工况时（$\lambda=1$ 和最佳点火时间），数据表明线性发动机温度输出模型很好地与测量数据吻合。

评价 2：两个传感器之间的温降模型验证结果如图 7.39(b) 和 (d) 所示，模型与传感器 1 和传感器 2 之间的温降测量值吻合得非常好。该发动机在排气口附近安装了一个温度传感器，另一个在预催化器的前面。

发动机 C 配备了双壁排气歧管。虽然双壁并不明确地包含在模型中，但是该模型依然能够与试验数据吻合得很好。在排气口处的测量温度有很大的变动，这与发动机转速和排气口处不稳定的气流有关。当测量远离发动机时，这种来自于发动机转速的影响就会变得不再明显，此时，质量流量占主导地位。

动态排气温度模型

上面的模型只涵盖了静止状态，但是可以很容易通过推导将模型扩展到包括管壁温度动态变化和与其相关的气体热传递过程。假设管壁温度随时间变化但沿着管道的方向温度相同，这种情况可用图 7.40 的电阻类比法说明。使用能量平衡描述温度的变化，其中内部和外部的传热率的差值 $\dot{Q}_i-\dot{Q}_e$ 使管壁温度发生变化，管壁的质量为 m，比热容为 c_w。

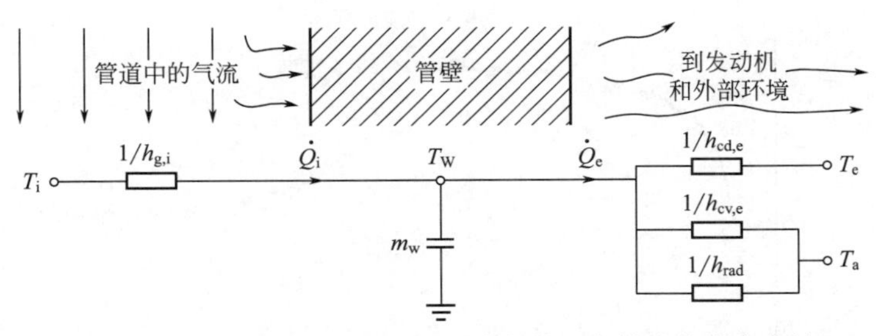

图 7.40 动态壁温的电阻类比（其中热量由管壁的热容存储）

模型 7.21 动态温度模型

动态温度模型表示为：

$$\dot{Q}_e=A[h_{cv,e}(T_w-T_{amb})+F_v\in\sigma(T_w^4-T_{amb}^4)+h_{cd,e}(T_w-T_e)]$$

$$\dot{Q}_i=h_{g,i}A(T_i-T_w)$$

$$\frac{dT_w}{dt}m_wc_w=\dot{Q}_i(T_w,T_i)-\dot{Q}_e(T_w,T_{amb},T_e)$$

$$T_o=T_w+(T_i-T_w)e^{-\frac{h_{cv,i}A}{\dot{m}c_p}}$$

其中，$h_{g,i}$ 由式(7.65) 决定，c_w 是管壁材料的比热容，m_w 是管壁质量。对于圆管壁的质量，由 $m_w=\rho_w\frac{\pi(d_o^2-d_i^2)}{4}L$ 给出。以上常微分方程包括了动态条件下的热传递和管壁温度。

对于所有的发动机，以下数值与测量数据吻合得很好。外部传热系数 $h_e=h_{cd,e}+h_{rad}+h_{cv,e}\approx100W/(m^2\cdot K)$。利用经验的 *Nu-Re-Pr* 关系式计算内传热系数 $h_{cv,i}$ ($\dot{m}$)，发动机 A 和 B 使用了 Eriksson(2003) 中的拟合公式，发动机 C 用 Meisner 和 Sorenson(1986) 中的拟合公式。

动态温度模型的验证

使用发动机 A 的数据进行动态模型验证。首先，利用式(7.62)，时间常数设为 15s，对发动机的输出温度进行建模，例如，发动机的动态温度变化。然后，将此温度作为模型 3 的输入，进而计算排气管中的气体温度。最后，还需要考虑传感器的动态特性，表 7.6 中显示了不同直径和不同流量下的传感器动态特性。使用的传感器直径为 1mm，其动态时间常数为 0.6s。图 7.41 显示了发动机 A 的动态测试结果，在图的顶部显示了测量和模型仿真的气体温度，而在图的底部显示了四个管壁温度传感器测量的和模型仿真的壁面温度。模型 3 对气体温度和壁温进行了很好的模拟。也可以看出，三个管壁的温度彼此不同并且离发动机最近的传感器温度最低，中间的传感器温度则最高。

表 7.6 用于测量的超细管式热电偶的时间常数（传感器直径有 0.5mm、1.0mm、1.5mm）

超细管式热电偶直径/mm	0.25	0.5	1	2	3
流动空气/s	0.1	0.2	0.6	2	3
无流动空气/s	0.4	1.2	3	8	12

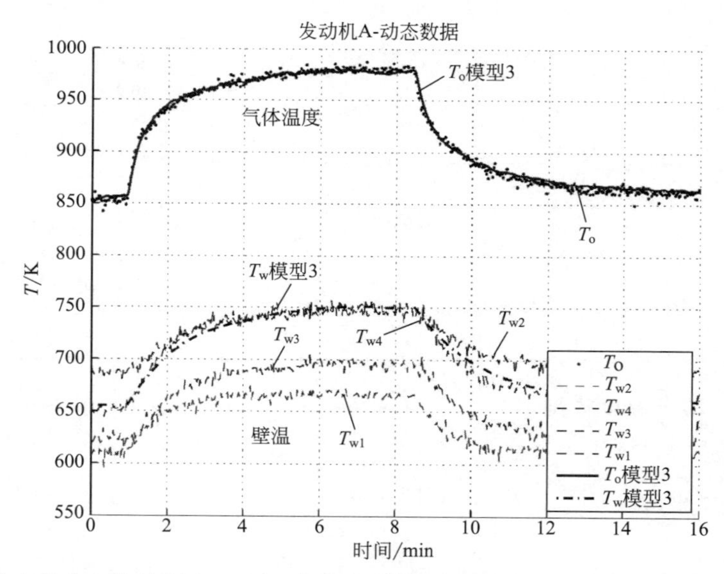

图 7.41 发动机 A 的动态模型验证（显示了气体温度和壁温。注意模型中只有一个总的壁面温度）[1]

[1] 图线无法按图例区分，加指引线帮助区分，仍保留图例（译者注）。

在第二个测试中，将传感器 1 作为模型的输入，以仿真传感器 2 的温度。图 7.42 中的数据表明该模型能够准确地描述试验数据。

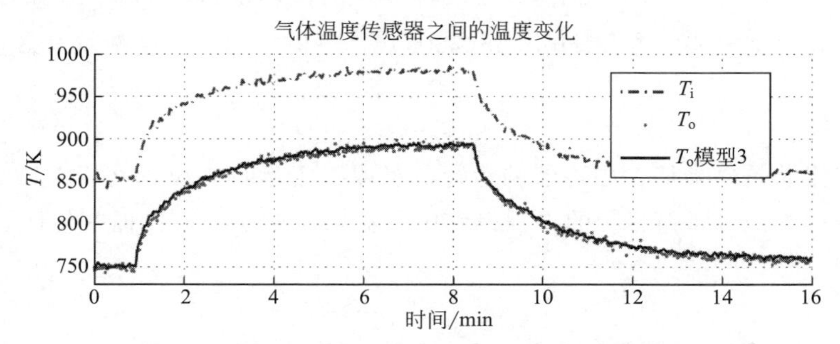

图 7.42　发动机 A 在气体温度传感器 1 和 2 之间反应的动态模型验证

管壁到发动机的热传导的注释

对于所有的发动机，包括以上模型的验证，总外部传热系数 $h_e = h_{cv,e} + h_{cd,e} + h_{rad}$ 必须被设置成高于辐射和外部对流假设的值。从外部总热传递的数据可以看出，从管壁到发动机存在明显的热传导。以上验证结果表明，该模型也能体现出该情况。

7.12　热交换器和中冷器

在涡轮增压发动机中，一个热交换器，称为中冷器，被用于冷却压气机的压缩空气使它的温度降低到接近环境温度。这增加了空气密度，给 SI 和 CI 发动机提供了最大的进气压力，因此，提高了发动机的最大输出功率和效率。在 SI 发动机中，它主要用于减少发动机爆震，并允许发动机有更高的压缩比。用于发动机增压冷却的常用的热交换器为带有双纯液体的交叉流中冷器（cross flow intercooler），如图 7.43 所示。也有用气变液中冷器的，特别是用于 EGR（exhaust gas recirculation）系统中。其结果是损失了部分进气密度的收益。因此，除了出口的空气温度模型是明显必需的，压头损失的模型也是必要的，该模型已经在例 7.1 中描述并验证了。

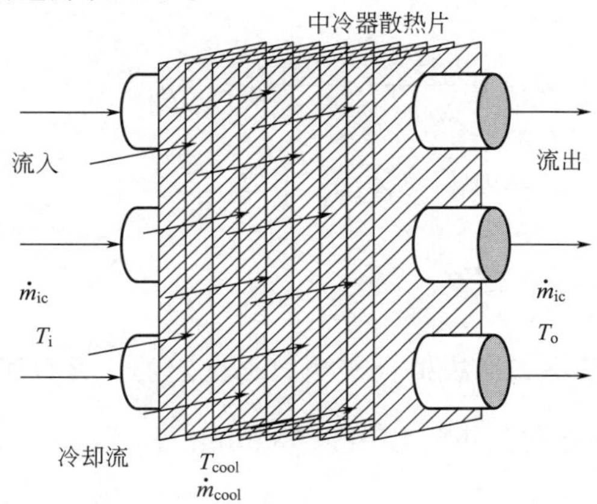

图 7.43　换热器的类型：交叉流，双纯液体（总流量 $\dot{m}_{ic}$ 分布到热交换器的不同管道中，并且散热片使流体之间的热交换更有效率。交叉流意味着每一个出口的内部流体 $\dot{m}_{ic}$ 与外部流体 $\dot{m}_{cool}$ 方向是相互垂直的）

热交换器的建模

在内燃机中，所有实际的热交换器（冷却器）的冷却液流量 $\dot{m}_{cool}$ 都比通过它的气体质量流量 $\dot{m}_{ic}$ 大。这表明［参见 Holman(2009)］，可由下列方程来衡量其效能：

$$\varepsilon=\frac{T_i-T_o}{T_i-T_{cool}}$$

与温度和流动条件类似，中冷器的运行效果取决于运行工况，在 MVEM 中，其处理方法与容积效率类似。求解 T_{ic} 的方程得到中冷器出口温度，该方程中包括了温度和中冷器效率项，即：

$$T_o=T_i-\varepsilon(\dot{m}_{cool},\dot{m}_{ic}\cdots)(T_i-T_{cool}) \tag{7.69}$$

T_{cool} 是冷却介质温度，在该式中等于环境温度，$T_{cool}=T_a$。为了确定中间冷却器出口温度，需要一个中冷器效率 $\varepsilon(\dot{m}_{cool},\dot{m}_{ic}\cdots)$ 模型。下面，提供了两个不同的复杂性模型：回归模型和标准 NTU 模型［见 Holman(2009) 中的推导］。

回归效率模型

热传递的物理模型建立在 NTU 模型上，但其结构复杂，这促进了对其他模型的探索。另一种对 ε 建模的方法是将考察 NTU 模型建立过程中哪些参数对效率产生影响，并将这些参数作为一个线性回归模型的回归量。选取管壁平均温度、空气质量流量以及空气质量流量与冷却质量流量之比作为模型的参数，ε 模型可以表示为：

$$\varepsilon=a_0+a_1\left(\frac{T_c+T_{cool}}{2}\right)+a_2\dot{m}_{air}+a_3\frac{\dot{m}_{air}}{\dot{m}_{cool}} \tag{7.70}$$

该基于线性回归量的模型称为 REG 模型。

NTU 模型

在 Bergström 和 Brugård(1999) 中推导和讨论了如何将 NTU 模型应用到汽车中冷器的建模中。模型方程如下：

$$\begin{aligned}
&\varepsilon=1-\mathrm{e}^{\frac{\mathrm{e}^{-CN^{0.78}}-1}{CN^{-0.22}}}\\
&N=\frac{UA}{c_{p,air}\dot{m}_{air}}=\frac{k}{c_{p,air}}\dot{m}_{air}^{-0.2}\mu_i^{-0.5}\\
&\mu_i=2.3937\times10^{-7}\left(\frac{T_c+T_{cool}}{2}\right)^{0.7617}\\
&C=\frac{\dot{m}_{air}}{\dot{m}_{cool}}
\end{aligned} \tag{7.71}$$

未知的常数 K 是由最小二乘法拟合实测数据确定的，并且可以看到，在模型中的变量很容易确定。分式 $\frac{UA}{c_{p,air}}$ 是传热单元数 NTU（number of heat transfer units），所以该模型称为 NTU 模型。

温度模型的验证

图 7.44 对 REG 模型和 NTU 模型仿真中冷器效率的效果进行了验证。温度的进一步

验证表明：在出口的温度仿真中，NTU 模型最大误差为 8K，REG 模型为 1K。因此，REG 模型比 NTU 模型能更好地与测量数据吻合，但是必须记住，REG 模型具有四个调整参数而 NTU 模型只有一个。对于上述两种情况，因为使用绝对温度（K）进行计算，所以温度相对误差比较小。另外，需要注意的是，低流量 $\dot{m}_{air}$ 下效率误差较大的结果是能够被接受的，因为从 T_{af} 开始经过压气机的温升很小，最终导致 T_{ic} 中的误差很小。我们从中也能明白用最小二乘法缩小 T_{ic} 中的误差是非常重要的，而不是缩小 ε 的，这是理所当然的，因为我们想对温度变化建模。注意到在两个方程中，REG 模型对其参数是线性的，因此，线性最小二乘法可用于确定参数。

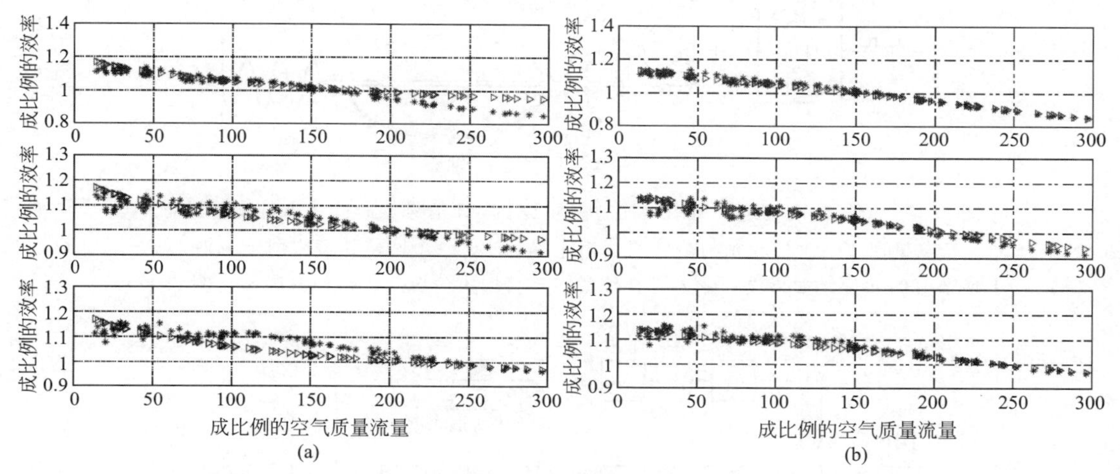

图 7.44　三个风扇转速下 NTU 模型中的中冷器效率［图（a）］及三个风扇转速下 REG 模型中的中冷器效率［图（b）］（测量数据用*表示，模型用▷表示）❶

7.13　节气门的运动

在 7.3 节中，已经对通过节气门的流量进行了建模，现在我们研究其机械系统并确定节气门位置 α，该系统是发动机气门伺服系统的一部分。节气门系统已经有文献进行了建模，如在 Deur 等（2004）、Eriksson 和 Nielsen（2000）、Scattolini 等（1997）及 Thomasson 和 Eriksson（2011）的文献中。本节对上述文献进行总结，并导出一个面向控制的模型，该模型可以由输入和输出数据进行参数化。图 7.45 所示为一个节气门伺服系统的例子，图 7.46 所示为电控节气门体的过程模型。

上述系统的组件和模型：一个斩波器（chopper）将控制信号 u_{th} 转化成电机的输入信号，采用一个常数进行建模，该常数取决于电池的电压，即 $u_{ch}=K_{ch}(U_{batt})u_{th}$；一个电机产生转矩 M_a 和反电动势 $u_{emf}=K_v\omega_m$；一个产生电流和转矩的点数系统，其模型为带有时间常数 τ_a 的一阶系统 $M_a=\dfrac{K_a}{\tau_a s+1}u_a$。一套齿轮箱将电机转矩和转角位置传递到节气门轴，使用传动比进行建模，即 $M_i=i_{th}M_a$。节流板（throttle plate）安装在刚性的

❶ 原文如此，风扇转速未说明（译者注）。

节气门轴上，一个电位计（有时为了硬件冗余使用两个）用于测量节气门位置。可以存在一个气动转矩，它取决于节流板的安装及其上面的气动力，参见 Morris 和 Dutton (1989)，但是在许多情况下，它可以被忽略并被简化成一个干扰包含在模型中。一些节流板被制成是偏心的，可以在电系统失效时自动关闭节气门，对于这种情况一个空气流量转矩模型是必需的［Eriksson 和 Nielsen (2000)］。此外，在齿轮箱、电机轴承和轴等处还有静态和动态的摩擦力矩 M_{fr} (M,ω,α)。最后，当没有输入功率 M_{sp} (α) 时，一个回位弹簧能够使节气门回到预定位置 α_{lh} ［称为跛行回家位置 (limp-home position)］。

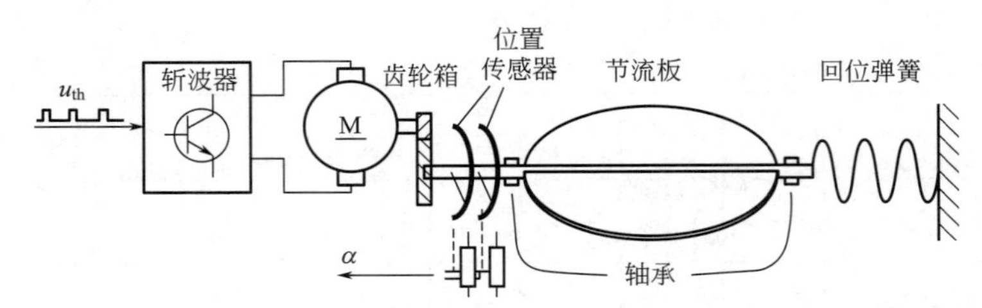

图 7.45　节气门及其组件简图（控制信号是 PWM 信号。通过一个斩波器驱动。电机通过一个齿轮箱与节气门轴相连。另外，一个回位弹簧作用于主轴上使节气门回位。如果没有输入，会停留在跛行回家位置。跛行回家弹簧见图 7.47）

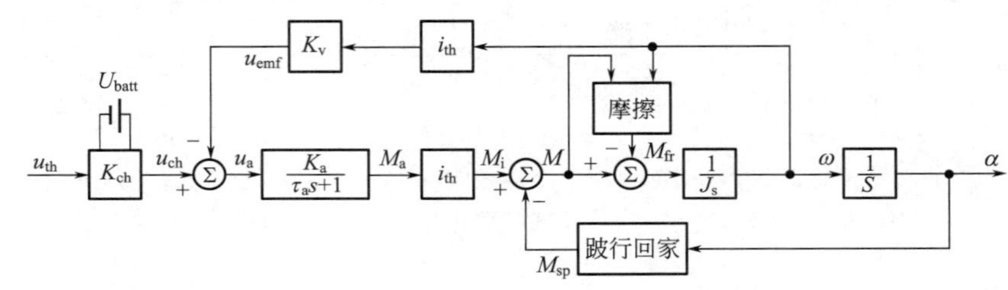

图 7.46　节气门过程模型框图（作用在节流板上的转矩为电枢的转矩 M_a、摩擦力矩 M_{fr}、弹簧力矩 T_s。电枢模型为带有增益 K_a 和时间常数 τ_a 的一阶系统。依据控制信号 u_{th} 和节流板角速度 ω，斩波器和反电动势转矩分别采用比例系数 K_{ch} 和 K_v 进行建模）

结合以上部分，并使用牛顿第二定律对节气门轴进行分析，得到下列控制节气门轴位置的微分方程：

$$\tau_a \frac{dM_i}{dt}=i_{th}K_a[K_{ch}(U_{batt})u_{th}-K_v i_{th}\omega]-M_i \tag{7.72a}$$

$$J\frac{d\omega}{dt}=M_i-M_{fr}(M,\omega,\alpha)-M_{sp}(\alpha)-M_{air}(\alpha,\dot{m}_{air}) \tag{7.72b}$$

$$\frac{d\alpha}{dt}=\omega \tag{7.72c}$$

其中，第一个方程是电枢动态方程，J 为整个节气门惯性力，$J=J_{th}+i_{th}^2 J_m$。模型的基本结构如上，接下来我们开始关注各个部分的细节。

跛行回家弹簧和摩擦力的非线性

跛行回家弹簧和摩擦力都是非线性的，对节气门的运动有重要影响。图 7.47 为慢斜坡输入下的结果，说明它们的影响是显著的。图 7.47(a) 和 (b) 为斜坡输入 u_{th} 及其相应的输出 α，而图 (c) 为相同的数据下 u_{th} 在 y 轴和 α 在 x 轴时两者的关系。在上、下坡之间的摩擦力存在滞后，而在30%节气门开度下方的间断则为跛行回家弹簧的影响。

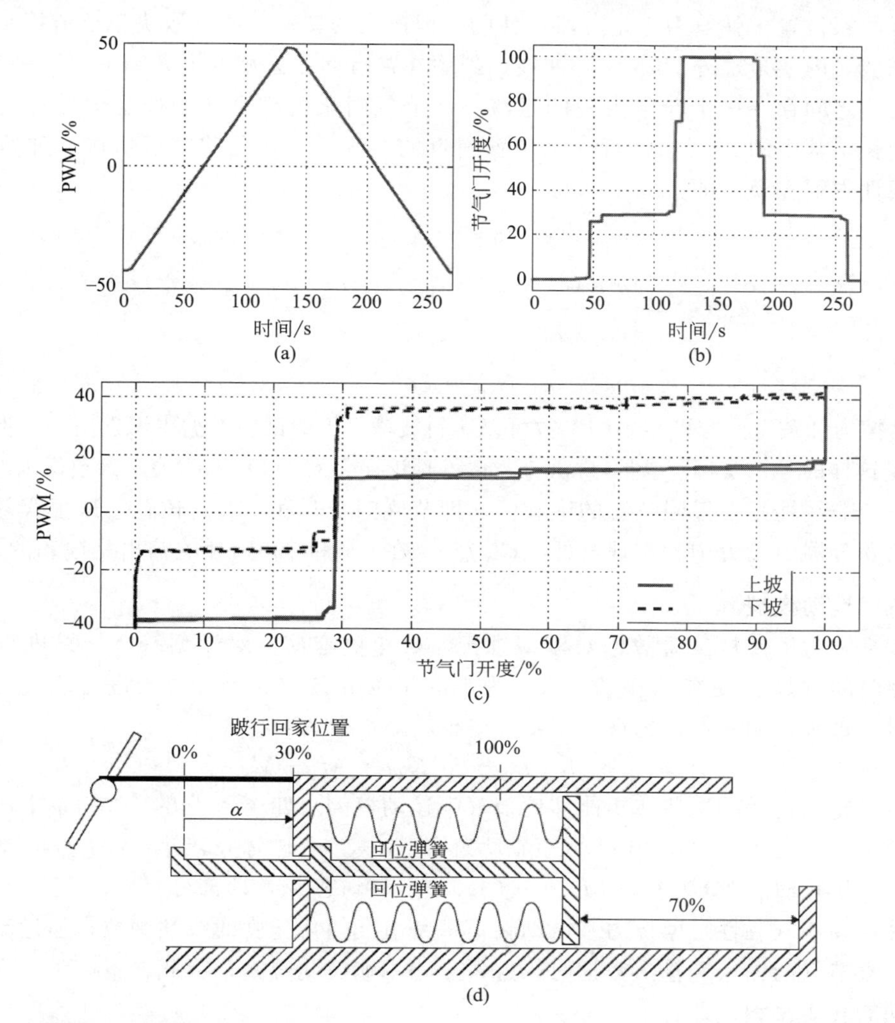

图 7.47 摩擦力和回位弹簧重要性说明［图（a）为270s的斜坡输入，图（b）为得到的节气门位置，图（c）为在上两图的270s斜坡输入下的输入和输出的关系，图（d）为跛行回家位置说明，两个回位弹簧使节气门在开度30%时处于一个静止位置，称为跛行回家位置］

摩擦力包含两个方面：静摩擦 M_{fs} 和动摩擦 M_{fv}。在这里，重点讨论静摩擦，而动摩擦在后面讨论，并在式(7.75) 里进行建模。静摩擦如图 7.47(c) 所示，它导致了上、下坡输出之间产生差异。最常见的静摩擦建模是经典的库仑（Coulomb）摩擦模型：

$$M_{fs}(M,\omega)=\begin{cases}M,\omega=0\ 和\ |M| \\ M_{c}\mathrm{sgn}(\omega),其他\end{cases} \tag{7.73}$$

当 $\omega=0$，驱动转矩小于库仑摩擦力 M_c 时，摩擦力矩等于驱动转矩 M。否则，摩擦力矩和与运动方向相反的库仑摩擦力相等。还有些论文介绍了更加复杂的动力学摩擦模型，例如考虑斯特里贝克（Stribeck）效应的模型。然而，在很多情况下，仅考虑库仑摩擦就足够了，因为它更简单并且需要确定的参数更少，更重要的是，对于节气门伺服控制设计来说这已经足够了［Deur 等（2004）、Thomasson 和 Eriksson(2011)］。

跛行回家的非线性来自两个弹簧系统，参照图 7.47(d)。如果没有输入时，将节流板转向跛行回家位置。弹簧力矩是分段线性的，但产生的转矩不同，取决于节流板是处于跛行回家区域之内还是之外。$u_{th}(\alpha)$ 曲线的斜率在跛行回家区域的上方和下方几乎是平的，但是在它们之间存在一个非常尖锐的过渡。从节气门全关到全开的控制信号有一个大约 30%的增长，其中的 20%在跛行回家位置附近的 0.5°～2.0°的狭窄区域内。弹簧转矩可由分段线性方程建模，即：

$$M_{sp}(\alpha)=\begin{cases} m_{lh}^{+}+k^{+}(\alpha-\alpha_{lh}^{+}) & (\alpha>\alpha_{lh}^{+}) \\ m_{lh}^{+}(\alpha-\alpha_{lh})/(\alpha_{lh}^{+}-\alpha_{lh}) & (\alpha_{lh}<\alpha\leqslant\alpha_{lh}^{+}) \\ m_{lh}^{-}(\alpha_{lh}-\alpha)/(\alpha_{lh}-\alpha_{lh}^{-}) & (\alpha_{lh}^{-}<\alpha\leqslant\alpha_{lh}) \\ m_{lh}^{-}-k^{-}(\alpha_{lh}^{-}-\alpha) & (\alpha\leqslant\alpha_{lh}^{-}) \end{cases} \tag{7.74}$$

在摩擦力和跛行回家模型中的参数可以从斜坡输入下的试验数据中识别出来。例如，图 7.47 就是这样的一个实例［参照 Thomasson 和 Eriksson（2011）中的关于参数识别的讨论］。

第三个非线性是在极限位置的饱和区，即节气门全开和全关的位置。这很容易由在节气门转角积分器中设置饱和实现，即式(7.72c) 在 0%和 100%处的输出是饱和的。

简化节气门运动模型

接下来，为了使从试验数据对模型进行参数化更容易，对模型（7.72）进行适当简化。电枢时间常数 τ_a 通常很小的，大约为 1ms［Deur 等（2004)］，当进行节气门伺服控制设计时，这种影响常可被忽视。于是，电枢转矩可分为：

$$M_a=K_aK_{ch}u_{th}+K_aK_v\omega=M_u+M_{emf}$$

通过齿轮箱传递的这些转矩能够使节气门运动模型由四个作用在节气门轴上的转矩表示。这四个转矩是来自 DC 电机的驱动力矩 $i_{th}M_u$，反电动势转矩 $i_{th}M_{emf}$，弹簧力矩 M_{sp}，摩擦力矩 M_{fr}｛分为静态 M_{fs}［式(7.73)］和动态 M_{fv} 两部分｝。

此外，动态（黏性）摩擦力和电动转矩都是节气门角速度的线性函数，但运动方向相反。当考察节气门输入和输出数据时，这些影响不能彼此分开，因此，集中为一个阻碍节气门运动的转矩模型，即：

$$M_{fv}(\omega)+i_{th}M_{emf}(\omega)=K_{fe}\omega \tag{7.75}$$

电机的反电动势可以看成是一个作用在节气门轴处的等效转矩，是齿轮箱传动比的函数。结合式(7.76)、式(7.73)、式(7.74) 和式(7.75)，利用牛顿第二定律给出节气门角速度的微分方程。最终得到以下模型。

模型 7.22　节气门运动和位置

$$J\frac{d\omega}{dt}=-K_{fe}\omega-M_{sp}(\alpha)-M_{fs}(M,\omega)+Ku_{th} \tag{7.76a}$$

$$\frac{d\alpha}{dt}=\omega \tag{7.76b}$$

其中包括了静摩擦力［式(7.73)］和跛行回家［式(7.74)］子模型。输出转角在全开和全关位置需要被饱和。

图 7.48 显示了节气门运动模型的框图。这个模型能够表现大部分重要的节气门动态

特性，也是 10.2 节节气门伺服控制器结构的基础部分。

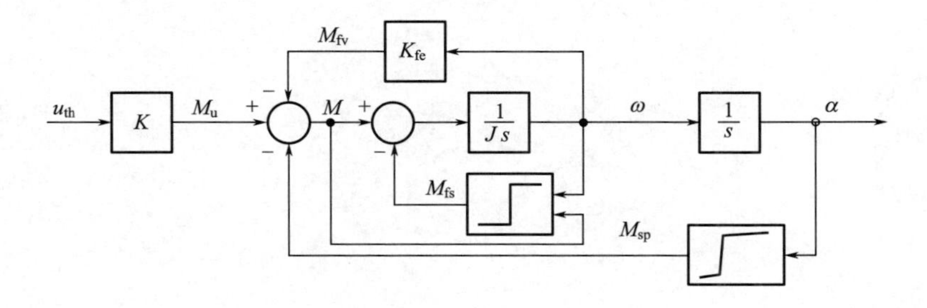

图 7.48 简化的节气门运动过程模型框图（模型能够表现大部分重要的节气门动态特性并且适用于节气门伺服控制设计）

具有伺服的节气门模型

在大多情况下，节气门伺服系统已经被设计成满足下面两种情况之一：直接测量节气门转角 α 并将其作为节气门流量模型［式(7.11)］的输入；或者，将节气门伺服控制和节气门运动集成在一起并将它们看成是一个系统，该系统的输入为控制系统的节气门参考角 α_{ref}，输出为节气门转角。一个线性系统通常足够描述伺服控制和节流板运动的关系，并能够表现控制命令与实现转角之间的时间滞后。一个简单的节气门系统模型如下。

模型 7.23 具有伺服的节气门模型

$$\alpha = H_{th}(s)\alpha_{ref}$$

8 涡轮增压基础和模型

在通过发动机小型化和增压来提高燃油经济性的趋势下，涡轮增压发动机从最开始的外来技术逐渐演变成为车辆的标配。控制系统和模型在涡轮能量的传递和处理上起了很大的作用，保证驾驶员在任何驾驶条件下都能得到一致的发动机和车辆响应。

本章在8.1节中介绍增压装置及其布置，随后描述能够适应MVEM框架的压缩机和涡轮的模型。8.2节介绍适用于压缩机和涡轮的涡轮增压热力学以及通用模型结构。8.3节中讨论过去常用来描述涡轮增压器性能的无量纲数以及修正参数，并且还介绍一个优化后的模型结构。8.4节中详情讨论如何描述并确定涡轮增压器性能。从8.5节到8.7节，描述压缩机和涡轮的流量模型和效率模型。从8.8节到8.10节，讨论涡轮增压系统和完整发动机系统的交互，同时给出两个完整的带有涡轮增压器的发动机平均值模型，分别是汽油机模型和柴油机模型。

8.1 增压和涡轮增压基础

增压技术是提高进气密度的若干方法的统称，即可以使气缸吸入更多空气的方法，其中一个特殊的方法称为涡轮增压。增压是在气体进入气缸之前对其进行压缩，可以通过若干方法来实现。对于压缩和驱动压缩机都有很多可以选择的方法，如图8.1所示。

机械增压

机械增压是指一个独立的压缩机、泵或者鼓风机，由发动机曲轴驱动，对空气进行压缩。机械增压可以使发动机在整个工作范围内都有一个较高的转矩曲线，这提高了动力性，同时也是机械增压的最主要的优点。它的缺点是驱动压缩机的机械能直接来自于发动机的曲轴，这就导致了压缩机工作时发动机的耗油量有所增加。这种方法通常在需要高性能并且可以牺牲经济性的发动机上使用。

一种驱动压缩机的替代方法是使用电动机，而不用机械耦合到发动机曲轴上。这种方法给予了压缩机一定的自由度，因为压缩机的转速可以独立于发动机转速而进行选择。

涡轮增压

最常见的发动机增压方法是使用涡轮和压缩机机械耦合在一起的涡轮装置。内燃机不

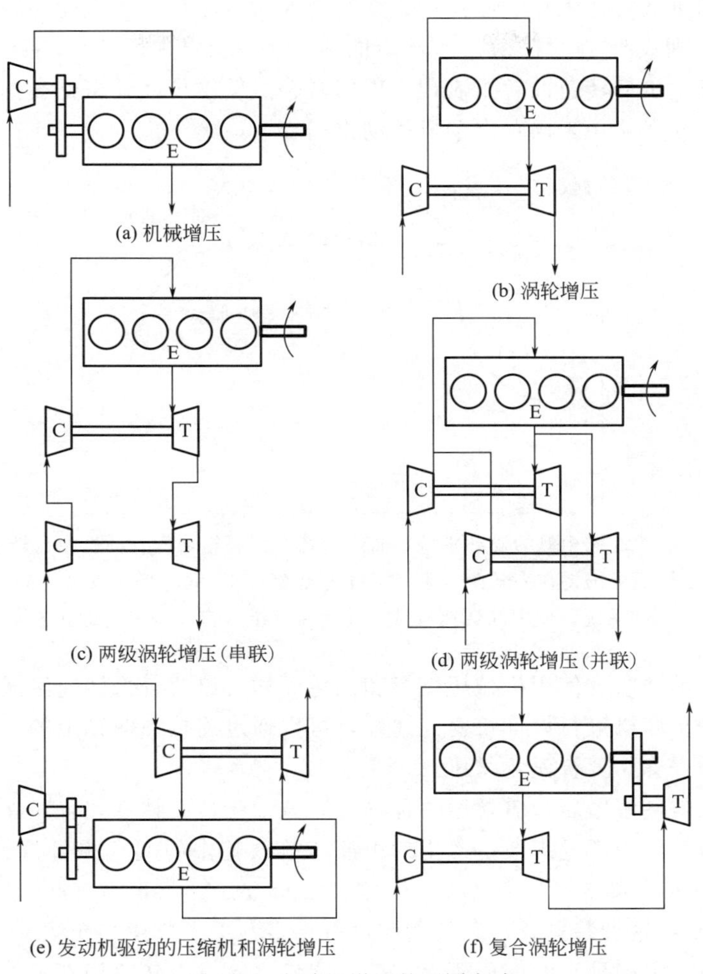

图 8.1 发动机增压的不同方式

能完全利用燃油中的化学能，因此，可以利用废气的能量来驱动压缩机。涡轮利用热循环中损失的一些能量，即 $\Delta h_{\text{loss}}=c_p(T_4-T_1)$。

显而易见，涡轮的优点就是它回收了一些热循环中损失的能量用来压缩空气。涡轮增压发动机在发动机低转速区有一个转矩突降，如图 8.2 所示，这个区域正好和压缩机不稳定工作区域重合，这种不稳定工作现象称作喘振。能使涡轮增压发动机达到其最大转矩时的最低转速值，是由涡轮和发动机共同决定的。小的涡轮有更好的低转速转矩曲线，但缺点是降低了发动机的最大功率。所以对于涡轮增压发动机的低转速转矩曲线特性和发动机最大功率之间的权衡一直都存在着。涡轮增压发动机中间转速区域的转矩曲线则由控制系统决定。

多级增压

另一种涡轮增压的方法称作两级涡轮增压，通过使用两组涡轮和压缩机来实现。它们可以串联或并联布置，如图 8.1 所示。涡轮系统中的控制阀门用来连接、切断、绕行不同的压缩机和涡轮。V 形布置的发动机通常使用并联布置方案，每一侧都有一个涡轮。串联布置的一个方案是串联连续布置，它有两个不同尺寸的涡轮。第二个涡轮（高压力）尺寸较小，在发动机低转速工作时起作用。在高转速时，小尺寸的涡轮不再使用，只使用大尺寸涡轮。关系到设计上的权衡，如转矩曲线（图 8.2）中所示，小尺寸的涡轮（高压力）用来提升发动机低转速的转矩表现，可以减轻涡轮增压发动机低转速工作时的转矩损失，同时，大尺寸涡轮用来满足发动机的动力需求。

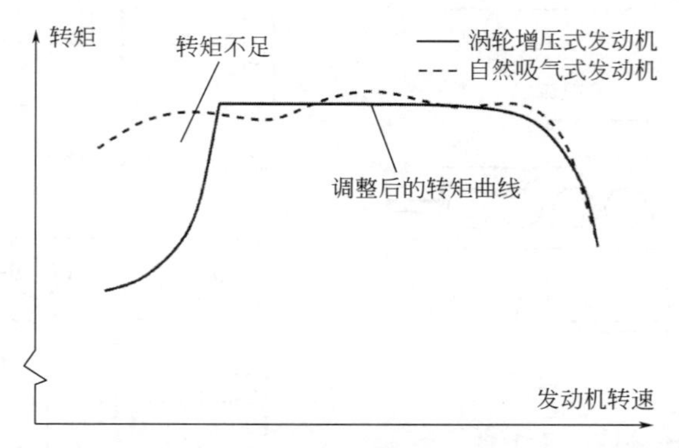

图 8.2　两台转矩、功率性能相似的发动机转矩曲线示意图（涡轮增压发动机在低转速区域转矩会突降，然而自然吸气发动机仍可维持在高转矩水平，同样可见图 4.5。涡轮增压发动机的转矩曲线可以通过控制系统，使中间转速区域的转矩特性维持在一个平稳的状态）

如图 8.1 所示，联合使用机械压缩机和涡轮同样可以改善低转速区域的转矩表现，就不再需要对涡轮压缩机进行设计权衡。此外，可以通过连接在曲轴上的涡轮从废气当中获取能量，这一过程称作复合涡轮增压。

另一种方式是气波增压，需要用一种称为气波增压器的特殊装置。在该装置里，废气中的热焓在旋转鼓轮中产生声波，产生的声波压缩鼓轮中的空气并且将其传递到进气口。在 Heywood（1988，第 6 章）和 Guzzella 等（2000）、Spring 等（2007）以及 Weber 等（2002）中可以看到这种装置及对其控制原理有更多的深入描述和介绍。

在简单介绍了不同种类的增压概念之后，我们将注意力转移到其工作原理以及压缩机和涡轮的建模上来。下面的介绍以及建模的原理与布置形式无关，在广义上给出了涡轮增压部件建模的框架结构。

8.2　涡轮增压基本原理和性能表现

一个涡轮增压器（通常称涡轮）由离心式压缩机和径流式涡轮组成，如图 8.3 所示。涡轮和压缩机属于涡轮机械的一种，Dixon（1998）进行了如下定义。

我们定义涡轮机械是通过一个或多个可动叶片的动力学运动，将能量转移到连续流动流体中或从连续流动流体中得到能量的任何装置。turbo 或者 turbinis 这两个词起源于拉丁语，意思是转动或者回旋。为了缩小机器的范围，我们通常只关注于那些能够通过有限量空气的密闭机械。

涡轮机械的性能对发动机和车辆的性能有很大影响，当要为发动机匹配压缩机和涡轮时，研究涡轮的性能以及涡轮与发动机的交互作用就变得十分必要。发动机的性能在之前的章节中进行了讨论，现在将主要讨论涡轮增压器的性能，为了建立用于分析和控制涡轮增压器的模型，需要使用热力学定律来分析和建模。然而，考虑到建模可以采用很多不同的方法同时模型包含很多部件的细节，因此涡轮增压器的建模是一个复杂和困难的过程。我们将先介绍一个一般的结构，展示其基本原理，然后再继续介绍更多细节，从而将复杂原理变得清晰。

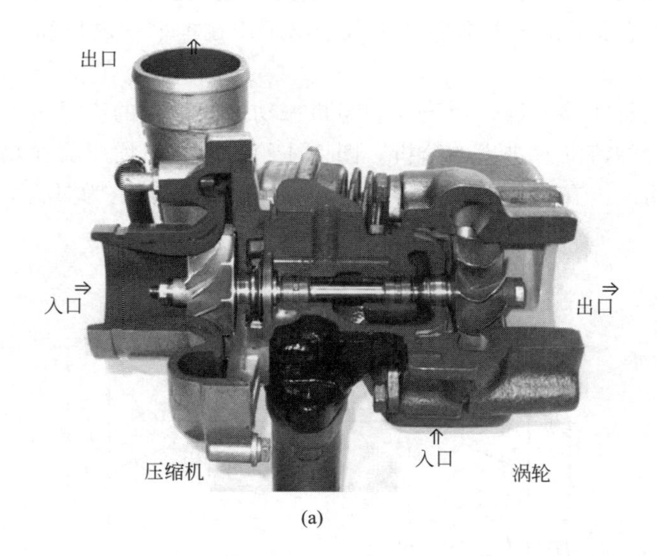

(a)

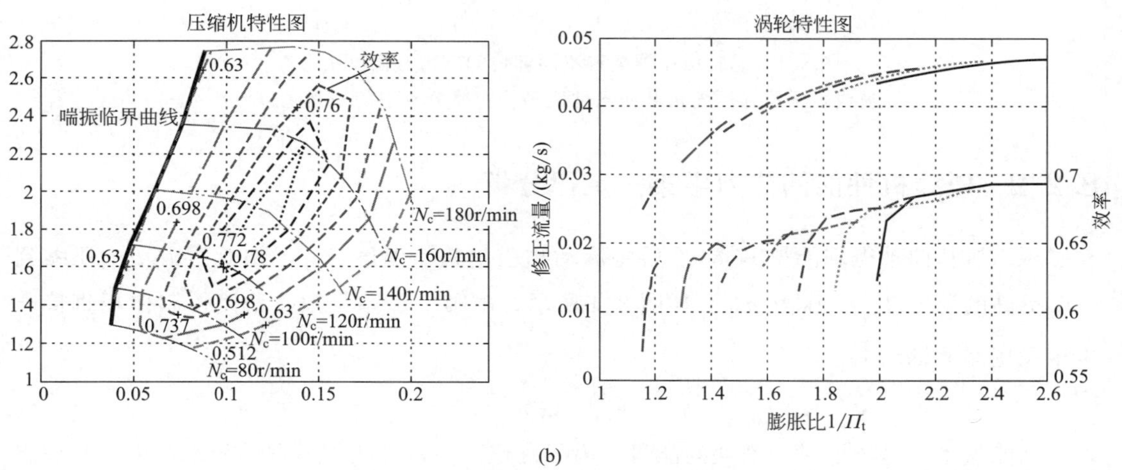

(b)

图 8.3　由压缩机（左侧）和安装到曲轴上的涡轮（右侧）组成的涡轮增压器的图片［图（a)］（两者之间有冷却和润滑涡轮及其轴承的通道）及用来表示压缩机性能（左侧）和涡轮性能（右侧）的曲线［图（b)］（图中展示了增压比、转速、质量流量以及效率是如何联系在一起的）

8.2.1　发动机平均值模型中的涡轮增压器

涡轮增压器属于流量机械一类，因此很容易放到 7.1.2 中介绍的基于部件的模型框架当中。MVEM 架构中的压缩机和涡轮模型结构有质量流量和温度控制部件，例如节流作用，除此之外，还有能影响涡轮轴旋转动态特性的功率消耗调节（或适用于涡轮的能量产生）部件。压缩机和涡轮模型可以用四个方程来表示：

$$\dot{m}=f_1(p_{us},p_{ds},T_{us},\omega_{tc})\quad \eta=f_2(p_{us},p_{ds},T_{us},\omega_{tc})$$

$$T=f_3(p_{us},p_{ds},T_{us},\omega_{tc})\quad \dot{W}=f_4(p_{us},p_{ds},T_{us},\omega_{tc})$$

其中一个步骤是引入效率值来阐释温度和功率子模型的结构以及其间的交互关系。方程中 f_1 和 f_2 由图 8.3 压缩机-涡轮图中得出，在 8.3 节当中给出了该图是如何绘制、解读以及使用的诸多细节。方程中 f_3 和 f_4 在热力学基础上建立并且分别在 8.2.2 和 8.2.3 中针对压缩机和涡轮给出。8.6 节和 8.7 节给出了用在本书中的压缩机和涡轮模型的例子以及细节描述。

涡轮和压缩机是能够连续转换流动功与机械功之间能量的流量机械，因此需要对该装置进行功率（能量的流动）进出的分析。图 8.4 给出了涡轮增压器在热力学中的能量转移以及系统边界的简图。在之后的整个研究过程当中，流体假定为具有常值参数 c_p 的理想流体。

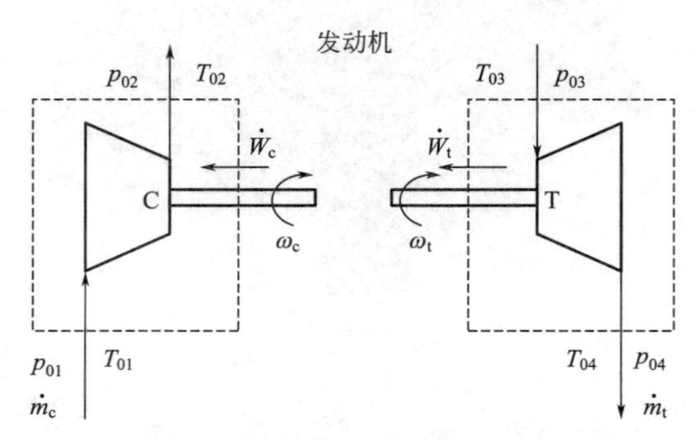

图 8.4　涡轮增压器装置不同部位的压力和温度示意图
（虚线表示用在压缩机和涡轮性能第一定律分析中的控制室边界）

8.2.2　压缩机性能的热力学第一定律分析

压缩机从曲轴得到能量 $\dot{W}_c$，然后将流动物质由初始温度 T_{01}、初始压力 p_{01} 压缩到一个更高的温度 T_{02}、压力 p_{02}。如图 8.4 所示，由第一定律可知，稳流控制体积直接产生用来压缩的轴功 $\dot{W}_c$。

$$\dot{W}_c=\dot{m}_c(h_{02}-h_{01})=[c_p\ 常数]=\dot{m}_c c_{p,c}(T_{02}-T_{01}) \tag{8.1}$$

该能量也正是压缩过程消耗的能量。为了确定这一特殊压缩过程的效率，将它与理想过程进行对比。压缩效率定义为：

$$\eta_c=\frac{理想过程需要的能量}{实际消耗的能量}=\frac{\dot{W}_{c,理想}}{\dot{W}_c} \tag{8.2}$$

将流动物质由压力 p_{01} 加压到 p_{02} 消耗最少能量的过程是等熵过程，也就是理想过程。等熵状态改变时压力和温度的关联由式(5.3) 确定，也就是

$$\frac{T_{02,理想}}{T_{01}}=\left(\frac{p_{02}}{p_{01}}\right)^{\frac{\gamma-1}{\gamma}}$$

因此压缩过程需要的最少能量可以表示为：

$$\dot{W}_{c,理想}=\dot{m}_c\Delta h_{0s}=\dot{m}_c c_{p,c}T_{01}\left[\left(\frac{p_{02}}{p_{01}}\right)^{\frac{\gamma-1}{\gamma}}-1\right] \tag{8.3}$$

由此得到压缩效率的定义式如下：

$$\eta_c=\frac{\dot{W}_{c,理想}}{\dot{W}_c}=\frac{\left(\frac{p_{02}}{p_{01}}\right)^{\frac{\gamma-1}{\gamma}}-1}{\frac{T_{02}}{T_{01}}-1} \tag{8.4}$$

上式中所有参数都能在涡轮增压器台架试验中确定下来，这正是通过试验确定压缩机性能时要做的。步骤以及数据处理将在 8.4 节中讨论。压缩机特征参数由性能数据确定，并且可以用来为压缩机质量流量 $\dot{m}_c=f_{\dot{m},c}$（$p_{01},p_{02},T_{01},\omega_c$）以及效率 $\eta_c=f_{\eta_c,c}$（p_{01}，p_{02},T_{01},ω_c）建模。随着这两个模型的给出，压缩机出口的温度就可以通过求解式(8.4)来得到，即 $T_{02}=T_c$。之后压缩机的能量消耗就能由式(8.1) 确定。总结来看，我们得到如下通用的压缩机模型。

模型 8.1　通用压缩机模型

$$\dot{m}_c=f_{\dot{m},c}(p_{01},p_{02},T_{01},\omega_c) \tag{8.5a}$$

$$\eta_c=f_{\eta,c}(p_{01},p_{02},T_{01},\omega_c) \tag{8.5b}$$

$$T_c=T_{01}+\frac{T_{01}}{\eta_c}\left[\left(\frac{p_{02}}{p_{01}}\right)^{\frac{\gamma-1}{\gamma}}-1\right] \tag{8.5c}$$

$$\dot{W}_c=\dot{m}_c c_{p,c}(T_c-T_{01}) \tag{8.5d}$$

这个构造出来的压缩机模型可以应用到 7.1.2 中提出的基于部件的 MVEM 框架结构中。因此，给定流体压力、温度以及角速度后，就可以确定其转移质量以及温度。涡轮的能量消耗与涡轮产出能量之间的关系作为下一阶段的讨论话题，下面开始讨论涡轮。

8.2.3 涡轮性能的热力学第一定律分析

涡轮在流体由高压高温状态扩散到低压低温状态的过程中获得能量，并将这些能量传递到轴上。涡轮的功率也可以由第一定律分析得出，见图 8.4 中稳流控制室部分。分析得出的轴功率 $\dot{W}_t$ 为：

$$\dot{W}_t=\dot{m}_t(h_{03}-h_{04})=[c_p\ 常数]=\dot{m}_t c_{p,t}(T_{03}-T_{04}) \tag{8.6}$$

膨胀过程并不能和理想过程一样得到全部能量，定义涡轮机的效率为两者的比值

$$\eta_t=\frac{实际传递的能量}{理想过程传递的能量}$$

等熵过程是最好实现的过程。同压缩机一样，可以得到理想过程的温度比及功的表达式如下：

$$\dot{W}_{t,理想}=\dot{m}_t c_{p,t}\ (T_{03}-T_{04,理想})\ 和\frac{T_{04,理想}}{T_{03}}=\left(\frac{p_{04}}{p_{03}}\right)^{\frac{\gamma-1}{\gamma}}$$

则

$$\dot{W}_{t,理想}=\dot{m}_t c_{p,t}T_{03}\left[1-\left(\frac{p_{04}}{p_{03}}\right)^{\frac{\gamma-1}{\gamma}}\right] \tag{8.7}$$

上式给出了涡轮的效率定义式：

$$\eta_t=\frac{\dot{W}_t}{\dot{W}_{t,理想}}=\frac{1-\frac{T_{04}}{T_{03}}}{1-\left(\frac{p_{04}}{p_{03}}\right)^{\frac{\gamma-1}{\gamma}}} \tag{8.8}$$

这里必须要注意的是，涡轮经常工作在高温条件下，有很高的热量传递。该热传递在控制室分析中（见图 8.4）不予考虑，所以式(8.8) 计算的涡轮效率会高于实际值。如何处理这一问题将在 8.4.5 中详细讨论。

同压缩机一样，涡轮产生的能量和出口温度的计算公式可以统一起来，得到如下模型。

模型 8.2　通用涡轮模型

$$\dot{m}_t=f_{\dot{m},t}(p_{03},p_{04},T_{03},\omega_t) \tag{8.9a}$$

$$\eta_t=f_{\eta,t}(p_{03},p_{04},T_{03},\omega_t) \tag{8.9b}$$

$$T_t=T_{03}-\eta_t T_{03}\left[1-\left(\frac{p_{04}}{p_{03}}\right)^{\frac{\gamma-1}{\gamma}}\right] \tag{8.9c}$$

$$\dot{W}_t=\dot{m}_t c_{p,t}(T_{03}-T_t) \tag{8.9d}$$

8.2.4 涡轮和压缩机的连接

涡轮和压缩机的能量通过机械轴联系在一起，因机械轴有一定的机械损失，于是定义了参数机械效率 η_m。在稳态下，两者之间的关系为：

$$\dot{W}_c=\eta_m\dot{W}_t \tag{8.10}$$

在瞬态情况下，轴的输出功率和消耗的能量之间有一个差值，导致了轴的加速（或减速）。这一动态响应可以使用牛顿第二定律描述：

$$\frac{d\omega_{tc}}{dt}=\frac{1}{J_{tc}}\left(\frac{\dot{W}_t}{\omega_{tc}}\eta_m-\frac{\dot{W}_c}{\omega_{tc}}\right) \tag{8.11}$$

式中，ω_{tc} 为角速度；J_{tc} 为转动惯量。容易注意到 $\omega_{tc}=0$ 时，方程没有意义。这一问题可以通过在绝大多数模拟环境下，明确限制涡轮的最低转速 $\omega_{tc,min}$ 来解决，同时依然具有通用性，因为涡轮增压器只有在高转速运动时才会有明显作用。

另一常用方法则是不使用机械效率这一参数，而是在方程中添加一项轴的摩擦来代替。

模型 8.3　涡轮轴动力学：

$$\frac{d\omega_{tc}}{dt}=\frac{1}{J_{tc}}\left[\frac{\dot{W}_t}{\omega_{tc}}-\frac{\dot{W}_c}{\omega_{tc}}-M_{fric}(\omega_{tc})\right]$$

式中，M_{fric}（ω_{tc}）表示摩擦转矩，通常描述为转速的线性方程或二次方程。

机械效率有时也包含在这个模型的涡轮功率中。公式化对瞬态过程中的模拟有很好的稳定作用。原因在于高转速下涡轮性能曲线可能存在不确定性，同时涡轮增压器的转速可以大幅升至这一转速区域。添加一个表达式为转速二次方程的摩擦项就可以缓解这一不确定性。

8.2.5 进气密度的增加

充入到气缸中的新鲜空气的质量与进气压力 p_{im} 成正比，与温度成反比，即：

$$m_{\mathrm{a,c}}=\eta_{\mathrm{vol}}\frac{p_{\mathrm{im}}V_{\mathrm{d}}}{RT_{\mathrm{im}}}$$

压缩机内的压缩过程同时增加压力和温度，更高效的压缩在同样的增压幅度下，则有较低的温升。由等熵过程式(5.3) 可以得到最低的温升，即：

$$\frac{p_2}{p_1}=\left(\frac{T_2}{T_1}\right)^{\frac{\gamma}{\gamma-1}}>\frac{T_2}{T_1}$$

因为$\frac{\gamma}{\gamma-1}>1$。这就引出了新的问题，什么样的压缩条件才能使空气密度增加，这个问题在下面的例子中进行解答。

例 8.1 (进气密度的增加) 一个效率恒定的压缩机的压缩过程。已知增加的压力，求空气密度不再增加时的限制效率值是多少？

空气密度不再增加时的等式为 $p_2/p_1=T_2/T_1$，代入式(8.4) 中可得：

$$\eta_{\mathrm{c}}=\frac{\left(\frac{p_2}{p_1}\right)^{\frac{\gamma}{\gamma-1}}-1}{\frac{p_2}{p_1}-1}$$

当$\lim_{x\to1+}\eta\ (x)\ =\frac{\gamma}{\gamma-1}$时，这是一个单调递减函数。当 $\gamma=1.4$，效率值大于$\frac{\gamma}{\gamma-1}\approx$ 29%时，所有增压比数值都会实现进气密度的增加。

考虑到涡轮增压的实际情况，效率值大于 30%就会使进气密度增加。

中冷器的作用

压缩过后，在空气进入气缸之前，使用带有热交换器的增压冷却装置（称作二次冷却器或中冷器）可以进一步增加进气密度。添加中冷器有若干好处，例如降低点燃式发动机的爆燃概率（6.2.2 中），减少 NO 排放量等。点燃式发动机中，中冷器最重要的作用就是降低爆燃概率，从而在不损坏发动机的前提下充入更多的空气或者提高气缸的压缩比，见 6.2.2。中冷器同样也有缺点，它使进气系统产生压降（见图 7.6），此外它还占据一部分发动机舱。然而，利大于弊，所以几乎所有涡轮增压发动机都添置了中冷器。

中冷器的主要作用是增加进气密度，此外它还降低了达到同样转矩需求（或气缸进气量）时压缩机所需要的功率水平。压缩机之后布置一个中冷器，达到理想进气密度的压缩过程所需的机械能便会降低。对于涡轮增压发动机，这意味着更低的涡轮功率需求，从而降低发动机的背压，减少泵的做功。

8.3 量纲分析

量纲分析是将一组工作变量缩减为一组无量纲集合的过程。这些无量纲集合用来对涡轮机械的性能进行评估并且作为设计过程中的辅助参考。然而，它们最重要的用途是对涡轮机械工作过程中的主导因素以及重要参数给出了极有价值的分析。这种分析在通过试验来确定涡轮增压器的性能时以及压缩机和涡轮建模时都会被使用。流体力学中，无量纲数的选用依赖于流体是否可以压缩这一假设，参见 Massey（1998）。对于离心式压缩机和径流式涡轮，参数降维十分重要。更多信息参见涡轮机械的专业书籍，例如 Dixon（1998）、Lewis（1996）以及 Watson 和 Janota（1982）。

8.3.1 可压缩流体分析

分析涡轮机械性能时，我们通常会关注等熵过程焓变值 $\dot{m}$、效率 η、功率 $P=\dot{W}$ 这些变量如何随着工作变量改变而改变。设机械直径为 D，工作条件由进气停滞压力（驻点压力）p_{01}、进气停滞温度（驻点温度）T_{01}、物质流动率 $\dot{m}$ 以及转速 N 来确定。流体的属性是理想的，其参数包含气体常数 R、黏度 μ、比热容比 γ。分析过程中，常使用参数停滞进气密度 $[\rho_{01}=p_{01}/(RT_{01})]$ 和停滞声速 $a_{01}=\sqrt{\gamma RT_{01}}$，而不是使用参数 p_{01} 和 T_{01}。压缩机和涡轮正常工作范围内，效率、流速和功率可以由下面函数关系式来表示：

$$[\eta,\dot{m},P]=f(\Delta h_{0s},N,D,\rho_{01},a_{01},\gamma,\mu) \tag{8.12}$$

式中，$f(\cdot)$ 是一个三维向量函数（这是一种简洁的表示法）。

有了可压缩流体及其常用参数 ρ_{01}、N、D 的涡轮机械的量纲分析，可以得到以下函数方程和无量纲群组：

$$\left[\eta,\frac{\dot{m}}{\rho_{01}ND^3},\frac{P}{\rho_{01}N^3D^5}\right]=f\left(\frac{\Delta h_{0s}}{N^2D^2},\frac{ND}{a_{01}},\frac{\rho_{01}ND^2}{\mu},\gamma\right) \tag{8.13a}$$

$$\Phi=\frac{\dot{m}}{\rho_{01}ND^3},\hat{P}=\frac{P}{\rho_{01}N^3D^5},\Psi=\frac{\Delta h_{0s}}{N^2D^2} \tag{8.13b}$$

这些参数被命名为流量系数 Φ；功率系数 $\hat{P}$；能量转移系数 Ψ。等式右侧第二个参数是叶片的马赫数，$Ma=\frac{ND}{a_{01}}$，因为 N 和 D 与叶片转速呈线性关系，同时等式右侧第三个参数是雷诺数的形式，$Re=\frac{\rho_{01}ND^2}{\mu}$。需要注意对于无量纲数 Φ、Ψ、Re 以及 Ma 的不同定义可能会互相冲突。例如，能量转移系数 $\Psi=\frac{\Delta h_{0s}}{N^2D^2}$ 有时定义为 $\Psi=\frac{2\Delta h_{0s}}{U_2^2}$，其中，叶片边缘线速度 U_2 被用在了分母上。式(8.13b) 中的三个等式不完全独立，因为第二个等式可以用其他形式来等效替换。这可以在功率系数公式中展开输出功率后看到，对于压缩机也就是 $P=\dot{m}\Delta h_{0s}/\eta$，代入得到：

$$\hat{P}=\frac{P}{\rho_{01}N^3D^5}=\frac{\dot{m}\Delta h_{0s}/\eta}{\rho_{01}N^3D^5}=\frac{\dot{m}}{\rho_{01}ND^3}\times\frac{\Delta h_{0s}}{N^2D^2}\times\frac{1}{\eta}=\frac{\Phi\Psi}{\eta}$$

类似的，对于涡轮，得到 $\hat{P}=\Phi\Psi\eta$。我们假定气体为理想气体，状态方程以及其他热力学关系式可以用来消除 ρ_{01} 和 a_{01}，并且给出用压力、温度和理想气体常值参数表示的表达式。无量纲数的集合可以被并入到新的群组当中，从而得到针对式(8.13a) 的替换表达式，下面的组合给出了常用的一些参数：

$$\Phi Ma=\frac{\dot{m}}{\rho_{01}a_{01}D^2}=\frac{\dot{m}RT_{01}}{p_{02}\sqrt{\gamma RT_{01}}D^2}=\frac{1}{\sqrt{\gamma}}\times\frac{\dot{m}\sqrt{RT_{01}}}{p_{01}D^2} \tag{8.14}$$

$$\hat{P}Ma^2=\frac{P}{\rho_{01}ND^3a_{01}^2}=\frac{\dot{m}c_p\Delta T}{\rho_{01}ND^3\gamma RT_{01}}=\frac{\Phi}{\gamma-1}\times\frac{\Delta T}{T_{01}} \tag{8.15}$$

$$\frac{\Psi}{Ma^2}=\frac{\Delta h_{0s}}{a_{01}^2}=\frac{c_pT_{01}\left[\left(\frac{p_{02}}{p_{01}}\right)^{\frac{\gamma-1}{\gamma}}-1\right]}{\gamma RT_{01}}=\frac{\left(\frac{p_{02}}{p_{01}}\right)^{\frac{\gamma-1}{\gamma}}-1}{\gamma-1}=f\left(\frac{p_{02}}{p_{01}},\gamma\right) \tag{8.16}$$

注意到 γ 是无量纲的，我们可以提取出新的无量纲数的集合以及对应关系：

$$\left[\eta,\frac{\dot{m}\sqrt{RT_{01}}}{D^2p_{01}},\frac{\Delta T_0}{T_{01}}\right]=f\left(\frac{p_{02}}{p_{01}},\frac{ND}{\sqrt{RT_{01}}},Re,\gamma\right)$$

公式左侧第二项是一个经常使用的变量，称为流量。

修正参数

当需要表示一个特定的压缩机或涡轮时，需要进行一系列简化。雷诺数的影响比较小，可忽略此项参数。对于给定的机器、给定尺寸（D）和给定流体，经常忽略变量 R、γ 和 Re，从而得到以下函数表达式：

$$\left[\eta,\frac{\dot{m}\sqrt{T_{01}}}{p_{01}},\frac{\Delta T_0}{T_{01}}\right]=f\left(\frac{p_{02}}{p_{01}},\frac{ND}{\sqrt{RT_{01}}}\right) \tag{8.17}$$

注意到在式(8.17) 中的独立变量不是无量纲数，于是定义修正质量流量和修正转速：

$$\dot{m}_{co}=\frac{\dot{m}\sqrt{T_{01}}}{p_{01}}\text{及 }N_{co}=\frac{N}{\sqrt{T_{01}}} \tag{8.18}$$

对涡轮使用式(8.18) 时，有时称作涡轮流量参数（TFP）和涡轮速度参数（TSP）。此外，这些参数有时会用由 T_r 和 p_r 确定的参考条件进行标准化处理，也就给出了修正质量流量和修正转速的另一种定义式，即：

$$\dot{m}_{co}=\dot{m}\frac{\sqrt{T_{01}/T_r}}{p_{01}/p_r}\text{及 }N_{co}=\frac{N}{\sqrt{T_{01}/T_r}} \tag{8.19}$$

至此，我们已经实现了压缩机和涡轮性能曲线如何绘制这一过程的参数化，请对比图 8.5 和图 8.3。

对于同样的变量，现有两种不同的定义，这意味着必须对制造商提供的性能参数仔细分析，因为有些制造商使用第一种定义式，而其他制造商使用第二种定义式。最终，需要说明的是，当对性能进行量化时，标准化是需要考虑的，因为它对进气口条件的改变进行处理，这些改变也就是在不同环境温度、不同海拔条件下进行涡轮机械驱动时，进气温度和压力的改变。这对于涡轮十分重要，因为当发动机工作状况改变时，涡轮的进气温度和进气压力会发生明显变化。

8.3.2 修正后的模型结构

我们知道性能参数之间存在关联，并且无量纲分析给了我们关于模型结构的一些提示。当我们想要为涡轮增压器建一个均值模型时可以利用这些知识，例如式(8.17) 是为了让输入和输出参数与发动机平均值模型中的数值相匹配。当把转速和压力作为输入参数时，利用此式可以得到输出流量和效率，然后给出如下结构：

$$\dot{m}_{co}=f_1\left(\frac{p_{02}}{p_{01}},N_{co}\right) \text{和} \ \eta=f_2\left(\frac{p_{02}}{p_{01}},N_{co}\right) \tag{8.20}$$

基于这个结构，对于压缩机流量［式(8.5a)］和效率［式(8.5b)］的一般模型，可以用修正参数式(8.18) 或式(8.19) 来表达。使用第二种形式的修正参数，得到以下模型。

模型 8.4　带修正量的压缩机模型

$$\dot{m}_c=f_{\dot{m},c}(p_{01},p_{02},T_{01},\omega_c)=\frac{p_{01}/p_r}{\sqrt{T_{01}/T_r}}f_1\left(\frac{p_{02}}{p_{01}},\frac{N}{\sqrt{T_{01}/T_r}}\right) \tag{8.21a}$$

$$\eta_c=f_{\eta,c}(p_{01},p_{02},T_{01},\omega_c)=f_2\left(\frac{p_{02}}{p_{01}},\frac{N}{\sqrt{T_{01}/T_r}}\right) \tag{8.21b}$$

涡轮流量［式(8.9a)］和效率［式(8.9b)］的模型结构可以近似采用修正量来表示。压缩机和涡轮性能参数确定后，利用台架试验测试存储单元中的测量数值，测试就可以关注式(8.21) 中 f_1 和 f_2 个方程的求解，好处在于不用再确定四维函数，只需确定二维函数。

8.4　压缩机和涡轮的特性图

涡轮增压器的性能通常使用特性图表示，特性图不表示装置的结构，直接将转速、压力、流量、效率联系到一起，图 8.5 示出了典型的压缩机、涡轮特性图。这些特性图是式(8.20) 的图形化展示，可以看出，对于质量流量和转速使用了修正参数。特性图通常都是由制造商提供，通过流体测试平台确定，这个测试称作台架试验，该平台在不同工作条件下对流量、压力、温度以及涡轮增压器的转速进行测量。测试平台和数据获取的步骤将在 8.4.3 中讨论。获取数据后，转速和流量这些参数，会根据进气密度的变化进行修正，得到修正值 $\dot{m}_{co}$ 和 N_{co}。使用特性图时，需要考虑它应用了哪一种形式的修正参数，图 8.5 中使用的是参考状态下的式(8.19)。因此，特性图包含了关于参考条件的信息。

8.4.1　压缩机特性图基础

压缩机性能由压缩机特性图表示，如图 8.5(a) 所示。x 坐标轴是修正质量流量，y 坐标轴是增压比 $\Pi_c=\frac{p_{02}}{p_{01}}$。

图 8.5(a) 中的虚线是固定效率，表示了随着修正质量流量和增压比变化而改变的效率值。效率曲线代表了式(8.20) 中的右侧等式。图 8-5(a) 中，基准条件被设定为 $p_r=$ 1atm，$T_r=20℃$。

压缩机工作的限制

从图 8.5(a) 中可以看出压缩机正常工作的四个限制条件。前两个十分危险并可能损坏压缩机。

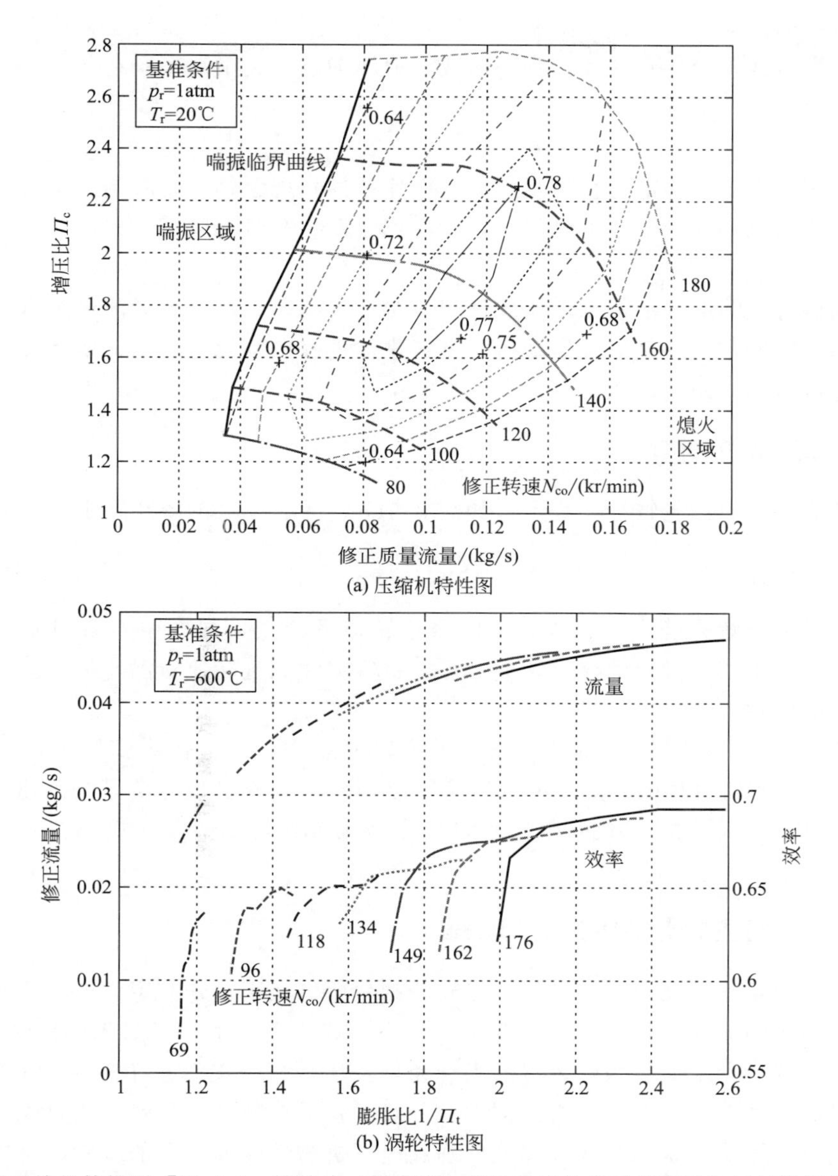

(a) 压缩机特性图

(b) 涡轮特性图

图 8.5 标准压缩机特性图［图（a），转速线（粗虚线）表示增压比和质量流量如何与常值修正转速相互联系，此处给出的转速是 1000r/min。常值效率曲线（细虚线）代表压缩机效率最高的情况。喘振线（粗实线）表示压缩机稳定工作边界，因为压缩机通过流体的流量很高时，可能发生熄火］和标准涡轮特性图［图（b），有两条 y 轴，分别表示了膨胀比 $1/\Pi_t$ 在不同修正转速下，与涡轮质量流量和涡轮效率的关系。图中绘制出了固定转速和固定效率的曲线。固定修正转速的曲线称作转速线，它描述压缩机的压力和流动特性。因此，转速线代表了式(8.20) 中左侧的等式］

最大转速

因为高转速会产生较大的离心力，产生机械损坏，所以需要限制转速。上限值应该是压缩机特性图右上侧的最大转速线。

喘振

压缩机特性图左侧的喘振线，表示了压缩机工作不稳定区域的边界。太高的增压比会使压缩机内部的流动反转，也就限制了压缩机产生的压力。流动反转会在压缩机和涡轮轴上施加不平衡负载，会导致叶片打到壳体或者损坏轴承。关于喘振会在8.6.5中进行更多的介绍。

熄火

由于压缩机内部某些部件会出现熄火（声速条件）现象，需要限制流量的最大值。它通常发生在压缩机特性图谱右下侧区域，同样也会发生在节流区域。

节流

在压缩机特性图的底部，当增压比低于1时，压缩机工作时会对流量进行限制。这要么发生在涡轮转速较低时刻以及发动机将空气排出进气口的瞬态时刻，要么发生在上游压缩机正在进行压缩作用的压缩机多级布置方案中。

8.4.2 涡轮特性图基础

涡轮性能通常由涡轮特性图表示，如图8.5(b)所示。涡轮特性图中，x轴表示膨胀比$\frac{1}{\Pi_t}=\frac{p_{03}}{p_{04}}$，它有两个$y$轴，一个表示修正流量，一个表示效率。涡轮流量就由$x$轴的膨胀比和$y$轴的流量来确定。此外，不同修正转速下的变量同样用一系列曲线表示了出来，每一条代表了一个固定的修正转速。可以很容易注意到转速对涡轮的增压比和流量特性只有很小的影响。

图8.5(b)中位置较低的曲线，描述了涡轮的效率，x坐标为膨胀比，y坐标为效率。图8.5(b)中利用修正参数展示的涡轮性能的参考条件被设定为了$p_r=1\text{atm}$，$T_r=600℃$。压缩机、涡轮增压器的特性图可以看作是流量和效率特性［式(8.20)］的图像化表达。

8.4.3 确定涡轮特性图的测量过程

压缩机和涡轮的性能通常通过将涡轮安装到台架试验来一并测定，如图8.6所示。流向涡轮和压缩机的流体分别独立进行控制，测量图8.6中所示的参数来确定装置的性能。通过控制三个执行器来控制涡轮装置的工作条件：压缩机一侧有一个控制阀CV，涡轮一侧有一个机械压缩机MC和一个燃烧器B。台架试验用来测出一系列转速曲线，执行器则用来控制涡轮增压器的状态。获取和处理确定涡轮机械性能的数据的步骤，可以在一些标准文件中找到，例如ASME(1997)、Chapman和Shultz(2003)、SAE J1826—Turbocharger Gas Stand Test Code(1995)以及SAE J922—Turbocharger Nomenclature和Terminology(1995)。这些标准文件覆盖了不同的细节、工况设定和测量的注意事项以及数据的处理和表示方法。

绝大多数特性图都是在压缩机和涡轮的设计工作点附近进行测量，也就是压缩机能发挥出最佳效率时的工作点（或区域）。低转速或者低增压比，低效率区域只能获得较少的数据，之所以选择这些数据是因为发动机的设计者通常注重发动机的最大功率或者转矩。当工作条件设定为$\Pi_c=1$、$\dot{m}_c=0$且涡轮增压器转速接近为零时，测得的效率值接近于零。

测量的大体流程

确定压缩机性能的整个过程可以通过分析图8.5中的压缩机特性图来实现。首先，选

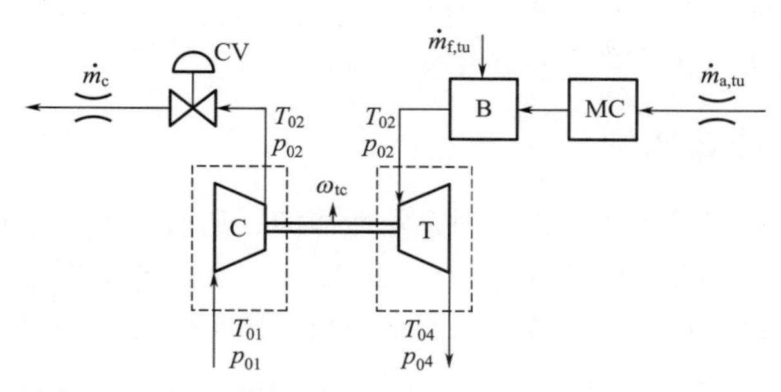

图 8.6 用来确定压缩机和涡轮性能的配置简图（需要对图中标出的质量流量、压力以及温度进行测量。机械压缩机 MC 进行泵气来驱动涡轮。用来增加流向涡轮流体焓值和温度的燃烧器 B 布置在机械增压器后边。压缩机后面的控制阀 CV 控制压缩机压力 p_{02} 和流量 $\dot{m}_c$）

取需要的转速范围，设定要测量的一组转速曲线。对于每一条转速曲线，确定喘振线上的最低质量流量以及最大质量流量。对于最大流量的确定，有两种方法，一种是选择压缩机控制阀（CV）完全张开时的点，另一种则是选择效率下降到低于某一限制（制造商们通常选用 58%）时的点。第二种方法得到的曲线有时也称作熄火临界曲线，即使高于这条曲线，压缩机仍有可能发生熄火现象。给出了质量流量的限制之后，大量的质量流量数据点均匀地散落在转速曲线上。

涡轮的进气温度通常维持在一个固定值，从而涡轮进气温度能够接近于参考温度，以保证涡轮的修正转速也是固定值。因此有三个控制好的变量，它们通过下述方法与三个执行器进行匹配：

- 压缩机质量流量由控制阀 CV 控制；
- 涡轮转速由机械压缩机 MC 控制；
- 涡轮进气温度由燃烧器 B 控制。

后两个互相耦合，但是两者可以使用串联控制器进行控制：控制温度的燃烧器处在内环，控制涡轮增压器转速的机械压缩机处在外环。在开始测量之前，系统必须先进行热稳定，这会耗费几分钟，热稳定之后的测量时间变得弥足珍贵。

无量纲数分析后的数据缩减

无量纲数的主要优点是在确定涡轮增压器性能时可以减少需要进行的昂贵的测量项。为了利用测得的性能，我们想知道这些性能如何改变，例如当从低海拔行驶到高海拔时，进气压力如何改变。许多关联关系都可以由无量纲数给出，因此，我们不需要对所有可能工况和混合工况进行性能测试。下面展示了一个数据缩减的例子。

例 8.2（量纲分析后的数据缩减） 将直接对压缩机和涡轮模型进行测试的试验时间和使用修正参数时的试验时间进行对比。

在压缩机和涡轮模型中，也就是式(8.5a)、式(8.5b) 及式(8.9a)、式(8.9b)，有 4 个变量。为了通过试验确定这些方程，每个变量会使用 7 个测量数值，一共需要测量 2401 项。如果每一个测量点需要 15min，再加上等待装置热稳定消耗的时间，一共要消耗大约 600h 或者 15 周（按每周 40h 算）。利用式(8.21) 中的修正参数来描述这一过程，一共只需考虑 2 个变量，这只需要测量 49 个点，也就是大约 12h。

除了缩减测量点的数量之外，无量纲数在为压缩机和涡轮建模时同样十分有用，此外，它还是 8.6.3 和 8.6.2 中建立的某些模型的基础。

8.4.4 涡轮性能计算明细

如何从测量数据和假设条件具体得到涡轮性能的，从这里面可以看出怎样处理数据并用于建模。压缩机的控制室分析是性能计算的基础，并在图 8.7 中进行了展示。涡轮有类似的设定条件，但是机械功的方向是从控制室输出。这个示意图展示了性能计算中需要测量和使用的参数。

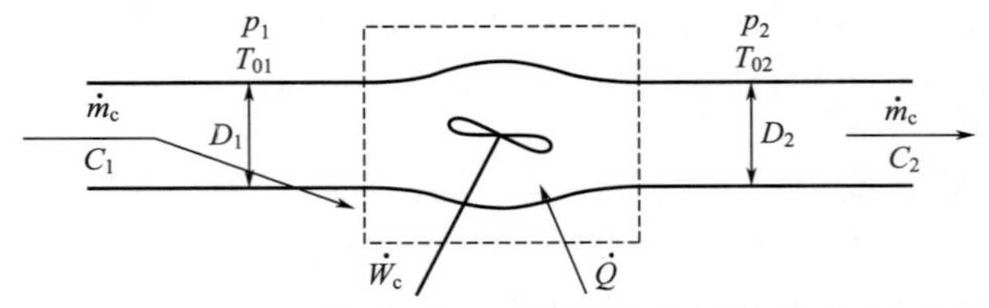

图 8.7 用来分析性能的压缩机（涡轮同理）周边开放系统的控制室［压力和温度（p_1, T_1, p_2, T_2）在进气口和出气口进行测量，通气直径（D_1 和 D_2）也进行了测量。控制室中没有物质存储，因此进、出口的质量流量都是 $\dot{m}_c$，然而进气速度和出气速度是不同的，分别定义为 C_1 和 C_2］

将压缩机（以及涡轮）看作一个开放稳定流动的系统，忽略潜在的能量影响。得到下面的第一定律表达式：

$$\dot{W}_c+\dot{Q}_c=\dot{m}_c\left[\left(h_2+\frac{1}{2}C_2^2\right)-\left(h_1+\frac{1}{2}C_1^2\right)\right]$$

状态 i 下的焓值是 h_i，总的焓值（stagnation）定义为：

$$h_{0i}=h_i+\frac{1}{2}C_i^2$$

上式描述了进气处的总能量转移。总温度以及总压力同样可以被定义。对于有常值 c_p 的理想气体，有下列关系式：

$$T_{0i}=T_i+\frac{C_i^2}{2c_p} \text{及} p_{0i}=p_i+\frac{\rho_i C_i^2}{2} \quad (8.22)$$

其中，压力公式中的流体假设为不可压缩流体。进气口和出气口的温度都在流动中采用探头测量，通常是测量台架周边的温度值，并且最终接近于实际总温度的数值。压力则是利用管子四周四个或更多小洞，连接软管至压力传感器来测得。这就得到了静态压力 p_i 的数值，i 是图 8.6 中使用的 4 个测量点之一。式(8.22) 中流体不可压缩的假设可以应用到涡轮增压器的测量当中，因为流体在测量站中的流速相对较低。如果有必要考虑流体的压缩性，那么关系式$\frac{p_{0i}}{p_i}=\left(\frac{T_{0i}}{T_i}\right)^{\frac{\gamma-1}{\gamma}}$将静态温度和压力以及总温度和总压力耦合到了一起。

总参数和静态参数间的转换

测得总温度 T_{0i} 和静态压力 p_i 之后，有必要将这两个参数转换成静态温度 T_i 和总压力 p_{0i}，例如，总压力需要转换以便进行效率计算。在转换中使用了质量流量 $\dot{m}$，横截

面面积 A（基于测量台架测得的直径 D_i）、速度 $C_i=\frac{\dot{m}_i}{\rho_i A_i}$以及密度 $\rho_i=\frac{p_i}{RT_i}$等参数。将这些参数代入温度关系式(8.22) 并进行求解得到静态温度表达式：

$$T_i=\frac{A^2 p_i^2 c_p}{R^2 \dot{m}_i^2}\left(\sqrt{1+2\frac{R^2 \dot{m}_i^2 T_{0i}}{A^2 c_p p_i^2}}-1\right) \tag{8.23}$$

式(8.23) 中使用了参数总温度 T_{0i} 和静态压力 p_i。利用式(8.22) 中的压力关系式以及式(8.23) 给出的静态温度，再加上测得的静态压力可得到：

$$p_{0i}=p_i+2\frac{R\dot{m}_i^2 T_i}{A^2 p_i} \tag{8.24}$$

式(8.23) 和式(8.24) 构成了一个确定静态温度和总压力的两步计算过程。如果只需要求解总压力，那下面的公式直接使用总温度和静态压力求出总压力：

$$p_{0i}=\left(1-\frac{c_p}{2R}\right)p_i+\frac{c_p}{R}\sqrt{p_i^2+\frac{2R^2\dot{m}_i^2 T_{0i}}{c_p A^2}}$$

总-总和总-静态等熵压缩机的效率

压缩机的效率是相比于气体在实际压缩过程中得到的能量，与等熵压缩过程实际需要消耗的功相对比的度量。压缩机总-总等熵效率的计算公式在 8.2.2 中推导，表达式为：

$$\eta_{\mathrm{cTT}}=\frac{\left(\frac{p_{02}}{p_{01}}\right)^{\frac{\gamma-1}{\gamma}}-1}{\frac{T_{02}}{T_{01}}-1} \tag{8.25}$$

表达式中包含了动能。另一种要测量的效率是总参数比静态参数。引入该效率的初衷是因为很难（通过可控的膨胀过程）回收动能，同时达到总压力。因此，使用压缩机出口的静态压力来进行计算更加合理。压缩机总-静态等熵效率可以用下式求出：

$$\eta_{\mathrm{cTS}}=\frac{\left(\frac{p_2}{p_{01}}\right)^{\frac{\gamma-1}{\gamma}}-1}{\frac{T_{02}}{T_{01}}-1} \tag{8.26}$$

在图 8.8 中，对比了两个压缩机的两种不同的效率，可以看出两者之间存在明显区别，较大的流量有较大的变化幅度。

需要注意热力学特性会随着温度改变而改变，比热容比也会改变，举例来说，关于温度的函数 $\gamma(T)$，温度为 300K 时，$\gamma=1.400$，而当温度为 450K 时，$\gamma=1.392$。图 8.8 通过对比进气温度 $\gamma(T_1)$ 和平均温度 $\gamma\left(\frac{T_1+T_2}{2}\right)$条件下的 η_{cTT} 值，展示了这一特性对压缩机效率的影响。在许多情况下，这些变化在建模时可以忽略，但是需要进行详细分析时，则要考虑这些细节。

8.4.5 热传递和涡轮效率

涡轮增压器内的热传递十分重要，可能会对其性能的分析过程有所影响。例如从涡轮壳体到压缩机的热传递，会影响到图 8.4 和图 8.7 中第一定律分析得出的效率，因为该分

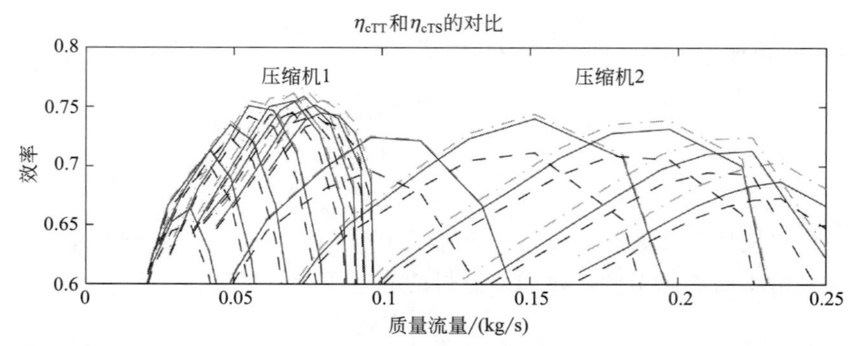

图 8.8　两种压缩机效率 η_{cTT}（实线）和 η_{cTS}（虚线）的对比（2 号压缩机流量更大但是由于测量法兰的直径是相等的，所以它有更高的流体速度，也就导致了总压力和静态压力之间更大的差别。点划线表示的数据来自于单独使用 γ 作为进气条件时 η_{cTT} 的计算值）

析过程忽略了热传递带来的影响。

在压缩机中通常存在从壳体到气体的热传递，这增加了压缩机内气体的温度，因此降低了计算出来的压缩机效率。在压缩机出口同样存在从热气体到管道的热传递，这会降低气体温度，导致计算出来的压缩机效率值有所增加。很明显热传递对压缩机效率的影响值得注意，但这并不是压缩机需要考虑的最重要的因素。然而，对于修正质量流量和增压比之间的耦合，则对变化的热传递条件不太敏感，例子参见 Casey 和 Fesich（2009）、Cormerais 等（2006）、Shaaban（2004）以及 Sirakov 和 Casey（2011）。

涡轮内部，相对于周围环境、壳体以及压缩机，有更高的气体温度，热传递则显得更加重要。如果产生了明显的温度差，就会驱动热传递过程的进行，这些热量会散发到周围环境、油冷却或水冷却的壳体以及压缩机。与压缩机相比涡轮效率更容易受到影响，因此在计算涡轮性能和相关效率时必须特别注意。直接利用式(8.6）来计算涡轮产生的能量会高于实际值，因为热传递会让温度有所降低。结果就是，用式(8.8）计算出来的效率值会特别大，结果可能会达到真实值的 300%，如图 8.9 所示。

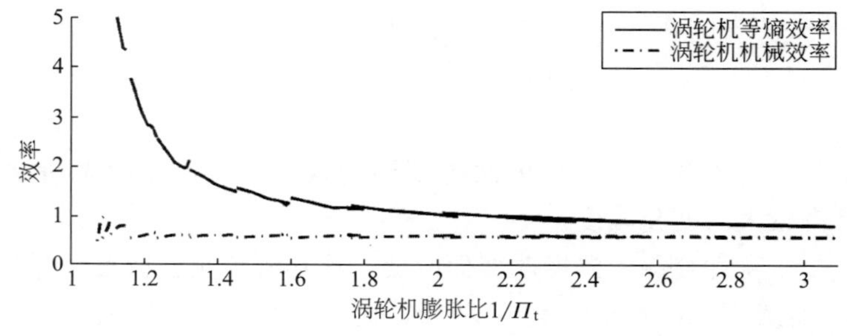

图 8.9　利用式(8.8)（实线）和式(8.27a)（虚线）计算出来的涡轮效率值的对比［涡轮一侧气体的热传递导致了较高的等熵效率，因为热传递在式(8.8）中被忽略了，流量（膨胀比）越低，热传递效应越显著］

涡轮效率的核心问题就是在用第一定律确定涡轮功率时［式(8.6)］忽略了热传递。另一种更好的求解涡轮效率的方法就是利用机械效率［式(8.10)］和压缩机功率［式(8.1)］。这一结果与通过增压比计算出的涡轮的理想功率［式(8.7)］相比，即：

$$\eta_t=\frac{\dot{W}_c/\eta_m}{\dot{W}_{t,\text{理想}}}$$

在下一步中，涡轮和涡轮增压器的机械效率结合到了一起。与压缩机类似，可以定义总-总和总-静态涡轮等熵效率，给出下列针对集中过程的效率表达式：

$$\eta_{tTT}\eta_{m}=\frac{\dot{m}_{c}c_{p,c}(T_{02}-T_{01})}{\dot{m}_{t}c_{p,t}T_{03}\left[1-\left(\frac{p_{04}}{p_{03}}\right)^{\frac{\gamma-1}{\gamma}}\right]} \tag{8.27a}$$

$$\eta_{tTS}\eta_{m}=\frac{\dot{m}_{c}c_{p,c}(T_{02}-T_{01})}{\dot{m}_{t}c_{p,t}T_{03}\left[1-\left(\frac{p_{4}}{p_{03}}\right)^{\frac{\gamma-1}{\gamma}}\right]} \tag{8.27b}$$

当制造商提供数据时，两个公式中的任意一个都可以拿来用作涡轮效率的计算公式，使用者必须仔细阅读数据表，分析制造商究竟使用了哪一个公式。此外，还需要记得涡轮效率包含了机械效率。

图 8.9 展示了利用式(8.8) 和式(8.27a) 计算出来的涡轮效率的对比。在式(8.8) 中，因为没有考虑热传递效应，涡轮机一侧来自气体的热量传递被加在了能量计算当中，得到了较高的等熵效率值。可以看出流量（膨胀比）越低，热传递效应越显著。使用式(8.27a) 进行计算，效率几乎不受热传递影响，说明式(8.27a) 是一个更好的方法。

图 8.9 中左下侧部分，同样对应式(8.27a)，可以看到当流量和膨胀比减小时，效率值有一个轻微的上升趋势。这一上升趋势是压缩机一侧的热传递效应造成的。涡轮一侧的高温气体对涡轮增压器和压缩机壳体进行加热，反过来加热了压缩机内部的气体。这促进了绝热特性图谱方向的研究，也就是在低温条件下，对涡轮进行特性图的测绘。这会使热传递减少，并为涡轮增压器的空气动力学性能的描述提供了更佳的条件，例子参见 Shaaban (2004)。

8.5 涡轮增压器模型及其参数化

接下来，会描述压缩机和涡轮的一些建模方法和参数化过程。从三个层面对模型进行描述：首先是给出装置（压缩机或涡轮）操作的详细描述，从而可以开发出不同过程的子模型；然后是会对由过程中的物理现象激发出的模型结构进行筛选，加以描述；最后是对由数据得到或者曲线拟合的模型加以阐述。此外，有必要说明通过测量获得的特性图，不能涵盖涡轮增压器的所有工作范围，模型需要对测量点之外的区域进行外推。在讨论物理之前，我们从最直接的纯粹基于测量数据的模型开始，并将这些模型列入表格当中。

特性图插值模型

对流量和效率特性图进行插值，是仿真模型包含涡轮增压器时常用的一种方法。由于它容易应用于数据，而且插值程序很好用，插值法常被使用。在发动机平均值模型架构中，插值数据可以直接被应用，对于式(8.21)，有一个修正流量的特性图，还有一个修正效率的特性图。

使用插值法时，需要注意两件事情。第一件是确保差值变量的数据是单调的，以保证插值是唯一的。这件事是有必要的，例子可以在图 8.5（压缩机特性图）中看到，其中，高转速的转速线在离开喘振线时会有一个斜率的轻微增加。这意味着增压比不单独决定修正流量，这个问题必须进行处理。常对涡轮增压器的数据进行预处理，轻微调整数据使插值法唯一。第二件是增加外推，因为涡轮增压器的压缩机经常工作在图中测量工作区域之外。通常可以采用任意的外推方法，线性外推经常被使用，参见 Kao 和 Moskwa（1995）。

8.6 压缩机工作原理及建模

下面，我们将针对涡轮和压缩机介绍几种不同的建模方法以及参数化方法。首先介绍一种物理建模方法，然后介绍其他将物理与曲线拟合综合起来的建模方法。第一节将介绍一些将压缩机流量关联到增压比的模型，接着介绍一些效率模型。下面，让我们先简单了解一下离心式压缩机的工作原理。

图 8.10 展示了离心式压缩机的组成部件。气体以 C_1 的速度从进气口中心进入，以压缩机转轮作为参照物，气体的相对速度为 W_1。如果导流片的叶片具有一个能恰好匹配 W_1 的角度，气体就不会有动能损失，否则会产生碰撞损失（在图 8.10 中通过几何学分析可知，进气角 $\beta=\arctan\dfrac{U_1}{C_1}$，为了得到最佳进气流量，这个角应为 55°～60°）。旋转叶片通过对气体进行加速将机械能传递给气体。在叶片顶端，流体的速度达到了 C_2。在出口处，气体流动的角度仍可能偏于理想状况，于是产生滑动损失，并有相应的滑动角。之后，气体通过可控减速装置后速度下降，在扩散器中，气体的动能转变为静态压力。

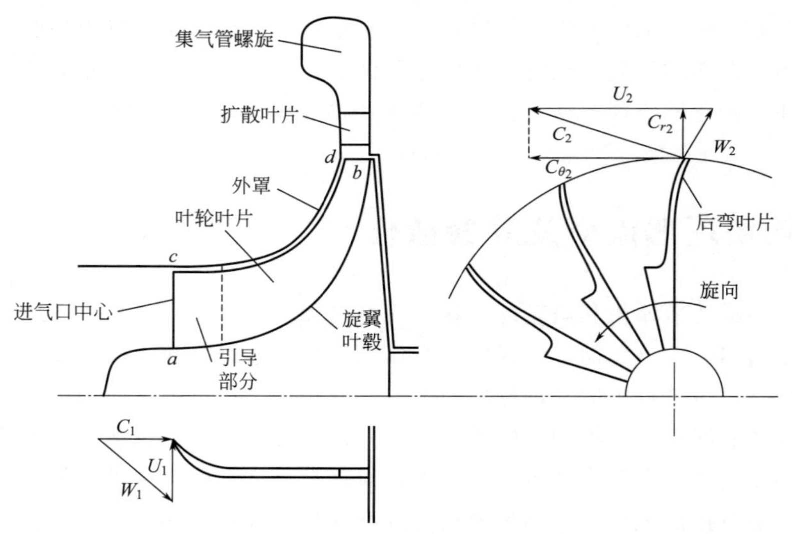

图 8.10 小后掠角压缩机简图（重要部分都标了名称并画出了进气口和出气口的速度三角形。c-d 线称作外罩，a-b 线称作旋翼叶毂）

8.6.1 压缩机物理建模

这里将讨论影响压缩机运转及其效率的一些过程。首先研究能够将流体单元由一种压力状态转变到另一种压力状态的所需要的最小功，然后讨论压缩机轴功转换到气体动能过程中的能量损失。

由压力 p_{01}、温度 T_{01} 这一状态到压力为 p_{02} 这一状态的绝热压缩过程消耗的能量可以由下式给出：

$$\Delta h_{0s}=c_pT_{01}\left[\left(\frac{p_{02}}{p_{01}}\right)^{\frac{\gamma-1}{\gamma}}-1\right] \tag{8.28}$$

如果 Δh_{0s} 已知，例如压缩机的工作条件，如轴的转速、流体流速、摩擦力等因素已知，就可以得到压缩机的增压比：

$$p_{r,c}=\frac{p_{comp}}{p_{af}}=\left(1+\frac{\Delta h_{0s}}{c_pT_{01}}\right)^{\frac{\gamma-1}{\gamma}} \tag{8.29}$$

上式给出了能量和增压比之间的关系。本小节其他部分将致力于描述等熵压缩过程需求的比能量，即 Δh_{0s}。

Δh_{0s} 由实际输入比能量 $h_{0,act}$ 减去能量损失得到。损失分为碰撞损失（即进气角度相对旋转叶片不是最佳角度时产生的能量损失）以及流动摩擦损失。

$$\Delta h_{0s}=\Delta h_{0,act}-\Delta h_{loss}\approx\Delta h_{0,act}-(\Delta h_{fric}+\Delta h_{inc}) \tag{8.30}$$

首先计算转子产生的能量。图 8.11 是转子角速度为 ω 时的示意图。流体以线速度 C_{θ_1} 进入转子，以线速度 C_{θ_2} 离开转子。提供给转子的功率 $\dot{W}$ 由转子施加在流体上的转矩和转子角速度相乘得到。设转矩为 M，则有：

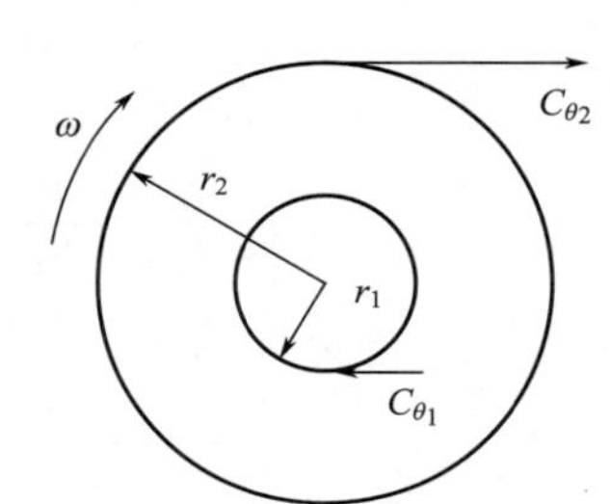

图 8.11 涡轮欧拉方程的简单转子模型

$$\dot{W}=M\omega$$

转矩等于流体净角动量对时间的微分。从图 8.11 中可以看出，质量为 m 的流体物质进入到转子中时角动量为 $r_1mC_{\theta_1}$，离开时为 $r_2mC_{\theta_2}$。可以得出：

$$M=\frac{\mathrm{d}}{\mathrm{d}t}(r_2mC_{\theta_2}-r_1mC_{\theta_1})=\dot{m}(r_2C_{\theta_2}-r_1C_{\theta_1})$$

式中，稳态流速 C_{θ_1} 和 C_{θ_2} 与时间无关，因此转子功率的公式改写为：

$$\dot{W}=\omega\dot{m}(r_2C_{\theta_2}-r_1C_{\theta_1})$$

两边同时除以 $\dot{m}$，得到提供的比能量的计算式，即：

$$\Delta h_{0,act}=\omega(r_2C_{\theta_2}-r_1C_{\theta_1})$$

假设 $r_2C_{\theta_2}\gg r_1C_{\theta_1}$，则后面一项可以忽略，最终表达式为：

$$\Delta h_{0,act}=\omega r_2C_{\theta_2}=U_2C_{\theta_1} \tag{8.31}$$

其中 ωr_2 由转子叶片顶端线速度 U_2 代替。上式为提供给转子的比功的通式，唯一的限制条件是假设流体流动为一维流动。

流动摩擦损失

根据 Watson 和 Janota（1982），通过对一维流动进行分析，可以得到流动摩擦损失。在有内置轴承的小汽车涡轮增压器中，进气损失可以被忽略。压缩机的流动摩擦损失主要发生在空气滤清器。如果损失明显，可以用式(7.4) 来描述。推动器的损失由以下原因产生：表面黏性摩擦采用管道壁面摩擦代替进行建模；由于边界层的形成、分散和混合会产生扩散效应和叶片负载损失，这些损失通常在汽车涡轮增压器中不占主导，常与表面黏性损失结合在一起；由于气体在导流片处的偏差角所产生的叶片撞击损失；在高增压比工况下导流片进气处声速流动产生的振动损失；由于沿着护罩从叶片端部到导流片的气体回流，以及由于间隙产生的由叶片端部高压区到叶片低压吸气区的气体流动所产生的再循环损失；由于叶轮的背面和紧挨着叶轮静态表面之间气体的剪切产生的圆形区域摩擦损失。扩散器的损失和收集器的损失同样存在，感兴趣的读者可以参阅 Watson 和 Janota (1982)。

为了对摩擦损失 Δh_{fric} 建模，我们进行一次近似，假设二维流动模型是合理的，因为模型代表了典型的管道湍流［式(7.4)］。进而得到摩擦损失：

$$\Delta h_{fric}=c_1\dot{m}_c^{c_2}=[选择\ c_2=2]=c_1\dot{m}_c^2 \tag{8.32}$$

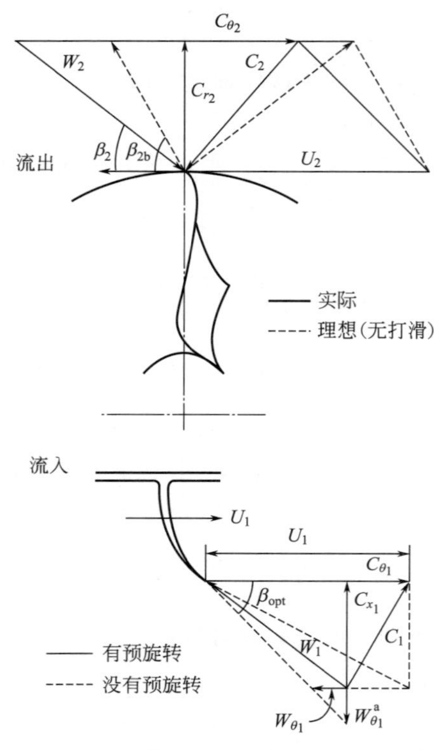

图 8.12 压缩机速度三角形，解释预旋转和碰撞损失如何改变速度分量

碰撞损失

下面将对压缩机叶轮速度角进行深入分析，并探讨如何表征能量损失，如何以压缩机几何学的角度来对气体切向速度 C_{θ_2} 进行测定。图 8.12 展示了当叶轮上具有轴向预旋转导流片以及后掠角的叶片时，在一般情况下进气（中心）和出气（端部）处的速度矢量角。图 8.12 中出现的注释将在下面进行阐述。

进入气体到达叶轮入口的绝对速度为 C_1，其轴向速度和切向速度分别以 C_{x_1}、C_{θ_1} 表示。U_1 是叶片顶部转速的切向分量，即：

$$U_1=r_1\omega$$

式中，ω 是叶轮的角速度。因为进气口旋翼叶毂接触处的速度矢量三角形有别于进气口边缘处，必须考虑一个特征值 r_1。在半径 r_1 处将进气口分割成两个等面积的环形。

W_1 是气体相对于导流片的相对速度。W_1 的最佳方向应该是和切向速度 C_{θ_1} 的方向成夹角 β_{opt}。这样，气体到达叶片时不需要改变方向。但通常 W_1 的方向都会偏离最佳方向，后面将会利用这一点进行碰撞损失的计算。

至于出口处的情况，我们使用相同的速度分量。C_2 是绝对速度，被分解为切向速度 C_{θ_2} 和径向速度 C_{r_2}。叶片顶端速度为 U_2，W_2 是从叶片顶端观察时气体的速度。理论上 W_2 的方向应该是沿着叶片端部延长的方向，即图 8.12 中 β_{2b} 所示方向，但是由于滑动现象，实际方向与 β_{2b} 不同。

为了得到碰撞损失的计算公式，我们使用和 Watson 和 Janota(1982) 中一样的假设来为碰撞损失建模，Müller 等 (1998) 中同样使用了这个方法。假设动能损失与切向速度 W_1 的改变量 W_{θ_1} 相关，这是由于流体沿着叶片方向所产生的，碰撞损失为：

$$\omega_{inc}=\frac{1}{2}W_{\theta_1}^2 \tag{8.33}$$

如图 8.12 所示，通过几何分析得到：

$$\frac{W_{\theta_1}^a+C_{x_1}}{U_1-C_{\theta_1}}=\tan\beta_{opt}\Rightarrow$$

$$\Rightarrow W_{\theta_1}^{a} = (U_1 - C_{\theta_1})\tan\beta_{opt} - C_{x_1}$$

此外：

$$W_{\theta_1} = W_{\theta_1}^{a}\cot\beta_{opt} = U_1 - C_{\theta_1} - C_{x_1}\cot\beta_{opt}$$

因此，式(8.33) 可以写成：

$$\begin{aligned}\omega_{inc} &= \frac{1}{2}(U_1 - C_{\theta_1} - C_{x_1}\cot\beta_{opt})^2 \\ &= \frac{1}{2}(U_1^2 - 2U_1C_{x_1}\cot\beta_{opt} + C_{x_1}^2\cot^2\beta_{opt}) + \\ &\quad C_{\theta_1}(C_{\theta_1} - 2U_1 + 2C_{x_1}\cot\beta_{opt})\end{aligned}$$

有轴向进气流动的压缩机，在理想情况下没有进气预旋转。假设实际条件接近于理想情况，设进气预旋转为零，可由 $C_{\theta_1}=0$ 推出 $C_{x_1}=C_1$，C_1 可由连续方程给出定义：

$$C_1 = \frac{\dot{m}_c}{\rho_1 A_1} \tag{8.34}$$

式中，A_1 是导流片进气横截面面积；ρ_1 是压缩机进气口静态密度。利用上述公式，碰撞损失计算公式可以改写为：

$$\omega_{inc} = \frac{1}{2}\left[U_1^2 - 2U_1\frac{\dot{m}_c}{\rho_1 A_1}\cot\beta_{opt} + \left(\frac{\dot{m}_c}{\rho_1 A_1}\right)^2\cot^2\beta_{opt}\right] \tag{8.35}$$

由式(8.31) 给出的实际提供的比能量可以利用端部气体绝对速度的径向分量 C_{r_1} 和后掠角 β_{2b} 改写为：

$$\omega_{in,act} = U_2C_{\theta_2} = U_2^2\left(1 - \frac{C_{r_2}}{U_2}\cot\beta_{2b}\right) \tag{8.36}$$

假定叶轮没有后掠角，也就是 $\beta_{2b}=90°$，表达式简化为：

$$\Delta h_0 = U_2^2 \tag{8.37}$$

将式(8.32)、式(8.35) 和式(8.37) 代入到式(8.30) 当中，得到 U_1 与 U_2 的比值等于 D_1 与 D_2 的比值，即：

$$\frac{U_1}{U_2} = \frac{D_1}{D_2}$$

则经过代数计算和重组后得到下列表达式：

$$h_{0s} = U_2^2\left[s_1\left(\frac{\dot{m}_c}{U_2}\right)^2 + s_2\left(\frac{\dot{m}_c}{U_2}\right) + s_3\right] \tag{8.38}$$

其中，s_i 是 U_2 的函数，也是设计参数，但在模型中它们是调节常数。这个 h_{0s} 的表达式可以和式(8.28) 一起使用，从而得到质量流量、转速以及增压比的关系公式：

$$c_pT_{01}\left[\left(\frac{p_{02}}{p_{01}}\right)^{\frac{\gamma-1}{\gamma}} - 1\right] = U_2^2\left[s_1\left(\frac{\dot{m}_c}{U_2}\right)^2 + s_2\left(\frac{\dot{m}_c}{U_2}\right) + s_3\right] \tag{8.39}$$

这个等式将质量流量和增压比两个参数联系到一起，并且是一个可以求解的质量流量二次多项式。此外，压缩机的效率可以通过式(8.36) 除以式(8.28) 得到。$\dot{m}_c$ 和 η_c 由上述公式定义后，这些公式都可以应用于式(8.5a) 和式(8.5b) 中介绍的发动机平均值模型的构架中。另外也有一些其他的离心式压缩机的物理模型，请参阅 Gravdahl(1998)、Müller 等 (1998)、Vigild (2001)、Watson 和 Janota(1982)。

8.6.2 压缩机效率模型

压缩机效率模型可以根据物理学建立，这在 8.6.1 中已经提到。然而，现在我们要基于无量纲数以及压缩机数据的分析结果进行建模。特别提出，效率 η_c 和无量纲流量参数之间存在一个关系：

$$\Phi=\frac{\dot{m}_c}{\rho_{01}ND^3}=\frac{\dot{m}_c}{ND^3}\times\frac{RT_{01}}{p_{01}} \tag{8.40}$$

这种关系从图 8.13 中的两台不同尺寸的离心式压缩机图像可以看出，图中的转速曲线聚集得非常近。与图 8.8 对比，图 8.8 中则是转速曲线沿着流量散布。这说明流量系数可以对效率进行很好的描述。当模型描述的效率足够接近于设计转速对应的效率值时，Φ 的二次函数可以用作效率的一次近似值。偏离压缩机设计点会导致效率下降，此外，Eriksson（2007）中还表明最佳位置几乎与转速呈线性关系变化。为了描述这种关联性，模型需要包含 Φ 和转速（或者 Π_c）。因此，建议使用 Φ 和 N_{co}（或者 Ma）构成的二次形式作为效率的第一模型。

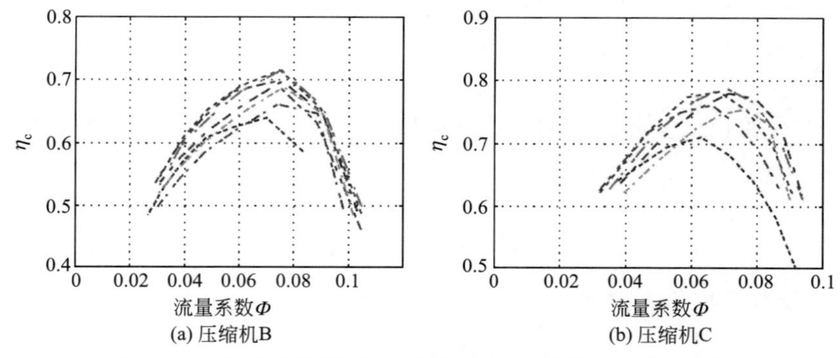

图 8.13 两台不同压缩机的效率 η_c 与流量系数 Φ 的关系图
（可以看出随着流量系数的增大，转速曲线汇集到了一起）

模型 8.5 压缩机效率二次形式

$$\chi(\Phi,N_{co})=\begin{cases}\Phi-\Phi_{max}\\N_{co}-N_{co,max}\end{cases} \tag{8.41}$$

$$\eta_c(\chi)=\max(\eta_{c,max}-\chi^{T}Q_{\eta}\chi,\eta_{c,min}) \tag{8.42}$$

式中，$Q_\eta\in R^{2\times2}$ 是一个对称的正定矩阵；Φ_{max}、$N_{co,max}$、$\eta_{c,max}$、$\eta_{c,min}$ 和 Q_η 中的元素是调节参数。

注意到 Q_η 必须是对称的矩阵，它才能有二次形式和正定的特性，从而得出一个效率的唯一最大解。模型中，当转速和流量不在名义区域时效率就会下降，因此，需要将 $\eta_{c,min}>0$ 这个条件加到式(8.42) 中，来保证最小值为正。

上述模型中的变量经常被使用。在研究压缩机等熵过程效率曲线（见图 8.5）时，发现曲线与椭圆形相似，可以用来描述压缩机特性图。在 Guzzella 和 Amstutz（1998）中，使用流量和增压比的二次形式描述效率，也就是使用式(8.42)，但将式(8.41) 换成：

$$\chi(\dot{m}_{c},\Pi_{c})=[\dot{m}_{c}-\dot{m}_{c,max} \quad \Pi_{c}-\Pi_{c,max}]^{T} \tag{8.43}$$

再仔细观察等熵过程效率曲线，并对比图 8.5，可以看出椭圆中心改变时曲线有些倾斜。用 $\dot{m}_c$ 和$\sqrt{\Pi_c-1}$替代 Π_c 能得出更多椭圆形等熵效率曲线，这表明分量：

$$\chi(\dot{m}_{co},\Pi_{c})=[\dot{m}_{co}-\dot{m}_{co,max} \quad \sqrt{\Pi_{c}-1}-\sqrt{\Pi_{c,max}-1}]^{T} \tag{8.44}$$

可以在运用二次形式［式(8.42)］求解压缩机效率时使用。

其他常用的模型选择则是多元回归模型，例如 Sokolov 和 Glad（1999）提出的：

$$\eta_{c}(\dot{m}_{c},N_{tc})=a_{4}+a_{5}N_{tc}+a_{6}N_{tc}^{2}+a_{7}\dot{m}_{c}+a_{8}\dot{m}_{c}^{2}+a_{9\dot{m}_{c}}N_{tc} \tag{8.45}$$

多元线性回归模型优势在于易调性，因为它可以采用简单的线性最小二乘法直接进行调节。其他的模型为了能更好地匹配数据则可能需要使用非线性最优化的方法。

备注

如果压缩机有不同进气条件，例如天气或者海拔变化，那么使用修正参数则变得十分必要。大多数没有考虑这些因素的模型能够方便地得到改进，例如式(8.43) 和式(8.45) 中的流量和速度可以被修正值替换。上面提到的效率模型需要质量流量或者流量系数成为压缩机模型的输出。因此，它关联于压缩机质量流量的子模型，也正是我们下面即将讨论的问题。

8.6.3 压缩机流量模型

当整合到发动机平均值模型中时，压缩机质量流量是压缩机模型的重要输出参数。压缩机模型中的转速、增压比以及进气条件都是已知的，并用来计算质量流量。一个常用的方法是通过无量纲数的辅助来为压缩机质量流量建模：

$$\Psi=\frac{\Delta h_{0s}}{N^{2}D^{2}}=\frac{c_{p}T_{01}\left[\left(\frac{p_{02}}{p_{01}}\right)^{\frac{\gamma-1}{\gamma}}-1\right]}{N^{2}D^{2}} \tag{8.46}$$

$$\Phi=\frac{\dot{m}_{c}}{\rho_{01}ND^{3}}=\frac{\dot{m}_{c}}{ND^{3}}\times\frac{RT_{01}}{p_{01}} \tag{8.47}$$

无量纲数分析结果表示，无量纲能量 Ψ 和流量系数 Φ 之间存在关联，在 Dixon（1998）和 Lewis（1996）中有更详细的讨论。图 8.14 展示了压缩机特性图中的转速曲线在无量纲分析中几乎集合成了一条曲线。正如式(8.13) 中的马赫数（转速）、雷诺数等，有些参数会随工况变化而变化。

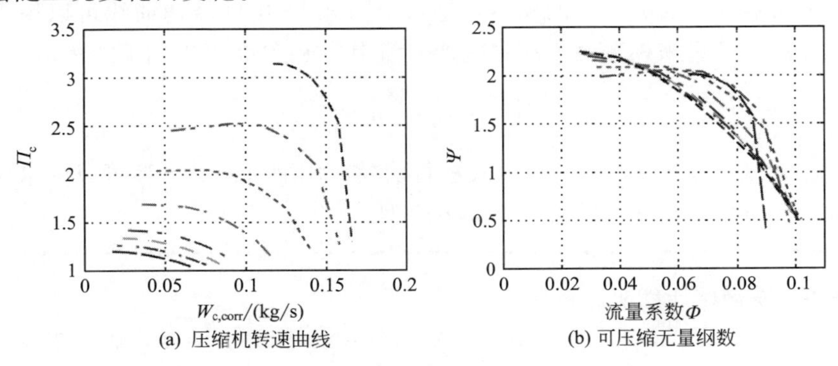

图 8.14 压缩机性能的无量纲分析将转速曲线位置拉近了

下面介绍的 Jensen 等（1991）中的压缩机流量模型，利用有理函数来描述 Φ、Ψ 以及 Ma 之间的关系。通过建立等式将压缩机质量流量用增压比、转速以及压缩机进气条件来描述，模型定义如下。

模型 8.6　Jensen 等的压缩机流量模型

首先计算能量系数［式(8.46)］以及压缩机环形孔口处马赫数 $Ma=\frac{ND}{\sqrt{\gamma RT}}$。然后计算马赫数多项式以及 Φ 的比值，最后通过求解式(8.47) 来得到质量流量。

$$k_i(Ma)=k_{i1}+k_{i2}Ma+k_{i3}Ma^2 \tag{8.48a}$$

$$\Phi=\frac{k_3(Ma)\Psi-k_1(Ma)}{k_2(Ma)+\Psi} \tag{8.48b}$$

$$\dot{m}_c=\Phi\rho_{01}ND^3 \tag{8.48c}$$

式中，$k_{i,j}$ 为 9 个用于拟合压缩机特性图的调节参数。

这个模型灵活性更好并且包含九个需要调节以适应特性图数据的参数，这些参数需要通过非线性最小二乘法来确定。记录此方法的不同结果，并对式(8.48b) 中 Φ 的值或者式(8.48a) 中多项式阶数进行调整修正，更多案例参阅 Jung 等（2002）、Kao 和 Moskwa（1995）、Martin 等（2009）以及 Moraal 和 Kolmanovsky（1999）。

Sorenson 等（2005）中展示的另一个模型，是基于对下面试验数据的观察：能量系数除以效率后，Φ 的数据表现出了线性关系，于是可以构造下面的模型。

模型 8.7　Sorenson 等的压缩机流量模型

首先能量系数由式(8.46) 计算，然后根据下式确定质量流量：

$$\Phi=k_0-k_1\Psi/\eta_c \tag{8.49}$$

$$\dot{m}_c=\Phi\rho_{01}ND^3 \tag{8.50}$$

式中，k_0 和 k_1 是调节参数。需要一个计算效率 η_c 的子模型。

在 Sorenson 等（2005）中，效率取决于流量，可以得到一个关于流量的隐函数。通过延迟每一个仿真步长对方程进行求解，流量会在下一步输入效率模型。

另一个 Eriksson（2007）中的模型，是基于图 8.14 中的转速曲线可以用 1/4 椭圆来近似代替这一观察结果来构造的。在一次近似值中，Ψ 和 Φ 可以用下式表示

$$\left(\frac{\Phi}{k_1}\right)^2+\left(\frac{\Psi}{k_2}\right)^2=1 \tag{8.51}$$

式中，k_1 和 k_2 是调节参数。对上式进行变换，压缩机流量模型可以由增压比，转速以及压缩机进气条件来描述，即可得到如下模型。

模型 8.8　基椭圆压缩机流量模型

首先通过式(8.46) 计算主要参数，然后求解式(8.51) 得到 Φ，再用下述方法求解式(8.47)，最终确定质量流量。

$$\Phi = k_1 \sqrt{1 - \left[\frac{\min(\max(\Psi, k_2), 0)}{k_2}\right]^2} \tag{8.52}$$

$$\dot{m}_c = \Phi \rho_{01} N D^3 \tag{8.53}$$

第一个等式中包含了一些关于 1/4 椭圆的细节。首先，如果 $\Psi > k_2$，那么 Φ 将会变成虚数，这种情况通过最大值选择器处理。其次，如果 $\Psi < 0$，那么流量的数值就会减小，可以通过使用最小值选择器来避免这种情况的发生。

这个模型的优点在于它的参数很少（只有两个）并且易于调节，同时还能对压缩机名义工况进行合适的描述，参见图 8.16(a)。缺点则是在增压比低于 1 时，无法较好地向外扩散，因此压缩机的工作角速度较小时会限制流量的大小。处理这个扩散问题的方法已经在 Leufven（2013）以及 Leufven Eriksson（2011）中提出，椭圆的曲率和中心允许随着修正转速改变而变动。

通常还会见到使用一般模型结构并且根据数据拟合参数的黑箱模型。还有一些多元多项式、神经网络或者使用其他调节参数的基本函数的例子，参阅 Moraal 和 Kolmanovsky（1999）。

备注

流量模型随着进气条件而改变是十分重要的，只有这样模型才能随着环境或压缩机进气条件的改变而做出相应变化。因此，如果模型使用了修正参数或与进气条件而成比例变化的无量纲参数 Ψ 和 Φ，是比较理想的。

8.6.4 压缩机的熄火现象

在上一节中，我们介绍了名义工作区域内的压缩机模型，并在区域内进行了压缩机外特性图的绘制。现在将研究重点放到节流、熄火还有后面的喘振现象。当我们研究多级压缩机动态特性及其运转情况时，这些都是需要注意的问题。例如，压缩机启动或怠速运转时发生瞬态突变都会使压缩机的增压比低于 1。图 8.15 展示了压缩机全部工作区域示意图与图 8.5 中压缩机外特性曲线之间的覆盖图。在全部工作区域内，压缩机转速曲线从停止点 $N=0$ 持续增加到全速 N_m。下面将要对以下重要区域进行讨论。

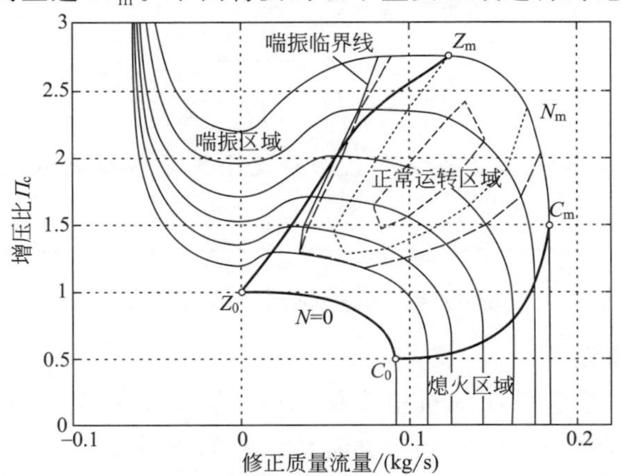

图 8.15　压缩机外特性图和完整运转区域的示意图（分别绘出从点 C_0 到点 C_m 的熄火临界曲线，以及从点 Z_0 到点 Z_m 的零斜率曲线。转速曲线是从停止点 $N=0$ 开始到最大转速 N_m 终止的）

• 普通区域：普通运转区域，也就是和外特性图重合的区域。

• 节流区域：当存在另一个装置、发动机或者另一台压缩机将气体吸入或者排出压缩机时，压缩机可能工作在 $\Pi_c \leqslant 1$ 的区域，因此，这个区域要对流量进行限制。

• 熄火区域：增压比下降的工况并不能使流量增加，熄火区域的边界线，即熄火临界线由零转速点 C_0 到最大转速点 C_m 的曲线构成，这其中有一小部分包含在节流区域内。

• 喘振区域：压缩机内部局部反流的不稳定工作区域。

压缩机的停转、节流以及熄火

接下来我们讨论压缩机停转、节流以及熄火这几个工作状态。通常情况下，这些区域的特性图数据参考意义不大，所以在这里我们总结了一些试验发现这将对建模者在研究这些区域内可预期的行为时具有一定的指导意义。设最大转速为 N_{max}，最大修正流量为 $\dot{m}_{max}$。运转停止时，压缩机限制气体流动，特别是增压比下降到单位值 1 以下时，质量流量持续增加，直至发生熄火，在图 8.15 中记为 C_0。Leufven（2013）中展示了在特殊台架试验中测得的两台压缩机的试验数据，数据表明零转速曲线起始点为（0，1），熄火点为（$0.5\dot{m}_{max}$,0.5）。这一特性与式(7.10）中的等熵节流相似，但是在数据和曲率上又有别于式(7.10)。

压缩机节流区域，特别是熄火区域是下一个讨论话题。常见的趋势是熄火临界曲线为上凸曲线，并且从点（$0.5\dot{m}_{max}$,0.5）延伸到了点（$\dot{m}_{max}$,1.5）附近。最高转速 C_m 处的增压比近似为 1.5，虽然不是精确值，但是它足以证明压缩机在高增压比工况下也可能发生熄火现象。部分转速曲线在熄火曲线下存在向后弯曲的趋势，但是在建模时通常不考虑这部分，因为压缩机在熄火区域之下几乎没有运转的可能性。更多细节参阅 Leufven（2013)，其中，分别测量了五台压缩机在节流区域和熄火区域的运转。

下面介绍一个简单的基于椭圆模型并扩展到节流区域的改进模型。基本原理是当流量为零时，Ψ 接近于 Ψ_{max}（见图 8.14），解释了最大增压比 Ψ_{max} 如何随转速改变。模型的另一个假设是转速曲线在最大修正流量点（$\dot{m}_{max}$，Π_0）有一个渐近点。

模型 8.9　扩展到节流区域的椭圆模型

$$\Pi_{max}=\left(\frac{N^2 D^2 \Psi_{max}}{2c_p T_{01}}+1\right)^{\frac{\gamma}{\gamma-1}} \tag{8.54a}$$

$$\dot{m}_{c,co}=\dot{m}_{max}\sqrt{1-\left(\frac{\Pi_c-\Pi_0}{\Pi_{max}-\Pi_0}\right)^2} \tag{8.54b}$$

式中，Ψ_{max}、$\dot{m}_{max}$ 和 Π_0 是模型参数。将这个流量模型代入到式(8.21a）中，可以得到通用压缩机模型式(8.5a)。

此模型和图 8.16(a）中右侧的压缩机数据进行了对比。

零斜率与熄火之间的模型

下一步，将开发一个包含压缩机更多信息的更高级的模型。在大多数压缩机特性图中，可以看到转速曲线有一个最大值，也就是斜率为零的那一点。如图 8.15 中的 Z 线，由零斜率曲线上的点组成。经常将其用于压缩机特性的建模，参见 Hansen 等（1981）以及 Moraal 和 Kolmanovsky（1999），后者称这条曲线为零斜率曲线。Z 线右侧用于描述压缩机性能，Z 线左侧用于描述喘振现象。

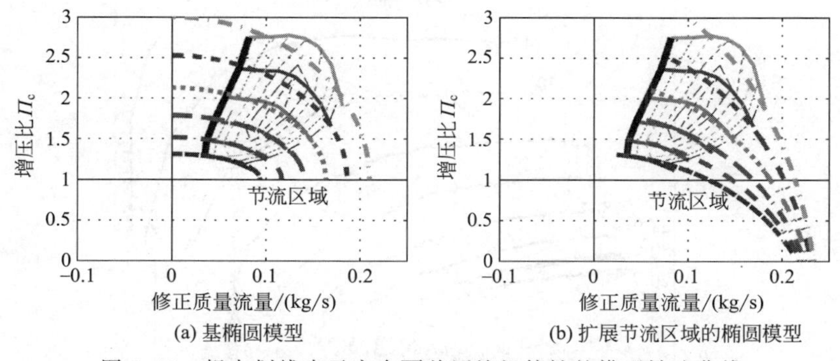

图 8.16 粗点划线表示完全覆盖压缩机特性的模型转速曲线

转速曲线在 Z 线处斜率为零，在熄火处斜率为无穷大，也就是 C 线。这可以通过椭圆来充分体现，但是观察数据可知，如果曲率能够随转速变化是更加理想的。例如，高转速时曲线斜率大，如图 8.16 所示。因此，对椭圆公式做出如下修正。

$$1=\left(\frac{\Pi_c-\Pi_C}{\Pi_Z-\Pi_C}\right)^{C(N_{co})}+\left(\frac{\dot m_{c,co}-\dot m_Z}{\dot m_C-\dot m_Z}\right)^{C} \tag{8.55}$$

上式给出了一个允许椭圆中心（Π_C，$\dot m_Z$）以及椭圆曲率 C 变化的函数表达式。下面将给出一个完整的允许椭圆中心和曲率随着转速变化的模型。

模型 8.10 Z 到 C 的扩展椭圆模型

$$\Pi_Z(N_{co})=1+c_{1,1}N_{co}^{c_{1,2}} \quad \dot m_Z(N_{co})=c_{2,0}+c_{2,1}N_{co}+c_{2,2}N_{co}^2 \tag{8.56a}$$

$$\Pi_C(N_{co})=c_{3,0}+c_{3,1}N_{co}^{c_{3,2}} \quad \dot m_C(N_{co})=c_{4,0}+c_{4,1}N_{co}^{c_{4,2}} \tag{8.56b}$$

$$C(N_{co})=c_{5,0}+c_{5,1}N_{co}+c_{5,2}N_{co}^2 \tag{8.56c}$$

$$\dot m_{c,co}=\dot m_Z(N_{co})+[\dot m_C(N_{co})-\dot m_Z(N_{co})]\left\{1-\left[\frac{\Pi_c-\Pi_C(N_{co})}{\Pi_Z(N_{co})-\Pi_C(N_{co})}\right]^{C(N_{co})}\right\}^{\frac{1}{C(N_{co})}} \tag{8.56d}$$

节流和熄火区域在 Leufven（2013）中进行了详细研究，应用并进一步扩展。可以通过求解经验式(8.56a)，并令 $c_{1,2}=2.3$ 得到最大增压比的近似值。将得到的模型与图 8.17 中的扩展压缩机特性图中的数据进行对比，可知它可以对压缩机转速曲线进行很好的描述。

涡轮增压器仿真最低转速限值的说明

在图 8.17 中，20000r/min 对应的最低转速曲线和停转临界线非常接近。在低于某固定的限值时，可能没有必要对涡轮增压器进行仿真模拟，除了分母为零的情况，这是为了对式(8.11) 中的积分器进行限制。必要的转速最低限值由 $c_{1,2}=2.3$ 时的式(8.56a) 给出，例如，令 $N_{min}\leqslant N_{max}/10$，则有 $[\Pi_C(N)_{co}-1]/(\Pi_{max}-1)\leqslant 0.005$ 作为增压比的限制条件。

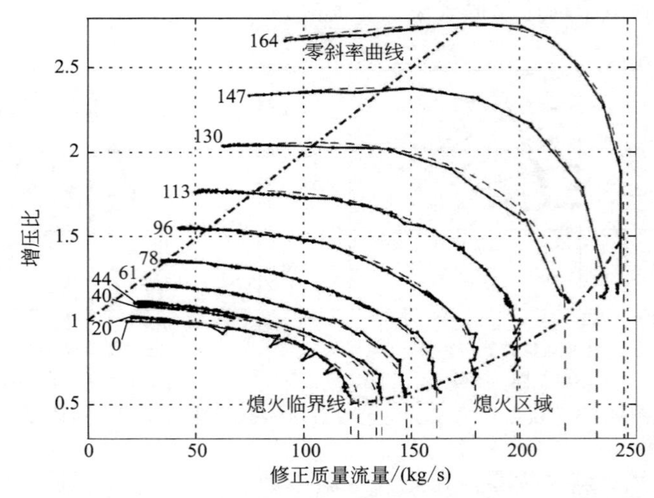

图 8.17　验证椭圆模型式(8.56)［虚线覆盖了压缩机由零斜率曲线到熄火临界曲线的性能表现，测量数据和模型来自 Leufven（2013）］

8.6.5　压缩机喘振

压缩机喘振现象可以通过离心式压缩机只有在有流体经过时才能进行增压这个原理来解释。流体经过压缩机之后，增压比增大，从而使流量减小，也可以从转速曲线看出增压比的增加会使质量流量减小。如果增压比太大，压缩机就不能维持增压所需的流量，从而使流经压缩机的流体中断流动，即流体可能停止流动或反流。在喘振区域内，流动在反流和正常流动之间交替进行，也就造成了增压比和质量流量的不稳定。喘振有时也被称作压缩机抽动。此外，喘振分为两种：深度喘振和中度喘振。深度喘振时，压缩机内部流动完全反转，直到增压比下降到足够低的程度来重新保证流动稳定。这会导致质量流量反复变化。至于中度喘振，流量也会发生变化但不至于完全反转。

当压缩机进入到喘振状态时，流动就会中断，压缩机叶轮上就会分布不均匀的压力，这会在压缩机叶片以及涡轮轴承上施加很高的压力，最后损坏涡轮增压器，这就是需要避免喘振的原因。伴随喘振产生的机械振动和流量波动会产生很大的噪声，这也是确定保证压缩机正常工作时允许接近喘振边界程度的一个限制因素。在这个过程中，发动机、压缩机和涡轮的总成完成了稳定工作时期望的喘振余量的匹配。

压缩机特性图和喘振建模

即使喘振边界线在压缩机特性图中标定了出来，也必须指出喘振并不是压缩机的固有属性之一。它是与压缩机特性以及压缩机周边环境因素相关的一个系统属性，参阅 Greitzer（1981）中的经典径流式压缩机处理方法以及 Hansen 等（1981）中的离心式压缩机分析。喘振并不存在一个明确的定义，喘振边界线也经常是通过台架试验工作人员的主观判断来决定。因此，标定的喘振边界线并不是绝对准确的临界线，并且在安装发动机时还需要对喘振进行评估。研究压缩机特性图时，必须注意到喘振边界线与 Z 线并不相同。如图 8.15 和图 8.17 所示，在高转速工况下，Z 线在喘振边界线的右侧。

模型中通常使用 Z 线，例如 Hansen 等（1981）中使用三阶多项式来描述 Z 线右侧区域的正向流动，使用二阶多项式来描述逆向流动，使用三阶多项式来描述停滞到 Z 线之间区域的流动状况。后者选取了一些参数，以保证完整的转速曲线模型是连续可微的。如果压缩机工作时存在逆向流动这一状态，就可以认定涡轮在设计上存在问题。

摩尔-格雷策喘振模型

摩尔-格雷策模型［格雷策（1981）］以及该模型的诸多变型，在描述压缩机稳定工况下的喘振时使用得十分广泛。模型由四部分组成：压缩机内部压力的增量 $\hat{p}_c$，通过压缩机质量流量的加速度$\dot{m}_c$，经过压缩机之前和之后的控制室内部压力的交互作用（由于 p_{01} 几乎不变，所以取为 p_c），以及能够影响 p_c 的节气门特性。模型组成的示意图如图 8.18 所示，现在将主要讨论虚线框内的压缩机。

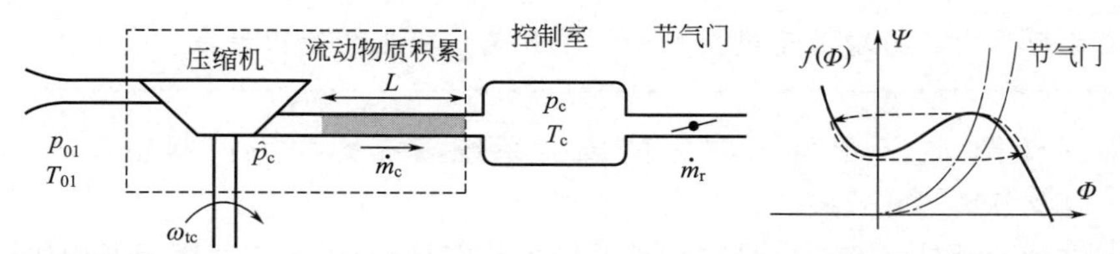

图 8.18 压缩机喘振的摩尔-格雷策模型的组成部件示意图［压缩机压力的增量，流动物质的积累，控制室以及节气门。粗实线：$\Psi=f(\Phi)$ 的图像，用来描述压缩机压力的增量，$\hat{p}_c$。点划线：两种打开程度下的节气门特性，右侧的曲线节气门开口更大。虚线：深度喘振循环］

一个重要的部分是压缩机压力的产生，$\hat{p}_c$，它取决于质量流量、压缩机转速和进气条件。压缩机特性在 $\Phi=0$ 时有一个局部极小值，在接近于喘振边界线时有一个最大值。极值通常用无量纲参数 Φ 和 Ψ 来进行描述，其中最经典、最简单的模型是使用一个 Φ 的三阶多项式来描述 Ψ，模型如下所示。

模型 8.11 Qubic 压力增量

首先，利用式(8.47) 定义流量参数 Φ，并给出：

$$\Psi=f(\Phi)=c_0+c_1\Phi+c_2\Phi^2+c_3\Phi^3$$

压缩机压力增量表达式通过求解式(8.46) 中的 p_{02}，得出：

$$\hat{p}_c=f(\dot{m}_c,T_{01},p_{01},N)=\left(\frac{1}{2}\times\frac{\Psi N^2D^2}{c_pT_{01}}\right)^{\frac{\gamma}{\gamma-1}}p_{01}$$

首先注意到，与之前介绍的模型相对比，这个模型的输入-输出关系是相反的。其次，对于每一个 Φ，都有一个唯一确定的 Ψ，反之则不然。

模型的第二部分是压缩机内部以及周边管道内质量流量的加速度，其中流体质量用直径为 D、长为 L 的管道内的气体和控制室确定的密度进行建模，即 $m=\rho_cL\dfrac{\pi D^2}{4}$。作用在流体上的力由压缩机产生的压力 $\hat{p}_c$ 与控制室内部压力 p_c 之间的差值产生。牛顿第二定律给出：

$$\rho_cL\frac{\pi D^2}{4}\times\frac{\mathrm{d}V}{\mathrm{d}t}=\frac{\pi D^2}{4}(\hat{p}_c-p_c)$$

注意到管道内流体密度可由 $V=\dfrac{\dot{m}_c}{\rho_c\pi D^2/4}$求出，可以改写上述公式来描述质量流量加速度。假设流体密度的变化速度慢于质量流量的变化速度，给出下列计算压缩机内质量流量的微分等式。

模型 8.12　考虑喘振的压缩机流量模型

压缩机内压力的增量可以用压缩机的特征参数来描述：

$$\hat{p}_c = f(\dot{m}_c, T_{01}, p_{01}, N)$$

压缩机内质量流量就可以由下式得到：

$$\frac{d}{dt}\dot{m}_c = \frac{\pi D^2}{4L}(\hat{p}_c, p_c) \tag{8.57}$$

质量流量则用于压力增量子模型当中，并且是该模型的输出结果。

为了得到像图 8.18 中所示的完整压缩系统，需要使用控制室［式(7.27) 或式(7.24)］以及节气门［式(7.11)］的标准模型。

压缩机质量流量是一个输出量（并且是一个状态量），由于它适用于通用压缩机模型，因此，压缩机喘振模型可以当作一个组成部件简单地集成到发动机均值模型中。特别地，这个动力学模型还可以替代式(8.5a)。考虑喘振的一个副作用就是整个模型将变为刚性的，因为式(8.57) 描述的状态相较于涡轮增压器旋转动力学变化更快一些。因此，如果模拟仿真中并没有发生喘振现象，或者喘振并不是研究的重点，那么忽略喘振将会节省一些计算时间。

喘振例子

当点燃式发动机的节气门关闭时，就可能发生喘振现象，如图 7.2 所示。一种避免喘振的措施就是在压缩机后面添置一个喘振控制阀，以此来引导流体直接流向周边环境或通过回流管路回到压缩机前面的位置，从而降低压缩机出口的压力。发动机控制系统检测是否有喘振发生，从而决定是否打开控制阀，见 10.8.1[1]。

现在已经介绍了所有的部件，并使用一个基于以上模型的简单例子来说明喘振现象。和图 8.18 中所示一样，模型参数的设置与普通汽车发动机参数相对应。假设压缩机转速不变，这样，对于喘振现象十分重要的流体动力学特性将会变得清晰可见。

各事件发生的顺序以及相应的压缩机特性图上的运转情况如图 8.19 所示。在起始点，压缩机在高流量（$\dot{m}_c = 0.2$kg/s）条件下运转，这通常发生在加速过程中。在 $t = 0.2$s 时，节气门关闭，例如在换挡时，会导致控制室内压力升高。压力升高，则流量减小，符合压缩机转速曲线的趋势。在 $t = 0.27$s 时，压缩机内流体向前流动，由于增压比过大，流动不能再维持下去，于是发生反流。流动反转时，由于控制室内的流体只有流出没有流入，控制室内压力降低。在 $t = 0.28$s 时，增压比降到足够低，流体开始重新向前流动。正向流动再一次增加增压比，喘振循环重新开始。

压缩机特性图中喘振的顺序如图 8.19(b) 所示，起始点为图中右下角的圆圈处。当节气门关闭时，压缩机按照转速曲线运转，即压力增加，流量减小。随后压缩机进入到深度喘振而且喘振现象的循环限制清晰可见。这个例子说明，当流动完全反转时，深度喘振

[1] 原文为 10.9.1（译者注）。

就会发生。而当发生中度喘振时，压缩机特性图中的路径则是一个靠近喘振曲线的较小圆圈。

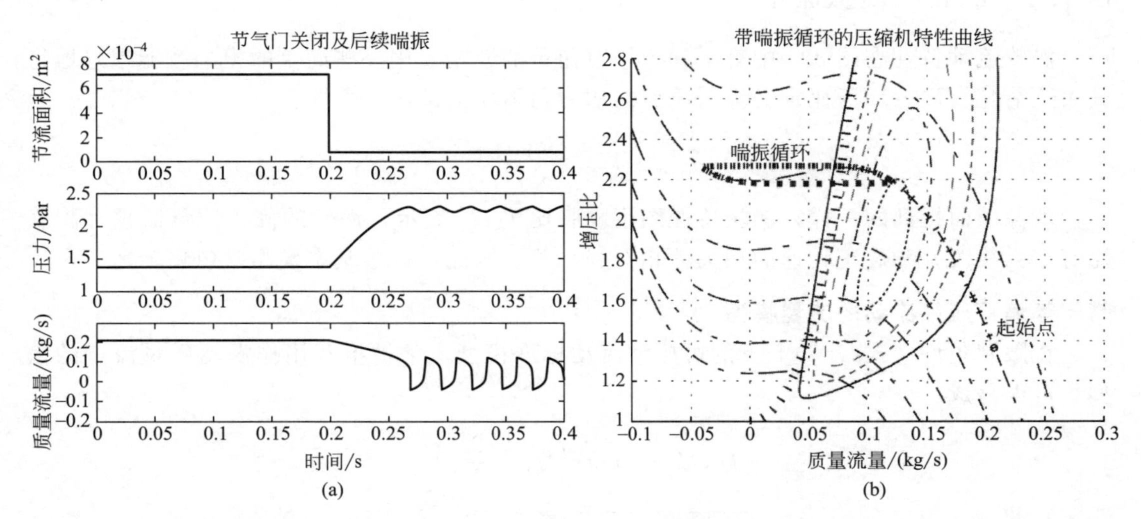

图 8.19 节气门关闭导致喘振［图（a）］（开始时压缩机运转在驻点。在 $t=0.2$s 时，节气门关闭，系统压力增加。在 $t=0.27$s 时，压力过高，流动反转。流动反转时，控制室内压力降低。在 $t=0.28$s 时，流动方向再一次改变，循环重新开始）及压缩机特性图中的喘振循环［图（b）］（粗虚线是喘振发生的边界曲线。循环从右下角圆圈处开始，当节气门关闭时，压缩机运转情况符合转速曲线，即压力增加，流量减小。随后压缩机运转进入到深度喘振而且喘振现象的循环限制清晰可见）

8.7 涡轮的运转及建模

涡轮的工作原理就是通过简单可控的方式让流体膨胀，从而获得机械能。为了了解涡轮的运转，我们需要跟随一个流体单元在涡轮中的流动过程进行研究，如图 8.20 所示。从进气口 0 开始，流体单元通过蜗壳 1 开始膨胀、加速，再从 2 到 3 经过喷管。膨胀功在进气管内转化成动能。然后流体进入转子 4，在转子处受到阻碍，动能转换成转子机械能。观察转子中的流体单元，当流体继续向出口处流动时依然处在膨胀状态，也就是说流体仍然在对叶片做功。最后，流体离开转子 5，在扩散器 6 中流动区域变大，流速降低。

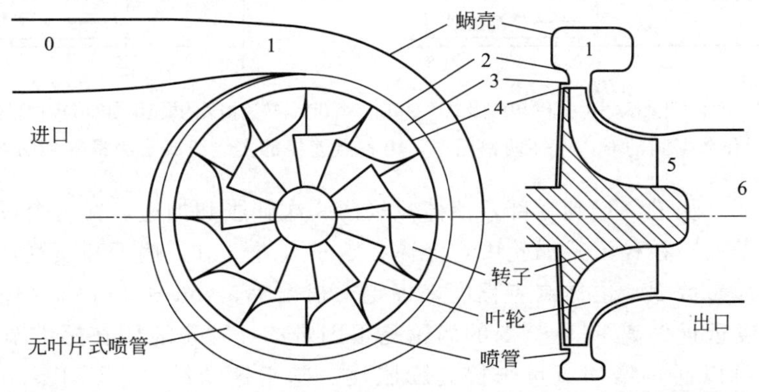

图 8.20 径流式涡轮组成部件以及气体流经位置的示意图（此涡轮内的喷管为无叶片式，在许多汽车中都得到了应用。叶片式喷管见图 8.24）

有了上述介绍，我们现在开始研究质量流量模型以及效率模型的建立过程。

8.7.1 涡轮的质量流量

涡轮流动特性在图 8.5 中有了一个相对简单的介绍，用一些简单的模型就能很好地将其表述清楚。涡轮增压比定义为增压后的压力与增压前的压力之比：

$$\Pi_t = \frac{p_{04}}{p_{03}}$$

就像前面提到的一样，涡轮特性图用膨胀比 $1/\Pi_t$ 表示，涡轮的修正质量流量和膨胀比有很大相关，和修正转速的相关性相对弱一些。因此，许多基本模型常忽略转速。

基于等熵可压缩流动的流量模型

在限制条件［式(7.8)］下的可压缩流动标准模型，常被推荐用作涡轮质量流量的模型。可以写成：

$$\Pi(\Pi_t) = \max\left(\Pi_t, \frac{2}{\gamma+1}\right)^{\frac{\gamma}{\gamma-1}} \tag{8.58a}$$

$$\Psi_0(\Pi) = \sqrt{\frac{2\gamma}{\gamma-1}\left(\Pi^{\frac{2}{\gamma}} - \Pi^{\frac{\gamma+1}{\gamma}}\right)}, \Psi(\Pi_t) = \Psi_0(\Pi(\Pi_t)) \tag{8.58b}$$

$$\dot{m}_t = \frac{p_{03}}{\sqrt{RT_{03}}} A_{eff} \Psi(\Pi_t) \tag{8.58c}$$

式中，为了达到最佳的匹配调整了效率区。该模型在 $1/\Pi_t \approx 2$ 时达到熄火条件，见图 8.21 中的点划线，但是这个熄火时刻过早。这个模型并没有对涡轮内部流动进行物理描述，因此许多科研人员改进这个模型使之更符合试验数据，参见 Jensen 等（1991）、Eriksson 等（2001）、Moraal 和 Kolmanovsky（1999）以及 Andersson（2005）。

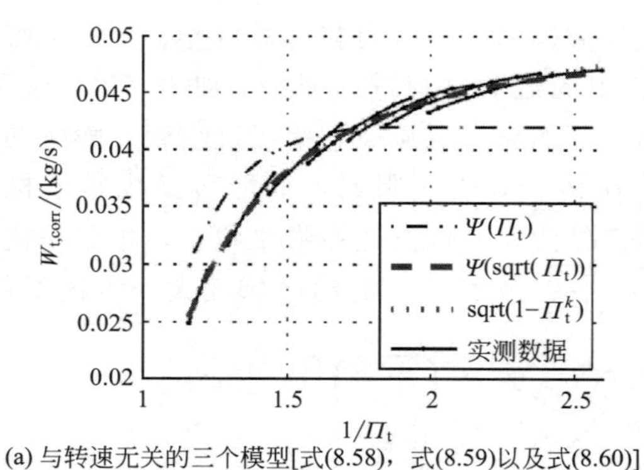

(a) 与转速无关的三个模型[式(8.58)，式(8.59)以及式(8.60)]

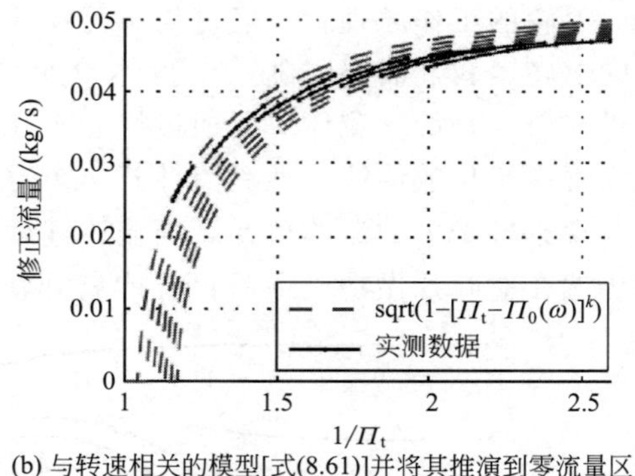

(b) 与转速相关的模型[式(8.61)]并将其推演到零流量区

图 8.21 模型和数据间的对比（在两幅图中，由各点连接的实线组成了测量得到的涡轮转速曲线）

等熵约束下，从进气口到喉部，流体只经历一次膨胀和加速，在这个过程中，等熵膨胀控制了熄火条件。在径流式涡轮中，流体在定子（进气口、蜗壳和喷管）和转子中都会膨胀，这由特征参数 RN 也称响应程度来标定。根据 Watson 和 Janota（1982）所述，设计一个响应程度远远偏离 RN＝0.5 的涡轮是很困难的，这也表明在标准节气门熄火临界值翻倍之后，可以通过增加流量来提高膨胀比。基于这个结论，Eriksson（2007）假定 RN＝0.5，也就是定子和转子中的膨胀比各占一半：

$$\Pi_t = \underbrace{\sqrt{\Pi_t}}_{\text{定子}} \underbrace{\sqrt{\Pi_t}}_{\text{转子}}$$

当某一阶段中达到临界增压比时，定子（或转子）会发生阻塞。基于以上所述，涡轮流量采用以下方法建模。

模型 8.13 修正后的涡轮等熵约束

$$将\ \Psi(\sqrt{\Pi_t})代入到式(8.58) \tag{8.59}$$

这个模型提升了与测量数据的符合程度，见图 8.21 中虚线。

还有其他的一些修正模型，在这里总结其中一部分。在 Jensen 等（1991）中，利用面积函数 A_{eff} 扩展模型［式(8.58)］，该函数取决于转速和增压比。函数方程如下所示：

$$A_{eff}(\Pi_t, N_{co}) = k_1(N_{co})/\Pi_t + k_2(N_{co})$$

其中，子模型 k_i 取决于修正转速 $k_i(N_{co}) = k_{i,1}N_{co} + k_{i,2}$。与之类似，Moraal 和 Kolmanovsky（1999）给出的修正则是在 Ψ 函数方程中引入一个关于压力的多项式，$\dot{m}_{t,co} = A_{eff} f(\Pi_t)\Psi(\Pi_t)$，它解决了过早熄火的问题。在 Andersson（2005）中，对参数 γ 进行了调整修正，使模型能够更好地符合实际测量数据。对于图 8.21 中的数据，当 $\gamma = 4$ 时模型匹配性最佳。由于排放气体 $\gamma < 1.4$，所以这是一个非物理模型。这就导致基于物理的建模到此处就结束了，现在我们开始研究曲线拟合。

简单的非物理模型

有一些可以很好拟合测量数据的模型。在 Eriksson 等（2002b）[1] 中，将下面的两参数模型作为涡轮的修正流量模型使用。

模型 8.14 平方根涡轮流量模型

$$\dot{m}_{t,co} = k_0\sqrt{1 - \Pi_t^{k_1}} \tag{8.60}$$

式中，k_0 和 k_1 是调节参数，后者取值在 2 附近，即 $k_1 \approx 2$。

在图 8.21 中对这个模型进行验证，当 $k_1 = 2.27$ 时，达到理想的拟合度，从图中数据可以看出，模型对转速的相关性较小，这是由与流动方向相反的离心力导致的。如果需要将模型与转速相关联，可以在停滞增压比 Π_0 中增加一个与转速相关的变化量，也就得到了下面的模型。

模型 8.15 带转速项的平方根涡轮流量模型

$$\dot{m}_{t,co} = k_0\sqrt{1 - [\Pi_t - \Pi_0(N_{co})]^{k_1}} \tag{8.61}$$

式中，k_0 和 k_1 是调节参数，后者取值在 2 附近，即 $k_1 \approx 2$。

模型和数据的对比如图 8.21 所示，可以看出停滞增压比（零流量时的增压比）随着

[1] 原文如此（译者注）。

转速的变化而变化。

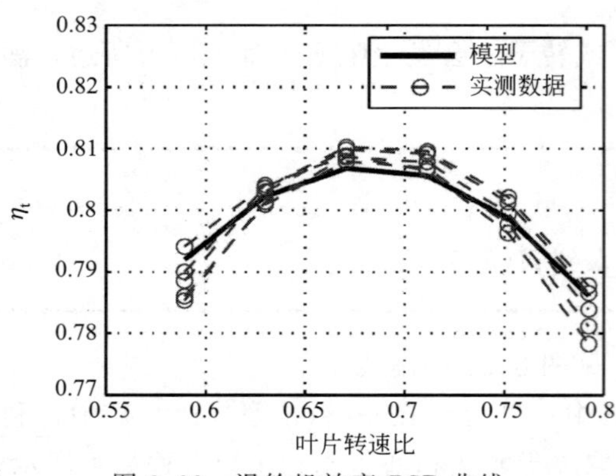

图 8.22　涡轮机效率-BSR 曲线

8.7.2　涡轮的效率

叶片转速比（BSR）通常用来描述涡轮的效率，并用 BSR 中一个二阶或三阶多项式来描述涡轮效率。BSR 定义如下［Watson 和 Janota（1982）］：

$$\mathrm{BSR}=\frac{\omega_t r_t}{\sqrt{2c_p T_{03}\left(1-\Pi_t^{\frac{\gamma_e-1}{\gamma_e}}\right)}}$$

叶片转速比最早是针对冲击式涡轮定义的，为流体流速与涡轮端部转速之比。如果端部转速非常高，那么相对于进入叶轮中的流体而言，叶轮转速过大。另一方面，如果涡轮转速过低，会破坏一部分进入的流体动能。在转速区间内存在一个最优转速，通常对应的 $\mathrm{BSR}_{opt}\in[0.6, 0.7]$。效率通常用关于 BSR 的二次函数表示，见下面的模型及图 8.22。

模型 8.16　基于 BSR 的涡轮效率模型

$$\eta_t(\mathrm{BSR})=\eta_{t,\max}\left[1-\left(\frac{\mathrm{BSR}-\mathrm{BSR}_{opt}}{\mathrm{BSR}_{opt}}\right)^2\right] \tag{8.62}$$

式中，$\eta_{t,\max}$ 和 BSR_{opt} 是调节参数。

涡轮进气口会在个别气缸处承受很大的脉冲振动，然而发动机均值模型只处理平均值。为了弄清脉冲振动对涡轮的有利影响，有时会给效率图增添一些脉冲振动补偿图。

8.7.3　可变几何涡轮

柴油机中经常使用可变几何涡轮（VGT）或者可变喷嘴涡轮（VNT），因为它们能够在维持高效率的同时控制涡轮。偶尔在汽油机上也有应用，但是不常见，因为汽油机的废气温度过高，VGT 无法承受。

在 VGT 中，为了保证涡轮的有效面积可以通过旋转叶片来改变，对喷嘴进行了特殊设计，如图 8.24 所示。改变有效面积的同时改变了给定增压比下可以流经装置的质量流量。为了确定涡轮流量，在不同的喷嘴角度条件下进行特性测量试验，如图 8.23 所示。流动参数的改变，可以通过使用有效面积函数 $A_{eff}(u_{vgt})$（而不是常值参

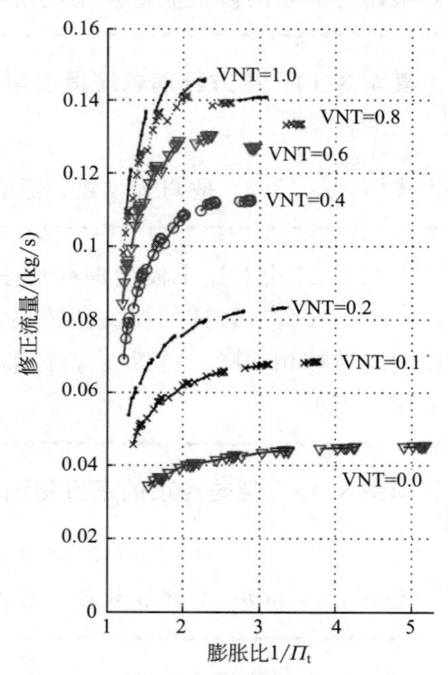

图 8.23　VGT 涡轮流量特性（不同的叶片位置会改变涡轮的流动特性）（数据来自 Honeywell）

数），对上述模型进行扩展来实现建模，其中 u_{vgt} 是喷嘴中叶片的位置参数。

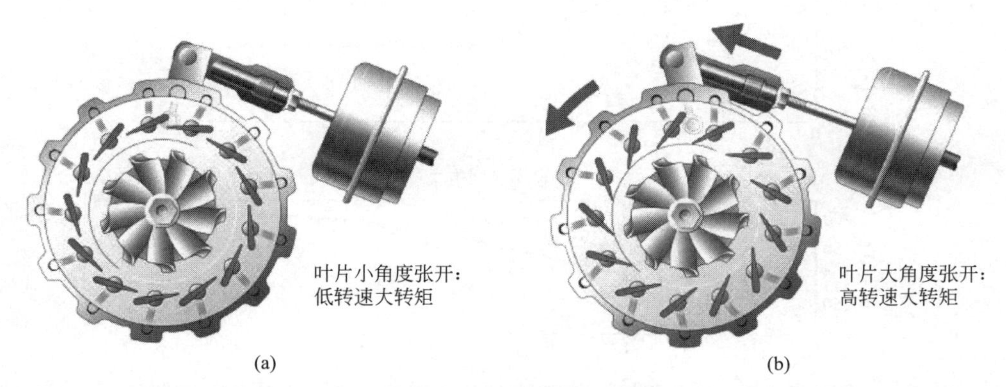

图 8.24 可变几何涡轮的图示（涡轮喷嘴内叶片的旋转能够引导流体流动，改变流动面积）
（经沃尔沃允许并授权重新绘制）

模型 8.17 基于 VGT 和速度的涡轮流量模型

$$\dot{m}_{t,co}=k_0(u_{vgt},N_{co})\sqrt{1-[\Pi_t-\Pi_0(u_{vgt},N_{co})]^{k_1(u_{vgt})}} \tag{8.63}$$

式中，$k_0(u_{vgt},N_{co})$、$\Pi_0(u_{vgt},N_{co})$ 以及 $k_1(u_{vgt})$ 是取决于 VGT 位置以及修正转速的子模型，可以为多项式或是功率函数。

8.8 瞬态响应和涡轮迟滞

从驾驶员踩下油门踏板的时刻到驾驶员感觉到车辆加速（即发动机转矩增大）的时刻之间的时间延迟称作涡轮迟滞，相较于自然吸气发动机，涡轮增压发动机的滞后性更明显。

图 8.25 所示为形成涡轮增压发动机迟滞的负载瞬态变化过程。在瞬态过程中，发动机转速维持在 2000r/min，在 $t=1$s 时命令改变节气门角度。在图 8.25(b) 中，有两个区别明显的动态过程，第一个快速响应是从 $t=1$s 到 $t=1.5$s，第二个较慢的响应是从 $t=0$ 开始直到 $t=4$s。在第一阶段，动态过程由节气门动态特性主导，充满进气歧管，排空中冷器内部及其周围的控制室。第一阶段的瞬态响应时间和自然吸气发动机的响应时间十分接近。第二阶段动态过程由涡轮增压器转速增量主导［见图 8.25(c)］，由于经过压缩机的质量流量与涡轮增压器的转速相关联。因此，涡轮增压器的涡轮迟滞主要由较慢的动态响应决定。

减少迟滞时间的一种方法是控制涡轮使涡轮保持一个相对较高的转速，然后通过节气门控制减少进入进气歧管的流体并降低歧管内的压力。通过减少涡轮迟滞时间，改善了驾驶操纵性，但由于它提升了废气的背压，同时也增加了油耗。Eriksson 等（2002a）[1] 给出了涡轮增压汽油机燃油消耗量和瞬态响应之间的计算，得到的结果是瞬态响应最优时的

[1] 原文如此（译者注）。

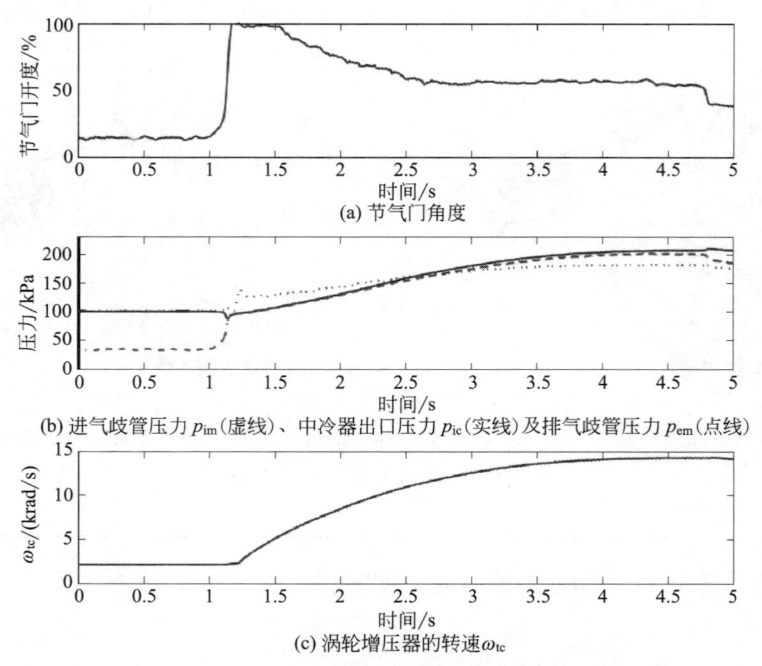

图 8.25 一个涡轮增压汽油机的负载瞬变过程的测量图

（在瞬态过程中，发动机转速维持在 $N=2000$r/min）

响应时间比燃油消耗量最优时的响应时间快 0.5s，此外，普通驾驶条件下，燃油消耗多了 2%。在发动机高转速和低负载工况下应用响应时间最优策略，油耗可能增加 10%以上。

同样值得指出在图 8.25 中，$t>3$s 时，$p_{im}>p_{em}$，意味着气体交换过程中对活塞做了功。这个最佳工况发生在高负载/低转速工作区域。然而，大多数情况下，$p_{im}<p_{em}$，气体交换过程消耗功，这也正是自然吸气发动机的一般情况。

8.9 案例——涡轮增压汽油机

现在我们终于将建立完整涡轮增压发动机所必需的所有部件介绍完毕，在接下来的章节我们会介绍两个例子。第一个是汽油机，第二个是带有 EGR 和 VGT 的柴油机。

在 Simulink 中建立汽油机模型，顶层的结构如图 8.26 所示。用控制室、约束条件以及流动发生器（压缩机、涡轮、发动机）来搭建一个基于部件的模型。模型组成部分如下。

• 6 个针对发动机中管路和闭室的控制室，都由式(7.27) 进行建模。组成部件是空气滤清器和压缩机之间、压缩机和中冷器之间、中冷器和节气门之间以及进气歧管、排气歧管和涡轮机与催化单元之间的各个控制室或管路。

• 不可压缩湍流流动［式(7.6)］的三个约束条件。组成部件包括空气滤清器、中冷器、排气系统中压降的整合模型，如催化单元和消声器。

• 两个可压缩等熵约束，见式(7.8)，一个针对节气门，一个针对排气泄压阀（集成在涡轮壳体中）。

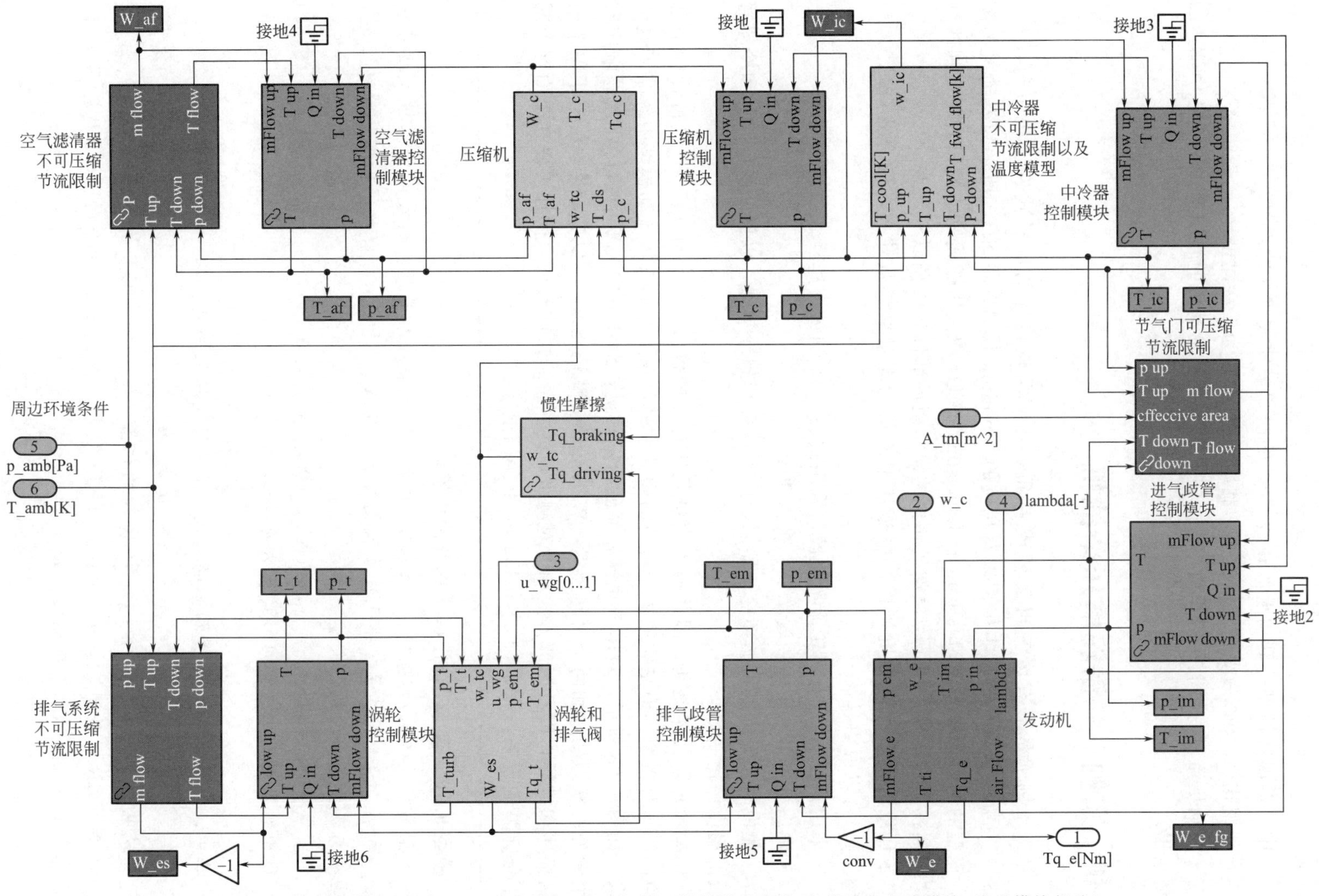

图 8.26 涡轮增压汽油机 Simulink 图解（发动机基于部件进行建模，各模块与节流模块、流量模块相连）

• 压缩机模型是基于流量的无量纲参数建立的，效率模型是由式(8.42) 和式(8.44) 建立的。

• 中冷器温降模型是利用近似式(7.70) 的回归多项式建立的。

• 利用式(8.60) 为涡轮流量建模，利用式(8.62) 为效率建模。

• 发动机流量特性利用容积效率 η_{vol} 进行参数化，发动机的转矩通过 7.9 节中描述的模型给出。

8.10 案例——涡轮增压柴油机

第二个例子是对有废气再循环或者可变几何涡轮特性的压燃式发动机进行建模。图 8.27 所示为发动机的基本构型以及相应的 Simulink 模型。图 8.28 所示为发动机的图解，完整的图解请参阅 Wahlström 和 Eriksson (2011a)[1]。压燃式发动机和上面提到的汽油机的建模原理一样，用了与汽油机相似的模型组成部件。强调以下几点。

• 压缩机模型和汽油机一样，也是基于流量的无量纲参数建立，结合式(8.42) 和式(8.44) 可以说明具体方法。

• 采用式(8.60) 对涡轮流量建模，采用式(8.62) 对效率建模。

• 发动机流量基于容积效率 η_{vol} 进行建模。

• 建模时假设废气再循环冷却器以及中冷器为理想冷却器，以保证出口温度和冷却器介质的温度保持一致。

模型聚焦于气体流动，因此输入变量是执行器的位置 ($\tilde{u}_{egr}$ 和 $\tilde{u}_{vgt}$)。执行器的动态响应同样十分重要，但是它取决于目前的硬件水平，在上述的气体流动模型中忽略了这个因素。如图 8.28 所示，对用于建模和验证的发动机，EGR 和 VGT 的执行器动态响应有三个额外的状态变量和两个时间延迟。Wahlström 和 Eriksson (2011a)[1] 中给出了整个模型的描述和推导，以及调节方法和针对测试单元测量结果的验证。同样可以在下面这个网站下载完整的模型：www.fs.isy.liu.se/Software/。

模型 8.18 有 EGR 或 VGT 的柴油机模型

模型围绕气体流动建立，如图 8.27 所示，有 5 个状态变量：进气歧管、排气歧管压力 p_{im} 和 p_{em}，进气歧管、排气歧管氧气质量分数 X_{Oim} 和 X_{Oem} 以及涡轮增压器转速 ω_t。这些状态变量集合为状态矢量 x：

$$x=(p_{im}p_{em}X_{Oim}X_{Oem}\omega_t)^T \tag{8.64}$$

得出的模型用状态空间形式表达为：

$$\dot{x}=f(x,u,N) \tag{8.65}$$

其中，发动机转速 N 是模型的输入，u 是控制输入矢量：

$$u=(u_\delta\tilde{u}_{egr}\tilde{u}_{vgt})^T \tag{8.66}$$

上式包含了注入燃油量 u_δ、EGR 阀的位置 $\tilde{u}_{egr}$ 以及 VGT 执行器的位置 $\tilde{u}_{vgt}$。当 $\tilde{u}_{egr}=0$ 时 EGR 阀关闭，当 $\tilde{u}_{egr}=100\%$时 EGR 阀打开。当 $\tilde{u}_{vgt}=0$ 时 VGT 执行器关闭，当 $\tilde{u}_{vgt}=100\%$时，VGT 执行器打开。

---

[1] 原文如此（译者注）。

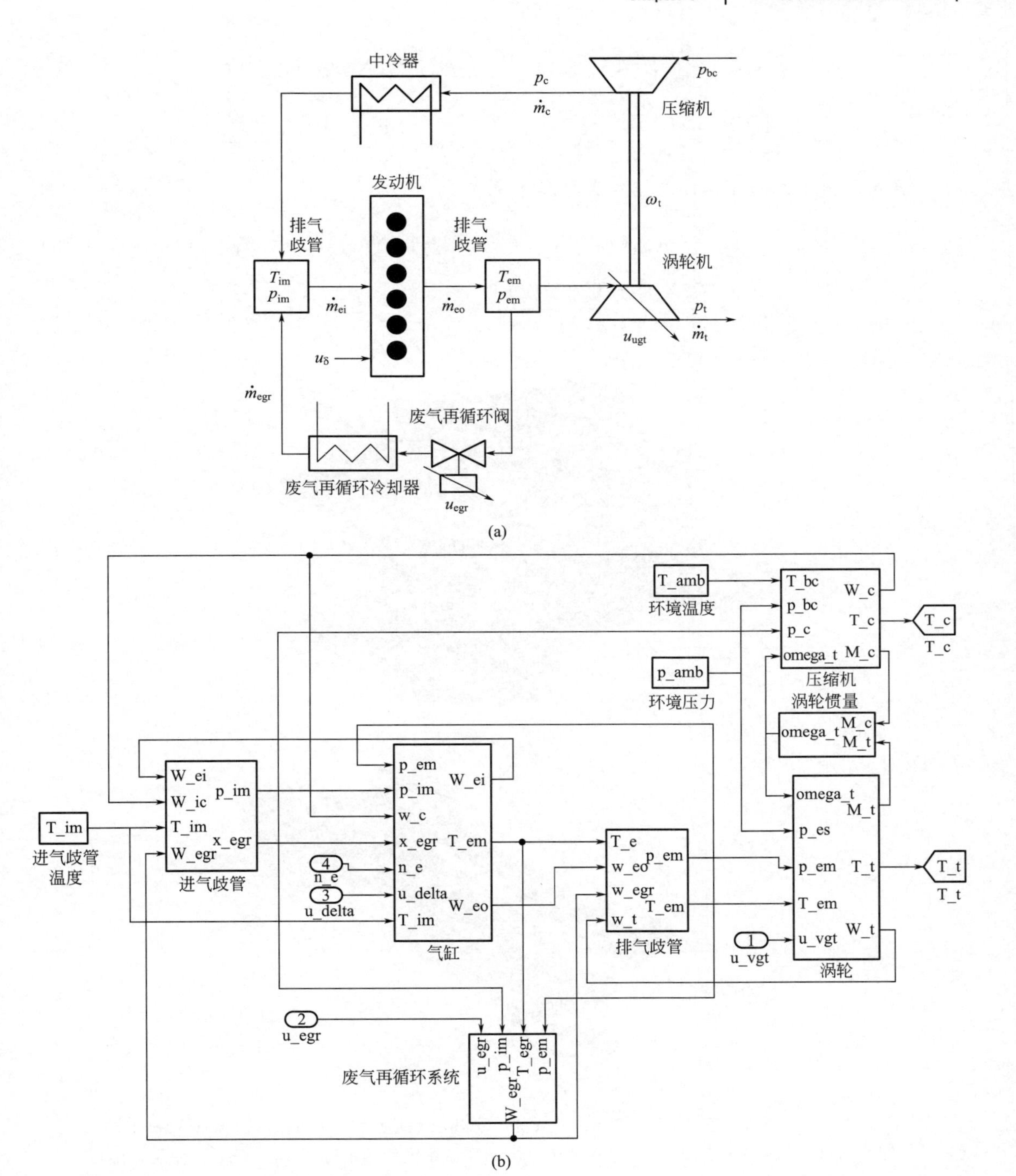

图 8.27 带有 VGT 和 EGR 的涡轮增压柴油机模型的组成部件示意图［图（a）］及采用 Simulink 搭建的带有 VGT 和 EGR 的涡轮增压柴油机的 Simulink 模型图解［图（b）］［模型来自 Wahlström 和 Eriksson（2011）］

歧管和涡轮转速：

$$\frac{d}{dt}p_{im}=\frac{R_a T_{im}}{V_{im}}(\dot{m}_c+\dot{m}_{egr}-\dot{m}_{ei}),\ \frac{d}{dt}p_{em}=\frac{R_e T_{em}}{V_{em}}(\dot{m}_{eo}-\dot{m}_t-\dot{m}_{egr}) \tag{8.67}$$

$$\frac{d}{dt}X_{Oim}=\frac{R_aT_{im}}{p_{im}V_{im}}[(X_{Oem}-X_{Oim})\dot{m}_{egr}+(X_{Oc}-X_{Oim})\dot{m}_c] \tag{8.68}$$

$$\frac{d}{dt}X_{Oem}=\frac{R_eT_{em}}{p_{em}V_{em}}(X_{Oe}-X_{Oem}),\dot{m}_{eo}\ \frac{d}{dt}\omega_t=\frac{\dot{W}_t\eta_m-\dot{W}_c}{J_t\omega_t} \tag{8.69}$$

流入流出气缸的气体以及废气再循环系统：

$$\dot{m}_{ei}=\frac{p_{im}NV_d}{120R_aT_{im}}\eta_{vol}(p_{im},N),\dot{m}_F=\frac{10^{-6}}{120}u_{\delta}Nn_{cyl},\dot{m}_{eo}=\dot{m}_F+\dot{m}_{ei} \tag{8.70}$$

$$X_{Oe}=\frac{W_{ei}X_{Oim}-W_f(O/F)_s}{W_{eo}},T_{em}=T_{em}\left(\frac{p_{em}}{p_{im}},\dot{m}_F,\dot{m}_{eo}\right) \tag{8.71}$$

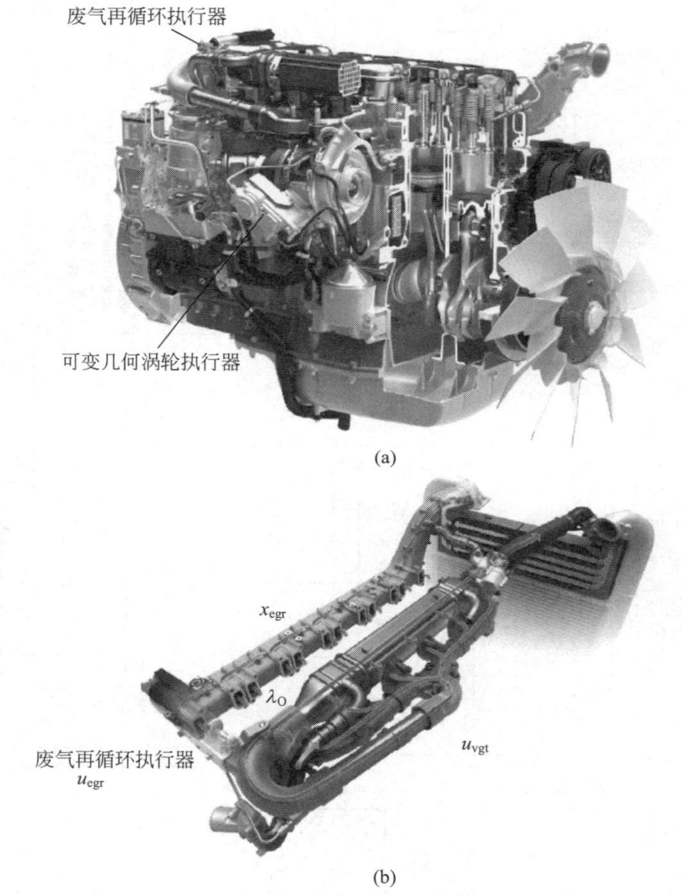

图 8.28 发动机模型描述的有废气再循环和可变几何涡轮特性的斯堪尼亚 6 缸发动机示意图［图（a）］及在模型 8.18 中搭建的废气再循环系统模型的示意图［图（b）］（使用在柴油机废气再循环、可变几何涡轮控制案例中的性能参数氧气/燃油比 λ_0 以及废气再循环系数 x_{egr}，在 11.5 节当中有细致讲解。经授权重新绘制，图片版权属于斯堪尼亚 CV A8）

涡轮

$$\dot{m}_{egr}=\frac{A_{egr}(\tilde{u}_{egr})p_{em}\Psi_{egr}\left(\frac{p_{im}}{p_{em}}\right)}{\sqrt{T_{em}R_e}} \tag{8.72}$$

$$\frac{\dot{m}_t\sqrt{T_{em}}}{p_{em}}=A_{vgtmax}f_{\Pi_t}(\Pi_t)f_{vgt}(\tilde{u}_{vgt}),\Pi_t=\frac{p_{amb}}{p_{em}} \tag{8.73}$$

$$\dot{W}_t\eta_m=\eta_{tm}(\omega_t,T_{em},\Pi_t)\dot{m}_t c_{pe}T_{em}(1-\Pi_t)^{1-1/\gamma_e} \tag{8.74}$$

压缩机：

$$\dot{m}_c=\frac{p_{amb}\pi R_c^3\omega_t}{R_a T_{amb}}\Phi_c(\omega_t,\Pi_c),\Pi_c=\frac{p_{im}}{p_{amb}} \tag{8.75}$$

$$\dot{W}_c=\frac{\dot{m}_c c_{pa}T_{amb}}{\eta_c(\dot{m}_c,\Pi_c)}(\Pi_t^{1-1/\gamma_e}-1) \tag{8.76}$$

发动机转矩：

$$M_e=M_{i,g}-M_{i,p}-M_{fr},M_{i,p}=\frac{V_d}{4\pi}(p_{em}-p_{im}) \tag{8.77}$$

$$M_{i,g}=\frac{1}{4\pi}u_\delta\times10^{-6}n_{cyl}q_{HV}\eta_{igch}\left(1-\frac{1}{r_c^{r_{cyl}-1}}\right) \tag{8.78}$$

$$M_{fr}=\frac{V_d}{4\pi}\times10^5(c_{fric1}N^2+c_{fric2}N+c_{fric3}) \tag{8.79}$$

性能参数：

$$x_{egr}=\frac{\dot{m}_{egr}}{\dot{m}_c+\dot{m}_{egr}},\lambda_O=\frac{\dot{m}_{ei}X_{Oim}}{\dot{m}_F(O/F)_s},N_t=\omega_t\frac{30}{\pi} \tag{8.80}$$

9

发动机管理系统的介绍

发动机控制系统对满足排放法规的限值发挥着重要的作用，同时也为驾驶员提供了良好的驾驶体验。这在实现专用的鲁棒控制器硬件的情况下有以下这几个名字：发动机管理系统（EMS）、发动机控制单元（ECU）以及动力总成控制模块（PCM）。该硬件具有有限的内存和计算能力，这就会限制其功能的实现，随着计算机的发展，每一代产品的性能都会稳定提升。本章 9.1 节概括了 EMS 硬件和软件的一般特性，9.2 节概括了从传感器和虚拟传感器到执行器的基本功能。参数标定和存储以 map 图的形式提供给控制和标定工程师，这在 9.3 节中有所涉及。

9.1 发动机管理系统（EMS）

在介绍发动机模型时，图 7.1 给出了一个发动机示意图，其中最重要的是关于发动机的传感器和执行器。图 9.1 以 EMS 为中心的角度来观察这个模型，其中强调了 EMS 中的传感器、执行器和内部模块。EMS 的基本功能是处理传感器信息和实时传递执行器的控制输出，同时也为了发动机控制功能严格的安全性提供了硬件保护和硬件与软件的监测。

这里值得指出的是，安全、监测和诊断是 EMS 中的关键部分，并且也是软件构成的重要部分，例如在博世 Motronic EMS 中，大约一半的计算能力和内存都用于诊断任务[Dietsche (2011)]。这些内容将在第 16 章中进行更详细的探讨。EMS 也可以接收来自其他信号源的输入，并且将信号发送到除发动机外的其他系统。例如，EMS 可作为接口直接连接电子控制自动变速器，或与变速器控制单元进行通信。车载网络用于通信，并且能够在不同的控制模块之间进行信息交换。车载网络经常利用控制器局域网（CAN）总线，参见图 9.1 的左下角，这是一种汽车行业广泛采用的现场总线。

9.1.1 EMS 模块的建立

EMS 由一些硬件组件组成，例如一个或多个微控制器（CPU）、存储器（RAM、Flash、EEPROM）、电源电路、通信系统（CAN、FlexRay、TCP/IP）、传感器输入/输出驱动器、I/O 电路、状态指示灯和诊断系统。这些从输入到输出的信息都需要处理。以输入为例，图 9.1 显示了不同输入类型。

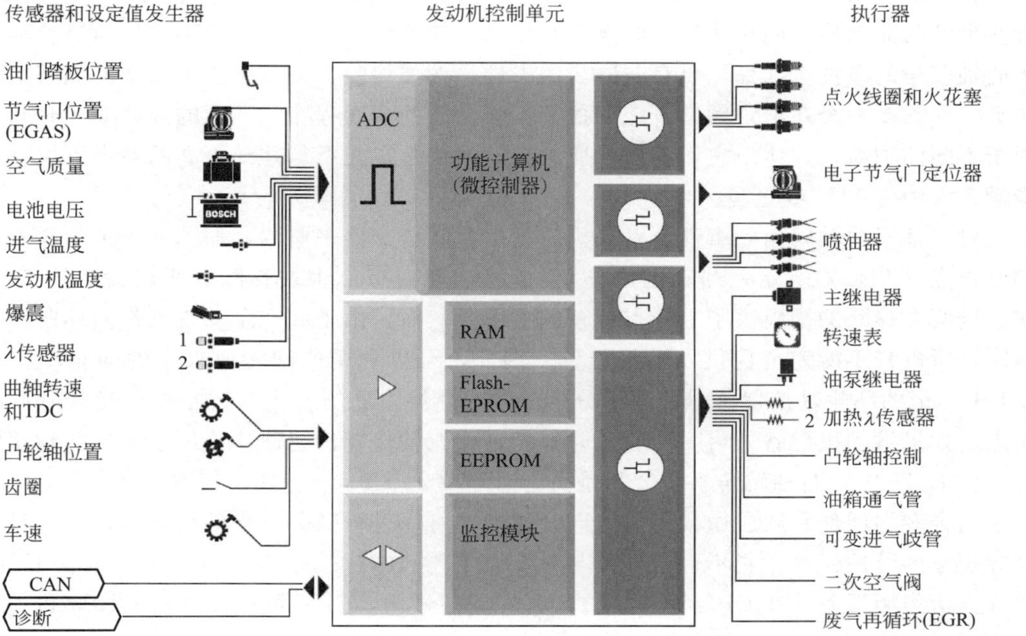

图 9.1 汽油机的发动机管理系统概述

[资料来源：博世汽车手册 8e，图 2，535 页。由罗伯特·博世有限公司授权转载。智能执行器也呈现一定的趋势。例如，在 Wahlström 和 Eriksson（2011b）[1] 中应用的重型柴油发动机 VGT 执行器具有单独的控制模块，这个控制模块搭配了执行器的伺服和集成的功率电子器件。通过 CAN 总线，设定点命令从 EMS 发送到 VGT 模块，然后再将当前位置信息返回给 EMS]

• 模拟传感器值通过模数（A/D）转换器读取。

• 信号开/关的数字输入，标记发动机事件的脉冲或脉冲调宽（PWM）信号，例如一个空气质量流量传感器。这些都是在数字 I/O 引脚上采样或连接，这样它们可以在微控制器中产生中断。

• 来自双向数据传输和其他使用例如 CAN 总线或 FlexRay 的单元。

EMS 的内部有一个或者多个 CPU 来执行大部分计算，程序与数据存储于可下载新的功能快闪存储器。程序代码和数据也可以进行加密，以保护未经授权的部分不被修改。在 EMS 中，经常由一个定时器单元（TU）来产生波形，并支持曲轴转角的参考信号，参见 9.1.2。

执行器硬件驱动

EMS 也为各种具有不同功率需求的执行器提供输出驱动，并且可以将低阶 CPU 输出转换为高功率的 EMS 输出。在 EMS 上的驱动级的容量取决于执行器的类型。有些执行器需要较小的电流，如主继电器、λ 传感器的加热器等；而有些则需要更大的电流，如点火线圈、喷油器以及电子节气门电机。

---

[1] 原文如此（译者注）。

9.1.2 基于曲轴和时间事件的系统

在EMS中的有些事件按固定频率执行，例如输入信号的采样和节气门伺服控制器；有些事件与曲轴旋转同步执行，如点火和喷油。前者称为基于时间的事件，而后者称为基于曲轴转角的事件。此外，也有非同步的事件，例如驾驶员按下按钮。为了处理基于时间的事件，需要一个在给定频率下定期执行不同任务的调度程序。不同的频率或者时间基准用于不同的功能，具体由它们的需求所决定，最快是在几百赫兹或更高的频率下执行，而最慢是大约为1Hz或更慢。

对于基于曲轴转角的事件，发动机位置由曲轴传感器来监测，如图9.1中的曲轴转速和上止点（TDC）所示，曲轴上的60个槽（或齿）有2个被移除，所以命名为58X齿圈。这两个移除的槽提供了上止点位置的参考。然而，由于一个发动机工作循环曲轴旋转两圈，所以它不能完全提供发动机位置。因此，可以利用曲轴转速一半的凸轮轴。在图9.1中标记的凸轮轴位置传感器用于分辨是处在燃烧附近的上止点还是处于换气阶段的上止点。如果发动机配备了可变凸轮正时系统，凸轮轴位置传感器也可用于测量凸轮相位。

在EMS中，曲轴转角事件经常是由定时器单元（TU）管理，如图9.2所示。TU是一个结合专用硬件和底层微代码的协同处理器，可以进行高分辨率的时间测量，并且产生高分辨率的脉冲信号。它不但管理着与EMS I/O关联的关键定时，并且可以移除CPU中的计算密集型任务。在CPU和TU之间存在双向通信，CPU可以在TU中读取和写入信息，同时TU也可以在CPU中触发中断。

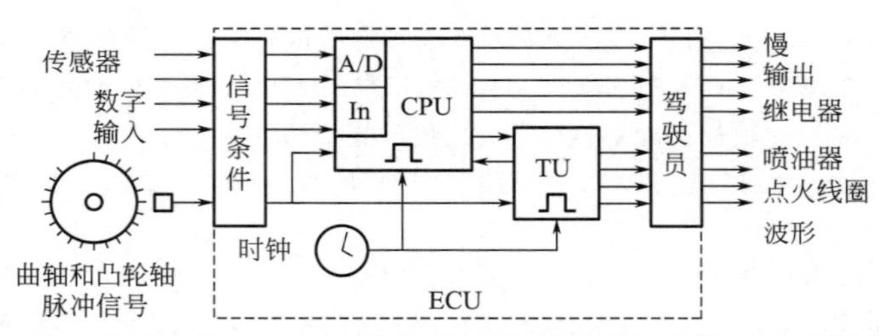

图9.2 在EMS中，定时器单元（TU）管理临界脉冲定时和来自CPU关键任务的卸载定时（它还生成具有高精度定时的波形输出，如喷射和点火脉冲）

定时单元（TU）的任务在通道中组织，这个通道的建立可为喷油器、点火线圈或PWM信号提供脉冲。TU通道处理齿圈和定时器事件并产生I/O信号和中断，这使它们可以记录发动机的位置，并在正确的曲轴转角位置产生喷射和点火事件。特别是58X齿圈有6°的分辨率，但是需要更高的精度来控制点火和喷油正时。为了满足这一要求，TU通道可以锁定曲轴脉冲，并且使用内部定时器来提高分辨率，这样可以产生分辨率为小数的点火和喷油脉冲。

9.2 基本功能和软件结构

图9.3显示了在EMS的快速原型［Backman（2011）］中使用的计算顺序，它执行了基于转矩的结构。在左上角有一个时间调度块，它可以为底层模块产生触发信号，并且在原型系统中提供100Hz（10ms）和400Hz（2.5ms）的执行频率。在图9.3的左边有传感

器数值的输入，与当前控制选择的一个输出。传感模块为 EMS 产生所有相关信号，例如原始的传感器数值、过滤传感器数值以及非测量的变量，它们可以通过输入和其他测量的输出计算得出。计算出的值通常称为虚拟传感器，然而其产生的信号并不能通过物理传感器获得，但可通过观测器来获得。例如。在约束模块中，可获得的信息用来决定发动机转矩或排气温度的限值。

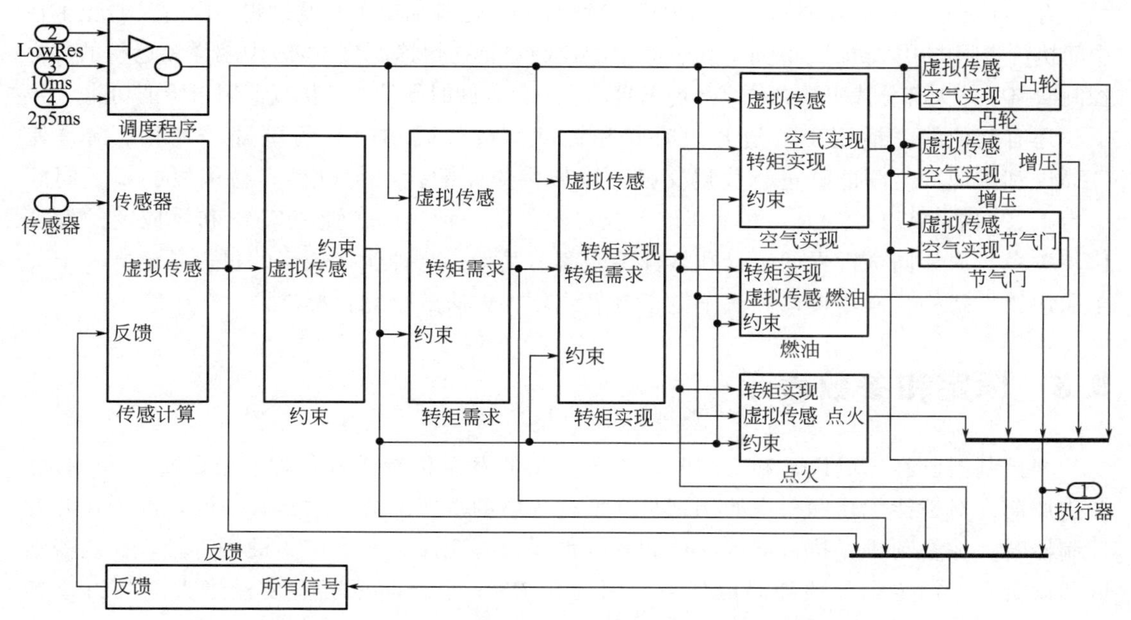

图 9.3 基于转矩的结构的原型 EMS 算法结构［对驾驶员输入（和其他输入）到转矩需求的解释是动力传动系统相关算法的重要组成部分］

9.2.1 基于转矩的结构

传感器的数值在模块转矩需求进行组合，该模块是基于传感器的数值来计算需求转矩的。这个模块实现了图 3.9～图 3.11 概述的基于转矩结构的所有功能，并且会产生短期和长期的输出转矩。该模块包括了驾驶员意图、车辆控制、动力传动系统控制以及它们的有效限值。短期和长期的转矩通过转矩实现模块来产生和分配，其中空气（和燃油）用于满足长期转矩需求，点火用于产生长期和短期转矩之间的差值，同时燃油系统支持需要断油的转矩干预。

最后，转矩实现（或仲裁）是由各个子系统来完成的：空气、燃油和点火。这里的空气系统进一步分为节气门（进气歧管）、增压（涡轮增压）以及可变配气机构（气缸气体交换和泵气）。

9.2.2 特殊模式和事件

以依靠发动机的运行模式为例，也有一些功能和控制器会根据要求执行。这样的例子有催化器的冷启动加热，柴油机中 DPF 的产生，低 NO_x 模式和伴有 SCR 形成的高 NO_x 模式。某些功能的执行由发动机和车辆的状态来控制，例如只有当 λ 传感器加热和运行时，闭环 λ 控制才会进行。另一个例子是，诊断系统可能会检测到有故障的传感器，然后就可能禁用控制器，见 16.1.3 的讨论。总之，重要的工程工作在于模式、功能和交互的开发和验证。

9.2.3 自动代码生成和信息交换

大部分的控制开发，也称功能开发，是在仿真环境中完成的。为了提高质量和避免人为错误，有一个方向是在仿真环境下自动生成 EMS 代码。这既加快了开发过程，同时又避免了在中间执行步骤中引入错误。例如，图 9.3 中的控制器是在快速原型 EMS 中编译和运行的。在控制回路中，大部分代码是在仿真环境下自动生成的，同时硬件在环仿真器用于验证功能。

还有其他的举措用于缩短开发时间和提高生成代码和软件的质量。一个举措是使 OEMs 和供应商之间能够进行代码交换，以便供应商的代码可以很容易地集成到不同的平台上。例如 AUTOSAR（汽车开放系统架构）是一种汽车工业 OEMs 和供应商的发展伙伴关系，这如同全世界的工具和软件供应商的关系。这种伙伴关系的目标是建立一个关于通用软件架构，应用接口和汽车电子嵌入式软件方法的全球化标准。

9.3 标定和参数表示

当控制器已经完成设计和实现时，为了产品的发布仍然需进行控制器的标定和调试。在生产前，对性能优化和权衡的调试是开发过程中的重要部分。这是必要的，因为在开发控制器时，像发动机、执行器等硬件和软件都还没有完成。在生产的最后阶段，控制器参数和设定点的标定是一项耗时的任务，因为在 EMS 生产前可能需要设置大约 3 万个参数。在自动标定工具的支持下，大部分的标定可以自动进行，该标定工具使发动机昼夜运行来确定控制系统的参数。虽然能够自动化，但也消耗了时间和资源，所以设计一个易于标定的控制器是一项重要的工程任务。标定数据可以表示为标量值或作为查表中的矩阵，通常称为发动机 map 图。

9.3.1 发动机 map 图

当测量数据可用时，利用 map 图或查表可方便地表示非线性模型组件。一些依赖它们自身输入的组件具有非线性，并且描述它们行为的函数可能很难得到解析。如果测量的数据可用，就可以直接用这些 map 图代替函数表达式。有两个例子可以说明 map 图的用法，第一个是关于传感器特性的一维（1D）查表，第二个是阐述二维（2D）查表如何用于描述发动机的空气质量流量和容积效率。

一维 map 图的例子：传感器特性

一个一维 map 图的例子是将测量的 λ 传感器电压 U 转换成实际的 λ。这一转换用在发动机测试台架和发动机控制系统中，其中传感器提供的传感器电压必须转换成 λ。在图 7.21 的左侧，设定的标定数据是 map 图的基础，并且说明了 U（单位为 V）和 λ 中的测量值。图 7.21 中表格是一维 map 图 $y=f(x)$ 的基础，其中 y[1] 轴代表传感器电压，x[2] 轴代表对应的 λ。也可以下表表示图中的值：

---

[1] 原文为 x；[2] 原文为 y（译者注）。

U	x_1	x_2	x_3	x_4	…	x_n
λ	y_1	y_2	y_3	y_4	…	y_n

这些值被插入在数据点之间，点在图 7.21 中用圆圈标记。这通常通过线性插值来完成。在发动机控制系统中，x 值的网格（数据点）通常是等距的，这样就很容易确定输入所在的区间。当 x 数据是等距的，满足公式 $x_{i+1}-x_i=\Delta x$，同时输入 x 属于区间 $[x_j, x_{j+1}]$，而该区间的起点指数 j 可通过下式来求出：

$$j=\left[\frac{x-x_1}{\Delta x}\right]+1 \tag{9.1}$$

式中，$[x]$ 为截断到最近的较小整数。通过给定的指数，输出 y 很容易通过下式计算：

$$y=\frac{x-x_j}{\Delta x}y_{j+1}+\frac{x_{j+1}-x}{\Delta x}y_j$$

式中，x_j、x_{j+1}、y_j 和 y_{j+1} 分别为区间周围网格的值。如果数据不是等距的，就必须查找网格点以确保 $x\in[x_j, x_{j+1}]$，这种情况会更加费时。

还值得注意的是，图 7.21 中的传感器数据可以用来描述函数 $y=f(x)$，并且由于该函数是可逆的，使用相同的 map 图数据可以获得它的反函数 $x=f^{-1}(y)$。然而，如果 λ 用作输入，则输入的网格点不再是等距的，并且式(9.1) 不能用来确定相对于网格点 x 的位置。在这种情况下，必须进行查找。

二维 map 图的例子：发动机的空气流量

map 图可以直接用来表示测量值，如质量流量；或者可以依据其他数值表示更多数量值，如容积效率。例如，在发动机工作范围内，通过运行稳态试验测量出 $\dot{m}_{ac}=f(N,p_{im})$，这个测试是将发动机控制在一组固定的点（网格）上，如发动机转速和进气歧管压力。当达到工作点的稳态条件时，信号需要计算测量和存储的量（如 N、p_{im}、$\dot{m}$、T_{im}）。

利用参数数据 z 表示一种二维查表或 map 图，并存储在一个 $n\times m$ 的矩阵中，其中的输入变量 x 和 y 分别存储在$n\times 1$ 和 $m\times 1$ 矩阵中，如下表所示：

	y_1	y_2	…	y_n
x_1	z_{11}	z_{12}	…	z_{1m}
x_2	z_{21}	z_{22}	…	z_{2m}
⋮	⋮	⋮	⋱	⋮
x_n	z_{n1}	z_{n2}	…	z_{nm}

该表表示在 z_{ij} 点上的测量值 (x_j, y_i) 和一个良好的插值方案 $I(M,x,y)$，并且给出了一个二维的连续函数 $z(x,y)=I(M,x,y)$。具有双线性插值的二维 map 图中使用的数据是等距的，这与在两个变量中应用线性插值是相同的。

一些静态测量值已在 SAAB 的 2.3L 自然吸气发动机上进行了测试，并且产生了查表中的数值。空气质量流量和容积效率的图解表示如图 9.4 所示。图 9.4(a) 直接显示了测量值，而图 9.4(b) 显示了容积效率的 map 图，这是利用式(4.9) 测变量（N、p_{im}、$\dot{m}$、T_{im}）计算得出的。

体积效率取决于发动机转速和进气歧管压力。值得注意的是歧管压力的依存关系与在 5.2.4 和图 5.8 中考虑到的理论上残余气体膨胀符合得很好。发动机转速的波动是由于进气歧管通道中的共振效应造成的。在某些发动机转速情况下，共振给予了正面效应，使更多的空气留在气缸内，然而在其他转速的情况下共振给予了负面影响。

另外，更高维度的 map 图也可以被使用，但并不是最优的，因为更高维度的 map 图需要更大的内存。map 图中的数据随着维数的增加呈指数性增长。

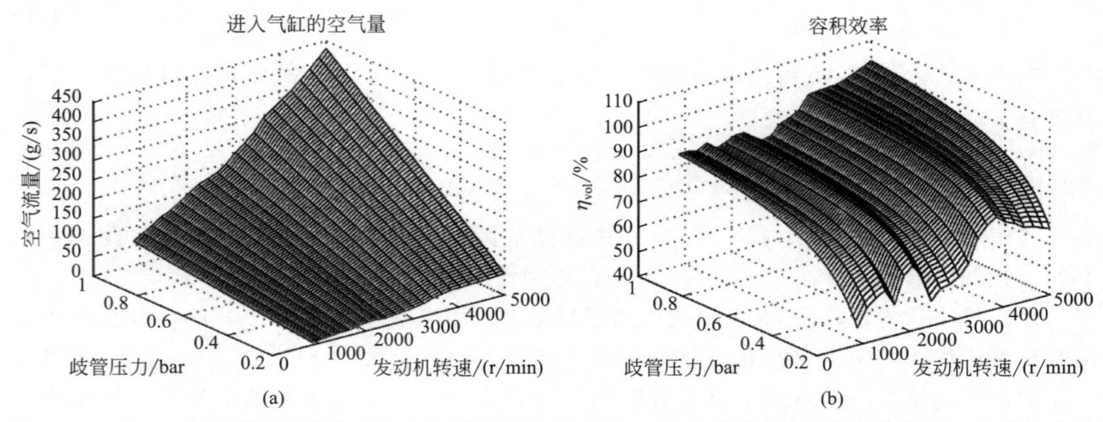

图 9.4　二维 map 图中储存的参数图解〔以空气质量流量［图 (a)］和所计算的容积效率［图 (b)］作为实例〕

9.3.2　基于模型的开发

传统上，map 图广泛应用于控制系统中，但是随着发动机硬件更加复杂，这将导致控制系统的标定非常困难和耗时，这是由于变量和数量之间的相互依存关系。这就产生了基于模型的方法，通过有效描述参数和发动机数量之间的互联，在开发过程中模型得到更广泛的应用，并且作为产生控制代码的基础。如今，基于模型的开发有助于减少 map 图和降低系统中参数和变量之间的依赖，并且还为标定提供良好的起点。当控制器完成时，参数仍需要通过 map 图表示和进行标定，例如容积效率或者控制器中与设定点相关的工作点。总之，为了控制和标定，模型和软件工具链的系统应用对发动机控制功能的有效开发起到了非常重要的作用。

10

点燃式发动机的基本控制

发动机管理系统（EMS）必须满足和协调几个控制目标，例如，产生良好的操控性、使发动机的性能最优、尽量减少燃油消耗量和降低排放。这些目标本身就具有挑战性，但还有更进一步的挑战。事实证明，在生产发动机的过程中，重要的性能参数是无法测量的。图 4.1 表明发动机产生的排放物和输出的动力均无法测量，所以我们无法直接控制它们。因此，需要从其他可测量的变量上来推断发动机的这些性能。图 10.1 表明使用可测量的传感器信号来推断发动机的输出性能。在很大程度上，前几章建立的发动机系统和模型起着重要的作用。

在自动控制领域，上述描述的情况被标准化，常用的量及其表示符号如下。

- 性能输出量 z，或称为性能变量，是需要控制的量，在发动机中，如输出转矩或排放物。
- 可测量的输出量 y，是可测量的传感器信号。
- 控制信号 u，是为了用于实现控制任务的执行器输出。
- 干扰量 d、v、e 等，是在系统上未知和不可控的输入量。

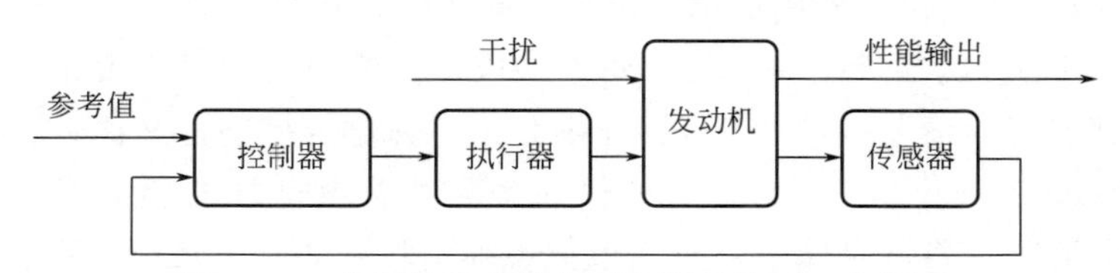

图 10.1　控制性能变量与那些测量值不一定相同

在 3.3 节中我们已经用过了这些原则，因为整个系统的控制结构是围绕着转矩来建立的，尽管转矩无法直接测量。在动力传动的相关章节中，这些原则也将被使用，见 15.2.2～15.2.4，以及图 15.13 和图 15.28。本章的重点是发动机控制，并且当性能变量无法测量时，需要采用基于模型的前馈和反馈混合控制来解决问题。一个好的前馈控制可以提高系统的瞬态响应，甚至是在传感器失效的条件下发动机也可以较好地在开环状态下运行。

10.1 三个基本的 SI 发动机控制器

根据前文的观点，我们开始讨论有关发动机控制的内容。SI 发动机管理系统包含多个控制器，其中三个最重要的控制器如图 10.2 所示。

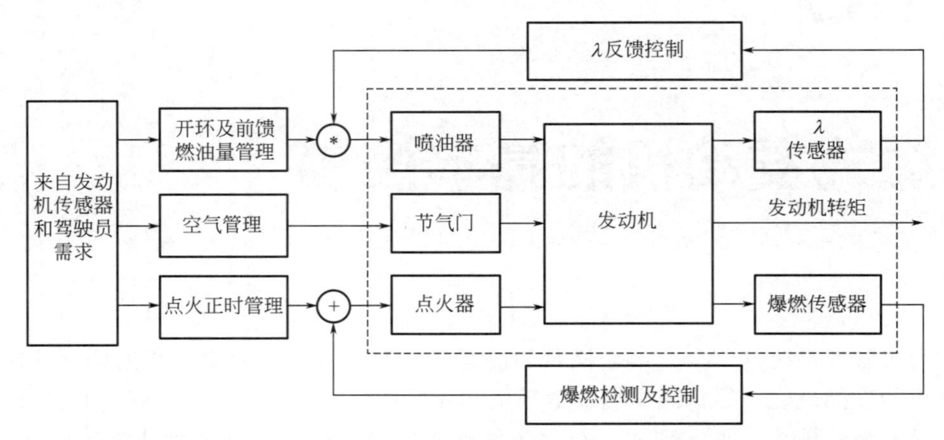

图 10.2 该示意图显示了 SI 汽油机中三个重要的控制环节（虚线框的内部是发动机硬件及执行器和传感器，虚线框外部是控制系统。示意图最上方是空燃比控制，最下方是点火控制。发动机的转矩控制路线，即进气量控制，如图中部所示）

它们分别是进气量、空燃比和点火控制器。在 SI 发动机中，进气量管理是转矩控制的主要途径。使用节气门控制供给发动机的空气量。来自发动机的转矩没有反馈，但在内部却存在几个反馈环节，例如节气门的伺服控制和进气歧管的压力控制。10.1❶ 节将会对转矩和进气控制进行详细介绍，10.8❷ 节会把涡轮增压发动机增压控制的内容加进去。转矩也取决于点火时间，它们的相互关系和使用将在 10.7❸ 节讨论。

燃油管理或者空燃比控制的主要目的是减少发动机的排放。为了实现良好的排放，同时使用前馈和反馈控制是有必要的。由于模型有很多不确定因素，开环控制不够精确，并且为了保证空燃比 λ❹ 的值，使用反馈控制是有必要的，在窄频带约 λ❹ $=1$ 处，催化剂效率最高（见图 6.17）。为了获得一个好的瞬态响应，前馈也是也很必要的，其中燃油喷射量就取决于瞬态响应的情况。10.3❹ 节将详细介绍空燃比的控制，又称 λ❺ 控制。

点火管理（ignition manager）的主要目的是为了获得良好的燃油经济性，并同时避免爆燃。在低负荷时，目标是使发动机在最低燃油消耗率条件下运行；而在高负荷时，发动机爆燃会使点火时间受限，因此，点火必须延迟。在不同的燃油和环境条件下，控制需求也不相同，并以此触发爆燃反馈控制环。10.5❻ 节将介绍点火和爆燃控制。

10.1.1 产品系统实例

直喷式 SI 发动机管理系统的一个实例是博世的 DI-Motronic 管理系统，如图 10.3 所示。第 9 章完整地概述了该系统的发动机管理功能，包括转矩控制、进气量控制、燃油控制和点火控制，此外还有减排和诊断功能。下面介绍部分传感器和执行器具备的功能。

---

❶ 原文为 10.2；❷ 原文为 10.9；❸ 原文为 10.8；❹ 原文为 10.4；❺ 原文为 γ；❻ 原文为 10.5（译者注）。

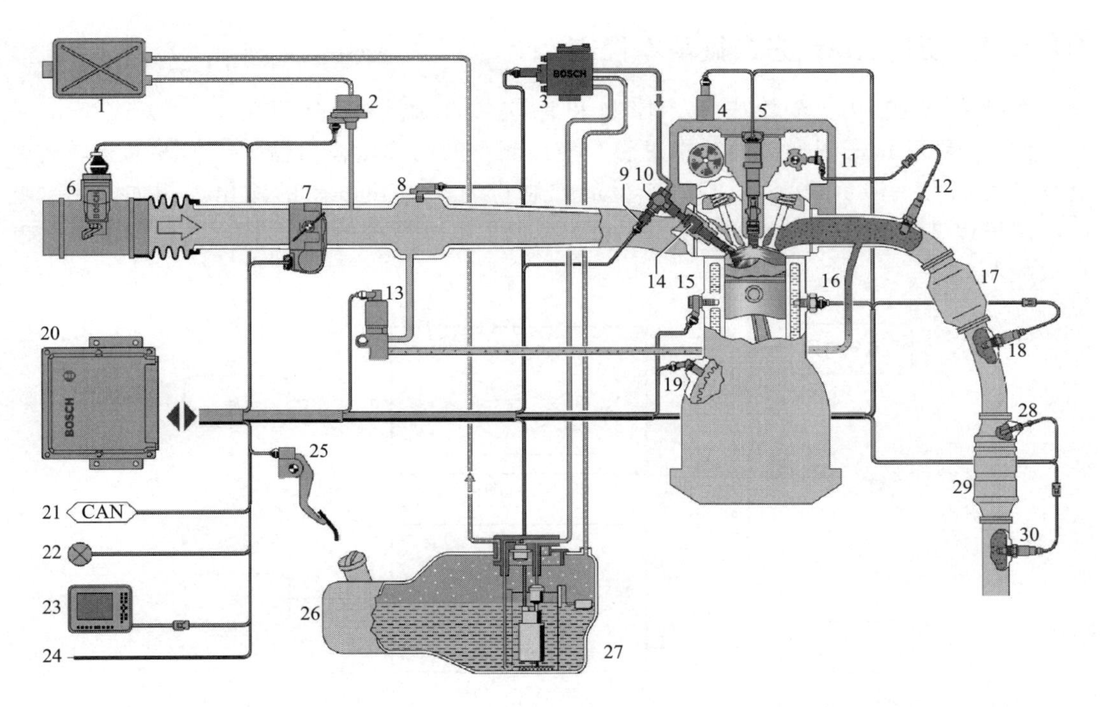

图 10.3 直喷汽油发动机管理系统的传感器、执行器及相关附件❶

（来源：博世汽车工程手册第 8 版，541 页图 5）

1—用来吸附挥发的汽油的活性炭罐；2—炭罐清洗阀；3—高压燃油泵；4—凸轮相角控制器；5—火花塞；6—热线式空气流量及温度传感器；7—带转角传感器的电子节气门；8—进气歧管压力传感器；9—燃油压力传感器；10—高压油轨；11—凸轮相角及位置传感器；12—空燃比传感器；13—EGR 阀；14—高压喷油器；15—爆燃传感器；16—发动机温度传感器；17—主催化转换器；18—空燃比传感器（可选的）；19—曲轴位置和上止点传感器；20—发动机管理系统（EMS）；21—CAN 线路接口；22—故障指示灯；23—诊断接口；24—防盗系统单元接口；25—加速踏板单元；26—油箱；27—油箱内部系统带有电子燃油泵、燃油过滤器和燃油压力调节器；28—废气温度传感器；29—主催化转换器（NO_x 收集器和三元催化转换器）；30—空燃比传感器

发动机的转矩控制是以加速踏板（25）的位置作为输入，来控制节气门（7）的开度，同时也会用到发动机内的进气歧管压力传感器（8）和发动机转速传感器（19）。在空气管理器和空燃比管理器中，空气流量和温度传感器（6）、空燃比传感器（12）以及进气歧管压力传感器（8）被一起使用。冷却液温度传感器（16）主要在启动时对燃油喷射和点火提前产生影响。喷油嘴直接将燃油喷入气缸中。燃油压力传感器（9）和与之相连的稳压器的主要作用是给喷油器（10）一个设定燃油压力，这样进气喷油量仅仅取决于喷油时间，而与发动机负荷和进气压力无关。点火系统包括带有线圈的火花塞（5）和监测爆燃的爆燃传感器（15），通过延迟点火提前角来避免爆燃（噪声）对发动机的损害。曲轴转速及位置传感器（19）及凸轮轴相角及位置传感器（11）的信号对喷油时间和点火时间都很重要，这些都在 9.1.2 中讨论过。凸轮相角发生器（4）控制进气和排气阀的正时。活性炭罐（1）防止油箱（26）中的汽油蒸气挥发到空气中。活性炭罐通过燃料净化阀来清空，在净化阀处由于存在真空度，空气通过活性炭层进入进气歧管。

❶ 图注与文中叙述不完全一致，按原文翻译（译者注）。

10.1.2 使用map图进行基本控制

在控制系统中，参数表示、控制和标定点生成经常会用到查询表或 map 图（9.3.1）。利用 map 图控制的基本思想是使用测得的已知量作为输入，如发动机转速和进气歧管压力（即负载），同时将产生的控制行为作为 map 图的输出。例如，用这些 map 图可以实现开环和前馈控制。图 10.4 显示了一个简单的基于 map 图的燃油喷射和点火控制体系。

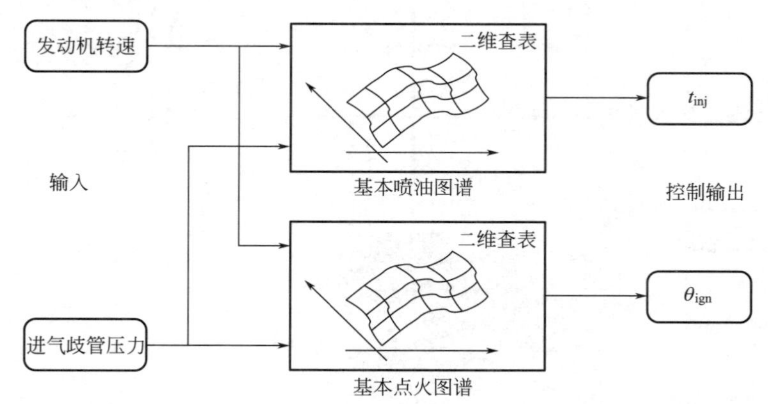

图 10.4 利用 map 图来控制喷油时间 t_{inj} 和点火提前角 θ_{ign} 示意图［发动机转速和负荷（即进气歧管压力）作为输入传给 map 图，控制动作作为输出，如 $t_{inj}=f(N, p_{im})$］

map 图是通过在发动机测试试验台上标定获得的。该过程很简单并且可以获得良好的精度，但是标定过程比较费时。在标定过程中，发动机被调整到期望的工作点上，例如在一定的速度和负载下，控制输出量被调整到所需的目标值。然后，该期望控制输出量被存储到 map 图中，并进行下一点的标定。

在发动机控制中一般会对控制系统进行精校。在调整好基本的控制过程后，通过附加的 map 图来处理诸如冷启动、冷热气候和高海拔等工况。对于一个实际的发动机，map 图的优点是计算效率高、易于实现并且可以直接获得数据。map 图的主要缺点是无法进行扩展；当发动机被重新设计时，map 图必须重新校定，这是一个非常耗时的过程。使用 map 图有时也称为基于 map 图的控制。

另一种控制方法是基于模型的控制，该模型被用来描述输入和输出之间的函数关系和复杂的相互作用。由于具有可扩展和减少标定工作量的优点，基于模型的方法已被普遍采用，用来替代和减少 map 图。最后，模型也可以在最后的控制实施阶段采用 map 图的方式。例如，某个函数太过复杂而无法在控制器硬件上执行，那么可从离线模型上生成图表，最终可节省标定和执行时间。

10.1.3 转矩、充气和压力控制

基于转矩的结构在 3.3 节中进行了介绍，并在 9.2 节进一步完善。本章给出了一个系统框架，该框架在车辆和传动系统层面上用来处理驾驶员需求和转矩的影响函数。在发动机层面上，它详述了期望的发动转矩 $M_{e,ref}$，这也是发动机转矩的参考值。我们现在要介绍如何在 7.9 节中发动机转矩模型的辅助下获得该值。

10.1.4 简单转矩模型下的压力设定点

首先，我们认为SI发动机在空燃比为$\lambda=1$（也可能为富油）下运行，这意味着进气量决定了燃油在燃烧过程中所能释放出的能量。在这样的条件下，转矩的产生可以用模型7.17来描述，该模型给出了发动机转矩和进气歧管压力之间的简单关系。在转矩$M_{e,ref}$确定的条件下，式(7.53)和(7.54)可以求解压力值，即

$$p_{im,ref}=\frac{1}{C_{p2}}\left(\frac{2\pi n_r}{V_D}M_{e,ref}+C_{p1}\right) \tag{10.1}$$

该式给出了进气歧管压力的一个参考值，在气门伺服机构的辅助下，该控制得以实现。这是一个串联的转矩控制结构，从转矩-压力运算器、压力控制器到节气门伺服系统。此外，在进气歧管处通常会有一个压力传感器，所以进气歧管压力可以进行闭环控制。所得到的控制系统结构如图10.5所示。因为节气门伺服系统的动态特性比进气歧管压力的要快，所以这种串联形式的解决方案是可取的。节气门伺服系统是一个辅助性系统，该系统及其设计将在10.2[1]节中详细讨论。我们从图10.5中又一次看到转矩没有反馈，但是在内部使用了几个反馈控制。

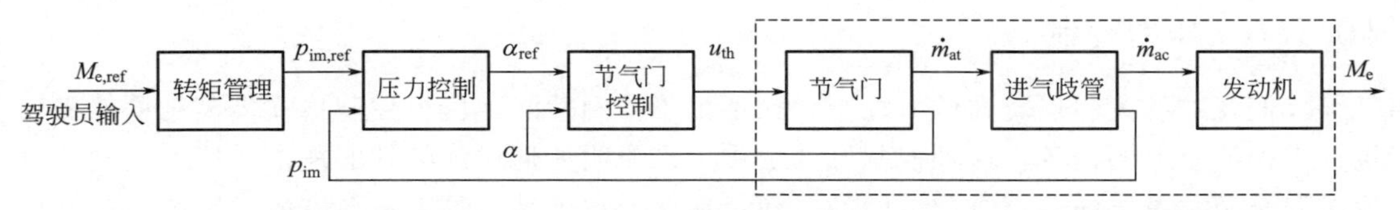

图10.5 基于转矩结构的控制器图示（不同的控制器采用不同的时间步长，节气门伺服控制器是一个较快的内环控制器，而进气压力则是一个较慢的外环控制器）

10.1.5 全转矩模型下的设定点

在前面的控制器中，我们使用了简单的转矩模型［式(7.53)］，这种模型提供了一种计算进气压力设定点的简单方法。下一步我们将使用7.9节所述的更为详细的MVEM模型来求取压力设定点。在开始前，我们注意到其串联控制的基本结构和图10.5所示的一样，但是在转矩管理模块中的计算部分要重新定义。

转矩模型［式(7.55)］由下面三个部分组成：

$$M_e n_r 2\pi=W_e=W_{i,g}-W_{i,p}-W_{fr}$$

把子模型中的总指示功$W_{i,g}$、输油泵所消耗的功$W_{i,p}$和摩擦损失功W_{fr}代入上式，可以得到如下表达式：

$$M_e n_r 2\pi=m_f q_{LHV}^{1-r_c^{\lambda-1}}\eta_{ig}\eta_{\lambda}\eta_{ign}-V_D(p_{em}-p_{im})-V_D \mathrm{FMEP}(N) \tag{10.2}$$

此外，燃油质量、空气质量、进气歧管压力与空燃比和容积效率有以下关系：

$$m_f=\frac{m_a}{\lambda(A/F)_s}=\frac{\eta_{vol}V_D p_{im}}{\lambda(A/F)_s RT_{im}} \tag{10.3}$$

将表达式代入式(10.2)，即可得到发动机转矩与进气歧管压力的表达式。值得注意的是，如果在式(10.2)中所有的量都是常数，则所得到的结果将会是对进气歧管压力的仿

---

[1] 原文为10.3（译者注）。

射变换，如式(7.53)。实际上，这就是仿射模型［式(7.53)］能够很好地描述发动机转矩模型的原因。基于上述模型，根据给定的转矩参考值 $M_{e,ref}$，我们可以使用三种方法来计算设定点并满足发动机控制回路。

• 结合式(10.2) 和式(10.3)，求解 p_{im}。这对于富油燃烧 SI 发动机的化学计量来说很有用，其表达式如下。

$$p_{im,ref}=\frac{M_{e,ref}n_r 2\pi+V_D[p_{em}+FMEP(N)]}{V_D+q_{LHV}^{1-r_c^{\gamma-1}}\eta_{ig}\eta_\lambda\eta_{ign}\dfrac{\eta_{vol}V_D}{\lambda(A/F)_s RT_{im}}} \tag{10.4}$$

同时，它也应用于汽油机和柴油机的增压控制。

• 由式(10.2) 可以解得 m_f，CI 发动机主要采用这种方法。在第 11 章我们将讨论更多关于 CI 发动机的相关内容。其对于 SI 发动机在空气过量运行时也适用，例如，直喷式汽油发动机在分层模式下运行时的情况。

• 由式(10.2) 可以得到点火效率。这适用于燃油和空气量被其他控制器固定时的情况。例如，如果需要在短时间内降低转矩，这将在 10.5.3[1] 中讨论。

此处我们将采用第一种方法，这种方法与图 10.5 相对应。以后再讨论其他方法。

10.1.6 压力控制

我们现在的关注点转向压力控制，除了用于控制性能，压力控制也在控制结构选择和设计中扮演重要的角色，这种控制设计也将用来说明如何增加额外的需求。压力控制是对汽车安全至关重要的转矩管理链中的一环，在此，意外转矩是不被允许的，因此，监督环节也是必需的。16.1.1 功能安全-意外转矩将会进一步讨论。与此同时，如果由于可靠性的原因压力传感器失效了，发动机应仍能驱动汽车行驶，虽然性能可能会降低。在控制器上的这种额外需求会影响到它的结构和设计。

前馈与反馈集成控制

压力控制是通过前馈和反馈控制的组合来实现的，如图 10.6 所示。它们具有如下功能。

• 用于性能和鲁棒性的反馈控制器保证获得所需的压力，并减少不确定、无法测量的干扰量对模型效果的影响。

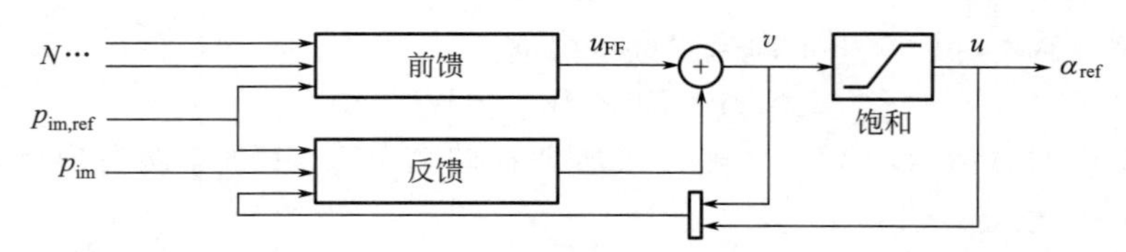

图 10.6 进气歧管压力控制器框图［比图 10.5 更详细。附加的输入，如图中的发动机转速（N），表明来自于发动机的更多输入量常被加入到运算中。此外，压力控制依赖于节气门的极限位置，这一点也必须通过闭环控制来处理］

• 如果发生故障，反馈控制器不能安全地运行，例如如果 p_{im} 压力传感器失效了，那么反馈控制器就停止运转了，则前馈控制器单独运行。因此，所设计的前馈控制器应能给

[1] 原文为 10.6.3（译者注）。

出正确且平稳的控制输入 $p_{\mathrm{im,ref}}$，并启动一个后备策略。

在控制设计中，重点往往是控制器的性能，因此，反馈控制回路应首先进行设计。但是如果一个集合点的动态响应不够快，则需要加入前馈控制用来提高性能。然而，出于可靠性的要求，首先应设计前馈控制以便发动机可以在没有压力反馈的情况下运行，这通常称作开环压力控制。此时，需提供一个后备策略，当发动机工作在开环压力控制时，用来保证压力和节气门转角可以达到一个恰当的稳定值。

正如 10.1.2 中所述，前馈控制器可以使用 map 图或者模型来实现。在第一种情况下，发动机在进气歧管参考压力下运行，并且相应的节气门转角被存储为 map 图中的 z 值，参考压力 x 和发动机转速 y 作为 map 图的网格点。在下面的例子中介绍基于模型方法，通过使用均值发动机模型的部件来确定前馈节气门转角。

在前馈控制完成后，反馈控制被设计和整定。为了获得良好的性能，它的增益是随着发动机的转速而变化的，因为进气歧管压力的动态性能取决于速度。为了获得一个良好的动态性能，反馈控制器也需要设计和整定。例如图 8.25，涡轮增压发动机的响应，节气门先是超调到最大值然后又稳定到固定值。如果只有前馈控制，节气门则会直接达到稳定值，这会使发动机的响应变慢。图 8.25 也表明节气门执行器会达到饱和状态，因此在反馈控制器中，考虑到积分器的饱和是很重要。这一点将会在下面的 PID 控制结构中进行讨论。

前馈和反馈压力控制的实例

根据上述讨论，下面的两个例子是用来说明前馈和反馈的联合控制。首先是用基于模型的前馈控制生成 α_{FF}，然后在反馈控制结构中使用通用的 PID 算法。

例 10.1（基于模型的前馈压力控制器） 基于容积效率［式(7.15)］的发动机空气流量模型［式(7.13)］给出了发动机所需的空气流量，它是进气压力、发动机转速及其他量的函数。它和节气门处的流量一样是定值。通过使用节气门模型［式(7.11a)］和面积模型［式(7.12)］，节气门的面积和转角可以在该流量下确定。总而言之，我们可以得到以下计算方法：

$$\dot{m}_{\mathrm{ac}}=f_1(\eta_{\mathrm{vol}}(p_{\mathrm{im}},N),p_{\mathrm{im}},N,T_{\mathrm{im}}) \tag{10.5a}$$

$$A_{\mathrm{ref}}=f_2(\dot{m}_{\mathrm{ac}},p_{\mathrm{im}},T_{\mathrm{im}},p_{\mathrm{th,in}}) \tag{10.5b}$$

$$\alpha_{\mathrm{FF}}=f_3(A_{\mathrm{ref}}) \tag{10.5c}$$

式(10.5b) 使用式(7.11c)，气体通过节气门后温度保持不变，所以在计算过程中仅使用 T_{im} 计算即可。

为了证实反馈回路中的实施细节，需要使用一个包含前馈项的一般 PID（即 $u_{\mathrm{FF}}=\alpha_{\mathrm{FF}}$）。PID 控制器可以处理离散时间事件，并且通过下列方式实现抗积分饱和。有兴趣的读者可以参考例如 Åström 和 Hägglund（1995），其对 PID 实现和抗积分饱和有深入的论述。

例 10.2（跟踪抗积分饱和 PID 算法） 下面的公式是一个具有前馈项 u_{FF} 和仅对 y 的微分项的连续时间 PID 控制器：

$$u(t)=K_P\left[y_r(t)-y(t)+\frac{1}{T_1}\int_0^t y_r(t)-y(t)\mathrm{d}t+T_D\frac{\mathrm{d}}{\mathrm{d}t}y(t)\right]+u_{FF}(t)$$

当控制器在软件中运行时，它是在采样时间 T_s 的基础上执行的。在下面的代码中，上述的积分部分被存储在 $I[i-1]$ 中，上一个输出被存储在 $y[i-1]$ 中。

$$I_i=I[i-1]+\frac{K_P}{T_I}T_s(y_r-y) \tag{10.6a}$$

$$v=K_P(y_r-y)+I_i+\frac{K_PK_D}{T_s}(y-y[i-1])+u_{FF} \tag{10.6b}$$

$$u=\min(\max(u_{\min},v),u_{\max}) \tag{10.6c}$$

$$I[i]=I_i+\frac{T_s}{T_t}(u-v) \tag{10.6d}$$

PID 控制的离散时间由前两个公式来表示，v 表示一个临时控制输出。第三个公式用来控制输出的饱和值。最后，第四个公式跟踪时间常数 T_t，当控制出现饱和时，T_t 用来调整积分项，并且当前的积分值被保存在 $I[i]$ 中。调节跟踪时间不变的方法是将开始时间设为 $T_t \approx T_I$。

这个 PID 控制的例子虽然普通，但也能把它应用到进气歧管压力控制的闭环回路中。如图 10.6 所示，PID 和闭环控制器之间的关系由上面的 PID 代码中的变量 u_{FF}、v 和 u 表示。总而言之，上面的两个实例表明开环和闭环压力控制如何实现、组合与集成，以及如何处理积分饱和。压力控制和点火控制的实例将在 10.8 节中给出。

反馈控制调节和对进气动态过程的说明

通过使用标准的 PID 控制算法可以对反馈控制进行调节。此外，这对于控制参数的增益调度是有利的，因为系统的时间常数取决于发动机的转速。固定容积效率及节气门流量的简化系统有助于对压力系统动力学进行深入理解。

例 10.3（进气歧管流量控制的时间常数） 参见恒温模型式(7.24)，并假设式(4.9)中的发动机转速（N）和容积效率（η_{vol}）均为常数。进一步假设我们能够对节气门流量进行精确的反馈线性化，采用式(7.11)进行线性化，因此 $u=\dot{m}_{at}$。于是式(7.24)可写为

$$\frac{\mathrm{d}p_{im}}{\mathrm{d}t}=\frac{RT_{im}}{V_{im}}\left(u-\frac{\eta_{vol}V_DN}{RT_{im}n_r}p_{im}\right)=-\frac{\eta_{vol}V_DN}{V_{im}n_r}p_{im}+\frac{RT_{im}}{V_{im}}u$$

该公式表明进气歧管压力的时间常数是 $\tau_{im}=\frac{V_{im}n_r}{\eta_{vol}V_DN}$，并且取决于发动机转速。

10.2 节气门伺服机构

在基于转矩结构和进气歧管压力的控制中，节气门伺服系统是一个重要的组成部分。在开始讨论之前，需要注意的是压力控制器一般使用 α_{ref}，但也可能跳过节气门伺服机构，而直接使用 u_{th}。然而，由于节气门传动机构的摩擦和较差的开环性能会导致一个显

著的问题。这一点可通过图 7.47 来解释，从图中可以看出 20%PWM 的电压信号 u_{th} 可使节气门位置保持在 29%～100%的任何一个位置，这样就很不准确了。所以，设计压力控制器依赖于节气门伺服机构。值得说明的是，从安全性和可靠性的角度，如果节气门伺服机构发生故障，则节气门返回到跛行位置，这种设计给发动机提供一个安全的状态。

基于准确线性化的节气门控制

在模型 7.22 中，已经对节流阀板运动进行了描述，并且将用在节气门伺服机构的建模中。下面所描述的方法是基于准确线性化的，来源于 Thomasson 和 Eriksson（2011），但其很大程度上是 Deur 等（2004）建立的。节气门包含两个非线性因素，跛行弹簧和摩擦，这对节气门的动作有很大的影响（见图 7.47）。模型［式(7.76)］可以通过使用两个非线性补偿器进行线性化，并根据下面的公式来修改控制信号。

$$u_{th}=\frac{M_{sp}(\alpha)}{K}+\frac{M_{fs}(M,\omega)}{K}+\tilde{u}_{th} \tag{10.7}$$

这样就把模型［式(7.76)］进行了准确线性化，但是式(10.7)很难在实际中使用，比如因为 α 中有噪声存在，以及 M 与 ω 不能测量等。因此，下面介绍一种改进的方法。首先，使用模型［式(7.74)］准确计算跛行转矩 $M_{sp}(\alpha)$。然而，在靠近跛行位置处，由于曲线在该区域的斜率太大，测量输出的微小振动会导致控制信号的震颤。为了克服这一点，期望的节气门转角参考值 $M_{sp}(\alpha_{ref})$ 被用来作为控制输入。

使用模型［式(7.73)］，摩擦 $M_{fs}(M,\omega)$ 可以被补偿，这是一个理想的在 $\omega=0$ 时翻转的“继电器”，但是需要角速度作为输入。进一步，如果节流阀板偏离了参考值，这时摩擦补偿器便会加到该偏离动作上。因此，摩擦补偿器直接基于跟随误差，向减小跟随误差的方向起作用。理想的“继电器”对 $e_a=0$ 附近的噪声很敏感，在参考值附近容易导致不必要的振动，为了对其进行补偿，在 $e_a=0$ 的附近引入一个小的死区。总之，跛行和摩擦补偿器将控制信号变为以下公式：

$$u_{th}=\frac{M_{sp}(\alpha_{ref})}{K}+\frac{M_f(e_a)}{K}+\tilde{u}_{th} \tag{10.8}$$

线性节气门模型

节气门模型的准确线性化可以给出下面的等式：

$$J\frac{d^2\alpha}{dt^2}=-K_{fe}\frac{d\alpha}{dt}+K\tilde{u}_{th}$$

并有下面的开环传递函数：

$$G_{th}(s)=\frac{K}{Js^2+K_{fe}s}=\frac{K/K_{fe}}{s\left(\frac{J}{K_{fe}}s+1\right)}=\frac{K_0}{s(sT_0+1)} \tag{10.9}$$

在许多情况下，K、J 和 K_{fe} 都是未知的，但是可由系统识别试验确定。这里对图 7.47 中的节气门进行阶跃响应试验，取 $K_0\approx20$ 及 $T_0\approx20\text{ms}$ 进行识别。

PD 和 I 部分的设计

作为控制设计算法的实例，会使用一种极点配置的方法，详见 Rivera 等（1986）及 Åström 和 Hägglund（2006）。由于想避免超调，我们指定期望的闭环系统为一个一阶系统。期望的闭环传递函数为：

$$G_{des}(s)=\frac{1}{s\Lambda+1} \tag{10.10}$$

其中，时间常数 Λ 用于闭环响应的精细调整。对于系统［式(10.9)］，PD 控制器 $u(t)=K_P[e(t)+T_D\dot{e}(t)]$能够形成一个一阶的闭环系统。对于比例微分控制器，闭环系统如下：

$$G_{cl}(s)=\frac{K_P(1+sT_D)\dfrac{K_0}{s(sT_0+1)}}{1+K_P(1+T_Ds)\dfrac{K_0}{s(sT_0+1)}}=\frac{1}{s\dfrac{1}{K_PK_0}\times\dfrac{sT_0+1}{sT_D+1}+1} \tag{10.11}$$

对比式(10.11) 和式(10.10)，给出 PD 控制器的参数为 $T_D=T_0$ 及 $K_P=\frac{1}{K_0\Lambda}$。这里 Λ 用于该控制器整定，并通过该模型给 P 和 D 部分赋值。这对控制器的校准是一个好的开始。整个控制器如图 10.7 所示，该线性系统被 PID 控制器控制。

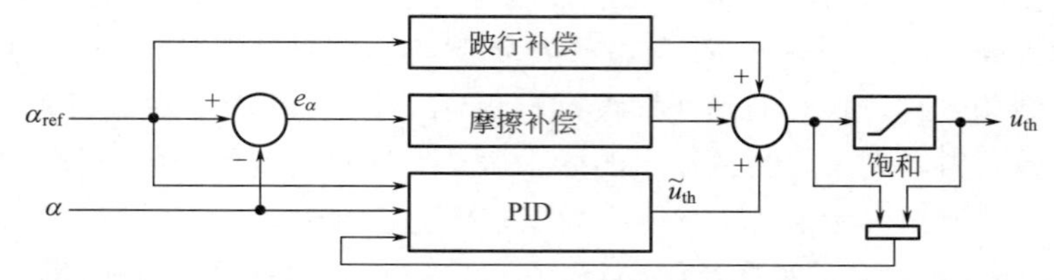

图 10.7 带有跛行和摩擦补偿的非线性的节气门控制结构（由于控制信号可能会饱和，所以采用抗积分饱和的 PID 控制器作为反馈控制器）

由于模型的不确定性和干扰，抗饱和的积分部分被加到 PD 控制器上。控制偏差 I 部分的增益调整也被用于优化调整节气门位置。这使控制器在仅有小的控制误差时也会被触发，因为此时需要产生较大的运动来克服摩擦阻力。所以，需要设计一种用于控制误差的增益，感兴趣的读者可以参考 Thomassonand 和 Eriksson（2011）以获得更多细节。

节气门伺服性能评价示例

控制器的性能用大阶跃和小阶跃下的两种响应来考察，如图 10.8 所示。大阶跃响应显示了电控节气门伺服的最大能力，其控制信号经过 40ms 达到饱和，控制器在 0.1s 后开始达到目标值，没有超调。节气门开度从 28.4%到 29.4%，小阶跃响应出现在跛行位置开度 28.8%的附近。可以看出，在节气门克服跛行和摩擦来实现位置的微小调整过程中，控制器显示了显著的控制作用。也可以看到测量位置 A/D 的量化值。总之，节气门伺服实现了良好的性能。节气门的控制设计是一个很好的研究领域，并且可以找到更多实例，例如，Scattolini 等（1997）、Eriksson 和 Nielsen（2000）、Canudas de Wit 等（2001）、Vašak 等（2006）、Pavković 等（2006）。

不带跛行功能的节气门

大部分节气门在安全位置处设置跛行，上述例子把安全位置设置为 28.8%。也有一些节气阀在中间区域没有跛行功能。一个例子是图 12.7 的发动机中采用的压缩机旁通阀，其跛行回家位置在全开处。另一种可能是将跛行回家位置设置在全关位置，如 Eriksson 和 Nielsen（2000）中提及的例子。总之，除了跛行回家补偿功能需要修改外，上述控制设计的方法仍然可以被使用。

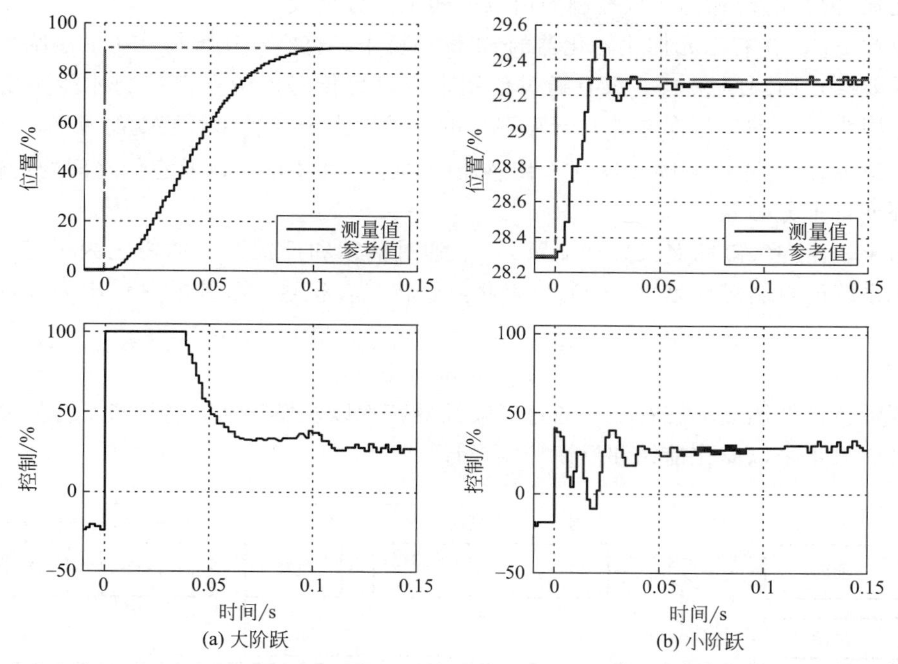

图 10.8 节气门伺服节流阀的阶跃响应［图（a）为开度从 0 到 90%的大阶跃响应。图（b）为跛行回家位置（在 28.8%）附近的小阶跃响应。显示了控制设计的结果］

10.3 燃油控制和空燃比 λ 的控制

进气和燃油的控制是互相耦合的，我们的观点是进气由进气系统控制，而燃油管理被用于实现空燃比 λ 控制。λ 控制器的基本功能就是提供可燃的空气燃油混合物。除了基本的功能外，对 λ 的操控主要分为以下四个区域。在浓混合气（$\lambda<1$）时，发动机有着最大的升功率和足够的空气供给，提供了良好的加速性能，但是燃油转换效率不高。在 19 世纪 70 年代之前，发动机一直被调校成这种运转模式，但是在第一次石油危机之后，这种模式只有在发动机冷启动、全负荷、为让催化剂冷却而满负荷以及加速需要最大功率时使用。适中的稀混合气（$1<\lambda<1.5$）使发动机的燃油经济性更好，但是氮氧化物的排放量较高。这种调校在第一次石油危机之后一直被使用，直到 19 世纪 80 年代初排放法规开始变得更加严格，这种策略才常被用在中等负荷上。稀混合气（$\lambda>1.5$）促使发动机工作于高效率同时还能减少氮氧化物的排放。在中低等负荷上，它常被用在稀薄燃烧发动机中。

理想配比的可燃混合气（$\lambda=1$）是当今的主流形式，用在有三元催化转化器（TWC）的发动机上，是减少排放的重要措施。在下面的控制设计中，重点是放在 TWC 控制上，从而较好地实现尾气减排。

10.3.1 空燃比 λ 的前馈和反馈控制结构

在下面的部分中，为了获得理想的空燃比 λ，对燃油控制系统的基本功能进行介绍。图 10.9 中展示了空燃比 λ 控制器的基本结构框图。它将发动机和控制器分开，并强调了影响控制系统设计的发动机重要部件，特别是喷油器、混合气进入的气缸以及在排气装置中控制运输/混合的传感器。该控制器由以下四个部分组成。

• 反馈 F_{fc}。在有三元催化转化器的 SI 发动机中，将空燃比维持在 1 的小临界范围内是十分重要的，回顾图 6.17。只有通过使用带空燃比传感器的反馈控制才能实现这种精度要求，因为 $\dot{m}_{ac}$ 的模型误差以及 $(A/F)_s$ 的变动远大于空燃比可接受的范围。

• 前馈 $\dot{m}_{fc,n}$。考虑到喷油器到 λ 传感器的动态特性要求，以及它们之间的传输延迟，前馈循环变得十分必要。

• 倍乘。流向气缸的名义燃油流量 $\dot{m}_{fc,n}$ 通过前馈和反馈产生的修正因子 F_{fc} 进行调节。由于系统的控制对象是 $(A/F)_s$，因此需要将二者相乘。系统的总输出为气缸理想喷油量，即：

$$\dot{m}_{fc,d}=\dot{m}_{fc,n}F_{fc}$$

• 喷油器以及燃油动态补偿。通过对喷油器特性以及燃油动态特性进行分别处理，动态补偿被引入进来以简化前馈和反馈控制设计。

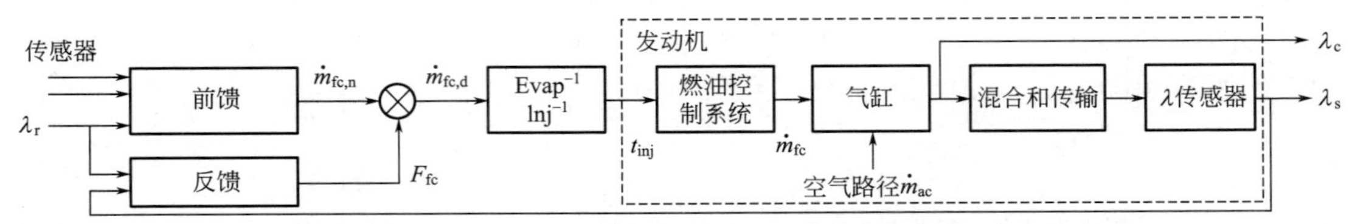

图 10.9　空燃比控制器及其被控系统（包括发动机供油线路上的重要部件的简图）

这些将会在下面的部分中详细阐述，先从前馈控制开始，然后是反馈控制，最后介绍喷油器特性和动态补偿。

10.3.2　带有基本燃油计量的 λ 前馈控制

喷油前馈控制与 10.1.6[1] 中讨论的压力前馈控制很类似。特别是如果反馈控制失效，仅使用前馈控制器时，也可使发动机在开环 λ 控制下正常工作。当然，由于 λ 无法很好地跟随其参考值，控制的效果自然会有所下降，但是该控制应该保证发动机不熄火。基于这种需求，燃油前馈控制有时也称作基本燃油计量（basic fuel metering），即提供了发动机正常运转的最低燃油水平。前馈控制器给出了传输到气缸的名义燃油量 $\dot{m}_{fc,n}$，同时，也对进入气缸的空气进行计量。前馈控制可以看作由两部分组成，一部分与进入到气缸中的空气量等价，另一部分考虑燃油特性 $(A/F)_s$ 以及理想的混合气浓度 λ_r。

有两种不同的方法来求取基础喷油量，它们称为空气质量流量（mass air flow）和速度密度（speed density）原理。两者都首先确定空气的流量，进而基于空气的流量和理想的空燃比决定喷射多少燃油。

空气质量流量原理使用测量的空气质量流量 $\dot{m}_{at}$ 作为即将进入到气缸中空气流量的估计值。这对于在节气门附近喷射燃油并测量空气流量的中央燃油喷射系统再合适不过了。于是决定理想喷油量的公式变为：

$$\dot{m}_{fc,n}=\dot{m}_{at}\frac{1}{\lambda_r(A/F)_s}$$

对于进气口喷射和缸内直喷发动机，这个方法将显得不再那么重要。

---

[1] 原文为 10.2.3（译者注）。

速度密度原理是基于容积效率[式(4.9)]和子模型(模型 7.6)的，在给出发动机排量、进气密度和发动机转速的条件下，便能求得向气缸供给的空气质量流量 $\dot{m}_{ac}$。进气歧管处空气密度是通过使用理想气体定律，由进气歧管处的压力和温度确定的。基于模型 7.6，喷油量可由下式确定：

$$\dot{m}_{fc,n}=\eta_{vol}(p_{im},N\cdots)\frac{p_{im}V_{D}N}{RT_{im}n_{r}}\times\frac{1}{\lambda_{r}(A/F)_{s}}$$

这一控制策略适用于多点燃油喷射发动机、顺序燃油喷射发动机以及缸内直喷发动机，因为它们的燃油喷射靠近气缸。在稳定状态条件下[在 $\eta_{vol}(p_{im},N)$ 中没有测量误差或者模型误差]，以上两个原理会给出相同的数值，因为在稳定状态下，$\dot{m}_{ac}=\dot{m}_{at}$。

瞬态以及性能预测

为了更加深入地了解前馈控制器的细节，还有一个因果关系的问题。燃油喷射是同步的，所以在进气阀打开时停止喷射(以便使燃油较好地蒸发，参见 6.1.1)。如果发动机是瞬态的，从燃油喷射持续时长 t_{inj} 计算的瞬间到喷射燃油这一命令执行的时刻，需要一段时间去适应进气歧管压力或者发动机转速的改变，这会导致 $\dot{m}_{ac}$ (N,p_{im}) 发生改变。为了进一步提升性能，燃油可以基于预测的空气质量流量进行计量，例子参见 Andersson (2005，第 9 章)。

10.3.3 空燃比 λ 的反馈控制

前馈循环基本上是由进气量预估、喷油特性 $(A/F)_s$ 以及参考值 λ_r 组成。为了保证 λ 维持在 $\lambda=1$ 的邻域内(确保 TWC 正常工作)，反馈控制被引入进来以减少进气量预估模型的误差以及未知的燃油特性 $(A/F)_s$。由于在反馈环中存在一个商数，使在总控制器中采用倍乘修正成为可能。乘积表达式如下：

$$\dot{m}_{fc,d}=\dot{m}_{fc,n}F_{fc}=\dot{m}_{fc,n}(1+\Delta_{fc}) \tag{10.12}$$

式中最后一步说明反馈控制器通过 Δ_{fc} 将调整值控制在名义值 1 附近。

反馈控制问题的解决高度依赖所使用的 λ 传感器类型，即开关型和宽量程型传感器。开关型传感器需要采用特殊的解决方法，这将会在下面进行详细讨论。如果使用宽量程型传感器，问题就得到了简化并且能够提高控制的性能。反馈设计必须考虑传输延迟、混合气动态特性以及传感器动态特性的影响。由于延迟的存在，史密斯预测器或者类似的有死区补偿的控制器常被用在控制器设计中，参见 Jankovic 和 Magner (2011)。此外，由于某些参数的不确定性，例如基于 H_∞ 设计，鲁棒控制器也会被考虑使用。这一领域还有很多相关文献，感兴趣的读者可以参见 Chang 等 (1995)、Guzzella 和 Onder (2009)、Muske 等 (2008)、Roduner 等 (1997) 以及 Yildiz 等 (2008) 的文献。

开关型空燃比传感器的反馈控制

我们现在开始讨论带有开关型(或 EGO 型)空燃比传感器的反馈控制，其开关特性如图 7.20 所示。图 10.10 中展示了带有该控制器的系统简图，其中，系统简化成了一个时间延迟系统。信号调理在 EGO 输出环节中进行，由于阈值 U_{ref} 的存在，控制器的输入为一个纯净的开关信号。从控制理论上，我们知道一个动态系统的开关反馈将会产生振荡。振荡的频率和振幅取决于系统的属性，这里指时间延迟和控制器的参数。下面的例子说明了 EGO 反馈系统的功能、信号的振荡以及反馈控制的优点。

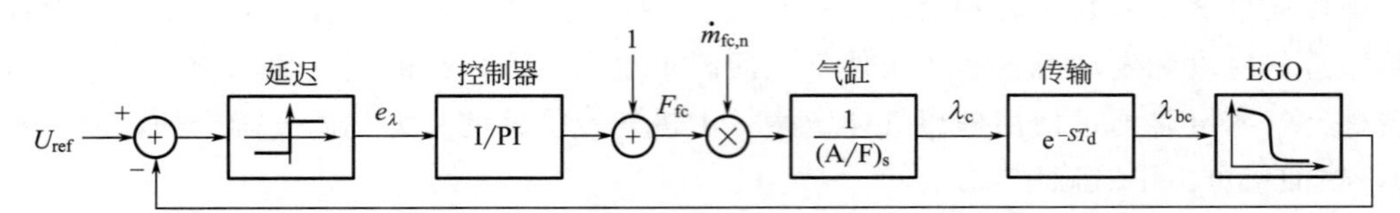

图 10.10　框图展示了带有开关反馈的时间延迟系统的 I 和 PI 控制结构（参考电压值 U_{ref} 将开关电压设定在 0.5～0.6V，PI 控制器输入端的信号 e_λ 从 −1 变化到 +1）

例 10.4（开关反馈和极限环实例）　从喷射器到 EGO 传感器，发动机存在一个传输延迟，为 $\tau_d=0.2\text{s}$。给定 $\dot{m}_{fc,n}$，前馈回路被调整为标准空燃比 $(A/F)_s=14.6$，但此时发动机在参考燃油异辛烷为 $(A/F)_s=15.1$ 的状态下工作。反馈控制器为一个 I 型控制器。

$$F_{fc}=(1+\Delta_{fc}),\Delta_{fc}=K_I\int e_\lambda \text{d}t$$

I 型控制器是最简单的控制器，静态误差为零。它的 $K_I=0.2$。信号来自于一个闭环系统的仿真结果，在图 10.11 中给出了一个极限环振荡。

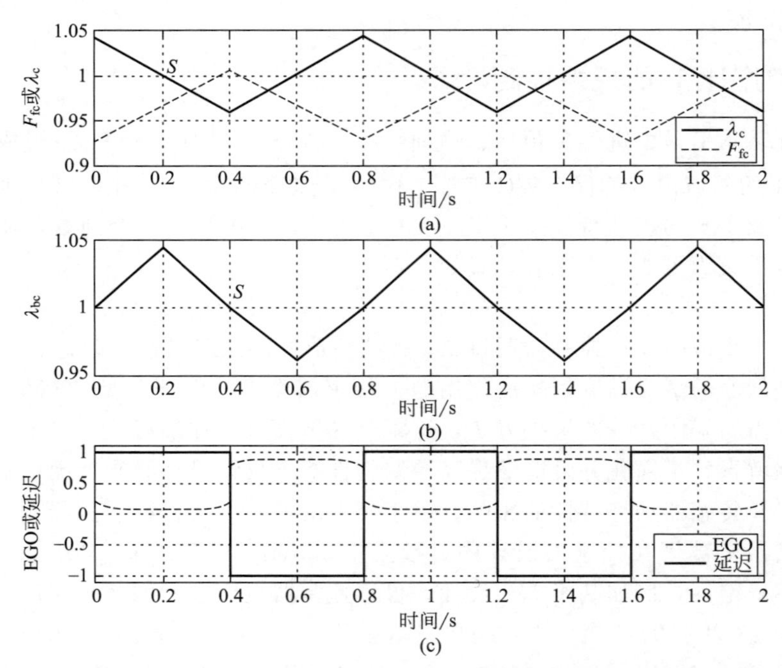

图 10.11　图示为一个来自于开关反馈（图 10.10）的极限环（系统是一个纯粹的有 I 型控制器的时间延迟控制系统，限制循环的时间周期设为 $T=4\tau_d$，振荡幅值为 $\tau_d K_I$）

在图 10.11(a) 中，展示了气缸中的 λ_c（实线）以及来自于反馈环节的修正因子 F_{fc}（虚线）。可以看出，λ_c 的平均值为 1，F_{fc} 的平均值约为 0.97，这些说明反馈循环成功地修正了空燃比 λ 的误差。进一步观察信号的细节，我们可以看到 e_λ 具有开关特性并且在某一周期内是常数，这在积分器和 F_{fc} 中产生斜坡。随着在加油过程中的斜坡上升和下降，我们看到 λ_c 也随之下降和上升。理解极限环的基础是 λ_c 和 λ_{bc} 之间的切换和时间延迟。在气缸中，λ_c 在图 10.11(a) 中 S 点位置切换，废气被输送到排气管，在图 10.11(b) 中，λ_{bc} 在 S 点延迟 0.2s 转换。在 λ_{bc} 切换时，EGO 也随之切换。随着上下坡，整体的斜坡振荡周期是 $T=4\tau_d$。此外，振荡的幅值是 e_λ 对于给定时间延迟的积分，即 $K_I\int_0^{\tau_d}1dt=K_I\tau_d$。

上述例子阐释了产生极限环的原因和 I 控制器的特性，其中，τ_d 控制循环时间以及时间延迟的乘积，控制器参数控制振幅。下面的例子说明当在系统存在很多动态过程时，我们需要使用 PI 控制器。

例 10.5 (PI 反馈调节实例) 发动机传输延迟为 $\tau_d=0.2s$，(气缸) 湿壁参数为 $X=0.5$，$\tau_{fp}=0.2s$。前馈的权值为 $(A/F)_s$。使用一种 PI 控制器并参数化为：

$$\Delta_{fc}=K_Pe_\lambda+K_I\int e_\lambda dt$$

此外，使用两组不同设置的 PI 参数。

$$\begin{cases}K_I=0.1\\K_P=0\end{cases} 和 \begin{cases}K_I=0.1\\K_P=0.015\end{cases}$$

两组 PI 控制器的仿真结果如图 10.12 所示。

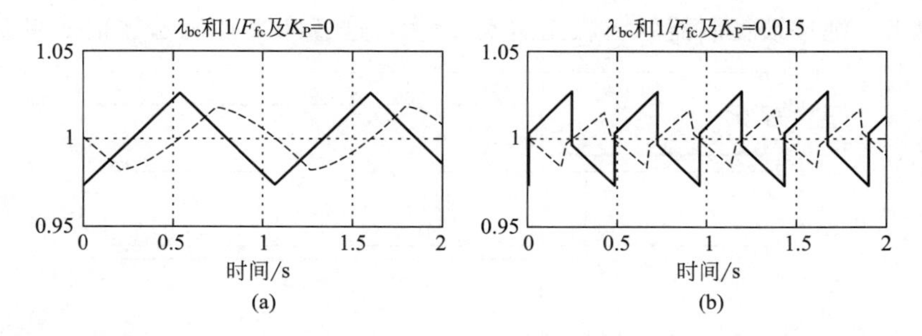

图 10.12 燃油喷射量（实线）和 λ_{bc}（虚线）的周期性循环［图 (a) 为 I 型控制器。图 (b) 为 PI 型控制器。为了展示时间延迟和动态特性，对控制信号取倒数 $1/F_{fc}$，这样更容易和 λ_{bc} 进行对比］

I 型控制器的行为本质上和图 10.11 相同，差别在于额外的湿壁动态特性。在 $K_p=0$ 时，极限环周期大约为 1s，略大于纯时间延迟系统的周期 $4\tau_d$。比较图 10.11 和图 10.12 可知，K_I 减小则振幅减小，但是延长的周期使振幅值略大于 τ_dK_I。在图 10.12(b) 中，当 e_λ 切换时，增加的 P 部件会使信号产生回跳。在 $K_P=0.015$ 时，由此产生的极限环时间大约为 0.5s（也就是 $2\tau_d$）。如果系统含有纯时间延迟环节，相比于 I 型控制器，频率倍增的标准值为 $K_P=\tau_dK_I/2$。信号的振幅由 K_I 调整，那么设定 K_P 值会得到理想的回跳特性，从而增加系统频率。这给了我们一些关于 PI 反馈控制器基本调节的启示。

图 10.13 展示了在 Berggren 和 Perkovic（1996）中配备 I 型和 PI 型控制器的发动机的试验。与图 10.12 的仿真结果一样，在该图中也存在相同的斜坡和转换。对于装有 EGO 反馈控制的普通发动机，在怠速条件下限制循环的频率值在 1～2Hz 左右，并且随

着转速提高和时间的延迟，频率增加的速度开始下降。

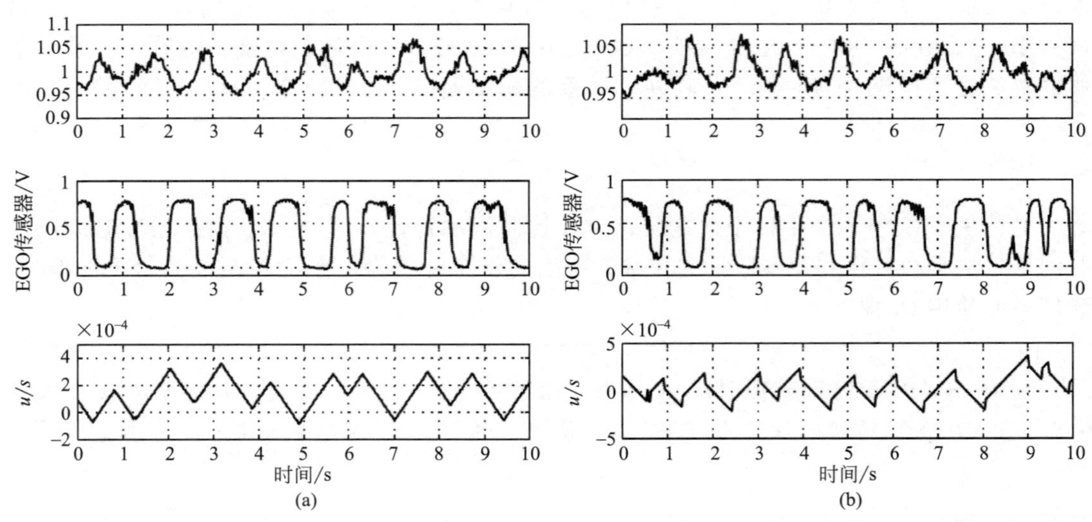

图 10.13　带有 EGO 反馈的发动机，在 I 型［图（a）］和 PI 型控制［图（b）］作用下的稳态运行图[1]

前馈的优点

上述的例子说明了反馈的优点，我们现在来说明在瞬态条件下，前馈如何将空燃比维持在 1 附近。图 10.14 展示了仿真结果，图中对比了纯反馈控制器和前馈反馈混合控制器。可以看出，纯反馈控制器的空燃比达到 $\lambda\approx2$，这意味发动机超越稀薄极限运行并将

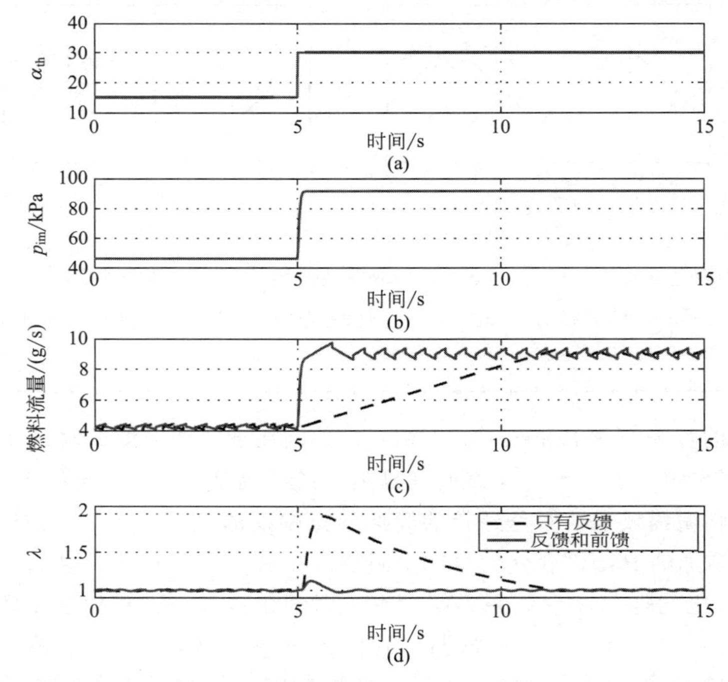

图 10.14　带有 λ 前馈控制以及没有 λ 前馈控制的瞬态插图（只有反馈时，无法对瞬态插入做出响应，并且由于传输延迟和离散传感器的信息的有限性，控制的误差会很大。前馈可以显著减小控制误差）

[1] 两个分图中第一幅图的纵坐标为图 10.12 中的燃油喷射量或 λ_{bc}（译者注）。

熄火。前馈减少空燃比 λ 的控制误差。在瞬态中，由于湿壁动态特性仍然会产生一些小误差，并且没有相应的补偿措施，这也正是下一节要讨论的话题。

10.3.4 燃油动态特性和喷油器补偿

燃油喷射系统的目的是将理想的燃油量传输到气缸中，即$\dot{m}_{f_{c,d}}$。图 10.15 的右侧显示了在 A/F 比值控制过程中需要考虑的喷油器及其喷油动态特性，图中还展示了如何通过各自的逆模型进行相应补偿。我们首先讨论喷油动态特性，也就是燃油从喷油器到气缸的过程，这已在 7.7.3 中进行了建模和介绍。对于缸内直喷发动机，没有湿壁动态特性变化，也就没有必要进行补偿，即 $\dot{m}_{fi,d}=\dot{m}_{fc,d}$。

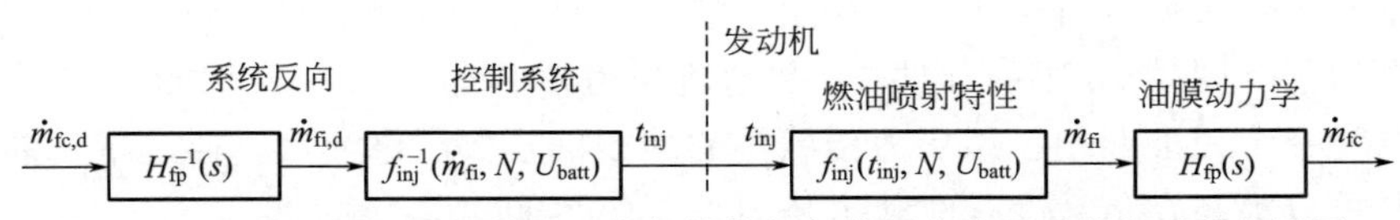

图 10.15 喷油器和燃油动态系统的补偿如何使用各自子系统相反值的图示

对于滑阀供油式或者进气歧管供油式发动机，湿壁动态变化十分重要，特别是对处于冷态的发动机。基于模型 7.12 可以开发一种补偿方法。如果我们假定 τ_{fp} 和 X 是常量，该模型成为一个线性时不变系统，并且具有下面的传递函数：

$$H_{fp}(s)=\frac{s\tau_{fp}(1-X)+1}{s\tau_{fp}+1}=(1-X)+\frac{X}{s\tau_{fp}+1}$$

此传递函数相对阶数为 0，并且等式右侧说明传递函数由直接项（$1-X$）演变得来。由于该模型没有因果问题，因此可以求逆，并且逆项可以直接用于下面的补偿中。

$$\dot{m}_{fi,d}=H_{fp}^{-1}(s)\dot{m}_{fc,d}$$

补偿的结果在图 10.15 中进行了说明。只有湿壁模型是因果可逆的，这种补偿才能适用，如果不能求反，可以使用一种近似可逆。在变参数和非可逆系统下，如何利用观测器对湿壁效应进行补偿的例子在 10.3.5[1] 中进行说明。瞬态补偿大部分在开环中实施，并且油膜补偿器的参数通过测量和校正确定，但是自适应油膜补偿器已经被提出，例如参见 Moraal（1995）、Moraal 等（2000）以及 Muske 等（2008）的文献。

即使湿壁动态特性可能不存在，也会有相似作用效果的其他喷油动态特性存在，例如，油轨压力。基于这些模型，它们仍然可以用像湿壁效应的类似方法进行补偿。

喷油器特性

燃油喷射系统和喷油器控制器的作用就是将理想的燃油量配给到发动机。燃油喷射系统及其基本工作原理在 6.1.1 中进行了叙述，同时，喷油器的模型以及喷油量计算涵盖在 7.7.2 节。在控制系统中，喷油量（以及进气量）通常用单冲程质量或者单气缸单冲程质量来表示，它告诉我们每次燃烧需要喷射多少燃油。每个喷射器应该喷射的燃油质量可以通过理想喷油质量流量以及下面的公式进行计算：

$$m_{fi,inj}=\frac{\dot{m}_{fi,d}n_r}{n_{cyl}N} \tag{10.13}$$

[1] 原文为 10.4.5（译者注）。

在给出喷油质量的条件下，可以反向利用喷油器特性［式(7.28)］或缸内直喷发动机［式(7.30)］求解喷油器的打开时间。对于滑阀式燃油喷射（PFI）发动机，理想的喷油器打开时间是：

$$t_{\mathrm{inj}}=\frac{m_{\mathrm{fi,inj}}}{C_0\sqrt{\Delta p_{\mathrm{inj}}\rho_{\mathrm{fuel}}}}+t_0(U_{\mathrm{batt}})=[\text{PFI 发动机}]=C_1 m_{\mathrm{fi,inj}}+t_0(U_{\mathrm{batt}}) \quad (10.14)$$

式中，C_0 是喷油器常数，乘以对于 PFI 发动机为定值的压力和密度，整体用 C_1 表示。

油轨压力的控制和补偿

对于先进的喷射系统，油轨上的燃油压力同样可能发生变化，参见 7.7.2，因此喷油可以针对不同工作条件进行优化。在控制系统中，有两件事情需要处理。

• 用燃油泵（图 10.3 中的部件 3）和油轨压力传感器（图 10.3 中的部件 9）控制油轨压力。这是一个校准问题，用压力传感器的反馈信号控制泵油量。通过带有前馈的喷油量反馈控制可以提高在负载变化时轨道压力控制的性能。

• 当油轨压力改变时，喷油器打开时间 t_{inj} 需要进行调整，从而保证传送合适的燃油量。对于较低燃油喷射压力，可以用式(10.14) 计算喷油器打开时长，而较高的燃油喷射压力系统需要一个更加先进的模型，如式(7.30)。

除了压力变化外，还有由于燃油温度变化而产生的燃油密度变化。为了提高精确度，其影响也能包含在对喷油打开时间的计算上。

喷油器的控制器基本上是喷油器特性的反转，如图 10.9 所示。使用它的主要原因在于它可以从 λ 反馈中移除喷油器的控制，并且前馈控制器能够专注于燃油流量的控制，而不是忙于喷油器的正时和补偿，从而使控制设计更容易些。

10.3.5 基于 λ 控制和自适应的观测器

基于第 7 章均值发动机模型（MVEM），我们用一个观测器（observer）来给出一个基于模型的 λ 控制器实例。构建观测器是用它对进入气缸的空气量以及燃油小坑的质量等进行估计。在开始之前，我们先回顾一种非线性系统观测器的通用方程。起始点的模型为：

$$\begin{cases}\dot{x}=f(x,u)\\ y=g(x,u)\end{cases}$$

式中，x 代表状态；u 代表输入；y 代表输出。上述系统的非线性观测器可以表达为：

$$\begin{cases}\dot{\hat{x}}=f(\hat{x},u)+K(y-\hat{y})\\ \hat{y}=g(\hat{x},u)\end{cases}$$

式中，K 是观测器的增益。上述模型还可以用来产生不可测量信号，也就是说它可以作为“虚拟传感器”被控制系统使用。下面的例 10.6 将会介绍如何基于第 7 章的模型观测 $\dot{m}_{\mathrm{ac}}$ 和 m_{fp}。

燃油控制和调整

基于观测器的 λ 控制器将会在下面的例子中提出。该控制器在反馈环更新并修正名义 $(A/F)_s$ 时，使用该观测器进行前馈控制。在稳态条件下，闭环的 λ 控制器可以用来更新那些用于前馈补偿的数据和 map 图，从而减小环境条件变化带来的影响。

例 10.6（带有 $\dot{m}_{ac}$ 和 m_{fp} 预测因子的燃油控制） 在模拟测量信号中，发动机转速、进气歧管温度以及节气门转角是输入信号。周围的压力 p_{amb} 和温度 T_{amb} 假设为常数，并假设对喷油器特性进行补偿，像式(10.14) 那样，从而控制器能够控制燃油的喷射量。

模型 首先，整理描述系统的模型方程。进气歧管压力模型为式(7.24)，使用式(7.13) 计算气缸空气质量流量 $\dot{m}_{ac}$，使用式(7.11) 计算节气门空气质量流量 $\dot{m}_{at}$。然后结合燃油动态特性模型［式(7.31)］，给出如下非线性状态空间模型。

$$
\begin{cases}
\dfrac{\mathrm{d}p_{im}}{\mathrm{d}t}=\dfrac{RT_{im}}{V_{im}}\left[\dot{m}_{at}(\alpha,p_{amb},p_{im},T_{amb})-\dot{m}_{ac}(N,p_{im},T_{im})\right] \text{状态} \\
\dfrac{\mathrm{d}m_{fp}}{\mathrm{d}t}=X\dot{m}_{fi}-\dfrac{1}{\tau_{fp}}m_{fp} \\
\dot{m}_{at}(\alpha,p_{amb},p_{im},T_{amb})=\dfrac{p_{amb}}{\sqrt{RT_{amb}}}Q_{th}(\alpha)\Psi\left(\Pi\left(\dfrac{p_{im}}{p_{amb}}\right)\right) \text{可测量的输出} \\
p_{im}=p_{im} \\
\dot{m}_{ac}(N,p_{im},T_{im})=\eta_{vol}(N,p_{im})\dfrac{V_D N p_{im}}{n_r RT_{im}} \text{不可测量的输出} \\
\dot{m}_{fp,c}=\dfrac{1}{\tau_{fp}}m_{fp}
\end{cases}
$$

观测器 前两个输出是可测量的，并且可以用在观测器中来实现状态更新。其他输出将被用于控制器中，因为它们描述了空气质量流量 $\dot{m}_{ac}$ 以及湿壁效应对燃油流量的贡献值 $\dot{m}_{fp,c}$ 到 $\dot{m}_{fc}$。带有反馈增益矩阵 K 的观测器模型变为：

$$
\begin{cases}
\dfrac{\mathrm{d}\hat{p}_{im}}{\mathrm{d}t}=\dfrac{RT_{im}}{V_{im}}(\dot{m}_{at}-\dot{m}_{ac})+K_{11}(\dot{m}_{at}-\dot{m}_{at})+K_{12}(p_{im}-\hat{p}_{im}) \\
\dfrac{\mathrm{d}\hat{m}_{fp}}{\mathrm{d}t}=X\dot{m}_{fi}-\dfrac{1}{\tau_{fp}}\hat{m}_{fp}+K_{21}(\dot{m}_{at}-\dot{m}_{at})+K_{22}(p_{im}-\hat{p}_{im}) \\
\dot{m}_{at}=\dfrac{p_{amb}}{\sqrt{RT_{amb}}}Q_{th}(\alpha)\Psi\left(\dfrac{\hat{p}_{im}}{p_{amb}}\right) \\
\hat{p}_{im}=\hat{p}_{im} \\
\dot{m}_{ac}=\eta_{vol}(N,\hat{p}_{im})\dfrac{V_D N\hat{p}_{im}}{n_r RT_{im}} \\
\dot{m}_{fp,c}=\dfrac{1}{\tau_{fp}}m_{fp}
\end{cases}
$$

值得说明的是 m_{fp} 为不可观测的，但是模式是稳定的，这使系统可以被观测。为了得到可观测系统，需要添加空燃比模型，包括传输模型、混合模型以及空燃比传感器输出模型。

控制器 进入气缸的燃油量可以由式(7.35) 确定，给定空气质量流量估计值 $\dot{m}_{ac}$ 和 $(A/F)_s$，我们得到：

$$\dot{m}_{fc}=\dot{m}_{ac}\frac{1}{(A/F)_s} \tag{10.15}$$

同时，喷射燃油量可以通过燃油动态特性模型［式(7.32)］计算得出：

$$\dot{m}_{fi}=\frac{1}{1-X}\left(\dot{m}_{fc}-\frac{1}{\tau_{fp}}m_{fp}\right)=\frac{1}{1-X}(\dot{m}_{fc}-\dot{m}_{fp,c})$$

反馈 测量废气 λ 的 PI 型控制器可以保证 λ 在稳态下是正确的。它是一个适应项，可以估计在式（10.15）中的：

$$\frac{1}{(A/F)_s}=\frac{1}{(A/F)_{s,n}}\underbrace{[1+PI(e_\lambda)]}_{\text{反馈控制}}$$

此处，e_λ 是空燃比 λ 的误差，并且 $(A/F)_{s,n}$ 是名义 $(A/F)_s$（它可以在校正过程中使用）。名义值的偏移量被反馈环节捕捉到，其数值大约在 1 附近波动。

由此构建的控制器如图 10.16 所示。

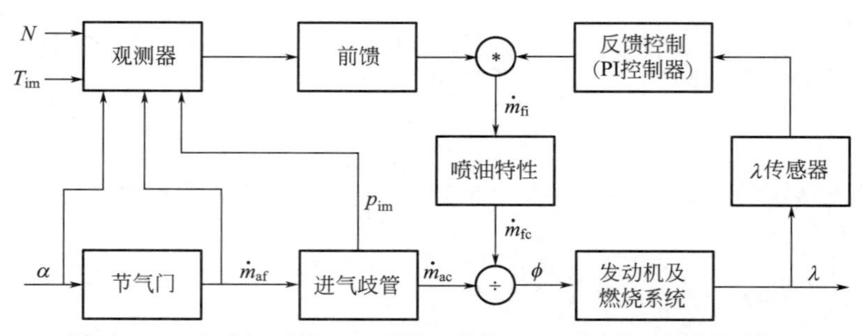

图 10.16 发动机系统、观测器、前馈环以及反馈 λ 控制器框架

从自适应反馈扩展成 map 图

在上述的例子中，我们对通过反馈回路更新的那个参数 $(A/F)_s$ 进行解析。但是在使用一个增强系统模型并且反馈来自于一个恰当的传感器时，也能设计一个观测器用来更新整个 map 图。当更新 map 图时，需要考虑的是可观测性以及其他属性，感兴趣的读者可参见 Hockerdal 等（2011）中的一维 map 图更新示例，另外，Hockerdal 等（2012）中有容积效率 η_{vol} 的二维 map 图更新示例。

观测器反馈的选择

即使发动机系统在本质上是相同的，传感器及其配置形式也会影响观测器的输出结果。传感器的动态特性可以包含在模型中，例如，如果这些模型带有与系统同阶或稍慢的时间常数的条件下。例如对空气质量流量 $\dot{m}_{at}$ 或者进气歧管压力 p_{im} 传感器的选择会形成不同的传感器配置方案。用这两种传感器可以构成三种配置方案：

- 只有空气质量流量传感器，没有压力传感器；
- 只有进气歧管压力传感器；
- 同时具有空气质量流量传感器和压力传感器。

这些选择对于系统的影响是输出值数量的变化以及对观测器增益 K 的调节方式不同。这些内容在 Jensen 等（1997）中有更深入的讨论。

10.3.6 双传感器和三传感器的 λ 控制

平板型（mid-brick）或者后催化（post-catalyst）λ 传感器经常被用在催化剂的检测中，参见 16.5.1，并且当它有效时，也可以用到控制中，从而进一步提升催化剂的效率。改善的原因之一是因为开关型传感器在富油和稀薄这两个状态之间存在一个轻微的动态特性差异，这给控制提供了一个轻微的补偿。另一个原因是预催化型（pre-catalyst）传感器如果暴露在高温中和未处理气体组分变化时，会改变空燃比的电压特性，这同样会出现在开关型和宽带型传感器中。而后催化传感器就较少地暴露在这些变化的组分中，并且也增加了关于催化剂状态的信息，例如氧存储状态。因此，只有带有后催化传感器的单反馈回路是有用的，但是只有它还远远不够，因为额外的延迟和催化剂动态特性使反馈环的带宽过小。因此，需要用到一个带有更快的内部环和更慢的外部环的级联控制。根据 Dietshce (2011)，还有三传感器的布置方案，如图 10.3 所示，来满足 SULEV 要求（见 2.8 节），其中第三个传感器用在一个极其缓慢的外部环中。

双传感器 λ 控制

在双传感器的空燃比控制中，λ_{bc} 的内部环中既可以使用开关型也可以使用宽带型传感器，而在 λ_{ac} 的外部环中仅可使用开关型以获得在 $\lambda=1$ 处的最高精度。利用下式可以将级联控制集成到反馈控制器［式(10.12)］中：

$$\Delta_{fc}=FB_i(\lambda_{bc},FB_o(\lambda_{ac},U_{ref}))$$

式中，FB_i 和 FB_o 分别是内反馈环和外反馈环。后催化传感器的参考电压值设定为 $U_{ref}\approx 0.6V$。外反馈环 FB_o，可以通过一般控制器来实现，例如 PI 型控制器。对于内环使用宽带型传感器，FB_i 也可用一般控制器进行控制，但是如果使用开关型传感器，则必须引入一个适应开关动作的机制。常用的方法称为延迟切换（delayed switching），即当侦测到 λ_{bc} 中存在切换动作后，控制延迟 t_d(s)，参见图 10.17。在延迟切换中，内环控制的输出为常数，延迟时长 t_d 由外环控制：

$$t_d=FB_o(\lambda_{ac},U_{ref})$$

延迟切换可以将 λ 的平均值从 $\lambda=1.0$ 调整到 I 部件规定的限制范围内。图 10.17 展示了将 λ 控制在 1.01 和 0.99 的例子。示例中，外环 FB_o 是一个慢速 I 型控制器而内环 FB_i 使用了延迟切换。如图 10.10 所示，内环的延迟切换机制在提供切换信息后才会被引

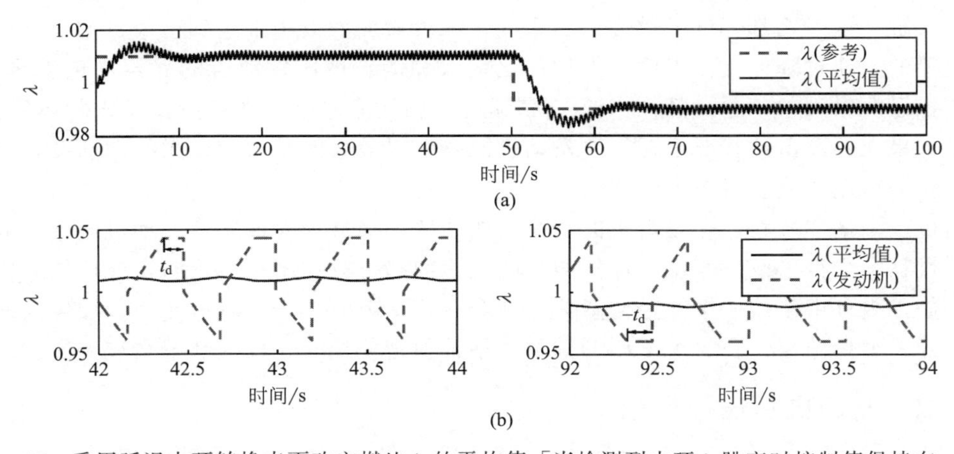

图 10.17 采用延迟内环转换来更改空燃比 λ 的平均值［当检测到内环 λ 跳变时控制值保持在 t_d(s)］

入到 PI 控制器中。

10.4 影响空燃比 λ 的其他因素

在前面介绍 λ 控制的一节中，重点是如何保证发动机正常运转，其中使用 TWC 进行减排控制是主要的内容。为了使发动机在整个运行期间能够平稳、可靠、高效地运转，需要增加一些影响 λ 控制的其他要求。这些要求需要我们在控制模式和 λ 参考值之间做出权衡，如图 10.18 所示，这些将在下面各小节中讨论。

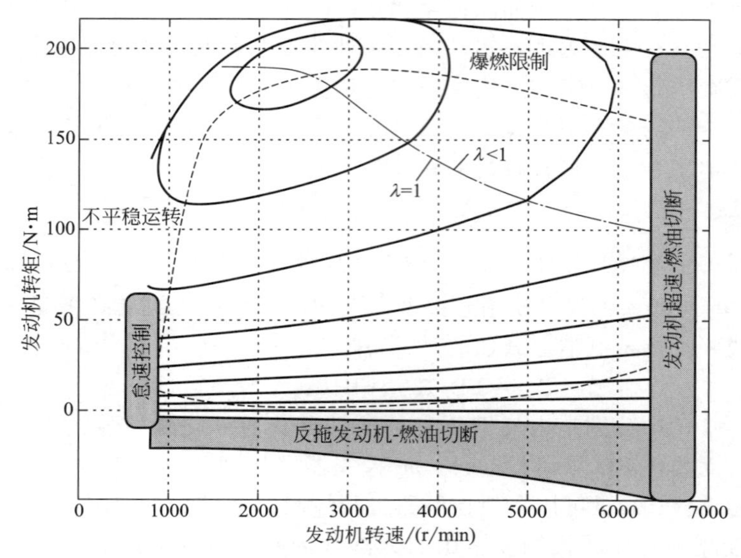

图 10.18 发动机 map 图（表明发动机在不同的工作区域都有其控制策略并且需要权衡其是否激活。点划线显示了在富油和 λ=1 之间的过渡，虚线表明错过了最佳点火时机）

10.4.1 满负荷加浓

燃油加浓的主要作用是冷却气缸充量，通过燃油的蒸发来减少在 IVC 点的温度。从而导致进入气缸的空气密度和空气流量都增加了，例如式(7.15)。此外，它还使更多充量能进入气缸，这一切都降低了燃烧后的温度。满负荷加浓被用来达到三个目的：首先并且是最重要的，通过降低废气温度来保护催化剂（和涡轮增压发动机的涡轮）免遭热损伤；其次，在燃烧过程中，通过降低 IVC 点和随后未燃气体的温度来减少发动机的爆震倾向；最后，如果在轻度富油状况下运行，发动机能够获得最大的动力和最大的加速度，因为只有增加燃油密度才能获得更多的能量。

通过逐渐增加燃料，在发动机的负荷（或功率）接近最大值时，发动机向浓混合气过渡这一过程会变得平滑。当出于保护的目的催化剂和排放控制被禁止时，外环的 λ 控制会关闭。如果内环中使用一个宽带传感器，它会在 λ 参考值小于 1 时被使用。如果内环中使用一个开关型传感器，在 $(A/F)_s$ 当前最佳估计值被使用时，反馈环节会被关闭。

10.4.2 发动机超速及反拖

为了避免发动机超速，如果发动机的转速超过最大极限值时，燃油供给会被切断。发动机超速保护可以通过先后关闭不同的气缸或者关闭节气门来平滑实现。

发动机反拖（overrun）是在当发动机转速超过怠速转速时，节气门仍然处于怠速位置。也就是说发动机被汽车倒拖，这种情况会在汽车减速或下坡时发生。在发动机反拖时，没必要产生转矩，于是可通过切断燃油来减少燃油消耗和排放。一种反拖转换控制会被使用，以实现在停机和发动机启动之间的平稳过渡。

断油与催化剂

超速及反拖是在发动机断油时的两种情况。它的一个负面影响是催化剂会被氧气充满并冷却，因为只有空气流经发动机并排出。当恢复供油时，在回到 $\lambda=1$ 控制前，可能需要一些干预措施来减少催化剂中的储氧或加热催化剂。

10.4.3 影响空气和燃油计算的辅助系统

有一些影响空气和燃油的计算的辅助系统，图 10.19 中显示了下面三个例子：EGR 控制系统、炭罐过滤器和曲轴箱通风，下面将对这些因素进行讨论。

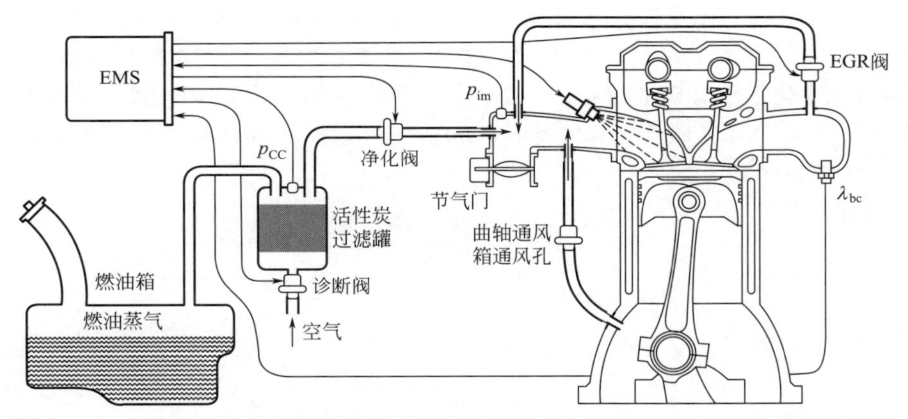

图 10.19 因额外的空气和燃油流进入进气歧管而对空气与燃油计量产生干扰的实例

EGR 控制

在废气再循环（EGR）过程中，已燃气体从排气系统中引出，返回进气系统，并与混合气混合。通常也会存在一定程度的内部 EGR，参见 5.2.4 和例 5.1，这是由排气、诱导过程及气门重叠导致的。使用废气再循环的原因是减少发动机排放气体中的 NO_x 以及部分负荷下的燃油消耗。已燃气体能够减少峰值燃烧温度，进而能够减少近 60% 的 NO_x 的形成。由于加入 EGR 后增加了进气歧管的压力，部分载荷效率得到提高，从而减少了等量空气和燃油条件的泵送功。冷却型 EGR 也能用来减小爆燃容限。EGR 容限的极限值，指的是发动机在熄火发生前所能容忍的 EGR 值。因此 EGR 率的实际上限值是通过增加 HC 排放和燃油消耗实现的，并带来发动机工作更加粗暴。

EGR 是通过与 EMS 相连的电子气动执行器来进行控制的，如图 10.19 所示。在怠速过程中，在不明显产生 NO_x 以及存在大量内部 EGR 时，EGR 系统都被关闭。在部分负荷工况下，EGR 通常被启动，因为此时 EGR 能发挥其最大的潜能。在节气门开度很大时，不利的压力条件限制了 EGR 率，因为在进、排气系统之间没有足够的压差来产生 EGR 流。此外，在最大转矩时，能够被吸入的空气量是一个限制性的因素，并且由于废气会占用气缸空间，EGR 也会被关闭。两个影响 EGR 率和校准的实际问题：由于废气沉积，阀门和管道会被堵塞；发动机老化减小了 EGR 容限值。

当采用 λ 控制时，考虑 EGR 给进气歧管和气缸增加的额外气体是很重要的。因此，使用容积效率来计算空气流量是不可能的，相反，总体的质量流量应分为空气和 EGR 质量流量两部分，如 7.4[1] 节中“容积效率模型”所提到的那样。

蒸发排放控制—（燃油蒸气）清除

因为油箱中的燃油会蒸发，碳氢化合物会排放到大气中。随着燃油温度的升高，这种影响趋势会加大。使用炭罐来存储从油箱中蒸发出的碳氢化合物，然后将空气通入炭罐把碳氢化合物带入进气系统，这种方法可以满足法规对于碳氢化合物排放的要求，如图 10.19 所示。在正常运行状态下，16.5.3 中所讨论的诊断阀是打开的，并且燃油蒸气仅通过炭罐来吸收。由于炭罐的容量是有限的，它必须通入新鲜空气并通过进气系统进行不断的再生（清除）。

当发动机运行时，空气通过诊断阀和炭罐被吸入进气歧管。它产生的一个负面效果是来自该净化系统的碳氢化合物蒸气使燃油流量增加，下面的实例将说明这个问题。

例 10.7［净化系统导致的（A/F）变化］ 在 $\lambda=1$ 时，发动机使用异辛烷燃料运行。一些燃料蒸发并存储在炭罐中。当炭罐清洗阀打开时，来自净化系统的气态燃油占总进气量的 1%，这将如何影响 λ 值？

在阀门开启前，由 $\lambda=1$ 则有：

$$\frac{\dot{m}_{ac}}{\dot{m}_{fc}(A/F)_s}=1\Rightarrow\dot{m}_{ac}=\dot{m}_{fc}(A/F)_s$$

对于异辛烷，理论混合器浓度是 $(A/F)_s=15.1$，并且质量比为：

$$\frac{m_f}{m_a}=4.773\times\frac{8\times12.001+18\times1.008}{32+3.773\times28.16}=3.94$$

因此，附加的燃油质量流量为 $\Delta\dot{m}_{fc}=0.01\dot{m}_{ac}\dfrac{m_f}{m_a}=0.0394\dot{m}_{ac}$。随着燃油流量和空气流量的增加，新的 λ 值变为：

$$\lambda_{purge}=\frac{0.99\dot{m}_{ac}}{\dot{m}_{fc}+\Delta\dot{m}_{fc}}\times\frac{1}{(A/F)_s}=\frac{\dot{m}_{ac}}{\dot{m}_{fc}(A/F)_s}\times\frac{0.99}{1+15.1\times0.0394}=0.62$$

在这些条件下，甚至更极端些，λ 值减少了 38%。

由于炭罐清洗系统对 λ 值产生了较大的改变，这就要求来自该系统的汽油蒸气必须被控制起来，为了同时满足排放法规的限值和确保良好的驾驶性能。在某些条件下，炭罐净化系统也会被关闭（如怠速工况）或者保持失效状态（如在满负荷条件下导致真空度不足时）。

曲轴箱通风

主动曲轴箱通风（PCV）是为了减少活塞底部的碳氢化合物泄漏而采取的措施。进入发动机曲轴箱的燃油会泄漏到大气中，例如，通过发动机密封中的空隙或者直接泄漏。

[1] 原文为 7.4.1，因编辑需要已删除“7.4.1”（编者注）。

因此，需要把进入曲轴箱的燃油蒸气引入到进气管处，然后燃烧掉。这会增加一小部分空气和燃油进入进气歧管，但是由于量比较小因而可以忽略，因为它已经在通过空气流量计和喷油器时经过了计量。

10.4.4 冷启动加浓

同在相同转速和负荷条件下暖机后的发动机相比，在冷启动时，发动机需要供给更多的燃油。一个原因是为了达到良好的燃烧质量，在燃烧前燃料必须要充分汽化。在冷启动时，燃油汽化不完全，并且为了产生足够的可燃混合气必须增加喷油量。另一影响就是气门和气缸壁没有达到一定的热负荷，这就需要更多的燃油以达到更高的容积效率。

10.4.5 单气缸的 λ 控制

一些技术能够实现只在排气系统的汇合点之后加入一个 λ 传感器来确定单个气缸的 A/F 比。这些技术可用来控制燃油和最小化各缸之间 λ 值的不均匀性。有几个原因会导致各缸之间 λ 值的不均匀，例如进气系统的设计、进气门和喷油嘴之间的差异以及喷油嘴和气门上的积炭。气缸的单独控制不在本书的讨论范围内，有兴趣的读者可以参考 Cavina 等（2010）、Grizzle（1991）、Kainz 和 Smith（1999）及 Shiao 和 Moskwa（1996）。

10.5 点火控制

我们现在开始讨论点火正时，它是火花塞点火发动机主回路的第三个部分。点火正时是十分重要的，因为它影响着发动机的主要输出，例如转矩、效率、排放以及爆燃。它的基本作用是产生一个能发展成湍流火焰并能进一步传播到燃烧室的火焰中心。点火控制意味着同时控制电火花的能量及其产生时间，在此产生的能量用来确保燃烧开始，同时相对于曲柄的运动，正时用来确定燃烧时刻。电火花的能量控制也称驻留时间控制（dwell time control），点火正时控制也称点火提前角控制（spark advance control）。点火提前（spark advance）指的是从火花产生到活塞达到 TDC 之前（BTDC）曲轴所转过的角度。也就是说，点火提前角为 20°代表跳火时刻为 20°BTDC。如图 10.2 所示，点火控制为：

$$\theta_{ign}=\theta_{ol}+\Delta\theta_{fb}$$

它由一个实现最大效率的开环控制器和一个提供爆燃保护的反馈控制器组成。

最大制动转矩控制——开环控制

在测功机（制动）或者车辆上，给出最大转矩的点火时刻称作最大制动转矩（maximum brake torque，MBT）正时。比 MBT 正时提前（增大点火提前角）或延后（减小点火提前角）点火都会导致输出转矩的降低，如图 7.29 所示。对于一台发动机，MBT 正时通常在 15°～40°之间，并且随着运行条件而发生变化。MBT 正时取决于很多方面，例如发动机的设计、工况以及燃油、空气、可燃混合气的属性。在正常操作期间，开环控制的主要目的是满足式(7.58)，即：

$$\theta_{ol}=\theta_{ign,opt}(\omega_e,m_f,\lambda,x_r)$$

在不考虑运行工况的条件下，确保在最佳的位置点燃可燃混合气。

最佳点火提前角主要取决于进气歧管的压力 p_{im} 以及发动机转速 N，并且由若干补偿因子来弥补潜在变化因素，例如废气再循环、进气道气体的温度以及冷却液的温度。点火提前控制器由开环控制校准，如图 10.2 中的点火正时管理模块。

在一些运行条件下，我们会放弃最佳点火提前角，如图 10.18 所示。例如，在发动机达到最大转矩时，会受到爆燃条件的限制，因此必须放弃最佳点火时刻。另一个例子是在低速时，延迟点火会减少发动机在传动系统中产生的振动。

标定和反馈控制的经验规律

有些经验规律能够将 MBT 正时与气缸压力轨迹和已燃质量分数曲线联系起来，两个例子如下。

• 在 MBT 正时点火会导致一个与发动机转速和载荷无关的压力峰值（PPP）发生在16°曲轴位置，参见 Hubbard 等（1976）的实例。图 10.20 说明了上述内容。实际上，最佳的峰值压力会根据发动机设计的不同而变化，但对于一台发动机来说，该值一般为常数，并且位于 12°～20°ATDC 之内。

• MBT 正时导致了一个事实，50%已燃质量分数曲线发生在 TDC 之后 9°，例子参见 Matekunas（1984）、Sellnau 和 Matekunas（2000）。其确定位置会随着发动机种类和设计的不同而发生改变，但是该方法是通用的，并常被称作 MFB50。

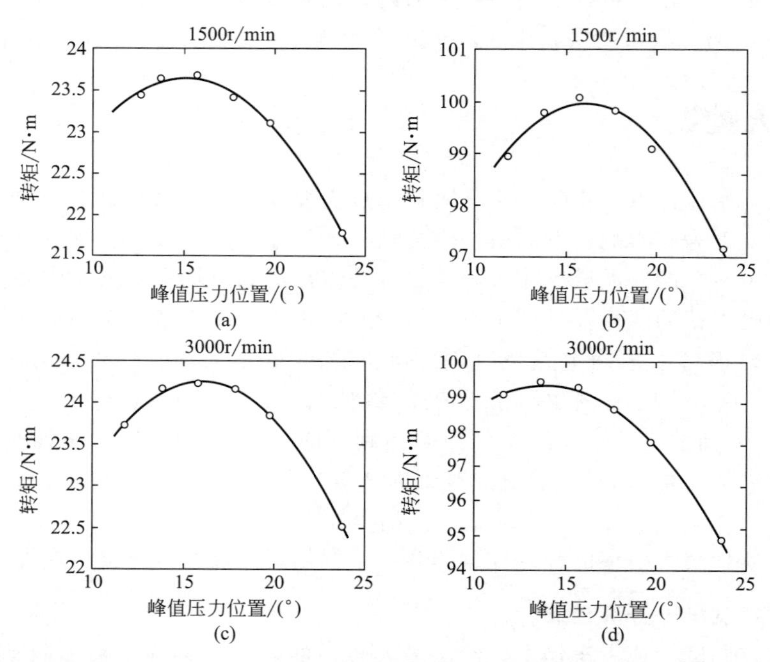

图 10.20 与最大输出转矩相比，峰值压力位置（PPP）所覆盖的发动机工作点更宽（对于所有的运行工况，最大转矩对应的峰值压力通常在 15°～16°ATDC 附近。在每一幅图中，当喷射燃油时，发动机转速以及节气门开度固定不变，只有点火时刻是变量。每一个圆圈是在同样运行工况下，由 200 个连续循环的平均值计算得来的）

这些经验规律将点火提前的结果与效率关联起来，因此可以在标定过程中或者反馈控制器中使用。但是它们也需要额外的传感器，例如，气缸压力传感器。目前，为了使发动机效率最优，可以采用一种基于燃烧室缸内测量的点火正时反馈控制，但是该方法距离实际使用还很遥远，只在一些研究平台上得到了应用。这些研究可以在 Eriksson 等（1997）、Hubbard 等（1976）、Powell（1993）以及 Sellnau 和 Matekunas（2000）中找到相关介绍。在提高发动机效率这一目标的推动下，当前应用的开环控制策略可能会在未来被更高级的反馈策略所替代。

10.5.1 爆燃控制——反馈控制

发动机的爆燃在6.2.2中进行了讨论，其中指出爆燃的噪声会使驾驶员十分反感，而且如果置之不管，它会使发动机产生故障。爆燃趋势在很大程度上取决于缸内末端气体的温度，图10.21表明在不同点火提前角下，假定气体为理想气体并在绝热压缩的条件下，对末端气体温度进行了模拟，该图说明了末端气体的温度可以通过点火提前角进行控制，延迟的点火提前角可以得到较低的末端气体温度。爆燃控制就是利用这种效应，目的是将发动机的爆燃控制在规定范围之内，虽然允许发生一些爆燃循环，但是要防止其频繁发生。

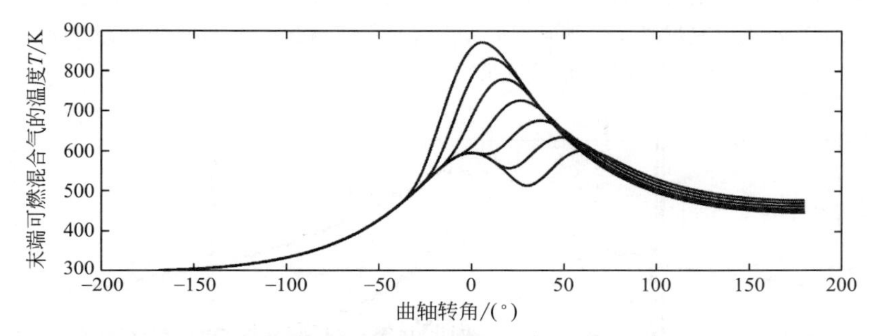

图10.21　控制爆燃的原理就是通过控制缸内末端可燃混合气的温度
（点火正时延迟会使末端可燃混合气温度下降，从而降低爆燃的风险）

在过去，往往通过选择一个较为保守的点火提前校正，使在任何行驶和环境条件下都不会发生爆燃。这意味着在高负荷时点火提前比最优值要晚（晚点火），从而产生一个较为保守的正时表。目前的方法是靠基于爆燃强度测量的反馈系统来对爆燃进行控制。当检测到爆燃发生时，延迟点火提前角，降低末端气体温度和爆燃频率。爆燃控制是针对每一个气缸进行的，并且爆燃控制器的控制级别优于其他点火提前角控制模块。

爆燃传感器

有很多种方法对爆燃进行检测，图10.22中介绍了三种检测方式：爆燃传感器、缸压传感器以及离子传感技术。对于这三种检测方法的相应原始信号在图10.23中进行了展示。爆燃很容易在缸压检测中发现（图6.4和图10.23），但是目前在产发动机中装缸压传感器的成本过于昂贵。然而，在研究和测试时，这种方法十分有参考价值。最常使用的传感器是在发动机缸体上某一重要位置安装加速度传感器，如图10.3中的传感器（15）。这个传感器能记录频率成分为5～8kHz的由气缸传播到缸体的振动。第三种方法就是离子传感技术，通过将火花塞作为传感器对振幅进行检测，它对第一模态进行检测，但同时也可以被调整为对更高共振模态进行检测。

图10.23中显示的三种信号，表明5～8kHz的振荡是伴随爆燃发生的。图10.22显示了爆燃检测系统的组成部件，其中使用了滤波硬件，随着CPU性能越来越好，更多的爆燃检测被转移到了EMS的硬件和软件中。在检测系统中，对爆燃能量E_k进行了单独测量，并且此信息将用作反馈控制。

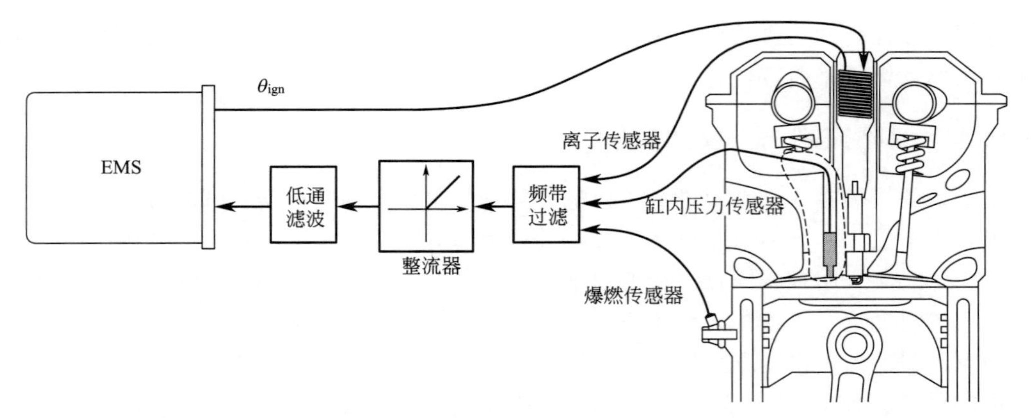

图 10.22 爆燃通过点火正时进行控制［三个可用的爆燃传感器示例：离子传感器、缸内压力传感器以及爆燃传感器（加速度计）。爆燃检测通过频带（BP）过滤共振模式、半波整流、低通信号滤波来实现。EMS 在一个窗口中对有爆燃发生倾向的信号进行采集，也就是从 TDC 附近到 TDC 之后 40°这个范围内，信号的最大值表明了爆燃能量的大小］

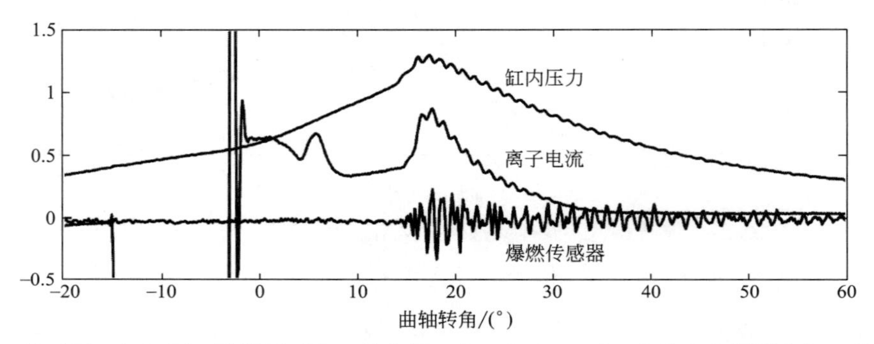

图 10.23 针对同一气缸同一爆燃循环的三种信号（在 15°BTDC 时，火花塞点燃混合气，并且大约在 14°ATDC 时，混合气自燃发生了。伴随着爆燃产生的信号振荡在三种信号中都可以明显地观察到）[1]

爆燃反馈控制

在每个工作循环中控制器都会起作用，并且独立变量是循环次数 i，同时，控制器也对所有气缸都起作用。如果在循环 i 中爆燃能量大于临界值，即 $E_k \geqslant E_{Thres}$，则爆燃被检测到，由 $D_k[i]$ 表示。为了保护发动机，发生爆燃时，反馈控制器将较晚点火（延迟点火），这通过延迟增益 K_{re} 来实现。另外，如果没有检测到爆燃，点火提前角就可以调整到最优值，点火提前增益为 K_{ad}。这样就给出了下面的反馈控制器方程：

$$\Delta\theta_{fb}[i+1]=\max(\Delta\theta_{fb}[i]-K_{ad}+K_{re}D_k[i],0) \tag{10.16}$$

其中，最大选择器保证了点火提前角不超过额定点火正时，正常的操作区间是在 MBT 正时附近。图 10.24(a) 中虚线阐释了爆燃发生时控制器的行为。

图 10.24(b) 展示了五缸发动机的点火提前，由反馈控制器进行控制。从左图中圆圈标记的爆燃事件和模式很容易能识别出来。气缸之间存在爆燃的扩散，因为发动机会由于燃油和烟尘负荷的变化而在气缸中产生一定程度的磨损。

在控制器中，有两个调节参数：点火提前增益和延迟增益，分别为 K_{ad} 和 K_{re}。可以

[1] 原文未给出纵坐标单位（译者注）。

通过调整而得到一个确定的爆燃概率 p，如果我们假设稳态为均值，那么（点火）提前和延迟会相互抵消。于是爆燃概率 p 和控制器增益相互关联，$K_{re}p=K_{ad}(1-p)$，即：

$$p=\frac{K_{ad}}{K_{re}+K_{ad}} \quad K_{ad}=\frac{p}{1-p}K_{re} \tag{10.17}$$

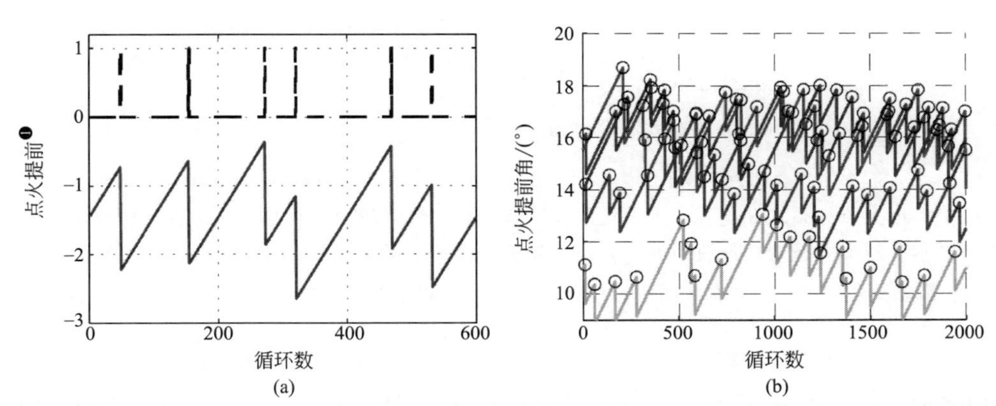

图 10.24 爆燃反馈控制｛图（a）为伴随爆燃检测的爆燃控制图，虚线表示 $D_k[i]$，实线表示爆燃发生的提前和延后，其中提前角和点火角的符号正好相反，即 $-\Delta\theta_{fb}$。图（b）为五缸机械增压发动机在 $N=1500$r/min、$p_{im}=120$kPa、$r_c=12$ 的运转条件下闭环点火提前。圆圈表示爆燃事件｝

在图 10.24 中，根据 Thomasson 等（2013），控制器延迟增益被设为 $K_{re}=1.5°$（对于一个实际产品是一个典型值），并且目标爆燃概率的增量设定为 $p=1\%$，根据式(10.17)，$K_{ad}=1.5/99$。统计爆燃次数，可以看到 500 个工作循环只发生 5 次爆燃，这符合 1%的设定值。

随机自适应点火控制

爆燃控制器［式(10.16)］持续搜索爆燃界限，这导致了控制行为需要保持持续变化。为了补救这一问题，提出了一种随机爆燃控制的方法，利用概率比来控制爆燃概率，并且只有在需要时才改变控制行为。结果就是，在同样的爆燃概率和性能表现下，控制行为减少，参见 Peyton Jones 等（2013）、Thomasson 等（2013）。

上述控制器对爆燃进行作用和调整，可能会限制瞬态的控制表现。例如，爆燃取决于燃油种类，如果发动机使用了低辛烷值的汽油，那么爆燃控制器就需要根据爆燃规律的变化不断进行调整。通过将每一个工作点的低通滤波爆燃控制行为存储成 map 图的方式，可以实现更快的爆燃瞬态控制。当发动机回到正常工作点时，延迟可以从存储的 map 图中读取，并在正确的工作点结束，参见 Kiencke 和 Nielsen（2005）。

10.5.2 点火能量——驻留时间控制

基本上存在两种不同的电子点火系统：电容放电式和感应式，如图 10.25 所示。感应式相较于电容放电式有更高的效率，因此，感应式点火系统更加常见一些。在电容放电式点火系统中，能量首先储存在电容中，并且在点火时刻，电容通过点火线圈主回路进行放电，这在二次回路中产生一个很高的电压。在感应式点火系统中，电流通过主回路将能量

❶ 原文无单位（译者注）。

存储到线圈中，并在点火时刻，切断主回路电流，这会在二次回路中产生一个很高的电压。

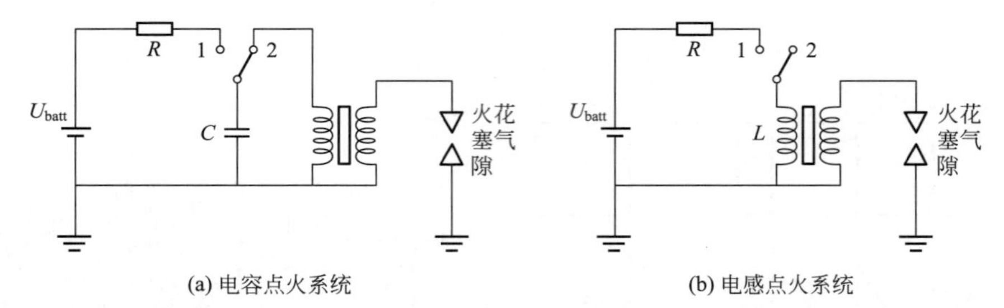

图 10.25 电感点火系统和电容点火系统的火花塞、点火线圈简图（当开关从位置 2 拨到位置 1 时，开始能量存储，电容系统进行充电，电感系统中会产生磁场能。在 θ_{ign} 时刻，开关从位置 1 恢复到位置 2，在二次线圈中产生极高的电压，从而击穿火花塞间隙，产生电火花）

在二次回路中的高压峰值会使火花塞产生电火花。驻留时间 t_{dw} 是指点火控制器 θ_{ign} 起作用之前，给电容或者点火线圈的一次线圈充电并增加能量的时间。储存在电容值为 C 的电容中以及储存在电感值为 L 的线圈中的能量由下列等式给出，其中电路中的电阻为 R。

电容 $$W=\frac{CU_c(t_{dw})^2}{2}\text{（能量）}\qquad U_c(t_{dw})=U_{batt}(1-e^{-t_{dw}\frac{1}{RC}})\text{（电压）}$$

电感 $$W=\frac{LI_L(t_{dw})^2}{2}\text{（能量）}\qquad I_L(t_{dw})=\frac{U_{batt}}{R}(1-e^{-t_{dw}\frac{R}{L}})\text{（电流）}$$

驻留时间控制是一种开环控制，它基于发动机的转速、负荷和混合气的浓度，并且在发动机校准过程中也对驻留时间控制进行校准。

10.5.3 长期转矩、短期转矩以及转矩储备

正如前面所说，点火控制的主要目的就是提高效率，但是有些情况也会放弃最佳点火提前角。在 3.3.6 中，介绍了长期转矩、可用转矩和短期转矩，用来灵活控制动力装置的转矩。长期转矩 $M_{e,l}$ 是用来让发动机有时间准备，以致可以产生理想的转矩；短期转矩 $M_{e,s}$ 用来短期干预或者是其他控制行为；而可用转矩 $M_{e,a}$ 则是当前可用转矩的最大值。观察发动机系统的动态特性，我们发现喷油和点火具有相对较短的时间常数，而进气歧管（和涡轮的动态特性）具有较长的时间常数。因此，进气道适用于长期转矩控制，通过控制压力和空气流量来控制长期转矩，而点火和喷油适用于短期的干预控制。如果需要用发动机进行制动，则可以切断燃油供给，同时点火正时也用在转矩减少过程的平滑控制中。

为了通过点火正时得到理想的转矩，可以利用 10.1.5[1] 中的计算公式，其中式(10.2) 的转矩模型用于求解点火效率，式(7.58) 的点火效率模型可用于求解点火提前角。另一个替代方法就是使用转矩储备 ΔM_a，优点在于计算过程中不需要考虑摩擦损失和泵气损失的子模型。转矩储备定义为可用转矩和短期转矩之间的差值，即 $\Delta M_a=M_{e,a}-M_{e,s}$。利用式(10.2) 我们可以将上式表达为：

---

[1] 原文为 10.2.2（译者注）。

$$\Delta M_{a}=M_{e,a}-M_{e,s}=\frac{m_{f}q_{LHV}\eta_{ig}\eta_{\lambda}}{n_{r}2\pi(1-r_{c}^{\gamma-1})}[\eta_{ign,a}(0)-\eta_{ign,s}(\Delta\theta_{ign})] \tag{10.18}$$

式中，$\eta_{ign,a}(0)=1$。求解这个方程得到 $\eta_{ign,s}$，求解式(7.58) 中的点火效率模型得到 $\Delta\theta_{ign}$（只使用正值），$\Delta\theta_{ign}$ 被加到了最佳点火正时计算公式中，得到如下公式：

$$\theta_{ign}=\theta_{ign,opt}+\Delta\theta_{ign}$$

这个公式如何用在控制中将会在 10.7[1] 节的例 10.9 中进行阐述。

转矩储备、效率以及催化器加热

当点火效率用来实现转矩储备时，它同样也影响着气缸外温度，参见 5.2.2，其中低效率意味着更多的热损失，也意味着工作循环中的 T_4 值更高。在短期干预过程中，由于它们的热惯性，对排气部件的废气温度没有十分明显的影响。随着干预时间的加长，转矩存储和爆燃控制会加热催化剂，这在高负荷工况下需要考虑。然而，在某些情况下，这是有益的，例如，在冷启动期间，转矩存储（降低发动机的效率）可以缩短催化剂起作用时间，从而帮助减少冷启动的排放量。

10.6 怠速控制

怠速控制是一个类似于稳压器的问题，发动机转速控制使发动机不允许出现过低的转速以避免发动机停转。这是一个很重要的功能，它影响着车辆的驾驶感和可接受性。例如，设计很差的发动机怠速控制器会使发动机转速出现波动或者偶尔使发动机熄火，这会使驾驶者非常反感。下面有若干在设计怠速控制器时需要考虑的因素。

• 控制行为与做功冲程之间的时间延迟，限制了反馈环的带宽，参见 7.9.4。

• 可以使用两个执行器来实现控制行为；一个快速但是会受到点火正时的限制，另一个较为缓慢但是可从进气管理中获得更大的转矩。两者可以通过将带有长期和短期转矩的转矩控制整合在一起实现。

• 必须小心处理模式的转换，例如，进入和离开怠速控制模式时必须使驾驶员感到平顺。

• 限制转矩模式，出于安全因素，怠速控制不允许使用全转矩模式，例如，如果驾驶员错误地将脚从离合器踏板上滑开了，发动机应停转以防止车辆失控。

• 拒绝来自于附件设备的过大转矩请求。例如，来自发电机、空调、自动变速器换到驱动挡，或者助力转向阀的大转矩请求。可测干扰前馈控制可用于提升性能，例如发动机控制器可以在进行调整之前得到来自空调控制器的信号，从而做出更加合理的控制行为。

上文介绍了若干控制设计，其中应着重考虑控制器之间的时间延迟、动力学特性以及间隔。下面的例子阐释了如何利用长期转矩和短期转矩构建怠速控制器。

例 10.8 一个用于怠速转速的 PID 控制器，参考转速使用短期转矩 $M_{e,s}$ 作为执行器。基于此，对长期转矩 $M_{e,l}$ 进行修改，将长期转矩存储 M_l 添加到短期转矩中。这一

---

[1] 原文为 10.8（译者注）。

转矩用来作为进气管理控制［式(10.4)］的参考转矩。那么，控制器为：

$$M_{e,s}=\mathrm{PID}(N_{ref}-N) \tag{10.19a}$$

$$M_{e,l}=M_{e,s}+\Delta M_1 \tag{10.19b}$$

其中，PID被赋予了抗积分饱和特性以及低冲击传递特性，从而使进入和离开怠速状态时的模式转换更加平滑。图10.26展示了这一怠速控制系统的结构，其中添加了一项饱和值来保证转矩存储 ΔM_a 始终为正值，因为点火控制器可能需要超过当前可供的转矩值。

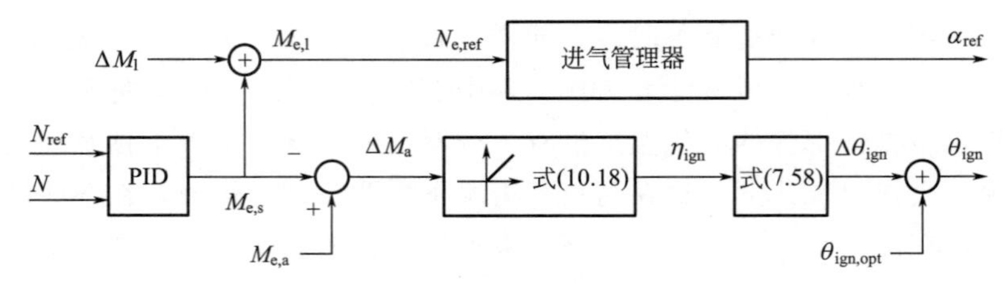

图10.26 怠速控制器实例（将点火提前角装置用作快速执行器，将带有长期转矩存储的进气管理系统作为慢速执行器）

从整个介绍发动机控制器的上下文来看，上面两个控制都属于图10.2中的两个低级别的控制环，它们将作为例子在下一节中用到。

10.7 转矩管理和怠速控制

下面的例子阐释了如何在怠速工况下利用转矩储备，以及如何在换挡过程中和发动机制动中利用断油。在该例中，驾驶员遵循了部分欧洲驾驶工况的驾驶行为，包括怠速、加速、换挡、减速以及重回怠速工况。

例10.9（带有转矩控制和转矩储备的车辆控制） 在怠速中，发动机的转速由一个发动机转速反馈回路进行控制，利用转矩控制模块作为执行器的同时，通过进气控制模块和点火提前角控制来控制长期和短期转矩。长期转矩存储 $\Delta M_1=10\mathrm{N\cdot m}$ 被用在怠速期间。部分欧洲驾驶工况被用于控制功能开发的示例见图2.22。

在启动、换挡、驾驶和减速过程中，由此产生的转速和控制行为在图10.27中进行了展示。最上面的图中显示了车辆速度信息及发动机转速信息。在49s时，驾驶者开始接合离合器并加速汽车，怠速控制器在整个起步过程中都起作用。可以清楚地看到转矩图中的转矩储备并且它是怎样用点火正时来实现的。在离合器踏板完全闭合时，发动机转速相对于设定值降低了20r/min，此时，点火正时迅速开始产生额外的转矩以及将怠速转速提高到设定值。在51s离合器完全接合时，驾驶员踩下油门踏板加速行驶，此时转矩储备设定为零，使在驾驶过程中保证点火提前角为最佳值。在54s时，进行换挡，此时点火延迟增加，转矩下降，同时发动机供油切断。在换挡后，一直加速行驶直到减速阶段开始，此时发动机转矩开始下降，并且在减速过程中切断了燃油供给。最后，当发动机转速降到怠速时，怠速控制器被激活。

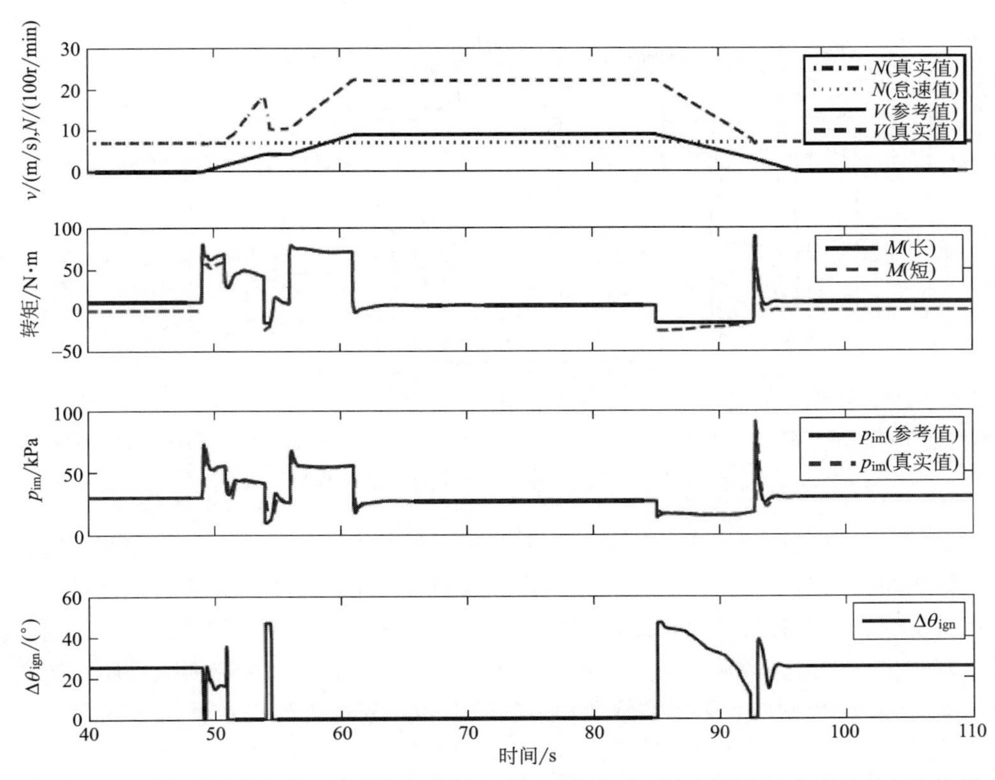

图 10.27 用部分欧洲驾驶工况来阐释转矩存储、换挡以及刹车切断燃油供应时的怠速控制

在城市工况中，经常遇到怠速工况，并需要减少怠速时的油耗，该油耗与发动机的怠速转速设定值有关。在怠速时，理论上发动机转速越低越好，但是过低的转速会使发出动作指令到转矩增加的时间延迟过大，使控制更加困难。因此，需要在燃油消耗量与发动机停机风险之间进行权衡，这一权衡在转矩储备中同样存在。此外，怠速设定值在某些情况下可以提高，例如在冷启动时，缩短催化剂的升温时间。

10.8 涡轮控制

相对于自然吸气式发动机，涡轮增压发动机有两个额外的执行器和控制回路。一个称为抗喘振控制，目的是为了避免压缩机喘振。另一个是增压器控制，能够控制转矩，并且使用了执行器——排气泄压阀和增压器压力传感器 P_{ic}。图 10.28 所示为带有气动排气泄压阀的抗喘振阀示例。

10.8.1 抗喘振控制的压缩机

喘振是由压缩气流不稳定造成的，能引发噪声和涡轮增压失效，参见 8.4.1 和 8.6.5。涡轮和压缩机是相互匹配的，所以喘振在正常工况下是不会发生的。然而，正如 8.6.5 中介绍的喘振循环，如果节气门关闭得过于迅速，喘振依旧会发生，从而导致压缩机增压比上升以及使压缩机发生喘振。

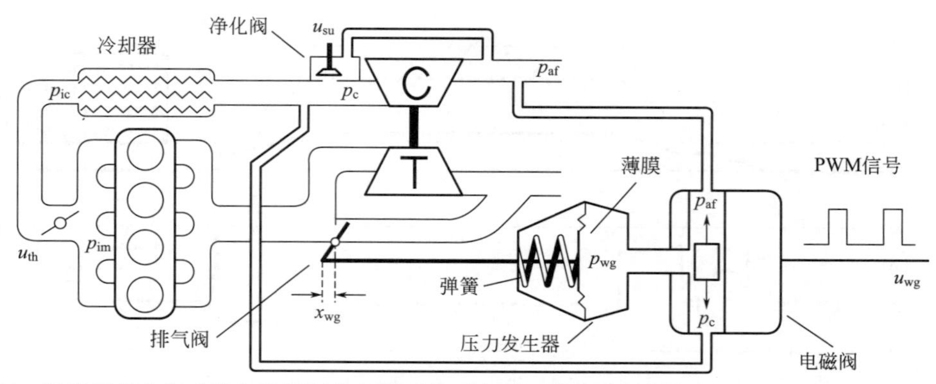

图 10.28 抗喘振阀和气动排气泄压阀执行器系统示意图（排气泄压阀执行器的位置 x_{wg} 由电磁阀控制，电磁阀利用增压器在膜片上施加压力 p_c 从而产生气动执行器的作用力。也有其他执行器布置方案，利用制动系统真空度来实现上述过程）

喘振可以通过减小压缩机的体积压力来避免。如图 10.28 所示，一个控制阀可以将气体引流回压缩机的前面，或者是将压缩气体释放到大气中，图中的布置方式优点在于系统中的物质是守恒的，并且质量流量传感器可以决定系统中的气体的质量流量。目前的抗喘振阀（有时也称喘振、旁通、放气或者安全阀）是两位阀，要么开启要么关闭。抗喘振阀是通过 EMS 进行控制的，如果它检测到节气门关闭、高压力比以及低流速或者流动反转的可能性时，它就会将抗喘振阀打开。

在 V 型发动机中，其双涡轮增压器给同一个进气系统供气时，会产生一个称之为“共喘振”的不稳定现象。在共喘振时，压缩机交替进出喘振，并且如果压缩机受到了干扰各自的转速互相偏离时，那么这个现象也会在普通增压工况下发生。在这样的发动机中，有必要对共喘振进行监视和控制。

10.8.2 增压压力控制

排气泄压阀起初用来控制增压压力，也就是在经过压缩机或者中冷器之后的压力，如图 10.28 所示。排气泄压阀允许部分气体绕过涡轮，并降低涡轮的功率和压缩机的功率。控制器可以调节出我们希望的转矩曲线。当经过压缩机后气体的压力超过一定界限时，它的基本功能就是打开排气泄压阀，并且这一功能也可以利用机械设计来实现。一个排气泄压阀控制器的机械设计问题是排气泄压阀的打开只由排气泄压阀弹簧刚度和压差决定。

因此，现代发动机中增压压力的控制被集成到了基于转矩的结构当中，并且它使用增压压力传感器来实现反馈控制，通常是节气门之前的压力 p_{ic}。增压压力控制器的例子会在 10.8.3[1] 中给出，但进入到该细节之前，我们先看一下增压压力和节气门控制之间的权衡问题。

效率和响应时间的权衡

在增压压力控制中，燃油经济性和响应时间之间需要进行权衡。增压压力控制是把气体传送给发动机，这也是节气门控制的目的。针对同一目的，存在两个执行器，但只给控

---

[1] 原文为 10.9.3（译者注）。

制器一个自由度。因此，我们感兴趣如何能够最有效地传输气体和哪些部分需要权衡。能够获得最佳瞬态响应的传统机械增压控制器会尽可能快地关闭排气泄压阀，并且只有在增压压力达到峰值 $p_{ic,max}$ 时才打开泄压阀排气。因此，控制器会根据下式试图控制增压压力到最大值：

$$u_{wg}=\mathrm{PID}(p_{ic}-p_{ic,max})$$

这一策略致力于尽可能地总是使泄压阀保持关闭，而流向发动机的进气量由节气门来控制。

在 Eriksson 等（2002a）[1] 中提出了一种“最佳油耗”观点，它是用一个 SI 发动机导出的，该文献表明燃油效率最高的实现方案是减少背压并尽可能打开排气泄压阀。在低负荷工况下，排气泄压阀全开，并且由节气门控制负荷，当节气门接近于全开状态时，排气泄压阀接管并控制进气压力。

$$u_{wg}=\begin{cases}0 & (u_{th}<1)\\ \mathrm{PID}(p_{ic}-p_{ic,max}) & (u_{th}=1)\end{cases}$$

燃油经济性和响应时间损失的量化增益

一个示例来自于 Eriksson 等（2002）中，该文献用一个最大增压压力为 $p_{ic}=2\mathrm{bar}$ 的发动机来研究不同控制器的燃油经济性和响应时间损失增益。

例子被用来研究在不同控制器之间燃油经济性的增加和响应时间的损失。在发动机工作区间内，燃油经济性增益在图 10.29 中进行了展示。可以看到，在正常驾驶区间内，当运行燃油最优控制器时，燃油经济性增益增加了 1.5%～4%。来自于一个发动机测试单元的试验数据表明在低负荷和低速区域，燃油经济性提高了 1.9%。这与图 10.29 的结果相吻合。

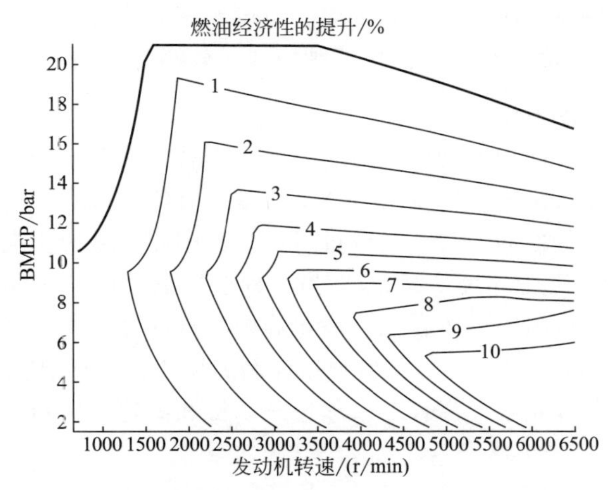

图 10.29 相较于时间最优控制，油耗最优增压器控制策略的燃油经济性增益

下一组的对比用来理解瞬态响应的影响。对于发动机 map 图的每一点，瞬态响应被定义为在维持定值转速下达到 90%最大转矩所需要的时间。对于时间最优控制器，其响应时间在图 10.30(a) 中进行了显示，同时对于燃油消耗最优控制器的额外响应时间在

[1] 原文如此（译者注）。

图 10.30(b) 中进行了显示。可以看出，与瞬态最优的响应时间结果相比，在最坏的情况下，燃油消耗最优控制器的响应时间会慢 1s。

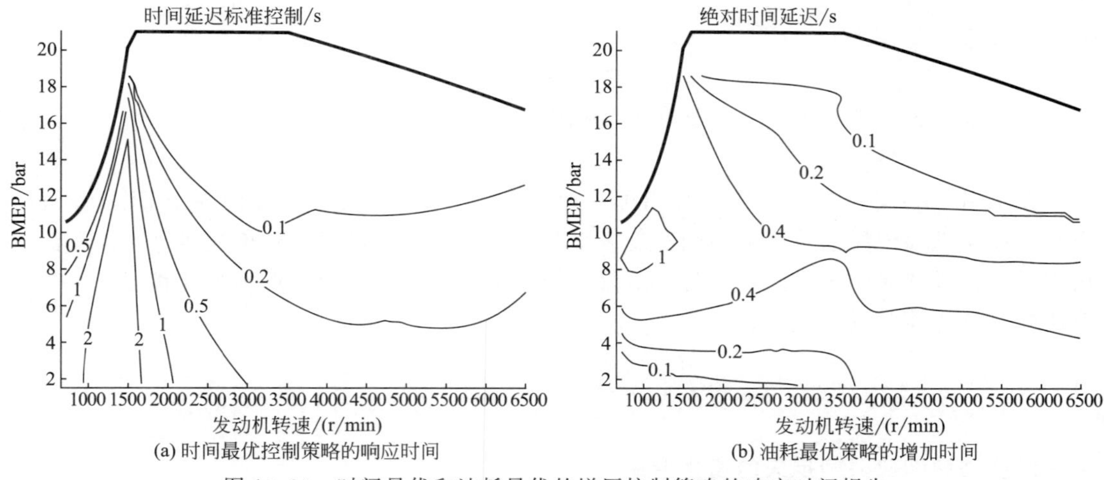

(a) 时间最优控制策略的响应时间　　(b) 油耗最优策略的增加时间

图 10.30　时间最优和油耗最优的增压控制策略的响应时间损失

利用节气门 Δp_{th} 控制器进行协调

协调效率和瞬态响应的一个简单的方法是为增压控制器提供一个参考值 $p_{ic,ref}$，它由来自于进气管理器的进气歧管参考值 $p_{im,ref}$ 和一个流过节气门的压力边界值 Δp_{th} 组成，即：

$$p_{ic,ref}=p_{im,ref}+\Delta p_{th}$$

这给节气门提供了一个额外空气储备，当在汽车行驶过程中改变油门踏板位置时，能给驾驶员一个明显的快速响应感觉。它可用于协调增压和响应时间。切换边界也能够被动态改变，如较低的 Δp_{th} 值有利于经济性驾驶模式，较高 Δp_{th} 值则适用于运动模式。

其他提高瞬态响应速度的方法

瞬态响应存在的一般问题是增压压力的效能，也就是涡轮增压器产生增压压力所需要的时间。替代解决的办法是使用机械增压器来代替原有的，或者把它作为额外的装置来辅助原有的涡轮增压器。其他的办法也进行过研究，其中之一是使用电气化涡轮增压器或者混合动力系统，参见 Eriksson 等 (2012)。另一种途径是通过可变气门机构系统回收汽车减速过程中的动能，并将高压气体存储在高压罐中。这部分高压空气可用于汽车加速时的增压，参见 Donitz 等 (2009)。一种将离合器控制和增压控制融合的方法表明，整车加速响应速度的提高可以通过先脱开离合器来加速发动机和涡轮增压器，随后再接合离合器的方法实现，参见 Frei 等 (2006)。

10.8.3　带有增益调度的增压控制

在这一部分中，Thomasson 等 (2009) 中的增压控制器将用来说明如何建立增压控制环。控制器的结构由静态前馈和增益调度反馈 PID 控制器组成，如图 10.31 所示。在静止工况下，前馈给出了理想的增压压力。它由在发动机静态工况下，记录其在期望增压压力下的工作循环的需求 u_{wg} 确定。PID 控制器的任务是形成系统的动态响应，同时在理想增压压力条件下最小化响应时间，并消除静态误差。这应该在不引入振荡的条件下实现。

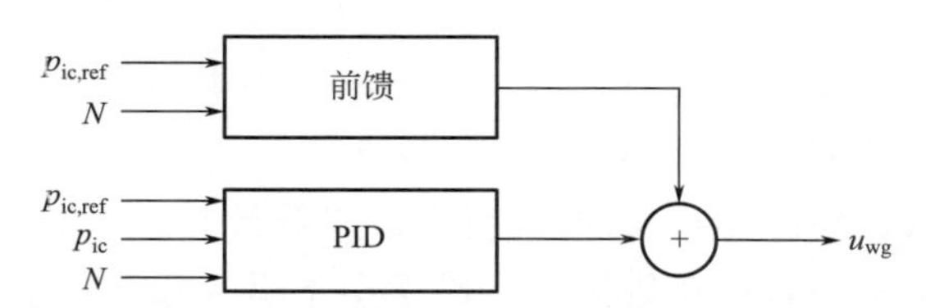

图 10.31 增压控制器的控制结构（前馈是理想增压压力与发动机转速 u_{wg} 关系的静态 map 图。PID 控制器的参数取决于发动机转速）

PID 调校方法

从工业角度来看，调校方法应该简单、迅速并且容易自动执行。为了调校 PID 控制器，需要进行一些收集过程信息的试验。8.9 节中完整的均值发动机（MVEM）模型、气动排气泄压阀执行器模型再加上试验数据有助于对系统的动态特性进行深入理解。试验结果表明至少需要一个二阶系统来描述输入信号下的系统行为。在不同转速和不同负荷工况下，通过一些 MVEM 模型和排气泄压阀模型的仿真，可以证明二阶系统可以对系统动态特性进行很好的近似。然而，仍然存在一个随着发动机转速变化的显著的动态特性。

在模型识别试验中引入转速 μ_{wg} 的阶跃响应，该响应在感兴趣区域内的不同转速下得到。对于各个转速，我们有如下过程模型：

$$G(s)=\frac{K(N)}{T^2(N)s^2+2T(N)\zeta(N)s+1} \quad (\zeta\leqslant 1) \tag{10.20}$$

式中，K 由排气泄压阀到增压压力 p_b 的静态增益得出，$\frac{p_b}{K}=\frac{\Delta p_b}{\Delta \omega g_{dc}}$；$\zeta$ 是一个压力超调量 p_{os} 的函数方程，$\zeta=f\left(\frac{p_{os}}{\Delta p_b}\right)$；$T$ 是衡量阶跃响应时间的参数。

图 10.32 显示了测量得到的阶跃响应和两种发动机转速的匹配过程模型。可以看出，在转速之间有着明显的动态过程，并且不同发动机转速下的带有不同参数的二阶模型都能

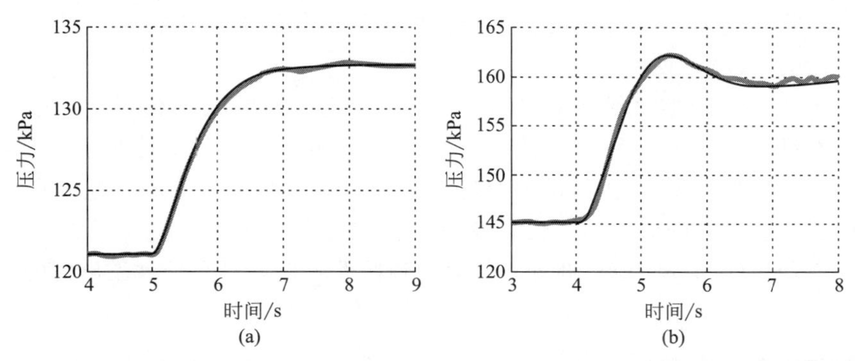

图 10.32 同一测试车辆，两个不同发动机转速下，测量的 u_{wg} 阶跃增压响应（灰色粗实线）以及自适应过程模型（黑色细实线）（自适应模型与试验数据吻合得很好。在 5500r/min 时，相较于修正模型，测试数据的峰值压力位置略陡一些，但是区别十分有限）[1]

[1] 原文未给出具体转速（译者注）。

对压力行为进行很好的描述。

推荐的参数调整方法是在控制器 IMC 架构或者 Q 参数化［Garcia 和 Morari（1982）］的基础上得到的。一般来说，控制器 $F(s)$ 并不是一个 PID 控制器，但对于许多简单过程模型来说，它的确是［Rivera 等（1986）］。这样看来，当 $G(s)$ 是一个二阶系统，并且闭环参考模型选为 $G_d(s)=1/(\Lambda s+1)$ 时，我们最终会得到一个 PID 控制器。选择 $G_d(s)$ 作为一个一阶系统的动机是希望在压力干扰因素中不引入振荡环节。参数 Λ 是一个调节参数，它表示控制器对一个控制错误响应的时间常数。总之，由该方法可得：

$$K_p(N)=\frac{2T(N)\zeta(N)}{\Lambda K(N)} \quad K_I(N)=\frac{1}{\Lambda K(N)} \quad K_D(N)=\frac{T(N)^2}{\Lambda K(N)} \tag{10.21}$$

因为二阶模型中的参数是独立于发动机转速的，所以 PID 的参数也独立于发动机转速。调节参数 Λ 的选择和它对控制器的影响将会在接下来的章节中讨论。

PID 实施中的问题

理想的 PID 控制器并不能直接应用于工程，因为在未滤波求导时会存在高频测量噪声。控制器的 D 部分已经通过一个截止频率 20rad/s 的低通滤波器进行了滤波。

如果在参考信号中存在阶跃，对噪声的低通滤波会导致另外一个问题。如果导数环节作用于控制误差 $e=r-y$，则会导致在参考值中出现突然的大瞬态变化。未滤波的信号可能仅仅能够被采样一次，但是经过滤波之后它就允许多次的采样。在 Astrom 和 Hagglund（2006）中介绍了一个解决方案，就是让导数作用在 $e_d=\beta r-y$ 上，其中 β 值选在 0 和 1 之间。这里可以选择 $\beta=0$，因为求导的主要目的就是达到期望压力参考值时，减少下一个步长的压力增长。对于增压压力参考值中较慢和较平滑的变化，求导会优先作用于 $e=r-y$，使导数环节的作用变小。

如果在控制信号饱和时积分器起作用，由于积分器饱和，会导致不希望的较大超调出现。因此，条件积分被用来抗饱和。

控制器调校及结果

在参考值中，一个步长的增压响应应该尽可能迅速，只能有一个很小的超调（约 5kPa）并且没有振荡发生。因为在发动机转矩中轻微超调要好于转矩不足，所以很小的超调量是可取的。

调节参数 Λ 的选择应该保证上述瞬态行为的实现。如果 Λ 的值过小，控制器就会变得不稳定，并且在瞬态时容易引入振荡。如果 Λ 的值过大，就不能足够快地控制干扰，并且瞬态响应会变慢。$\Lambda=2$ 附近的一个值已被证明是一个较好的矫正起始点。发动机测试单元试验表明相对大的涡轮、更慢以及平滑的响应可以允许使用较小的 Λ 值。这或许也是为了获得理想的闭环响应。此外，伴有快速阶跃响应并且有较大溢出值的系统需要较大的 Λ 值。

用测试车辆对控制器评价

用车辆测功机上的测试车辆评价控制器。图 10.33 显示了在两个发动机转速下的闭环系统响应。两幅图都显示控制器成功地实现了期望的性能，也就是在增压中只伴随一个较小的超调（不超过 5kPa）的快速瞬态响应，并且没有出现明显振荡。在 Thomasson 等（2009）中可以找到更多试验结果和仿真研究的细节，以及对前馈循环重要性的探讨。

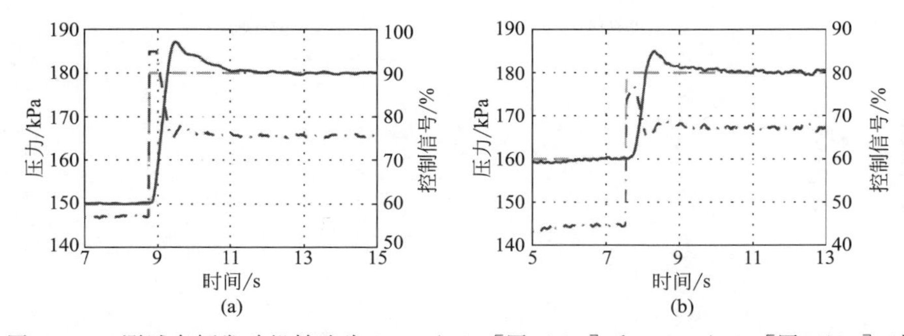

图 10.33 测试车辆发动机转速为 2500r/min［图（a）］和 4500r/min［图（b）］时增压器压力的阶跃响应（峰值压力的溢出值接近 5kPa）

10.8.4 涡轮增压器和爆燃控制

当带有 EMS 时，增压器和发动机的性能需要依据不同的发动机和燃油进行匹配。改变燃油类型同样改变了发动机的爆燃趋势，这可以通过电控阀进行处理，如图 10.28 所示。例如，即使爆燃控制器已经显著地延迟了点火，但是发动机依然有爆燃的趋势。于是就说明燃油的辛烷值较低。在这种情况下，可以减小增压压力来恢复一些点火正时。目前的燃油都能够与发动机工况较好地匹配并且具有较高的效率，在功率达标的同时没有毁坏发动机的危险。当发动机对辛烷值的要求不高时，高压缩比就能够被选择。这就是某些增压乙醇发动机比普通汽油机功率输出还高的原因。

10.9 可靠性和故障弱化

正如上面讨论的，对于发动机和车辆的要求是，如果非关键传感器或者模块发生故障时，系统不能完全失效。当一个组成部件发生故障，系统性能允许下降但是不能停止工作。这称作故障弱化（graceful degradation），并在设计时需要重点考虑。以下例子是在设计过程中应当被考虑的一些可能。

• 替换控制器。上面提到的压力控制示例中，当传感器失效时反馈控制器被关闭。

• 用计算替代传感器。当传感器失效时，它通常能收到一个来自于观测器或虚拟传感器（virtual sensors）的替代值。在模型和一个或多个其他传感器的帮助下，该替换值能够立即被计算或估计。

• 使用替代模型。例如，如果传感器或者子系统失效，某些模型能够被替代。例如，如果计算转矩的式(10.4) 不能用于计算转矩了，那么可能使用式(10.1) 的简化转矩公式进行计算。

只使用一个开环控制器的优点是如果开环控制器和系统都是稳定的，那么控制器的整个系统都是稳定的。当有了反馈，一个稳态系统下的稳定的控制器也可能会使闭环系统不稳定，从而使设计和预防手段更加复杂。因此，在某些情况下，回退到开环控制可能更合适。

这些方面将会在 16 章中深入讨论，详见 16.1.4 故障状况的调节。

11

柴油机的基本控制

柴油机具有耐用而且经济性好的优点，但是其转速较低。随着私家车和重型卡车柴油发动机技术的显著发展，已经很大程度地改善了这种情况。目前私家车的柴油发动机将舒适性和驾驶性结合成一体，在低油耗和保证可靠运输性能的前提下，重型卡车的发动机也可适应严酷的环境要求。这项技术的发展中包括很多组成部分，但是要认识到计算机控制是实现上述功能和性能的一个重要技术支撑。

本章将介绍柴油机基本控制技术的概念。11.1 节给出了柴油机系统的综述、运行工况和控制目标。11.2 节讲述了转矩控制。因为转矩是基本的控制目标。11.3 节中讲述了关于环境保护的相关控制目标。处理这些问题的两个主要系统分别是 11.4 节中介绍的燃油喷射控制系统以及 11.5 节中的气流控制系统。11.6 节讲述了一个气流控制的实例。

11.1 柴油发动机工况和控制综述

发动机管理系统要满足一些相关的控制目标，例如驾驶体验和环境保护。而最重要的目标和主旨如下。

- 满足排放法规的限制。柴油发动机中最重要的排放物是氮氧化合物、碳烟或者微粒以及一些 CO 和碳氢化合物 HC。
- 满足驾驶员（动力系统）的转矩需求。发动机产生的转矩是驱动车辆的动力，转矩控制是实现驾驶员驱动车辆的根本。
- 保持发动机低噪声水平。从传统上来讲，柴油发动机有极大的燃烧噪声，被称为“柴油机爆燃”。这个噪声是由第一次燃烧早期阶段的压力急剧上升导致的。
- 实现低油耗。

有很多方式可以实现这些目标，但其相互之间会有影响，且目标之间需要折中；比如说，减少燃油消耗与降低排放。我们首先要从柴油发动机的排放物着手，因为这些是发动机控制系统的主要控制指标。

11.1.1 柴油机排放的权衡

6.4.3 中讨论了柴油机排放，主要的排放物是氮氧化合物和微粒。当其他条件不变时，这些排放物之间需要折中，这主要取决于燃烧的开始阶段。对于重型柴油机，图 11.1 说明了这种权衡，其中过早的点火燃烧会增加发动机温度，产生了更多的氮氧化合物。另外，延迟点火会导致燃烧时间短并增加颗粒物。延迟燃烧还会导致膨胀损失，从而影响效率，而当燃烧过早时，高效率的同时也意味着在某一点上会增加氮氧化合物。图 11.1 中整个曲线显示，可以通过提高喷射压力、废气再循环（EGR）和对排放的废气进行后处理的方法使排放向原点移动。

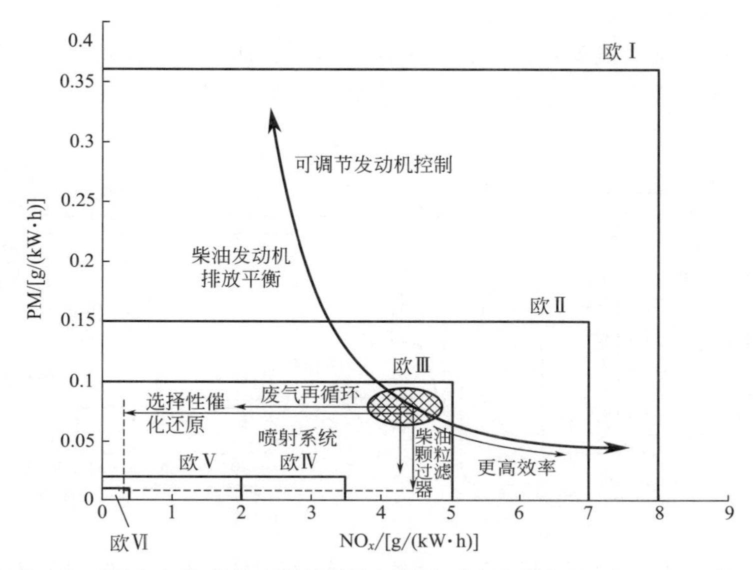

图 11.1 重型柴油发动机氮氧化合物和微粒的法规限值［注意单位是 g/(kW・h)］（粗线为氮氧化合物和微粒之间的权衡。可以使用不同的技术和控制措施来实现减排。椭圆为欧Ⅲ标准下发动机工作的目标区域）

图 11.1 也证明排放法规经过了多年的发展，带动了新技术的引进和进展。氮氧化合物 NO_x 和微粒 PM 在排放中一直占主导地位，但是随着排放法规越来越严格，也需要在发动机的设计和控制中注意 CO 和 HC。为了介绍可以满足排放法规的技术，对早期技术向当今技术的发展过程进行研究是很有益的。对于重型发动机来说，在满足欧Ⅲ排放标准限制的基础上，有两种途径可达到欧Ⅳ（欧Ⅴ）标准。一种途径是对发动机本身采取措施，例如增加喷射压力来减少微粒排放和冷却 EGR 技术来减少氮氧化合物排放。另一种途径是利用后处理技术，柴油微粒过滤器（DPF）可减少微粒排放，催化剂可减少氮氧化合物排放，或者采用选择催化剂还原（SCR）或氮氧化合物储存（NO_x-storage）技术。对一些发动机来说，欧Ⅴ的氮氧化合物标准可以通过使用大量冷却 EGR 而不使用后处理技术来实现。然而，欧Ⅵ则需要通过后处理系统和对发动机本体采取措施相结合的方式才能达到减少发动机排放物的目标。对于一个灵活设计的发动机系统，这些措施是可以优化的，例如确保后处理系统的柴油颗粒过滤器（DPF）和催化剂能正常运转并接收到正确的气体成分来实现最佳减排。

11.1.2 柴油机构造和基础知识

图 11.2 所示为一台柴油发动机结构简图，可以看出它与图 4.7 所示的涡轮增压汽油

发动机很相似。第6章讨论了柴油机燃烧的基本原理，并且回顾了柴油机和汽油机的一些性能特点与不同。汽油机在$\lambda=1$的条件下工作，通过节流阀和空气流量（由于$\lambda=1$，燃料也能够确定）来进行负载控制。柴油机通过喷油进行负载控制，并且其是在$\lambda>1$的过量空气条件下运行的，为了避免积炭通常情况下λ远大于1（较低的限制在1.2～1.4）。在$\lambda>1.3$的限制下，通常自然吸气的柴油机会比相同尺寸的汽油机产生的转矩低30%。因此，所有的现代汽车的CI发动机都使用涡轮增压作为负载控制的一部分来增加比功率。在11.2节中，柴油发动机中包含了之前介绍过的进气节流阀。在汽油发动机中，节流阀用于负荷控制，而在柴油发动机中，目的是使之尽可能地打开，获得最佳燃油经济性，并且只有在某些操作模式需要降低排放时，才会减小开启面积。

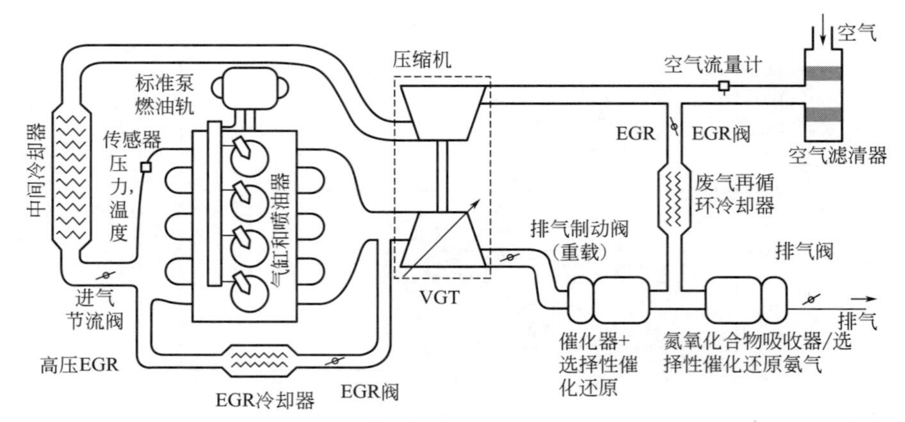

图11.2 柴油机发动机示意图并显示了各个系统［燃油喷射是通过共轨系统（泵、轨道和喷油器）来完成的。其中包括一个可变式涡轮增压器（VGT）；两套冷却EGR系统，分别为高压和低压；有额外的气体控制阀，如进气节流阀、排气阀和排气制动阀（应用在重型车方面）］

（柴油）发动机的执行机构及选择

如图11.2所示，柴油发动机可以配备多个执行机构和后处理系统。发动机的主要执行机构如下。

• 喷油器。该器件有两种控制信号，燃油量m_f（mg/行程）和活塞位置角α_{inj}。多点喷射也来用于降低污染物排放和噪声。

• 燃油喷射压力机构。它是燃油喷射的主要机构，轨道压力是通过油道中高压油泵和压力传感器来控制的，并影响喷射量和雾化程度。

• 涡轮控制机构。为了控制增压，会使用废气阀或可变几何涡轮。可变几何涡轮（variable geometry turbine，VGT）已经被广泛应用到柴油发动机中，如图8.24所示。

• EGR阀。使用控制阀来控制传递给气缸的EGR量。通过同时使用进气与排气节流阀来产生足够的压力差来带动EGR的流动。

• 排气节流阀。同EGR阀一起使用，来产生足够的压力差来达到所需的EGR率。

• 进气节流阀。有两种使用方法：使用高压EGR阀来产生足够的压降，达到所需的EGR率；在低负荷操作时增加排气温度。利用图5.19所示的机制，减小压力使气缸内空气量和λ减小，从而使燃烧后的气体温度增加。

• 进气门罩。引导气流的阀门使气缸内的气体产生涡流运动和湍流运动。

排气后处理也很重要，其系统包含执行器和传感器，正如 6.5.2 节和图 6.18 所述。

11.2 基本转矩控制

本节讨论利用燃油喷射来实现柴油发动机转矩控制这一基本问题。接着介绍燃油控制部分，其中，喷射控制也用于处理其他的控制目标，如排放和噪声。柴油发动机产生的转矩已经在第 7.9 节的转矩模型中介绍过。

柴油发动机的 *p*-*V* 图

柴油发动机实测的 p-V 图如图 11.3(a) 所示。这个 p-V 图可以与第 5 章中图 5.5 的理想循环作对比，图 5.5 指出理想循环只是发动机工作的基本模型。通过对比也可以发现真正的发动机循环和图 5.15 所示的奥托循环的联系。显然，图 11.3 的柴油发动机 p-V 图和图 5.5 所示的理想柴油发动机的循环并不完全一致。很重要的一点是真正柴油机的燃烧不会在恒定的压力下进行。然而，一些基本特征是一致的，比如压缩、燃烧和膨胀。

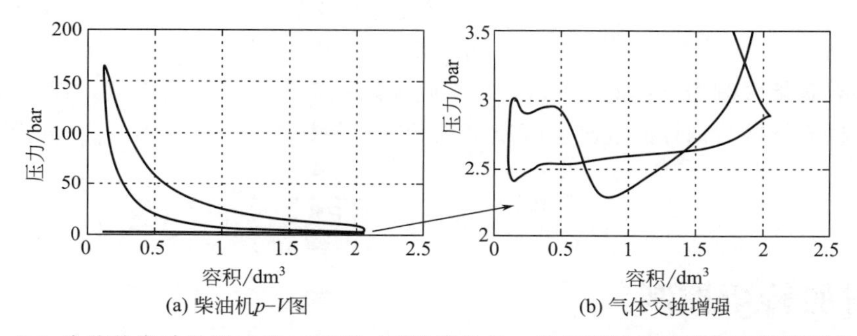

图 11.3 图 (a) 为柴油发动机测试的 p-V 图 (要注意的是，其与理想的柴油发动机循环并不完全相符，尤其是燃烧并不是在恒定的压力下进行的)。图 (b) 为 p-V 图中较低部分的放大图 (显示了泵送功。很显然，与总功率相比，泵送功可以忽略不计)

转矩模型

回顾 7.9 节，式(7.55) 描述了发动机转矩产生的原理。发动机转矩 M_e 需对三个不同的组成部分分别进行建模：每周期的总指示功、进气和排气歧管压力差消耗的泵送功和发动机组件与辅助设备的摩擦损耗功率。公式是：

$$M_e=\frac{W_e}{2\pi n_r}=\frac{W_{i,g}-W_{i,p}-W_{fr}}{2\pi n_r} \tag{11.1}$$

近似的计算中，泵送功可以忽略，因为柴油机进气道基本上没有节流效应。很小的泵送功如图 11.3(b) 所示。所以，在多数情况下，近似取：

$$W_{i,p}=0 \tag{11.2}$$

然而，必须注意的是采用某些控制方法下，如关闭进、排气节流阀或采用可变几何涡轮可能引起压力下降，这些影响必须包括在模型中。

式(7.56) 描述了总指示功率与燃料量 ($m_f q_{LHV}$) 提供能量的关系。效率 $\tilde{\eta}_{ig}$ 取决于工作条件和燃料量，并且可建模成这些条件的函数。柴油发动机也有相似的公式。唯一不同的是燃烧时间，对汽油机来说是由点火时刻 θ_{ign} 来决定的，而对柴油发动机来说是由喷油时刻 α_{inj} 来决定的。与式(7.56) 相比，唯一的不同是这两个变量进行了互换：

$$W_{i,p}=m_f q_{LHV}\widetilde{\eta}_{ig}(\lambda_c,\alpha_{inj},V_d,N) \tag{11.3}$$

结合上述公式给出柴油发动机的基本转矩模型：

$$M_e=m_f\frac{q_{LHV}\widetilde{\eta}_{ig}(\lambda_c,\alpha_{inj},V_d,\mathrm{N})}{2\pi n_r}-\frac{W_{fr}}{2\pi n_r} \tag{11.4}$$

这个基本等式说明如果发动机在恒定效率下工作，那么发动机的转矩是燃料补偿 m_f 的线性函数。这意味着如果把每行程的燃油量和气缸平均压力绘制在一起，那么所得图形将是一条直线（这几乎在真正的试验中也会发生），并且与 x 轴的交点给出了机械损失功 W_f。这样的仿射函数（线性偏移）经常用来描述发动机部件的性能，并常称之为 Willans 线。实际上，式(11.4) 与实际数据非常吻合，这些线共同表明了“柴油发动机的转矩与喷油量成正比”的关系。

燃油前馈控制

柴油机喷油前馈控制是通过式(11.4) 的模型来实现的，通过反求这个模型可以得到喷油量。这已经在 10.3.2[1] 中提前做了介绍。控制动作的结果是：

$$m_{f,r}=\frac{2\pi n_r M_{e,ref}+W_{fr}}{q_{LHV}\widetilde{\eta}_{ig}(\lambda_c,\alpha_{inj},V_d,N)}$$

必须要有碳烟限制器（smoke limiter）来确保燃烧室内有足量的空气，以避免碳烟的产生。因此，喷油量要与估计的气缸空气质量流量 $\dot{m}_{ac}$ 相比，并对空燃比 λ_{min} 进行限制，即：

$$m_f=\min\left(m_{f,r},\frac{\dot{m}_{ac}}{\lambda_{min}(A/F)_s n_r N}\right)$$

11.3 附加转矩控制

除了单纯的燃油控制，还有其他附加转矩控制器被激活，比如增压压力与喷油量和长期转矩有关。另外，对于重型柴油机来说，还有发动机制动控制模式，这些将在下面进行阐述。

长期转矩和增压压力控制

长期转矩通过增压压力系统进行控制并通过容积效率把转矩要求和增压压力的设置点联系起来。这个过程和 10.3.2[1] 所述的汽油发动机是大致相同的，只是增加了一个因素，即用废气再循环（EGR）来代替空气。特别的，容积效率（表示总进气量）需要随着 EGR 分数的增加而增加，而 EGR 分数将随着需求增压压力增长。还要设定点 λ_r 包含在内，就像式(10.4) 引入 λ 一样。

发动机制动在重型车上的应用

在重型车的应用中，经常会增加额外的装置来进行制动，因为这些制动器是磨损件，所以其寿命会很长，从而降低维修成本。在汽车制动期间，发动机会采取断油和其他控制措施。这里举三个例子：安装在发动机排气系统一侧的废气制动（exhaust brake）装置（见图 11.2），在排气一侧的一个控制阀会关闭，用来建立背压并增加泵送功，该系统在发动机高转速时，效率较高，因为在高流量下能建立起较高的背压；通过控制通往气缸的

[1] 原文为 10.2.2（译者注）。

阀门产生压缩制动（compression brake），将在 12.1 节中进行详细阐述；安装在变速器上的缓速器，在这里提及该系统是想给出一个全面的描述，但是它属于动力传动系统中转矩驱动部分，详见 15.1.3。

11.4 燃油量控制

燃油量对发动机的所有输出性能都有很大的影响，比如转矩、排放和气体流量的动态特征。燃料与流入气缸的空气相互作用，并且它要由排气系统排出。同时，还要通过涡轮和 EGR 系统来实现燃料与剩余动态空气的耦合。柴油发动机的基本燃油过程（蒸发、点火、延迟、燃烧）都是在气缸中。因此，可以认为是在气缸中进行燃油控制的，而空气动力学则对该相互作用进行了描述和解释。在燃油控制中，第一步是燃油的供给，这是燃油喷射系统的功能，接下来就是燃油喷射，它是受喷油器控制的。

燃油喷射系统

柴油的供给用到两个供油系统，对应着燃油供给系统工作过程的两个阶段。首先是低压供油系统，紧接着是高压供油系统。低压供油系统主要进行柴油的准备，比如过滤和油水分离，然后输送给高压供油系统。低压供油系统里也有一些控制装置，比如在一些情况下的燃油预热，但是主要的控制装置还是在高压供油系统中。

在柴油发动机中，燃油是在高压条件下直接喷射到气缸内的。燃油喷射系统的任务就是将非常少而又精确的燃油量在千分之一秒内完全喷射出去。存在许多旧系统，比如分配泵和整体式喷射系统，但是现在的主流技术是燃油共轨喷射系统。

燃油共轨喷射系统

共轨系统是一种蓄能器系统。柴油被保存在同一个高压蓄能器中，即高压共轨中。喷油量与喷油时间是通过喷油器的打开和关闭时刻来控制的。对这种多点喷射系统的发展，我们会在本节深入讨论。如图 11.4 所示，一个共轨系统需要燃油泵、油轨和一个六缸发动机的发动机管理系统（EMS）。

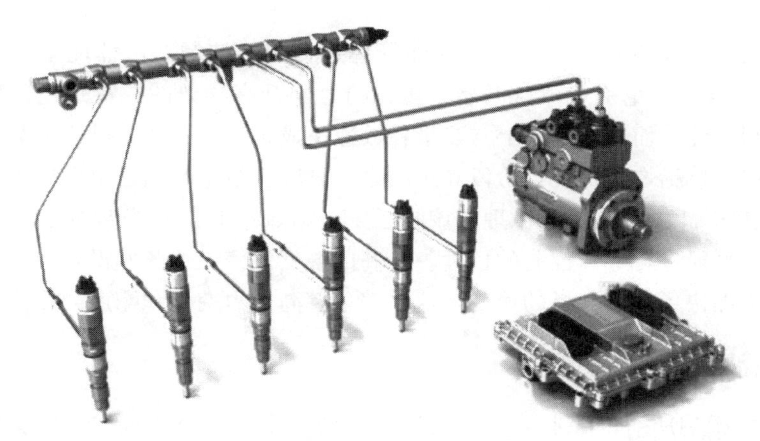

图 11.4　共轨系统图（包含了喷油器、高压油轨、高压泵和 EMS。由罗伯特博世有限公司授权重现）

燃油喷射的基本功能是由内部油流的开通和关断实现的。可简单设想为喷油量是由阀门打开的持续时间来决定的。但是，也需要采取一些其他步骤来实现燃油控制。

• 由于柴油的密度随温度的变化而变化，需要进行温度校正。温度变化的一个原因就是循环的燃油会被加热。

• 柴油压缩系数校正。在当前系统压力下，柴油不能被当作不可压缩流体。

• 压力波动校正。在图 7.17 中，显示了喷射压力与油轨中压力波动现象有关，油轨中当前喷射和后续喷射时刻的压力波动会影响喷油量。

• 喷油器控制。共轨系统中有两种喷油器技术：压电式和螺旋线圈式。这里我们只介绍螺旋线圈式，压电式在 Dietsche（2011）中有介绍。喷油器电流采用喷油器电压进行测量并在喷油期间进行控制。在喷油初始阶段电流也较高以便控制阀快速开启，当喷油器已经打开时，电流会减少。见图 11.7 中的主喷射的例子。

11.4.1 控制信号——多重燃油喷射

燃油喷射系统只有一个执行器——喷油器。但是，需要注意的是其控制信号却是多维的，因为可能会用到多重燃油喷射，如图 11.5 所示。此外，依赖于喷射系统的先进性，控制系统甚至可以控制整个喷射过程，包括喷射的次数、时刻、持续时间和每次喷射的形状。这是非常重要的，因为喷射特性决定气缸中燃油的蒸发和燃烧过程。还要注意的是，对于控制一个五次喷射系统的喷油时刻和持续时间来说需要十个控制参数，这进一步体现了多维度的特点。

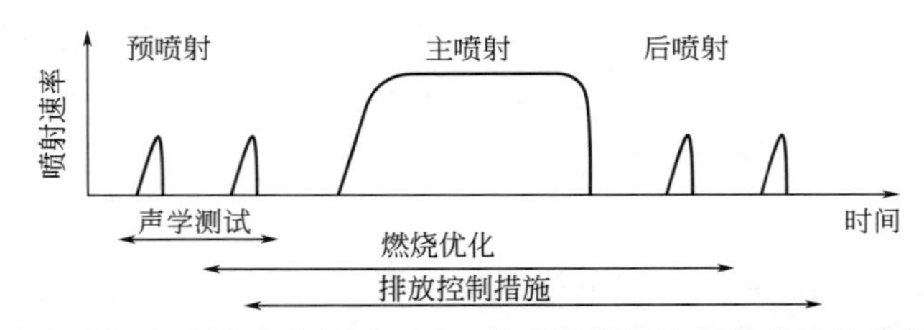

图 11.5　柴油发动机多重燃油喷射原理图（柴油机燃油控制的关键是喷射过程的控制，包含喷射次数、喷油时刻、持续时间和形状）

噪声的形成

柴油发动机内的噪声水平可以通过燃油管理进行部分控制。这种现象是由柴油机爆震（diesel knock）产生的，它是由燃烧开始时压力的急剧升高导致的。特别地，噪声和压力的导数有很强的相关性，而这又基本上与热量释放速率成正比。图 6.6 描述了柴油发动机的基本热量释放曲线：包括燃烧预混合阶段和扩散燃烧阶段。热量释放速率取决于喷射开始时的初始温度，并且图 11.6 概述了其原理。该图是 Heywood（1988）中数据的一个概略，并展示了通过燃油预喷射进行噪声控制的机理。更高的温度促使燃油蒸发得更快并导致点火延迟更短，这反过来加快了柴油预燃的速度，这是产生较高压力变化和噪声的原因。

11.4.2 燃油喷射控制策略

喷射过程会影响所有的控制对象：转矩、燃油效率、噪声和排放。单次喷射的分类及其应用如图 11.5 所示。其术语的提前和滞后是指相对于曲轴转角的位置，其中提前就意味着比较早，而滞后意味着比较晚，这个术语同样用在点火提前中。接下来要介绍每次喷射的主要影响。

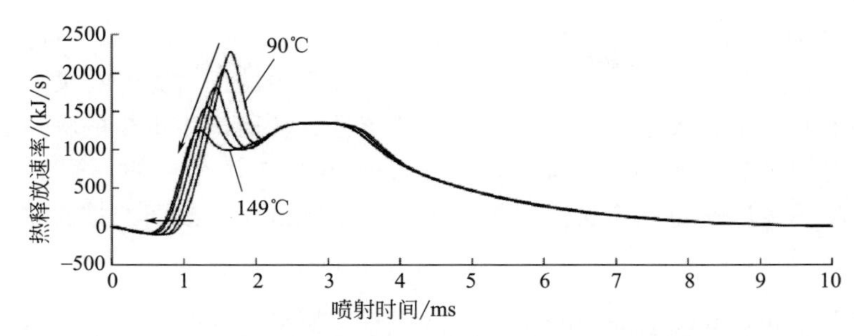

图 11.6 热量释放率是初始温度的函数（箭头显示高温能够使燃烧提前，并减小预混合燃烧时的峰值，较高的温度也可以减小柴油发动机噪声，因为噪声与压力的上升有关，而压力的上升取决于热量释放率）

主喷射

主喷射是指图 11.5 中间的部分。它包含了大部分的喷油量，并且正时 α_{inj} 被选择在了最佳效率处。其目的是将燃烧置于 TDC 附近，并获得最大指示总功率 $W_{i,g}$。然而，最大的压力或者压力升高也可能成为限制因素。此外，还有所提到 PM 与氮氧化合物排放物的权衡问题，喷射延迟会降低温度和减少氮氧化合物排放，但是会以效率的降低和燃油消耗的增加作为代价。

高喷射压力对于降低碳烟也是有利的。原因就是高压能够更好地促进燃油的蒸发并与空气充分混合。这就减少了不完全燃烧的碳氢化合物的数量，也就是碳烟形成的前提。

预喷射

预喷射对燃烧室进行预热。如图 11.6 和图 11.7 所示，在主喷射中会出现一个小的延迟，同时燃烧也随着在主喷射燃烧期间的压力上升而变得平缓。

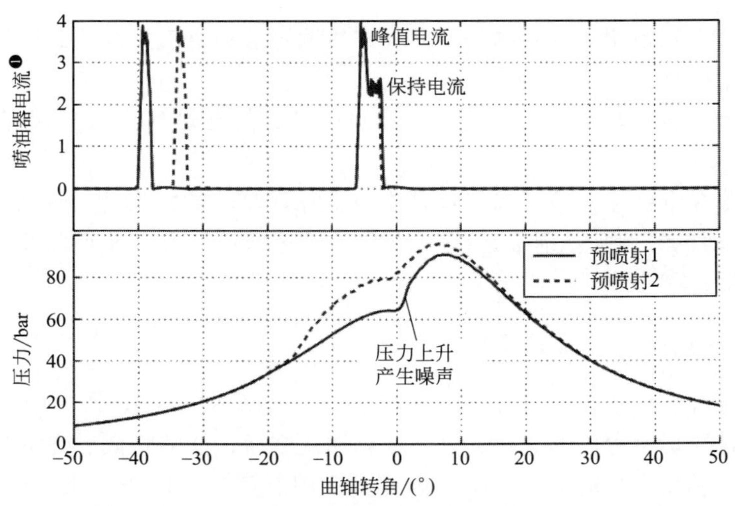

图 11.7 上图为喷油器的电流（展示了多重喷射的峰值，并且当喷油器打开时，这个峰值会持续一段时间）下图为气缸压力（展示了由于预喷射加热了混合气从而改变了压力变化。当缸内温度低时，二次预喷射将从－35°SOC 持续到－15°。由于两个预喷射，所以主喷射的点火延迟减小了）

❶ 原文未给出单位（译者注）。

首先，在图 11.5 中对提前预喷射（retarded pre-injection）进行了阐述，其作用主要用于减少噪声。如上所述，噪声与柴油发动机燃烧过程中的压力骤升有关，而早期的预喷射能够使压力上升开始得较早，压力能更平稳地上升，从而产生更少的噪声。

接近主喷射的延迟预喷射（retarded pre-injection）有两个目的。第一个目的是保持压力的变化足够平稳以避免产生噪声，第二个目的是降低燃烧期间的排放物。

后喷射

提前后喷射（advanced post-injection）紧随着主喷射，此时燃烧仍然在持续。它的功能是通过再次燃烧来降低碳烟，并且甚至可以实现降低大约 70%的碳烟。

滞后后喷射（retarded post-injection）要比主喷射或者提前后喷射晚一些，如果该喷射会被使用。其使用与后处理系统相关。其中一个用处就是控制排气温度，当微粒过滤器再生时可以提高排气温度。另一个用处是，如果后喷射滞后时间足够长，那么柴油不会燃烧，它仅仅会被废气加热并蒸发。这意味着燃油跟着废气进入了后处理系统，而柴油可以在累积型催化转化器中作为 NO_x 的催化剂。

后喷射还可以用于保持温度持续升高，这也可以保持化学反应的活跃度，比如 Zeldovich 机制，在膨胀过程中氮氧化合物的量就会持续降低。这可以防止化学反应“冻结”。然而，其主要作用还是增加后处理系统的温度。

11.5 气流控制

在柴油发动机中，气体流动是非常关键的，因为它们决定着充量和废气再循环量，而这些是燃烧和排放最基本的因素。气流管理是对空气流动和已燃气体的管理，也处理它们如何与涡轮增压系统相互作用。它可以看作是涡轮控制和废气再循环控制的结合，其目的如下所示。

• 涡轮或者进气控制，其目的是要向气缸传输足够的空气。也就是说空燃比 λ 需要足够高以避免产生碳烟。

• EGR（废气再循环）控制，其目的是输送足够的已燃气到气缸以避免氮氧化合物的产生。

第 7 章和第 8 章已经介绍了气流和涡轮增压的原理，在 8.10 节中介绍了应用 EGR 和 VGT 的柴油发动机的例子。前面已经介绍完了涡轮增压，所以我们将重点转向 EGR 系统与涡轮增压器的相互作用。

11.5.1 废气再循环（EGR）

控制氮氧化合物排放的一个方法就是利用废气再循环（EGR），其中一部分废气传送到进气系统。在燃烧室内已燃烧过的气体回到燃烧室后，能够降低燃烧室和燃烧气体的温度，从而降低氮氧化合物的形成。降低温度的原因有两点：EGR 降低了气缸中氧气的集中而废气、氮气、水和二氧化碳的再吸入增加了质量从而使热容量增加。这意味着生成氮氧化物的局部温度降低了一些。这点可以从式(5.19) 看到：

$$\Delta T=\frac{m_{\mathrm{f}}q_{\mathrm{LHV}}}{(m_{\mathrm{f}}+m_{\mathrm{a}}+m_{\mathrm{egr}})c_{\mathrm{V}}} \tag{11.5}$$

式中，ΔT 为由于 EGR 吸入的气体质量 m_{egr} 而降低的温度。EGR 对于柴油发动机排放系统是十分重要的。由于气缸中产生氮氧化合物较少，从而能够减少后处理系统的工作负担。尽管大多数的柴油发动机是依靠后处理系统来减少氮氧化合物的，但它们同样也使用 EGR。

高压和低压 EGR 系统

如图 11.2 所示，一个复杂的 EGR 系统有两个回路。靠近发动机的回路称为高压（HP）也称短回路 EGR，外部回路为低压（LP）也称长回路 EGR。当然，最常见的 EGR 结构还是 HP EGR。为了产生 EGR 流动，必须要有一个压差。废气有相对较高的压力，但是进气歧管的压力由于燃烧也会很高。由于进气歧管和废气的压差不大，EGR 气体不能按照需要的速度流动。例如在匹配好的发动机和涡轮系统中，废气在涡轮前有一个负压，并且这个负压比在增压器和中冷器后的压力要低。产生 EGR 流动的压差可以通过以下途径产生：通过关闭 VGT 内的叶片来增加废气的负压；通过进气节流阀来降低进气歧管压力。

另一种替代的方案是采用 LP EGR，它将废气通入涡轮增压器、DOC 和 DPF 实现。当 EGR 气体中的碳烟经过 DPF 系统过滤后，使 EGR 变得清洁和可用。当废气的压力也很低时，它们可以经过 EGR 冷却器通入压缩机的入口。这能够加大 EGR 流动速率，而 EGR 的流动速率也可以通过下游废气节流阀的协助进一步增强。

LP 和 HP EGR 系统特性

HP EGR 的一个优点是它比 LP EGR 动态特性更好，而后者由于较长路线的气体传输和需要更多的充气过程而反应较慢。与高压 EGR 系统相比，低压 EGR 系统有两个优点：其温度容易降低，另外从控制角度来看，它与涡轮增压系统的耦合度较低。另一个划分就是根据 EGR 的冷却情况，分为高温 EGR、部分冷却 EGR 和低温 EGR。高温 EGR 是内部 EGR，从 12.1 节可以看出，在内部 EGR 中气缸内的残余气体通过可变进气道和废气阀进行控制。在有 EGR 冷却器时，低温 EGR 才能有效工作。部分冷却 EGR 是 EGR 虽然被引出但是不起作用或不会完全冷却，比如在没有 EGR 冷却器或者绕过 EGR 冷却器时。在通常情况下，低压 EGR 的冷却更容易些，因为它在提取点时由于热传递而失去了更多的温度。

因此，不同的设计将 HP EGR 和 LP EGR 结合起来实现特定的目标。根据不同的用途，使用的系统也是千差万别。比如，Hadler 等（2008）描述的乘用车发动机，除了没有 HP EGR 冷却器以外，它与图 11.2 所示的系统是相似的。在低负荷和低温条件下，用 HP EGR 来实现气缸高温，从而加强气缸燃烧的稳定性。而冷却型 LP EGR 则用在高负荷条件下，通过降低温度进一步减少氮氧化合物的形成。

LP EGR 和 LP EGR 阀配套使用，当需要更多 EGR 时，EGR 阀就会关闭。在复合系统中，LP EGR 可以作为基础，而快速瞬态可由高压 EGR 系统来处理［Hadler 等（2008）］。这节的余下部分会重点讲述高压 EGR，因为其比较难控制而且高压 EGR 又是常用构型。

11.5.2 EGR 和变截面涡轮（VGT）

HPEGR 和变截面涡轮增压的控制是非常值得研究的课题，因为它对于控制来说非常有挑战性。挑战来自多变量和高度非线性，并在非最小相位时伴随着符号的反转现象，如

Kolmanovsky 等（1997）中描述的那样。配有 EGR 和 VGT 的发动机测试如图 11.8 所示，该图对其性质进行了介绍。控制的输入是 VGT 的开度 u_{vgt} 和 EGR 阀的开度 u_{egr}。如图 11.8 所示，柴油机的主要气体流量是空气流量 $\dot{m}_{air}=\dot{m}_{c}$ 和废气再循环流量 $\dot{m}_{egr}$。控制目标是要控制上述变量达到期望值，并且它们的动态特性对全部控制目标也很重要，这已在 11.1 节中进行过讨论。

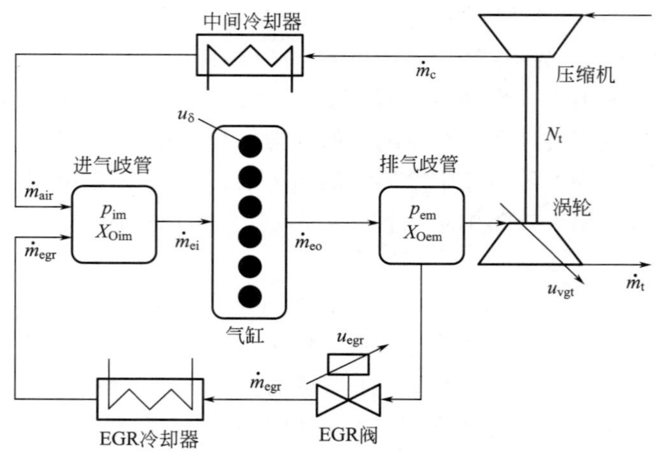

图 11.8 使用 VGT 和 EGR 进行气体流动控制的柴油发动机（控制信号是燃油喷射量 u_δ、VGT 的开度 u_{vgt} 和 EGR 阀的开度 u_{egr}。测量信号是压缩机流量 $\dot{m}_c$、进气歧管压力 p_{im} 和涡轮控制器速度 N_t）

对于控制来说，空气量和再循环废气需要由可测量的或可从虚拟传感器中获得的变量构成。两个可测量变量是进气歧管压力 p_{im} 和空气流量 $\dot{m}_{air}$，在某些文献中，也用进气歧管空气压力（manifold air pressure，MAP）和空气质量流量（mass air flow，MAF）。流量 $\dot{m}_{egr}$ 是通过计算而不是测量得到的，因为在已知 p_{im} 条件下，通过容积效率 η_{vol} 就能得到充入气缸的总流量 $\dot{m}_{cyl}$。在稳态工况下，EGR 的流量是总流量和空气流量之差，$\dot{m}_{egr}=\dot{m}_{cyl}-\dot{m}_{air}$。据此，第一个控制目标能够得到：使用 u_{vgt} 和 u_{egr} 对 p_{im} 和 $\dot{m}_{air}$ 进行控制。这是一个复杂的非线性多变量控制问题，并且根据不同的特性要给出不同的信道。图 11.9 显示了四通道的测量数据，并且这些通道会在后面进行讨论。

$u_{egr}\rightarrow p_{im}$ 通道

关闭 EGR 阀，u_{egr} 会减小，并且 EGR 流量 $\dot{m}_{egr}$ 也会随之减少。由于迅速的填充和排空的动态过程，进气压力会减小，从而 EGR 流量更少。然而，较少的 EGR 流量意味着较少的废气进入再循环，那么就有更多的废气来驱动涡轮。随着 EGR 流量的减少，废气温度也会增加。这些影响导致涡轮转速增加，并且压力 p_{im} 的增加值要比开始的减小值更大。由于涡轮增压器速度变化得较慢，这种影响也是缓慢进行的，这就意味着从 u_{egr} 到 p_{im} 存在典型的非最小相位（non-minimum phase）现象。

$u_{egr}\rightarrow w_{air}$ 通道

如上，EGR 阀门关闭，u_{egr} 会减小，并且 EGR 流量 $\dot{m}_{egr}$ 也会随之减少。较少的 EGR 流量减小了用于进气（增压）的压力，该进气压力用于增加空气流量 $\dot{m}_{air}$。由于增压压力建立的流量能够被保持，并且其遵循快速填充和排空动力学，因此该信道能够使用

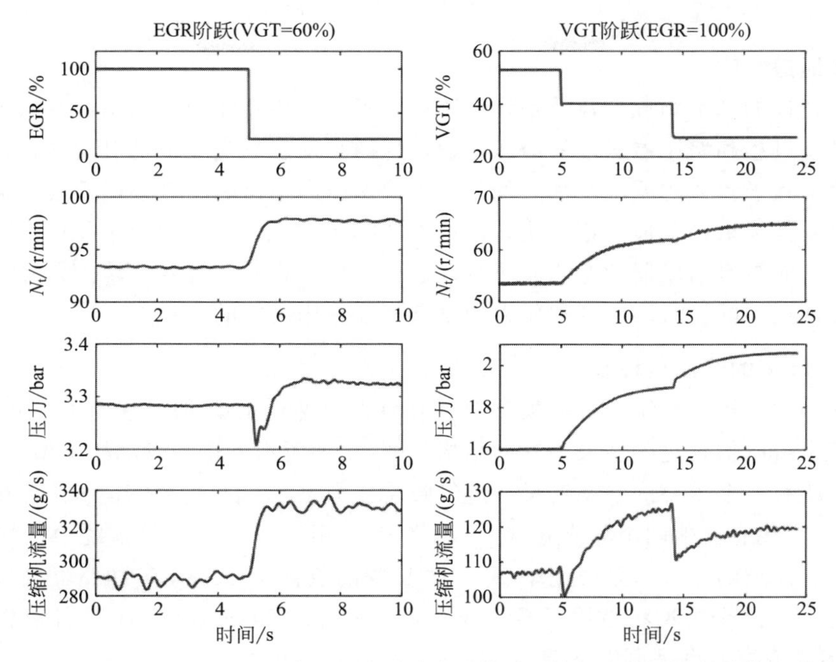

图 11.9 EGR（左）和 VGT（右）的阶跃响应和其对压缩机流量和进气歧管压力的影响（涡轮增压器速度也被包括在内来识别动力学响应的时间常数。发动机转速和喷油量为常数。测量数据来自 8.10 节的发动机模型）

一个静态方程（带负号）进行近似的建模。鉴于输入、输出要配对控制，这表明可以用 EGR 阀来控制空气流量。一种特殊的情况是在较低的发动机转速下，u_{egr} 将失去对 $\dot{m}_{air}$ 的控制，在这种情况下，用 u_{vgt} 对进气进行控制更好。

$u_{vgt} \rightarrow p_{im}$ 通道

关闭 VGT，u_{vgt} 会相应减小，这样废气流量会更加受到限制。当 EGR 阀打开时，就会让更多的 EGR 流入进气管，并且通过填充和排空作用使压力初始时虽然很小，但是增长得却很快，例如，图 11.9 右图在 $t=14$s 时的初始压力增加。随着 VGT 的关闭，废气压力开始建立并且涡轮转速增加，压缩机因此会增加质量流量和进气歧管压力 p_{im}，这正是产生一个较缓慢动态过程的原因。

$u_{vgt} \rightarrow w_{air}$ 通道

如上所述，关闭 VGT，u_{vgt} 减小，这样废气流量会更加受到限制。当 EGR 阀完全打开时，那么再循环量 $\dot{m}_{egr}$ 就会增加（由于流经涡轮的气流被限制）。这种情况下，空气流量 $\dot{m}_{air}$ 会随着进气压力的增加而减少。VGT 的关闭会导致涡轮转速增加，这样会让空气流量缓慢增加。在 5s 时 u_{vgt} 到 $\dot{m}_{air}$ 通道处有非最小相位。在 14s 时，可以看到同样的动态响应，但是稳定程度却不同。在这种情况下，VGT 完全关闭并且有更多的 EGR 获得高压，但是涡轮转速的增加却不能产生同样的空气流量。因此，从 u_{vgt} 到 $\dot{m}_{air}$ 的静态增益通道会改变符号，非最小相位会变成超调。

另外，如果在废气流经涡轮受到限制时关闭 EGR 阀，那么再循环量就不能增加，相应会变为只通过涡轮转速的增加来加大流量。这种情况下，$\dot{m}_{air}$ 会增加（p_{im} 也会增大）。

依据 u_{vgt} 和 u_{egr} 的设置，u_{vgt} 到 $\dot{m}_{air}$ 通道的符号也会改变。

物理连接和通道特性

对系统特性的基本物理解释就是该系统包含了两个相互作用的动态过程：进气歧管快速的压力动态过程和增压器缓慢的动态过程。这两个动态响应经常是对立的，并且会改变大小，这就导致了上述的系统特性。例如，当快速压力动态响应较小，而缓慢增压器动态响应较大时，其结果是非最小相位状态，见 VGT 和 EGR 阶跃输入下的 $\dot{m}_c$。当快速压力动态响应大，而缓慢增压器动态响应小时，这样会导致超调和符号反转。信号反转的精确条件是由发动机中的气流、温度和压力的复杂相互作用决定的。

带有 EGR、VGT 的柴油机模型

在设计和测试控制系统时，用模型对其特性和结果进行评估是很有必要的。在 8.10 节总结的模型可以仿真这些现象，它的结构如图 11.8 所示。这个发动机模型是均值模型，并且供气系统有三个主要的状态变量：进气歧管压力 p_{im}、排气歧管压力 p_{em} 和涡轮增压器的转速 N_t。还有其他两个状态量 χ_{Oim} 和 χ_{Oem}，用来区分和表示系统中已燃混合气和新鲜混合气。模型的输入量是燃油率 u_δ、EGR 阀的位置 u_{egr}、VGT 执行器的位置 u_{vgt} 和发动机转速 N。这个模型将被用于系统分析和下一节的 EGR 和 VGT 的控制器调整，如 8.10 节所述，该模型也是可以下载的。

EGR 和 VGT 控制

通过上述讨论的结果可以得出，EGR 和 VGT 控制是一项有挑战性的控制难题，目前已经有一些方法刊载了出来。这些方法在某些性能和反馈变量以及如何使用控制设计方法方面有所不同，而这些内容超出了本书的范围。因此，需要对某个具体的控制器进行设计、调整和评估，并将其作为研究和参考实例，并介绍一些相关的方法来进一步讨论，这些将在下一节中介绍。

11.6 案例研究：EGR 和 VGT 控制与调整

针对重型柴油发动机，用实际控制问题来阐述 EGR 和 VGT 协调控制的特点，依据 Wahlström 等（2010）的研究内容。总体的控制目标是满足排放标准要求以及发动机与涡轮增压器能够安全工作。这些目标是通过对性能变量的校准来实现的：标准化空燃比 λ、进气歧管 EGR 分数 χ_{egr} 和涡轮增压器转速。本节将讲述这类控制问题的特点，以及当发动机在部分欧洲瞬态循环下测试时，不同的控制器调整对系统行为的影响。

性能和反馈变量的选择

性能和反馈变量的选择对排放控制是很重要的。如第 10 章开头所述，重要的变量如 NO_x 和 PM 的排放以及转矩都是不可用的。因此，控制器必须依赖于其他反馈信号。图 11.10 展示了 EGR 和 VGT 控制器的结构。由于 NO_x 和 PM 不可测，我们需要寻找其他性能变量。EGR 分数 χ_{egr} 对 NO_x 有很强的影响，因此可以选择其作为性能变量。来自于 EGR 的进气中也包含氧气，因此使用氧气/燃油比代替传统的空燃比是有益的。主要的原因是氧含量对烟雾的产生极其关键，而使用气缸内的氧含量来代替空气流量的想法参见 Nakayama 等（2003）。标准化的氧气/燃油比 λ_O 定义在式(7.36) 中。

选择 EGR 分数 χ_{egr} 和氧气/燃油比 λ_O 作为性能变量，因为它们对排放影响很大。这里它们同样会被用作反馈变量，并且排放限值也用于 EGR 分数 χ_{egr} 和 λ_O 的设定点确定。由于必须要满足驾驶员的需求，所以负载控制也是必需的，并通过基本喷油反馈控制来实现。更进一步的，由于很大的瞬态响应会引起超速而破坏发动机，所以涡轮增压器的转速也需要进行监测和控制，但是这个环节在图 11.10 中并未进行详细的说明。

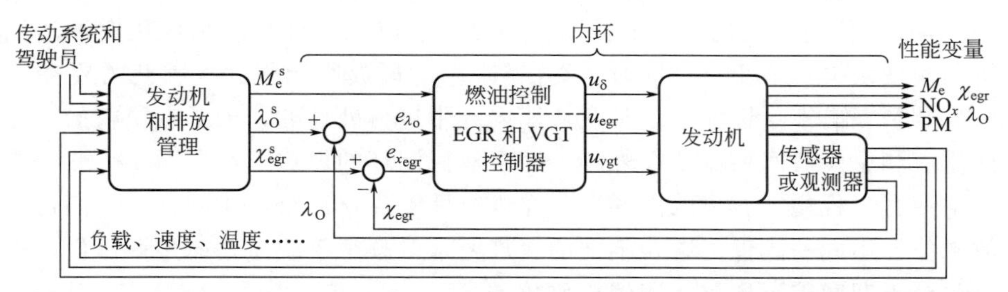

图 11.10 拥有内环控制的串联控制结构（在内环里 EGR 和 VGT 的执行器都通过主要性能变量 EGR 分数 χ_{egr} 和氧燃比 λ_O 来进行控制。本图仅对本章的主要思想进行简单表示，具体内容见 11.6.3，该小节还包括燃油控制和涡轮保护的内容）

性能和反馈变量的评价

反馈变量的选择定义了整体的控制结构，上述只是其中一种性能变量的选择，在 Rajamani（2005）、Wahlstrom 和 Eriksson（2013）中也已经使用了 λ 和 EGR 分数。为了拓宽思路，反馈变量的选择并不是唯一的，也有很多其他可能的选择，相似的性能变量选择是在式(7.18) 中定义的已燃烧气体分数 X_B，其对 NO_x 有很大影响。空燃比和已燃气体比率是性能变量常用的选择 [Jankovic 等（2000）、Rajamani（2005）、van Nieuwstadt 等 2000)]。对于反馈变量，一些变量已经被提议或者使用过。在文献中最常见的选择是压气机空气流量和进气歧管压力 [Nieuwstadt 等（1998）、Ruckert 等（2001）、Stefanopoulou 等（2000）、van Nieuwstadt 等（2000)]。其他选择是进气歧管压力和 EGR 分数 [van Nieuwstadt 等（2000)]、排气歧管压力和 EGR 流量 [Ruckert 等（2004)]、进气歧管压力和气缸空气流量 [Ammann 等（2003)]。

11.6.1 控制目标

控制目标是汽车在能跟随驾驶工况的同时，维持低排放、低燃油消耗和适宜的涡轮增压器转速。控制的主要参数是发动机转矩 M_e、标准化的氧燃比 λ_O、进气歧管 EGR 分数 χ_{egr} 和涡轮增压器的转速 N_t。从上述讨论可以得出性能变量的控制目标如下。

① λ_O 应该要比软性限制的设定点 λ_O^s 大一些，这使排放、燃油消耗和反应时间之间能达到协调。

② λ_O 不允许比硬性最小限制 $\lambda_{O,min}$ 更小，否则烟雾过多。$\lambda_{O,min}$ 永远要比 λ_O^s 小。

③ χ_{egr} 要遵循其设定值。如果 EGR 分数太低会产生过多 NO_x，如果 EGR 分数太高则会产生过多烟雾。

④ 发动机转矩 M_e，应该遵循驾驶员需求的设定值。

⑤ 涡轮增压控制器的转速 N_t，不能超过最大限制，以防止涡轮增压器的损坏。

⑥ 泵损失 M_p，应该最小以减少燃油消耗。

下一步，当 EGR 分数和发动机转矩满足设定值要求时，建立控制结构来实现所有的控制目标。

变量选择的评价

将 EGR 分数 χ_{egr} 和氧气/燃油比 λ_O 作为性能和反馈变量的内容在 Wahlström 等（2010）中详细地进行了论述，本节仅进行简介。在柴油发动机上允许有较大的 λ_O，因此当 λ_O 大于其设定值时会给出额外的控制自由度。可以用这种方法来优化燃油消耗，并且用简单机构实现泵损失最小化。同时，χ_{egr} 与 λ_O 对排放影响很大，因此需要在发动机管理系统中将其独立出来。性能变量是在快速内环中进行处理的，为了有所权衡，会将不同工况下的排放和反应时间控制放在外环。这个双控制环的思想已经在图 11.10 中进行了描述。这非常适合工程化，其中的内环会首先进行性能优化调整。然后，为了满足不同工况下的排放限值、不同的硬件配置、不同的法规要求，整个系统需要通过调整设定点进行校正，在排放校正期间需要依靠实测的排放数据。

通常，系统不会测量 χ_{egr} 和 λ_O，因此必须使用观测器进行估计，参见 Rajamani（2005）。如果没有 λ 传感器，含氧量估计就需要特别小心，因为它是仅仅能被探测（用一个稳定的不可观模型），参见 Diop 等（1999）。在该试验中使用了观测器，但是如果可以使用 λ 传感器，可以将它包含在控制器中。

11.6.2 用于控制设计的系统性能

系统行为和特性分析为控制问题提供了有价值的参考，并且对于控制架构的成功设计也是非常重要的 [参见 Kolmanovsky 等（1997）]。图 11.9 阐述了传感器输出的一些系统特性，但是由于性能变量的不同，也需要进行分析。Wahlström（2009）对发动机工作区域进行了大量的系统分析，并且提出了控制变量以及控制目标和系统特性如何才能进行处理。

阶跃输入下的 VGT 和 EGR 阀响应

如图 11.11 所示，u_{vgt} 和 u_{egr} 的阶跃模型响应显示了 λ_O 具有非最小相位、超调和符号反转的现象。在循环工况下对发动机进行了特性分析，下面总结重要的分析结果。

在 u_{vgt} 到 λ_O 的通道中，最小相位和符号反转都发生在发动机频繁操作的情况下。因此，在控制设计中，这两个特性必须考虑。对于另一个 u_{egr} 到 λ_O 通道，非最小相位和符号反转只在 λ_O、泵损失 M_p 和涡轮增压控制器转速 N_t 都很高的工作点时才会发生。因此，当在这些点工作时会存在很明显的缺陷。所以，应该设计控制结构来避免这些工作点。

u_{egr} 到 χ_{egr} 的通道有良好的直流增益。除了在符号反转时，u_{vgt} 到 χ_{egr} 的通道有一个负的直流增益，而符号反转发生在低转矩、中等发动机转速、EGR 阀半开和 VGT 半开的区域。因此，对相关增益序列分析之后，在发动机经常工作的区域，与 SISO 控制器输入最匹配的是 $u_{egr} \rightarrow \lambda_O$ 和 $u_{vgt} \rightarrow x_{exr}$ 通道。

稳态下的泵损失

图 11.12 展示了稳态下泵损失 map 图，包含了全部的工作区域（在 20 个不同的 u_{vgt} 点和 u_{egr} 点、三个不同的转速点和 u_δ 点），深入解析了在控制结构中如何实现泵送功的最小化。可以看出，泵损失 $p_{em} - p_{im}$ 随着 EGR 阀和 VGT 的开度的增加而降低，除了在较低转矩、较低的发动机转速、EGR 阀和 VGT 半开这种小范围运行工况下，此时在从 VGT 到泵损失增益中会存在符号反转，但是这种影响很小，只有 2.5mbar。

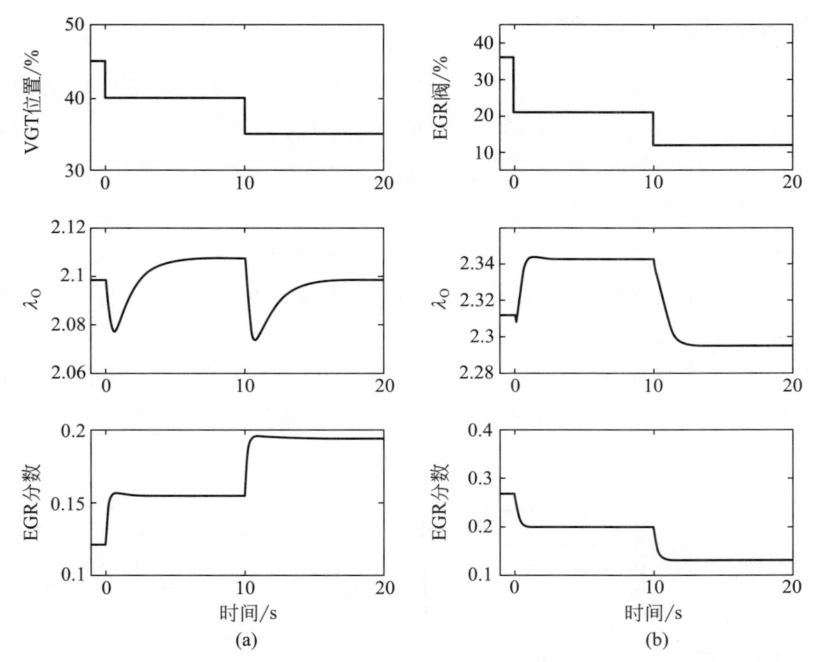

图 11.11 VGT 开启位置（开度）［图（a）］和 EGR 阀的阶跃响应［图（b）］显示了 λ_O 中的非最小相位行为和符号反转（VGT 阶跃的工作点：$u_\delta=145$mg/循环，$N=1500$r/min，$u_{egr}=50\%$。EGR 阶跃的工作点：$u_\delta=230$mg/循环，$N=2000$r/min，$u_{egr}=30\%$）

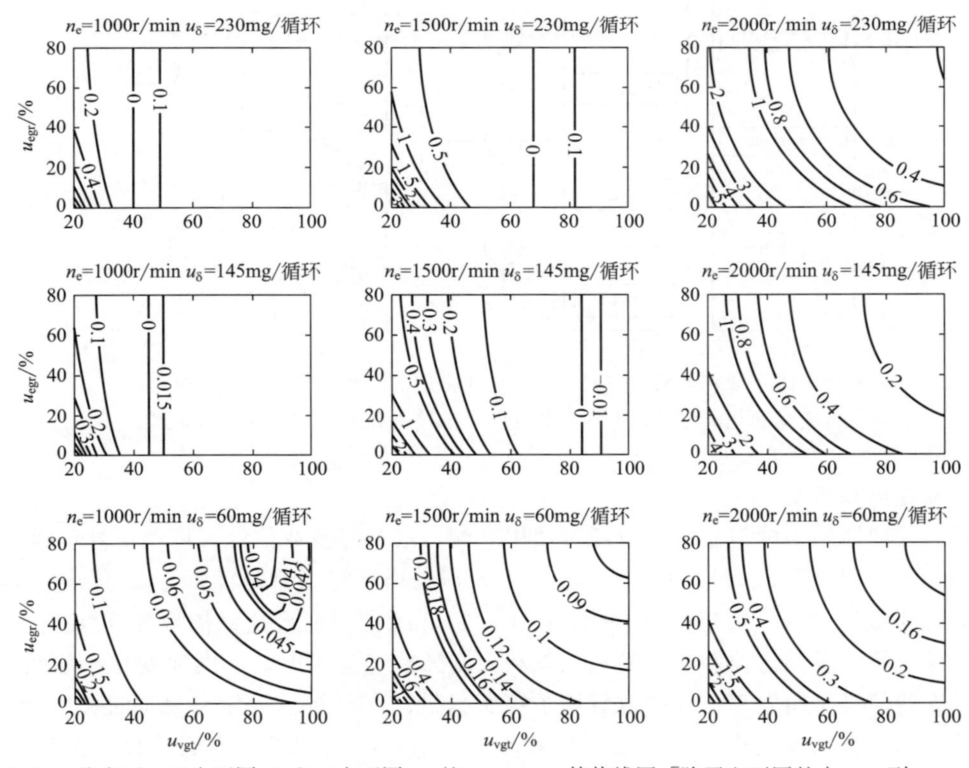

图 11.12 稳态下，三个不同 N 和三个不同 u_δ 的 $p_{em}-p_{im}$ 等值线图［除了左下图的由 u_{vgt} 到 $p_{em}-p_{im}$ 增益的信号转换（控制输入 u_{egr} 为 80%）之外，该图说明 $p_{em}-p_{im}$ 随着 EGR 阀和 VGT 开度的增加而降低］

11.6.3 控制结构

设计的控制目标是协调 u_{egr} 和 u_{vgt}，以实现 11.6.1 中的控制需求。柴油发动机是一个非线性耦合系统，可以考虑使用多变量非线性控制器。然而根据前面章节的系统分析，通过使用 EGR 和 VGT 控制中的最小/最大选择器和 SISO 控制器来构建一种控制器结构，并且利用反馈来进行燃油控制是有可能的。这可以通过系统分析，并通过绘制实现控制目标的每一个控制环来系统地完成。控制环结构就是基于这种原理的，同时，也可以使用不同结构的 SISO 控制器。然而，如上所述，PID 控制器将要被使用。主要原因是 PID 控制器可以满足所有控制目标，并被业界广泛接受。

下面的章节会一步一步地展现这个解决方案，图 11.13 展示了包含整体控制结构的 MATLAB/SIMULINK 原理图，显示了所有信号和燃油控制器。

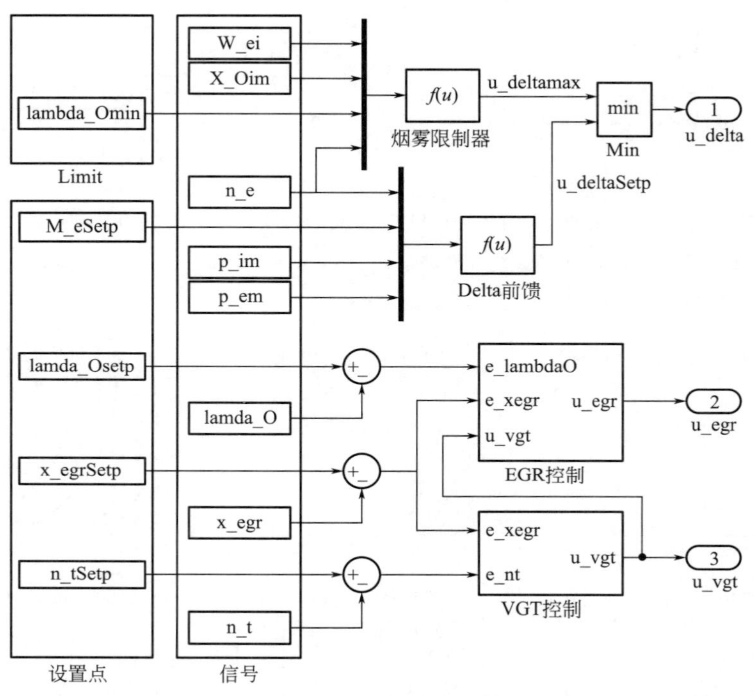

图 11.13 MATLAB/SIMULINK 模块框图的控制结构（限制、设定点、可测量和观测信号，带有限烟器的燃油控制和 EGR 与 VGT 控制器）

信号、设置点和限制

假设控制器所需的信号都可以通过使用观测器进行测量或估计。可测信号包括发动机转速 N、进气和排气歧管压力（p_{im}，p_{em}）及涡轮增压控制器的转速 N_t。可观测信号包括发动机的质量流 $\dot{m}_{ei}$、氧气质量分数 X_{Oim}、λ_O 和 χ_{egr}。所有这些信号都可以在图 11.13 的“信号”块中看到。控制器内的设置点和限制随着驾驶工况的不同而变化。如图 11.10 所示，这些信号是由发动机和排放管理系统所提供的。限制和设定点是通过测量得到的，然后经协调来实现稳定燃烧和法定排放要求。然后，将它们表示为表格化的循环工况的函数。

主反馈环

设计的起始点是图 11.10 中的结构。根据 11.6.2 中的系统特性分析，选择了下面两个主要的反馈环：

$$u_{egr}=-PID(e_{\lambda_O}) \tag{11.6}$$

$$u_{vgt}=-PID(e_{\chi_{egr}}) \tag{11.7}$$

其中，$e_{\lambda_O}=\lambda_O^s-\lambda_O$，$e_{\chi_{egr}}=\chi_{egr}^s-\chi_{egr}$。选择这两个主要的反馈环是处理 11.6.1 中的目标①和③。在第一环中，通过控制信号 u_{egr} 将 λ_O 控制至设定点 λ_O^s，在第二环中，进气歧管 EGR 分数 χ_{egr} 是通过控制信号 u_{vgt} 将 χ_{egr} 控制到其设定点 χ_{egr}。由于系统分析显示相应的通道在几乎整个操作区域中都有负的直流增益，所以 PID 控制器带有负号。

从 11.6.2 中的系统特性分析可知，从 u_{vgt} 到 λ_O 通道内有符号反转和非最小相位。但这些在式(11.6) 的结构中是可以避免的，因为利用了 u_{egr} 来控制 λ_O。相对的增益序列分析也支持了该主要控制环的输入-输出对。一个深入的讨论参见 Wahlstrom 等（2010）。

额外的反馈环

为了实现 11.6.1 中的控制目标③和⑤，下面的两个额外反馈环要加入到式(11.6)和式(11.7) 的主反馈环中：

$$u_{egr}=\min(-PID_1(e_{\lambda_O}),-PID_2(e_{\chi_{egr}})) \tag{11.8}$$

$$u_{vgt}=\max(-PID_3(e_{\chi_{egr}}),-PID_4(e_{N_t})) \tag{11.9}$$

其中，$e_{N_t}=N_t^s-N_t$。注意由于相应的通道中都有正的直流增益，所以 PID_2 中没有负号。这个外环的存在因素如下。

• 在发动机转矩较低的工作点下，尽管 VGT 全部打开，但还是存在太多 EGR。为了得到期望的 χ_{egr}（目标③），通过关闭 EGR 阀控制 u_{egr}，使用式(11.8) 中的 PID_2 $(e_{\chi_{egr}})$ 和一个 min 选择器来得到较小的 EGR 分数 χ_{egr}。一个副作用是会产生较高的 λ_O，但这在允许范围内。

• 为了避免涡轮转速过高（目标⑤），VGT 要通过式(11.9) 的涡轮转速控制器 N_t 来控制开度。这种情况下，为了避免 N_t^s 超过 N_t^{max}，N_t 要通过控制 u_{vgt} 来达到设定点，这个设定点比最大限制点 N_t^{max} 要稍微小一些。

泵送功的最小化

式(11.8) 和式(11.9) 表示控制结构并不能够保证使泵送功最小化。原因是 EGR 阀面积和 VGT 涡轮压力存在多种组合来产生相同的流量，所以当 $\lambda_O>\lambda_O^s$ 时，有很多 u_{egr} 和 u_{vgt} 能够产生相同的 χ_{egr}。因此，在一些 $\lambda_O>\lambda_O^s$ 的情况里，u_{egr} 和 u_{vgt} 都是由 $e_{\chi_{egr}}$ 来控制的。在稳态情况下，当式(11.8) 和式(11.9) 里的 PID_2 $(e_{\chi_{egr}})$ 和 PID_3 $(e_{\chi_{egr}})$ 收敛时，控制器满足控制目标，但是 EGR 阀和 VGT 不能保证泵送功最小。

为了实现控制目标⑥，使泵送功最小，加入了下面的两个模式。

$$u_{egr}(t_i)=\begin{cases}\min(-PID_1(e_{\chi_{egr}}),PID_2(e_{\chi_{egr}})), u_{vgt}(t_{i-1})=100\\ -PID_1(e_{\lambda_O}), \text{其他}\end{cases} \tag{11.10}$$

$$u_{vgt}(t_i)=\begin{cases}100, u_{vgt}(t_{i-1})=100 \text{ 且} (e_{\chi_{egr}}<0.01)\\ \max(-PID_3(e_{\chi_{egr}}),-PID_4(e_{N_t})), \text{其他}\end{cases} \tag{11.11}$$

考虑式(11.11)，为了避免在式(11.10)的两种情况之间产生振荡，要保持VGT全开（其值为100）直到$e_{\chi_{egr}}>0.01$。

在这个结构中，对比式(11.8)，只有在$u_{vgt}=100$时使用最小选择器来计算u_{egr}。这与在稳定点最小化泵送功的方法只有一个微小的差异，即通过将执行器尽可能地开大来实现。更加详细地观察泵送功最小化的过程，重要的控制器行为就是λ_O的耦合，并且在某些特殊工况下只有一个自由度，即$\lambda_O>\lambda_O^s$。通过物理学可知，我们可以用打开阀门来降低压差以突破相应的限制。因此，控制目标⑥泵送功的最小化，要通过上述的打开EGR和VGT阀门来实现。这些特性也能在图11.12中得到确认，其中显示了在保持控制目标的同时，将EGR阀和VGT阀尽可能开大会获得最低的泵送功。

控制方式的评价

上面介绍了使用PID控制器来实现气流控制的完整结构。这仅仅是该方法的一个实例，用来说明如何用不同的控制环处理不同的系统特性以及一个复杂的系统需要几个模型来实现全部的功能。然而必须强调的是，由于这仅仅是其中的一例，一些文献中已经提出了其他一些方法。Amstutz和del Re（1995）、Jung等（2005）和Nieuwstadt等（2000）研究并使用了鲁棒性控制，Jankovic等（2000）发展了基于非线性多变量李雅普诺夫的设计。Ruckert等（2001）描述了去耦控制，而van Nieuwstadt（2000）比较并选择了不同反馈变量。模型预测控制MPC也因为可以处理约束和多变量的复杂系统而被广泛采用，如Alberer和del Re（2010）、Ferreau等（2007）、Garca-Nieto等（2008）、Ortner和del Re（2007）、Ruckert等（2004）、Stewart等（2010）的文献，Wahlström和Eriksson（2013）也涉及一些。

前馈燃油控制

发动机转矩控制（控制目标④），是通过设定点M_e^s的前馈并利用转矩模型和计算设定点值u_δ实现的，即

$$u_\delta^s=c_1M_e^s+c_2(p_{em}-p_{im})+c_3N^2+c_4N+c_5$$

该式是通过求解式(8.77)～式(8.79)得到的。这个前馈控制是由图11.13的“Delta前馈”模块来执行的。

很大的瞬态变化会导致λ_O降低到它的硬限值$\lambda_{O,min}$，这会导致排放黑烟。主环［式(11.6)］中的PID控制器并不能解决这个难题。为了达到控制目标②，会使用烟雾限制器来计算u_δ的最大值。计算是根据发动机转速N、进入发动机的流量$\dot{m}_{ei}$（在图中标记为W _ ei)、氧气质量分数X_{oim}和空燃比$\lambda_{O,min}$的最低限值来计算的，即：

$$u_\delta^{max}\ \frac{\dot{m}_{ei}X_{Oim}\times 120}{\lambda_{O,min}(O/F)_s\times 10^{-6}n_{cyl}N}$$

该式由图11.13顶端模块“烟雾限制器”实现。结合这两点，最后的燃油控制指令为：

$$u_\delta=\min(u_\delta^{max},u_\delta^s) \tag{11.12}$$

这是图11.13控制结构的控制目的。

11.6.4 PID参数化、执行和调整

每个PID控制器都有需要进行如下的参数化：

$$\mathrm{PID}_j(e)=K_j\left(e+\frac{1}{T_{\mathrm{i}j}}\int e\,\mathrm{d}t+T_{\mathrm{d}j}\frac{\mathrm{d}e}{\mathrm{d}t}\right) \tag{11.13}$$

式中，下标 j 是式(11.10) 和式(11.11) 中不同的 PID 控制器编号。所有的 PID 控制器都有积分环节，而且因为存在模式切换，所以必须避免积分饱和，确保在模式切换时进行无扰动的转换。PID 控制器是在增强形式下执行，这实现了在不同的控制模式下的抗饱和以及无扰动转换 [Åström 和 Hägglund (1995)]。

就微分环节而言，已经发现 VGT 开度到涡轮转速控制环 [$\mathrm{PID}_4(e_{N_t})$] 会从一个衍生的部分获益，这部分是用来预测高涡轮转速的。这是因为在相应的开环控制通道中存在一个较大的时间常数。通道 $u_{\mathrm{egr}}\rightarrow\lambda_{\mathrm{O}}$ 也存在一个较大的时间常数，但是相对于 $\mathrm{PID}_4(e_{N_t})$、$\mathrm{PID}_1(e_{\lambda_{\mathrm{O}}})$，其在带宽上的要求更低。

在推荐的结构中，有四个需要调整的 PID 控制器。这是繁琐的工作，因此对于调整式(11.13) 中的参数 K_j、$T_{\mathrm{i}j}$ 和 $T_{\mathrm{d}j}$，已经开发了一个有效和系统的方法。控制问题的系统分析方法被用于整合控制器结构中的控制目标。这种目标的整合提供了系统调整的基础，无论是手动的还是自动的。但是，也存在相互冲突的目标，比如不可能同时得到良好的瞬态响应和良好的 EGR 轨迹，所以必须做出权衡。

手动调整

这里提供一个对式(11.13) 中的参数 K_j、$T_{\mathrm{i}j}$ 和 $T_{\mathrm{d}j}$ 进行调整的方法，首先采用 Åström 和 Hägglund 关于极点配置的阶跃方法进行初始化（不包括微分部分）[Åström 和 Hägglund (1995)]。然后，为了实现控制目标，这些参数用下面描述的方法进行微调。当初始化完成后，接下来的调整顺序是：

$$1u_{\mathrm{egr}}\rightarrow\lambda\text{ 环},2u_{\mathrm{egr}}\rightarrow\chi_{\mathrm{egr}}\text{ 环},3u_{\mathrm{vgt}}\rightarrow\chi_{\mathrm{egr}}\text{ 环},4u_{\mathrm{vgt}}\rightarrow N_{\mathrm{t}}\text{ 环}$$

这个顺序遵循了系统的因果关系，也就是图 11.13 在负载瞬态变化时，信号开始变化的顺序，即：

$$M_{\mathrm{eSetp}}\rightarrow u_{\delta}\rightarrow\lambda\rightarrow u_{\mathrm{egr}}\rightarrow\chi_{\mathrm{egr}}\rightarrow u_{\mathrm{vgt}}\rightarrow \mathrm{N_t}$$

这个顺序使不同控制环的时间常数最小。

手动微调

微调的方法是通过反复调整参数直到实现系统的控制目标。调整增益 K_j 来改变控制器的速度，调整 $T_{\mathrm{i}j}$ 来改善闭环系统的性能。如果可能，微分部分要尽量避免。$T_{\mathrm{i}j}$ 的调整策略就是增加它直到在控制信号中出现振荡，然后减小直到振荡消失。这为 PID 参数的调整提供了系统化的方法，但是由于调整耗费时间，所以优先使用自动的控制器调整方法，这会在下面进行描述。

自动的控制器调整

在 11.6.1 中提到的控制目标和 11.6.2 中的系统特性可以被一个二次性能指标描述，该指标中的每一项都能反映一项控制目标或者执行器特性。因此，该非线性最小二乘问题可以定义为：

$$\begin{aligned}&\min\quad V(\theta)\\&\text{s.t.}\quad \theta>0\end{aligned} \tag{11.14}$$

其中参数矢量 θ 和代价函数 $V(\theta)$ 为：

$$\theta=[K_1,T_{\mathrm{i}1},K_2,T_{\mathrm{i}2},K_3,T_{\mathrm{i}3},K_4,T_{\mathrm{i}4},T_{\mathrm{d}4}]^{\mathrm{T}} \tag{11.15}$$

$$V(\theta)=\sum_{i=1}^{N}\gamma_{M_e}\left[\frac{e_{M_e}(t_i,\theta)}{M_{eNorm}}\right]^2+\gamma_{egr}\left[\frac{e_{\chi_{egr}}(t_i,\theta)}{\chi_{egrNorm}}\right]^2+\gamma_{N_t}\left[\frac{\max(N_t(t_i,\theta)-N_t^{\max},0)}{N_{tNorm}}\right]^2+$$
$$\left[\frac{u_{egr}(-t_i,\theta)-u_{egr}(t_{i-1},\theta)}{u_{egrNorm}}\right]^2+\left[\frac{u_{vgt}(t_i,\theta)-u_{vgt}(t_{i-1},\theta)}{u_{vgtNorm}}\right]^2 \tag{11.16}$$

这里的 t_i 是指第 i 次取样时间。为了得到相同的量级，式(11.16) 中所有的项目都要进行标准化，这意味着权重因子的量级为 $\gamma_{M_e}\approx1$、$\gamma_{egr}\approx1$。

公式中的各项源于对控制目标和系统特性的分析，下面的段落会给出它们之间的联系和目的。目标②和目标⑥直接实现了，因为它们已经被包含在 11.6.3 中介绍的烟雾限制器和泵送功最小化控制结构的各项中了。

第 1 项

这一项是最复杂的，并且与目标①与④耦合，它们通过系统属性彼此相关。它们相互关联是由于一个良好的瞬态响应，特别是在补燃阶段，与氧气的可用性相关，并且这样一个快速的 λ_O 控制器能够得到良好的瞬态响应。进一步，选择最小化发动机转矩差（$e_{M_e}=M_e^s-M_e$）是基于这样一个事实：$e_{\lambda_O}=\lambda_O^s-\lambda_O$ 允许为负值，并且 e_{λ_O} 的正值也必须比较小。现在需要注意的是转矩差发生时，11.6.3 中的烟雾限制器限制了喷油量，也就是说在 $\lambda_O=\lambda_{O,\min}$ 这一时刻（图 11.14 中 309～313s 之间），由于 $\lambda_{O,\min}<\lambda_O^s$，当转矩差发生时会存在一个正的 e_{λ_O}。有人考虑直接使用 e_{λ_O}，但是这种选择对空气瞬态需求不够灵敏。由于烟雾限制器的存在，当其运行时，e_{λ_O} 会被限制在 $\lambda_{Os}-\lambda_{O,\min}$ 之间，在这个瞬时就不能反映对空气和 λ_O 的实际需求。因此，将转矩差选作性能指标。

第 2 项和第 3 项

第 2 项和目标③是直接耦合的，致力于降低 EGR 误差（$e_{\chi_{egr}}=\chi_{egr}^s-\chi_{egr}$）。第 3 项是目标⑤的直接结果，为了避免涡轮增压器的转速超过它的最大限值，一个高补偿值 $\gamma_{N_t}\approx10^3$ 被用来确保这个关键的安全控制环。

第 4 项和第 5 项

第 4 项与第 5 项用来避免执行器的振荡问题，比如 EGR 阀和 VGT 控制信号的振荡行为。由于控制信号具有相同的量级，所以这两项具有相同的权重。

总之，所有的控制目标都在校正中考虑并处理了。此外，个别控制器的校正难题，如瞬态响应（λ_O）和 EGR 误差之间的权衡问题，也通过两个权重相等的因子 γ_{M_e} 和 γ_{egr} 有效地解决了。这将会在 11.6.5 中进一步说明。

式（11.14）的求解

当前已经出现了解决最优问题的方法，其细节在 Wahlström 等（2008）进行了描述。最重要的就是，瞬态选择方法和最优问题的求解。瞬态选择用来减少计算时间，而这个方法能识别在不同控制模式下的典型和过激的瞬态过程。所以，当仅用被选择的瞬态来代替整个 ETC 循环时，计算时间能够降低百分之十。数值求解则分成三步：第一步，使用极点配置的 Åström-Hägglund 阶跃响应对其进行初始化［Åström-Hägglund（1995)]；第二步，使用全域启发式方法对初始值进行大范围扫描；第三步，使用标准非线性局部最小二乘法进行搜索。第二步中的启发式方法对避免陷入局部最优非常重要。

11.6.5 欧洲瞬态循环工况下的评估

本节对控制校正方法进行说明和应用，并在欧洲瞬态循环（European Transient Cycle，ETC）上完成仿真研究。该循环包括三部分，代表了不同的驾驶环境：城市（0～600s）、乡村（600～1200s）和高速路（1200～1800s）。

一个闭环控制系统，由8.10节中的模型和11.6.3（图11.13）中提出的控制结构组成，在ETC循环下进行仿真。λ_O 和 χ_{egr} 的设置点都是工厂提供的真实值。需要注意的是，仿真中并没有使用观测器，而是用一个低通滤波器代替，其时间常数为0.02s，该滤波器用来对观测器进行动态建模，并假定所有的变量来自于该观测器。这个功能由图11.13中的“信号”模块实现。代价函数［式(11.16)］中的不同信号通过对整个系统进行仿真得到，信号采样频率为100Hz。

此外，为了避免控制信号 u_{egr} 和 u_{vgt} 出现振荡，制定了一个校正规则：减小和值 $\gamma_{M_e}+\gamma_{egr}$ 直到控制信号中的振荡消失。

控制目标的协调

在代价函数［式(11.16)］中，权重因子 γ_{M_e}、γ_{egr} 和 γ_{N_t} 都是校正参数。当调整这些参数时，需要在转矩不足、EGR误差、泵损失和涡轮超速之间进行权衡。

参数 γ_{M_e} 和 γ_{egr} 之间的调整策略是当想要减少转矩不足时就需要增大 γ_{M_e}，而要想减少EGR误差和泵损失时就需要增大 γ_{egr}。和值 $\gamma_{M_e}+\gamma_{egr}$ 是一个很重要的常数，因为要避免在调整第1项和第2项时对代价函数中的第3和第4项产生影响。在以后章节中令 $\gamma_{M_e}+\gamma_{egr}=2$。为了避免涡轮超速需要增加 γ_{N_t} 并直到第5项为零。

性能协调实例

图11.14和图11.15用来说明如何协调转矩不足、EGR误差和泵损失之间的关系，该图是在两组设定参数下的控制系统仿真结果，来自于ETC循环下的一个激进的瞬态过程。第一组中 $\gamma_{M_e}=1$、$\gamma_{egr}=1$，第二组中 $\gamma_{M_e}=3/2$、$\gamma_{egr}=1/2$。第二组权重因子相对于第一组减小了转矩不足。图11.15也显示了EGR阀的控制模式

$$mode_{egr}=\begin{cases}1, \mathrm{PID}_1(e_{\lambda_O})\text{激活时}\\2, \mathrm{PID}_2(e_{\chi_{egr}})\text{激活时}\end{cases} \tag{11.17}$$

及VGT的开度。

$$mode_{vgt}=\begin{cases}1, u_{vgt}=100\\2, \mathrm{PID}_3(e_{\chi_{egr}})\text{激活时}\\3, \mathrm{PID}_4(e_{N_t})\text{激活时}\end{cases} \tag{11.18}$$

如图11.14和图11.15所示，与 $\gamma_{M_e}=1$、$\gamma_{egr}=1$ 相比，$\gamma_{M_e}=3/2$、$\gamma_{egr}=1/2$ 的转矩不足更小，但是EGR误差和泵损失要大一些。在305～308s之间，发动机的转矩变低，这导致了较高的 λ_O 和EGR阀的开启，而VGT位置开度控制了EGR分数以至于EGR误差变低。此后，在308s发动机转矩的增加导致了 λ_O 的降低和EGR阀的关闭。如果 $\gamma_{M_e}/\gamma_{egr}$ 的值由1增大到3，就会使阀门更迅速地关闭，这会导致更小的EGR分数（EGR误差更多）、VGT位置开度更小、涡轮增压器转速更高，其结果是转矩不足较小。需要注意的是在该过激瞬态下，转矩不足和EGR误差不能同时减小，同时也应注意到在 $\gamma_{M_e}=$

3/2、$\gamma_{egr}=1/2$ 时由于 EGR 阀和 VGT 位置开度更小，导致泵损失更大。因此，需要在转矩不足与泵损失之间进行动态工况的协调。然而，需要重点说明的是，对比 11.6.3 中给出的其他控制结构，这里使用的控制结构（图 11.14 和图 11.15 中的两个实例）泵损失都较小。

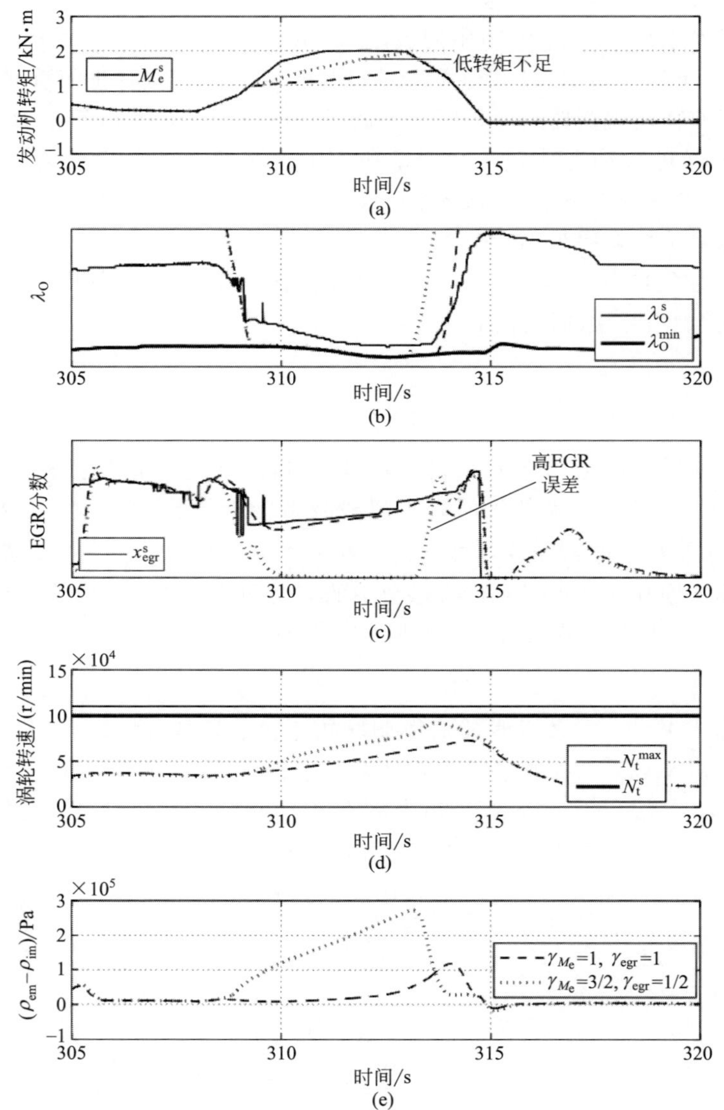

图 11.14 两组不同权重因子的控制系统仿真的对比（第一组 $\gamma_{M_e}=1$、$\gamma_{egr}=1$，第二组 $\gamma_{M_e}=3/2$，$\gamma_{egr}=1/2$。后一组的权重因子对比第一组的权重因子转矩不足更小但 EGR 误差和泵损失更大）

在此描述的所有不同性能变量间的权衡对整个循环都是有效的。这已经通过仿真整个 ETC 循环进行了验证［Wahlström(2006)］。

基于模型校正的快速试验评价

该控制器是通过在仿真中使用模型开发的，并且在模型中进行校正。这样减少了在试验评估中测试单体的时间，因为控制器已经在一个良好假设的基础上进行了参数除错和优化。一般而言，控制器设计能够得到一个好的结果，但是仍然会存在一些控制器的振荡，以及为了获得理想的性能，在发动机试验时轻微地减小增益 K_p 的值。更多的试验评估细节请参见 Wahlström 等（2010）。

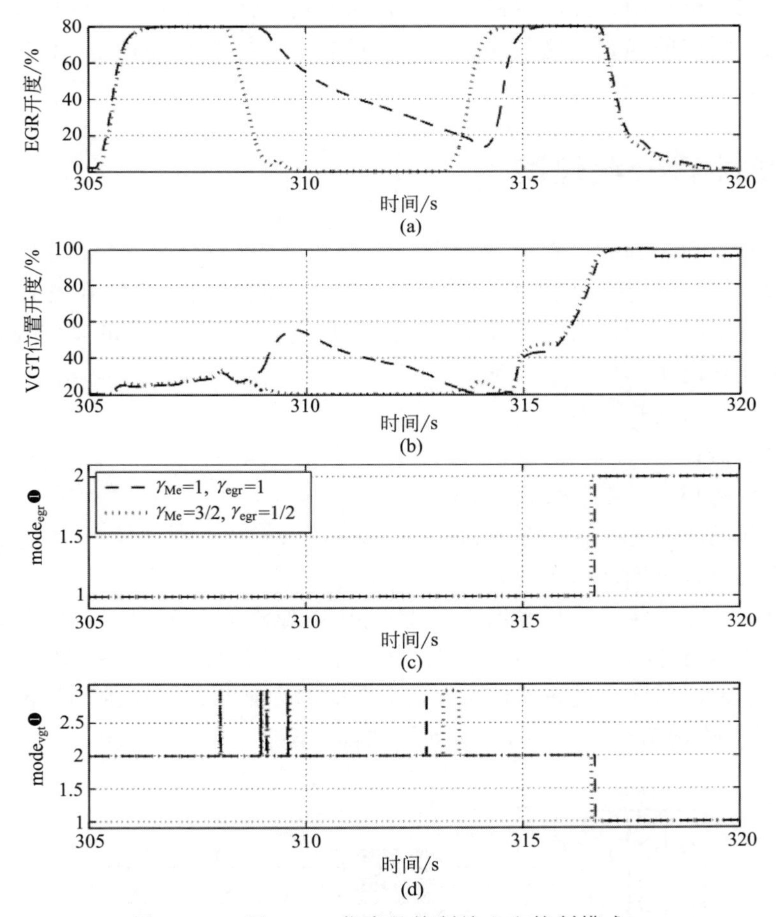

图 11.15　图 11.14 仿真的控制输入和控制模式

11.6.6 EGR VGT 案例研究总结

我们需要注意的是在可能无法测量的性能变量和用于控制反馈的变量之间存在差别。在这种情况下，基于系统模型的虚拟传感器可以用来估计反馈变量。系统是非线性多变量系统，所以仅仅用一组输入输出很难对其进行控制。然而，通过在 λ 中选择只有一个自由度的配对就能够用于优化燃油消耗量。

一种 PID 结构被选用并且用于研究空燃比 λ_O 和进气歧管 EGR 分数 χ_{egr} 的控制。由于它们与排放性能具有较强的耦合，所以选择它们作为反馈变量。同时要注意到，对驱动响应转矩、增压器的速度（避免涡轮超速）控制也是很重要的。系统分析显示，最好的控制输入和反馈变量组就是通过 EGR 阀来控制 λ_O 和通过 VGT 位置开度来控制 EGR 分数，这样就处理了系统中 VGT 到 λ_O 信号通路的符号反转问题。本节讨论了两种 PID 控制结

---

❶ 原文未给出单位（译者注）。

构的参数调整策略，并且在部分欧洲瞬态循环下对其进行了仿真与评估。同时也要注意到，增压器速度环中的 VGT 位置开度控制会从用于涡轮增压器高速预测的微分环节中受益。因为在相应的开环传递函数中存在较大的时间常数。

总之，在发动机控制、控制器控制目标相互影响，性能变量和非线性系统动态性能处理过程中会出现很多的问题，这些问题已经通过对一个复杂的 EGR、VGT 系统的案例研究得到了解决。

11.7 柴油机后处理控制

如 6.5.2 和上面提到的，在柴油机中，主要考虑的排放物是氮氧化合物、碳烟和微粒。因此，如图 11.2 所示，柴油机应用多种不同的处理系统对遗留在气缸内的废气进行处理。由于法规对排放物的限制，为了更好地符合应用需求，不同的废气处理系统得到迅猛的发展。下面列出了一些候选的系统：

- 柴油氧化型催化转化器；
- 微粒过滤器；
- 氮氧化合物积聚型催化转化器；
- SCR（选择性催化还原）系统如图 11.16 所示；
- 复合系统（未来的四路系统）。

对于所有的这些系统，目标是向着图 11.1 中的原点方向努力，并且为了满足将来的立法限制，仍然有很多需要解决的控制问题。在这里只提一点：控制废气温度（至少 250℃）为了使 SCR 和微粒过滤器再生。在低负载时，如果排气中的热量较小，可以通过图 11.2 进气系统中的节气门减小 λ，进而增加排气温度。

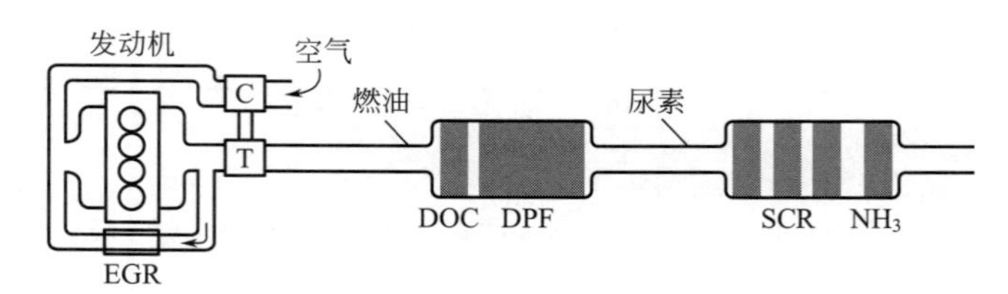

图 11.16 重型发动机的柴油机废气处理系统的组成［详见 Charlton 等（2010）。组成部分是压缩器（C）、可变几何涡轮（T）、废气再循环（EGR）、柴油氧化催化剂（DOC）、柴油微粒过滤器（DPF）、选择性催化还原（SCR）催化器的三个模块和安装有氨催化器（NH_3）的第四模块，以及 DOC 燃油喷射和 SCR 尿素喷射控制器］

SI 和 CI 发动机技术的融合

作为一个总趋势，我们注意到随着对发动机性能需求的不断提高，许多原来只用在 SI 或 CI 发动机上的技术现在已经相互借鉴和使用。例如，SI 发动机采用了 CI 发动机的直喷技术，CI 发动机采用了 SI 发动机的进气节流技术，这些复杂的问题都依赖于控制系统进行处理并优化它们的性能。

12

发动机的一些高级概念

发动机电控化、消费者需求以及来自社会的法律法规约束，共同促使发动机技术得到了极大的发展。本章从以下两点对发动机和控制系统的发展进行重点描述。

• 通过消除设计上的折中使发动机硬件具有更高灵活性的新型机械设计。这些设计是通过发动机管理系统将发动机控制在最佳工作曲线上实现的。

• 发动机状态估计的新方法。新型传感器技术、计算能力和网络技术的持续提高，为发动机状态信息的提取提供了可能性。

事实上，虽然有时许多设计从表面上看不是新的，但是它们创新的地方在于这些设计可以通过适当的控制来实现更好的功能及性能。本章将采用实例对这些趋势进行说明，由于这些实例已经超出了发动机基本控制的范围，因此只对它们进行简单介绍，但是会指出重点。第一个例子是可变气门执行机构（VVA），它让发动机工作更加灵活。它可以提高发动机的自适应能力并优化性能，提供了更多的维度来覆盖和优化控制系统性能。第二个例子是可变压缩比，同样采用实例说明，先进的发动机消除了传统发动机设计上的折中行为。第三个例子是离子传感技术，通过缸内测量技术得到一个含有丰富信息的信号，但对该信号的解析却很复杂。它体现了新型传感器、先进的信号处理和解析技术的进展，这给通过反馈控制提高发动机性能提供了机会。特别地，通过提高信号解析技术水平，可以从可用的传感器中获取更多信息，并且传感器融合提供了附加功能，而无需增加任何元件成本。

12.1 可变气门执行机构

配气机构根据进气阀和排气阀的开度和特性控制气体交换，从而影响发动机燃烧和转矩的生成过程。在固定凸轮发动机中，阀特性和相位需要在高低转速和高低负荷之间进行权衡。发动机循环的重点事件已在5.1[1]节中进行了介绍和讨论，图12.1展示了和气门相关的气缸压力曲线和气门升程曲线的例子。对于可变气门执行机构（VVA），气门正时

[1] 原文为5.1.1，因编辑需要已删除“5.1.1”（编者注）。

和升程曲线是可变的，以此来消除折中作用。同时，对于当前工作点，发动机管理系统（EMS）选取最佳的气门控制策略，从而优化燃油经济性、排放、最大转矩和功率。

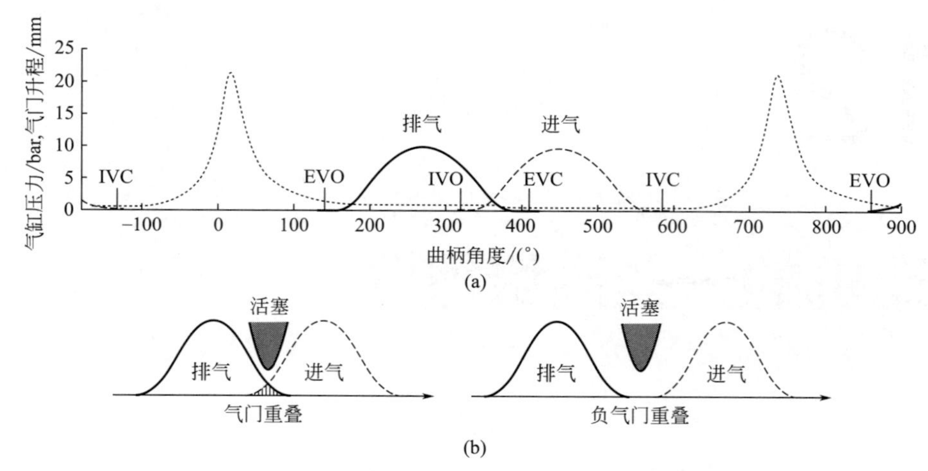

图 12.1 图（a）为气缸压力（点线）、排气（实线）和进气（虚线）气门升程，并且标记了 EVO、EVC、IVO 和 IVC 事件。图（b）为气门升程曲线，显示了气门重叠和负气门重叠，而事实上，活塞运动可以限制可能的气门运动

气门的动作特性影响功率的产生、泵送功的消耗以及废气和混合气的运动。如图 12.1 所示，气门运动以及气门重叠影响部分特性，因此需要根据气门的不同动作解释其机理。气门运动和主要机理如下。

• 排气门开启（EVO）影响膨胀功、排气和泵气损失。排气门过早开启会降低气缸压力，从而损失膨胀功。而过晚开启会产生更高的压力，并持续到换气行程，这提高了泵送功。对于高负荷和高转速的状态，较早的开启是有利的。

• 在气门打开到关闭的过程中，排气门关闭（EVC）也影响泵送功的产生。它影响气缸中残余的气体量，通过气门重叠与进气门开启（IVO）进行相互作用，以上内容将在第 12.1.2 中进行讨论。

• 进气门开启（IVO）也影响泵送功，以及在气门重叠时与排气门关闭（EVC）相互作用下产生的残余气体，同上所述。

• 进气门关闭（IVC）影响泵送功、滞留在气缸中的气体量，以及有效压缩比。

由于工作情况是复杂的，所以我们在这里简要分析，对于部分负载下的泵送功和发动机效率，影响最大的气门动作是进气门关闭（点燃式发动机）。排气门关闭影响残余气体比例和气体交换，因此也影响残余气体中的 NO_x 排放。有关气门动作及其影响的更深层次的讨论和分析参见 Hong 等（2004）。

12.1.1 气门特性

如图 12.2 所示，举例说明单个的气门特性，并说明如何定相、缩放或改变单个气门特性。针对上述问题，目前已经提出了大量的硬件解决方案，但是这里关注的是气门特性以及如何用硬件实现这些气门特性。在图 12.2 中，单个特性也可应用于一个或者两个进气门和排气门。例如，图 12.2(a) 的“气门相变”中，在进气和排气系统均可以进行凸轮相位调整，一些实例如下：单进气系统调整［Stivender (1978)］，双系统联合调整

[Stefanopoulou 等（1998)]，双系统独立调整［Magner 等（2005)]。凸轮相位调整已经被普遍应用，它可以通过一个液压装置，使凸轮轴相对于曲轴和凸轮链转动来实现，参见 Stone（1999）中的实例。

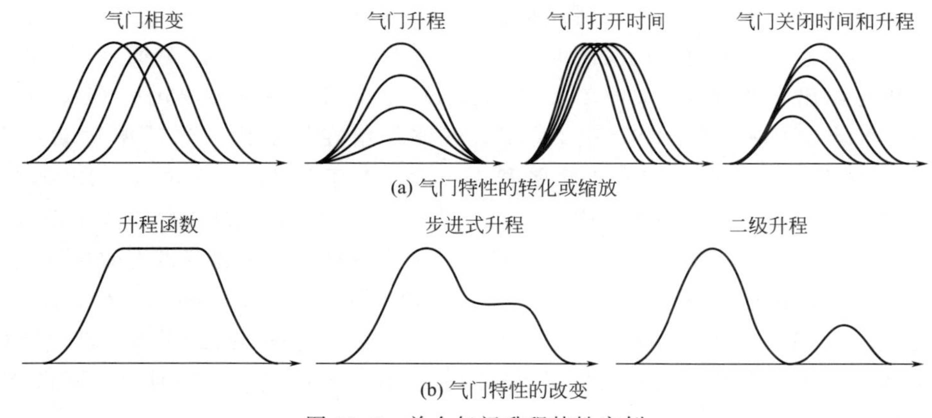

图 12.2 单个气门升程特性实例

第二个实例，气门升程（valve lift），主要指的是进气门一侧。减少升程对泵送功有负面影响，这是由于气流通过气门时会产生较高的流动损失。因此，对它的应用主要是产生更强的缸内气体运动来改善湍流、混合和燃烧。它可能会改变节气门开启时间，并将气门升程和气门开启时间综合起来。一个中间的解决方案是使用凸轮轮廓转换，可以在两种升程（特性）之间进行转换。这种转换也可以和凸轮相位结合，例子参见 Sellnau 和 Burkhard（2006）。

到目前为止，仅仅讲述了通过凸轮廓线来实现的系统，但是实际上同时存在非常灵活的气门驱动系统。这些都基于机械、电子液压［Dittrich 等（2010)］或电磁执行器［Wang 等（2002)］，它们可以更灵活地控制节气门开启和关闭特性。通过完整的可变气门执行机构，也可以在四冲程和二冲程之间进行切换。对这些执行器的建模和控制也是一个有意义的工作，但它超出了我们研究的范围。

以上对气门特性进行了简单的介绍和讨论，接下来我们将研究重点转到这些系统功能如何实现上来。

12.1.2 可变气门执行机构的影响

当考虑发动机和它的输出功率以及排放时，VVA 系统有三个控制目标。

- 减少气体交换损失以提高发动机效率。
- 控制气体成分，即残余气体比例。
- 制备可燃气体：

——产生缸内流动，湍流或紊流以及涡流；

——采用正确有效的压缩比。

除此之外，还有其他功能，如在先进发动机中由气门重叠产生的额外流动、停缸或者燃烧控制，例如均质压燃（HCCI）技术。关于可能性和适用性，有几篇研究 VVA 系统的文章，有兴趣的读者可以参考下列早期的研究论文：Asmus（1982），Gray（1988），Ahmad 和 Theobald（1989），以及 Asmus（1991）。

减小泵送功以提高发动机效率

正如前文提到的，减小进气歧管压力会给汽油机带来不可预期的效率损失，这部分损失是可以通过 VVA 系统减弱的。在 Stivender（1968）中，通过进气门节流来提高部分负荷效率，而原本工作重点是关于稀薄燃烧稳定性。关于气门驱动，图 12.3 给出了一个实例，描述了如何通过改变进气门关闭时刻来实现节气门的自由控制，从而达到负荷控制的目的，图中也给出了两种选择，早 IVC 或者晚 IVC。对于早 IVC［Tuttle（1982）］，当活塞运动到下止点（BDC）之前节气门关闭，气体保留在气缸内。当活塞运动到下止点（BDC）以及回程时，缸内气体经历膨胀和再压缩。对于晚 IVC［Tuttle（1980）］，进气门在整个进气冲程和部分压缩冲程中处于打开状态，这将导致气缸内的气体重新进入进气歧管中，空气（和燃料）量降低导致压力降低。上述两种方式都将降低有效压缩比。这种压缩行程比做功行程短的发动机工作类型称为米勒循环（Miller cycle）。这种工作类型的一个好处是，从 IVC 到 BDC 阶段，气体交换区（和泵送损失）接近于零。但是降低有效压缩比会使气缸温度降低，这对燃烧速率和冷启动有负面影响，但同时对于降低 NO_x 和传热有积极的作用。

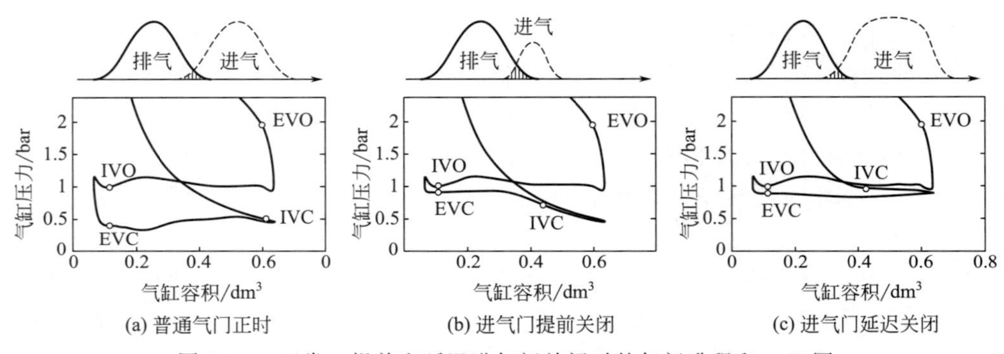

图 12.3　正常、提前和延迟进气门关闭时的气门升程和 p-V 图
［图（b）和图（c）体现了泵送功降低的过程］

观察循环中的高压部分，正如上文所述，IVC 对有效压缩比有影响，同时 EVO 对膨胀、扫气和排气都有影响。特别地，可变 EVO 使控制系统能够在排气行程中根据运行状态，在损失的膨胀功或额外的泵送功之间做出最佳选择。

气门重叠

气门重叠通过影响气缸压力，进而影响泵送功的产生。然而，它主要影响气体流动以及残余气体的排出和可能存在的扫气过程。残余气体的排出可以由排气门关闭来控制。通过早 EVC，在气缸中残留更多的废气，当气门关闭时，产生较高的残余气体组分。通过负的气门重叠，还可以使废气再压缩，当活塞持续上升到上止点（TDC）时，气门关闭。通过晚 IVO，在进气门打开前，气体压缩消耗的功可以在气体膨胀过程中进行回收。

当进气行程中气门重叠较小或者不存在时，选择晚 EVC，一些废气将重新导入气缸中，从而增加了残余气体组分。当气门重叠较大并选择晚 EVC 时，将存在两种可能：排气压力比进气压力高；进气压力比排气压力高。在第一种情况下，残留气体会在进气门打开后保留到进气行程时，同时废气还可以从排气行程中流回气缸。当排气门关闭时，已经进入到进气歧管中的气体连同在进气行程中吸入的新鲜空气-燃料混合物一起进入到气缸中。

第二种情况，由于进气压力比排气压力高，因此可以应用在涡轮增压发动机中。气门重叠允许新鲜气体进入，并且穿过气缸直达排气口。新鲜气体可以吹走残留气体，清洁气缸，这就是所谓的扫气。

通过使用扫气、双涡流和直喷技术，有可能提高涡轮增压汽油机的低速转矩，参见Leduc 等（2003）。扫气可以增加涡轮机的流量和功率，从而提高涡轮增压器的响应，并且缩短涡轮迟滞时间。

这也是一个控制问题，在扫气阶段，不能使用传统的λ反馈控制。相反，必须建立响应和气体流动的模型，使残留在气缸中的气体$\lambda \geqslant 1$，否则富燃料混合物以及未燃烧的CO和HC会与空气混合在一起，在废气和催化剂作用下发生氧化放热反应。如果错误地打开辅助加热，就很容易损坏催化剂。

12.1.3 其他的气门功能

当实现气门可变的同时，也可能实现一些其他功能。在继续研究之前，还应该讨论其他更加简单的影响气门流量的方法，如在进气门中加入引导流动的导流叶片，产生湍流的特殊进气口和气门失活，以及为了提高燃烧质量而形成的缸内涡流。下面介绍气门执行机构的两个控制器实例。

停缸

前文已经讨论了气门特性的变化，一个特殊的实例是关闭发动机中一个或多个气缸。如图 12.4 所示，称为停缸，并通过下述机制来提高发动机的部分负荷率。考虑发动机部分载荷并以给定转矩运转的情况。停缸时，停止工作的气缸气门关闭，这些气缸无泵送功。同时也不输出功，因此其他气缸需要工作在更高的负荷水平以输出同样的转矩。这意味着进气歧管压力变大，同时工作气缸和发动机的效率变高。但是关闭的气缸依然存在摩擦功。

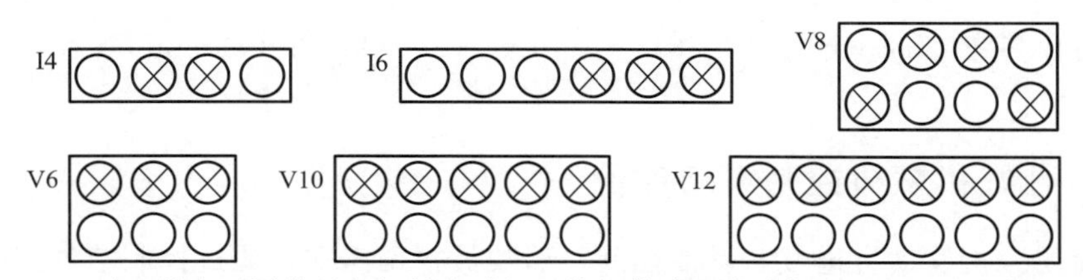

图 12.4 对于具有不同数目气缸的发动机，停缸策略用来确保发动机平衡和转矩生成

在 EMS 中，控制包含策略和精细的转矩控制两部分。策略主要指何时切换气缸，很大程度上取决于转矩需求，同时应避免频繁切换状态。转矩控制应用节气门、点火正时和燃油喷射等手段在切换气缸时产生平滑的转矩。可以对 7.4 节和 7.9 节中提出的基于气缸空气流量和转矩的发动机均值模型进行扩展，加入这个功能。分别对气缸激活和关闭进行建模，建模时要注意停用的气缸既无容积效率也无泵送功。

发动机制动

在大型柴油发动机中，如重型车发动机，通常采用排气制动来提高背压和泵送功，参见 11.1.2。这允许车辆可以不通过车轮制动器进行制动，从而减少用户的维护时间和成本。这种情况不存在燃油喷射，气门在压缩过程中关闭，在活塞到达上止点（TDC）时打开，然后发动机消耗压缩功对车辆进行制动。

12.1.4 VVA对基于模型控制的影响

当发动机均值模型扩展到VVA时，还有两个重要的模型必须要进行调整。首先是7.9节中的转矩模型，其中，所述的基本结构仍然保留，但需要对组件进行分析。如前所述，总指示功可能由于气门动作略有影响。但主要影响气体交换和泵送功模型，它们需要重新进行分析，以便使泵气循环可以描述气门动作。配气机构以及活塞摩擦力的不同，将会导致摩擦发生一些变化。

另一个需要考虑的问题是残余气体的交换及容积效率，7.4[1]节中“容积效率模型”提到需要一个气门驱动的组件。Magner等（2005）提出了一个双独立系统的模型结构。气缸内的气流压力由一个关于斜率 c_s 和偏移 c_o 的线性函数表示，它取决于发动机转速和气门相位。依据容积效率，得到如下公式：

$$\eta_{vol} = p_{im} c_s(N, IVO, EVO) + c_o(N, IVO, EVO)$$

许多研究是与流量控制模型相关的，例如Berr等（2006）和Leroy等（2008）。

对于发动机控制的主要影响是它改变了进气特性以及对已燃气体的节流［Jankovic和Magner（2002）］。系统灵活性和性能的提升是以控制和调校方面的工作量的巨大增加为代价的。总之，会产生下述三个相关问题：更多的自由度，寻求最佳的校准多维系统的方法，以及在不同的属性之间做出正确的选择。可以使用map图来表示行为，但是为了节省EMS内存并满足调校要求［Magner等（2005）］，有必要降低数据的维度。基于气缸压力测量的用于描述新鲜气体和残余气体交换的估测值和模型也已经提出并进行了研究［Mladek和Onder（2000），Öberg和Eriksson2006，Worm（2005）］。

对于这些高自由度的系统，已经提出了许多用于求解最优控制正时的设计和优化方法，一个方向是利用气体动力学仿真模型来支援耗时的调校过程，实例参见Sellnau和Burkhard（2006），以及Wu等（2007）。几种控制方案已经用于研究VVA发动机，有兴趣的读者可以参考Chauvin等（2008）、Colin等（2007）、Stefanopoulou和Kolmanovsky（1999）。

12.1.5 进气和燃料控制策略评价

在此简要分析发动机进气和燃油控制。驾驶员根据需求，通过控制节气门来控制进气量；同时辅助回路（早期由化油器提供）控制空燃比进而控制燃油量。另一种方法是让驾驶员控制燃料，并使用进气循环来控制空燃比。上述理论在Stivender（1978）中讨论过，文中对可变气门驱动系统的空燃比控制进行了研究。研究表明，这对发动机稀燃运行是一个很好的解决方案，它实现了良好的驾驶员响应以及对传感器噪声和其他发动机控制干扰因素的良好衰减。然而，在如今的集成EMS中，很难识别哪支回路是主要回路。不管怎样，重点是可以体现控制原则。

---

[1] 原文为7.4.1，因编辑需要已删除“7.4.1”（编者注）。

12.2 可变压缩比

可变压缩比技术提高发动机的效率需要两个步骤。其一是消除压缩比（效率）和发动机爆燃之间的设计矛盾，进而 EMS 可以为当前驾驶状况选择最佳的压缩比。其二，它为发动机小型化和增压提供了可能性，从而提高燃油经济性。

基本思想是非常简单的：为了得到高效率，在低负荷时采用高压缩比，并且随着负载的增加，为了应对爆震的产生而降低压缩比。图 12.5 给出了一个可变压缩比发动机的原理示意图，其中，气缸铰接在曲轴箱上，并且可以随着液压曲柄机构发生倾斜。不同的倾斜角度产生不同的余隙容积 V_c，提供不同的压缩比 $r_c=\dfrac{V_d+V_c}{V_c}$。

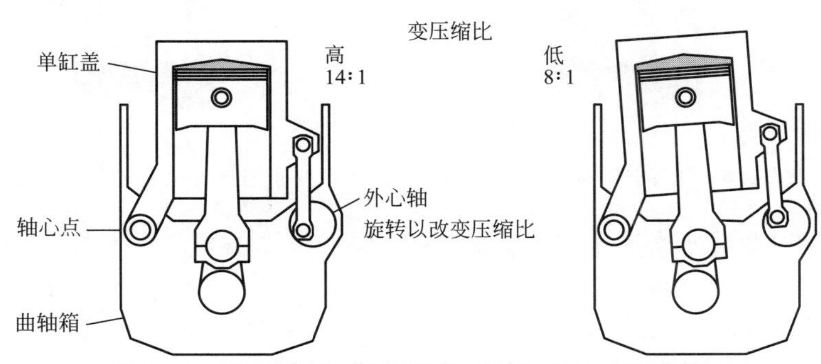

图 12.5　可变压缩比工作原理示意图（气缸可以倾斜，使余隙容积发生变化，从而改变压缩比）

设计矛盾的背景

Nicholas August Otto 的一个关键贡献是他发现在燃烧之前压缩混合气可以获得更高的效率。在 5.2.2 中已经推导出理想的奥托循环效率，$\eta=1-1/r_c^{\gamma-1}$，其中 r_c 是压缩比。由于空燃混合物可以进行自主点火，因此当前的 SI 发动机的压缩比只能够达到 10 左右。热传递、摩擦损失、机械应力和残余碳氢化合物排放的增加也对压缩比的应用产生重要影响。然而，如在 6.2.2 中讨论的，当混合气暴露于高温环境中一段时间，就会发生自燃。通过观察等熵压缩过程，可以得出温度和压缩比之间的关系：$T_2=T_1r_c^{\gamma-1}$，其中 T_1 为初始温度，T_2 为压缩结束时的温度。增加压缩比可以在压缩结束时获得一个较高的温度。

在发动机设计中，另一个对消费者有影响的矛盾是发动机的尺寸。小型发动机具有良好的燃油经济性但是动力性较差，大型发动机动力性好但是增加了燃油消耗。发动机的小型化和增压作为提高系统效率的解决方案在 4.4 节中进行了讨论。当发动机带有涡轮增压或机械增压时，需要降低增压比来避免高温高压导致的峰值功率损失。小型增压发动机具有可变压缩比，可以同时解决上述两个问题。

12.2.1 实例——SAAB 可变压缩比发动机

已经有一系列改变压缩比的机械设计方案被提出，例如 Schwaderlapp 等（2002）和 Nilsson（2007）的调查报告。其中一个实例是 SAAB 可变压缩比（SVC）发动机［Drangel 等（2002)]。它是一个 5 缸 1.6L 发动机，性能参数为 225hp[1]/305N·m，用来取代 3.0L 自然吸气发动机。结构如图 12.6 所示。

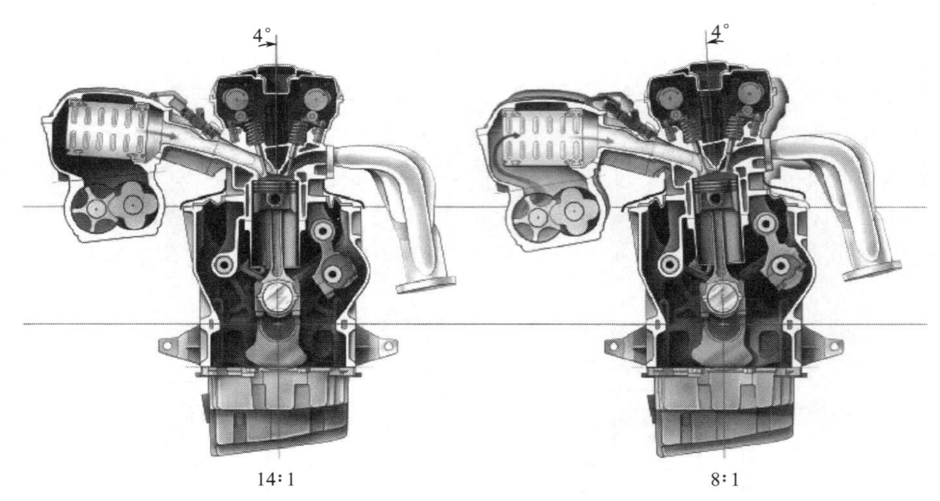

图 12.6 压缩比分别为 14 和 8 时 SAAB 可变压缩比发动机的示意图

从发动机的小型化水平来考虑，如果要在中型车或大型车上替代大型发动机，不仅最大功率和转矩输出是非常重要的因素，还应考虑转速不高于 1000r/min 时的转矩输出。为了满足这些条件，SVC 发动机使用机械增压（螺杆压缩机）而不是涡轮增压。由于具有高 IMEP 需求，为了能达到 3.0L 自然吸气发动机的性能，1.6L SVC 发动机需要将压缩比降低到 8∶1，以避免在高负荷时发生爆震和高 IMEP 导致的不平稳运转。在部分负荷条件下，即大多数工况下，固定的 8∶1 压缩比却对整体燃油消耗有较差的影响。因此，可变压缩比发动机能够在部分负荷状态下将压缩比变为 14∶1，以达到较高的效率。

12.2.2 其他控制

SVC 发动机可以通过余隙容积的变化来实现可变压缩比。这就需要单独增加一个新的控制输入，它几乎影响着发动机控制的所有方面。该发动机还配备了一个用于增压的压缩机，并带有一个压缩机旁通和压缩机离合器控制回路，这个控制回路是附加的控制输入，参见图 12.7。由于这些附加控制的应用，与标准发动机相比，增加了一种性能，即利用在线控制来优化发动机燃烧、发动机特性和发动机性能。我们在这里只提出两个有趣的控制设计问题，它体现了更多的控制思路。一个明显的趋势是由于存在多个控制变量，随着基于模型控制使用量的增加，具有发动机 map 图的传统技术会变得非常复杂。

平衡压缩和点火正时控制

在控制中的一个有趣的问题是，压缩和点火正时可以影响爆燃和效率（点火正时控制以及对效率、爆燃和排放的影响，请回顾 6.2.2、7.9.1 小节和 10.6 节中的内容）。点火正时意味着必须推迟点火提前，直到爆燃消失。压缩比控制提出了协调压缩比控制和点火正时控制的可能性，进而增加额外的自由度来优化特性和性能。点火正时、压缩比和功之间的关系如图 12.8 所示。

[1] 1hp=745.7W（编者注）。

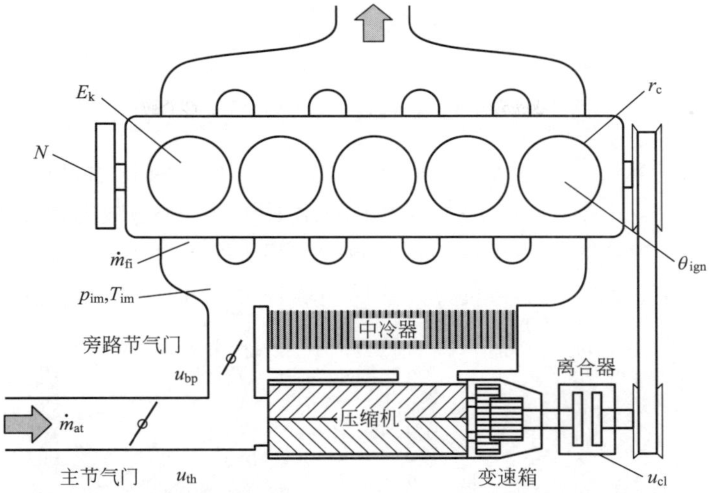

图 12.7 SVC 发动机以及具有螺杆压缩机、变速箱和电控离合器的增压器示意图（同时也画出了控制回路中的传感器和执行器）

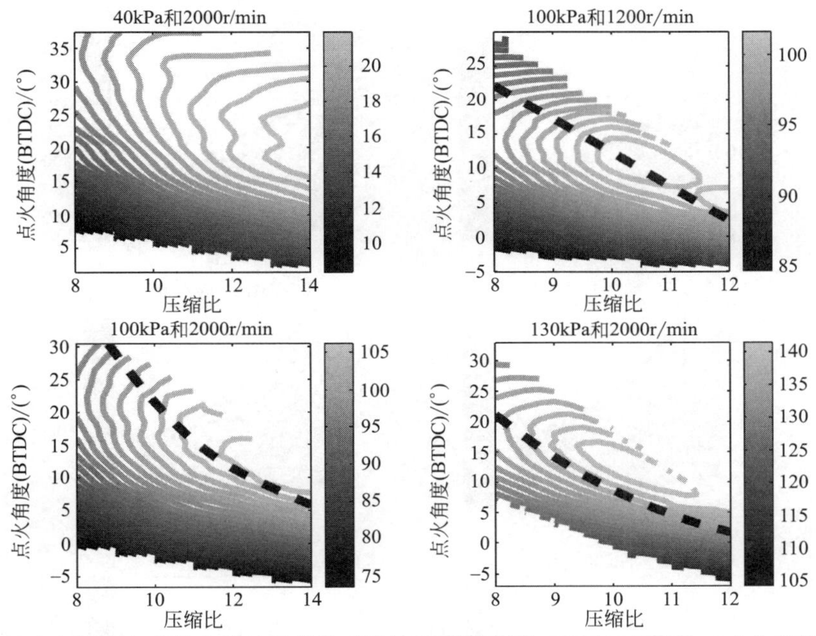

图 12.8 具有相同空气充量和燃油量的发动机转矩等值线图（表示了压缩比、点火时间和输出功之间的关系。燃料 RON=95，爆燃极限如图中虚线所示。低于爆燃线区域为工作的理想区域）[1]

在 Nilsson 等（2008）中对压缩比和点火正时的最佳选择进行了研究。研究方法是建立在一个 MVEM 转矩模型基础上的，结构与式(7.55) 相同，并使用该模型来搜索爆燃极限内的最佳值。指示的总功给出了压缩比和点火之间的联系，并通过下式表示：

$$W_{i,g}(m_f,r_c,\Delta\theta_{ign})=m_f q_{LHV}\eta_{ig,ch}\left(1-\frac{1}{r_c^{\gamma-1}}\right)\eta_{ign}(\Delta\theta_{ign}) \tag{12.1}$$

[1] 图中右侧灰条旁的数值代表输出功的大小，原文未给出单位（译者注）。

$$\eta_{ign}(\Delta\theta_{ign})=1-c_2(\Delta\theta_{ign})^2-c_3(\Delta\theta_{ign})^3 \tag{12.2}$$

$$\Delta\theta_{ign}=f(\theta_{ign},p_{im},N)=\theta_{ign}-\theta_{ign,opt}(p_{im},N) \tag{12.3}$$

$$\theta_{ign,opt}(p_{im},N)=a_0+a_1\frac{1}{p_{im}}+a_2N \tag{12.4}$$

还有一个泵送功模型，包括发动机转速，以及包含由机械压缩机产生的摩擦功模型。所有参数模型在 Nilsson 等（2008）中给出。使用 RON＝99 的数据使模型参数化，直至爆燃极限；在爆燃的情况下，由于热传递导致效率损失，但并不对其进行建模，因为该区域无论如何都要避免。对 RON＝95 的数据模型验证如图 12.9 所示。在模型预测的最佳

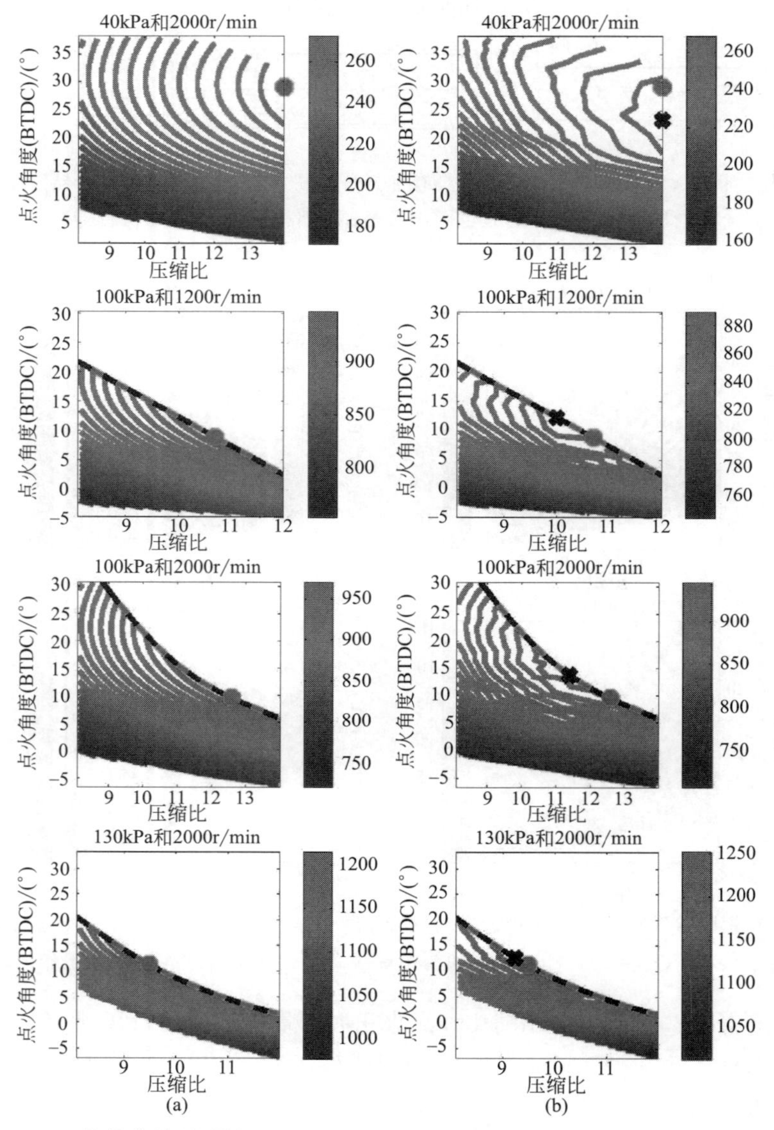

图 12.9 IMEP 的等值线图［描述了压缩比、点火时间和效率之间的关系。图（a）为基于 RON＝99 的转矩模型，其中由 RON＝95 的数据设置爆燃极限。图（b）为验证数据 RON＝95。由该模型预测的最佳条件被标记为●，验证的数据为✖］[1]

[1] 图中右侧灰条旁的数值代表输出功的大小，原文未给出单位（译者注）。

条件和验证的数据之间存在的最大偏差，效率损失只有 0～0.4 个单位。这就说明，MVEM 转矩模型为最佳控制组合的选择提供了依据。

驾驶性能控制

增压控制也是一个有趣的控制实例。两个新增的控制输入，额外的旁路节流阀和增压器离合器，都应该合理布置。该系统的示意图如图 12.7 所示。

部分负荷运行时，增压器断开，以避免附加损失。增压器的连接和断开是由一个电磁离合器控制的。由于在增压器工作时，其存在转动惯量，一个控制策略被开发出来使驾驶员能够感知增压器的切换。根据驾驶条件的不同，增压器的接合时间是不同的。在速度恒定时，可以在没有增压器的情况下驾驶，当负荷小幅度增加时，就需要接合增压器。增压器的接入需要尽量平滑以避免车辆运行时出现耸车现象，因此接合需要用最多 650ms。另外，如果驾驶员突然需要最大转矩，增压器需要快速接合以使车辆快速响应，因此接合时间要小于 100ms。超过 3500r/min 时，增压器一直保持接合状态。

压缩机的增压控制

增压控制是通过控制机械增压器和节气门实现的，如图 12.7 所示。该系统含有两个节气门，这是一个具有额外自由度的过约束控制问题，与 10.8.2[❶] 中讨论的涡轮增压控制问题相似。以最佳燃油经济性为目标的机械增压器旁路和主节气门的控制在 Lindell (2009) 进行了研究，研究表明，最高燃油效率策略是主节气门全开，通过关闭旁路阀对增压进行控制。

12.3 信号解析和反馈控制

目前，算法和软件的实用性已经达到了一定的水平，能够通过使用单一传感器和传感器组合来获取大量的信息。这为 EMS 提供了有用的信息，可以用于提高控制性能。在发动机控制系统中，为了获得最佳的性能，更多的反馈信息能够在发动机工作时通过改变控制参数的方法被调整或重调。离子传感技术就是表明这些可能性的一个实例。

12.3.1 离子传感技术

回顾式(4.1) 的反应，在理想的燃烧反应中，碳氢化合物分子与氧气发生反应，仅产生二氧化碳和水。然而，在燃烧室中也有其他的反应和分子存在，包括离子，在它们生成之前需要通过几个步骤，如 Shimasaki 等 (1993) 示例，反应式如下：

$$CH+O \longrightarrow CHO^{+}+e^{-}$$

$$CHO^{+}+H_2O \longrightarrow H_3O^{+}+CO$$

$$CH+C_2H_2 \longrightarrow C_3H_3^{+}+e^{-}$$

上述电子和离子以及其他物质，是在火焰前缘的化学反应中生成的。由于气缸压力增加，燃烧后气体的温度升高，产生了其他离子。

在离子传感中，当火花塞不用于点火时，通过火花塞的电流被检测。参见图 12.10 的测量技术和图 12.11 底部产生电流的示例。测到的电流称为离子电流，它取决于燃烧室中

---

❶ 原文为 10.9.2（译者注）。

产生的电子和离子以及它们的相对浓度和重组程度，同时也通过气体的压力、温度和成分，来获取一些更重要的信息。产生离子电流的过程是复杂的，在发动机的循环过程中也会发生变化。图 12.11 显示出了在恒定的速度和负载条件下，发动机 10 个工作循环下的气缸压力和离子电流。因此信号包含了非常丰富的信息，而且分析起来很复杂。从中可以看出，每个工作循环之间都有显著的变化。

测量细节

为了检测离子，在火花塞中应用直流偏压产生电场。电场使电子和离子在火花塞间隙中移动，产生电流。火花塞和测量电路基本组件如图 12.10 所示。需要注意的是，点火电流变为反向的离子电流，并且在每次点火时对电容器充电，同时稳压二极管控制测定电压。测量在点火线圈低压侧的电流，避免了与点火相关的高电压脉冲。

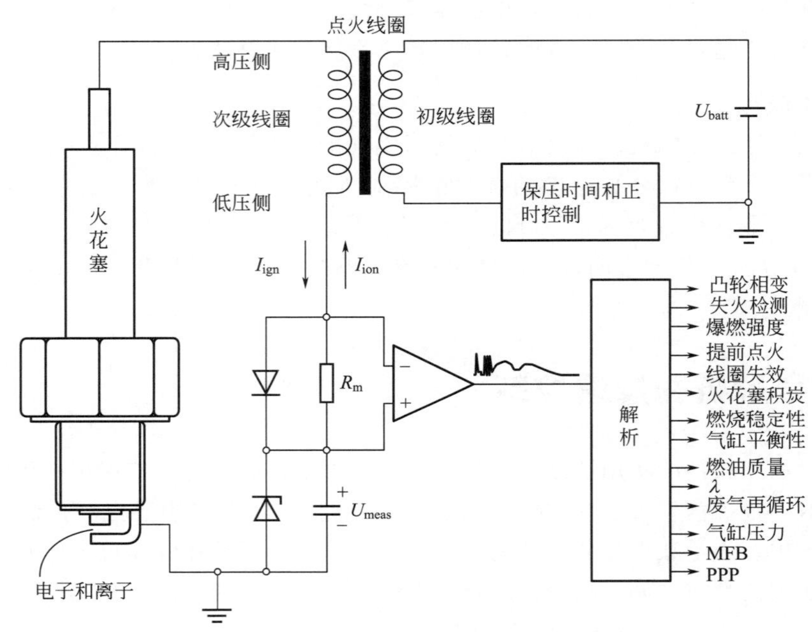

图 12.10 离子电流的测量电路（将火花塞间隙用作探针，主要检测电子，同时也检测离子。在点火线圈低电压侧进行测量。通过先进的信号处理，火花塞可以作为几个参数的传感器。爆震强度和缺火检测都已经在量产车上实现了。峰值压力位置估计将在本节后文闭环控制的实例中应用到）

离子电流是一个有趣的并可用于研究的发动机信号，因为它是燃烧的直接度量指标，而且包含了大量的信息。影响离子电流的参数包括温度、空气/燃料比、燃烧时间、废气再循环（EGR）、燃料成分、发动机负荷以及其他参数。但是在研究过程中仍然存在一些挑战。

离子电流术语

离子电流典型地具有三个阶段：与点火相关的阶段，与火焰发展和传播离子相关的阶段，以及与压力和温度发展相关的阶段。图 12.11 给出了离子电流的三个阶段。每个阶段都有不同的特点，它们也以复杂的形式混合在一起。在点火阶段，离子电流较大，具有反极性。由于点火时电流高，图 12.11 中给出的测量信号是有限的。如图 12.11 所示，点火后线圈的振荡现象是由电感和小电容造成的，它在电路中是不可避免的。

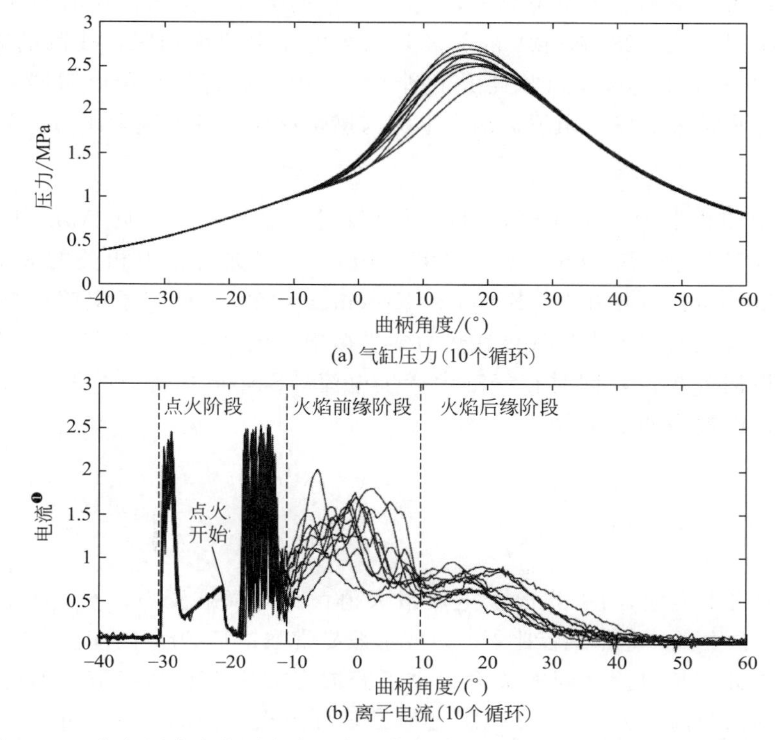

图 12.11 气缸压力和离子电流（在固定发动机工况下的连续 10 个循环，循环之间的变化总是出现在燃烧阶段。在点火、火焰前缘、火焰后缘三个阶段中，还显示出了离子电流的存在）

在火焰前缘（flame-front phase）阶段，与火焰中的化学反应相关的高浓度离子产生一个或多个特征峰。火焰产生的离子具有不同的重组速率。有些离子非常迅速地重新结合成更稳定的分子，而另一些则需较长的时间。结果表明，在一段时间过后，高峰值随着离子重组而降低。

在火焰后缘（post-flame phase）阶段，最稳定的离子剩余下来，由于它对温度和分子浓度的影响，会产生一个跟随气缸压力变化的信号。离子是由测量电压和燃烧后的高温气体共同作用而产生的，因为温度是随着燃烧气体在压缩和膨胀过程中（也就是火焰向外传播和燃烧完成的阶段）的压力变化而变化的，于是，离子电流与压力相关。

解析离子电流

离子电流已经被用于缺火检测、爆燃控制和凸轮相位检测（图 12.10）中。爆燃检测已经在图 10.23 中给出，从图中可看出，来自爆燃的振动也可以由离子电流进行检测。当出现缺火时，则不会产生离子，因此没有电流可以被检测到。这些系统已经被应用在量产车中如 Auzins 等（1995）、Lee 和 Pyko（1995）。有几篇论文研究了利用离子电流检测其他发动机参数。一些早期的应用包括火花塞积炭［Collings 等（1991）］、燃烧相位［Eriksson 等（1997）］、λ 估算［Reinmann 等（1997）］以及燃烧质量分数估算［Daniels

❶ 原文未给出单位（译者注）。

(1998)]。

另外，它也可以检测点火系统故障，例如$-30°$的尖峰是由与保压时间相关的事件作用在线圈上的结果。从$-28°$到$-21°$的斜坡是由主电路电流增加时，线圈的充电造成的。$-21°$的转角是点火发生的位置，并且由于图 12.10 中二极管与测量电阻器 R_m 并联，该信号饱和。在点火结束后发生阻尼振荡，电流与燃烧反应以及温度和压力有关。

离子电流建模

通过热力学和化学动力学建模，对离子电流进行了研究，参见 Ahmedi 等（2003）、Reinmann 等（1997）和 Satizkoff 等（1997，1996）。根据与压力相关的火焰后缘阶段，提出了基于 Saha ionization 方程［Kittel 和 Kroemer（1995）］的离子电流模型。模型的基本假设是，假设火花塞间隙中的气体在热力学平衡中完全燃烧，发生绝热膨胀，并且从火花塞的中心电极向外扩散，同时在气缸中产生电流［Saitzkoff 等（1996）］。考虑到气缸压力，离子电流的模型如下所示：

$$\frac{I}{I_m}=\frac{1}{\left(\frac{p}{p_m}\right)^{\frac{1}{2}-\frac{3}{4}\times\frac{\gamma-1}{\gamma}}}e^{-\frac{E_i}{2kT_m}\left[\left(\frac{p}{p_m}\right)^{-\frac{\gamma-1}{\gamma}}-1\right]} \tag{12.5}$$

式中，I 为离子电流；I_m 为离子电流最大值；p 为气缸压力；p_m 为气缸压力最大值；T_m 为最高温度；γ 为比热容比；k 为玻尔兹曼常数；E_i 为电离能。

压力、温度和离子电流之间的关系提供了获取有关压力和燃烧信息的可能性。参见 10.5❶ 节，得到的峰值压力位置（PPP）是判断最佳点火提前的指标，并将其作为以下组合信号解释反馈控制的一个示例。起初通过二次或三次高斯方法获取 PPP 信息［Eriksson 等（1996）］，然后是神经网络和峰值搜索［Hellring 和 Holmberg（2000）］以及其他方法［Moudden 等（2002）］。相关的应用现状综述可以在 Malaczynski 等（2013）中找到。

具有压力模型和离子传感技术的虚拟压力传感器

另一个实例说明了虚拟传感方法与传感器融合技术相结合的可能性，见 Eriksson 和 Nielsen（2003）。将 7.8 节中总结的气缸压力模型［式(7.51)］和上述离子电流模型［式(12.5)］结合起来得到气缸压力的虚拟传感器。该方法使用了正常的发动机传感器来构造压力轨迹，但是由于燃烧相位的不确定性，需要离子传感的帮助以获取信息。通过使用 7.8 节中的压力轨迹等级和燃烧相位以及离子电流［式(12.5)］，关于压力的信息就会结合到一起。通过其他传感器的压力、离子电流和输入数据模型，整体模型就可估算并产生气缸压力轨迹。

12.3.2 实例——离子传感点火反馈控制

我们现在考虑这个问题，如何使用离子电流进行反馈控制。我们首先回顾图 10.20，它显示出最佳点火正时位置上的峰值压力位置（PPP）接近 16°ATDC。结合上述信息和气缸压力传感器进行反馈控制，发动机效率能够增加几个百分点［Glaser 和 Powell（1981），Hubbard 等（1976），Sawamoto 等（1987）］。首先由 Eriksson 等（1997）演示

❶ 原文为 10.6（译者注）。

了基于离子传感的点火正时反馈控制。

点火正时控制器结构如图 12.12 所示，结构组件如下所述。点火正时管理器是在 10.5❶ 节中讨论的传统控制器的基础上进行扩展得到的，使其能够获得 PPP 的基准值，从而为不同工作点提供不同的点火时间表，这样就可以在不增加工作量的基础上实现控制目标。例如，在中等负载、中速范围内，期望有一个接近于 MBT 的点火提前，PPP 约为 15°。而在高负载的范围内，延迟 PPP，此时的点火时间表有助于降低发动机噪声和 NO_x 的排放。图 12.12 所示的前馈作用体现了参考值的变化过程以及发动机瞬态对点火提前的影响。该解析算法中包含了在 10.5.1❷ 中论述的爆燃检测，以及 Eriksson 和 Nielsen (1997) 中的用于反馈控制器的最佳燃烧位置 PPP 估算算法。反馈控制器测量之前的燃烧周期为 n，并且更新下一个周期 $n+1$ 的点火正时，同时使用以下积分控制器。

$$\Delta\theta_{fb}[n+1]=\Delta\theta_{fb}[n]-K_I(PPP_{ref}[n]-PPP_{est}[n]) \tag{12.6}$$

式中，$\Delta\theta_{fb}$ 为点火正时的调整值；PPP_{ref} 为所需的峰值压力位置；PPP_{est} 为根据离子电流的 PPP 估计；K_I 为可以调整的增益。

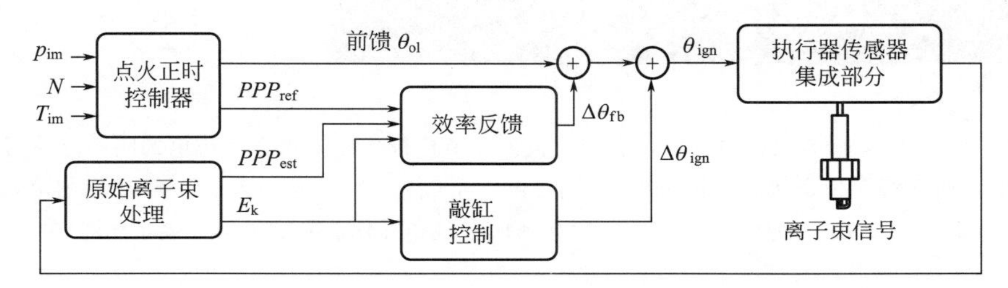

图 12.12　点火提前控制结构示意图（其中，火花塞作为一个集成的执行器和传感器来工作。信息是从原始的离子电流中获取的，并将 PPP 的估计值作为点火正时控制器的输入信号；如果爆燃控制器检测到爆燃，那么将通过使用其他传感器获得参考值和前馈信号，如发动机转速和负载）

闭环控制器参数

对式(12.6) 中的增益 K_I 进行选择以协调周期变化的衰减和响应速度。滤波是以减缓反馈环的响应为代价的，但是可以通过前馈来提高，如图 12.12 所示，该前馈基于一个名义的点火提前表。非常快速的响应并不是必需的，因为环境变量例如湿度变化得不是非常快。一个准则是，由于周期性变化，点火正时不能移动超过 1°，参见 Powell (1993)。对于这种发动机，PPP 估算值在周期之间的变化为 10°左右。

另一个需要考虑的问题是 PPP 估算值和真实值的接近程度。通过计算不同长度的移动平均值来测量和估算峰值压力位置，参见 Eriksson 等 (1997)，同时得出 $K_1=1/10$ 是反馈增益的一个较合适的值，也是用于在线检测的值。

试验装置

水被喷入到发动机中，这会给发动机提供一个未知的扰动。图 12.13(a) 所示为喷水装置及试验发动机，正如图中所示，喷水过程是手动完成的，将水喷向节流板，并引入到进气系统中。由于存在压差，水雾会流入进气歧管中。喷雾带有颜色并且通过一个阀门控制。液体喷雾是通过两个相对的孔来雾化的，加压空气由两个孔吹出。图 12.13(c) 给出

❶ 原文为 10.6；❷ 原文为 10.6.1（译者注）。

了喷水的喷雾器以及带有液体喷射和加压空气的喷射器喷嘴的放大示意图。液体虽然由于加压空气的存在雾化得不完全，但是液滴会变得更小。虽然没有测定进入到发动机中的水雾总量，但是在测试过程中，它并未对发动机产生太大的影响。然而，如果存在足够的水就会改变缸内压力轨迹，进而使平均峰值压力位置后移 4°～5°的位置。

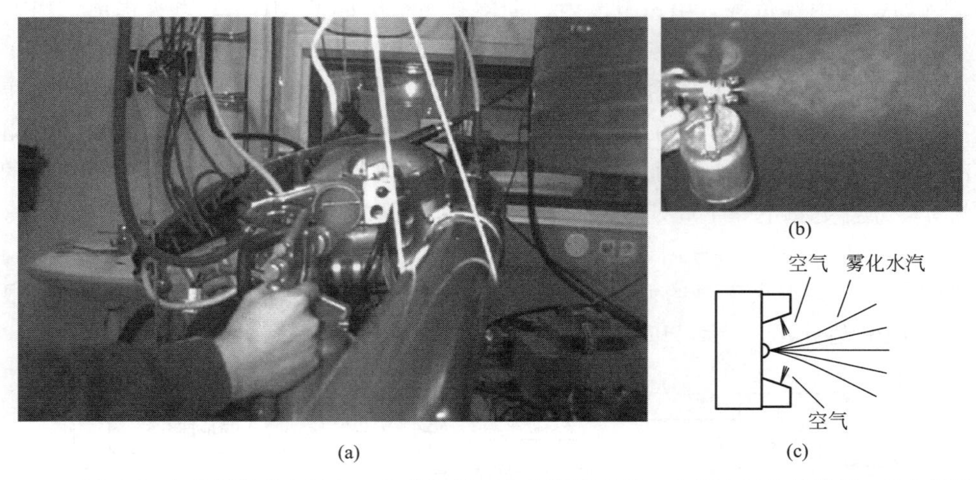

图 12.13 图（a）为喷雾器朝向进气口和节流板。在节流板下侧，水雾为灰色的阴影。拍摄照片时，发动机运行在稳定状态，转速为 1500r/min，负载为 50N·m。图（b）为喷射器喷水的画面。图（c）为带有液体喷射、加压空气和雾化液滴的喷射器喷嘴示意图

喷水试验

如图 12.14 所示，在试验过程中，节气门角度和喷射时间保持恒定。发动机转速也由测功机保持恒定。发动机在稳态下运行，并且在试验周期开始前，空燃比（A/F）被调整到 $\lambda=1$，喷射时间在测试循环中确定并保持恒定。

图 12.14 显示了一个测试循环的大部分。转速和负载条件是 1500r/min 和 55N·m。在测试循环的初始阶段，点火提前控制器开始工作。控制器改变点火提前角，控制峰值压力位置接近 MBT，也就是在上止点（TDC）之后到 16°～17°。离子电流作为控制器的输入信号，缸内压力用于验证。信号包括 PPP、输出转矩、歧管压力以及通过非因果零相位滤波器进行离线滤波的 λ 信号。通过 Matlab 中的零相位数字滤波，使用三阶和归一化截止频率为 0.3Hz 的巴特沃斯滤波器。

大约 100 个循环，反馈控制器关闭，同时控制器保持在最优值附近。大约 250 个循环时开始喷水。需要注意的是峰值压力位置向后移动 4°，并且输出转矩减小。大约 400 个循环时，反馈控制器再次接通，并且控制峰值压力位置返回到最优值。控制器需要将点火提前角改变大约 5°，从而返回到最佳位置。在 Eriksson 和 Nielsen（1998）中，在 35N·m 的较低负载时进行相同的试验，试验结果表明了喷水将最佳点火提前角改变为 9°。需要注意的是，当反馈控制器接通时，由于点火提前角返回到最佳位置附近，这时输出转矩将增大。大约循环 550 次时，喷水停止，此时点火提前角的变化量开始减少。当喷水停止后，需要一段时间直到所有水分流过系统后，变量才会逐渐恢复到

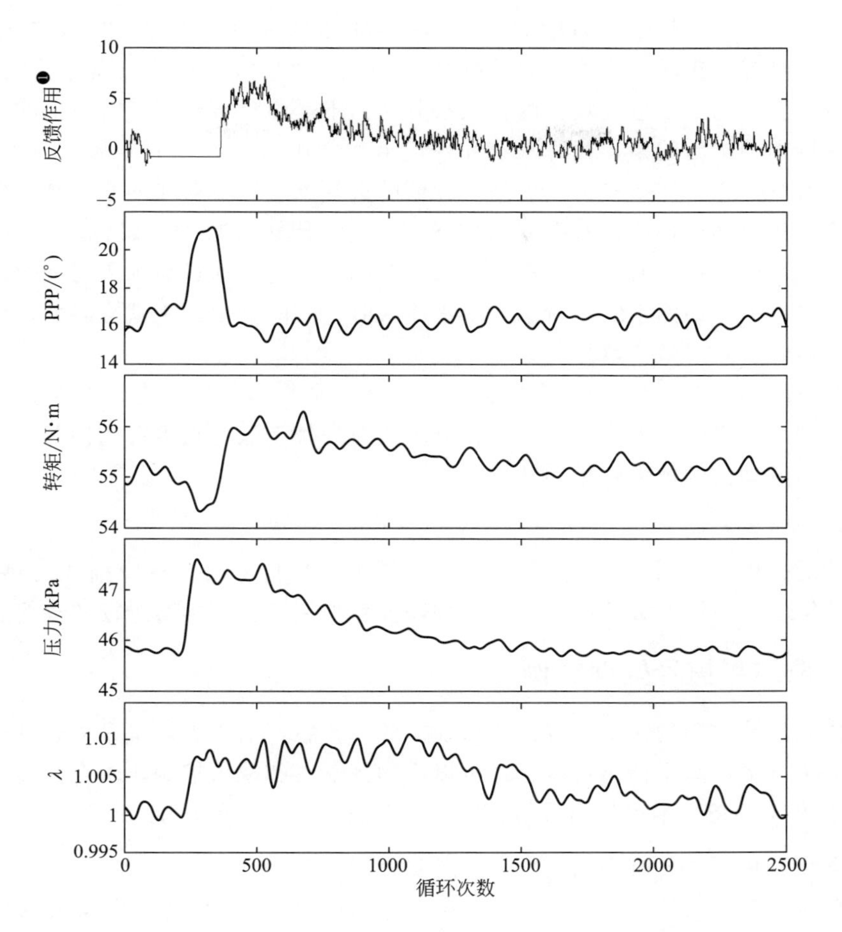

图 12.14 点火提前控制器关掉大约 100 个循环，此时点火提前保持恒定。大约在 250 个循环时，喷水开始，并导致 PPP 延迟和输出转矩降低。大约在 400 个循环时，点火提前控制器接通，控制 PPP 回到 MBT 并增加输出转矩。大约 500 个循环时，喷水停止，由于水在进气歧管中的蒸发作用，参数会逐渐返回初始状态

它们的初始状态。

当控制器关闭时，可以将点火提前看成是一个靠近 MBT 的预先校正的点火提前表。影响点火提前的信号是发动机转速和进气歧管压力。由于较高的进气压力［Eriksson 和 Nielsen (1998)］通常会被看成一个较高的负载，校准表会使点火提前向错误的方向移动，它会使点火正时延迟。

由于喷水导致转矩增加的分析

Eriksson 和 Nielsen (1998) 中的喷水和反馈控制试验，表现出了发动机转矩相对于初始水平有 1.5%～3%的增加。转矩的增加是由于喷水和控制点火提前造成的，起初看起来会比较奇怪，但转矩的增加也是由不同的原因造成的，三个原因如图 12.14 所示。第一个是空燃比（A/F）的增加，增加了燃料的转换效率，燃料的量是恒定的，这意味着增加了输出转矩。根据图 5.13，在空燃比（A/F）方面有 1%的增加，可以改变 0.4%的燃

❶ 原文未给出单位（译者注）。

料转化效率。第二个是歧管压力增加 2%，就会降低泵送功［式(5.13)］。从图 12.14 中可以看出，当喷雾停止时，歧管压力没有迅速下降，而是由于水的蒸发作用缓慢地降低。因此，压力的提高是由于进气歧管内存在水分，而不是由喷雾器在节流板上吹送的空气和水造成的。特别要指出的是，此时水蒸气替代了空气作用。第三个是水也会将空气冷却，在相同的压力时，它会使空气密度更高。较低的进气温度以及存在的水分会降低燃烧室中的温度，这在热力学循环中具有有利的影响。总之，传热的减少［式(5.32)］和分解作用对提高效率和输出转矩是有利的。需要重点注意的是，为了通过喷水来增加输出转矩，有必要改变点火提前。如图 12.14 所示，当水注入时，实际输出转矩就会降低，但当点火提前控制器接通时，效率就会增加。

在全负荷的条件下，用于降低温度的喷水会带来很多好处，它会减少爆燃和 NO_x。喷水系统常被用于降低爆燃倾向，可以在最大负荷条件下保持点火提前使其更接近于最佳值，从而提高发动机的最大转矩和功率。

离子传感技术应用总结

用于性能分析以及用于了解作用机理的必要工具来自于第 5 章中描述的热力学知识。这说明复杂发动机系统的成功应用和解释都需要对控制和物理学有透彻的理解。

12.3.3 总结和信号处理实例

离子传感反馈控制的实例可以说明增加有效的传感器信息提取量是提升性能的一种经济有效的解决方案。离子传感技术已经可以应用到爆震和缺火控制，现在只需要在电控发动机管理系统（EMS）中增加信号解析能力以开发出更高级的功能。

曲轴转角速度变化——气缸平衡

另一个有效信号的例子是发动机转速信号（rpm 信号）。目前我们将发动机转速取为整个循环的平均值，但是由于各气缸的转矩脉动，发动机转速也会有变化。rpm 信号处理加上曲轴模型已经能够用于缺火诊断中，例如，估算由于角速度波动产生的转矩脉冲［Chen 和 Moskwa（1997），Wang 等（1997）］。缺火诊断将在 16.5.4 中进行详细的讨论。转速变化也可应用于柴油机中，比较各气缸产生的转矩并用于气缸转矩的平衡。

也可以开发多传感器的应用，测量发动机转速或离子电流等基本信号，并且从中推断出其他的传感器信号，如图 12.10 所示。上述离子传感实例的一种变形是将其与压力模型 7.8 相结合，获取燃烧相位信息［Andersson 和 Eriksson（2009）］。另一种方法是为曲轴模型和转矩传感器替换离子电流。然后燃烧相位信息可以通过使用曲轴转矩传感器获取［Larsson 和 Schagerberg（2004）］。

λ 传感器信号处理

包含气缸信息的另一种传感器是平板型 λ 传感器。它可以足够迅速地记录气缸间传播的 λ 波，如图 7.22 所示。信号处理可用来获取各个气缸的 λ 值［Cavina 等（2008），Grizzle（1991），Schick 等（2011）］，附加的信息可用于调整供油，减少气缸间的扩散。

第 4 部分

传动系统的建模和控制

目 录

13 传动系统介绍

传动系统将发动机转矩传递至车轮，因此，它是车辆行驶的基础。根据第 3 章的定义，传动系统和发动机组成了动力系统，同时也给出了其拓扑结构和配置的若干案例。根据 Merriam-Webster 的说法，“动力系统”这个词很早就出现了，已知的第一次使用是在 1943 年。“传动系统”这个词，已知的第一次使用是在 1949 年，它的同义词“动力传动系统”在 1954 年第一次使用。图 13.1 举例介绍了一个后轮驱动车辆的动力系统，图中包含发动机和传动系统。

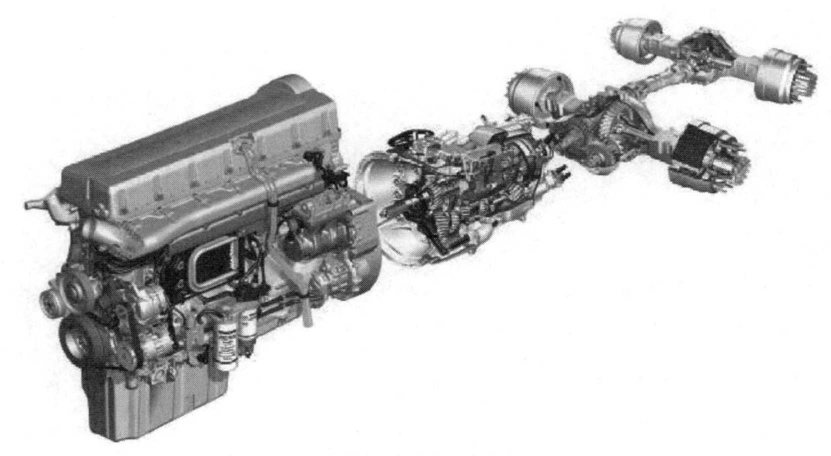

图 13.1　后轮驱动车辆动力系统的示例
（图中为发动机和传动系统，Volvo 卡车授权使用）

本章概括地介绍了传动系统，在接下来的两章中，将介绍传动系统的建模和控制。这三章介绍的一些基础内容将便于读者对传动系统有更好的基于模型的理解和控制。13.1 节首先介绍了有关传动系统的术语。13.2 节定义了动力系统控制的一个分支——传动系统控制。为了进一步介绍传动系统背景，13.3 节描述了由于不适当的传动系统控制造成损害车辆的行为，并由此指出了目前传动系统的控制任务。13.4 节简要地讨论了传动系统建模和控制方法。

13.1 传动系统

由之前的定义可知传动系统就是除去转矩提供装置的动力系统。传动系统（the powertrain）的主要组成部分为离合器、变速箱、传动轴、主减速器、驱动轴和车轮。图 13.2 与图 13.1 中的后轮驱动车辆传动系统的主要组成部分的原理图类似。

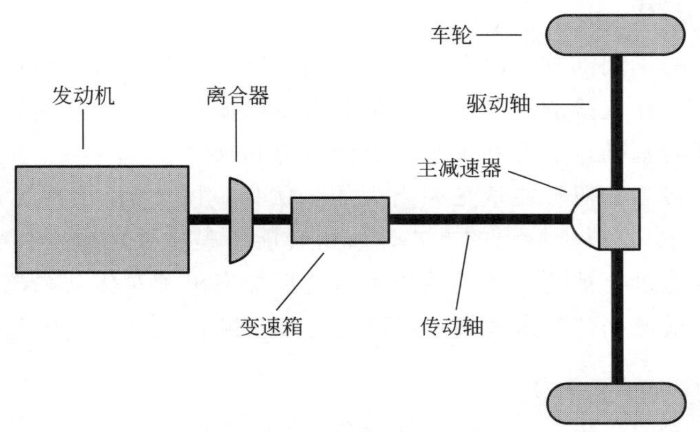

图 13.2 后轮驱动车辆的传动系统

13.2 传动系统建模和控制的动机

当提到传动系统控制时，首要的问题是：

- 控制的主要目标和控制中的变量是什么？
- 引起问题出现的主要物理现象是什么？
- 当车辆不受控制时，这些问题在车辆行为上有哪些具体表现？

本节接下来的部分介绍性的讨论了这些问题。

13.2.1 主要的目标和变量

在传动系统控制中有两种类型的变量是需要特别关注的：

- （转动的）速度；
- 转矩。

请注意传动系统中存在一系列不同的速度（发动机、变速箱、车轮）和一些影响传动系统的不同转矩（发动机、变速箱、车轮）。首要的目标是控制这些变量中一个或是它们的综合量，使它们表现更好。还有很多具体的目标依赖于实践应用，后面的一个例子就是通过有效地控制发动机的转速来控制车轮的转速，以此抵消振动。另一个体现控制目标的例子是，通过换挡控制使变速箱内部的转矩降至零。

13.2.2 传动系统控制与纵向车辆驱动控制的对比

传动系统控制可能涉及一些有关纵向驱动的问题。如前所述，传动系统是不包含转矩提供装置的动力系统，通常要让传动系统控制在数秒或更快的时间内适应不同的情况。尤其是要关注传动系统的转速或转矩（发动机、变速箱、车轮）不相同的情况。动力系统控制，驱动控制或者说车辆纵向控制，换句话说，就是来处理车辆加速度、温度和许多其他变化缓慢的现象。尽管这些区分是不严格的，但是在本书中将它们区别开了。

应该注意的是，同一个驱动装置，比如发动机，在同一时间既可用于传动系统控制也可用于车辆纵向控制。发动机的中值转矩决定了车辆加速度，同时，围绕中值波动的叠加（superimposed）在发动机转矩上的振动，可以用于抑制传动系统中的振动。

13.2.3 物理背景

车辆传动系统的不同部分（离合器、变速箱、轴和车轮）速度和转矩不同，其物理根源在于传动系统是弹性连接的。这意味着可能发生机械共振。处理此类共振是实现传动系统功能和驾驶性能的基础，且有利于减少机械应力和噪声。

传动系统的扭转力和扭转能量是相当大的。例如，图 14.4 顶部显示的数据表明，驱动轴的扭转量大于 20°，以不恰当的方式释放扭转能量是主要问题。而大功率发动机的发展意味着有更多的能量会被注入传动系统中，这更加突出了对传动系统控制的需求。负重载后的重型卡车，最低挡位的最大转矩就已经可以折断传动系统中的某些轴了。

13.2.4 驱动应用的背景

驾驶舒适性以及摩擦磨损取决于车辆的平稳运动，也就是传动系统的平稳运转。而且，传动系统的平稳运转对车速控制装置的优化、改善排放和处理瞬变情况等几个方面同样重要。然而，平稳不是唯一要求，通常运行状态的变化越快越好，尤其是在传动系统模式切换时。举一个例子，如快速换挡，内部转矩应尽快控制至零而不引起振动。现代的传动系统，如在装有先进的多模式发动机或混合动力的车辆中的传动系统，有更多的模式转换需要控制，良好的控制足以使驾驶员注意不到动力有变化。

由于应用的要求日益严苛，另一个值得提及的发展趋势是，与传动系统控制有关的传感器和执行机构发展势头强劲，它们能够更快、更准确地做出响应。

13.3 没有适当控制下的不良行为

如前面提到的，传动系统中扭转产生的能量是很大的，如果不能适当控制就会引起很多问题。举三个众所周知的例子，每辆车在设计时都需要考虑车辆挂入空挡后引起的跛行（vehicle shuffle）、喘振（vehicle surge）、延迟（shunt-and-shuffle）及振荡（oscillations）。接下来三个部分的主题就是介绍这几种现象，并针对车辆实测的情况进行说明。

13.3.1 车辆跛行和车辆喘振

名词“车辆跛行”或者“车辆喘振”是指由于传动系统振荡，导致整个车辆的前后晃动的现象。车辆的强烈跛行会使车辆的速度振荡以及噪声产生很大的变化。图 13.3 说明了这种现象，P 控制器用于控制 Scania 重载卡车的发动机转速。图 13.3 显示了被测发动机转速和轮速对加速器踏板位置阶跃输入的响应，可以看到发动机转速在无振荡的情况下表现良好，在刚性传动系统情况下，发动机转速相当于有了良好阻尼的轮速，但是如图轮速振荡会导致车辆跛行。

当进行驾驶测试，收集数据时，卡车受到驱动后，有时车辆跛行很强烈以致驾驶室前后晃动，很难拿住测试用的便携式电脑而不使其掉落。

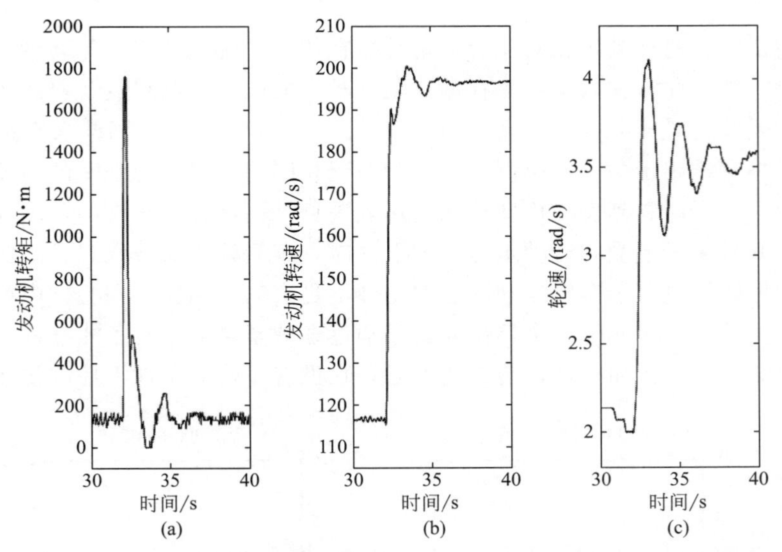

图 13.3　32s 时在加速器踏板位置输入阶跃信号测得的速度响应（用 P 控制器控制发动机转速至 2000r/min。发动机转速被很好地抑制，但是传动系统的共振使轮速产生振荡，导致车辆踱行）

13.3.2　穿越侧隙——延迟和踱行

当从负向转矩开始加速时，可能会出现踱行的特殊现象，贯穿传动系统的侧隙，并且会在正转矩的情况下持续加速。穿越侧隙称为延迟，是加速度对时间的导数。延迟可能因为一个突然的碰撞结束，并产生不利的噪声和颠簸。然后车辆可能开始踱行。这种组合现象称为延迟和踱行。图 13.4 所示为在 Volvo 私家车上进行的测试［Karlsson（2001）］。

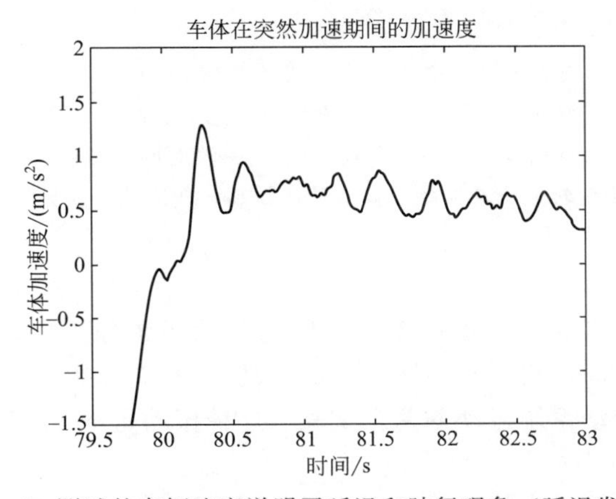

图 13.4　测试的车辆速度说明了延迟和踱行现象（延迟发生在 80s，并且在 80.2s 时由于突然的冲击结束，然后车辆开始踱行）

13.3.3 挡位脱开后的振动

当车速稳定时，与行驶阻力对应的稳定转矩在传动系统中传递。驱动轴的扭转量与这个转矩成比例。如果此时挂入空挡，存储在驱动轴中的能量会被释放，释放的能量决定了振荡的发生方式。对 Scania 卡车的测试在图 13.5 中给予说明，车辆挂入空挡后没有使用转矩控制。这种测试用于两个转速恒定且行驶路况相同的情况，稳态时的转速越高，振荡的幅度就会越大。可以看到发动机转速和轮速表现良好。这是很正常的，因为在空挡时发动机无负载，并且当车辆受到行驶阻力速度下降时，车辆处于滑行状态。因此，在这种情况下释放出的扭转能量对于车辆运动的影响是微不足道的。相反，在测试中可以清楚地看到变速箱会发生振动。因此下一个挡位要到振动逐渐减至足够小时才能挂入。这表明模式转换时需要控制转矩，比如换挡，传递速度时，在没有振荡的条件下控制传递转矩为零。

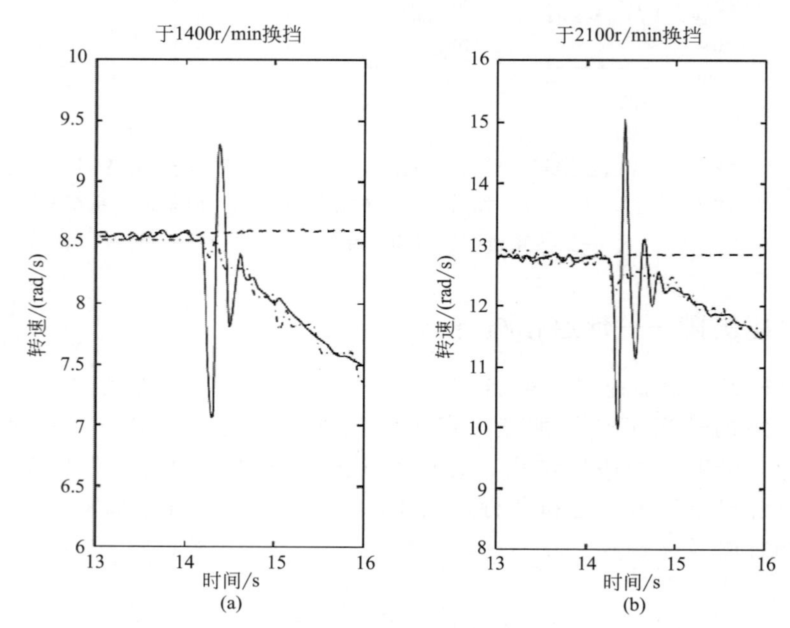

图 13.5 平坦路面上，初始挡位为 1 挡时，发动机转速在 1400r/min 和 2100r/min 下的换挡过程（$t=14$s 时开始）[变速箱转速为实线，发动机转速为虚线（已除以变速箱传动比），车轮转速为点划线（已乘以主减速比）。一段时间延时后，空挡挂入，传动系统转速出现振动。换挡转速越高，变速箱转速振动越大]

空挡状态的复杂振动

在之前的试验中没有相对速度的不同，因为传动系统处于稳态模式。如果在换挡之前，相对速度出现了不同，将会有不同形式的振动。图 13.6 和图 13.7 所示是挂入空挡时没有转矩控制，导致传动系统振动的两个试验。这种振动是由 11.7s 时发动机转矩的脉冲引起的。

换挡前，由于传感器动态特性以及离合器弹性，发动机和变速箱转速的计算值与实测值只有少许偏差。换挡后，传动系统将释放储存的能量，造成转速波动以及变速箱和车轮的转速差值最小化。由于行驶负荷阻力，车轮与变速箱转速开始下降。因此，换挡时两者存在的转速差会造成变速箱转速振动。转速差越大，其转速振动幅度越大。

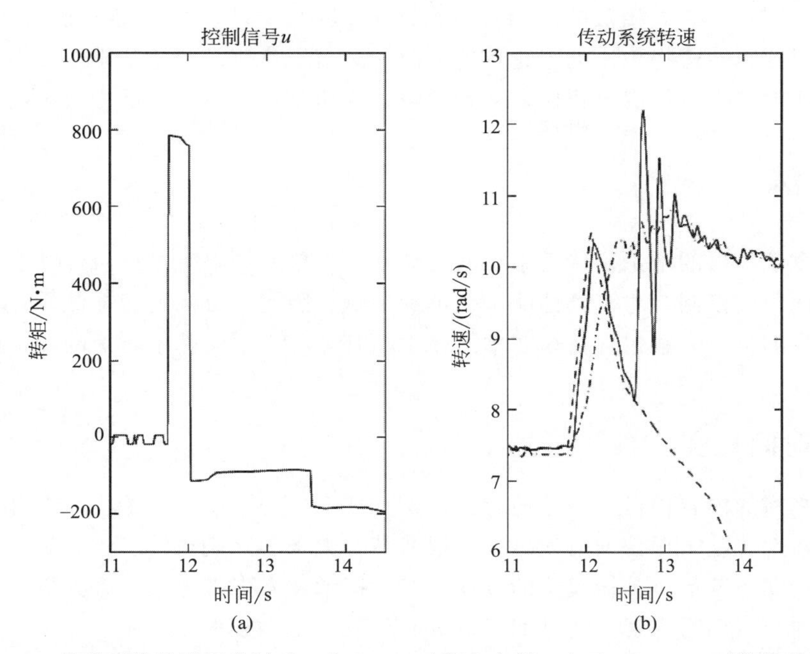

图 13.6 传动系统无转矩控制时，在 12.5s 时挂入空挡，由于 $t=11.7$s 时的发动机转矩振动［图（a）］，引起了传动系统转速的振动。图（b）中，变速箱转速为实线，发动机转速为虚线（已除以变速箱传动比），车轮转速为点划线（已乘以主减速比）。换挡后，变速箱转速出现振动

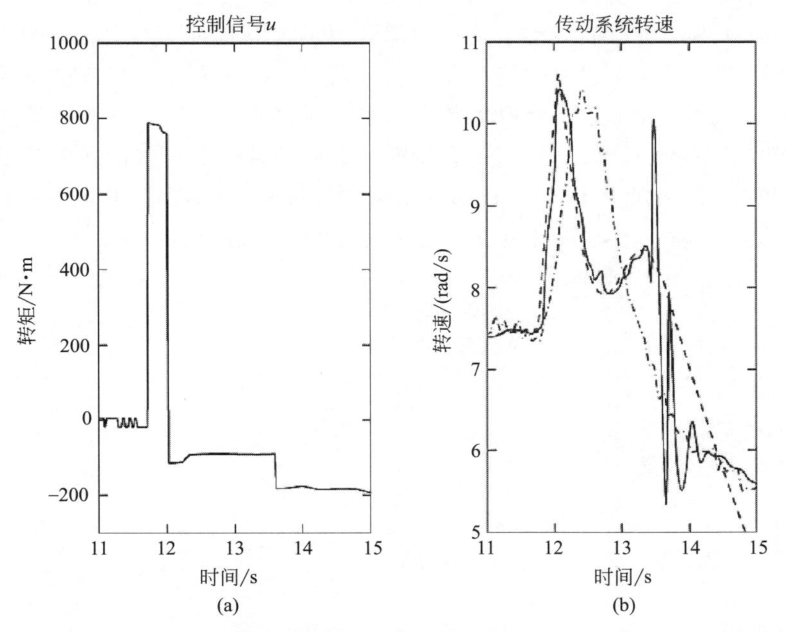

图 13.7 在 13.2s 时挂入空挡，其他条件与图 13.6 相同。图（b）中，变速箱转速为实线，发动机转速为虚线（已除以变速箱传动比），车轮转速为点划线（已乘以主减速比）。换挡后，变速箱转速出现振动

图 13.7 是与图 13.6 相似的试验，只是在 13.2s 时挂入空挡。相对转速差与图 13.6 中的相反。变速箱转速将传递到车轮转速，两者又由于负荷而开始减小。然而出人意料的是，与相对速度差表示的内容相比，初始阶段中变速箱转速沿着相反方向偏离。

13.4 方法

由上述章节得出的结论是传动系统的运转并不简单，如果对这种由传动系统运转引起的现象不加适当的控制会对车辆性能产生不利影响。因此，目标是能据此设计出适当的控制。已经获得的解决方案包含在第 3 章图 3.10 和图 3.11 中的基于转矩的（torque-based）控制结构中。

13.4.1 时间尺度

从本章之前的内容中可以清楚地看到，例如 13.3 节中所有的图，问题的共同特征是它们的振荡本性。基本振荡的时间尺度也很清楚，大于 1s 小于 10s。控制频率范围的重要性在于包含传动系统最小共振模式的管理方式。振动和噪声产生了一系列更高的频率，本书不详述此内容，如需了解，请见 Gillepspie 等（1992）的研究。

13.4.2 建模和控制

如上所述，传动系统的建模和控制集中于传动系统的转速或转矩（发动机、变速箱、车轮）不相同的情形。使用的模型必须能捕捉主要的涉及转矩影响的物理现象，并且能够适用于相关的测试。在控制章节中提到，可以使用不同的传感器，通常是用于测量旋转速度的传感器，但并不是所有的传动系统状态都要测量。因此对于不用测量的状态，典型的结构是有一个观测装置作为虚拟的传感器，这个装置同时也有减少噪声的效果。然后，在这个基础上实施控制。为了达到最好的效果，当进行控制设计时，在观测器的模型中包含多于需要的细节是有利的，如传感器动态特征和非线性特性。这些问题是接下来两章的主题，这些内容取自下列著作：Pettersson 和 Nielsen（1997），Pettersson 和 Nielsen（2000），Pettersson 和 Nielsen（2003），Kiencke 和 Nielsen（2005）。

14

传动系统建模

传动系统是车辆的基础，根据传动系统功用和应用场合的不同，应建立在细节上有区别的模型。根据传动系统的基本特性，将会提出一个通用的建模方法，介绍如何建立适用于驱动力研究的模型或适用于传动系统控制设计的模型。处理的现象仍是那些在之前章节中所述的，包含传动系统最小共振模式的频率区域系统。正如前面提到的，在这里不讨论振动和噪声引起的更高的频率范围，但是可以使用相同的建模方法。

14.1 节介绍了获得传动系统基本方程的通用建模方法。14.2 节中介绍了刚性传动系统的基本模型，用来做例证的试验数据来源于对卡车的试验。在 14.3 节和 14.4 节在建模过程中采用了同样的试验，目的是找出对被测发动机转速、变速箱转速和车轮转速振动影响最大的物理量。14.5 节包含闭式离合器（a closed clutch）的行为和其他如齿侧间隙的非线性。14.6 节探讨传动系统被分离为两部分时，如挂入空挡时或离合器分离时的建模。然后，14.7 节建立了滑动离合器（a slipping clutch）模型，14.8 节建立了液力变矩器模型。

14.1 总体建模方法

图 13.2 所示为一个后轮驱动车辆的传动系统，由离合器、变速箱、传动轴、主减速器、驱动轴和车轮等部件组成，每一个部件都需要建立一个模型。广义的牛顿第二定律推导出部件模型，结果是通过阻尼轴弹性连接的转动惯量。子模型间的连接是靠转矩和转速，这很符合它们在第 3 章中基于转矩（torque-based）控制结构中的作用。除了部件模型，还需要传动系统的输入转矩（如发动机输出的转矩），这一点和需要负载是一样的（如作用于车轮有效的行驶阻力）。后者可由第 2 章中行驶阻力建模获得。

14.1.1 传动系统的图解方案

当建立一个如图 13.2 所示的传动系统模型时，使用图解方案作为第一步，有利于定义每个部件和它们连接处的变量。图 14.1 所示是给出的传动系统每个子系统的标识、输入和输出的方案。下一步是导出方程。

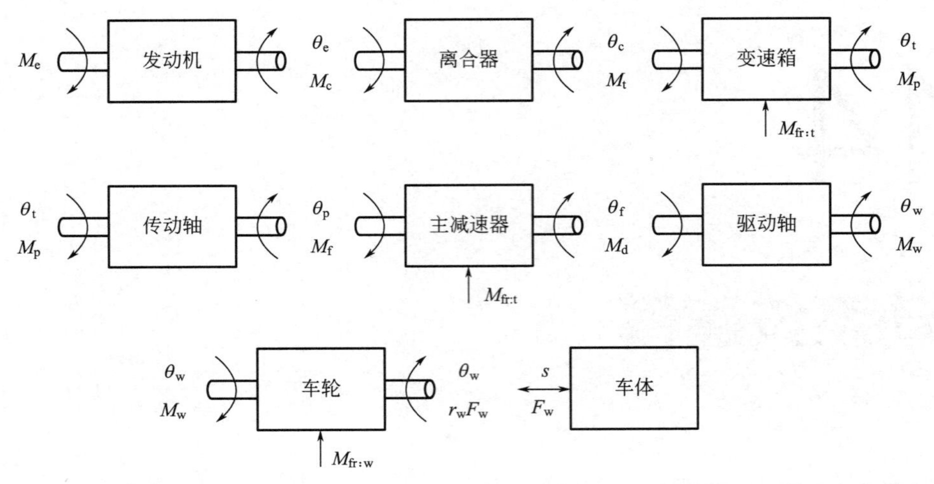

图 14.1　车辆传动系统子系统，标注了各自角度和转矩。也包含周围的系统，如发动机和车体，以及它们对传动系统的相互作用（变量 s 是在 2.19 中定义的位置变量）

14.1.2　传动系统综合方程

对于每一个子系统，方程都被系统地导出。符号见图 14.1。

发动机

在第 7 章中，利用模型式(7.60）建立了发动机模型。用角度 θ 代替角速度 ω 作为基本变量，即 $\dot{\theta}=\omega$，这样模型中就会包含扭转量，角度差。使用 J_e 作为发动机的转动惯量，θ_e 作为飞轮的角度，则其动力学方程为：

$$J_e\ddot{\theta}_e=M_e-M_c \tag{14.1}$$

正如在模型式(7.60）中，M_e 是发动机的输出转矩，并且外部负载是来自离合器的负载 M_c。

离合器

带有手动变速箱的车辆上使用的摩擦式离合器由离合器片、发动机的飞轮和变速箱输入轴组成。当离合器接合时，假定无内部摩擦，获得了 $M_c=M_t$。传递的转矩是离合器上角度差（$\theta_e-\theta_c$）和角速度差（$\dot{\theta}_e-\dot{\theta}_c$）的函数

$$M_c=M_t=f_c(\theta_e-\theta_c,\dot{\theta}_e-\dot{\theta}_c) \tag{14.2}$$

变速箱

变速箱中存在齿轮组，每一组齿轮有其传动比 i_t。这给出了变速箱输入和输出转矩的关系：

$$M_p=f_t(M_t,M_{fr:t},\theta_c-\theta_t i_t,\dot{\theta}_c-\dot{\theta}_p i_t,i_t) \tag{14.3}$$

变速箱内部摩擦转矩记为 $M_{fr:t}$。式(14.3）中考虑角度差 $\theta_c-\theta_t$ 是因为在变速箱中可能存在转矩影响。

传动轴

传动轴连接着变速箱的输出轴和主减速器。假定无摩擦（$\Rightarrow M_p=M_f$），下面给出转

矩输入到主减速器的模型：

$$M_p = M_f = f_p(\theta_t - \theta_p, \dot{\theta}_p - \dot{\theta}_p) \tag{14.4}$$

主减速器

主减速器的特点是和变速箱一样存在传动比 i_f。输入和输出转矩有如下关系：

$$M_d = f_f(M_f, M_{fr:f}, \theta_p - \theta_f i_f, \dot{\theta}_p - \dot{\theta}_f i_f, i_f) \tag{14.5}$$

主减速器内部摩擦转矩记为 $M_{fr:t}$。

驱动轴

驱动轴连接着车轮和主减速器。假设左右两侧车轮轮速相等，此时，模型中只需考虑一个驱动半轴。但是，当车辆转弯时，左、右车轮转速不等，两侧驱动半轴要分别进行建模。忽略其内部摩擦力矩（$\Rightarrow M_w = M_d$），模型方程为：

$$M_w = M_d = f_d(\theta_f - \theta_w, \dot{\theta}_f - \dot{\theta}_w) \tag{14.6}$$

车轮

作为驱动车辆最后的部件——车轮，建立方程时，要考虑车辆整体。第二章图 2.1 给出了车辆（质量为 m，车速为 v）的纵向受力图。其方程式(2.1）为：

$$m\dot{v} = F_w - F_{DF} \tag{14.7}$$

当研究动力系统特性时，制动力 F_b 通常是被忽略的。作用于车轮的力 F_w 可以从式(14.7)中求得。F_w 引起的转矩等于 $F_w r_w$，r_w 是车轮半径。由牛顿第二定律得出：

$$J_w \ddot{\theta}_w = M_w - M_{fr:w} - F_w r_w \tag{14.8}$$

J_w 代表车轮转动惯量，M_w 可由式(14.6）得出，$M_{fr:w}$ 是摩擦力矩。结合式(14.7)、式(14.8）和 $v = r_w \dot{\theta}_w$得出：

$$(J_w + mr_w^2)\ddot{\theta}_w = M_w - M_{fr:w} - r_w F_{DR} \tag{14.9}$$

描述车轮的方程中忽略了轮胎动力学效应。

式(14.1)～式(14.8）给出了离合器接合时传动系统的完整模型。到目前为止函数 f_c、f_t、f_p、f_f、f_d，摩擦力矩 $M_{fr:t}$、$M_{fr:f}$ 和 $M_{fr:w}$ 还是未知的。这导致了一系列不同复杂程度的传动系统模型。下面将对这些目前未指明的模型做出假设。同时，用 2.2 节和 2.3 节中的模型来定义行驶阻力 F_{DR}。

14.2 基本的完整模型——刚性传动系统

大量关于驱动力的研究表明，传动系统的内部状态可以忽略，因此传动系统可以作为刚性传动系统来探讨。假设离合器和轴是刚性的，且没有能量损失，变速器和主减速器的转矩乘以传动比，这样就建立了一个基本模型。在上述探讨基本方程中做的假设，是为了获得集中惯量的模型，见图 14.1 中的标注。使用标准模型式(2.28）来计算行驶阻力。

发动机

建立如式(14.1）的发动机模型：

$$J_e \ddot{\theta}_e = M_e - M_c \tag{14.10}$$

离合器

假设离合器为刚性的，可以得出下面的转矩和角度方程：

$$M_c=M_t,\theta_e=\theta_c \tag{14.11}$$

变速箱

传动比为 i_t 的变速箱用转动惯量 J_t 表示。假设摩擦力矩由黏性阻尼系数 b_t 表示。根据式(14.3)，变速箱的模型为：

$$\theta_c=\theta_t i_t$$

$$J_t\ddot{\theta}_t=M_t i_t-b_t\dot{\theta}_p-M_p$$

再使用式(14.11)，模型可以改写为：

$$J_t\ddot{\theta}_e=M_c i_t^2-b_t\dot{\theta}_e-M_p i_t$$

以上方程的通用建模方法将会在14.3节中介绍。现在介绍的是忽略了惯性和阻尼损失的简化版本。即当 $J_t=0$ 和 $b_t=0$ 时，导出下面的变速箱模型：

$$\theta_c=\theta_t i_t \tag{14.12}$$

$$M_t i_t=M_p \tag{14.13}$$

传动轴

假设传动轴是刚性的，可以得出转矩和角度的方程：

$$M_p=M_f,\theta_t=\theta_p \tag{14.14}$$

主减速器

和变速箱一样，主减速器可以用转动惯量 J_f 表示，摩擦力矩由黏性阻尼系数 b_t 表示。同样地，由于是基本模型，通过令 $J_f=0$ 和 $b_f=0$，忽略惯性和阻尼。依据式(14.5)，得出主减速器模型：

$$\theta_p=\theta_f i_f \tag{14.15}$$

$$M_f i_f=M_d \tag{14.16}$$

驱动轴

假设驱动轴是刚性的，可以得出转矩和角度的方程：

$$M_w=M_d,\theta_f=\theta_w \tag{14.17}$$

车轮

根据车辆动力学特性，模型如式(14.9)。忽略车轮摩擦，$M_{fr:w}=0$，可得：

$$(J_w+mr_w^2)\ddot{\theta}w=M_w-\frac{1}{2}c_w A_a\rho_a r_w^3\dot{\theta}_w^2-r_w mg(f_0+f_s r_w\dot{\theta}_w)-r_w mg\sin\alpha \tag{14.18}$$

注意，出现在 $\ddot{\theta}_w$ 之前的 mr_w^2 为新增惯量。

14.2.1 合并方程

从发动机到车轮的方程式(14.10)～式(14.18) 组成了一个完整的计算链。通过使用式(14.11)～式(14.17) 消去中间变量，获得刚性传动系统角度 ($\theta_e=\theta_c=i_t\theta_t=i_t\theta_p=i_t i_f\theta_f=i_t i_f\theta_w$，转矩同理) 和转矩的关系。可得：

$$i_t i_f M_c=M_w,\theta_e=i_t i_f\theta_w \tag{14.19}$$

式(14.19) 是完整的方程描述。将式(14.10) 和式(14.18) 重写如下：

$$J_e\ddot{\theta}_e = M_e - M_c \tag{14.20}$$

$$(J_w + mr_w^2)\ddot{\theta}w = M_w - \frac{1}{2}c_w A_a \rho_a r_w^3 \dot{\theta}_w^2 - r_w mg(f_0 + f_s r_w \dot{\theta}_w) - r_w mg\sin\alpha \tag{14.21}$$

综合模型的变量可选择发动机转速或轮速，此处选择轮速。因此，将方程式(14.19)～式(14.21) 中的 M_c、M_w、θ_e 消去，即得如下传动系统基本模型。

模型 14.1　传动系统基本模型

$$(J_w + mr_w^2 + i_t^2 i_f^2 J_e)\ddot{\theta}_w = i_t i_f M_e - mgf_s r_w^2 \dot{\theta}_w - \frac{1}{2}c_w A_a \rho_a r_w^3 \dot{\theta}_w^2 - r_w mg(f_0 + \sin\alpha) \tag{14.22}$$

模型式(14.23) 引入了行驶阻力：

$$(J_w + mr_w^2 + i_t^2 i_f^2 J_e)\ddot{\theta}_w = i_t i_f M_e - r_w F_{DR} \tag{14.23}$$

可选择的行驶阻力模型

只要用 2.2 节和 2.3 节中可以选择的任何一项替换 F_{DR}，就可以改变行驶阻力的模型。需要指出的是，上面使用的标准行驶阻力是恒定的，由速度 v 的一次和二次幂得出，且取决于坡度 α。通常，即使系数的选择稍有不同，通过这个模型的计算结果也足以与试验数据很好地吻合。低挡、低速时，空气动力学效应不明显，可忽略式(14.22) 中 $\frac{1}{2}c_w A_a \rho_a r_w^3 \dot{\theta}_w^2$，这样该模型对于 $\dot{\theta}_w$ 而言为线性，但是对模型参数是非线性的。

14.2.2　反射的质量和惯量

从式(14.22) 中可以观察到，将车轮角度变量 θ_w 更改为发动机角度变量 θ_e 后的动力学方程为：

$$\left(\frac{J_w}{i_t^2 i_f^2} + \frac{mr_w^2}{i_t^2 i_f^2} + J_e\right)\ddot{\theta}_e = M_e - \frac{r_w F_{DR}}{i_t i_f} \tag{14.24}$$

将这个方程和式(14.1) 进行比较，或者和 7.9 节中的模型式(7.60) 比较，可以看出它们有完全相同的方程。然而，发动机的驱动惯量为：

$$J_{eff} = \frac{J_w}{i_t^2 i_f^2} + \frac{mr_w^2}{i_t^2 i_f^2} + J_e \tag{14.25}$$

该公式包含了车辆的质量 m 和车轮惯量 J_w，发动机的驱动惯量与传动比的平方成比例。它们被称为反射质量和惯量。同样地，行驶阻力的负载与传动比的平方成比例，见式(14.24)。

14.3　传动系统喘振

在 13.3.3 中介绍了车辆行为如车辆踱行（shuffle）或车辆喘振，这些现象的根本原因是传动系统的振荡（oscillations），也称传动系统喘振。在之前的章节已经获得了刚性传动系统的基本模型，需要开始处理喘振，也就是处理内部转矩。首先，一些试验给出了建模的方法，然后导出模型并验证。

14.3.1 传动系统建模的试验

用于建模试验的主要部分是研究低速挡。原因是挡位越低，驱动轴传递的转矩越大。这意味着轴的扭转量在低挡位时较高，会产生振荡的问题。此外，高传动比会导致负载和车辆质量降低，车轮转速共振的幅度在低挡位时较高。

试验使用 Scania 公司的一辆 144L 6×2 重载卡车。卡车装备了 14L V8 涡轮增压柴油发动机，该发动机最大功率是 530hp，最大转矩是 2300N・m。发动机由离合器连接一个手动综合式变速箱 GRS900R。变速箱有 14 个挡位和一个液力减速器。发动机同时装备了手自一体的变速箱（AMT）系统 OptiCruise。卡车的质量是 $m=24000\text{kg}$。

三个速度传感器用于测量发动机飞轮的转速（$\dot{\theta}_e$）、变速箱输出轴的转速（$\dot{\theta}_p$）和驱动轮的速度（$\dot{\theta}_w$）。电感式传感器通过检测旋转齿轮轮齿经过的时间，计算出这些旋转的速度。变速箱转速传感器的轮齿比另两个传感器少，表明它信号的带宽更低。

卡车中安装了一系列控制单元，每一个单元都与 CAN 总线相连。这些 CAN 节点就是发动机的控制节点、变速箱节点和 ABS 系统节点。每一个节点测试变量并通过总线传输它们。

试验结果

Scania 公司有许多不同坡度的试验路段，坡度已知。在激发传动系统共振测试过程中，记录下表 14.1 中变量的试验数据。图 14.2 所示是一项对 144L 卡车进行的试验，试验中加速踏板位置的阶跃输入引起了传动系统的振荡。图 14.2 所示传动系统的弹性主要集中在变速箱输出轴和车轮之间，因为测得变速箱转速和车轮转速之间的差值最大，因此引起传动系统弹性的主要是驱动轴。追究其物理原因，一方面是因为机械结构的设计，另一方面是因为驱动轴受制于最大转矩，这是发动机转矩经过变速箱（传动比 i_t）和主减速器（传动比 i_f）被放大后产生的较大转矩差。对于最低速挡位，放大倍数（$i_t i_f$）可达到 60。

表 14.1 在 CAN 总线上传输的被测变量

被测变量			
变量	节点	分辨率	频率
发动机转速	发动机	0.013rad/s	20ms
发动机转矩	发动机	最大转矩的 1%	20ms
车轮转速	ABS	0.033rad/s	50ms
变速箱转速	变速箱	0.013rad/s	50ms

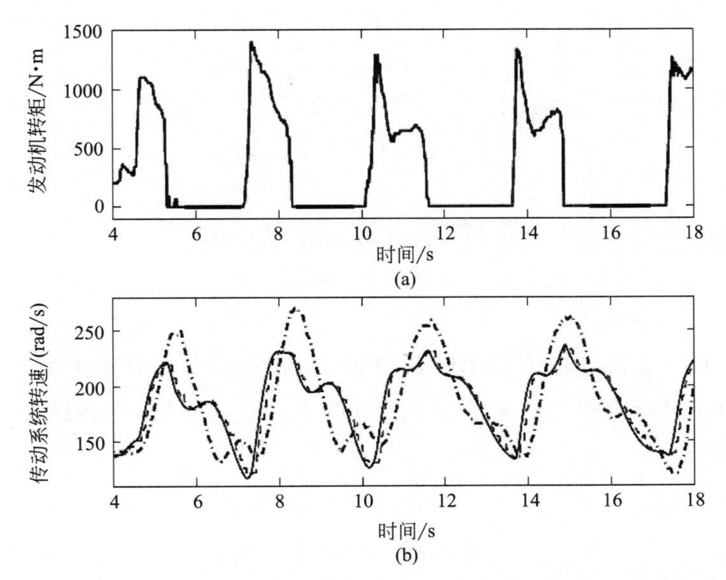

图 14.2 144L 卡车加速踏板阶跃输入工况中 CAN 总线上记录的数据［变速箱转速（虚线）和轮速（点划线）均已乘以传动系统变速比，发动机转速以实线表示。由于变速箱与车轮转速测量值间存在最大差异，传动系统中弹性最大处应位于变速箱输出轴和车轮之间］

14.3.2 驱动轴弹性建模

为了建立一个考虑驱动轴弹性的传动系统模型，如图 14.3 所示，传动系统模型中要有发动机和变速箱的集中惯量，变速箱惯量通过驱动轴弹性连接到车轮惯量上。推导过程依据 14.1 所述的方法，关于基本方程的假设是为了建立有发动机和变速箱集中惯量以及驱动轴弹性的模型。变量符号见图 14.1。假设离合器和驱动轴刚性的，驱动轴有阻尼扭转弹性。假设变速箱和主减速器传递转矩时没有转矩损失。

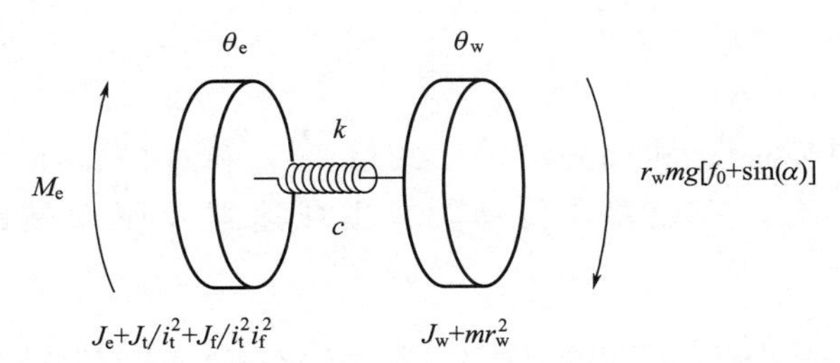

图 14.3 驱动轴模型［包括集中惯量的发动机和变速箱，变速箱通过弹性驱动轴与车轮惯量相连，其中包含道路负载式(2.24)］

离合器

假设离合器为刚性的，可以得出如下转矩和角度的方程：

$$M_c = M_t, \theta_e = \theta_c \tag{14.26}$$

变速箱

变速箱用一个转动惯量 J_t 来表示。假设摩擦力矩由黏性阻尼系数 b_t 表示。根据式(14.3)，变速箱的模型是：

$$\theta_c=\theta_t i_t \tag{14.27}$$

$$J_t\ddot{\theta}_t=M_t i_t-b_t\dot{\theta}_p-M_p \tag{14.28}$$

再使用式(14.26）和式(14.27)，模型可以改写为：

$$J_t\ddot{\theta}_e=M_c i_t^2-b_t\dot{\theta}_e-M_p i_t \tag{14.29}$$

传动轴

假设传动轴也是刚性的，可以得出转矩和角度的方程式：

$$M_p=M_f,\theta_t=\theta_p \tag{14.30}$$

主减速器

和变速箱一样，主减速器可以用转动惯量 J_f 表示，摩擦力矩由黏性阻尼系数 b_t 表示。同样地，由于是基本模型，通过令 $J_f=0$ 和 $b_f=0$ 忽略惯性和阻尼。依据式(14.5)，得出主减速器模型：

$$\theta_p=\theta_f i_f \tag{14.31}$$

$$J_f\ddot{\theta}_f=M_f i_f-b_f\dot{\theta}_f-M_d \tag{14.32}$$

结合式(14.30）和式(14.31)，将式(14.32）改写为：

$$J_f\ddot{\theta}_t=M_p i_f^2-b_f\dot{\theta}_p-M_d i_f \tag{14.33}$$

可以通过式(14.26）和式(14.27）将式(14.33）转换为发动机转速的函数，得出：

$$J_f\ddot{\theta}_e=M_p i_f^2 i_t-b_f\dot{\theta}_e-M_d i_f i_t \tag{14.34}$$

通过使用式(14.34）中的 M_p 替换式(14.29）中的 M_p，可以建立一个集中变速箱、传动轴和主减速器的模型：

$$(J_t i_f^2+J_f)\ddot{\theta}_e=M_e i_f^2 i_t-b_t\dot{\theta}_e i_f^2-b_f\dot{\theta}_e-M_d i_f i_t \tag{14.35}$$

驱动轴

驱动轴模型考虑了阻尼扭转弹性，有刚度系数 k 和内部阻尼 c。因此得到：

$$M_w=M_d=k(\theta_f-\theta_w)+c(\dot{\theta}_f-\dot{\theta}_w)+c[\dot{\theta}_e/(i_t i_f)-\dot{\theta}_w]=k[\theta_e/(i_t i_f)-\theta_w] \tag{14.36}$$

其中使用了式(14.26)、式(14.27)、式(14.30）和式(14.31)。通过对式(14.35）和式(14.36）中的 M_d，变速箱、传动轴、主减速器及驱动轴的方程化表述可改写为：

$$(J_t i_f^2+J_f)\ddot{\theta}_e=M_c i_f^2 i_t-b_t\dot{\theta}_e i_f^2-b_f\dot{\theta}_e-k(\theta_e-\theta_w i_t i_f)-c(\dot{\theta}_e-\dot{\theta}_w i_t i_f) \tag{14.37}$$

车轮

如果结合式(14.9）和式(14.36)，如下关于车轮的方程可被得出：

$$\begin{aligned}(J_w+mr_w^2)\theta_w=&k[\theta_e/(i_t i_f)-\theta_w]+c[\dot{\theta}_e/(i_t i_f)-\dot{\theta}_w]-\\&b_w\dot{\theta}_w-\frac{1}{2}c_w A_a\rho_a r_w^3\dot{\theta}_w^2-mgf_s r_w^2\dot{\theta}_w-r_w mg(f_0+\sin\alpha)\end{aligned} \tag{14.38}$$

摩擦力矩由黏性阻尼系数 b_w 表示。

通过将式(14.37）中的 M_c 插入式(14.1）和式(14.38）中获得总体模型，命名为驱动轴模型，方程如下。

模型 14.2 驱动轴模型

$$(J_e+J_t/i_t^2+J_f/i_t^2i_f^2)\ddot{\theta}_e=M_e-[b_t/i_t^2+b_f/(i_t^2i_f^2)]\dot{\theta}_e-k[\theta_e/(i_ti_f)-\theta_w]/i_ti_f-c[\dot{\theta}_e/(i_ti_f)-\dot{\theta}_w]/i_ti_f \tag{14.39}$$

$$(J_w+mr_w^2)\ddot{\theta}_w=k[\theta_e/(i_ti_f)-\theta_w]+c[\dot{\theta}_e/(i_ti_f)-\dot{\theta}_w]-(b_w+mgf_sr_w^2)\dot{\theta}-\frac{1}{2}c_wA_a\rho_ar_w^3\dot{\theta}_w^2-r_wmg(f_0+\sin\alpha) \tag{14.40}$$

驱动轴转矩、发动机转速和车轮转速的状态根据：

$$x_1=\theta_e/(i_ti_f)-\theta_w, x_2=\dot{\theta}_e, x_3=\dot{\theta}_w \tag{14.41}$$

状态空间描述的更多细节将在 15.2.1 中介绍。而且基本传动系统模型的说明与驱动轴模型的说明一样。改变模型中的行驶阻力，则车辆质量和惯量的表达式取决于变量的选择。在低速挡时，空气阻力的影响很小，并且在式(14.40) 中忽略了$\frac{1}{2}c_wA_a\rho_ar_w^3\dot{\theta}_w^2$，模型的状态得到简化，但与参数呈非线性关系。

驱动轴模型验证

许多应用证明驱动轴模型是重要且有用的。因此，有必要讨论模型的参数和试验一致性。用包含发动机转矩、发动机转速和车轮转速测量值的数据集，来估计驱动轴模型的参数和初始条件。负载 l 是车轮半径 r_w 经过行驶阻力模型式(2.24) 的放大得到的，行驶阻力模型包含了恒定的负载和变化的坡度。这个负载模型的应用是合理的，因为车辆速度较低，而且建模目标是观察内部的动力学特性。通过数据表或估计获得参数，包括刚度 k、内部阻尼 c，都是驱动轴的参数。

$$\begin{gathered}i=i_ti_f, l=r_wmg(f_0+\sin\alpha)\\ J_1=J_e+J_t/i_t^2+J_f/(i_t^2i_f^2), J_2=J_w+mr_w^2\\ b_1=b_t/i_t^2+b_f/(i_t^2i_f^2), b_2=b_w\end{gathered} \tag{14.42}$$

根据式(14.41)，估计得出的状态初始条件表示为 x_{10}、x_{20} 和 x_{30}。

估计附注 (Estimation remarks)

根据下面参数估计的准则，数据集被分为两类。在估计的数据上估计参数，然后在核实数据基础上评价结果，本章给出的就是这些的结果。当估计驱动轴模型的参数时，确定黏性摩擦部分 b_1 和 b_2 可能存在困难。由于摩擦参数的变化导致模型的灵敏度偏低，同一系列摩擦参数可以获得同样的拟合模型。然而，在这些试验中 $b_1i_t^2+b_2$ 的和是恒定的，估计起来也更容易。关于黏性参数估计可能存在的问题，将在 14.4.1 中与其他动力学特性一起做进一步的讨论。

结果

如图 14.4 所示，模型与试验数据相符，由图可知传动系统的速度和模型输出 x_1、x_2 和 x_3。根据模型，离合器是刚性的，因此变速箱转速应该与发动机转速按变速箱的传动比（i_t）成比例。上述结论可以从图 14.4 中看出，还可以看出变速箱转速。由图 14.4 可知，线性质点弹簧模型是传动系统动力学特性的主要部分，该驱动轴是主要的弹性元件，通过图 14.4，得到的结论如下：

- 驱动轴在传动系统的动力驱动转矩转变为发动机转速和车轮转速的过程中起主要作用，这是导致传动系统共振的其中一个原因；
- 驱动轴扭转量（x_1）的真实值是未知的，但是由模型得到的估计值有真实值，在第 15 章中将会验证这些值；
- 模型输出的变速箱转速（x_2/i_t）与实测的变速箱转速是吻合的，但是在模型输出和实测值之间仍然有差异，表现在系统性的滞后。

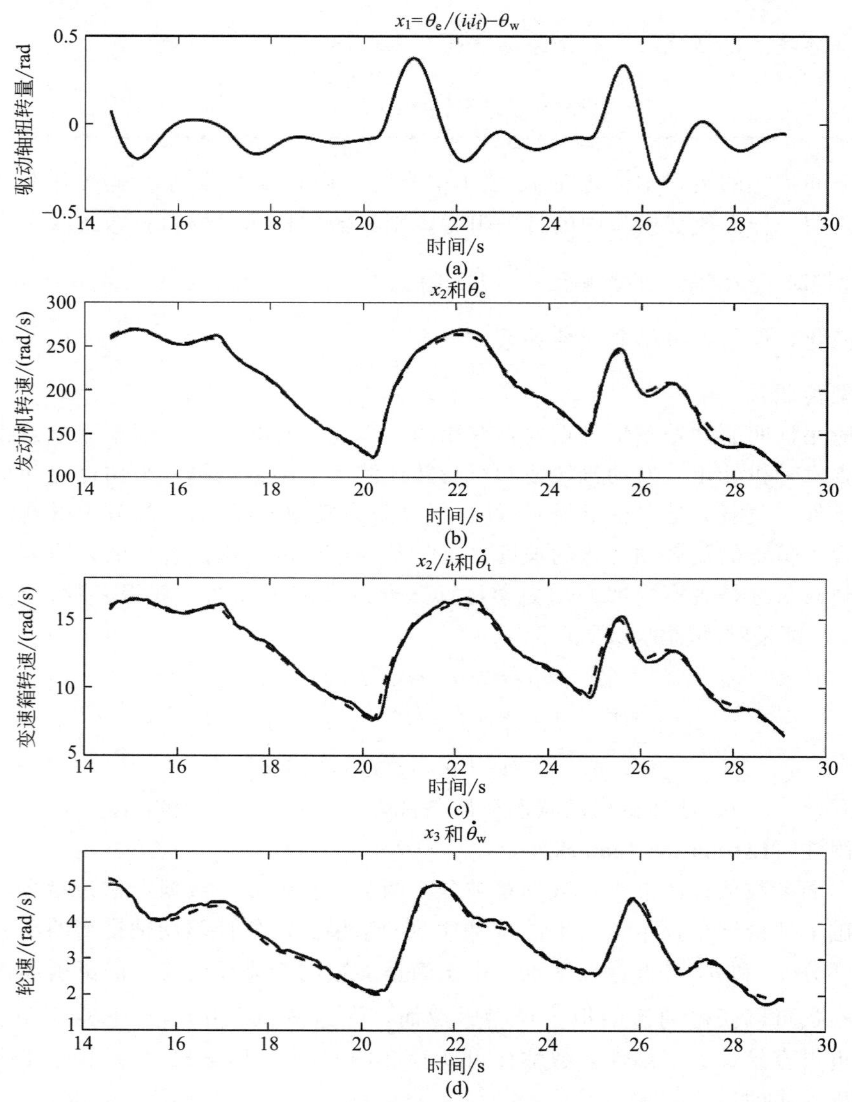

图 14.4 根据 1 挡下加速踏板阶跃输入工况数据进行驱动轴模型参数的估计［图（a）给出了驱动轴扭转量估计值，图（b）、图（c）和图（d）为模型输出值（虚线）及其测量值（实线）对测量数据的拟合结果。图中同时显示了传动系统转速测量值与模型输出值。由图可知，弹性驱动轴模型可表征传动系统动力学的主要特性］

14.4 传动系统的其他动态特性

传动系统不仅包含了弹性驱动轴，还包含了其他动态特性的来源。通过仔细观察图 14.4 中的有效数据，我们将对某些动态特性进行处理。就像上文中提到的，模型输出和试验数据中的 $\dot{\theta}_e$、$\dot{\theta}_w$高度一致，但是在测量的和估计的变速箱转速之间有轻微的差异。

14.4.1 参数估计的影响

在对传动系统进行更详细的建模前，考虑除了易于理解外，详细的模型是否还有其他的用处。当然，现代传动系统变得越来越先进，这增加了模型对高性能新应用的要求。驱动轴模型有着很好的拟合数据，在第 15 章中可以看到它充分适用于许多先进应用。因此其他的动态特性问题是什么？在模型中估计参数时会得到结果。

当有其他动态特性时，拟合驱动轴模型数据可能会产生奇异数值。发动机转速和变速箱转速间的转换和平滑阶段是短暂的，但是即使较小的未建模的动态特性也可能导致错误甚至使参数中产生奇异值。原因是即使模型结构不正确，参数估计的算法仍然拟合为一条曲线。我们的经验是弹性驱动轴的有效衰减，也就是式(14.36) 中的参数 c，可能特别灵敏。因为有未建模的动态特性，为了可以得到更好的拟合曲线，参数可以假设为不真实的甚至是负值，因此建立更多的模型是有好处的。

14.4.2 验证数据的误差特性

假设驱动轴模型中发动机和变速箱之间是刚性传动系统，则发动机转速和变速箱转速的模型输出唯一的不同是增益 i_t（变速箱的传动比）。然而，根据图 14.5 测量的发动机转速和变速箱转速的对比显示不仅仅有增益的不同。相反，发动机转速和变速箱转速之间的偏差有切换和缓冲（信号电平和波形匹配）阶段的特性。这表明在发动机转速 $\dot{\theta}_e$和变速

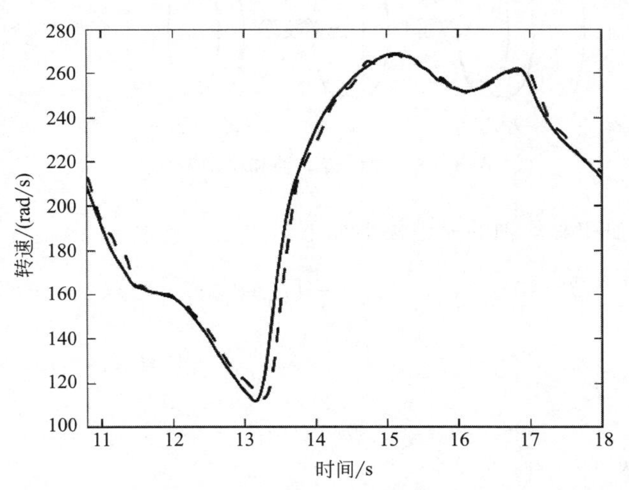

图 14.5 被测的发动机转速（实线）和变速箱转速（虚线）
（变速箱转速通过变速箱传动比 i_t 放大）

箱转速 $\dot{\theta}_p$之间有其他的动态特性。两个固有因素是传动系统中质点弹簧的动力学特性和传感器动态特性，这将会在下面讨论。

当有模型偏差时，离合器和齿隙是另外两个因素，但是在这种特殊情形下它们会被排除。原因是高刚度的弹性离合器（根据材料数据）不能产生图 14.5 中的相位移。变速箱中的齿轮侧隙也不能解释这种不同，因为在齿轮侧隙端点处发动机和变速箱的转速是相同的。然而，有些情况下离合器和齿轮侧隙是很重要的影响因素，可参考 14.5 节。

14.4.3 传动轴弹性的影响

假设驱动轴模型从发动机到主减速器为刚性传动系统，并且其他动力的固有因素是传动轴的弹性。传动轴和驱动轴被主减速器分开，与其他惯量相比，例如发动机惯性，传动轴有着较小的惯性。在对阻尼的弹性扭转量建模时可以得到传动轴和驱动轴模型。在推导驱动轴模型的过程中，变速箱和主减速器通过传动比放大转矩。证明了在建模实例中所使用的验证的数据，包含传动轴动力在内的模型拟合没有得到显著改善。相反，最有价值的观点是如何影响驱动轴模型的参数估计。

推导过程只是略写，完整的推导过程在 kienckehe 和 Nielsen（2005）中可见。驱动轴刚度和内阻尼，之前在式(14.36）中表示为 k、c，现在被表示为 k_d、c_d。对驱动轴模型进行有区别的复制，不同之处是带有刚度 k_p 和内阻尼 c_p 的弹性模型取代了驱动轴模型［式(14.30)］。

$$M_p=M_f=k_p(\theta_t-\theta_p)+c_p(\dot{\theta}_p-\dot{\theta}_p)=k_p(\theta_e/i_t-\theta_p)+c_p(\dot{\theta}_e/i_t-\dot{\theta}_p) \quad (14.43)$$

式(14.26）和式(14.27）在最后的等式中被使用。这个方程意味着有两个弹性扭转量：传动轴和驱动轴。传动轴和驱动轴被主减速器分开，主减速器的惯量为 J_f，相应的新状态量为 θ_p。对比式(14.9）和图 14.3，这意味着第一个集中惯量 $J_e+J_t/i_t^2+J_f/(i_t^2i_f^2)$ 被分为 J_e+J_t/i_t^2 和 J_f。这在图 14.6 中会加以说明。

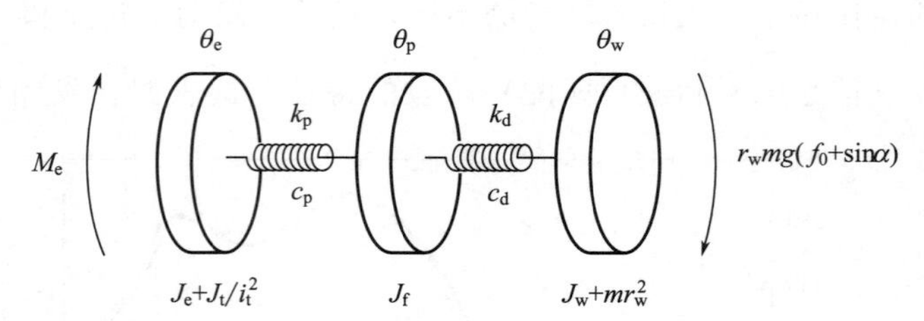

图 14.6 弹性传动轴和驱动轴模型

带有弹性传动轴和驱动轴的完整模型如下：

$$(J_e+J_t/i_t^2)\ddot{\theta}_e=M_e-b_t/i_t^2\dot{\theta}_e-\frac{1}{i_t}[k_p(\theta_e/i_t-\theta_p)+c_p(\dot{\theta}_e/i_t-\dot{\theta}_p)] \quad (14.44)$$

$$J_f\ddot{\theta}_p=i_f^2[k_p(\theta_e/i_t-\theta_p)+c_p(\dot{\theta}_e/i_t-\dot{\theta}_p)]-b_f\dot{\theta}_p-i_f[k_d(\theta_p/i_f-\theta_w)+c_d(\dot{\theta}_p/i_f-\dot{\theta}_w)] \quad (14.45)$$

$$(J_w+mr_w^2)\ddot{\theta}_w=k_d(\theta_p/i_f-\theta_w)+c_d(\dot{\theta}_p/i_f-\dot{\theta}_w)-(b_w+mgf_sr_w^2)\dot{\theta}_w-\frac{1}{2}c_wA_a\rho_ar_w^3\dot{\theta}_w^2-r_wmg(f_0+\sin\alpha) \quad (14.46)$$

14.4.4 串联弹簧的参数估计

模型式(14.44)～式(14.46) 描述了驱动轴模型，带有刚度 k_p 和阻尼 c_p 的传动轴对该驱动轴模型进行了扩展。模型中的三个惯量是：

$$\begin{aligned} J_1 &= J_e + J_t / i_t^2 \\ J_2 &= J_f \\ J_3 &= J_w + m r_w^2 \end{aligned} \tag{14.47}$$

如果比较这三个惯量的大小，主减速器的惯量 J_f 比式(14.47) 中的 J_1 和 J_2 小。因此，此模型将会以两个串联阻尼弹簧的状态运行。两个串联无阻尼弹簧的总刚度是：

$$k = \frac{k_p i_f^2 k_d}{k_p i_f^2 + k_d} \tag{14.48}$$

反之，两个串联阻尼器的总阻尼是：

$$c = \frac{c_p i_f^2 c_d}{c_p i_f^2 + c_d} \tag{14.49}$$

在前面章节中，由于传动轴的弹性，会低估驱动轴的阻尼和刚度。在主减速器有较低的传动比 i_f 时，这种影响将会增加。从参数估计中获得的个体刚度值比从材料数据中得到的值更低。应注意的是这是对所有串联弹簧的结论。

14.4.5 传感器动态特性

在图 14.4 和图 14.5 中，产生测量和估计的变速箱转速微小偏差的另一个固有因素是传感器动态特性。在 14.3.1 中可以看到，由于传感器中的轮齿较少，测量的变速箱转速的带宽低于发动机和车轮转速。因此，在三个传感器中，假设变速箱传感器动态特性是固有因素，发动机转速和车轮转速传感器动态特性不影响所研究的频率数据。总之，在对不同次序的传感器滤波器进行对比之后，假设如下的传感器动态特性：

$$\begin{aligned} f_m &= 1 \\ f_t &= \frac{1}{1+\gamma s} \\ f_w &= 1 \end{aligned} \tag{14.50}$$

在这里用含有未知参数 γ 的一阶滤波器对变速箱传感器建模。由图 14.7 可知驱动轴

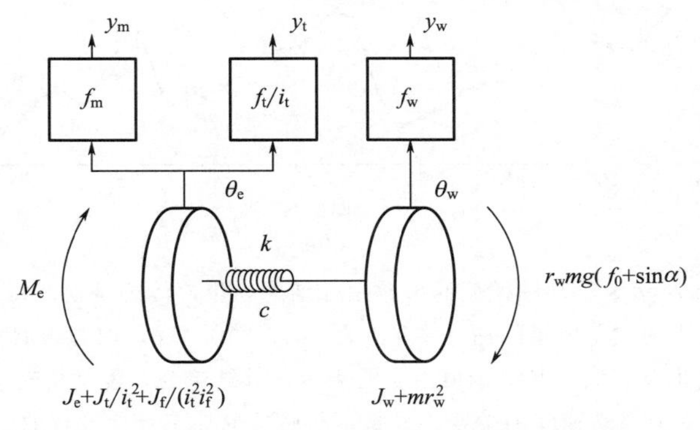

图 14.7 考虑传感器动态特性的驱动轴模型

模型和传感器滤波器 f_m、f_t 和 f_w 的结构。滤波器的输出是 y_m、y_t 和 y_w。

使估计参数、初始条件和未知的滤波器常量 γ 的模型输出量（y_m、y_t、y_w）与测量数据拟合。由图 14.8 可知在 1 挡时的结果。结论是发动机转速和变速箱转速间的主要偏差是由于传感器动态特性，结果是：如果使用一阶传感器滤波器将驱动轴模型扩展到变速箱转速，可通过模型估计三个速度（$\dot{\theta}_e$、$\dot{\theta}_p$、$\dot{\theta}_w$）。除了某些时间间隔外，模型输出量可以对测量数据进行拟合，在这些时间间隔处模型和测量数据之间有误差。然而，这些误差在低离合器转矩时非线性相关。

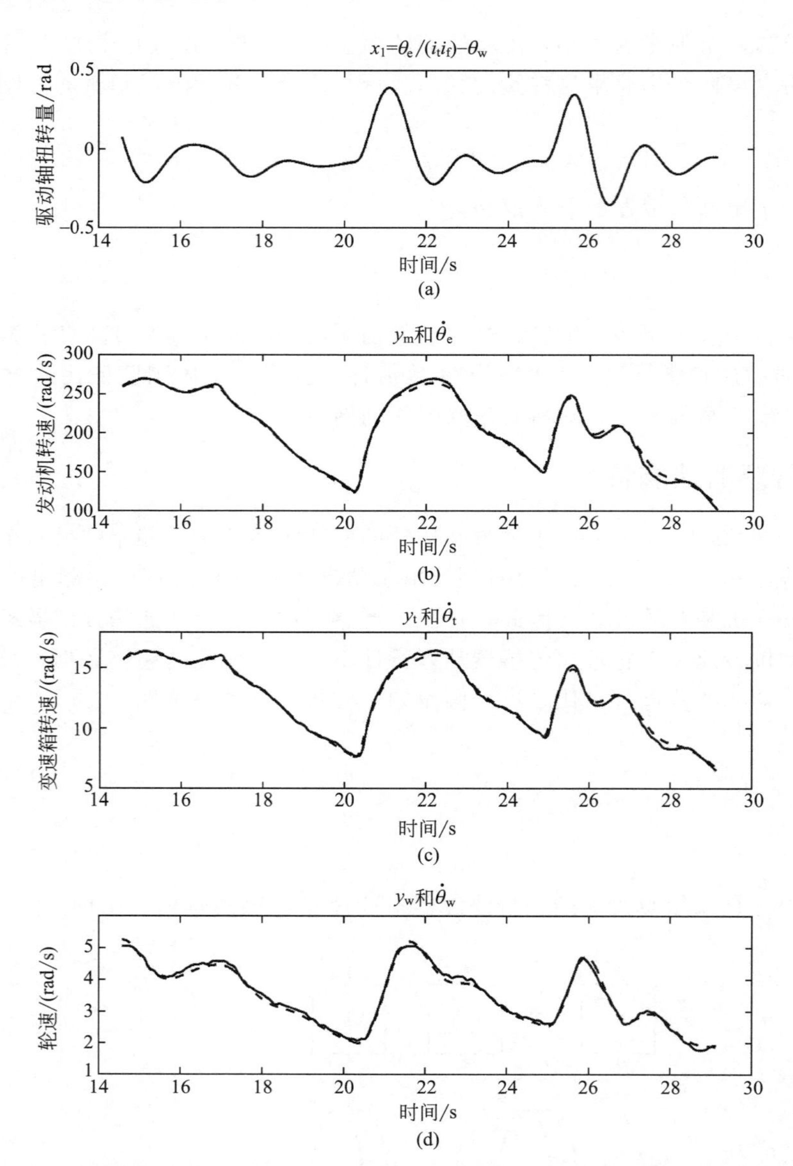

图 14.8　图 14.4 所示为驱动轴模型的参数估计结果，包含传感器动态特性［图 14.8（a）展示了对驱动轴扭转量的估计结果，图 14.8（b）～（d）由虚线展示了模型的输出量，同时其测量值由实线表示。其结论为，发动机转速与变速箱转速间的主要差异是由传感器的动态特性导致的］

14.5 离合器影响和总体齿隙

除了之前在 14.4 节中讲到的其他动力学特性因素，还有一个因素是离合器。本节主要讲述离合器闭合的情况，离合器分离的情况会在 14.6 节中探讨。

14.5.1 弹性离合器和驱动轴的模型

到目前为止离合器一直被假设为刚性的，驱动轴的弹性是造成低频振动的主要原因。然而，测试数据表明在发动机和变速箱之间有其他动力学特性，离合器是最大弹性因素。因此，模型包含两个弹性扭转量，驱动轴和离合器。这个模型结构，可以解释传动系统的第一和第二共振模式，频率排序的原因是离合器较高的刚度，驱动轴的相对刚度通过传动比被减少了。如在 14.4.3 中，驱动轴刚度和内部阻尼，之前在式(14.36) 中用 k、c 表示，现在用 k_d、c_d 表示。

含有刚度 k_c 和内部阻尼 c_c 的离合器模型是一个弹性体，这是与驱动轴模型的不同之处，通过重复建立不同的驱动轴模型，可以得到一个包含线性弹性离合器和弹性扭转量（驱动轴）的模型。

$$M_c=M_t=k_c(\theta_e-\theta_c)+c_c(\theta_e-\theta_c)=k_c(\theta_e-\theta_t i_t)+c_c(\dot{\theta}_e-\dot{\theta}_p i_t) \quad (14.51)$$

式(14.27) 在最后一个方程中使用。把这个方程代入式(14.1)，得到描述发动机惯量的方程为：

$$J_e\ddot{\theta}_e=M_e-[k_c(\theta_e-\theta_t i_t)+c_c(\dot{\theta}_e-\dot{\theta}_p i_t)] \quad (14.52)$$

同时，把式(14.51) 代入式(14.28)，得到描述变速箱的方程为：

$$J_t\ddot{\theta}_t=i_t[k_c(\theta_e-\theta_t i_t)+c_c(\dot{\theta}_e-\dot{\theta}_p i_t)]-b_t\dot{\theta}_p-M_p \quad (14.53)$$

从式(14.33) 中得到 M_p，给出：

$$(J_t+J_f/i_f^2)\ddot{\theta}_t=i_t[k_c(\theta_e-\theta_t i_t)+c_c(\dot{\theta}_e-\dot{\theta}_p i_t)]-(b_t+b_f/i_f^2)\dot{\theta}_p-M_d/i_f \quad (14.54)$$

这个方程描述了集成的变速箱、传动轴和主减速器惯量。

根据式(14.36) 建立驱动轴模型为：

$$M_w=M_d=k_d(\theta_f-\theta_w)+c_d(\dot{\theta}_f-\dot{\theta}_w)=k_d(\theta_t/i_f-\theta_w)+c_d(\dot{\theta}_p/i_f-\dot{\theta}_w) \quad (14.55)$$

在最后一个方程中使用了式(14.30) 和式(14.31)。

通过代入式(14.55)、式(14.54) 和式(14.9)，可以得到名为离合器及驱动轴模型的完整模型。从图 14.9 中可以看到这个模型的说明。

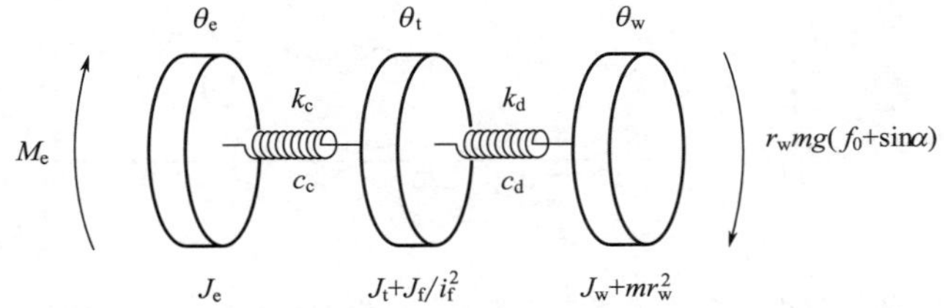

图 14.9 离合器及驱动轴模型：包含线性离合器及驱动轴的扭转弹性

模型 14.3　离合器和驱动轴模型

$$J_e\ddot{\theta}_e=M_e-[k_c(\theta_e-\theta_t i_t)+c_c(\dot{\theta}_e-\dot{\theta}_p i_t)] \tag{14.56}$$

$$(J_t+J_f/i_f^2)\ddot{\theta}_t=i_t[k_c(\theta_e-\theta_t i_t)+c_c(\dot{\theta}_e-\dot{\theta}_p i_t)]-(b_t+b_f/i_f^2)\dot{\theta}_p-\frac{1}{i_f}[k_d(\theta_t/i_f-\theta_w)+c_d(\dot{\theta}_p/i_f-\dot{\theta}_w)] \tag{14.57}$$

$$(J_w+mr_w^2)\ddot{\theta}_w=k_d(\theta_p/i_f-\theta_w)+c_d(\dot{\theta}_p/i_f-\dot{\theta}_w)-(b_w+mgf_s r_w^2)\dot{\theta}_w-\frac{1}{2}c_w A_a\rho_a r_w^3\dot{\theta}_w^2-r_w mg(f_0+\sin\alpha) \tag{14.58}$$

离合器扭转量、驱动轴扭转量和传动系统速度作为变量在式(14.59) 中用到：

$$x_1=\theta_e-\theta_t i_t, x_2=\theta_t/i_f-\theta_w, x_3=\dot{\theta}_e, x_4=\dot{\theta}_p, x_5=\dot{\theta}_w \tag{14.59}$$

对于较低的行驶挡位，受空气阻力的影响小，通过忽略式(14.58) 中$\frac{1}{2}c_w A_a\rho_a r_w^3\dot{\theta}_w^2$，可以简化模型，但与参数呈非线性关系。在式(14.50) 中含有传感器滤波器的模型，给出了传感器输出量（y_m、y_t、y_w）。

离合器及驱动轴模型的参数和初始条件使用上面描述的传感器动态特性估计，如同之前的驱动轴模型。当估计离合器及驱动轴模型参数时存在一个问题，测量信号的带宽不足以估计离合器的刚度 k_c。因此，使用材料数据中的刚度数值，其他参数使用估计值。

由图 14.10 可知离合器扭转量（x_1）和驱动轴扭转量（x_2），这些扭转量的真实值是未知的，但是图中的驱动轴扭转量的幅度与材料数据一致，存在真实值。然而，离合器扭转量没有真实值（稍后解释），当与图 14.11 比较时可以看出来。

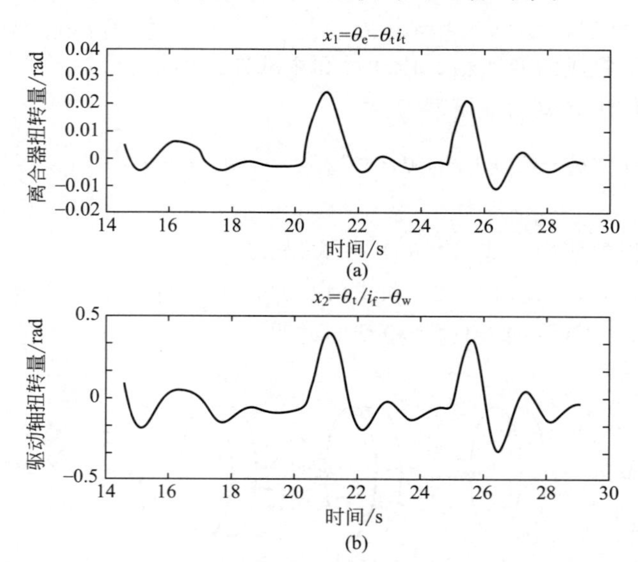

图 14.10　基于 1 挡测试数据（由带有传感器滤波器的离合器及驱动轴模型参数估计的结果，包括离合器扭转量和驱动轴扭转量。虽然扭转量真实值未知，但结果表明驱动轴扭转量的估计值比较接近实际）

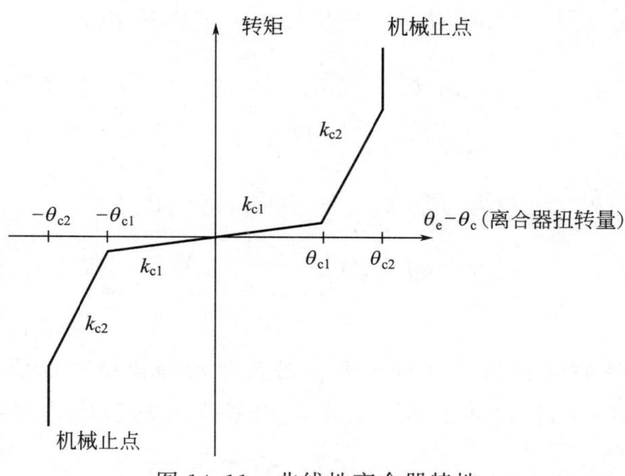

图 14.11 非线性离合器特性

与图 14.8 中带有传感器动态特性的驱动轴模型所得到的数据相比，模型的输出速度（$\dot{\theta}_e$、$\dot{\theta}_p$、$\dot{\theta}_w$）没有改善，对此的解释是线性离合器模型在测试的数据中没有添加频率的信息。

14.5.2 非线性离合器和弹性驱动轴

包含线性离合器的上述模型没有改善数据拟合的结果，因此需要更多信息。当对离合器的细节内容了解后，就会知道弹性扭转量是串联的小刚度弹簧和刚度高的弹簧位置排列的结果。

这种位置是为了隔离振动，这与双质量飞轮是同样的原理。当离合器的角度差异从零开始增加时，刚度为 k_{c1} 的小弹簧被压缩。当它们全都被压缩至 θ_{c1} 弧度时，这个过程结束。如果角度继续增加，刚度为 k_{c2} 的更大刚度的弹簧开始被压缩。当达到 θ_{c2} 时，离合器停止运动。离合器特性可以像图 14.11 一样建模。离合器刚度 $k_c(\theta_e-\theta_c)$ 可由下式求出：

$$k_c=\begin{cases}k_{c1} & |x|\leqslant\theta_{c1}\\ k_{c2} & \theta_{c1}<x\leqslant\theta_{c2}\\ \infty & \text{其他}\end{cases} \tag{14.60}$$

离合器非线性的转矩 $M_{kc}(\theta_e-\theta_c)$ 是：

$$M_{kc}(x)=\begin{cases}k_{c1}x & |x|\leqslant\theta_{c1}\\ k_{c1}\theta_{c1}+k_{c2}(x-\theta_{c1}) & \theta_{c1}<x\leqslant\theta_{c2}\\ -k_{c1}\theta_{c1}+k_{c2}(x+\theta_{c1}) & -\theta_{c2}<x\leqslant-\theta_{c1}\\ \infty & \text{其他}\end{cases} \tag{14.61}$$

双质量飞轮有相同的非线性特性。如果离合器及驱动轴模型中的线性离合器由图 14.11 中的非线性离合器替换，可以得到下面的非线性离合器及驱动轴模型。

模型 14.4 非线性离合器及驱动轴模型

$$J_e\ddot{\theta}_e=M_e-M_{kc}(\theta_e-\theta_t i_t)-c_c(\dot{\theta}_e-\dot{\theta}_p i_t) \tag{14.62}$$

$$(J_t+J_f/i_f^2)\ddot{\theta}_t=i_t[M_{kc}(\theta_e-\theta_t i_t)+c_c(\dot{\theta}_e-\dot{\theta}_p i_t)]-$$
$$(b_t+b_f/i_f^2)\dot{\theta}_p-\frac{1}{i_f}[k_d(\theta_t/i_f-\theta_w)+c_d(\dot{\theta}_p/i_f-\dot{\theta}_w)] \tag{14.63}$$

$$(J_w+mr_w^2)\ddot{\theta}_w=k_d(\theta_p/i_f-\theta_w)+c_d(\dot{\theta}_p/i_f-\dot{\theta}_w)-$$
$$(b_w+mgf_s r_w^2)\dot{\theta}_w-\frac{1}{2}c_w A_a\rho_a r_w^3\dot{\theta}_w^2-r_w mg[f_0+\sin(\alpha)] \tag{14.64}$$

五种状态下非线性驱动轴模型（对于离合器及驱动轴模型可以使用同样的状态空间表示）。函数 M_{kc} 由式(14.61) 给出。式(14.50) 中带有传感器滤波器的模型，给出传感器输出（y_m、y_t、y_w）。

当估计非线性离合器及驱动轴模型的参数和初始条件时，用已知的物理值和其他估计的参数值可以确定离合器静态非线性特性，与前面估计的模型相同的传感器滤波器却不能确定。

由图 14.12 可知离合器扭转量（$x_1=\theta_e-\theta_t i_t$）和驱动轴扭转量（$x_2=\theta_t/i_f-\theta_w$），这些扭转量的真实值是未知的，然而，由该图可知两个角度都有其实际值。由图 14.8 可知，与带有传感器动态特性的驱动轴模型所得到的数据相比，模型的输出速度（$\dot{\theta}_e$、$\dot{\theta}_p$、$\dot{\theta}_w$）没有改善。这属于正常现象，因为从之前的线性离合器模型中已经得到了结论，即在测量的数据中没有频率的信息。

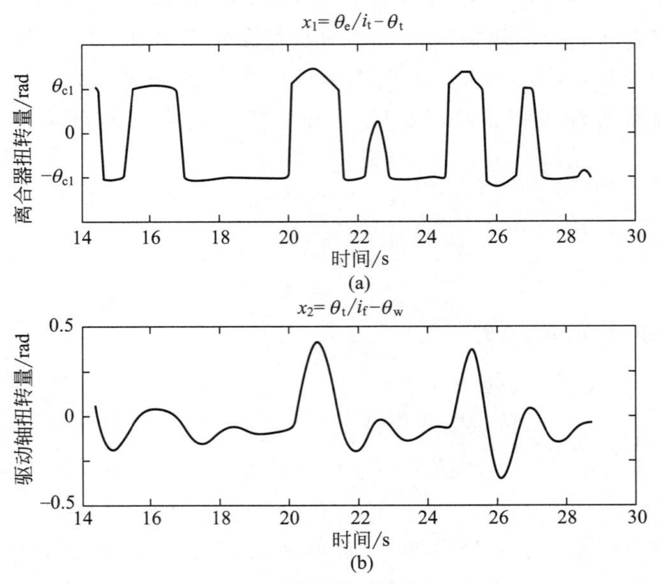

图 14.12　基于 1 挡测试数据（由带有传感器滤波器的离合器及驱动轴模型参数估计的结果，包括离合器扭转量和驱动轴扭转量。虽然扭转量真实值未知，但结果表明驱动轴扭转量的估计值比较接近实际）

除了一些有偏差的时间间隔，带有传感器滤波的驱动轴模型可以很好地与信号拟合。与图 14.5 相比，从图 14.13 中可以看出变速箱转速、模型输出量和离合器扭转量。由图 14.11 可知，当离合器角度在静态非线性状态下，以低刚度通过这个区域时，模型和试验之间会产生误差。

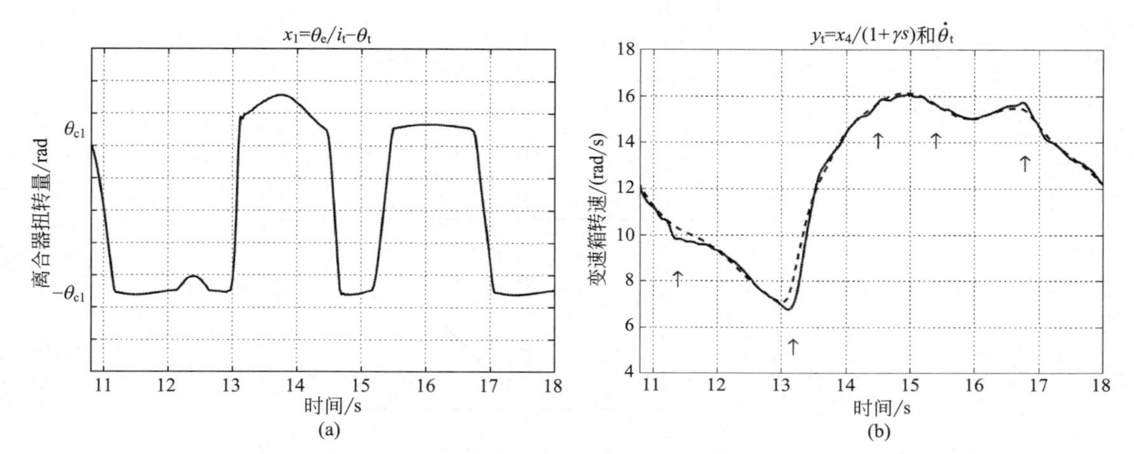

图 14.13　1 挡时存在传感器动态特性的非线性离合器及驱动轴模型的离合器扭转量［图（a）］和测量、估计的变速箱转速［图（b）］［结果是，当离合器扭转量在静态离合器非线性状态下，以低刚度（$|\theta|<\theta_{c1}$）通过这个区域时，模型（虚线）和试验（实线）之间产生的主要差异］

其他的离合器建模结果

- 包含非线性离合器的模型没有改善测量数据中频率的总体拟合数据。
- 模型可以通过真实数值估算离合器扭转量。
- 估算的离合器扭转量表明当离合器在非线性状态下，以低刚度通过这个区域时，模型会偏离数据。原因是在低离合器转矩时未建模的动态特性。

14.5.3　总体侧隙

离合器在通过零转矩时会传输一个小转矩。然而，在零传输转矩附近，由于如图 14.11 中的离合器非线性的特性，离合器就像有侧隙一样。这会在图 14.13（a）中进一步说明。

对于传动系统，在轮齿、部件等之间通常有一些游动，会产生间隙。图 14.14 说明了原理。当输入转矩信号变化时，遍历会发生反冲，在这个过程中没有转矩间的传递，这意味着在这轮遍历中输出转矩为零。这一原则在图 14.15 中有所说明。

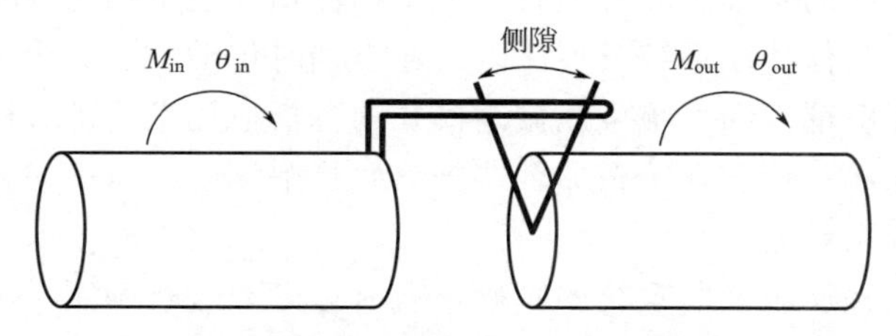

图 14.14　包含输入轴及输出轴的侧隙示意图（侧隙位于两者之间）

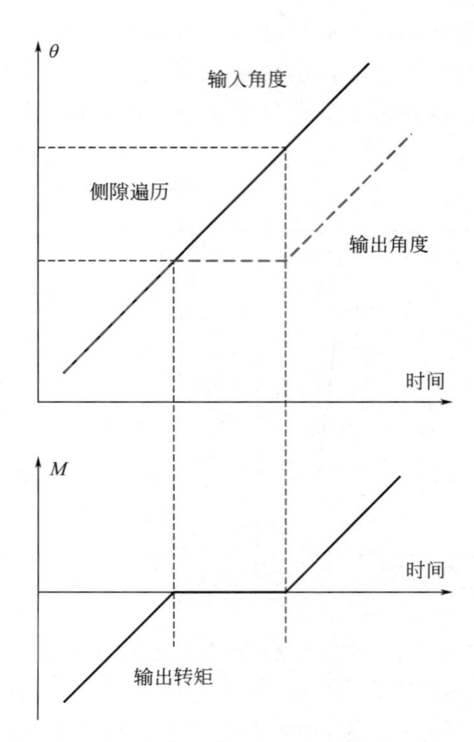

图 14.15 侧隙遍历过程中的角度及转矩变化（当输入遍历侧隙过程中是没有转矩输出的，因此侧隙遍历期间输出转矩为零）

考虑侧隙的重要性

侧隙给出了与图 14.13 相似的离合器特性，增加了对数据的理解。另一个重要例子是增加控制以避免延迟和跛行，这在 13.3.2 中介绍。图 13.4 中，在大约 80s 时可以看到传动系统通过它的间隙。由上文可知，通过侧隙称为延迟，并以突然的冲击而终止，产生噪声和振动。车辆可能开始喘振，合并后的现象称为延迟和跛行。为了建模和处理这种情况，需要另一个状态，即描述传动系统是否处于零转矩区域。

最后，应该提到围绕零转矩的传动系统特性增加了复杂性。一个例子是当沿下坡缓慢行驶时，重力补偿了其他行驶阻力，传动系统围绕零转矩工作。可能会有不连续冲击的现象，会导致控制变复杂。

14.6 空挡和离合器分离时的建模

传动系统一项重要的基础设计是理解从一个挡位切换至空挡之前和之后的传动系统的动力学特性。这需要其他传动系统模型，因为在空挡时传动系统分为两个部分。这样的一个解耦模型和它对于解耦传动系统可能振动模式的分析应用是这部分的主题。然而，以一个稍微不同的观点来看，传动系统在离合器分离时是解耦的。对于空挡来说，有着相同的模型，但是参数有轻微差异。

解耦模型作为换挡质量诊断系统的基础，有时有必要进行阐明、分析。刚开始，非控制状态下的传动系统会发生剧烈振动，这说明了反馈控制的价值。

14.6.1 试验

静态传动系统中，可以在不使用传动系统转矩控制的情况下，把挡位切换到空挡。这表明速度控制器控制发动机转速保持在理想的水平，当变速箱转速达到相对静止的水平，执行挂入空挡。在第 13 章，图 13.5 说明了其中的两个试验，在平坦的路上使用 1 挡行驶，发动机转速分别为 1400r/min 和 2100r/min，发动机转速、变速箱转速和车轮转速的特性在图中可以看出来，在 $t=14$s 时，切换至空挡。

切换至空挡后，传动系统解耦为两部分。此外，发动机转速不仅独立于变速箱转速，而且独立于车轮转速。根据图 13.2，变速箱转速和车轮转速由驱动轴和传动轴连接。在换挡后，速度控制器保持理想的发动机转速。另外，变速箱转速和车轮转速仅受负载影响(滚动阻力、空气阻力和斜坡阻力)，这解释了图 13.5 中逐渐减小的转速。

然而，变速箱转速和车轮转速有短暂的不同，轴所产生的能量对变速箱转速的影响多于对车轮转速的影响，导致了变速箱转速的振动。速度越高，振动的幅度越大。在 1400r/min 时，振动的幅值是 2.5rad/s；在 2100r/min 时，振动的幅值是 5rad/s。

如果传动系统没有处于静态模式，情况将变得更加复杂。如果在换挡前相对速度不同，将会有不同的振动类型。第 13 章中的图 13.6 和图 13.7 描述了两个试验，是传动系统在振动时挂入空挡，产生了相当复杂的结果。如果之前没有注意过这个问题，那么当设计传动系统控制时很可能会忽略它。

14.6.2 解耦模型

解耦模型需要通过图 13.5、图 13.6 和图 13.7 来分析和解释不同类型的振动。图 14.16 描述了挂入空挡时的情况。在换挡前，通过驱动轴模型描述传动系统的动力学特性。如上文所述，假设模型中发动机和变速箱惯量是集中的。当挂入空挡时，传动系统分为两个部分，这两部分独立运动。发动机模型包含发动机、离合器和变速箱的一部分（见 15.5.1）。根据图 14.16，描述发动机、离合器和部分变速箱的集中参数是 $\overline{J}_1$ 和 $\overline{b}_1$。车轮模型包含了变速箱剩余部分（用参数 J_{t2} 和 b_{t2} 表示）和相应于车轮的弹性驱动轴。模型由下列方程描述，命名为解耦模型。

模型 14.5 解耦模型

$$\overline{J}_1 \dot{\theta}_e = M_e - \overline{b_1} \dot{\theta}_e \tag{14.65}$$

$$J_{t2}\ddot{\theta}_t = -b_{t2}\dot{\theta}_p - k(\theta_t/\theta_f - \theta_w)/i_f - c(\dot{\theta}_p/i_f - \dot{\theta}_w)i_f \tag{14.66}$$

$$J_2\ddot{\theta}_w = k(\theta_t/\theta_f - \theta_w) + c(\dot{\theta}_p/i_f - \dot{\theta}_w) - b_2\dot{\theta}_w - l \tag{14.67}$$

在（14.50）中，含有传感器滤波器的模型给出了传感器输出量（y_m，y_t，y_w）。

除了未知的参数 J_{t2} 和 b_{t2}，在 14.3.2 中估计了所有的参数。通过使用状态量 $x_1=$ 驱动轴扭转量，$x_2=$ 变速箱转速和 $x_3=$ 车轮转速，模型变换为状态空间的形式。

注意到解耦模型在换挡后的解耦部分［式(14.66)、式(14.67)］与驱动轴模型有同样的模型结构，但是在解耦模型中初始惯量很小，因为发动机和部分变速箱从模型中解耦了。

模型有效性

如果解耦模型所描述的动力学特性受到足够的激励，则未知参数 J_{t2} 和 b_{t2} 是可以被估计的。如果在变速箱转矩不为零的情况下，将挡位挂入空挡，此时将会有振动产生。参见图 14.17 中的具体实例，可以看出，振动的传递速度与解耦模型中被估计的参数 J_{t2} 和 b_{t2} 以及驱动轴的初始扭转量 x_{10} 是相关联的。而其他与驱动轴模型中使用的相同的参数，在 14.3.2 中已被估计得出。其他与状态相关的初始条件（如变速箱转速及轮速等）则可在换挡时测量得出。模型的输出（经过传感器滤波的 y_t 及 y_w）与变速箱转速及轮速的测量值可以很好地符合。总之，通过解耦模型可以获得变速箱转速振动的主要谐振。

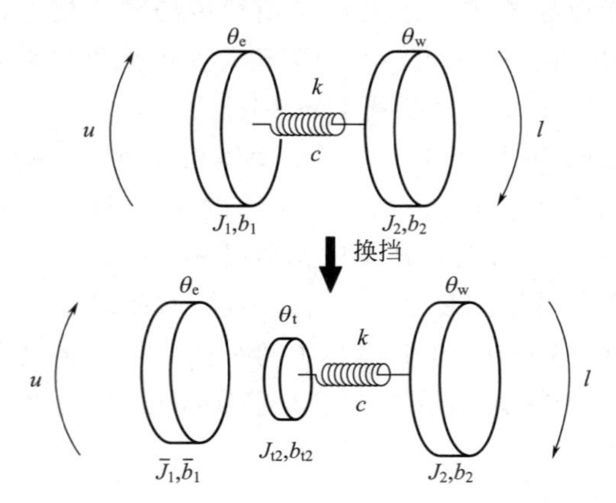

图 14.16 换入空挡前后的传动系统模型（换挡前为驱动轴模型，换入空挡后，传动系统切断为两独立部分。左边部分由发动机和变速箱的一部分组成。模型右边的部分包括余下的变速箱和相应于车轮的弹性驱动轴，该模型被称为解耦模型）

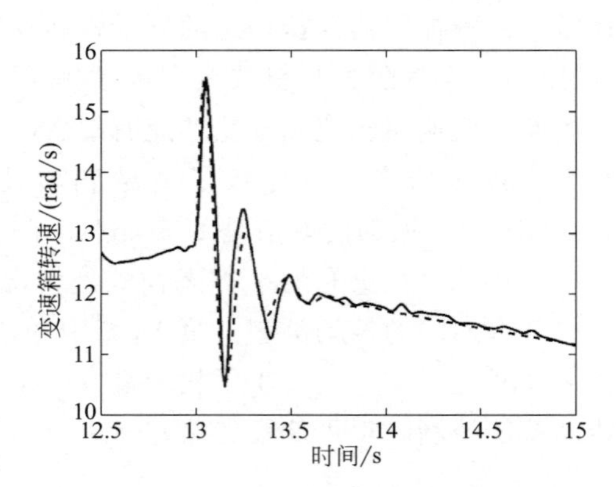

图 14.17 在 13.0s 时进行换挡，测得的变速箱转速振动情况如实线所示。通过解耦模型拟合输出的数据如虚线所示。这表明通过解耦模型能够获得换挡后变速箱转速振动的主共振（main resonance）

在试验中，将挡位挂入空挡后，可以观测到不同特性的振动。这些不同特性的振动可以通过挂入挡位时驱动轴的扭转量及相对速度的差值进行解释。如果传动系统速度行为的初始变量是已知的，则该解耦模型可被用于对相应速度行为的预测。以上所展示的问题以及其他不受控制的传动系统激励都需要通过反馈进行控制，以使换挡后产生的振动最小化。

14.7 离合器建模

当离合器呈半离合状态时，摩擦片之间相互滑动并传递转矩。这意味着该状态与图 14.16 中所展示的状态相同，但在传递转矩 M_c 时，压盘和摩擦盘彼此并不相互分离。

随后，离合器作为转矩执行器，通过改变离合器执行机构的位置 u_c，调节发动机输出转矩 M_e 和离合器传递转矩 M_c 之间的关系，当 $u_c=0$ 时，离合器处于分离状态。这表明在编制方程时，在式(14.68) 和式(14.69) 中[1]，$M_c(u_c)$ 需要使用不同的符号标注。

滑动离合模式下传动系统模型如下所示。

---

[1] 原文为式(14.65) 和式(14.66)（译者注）。

模型 14.6 滑动离合模式下传动系统模型

$$\overline{J}_1\ddot{\theta}_e=M_e-\overline{b}_1\dot{\theta}_e-M_c(u_c) \tag{14.68}$$

$$J_{t2}\ddot{\theta}_t=M_c(u_c)-b_{t2}\dot{\theta}_p-k(\theta_t/i_f-\theta_w)/i_f-c(\dot{\theta}_p/i_f-\dot{\theta}_w)/i_f \tag{14.69}$$

$$J_2\ddot{\theta}_w=k(\theta_t/i_f-\theta_w)+c(\dot{\theta}_p/i_f-\dot{\theta}_w)-b_2\dot{\theta}_w-l \tag{14.70}$$

14.7.1 物理因素的影响

得到一个完整的模型的最后一步，是建立离合器传递转矩 $M_c(u_c)$ 与离合器执行机构位置 u_c 的函数关系。离合器传递转矩 M_c，在原则上取决于几个因素，如执行机构位置、温度、旋转速度和磨损等。此外，某些部件特性可能呈非线性，如弹簧特性，并可能有滞后现象存在等。然而，在 Myklebust 和 Eriksson（2012b）[1] 的研究中，以干式单片拉式离合器（dry single－plate pull－type normally closed clutch）为例，给出了用于获得相对简单的模型的方法。

该离合器的原始试验数据如图 14.18(a) 所示，其中离合器传递转矩 M_c 被表示为执行机构位置 u_c 的函数，并在测试过程中随温度的变化而变化。观察离合器传递转矩 700N·m 以上时所对应的执行机构位置，可以看出温度对离合器传递转矩影响显著。试验中没有发现明显的滞后现象和随之引起的无法建模情况出现。转差速度（slip speed）的符号 $\Delta\dot{\theta}=\Delta\omega$，同时决定了转矩的符号。转差速度在某些文献中被作为影响因素之一［Vasca 等（2011）；Velardocchia 等（1999）］，而在另一些文献中［Dolcini 等（2010）；Myklebust 和 Eriksson (2012b)］则被认为没有影响，至少相对较大的转差速度不会对相对滑动产生影响。

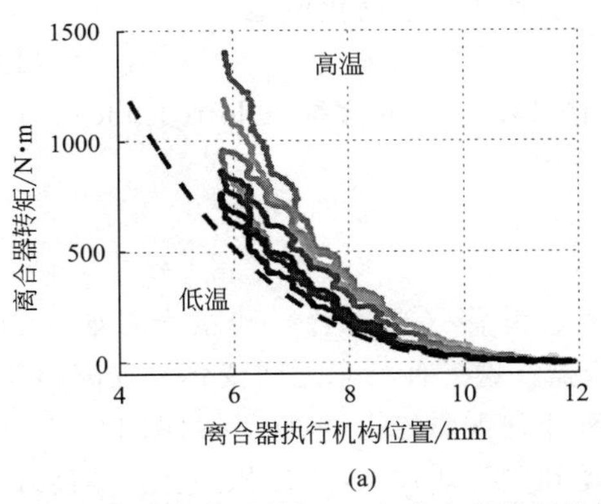

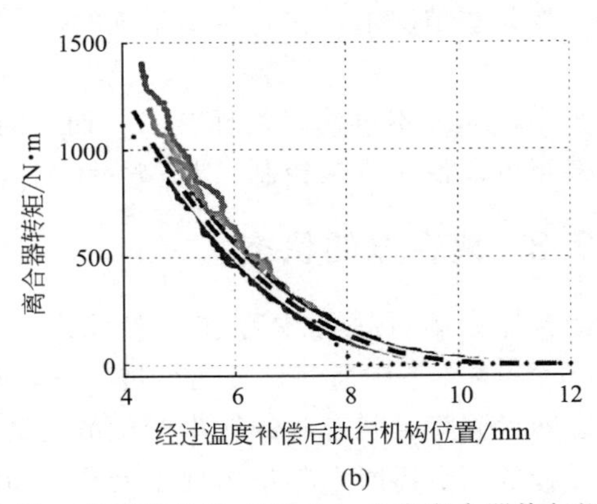

图 14.18 离合器传递转矩M_c 与离合器执行机构位置u_c 的函数关系［图（a）为在离合器执行机构位置反复改变的同时测量转矩，图（b）与图（a）使用相同的数据，但表示经过温度补偿后执行机构的位置。图中，短划线代表式(14.72)，虚线代表式(14.73)］

磨损也是需要考虑的影响因素之一，因为磨损会直接影响摩擦垫的厚度，这就导致图 14.18 中执行机构位置对离合器传递转矩的影响曲线出现了直接的侧向平移。除此之外，可以假定磨损发生得十分缓慢，不会对传动系统动力学特性造成显著的影响，但是为

[1] 原文如此（译者注）。

了适应更长的工作时间，磨损的程度需要被估计。

总而言之，离合器传递转矩 M_c 最主要的影响因素是执行机构的位置以及温度，它们之间有如下关系：

$$M_c = \mathrm{sgn}(\Delta\omega) M_c(u_c, T) \tag{14.71}$$

其中，摩擦垫的磨损可以理解为执行机构位置 u_c 的侧向偏移。通常情况下，因子 $\mathrm{sgn}(\Delta\omega)$ 可以被省略，但其仍对仿真有重要作用。在某些在线应用中，磨损可能需要被连续地改变，即使它是一个缓慢的过程。

14.7.2 离合器的特性

为离合器的特性建立模型，对定义初始滑移点 x_{ISP} 的位置很有意义。初始滑移点，也称为接触点，是指压盘和摩擦盘初次接触并开始传递转矩的位置。离合器传递转矩曲线的形状主要取决于缓冲弹簧的特性。在通常情况下，使用与离合器执行机构位置相关的三阶多项式可以对滑动离合器的转矩传递进行良好的近似表述［Myklebust 和 Eriksson (2012b)］。忽略磨损的影响，对于 $u_c \leqslant x_{ISP}$ 时，滑动离合器的转矩传递特性可以表述为：

$$c_2[x_{ISP}(T) - u_c]^2 + c_3[x_{ISP}(T) - u_c]^3 \tag{14.72}$$

为使在初始滑移点 x_{ISP} 时转矩及转矩的导数为零，式中不存在一阶或零阶项。试验数据表明式(14.72）对于给定的温度条件也有良好的近似。由于离合机构热膨胀的存在，接触点会与执行机构位置发生偏移，这种热膨胀的影响被包含在 $x_{ISP}(T)$ 内，这是对曲线的单一侧向偏移的直接补偿。在图 14.18(b）中，表示了对图 14.18(a）中相同的数据进行温度补偿后的曲线，此外，在该图中，短划线（dashed line）表示了一个与试验数据相符的理论模型［式(14.72)］。所有在低于 200℃温度条件下测得的数据，都与同一曲线相符，这代表它们有相同的系数 c_2、c_3，也证明了热效应是使曲线发生侧向偏移的主要因素。在某些情况下，在对传动系统的研究中，会使用以下简化模型：

$$M_c = c_1(x_{ISP} - u_c) \tag{14.73}$$

其中，x_{ISP} 不再代表物理含义，而是对应图 14.18 中的虚线（dotted line）。在仿真中，甚至可以使用直接控制，即 $M_c = c_0 u_c$。

14.7.3 离合器的状态

离合器在运行过程中存在三种状态：分离、滑移（半离合）和接合，如 14.6 节、14.7 节和 14.5 节中所述。在运行过程中，离合器在这三种状态之间变化。在离合器由滑移状态转换到接合状态时的转矩变化情况是一种非常重要的物理效应。由图 14.18 可以看出，在释放离合器时，转矩出现了上升，即移动到曲线［式(14.72)］的左侧。随后，当其滑动停止时，转矩急剧降低到离合器接合时的值。对这种效应进行适当的处理，在对离合器进行仿真研究中是十分重要的［Eriksson (2001)］。

14.8 变矩器

变矩器是一种将来自内燃机（或电动机）的旋转动能传递至相应的负载上，使其产生旋转运动的液力耦合装置，它可以通过流体进行动力传输。在安装有自动变速箱的车辆中，传统机械式离合器可以被安装于相同位置（见图 14.1）下的变矩器所替代。

变矩器具有两个关键特性，其一是该装置的输入转速和输出转速是解耦的，其二是当输入转速和输出转速存在较大差距时，变矩器可以对转矩进行提升。后者意味着变矩器为传动系统提供了一个等效的减速装置。参照图 14.1，这表明在方程中不再需要假定 M_c 与 M_t 相等，如式(14.51) 及上一节中对滑移状态的离合器的叙述。某些变矩器被设计安装有闭锁装置，使发动机输出转速与变速箱转速相近时将两者固联，此时，$M_c=M_t$，这就避免了滑动摩擦及其他相应的效率损失。

变矩器的工作性能取决于输入转速与输出转速之间的转速比 $\phi(t)=\dfrac{\omega_t(t)}{\omega_e(t)}$。在发动机侧，转矩同时取决于 $\phi(t)$ 及转速 $\omega_e(t)$，并可用方程 $\xi(\phi(t))$进行表述。变矩器输入（或泵轮输入）转矩的数学模型可以表述为：

$$M_c=M_{tc,e}(t)=\xi(\phi(t))\rho_h d_p^5\omega_e^2(t)$$

式中，ρ_h 为流体密度；d_p 为泵轮的直径。而输出转矩则由取决于转速比的因数 ψ 进行放大。

$$M_t=M_{tc,t}(t)=\psi(\phi(t))M_{tc,e}(t)$$

式中，性能函数 $\xi(\phi(t))$和 $\psi(\phi(t))$通常被制造商以标准特性曲线的形式测量并提供，其中，ξ 可以被无量纲值 ξ_0 以如下方式进行替换。对于一个给定的变矩器，其流体密度以及直径都是给定的，因此，$\xi(\phi(t))\rho_h d_p^5\omega_e^2(t)$可通过常数替换的方式被改写为 $M_0\xi_0(\phi(t))[\omega_e(t)/\omega_0]^2$，其中，转矩 M_0 对应输入速度为 ω_0 时的转矩。随后，变矩器的参数即可由两条标准特性曲线进行表述，如图 14.19 所示。变矩器的输入与输出转矩模型如下所示。

模型 14.7　变矩器

$$\phi(t)=\frac{\omega_t(t)}{\omega_e(t)} \tag{14.74}$$

$$M_{tc,e}(t)=M_0\xi_0(\phi(t))\left[\frac{\omega_e(t)}{\omega_0}\right]^2 \tag{14.75}$$

$$M_{tc,t}(t)=\psi(\phi(t))M_{tc,e}(t) \tag{14.76}$$

其中常数项为 M_0，表示在输入转速为变矩器标称转速 ω_0 时的稳定状态输入转矩。

函数 $\xi(\phi(t))$和 $\psi(\phi(t))$的具体特征及典型曲线如图 14.19 所示。通过输入功率与输出功率相除，并结合式(14.74)～式(14.76)，可将变矩器在牵引状态下（如 $\phi\in[0,1]$）的效率表示为：

$$\eta_{tc}=\frac{M_{tc,t}\omega_t}{M_{tc,e}\omega_c}=\psi(\phi)\phi$$

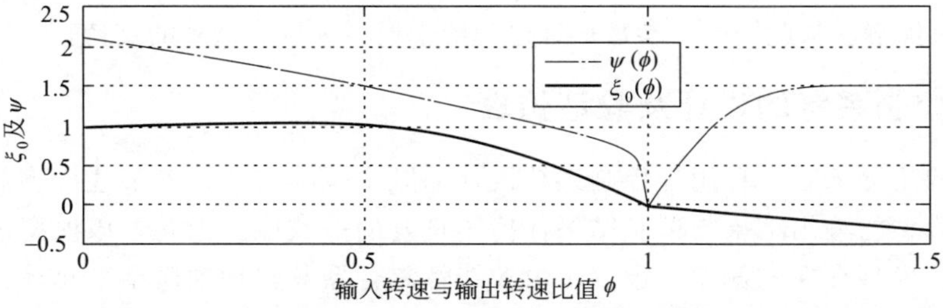

图 14.19　典型变矩器特性曲线［$\xi_0(\phi(t))$表示输入转矩特性，$\psi(\phi(t))$为变矩比］

14.9 模型建立的结束语

作为一个具体的案例，从某型 144L 卡车采集的试验数据，已被用于作为指导传动系统建模过程的展示。在实际测试中得到的发动机转速、变速箱转速以及轮速，已经可以被一系列日益复杂的模型进行解释。

14.9.1 模型的设置

图 14.2 展示了变速箱转速及轮速测量值的主要差异，这表明传动系统中的主要弹性存在于变速箱输出轴和车轮之间，这是一种相当普遍的现象。在第一个模型即驱动轴模型当中，存在一个扭转弹性量和两个惯量，使模型的仿真输出数据在一定频率范围内能够与包含传动系统的第一主共振在内的发动机转速及轮速实测结果相符。为了使模型与变速箱实测转速相符，一个一阶传感器模型被添加到模型中，这使模型输出的三种速度都足够精确且与实测值相符合。包括非线性离合器在内的参数估计模型解释了为什么当离合器传递转矩为零时，实测数据与模型仿真输出数据存在差异。

其结果是通过一系列模型对传动系统的细节进行了由浅到深的详尽描述，在每次对模型的扩展当中，根据每一模型中误差存在的主要原因，在更详细的模型中加以考虑。因此，模型的扩展顺序如下：驱动轴模型、离合器及驱动轴模型、非线性离合器及驱动轴模型。除此之外，还在模型中添加了相应的力学模型及传感器动态特性（sensor dynamics）。假设变速箱转速传感器动态特性会对试验结果产生影响，这就与发动机转速传感器及轮速传感器的带宽（信号齿数更多）要远高于变速箱转速传感器这一事实相符。对其他车辆来说，相关传感器动态特性（或仅仅是信号齿数）的参数表格将对传感器的种类及位置的选择提供指导。对其他附加动态特性的研究（如驱动轴扭转量）在此处不做说明，但在其他车辆上情况可能有所不同。

14.9.2 模型的支持

除了对图 14.2 中的试验数据进行描述，本节还对模型的获取提供了额外的支持。对模型的有效性的支持，实际上就是对驱动轴及离合器扭转过程中不可测量的变量进行赋值，使其与其他方式取得的试验数值相符合。此外，当对由式(14.42)给出的驱动轴模型的参数进行估计时，在不同试验中会发生改变的参量——未知负载 l，可被估计得出。负载可被重新用于对道路坡度的估计，其计算值与已知的 Scania 公司的道路坡度值能够很好地相符。最后，状态估计通过对驱动轴及离合器扭转过程的描述体现了其现实意义。这就进一步为模型结构和参数提供了支持。其他不同的试验条件，如当传动系统分离为两部分时，也应被用于取得模型的最优解。与此同时，参数估计也为解耦模型提供了额外的支持。

14.9.3 控制系统的设计及验证仿真

从控制的角度来看，在用于控制系统设计的频率范围内，含有某些传感器动态特性在内的驱动轴模型的输出结果与试验结果保持了良好的一致性。因此，该模型适用于控制系统的设计。该模型存在的偏差可进一步由非线性离合器及驱动轴模型来解释，使后者适用于控制系统设计中验证性仿真的研究。该结构将在下一章中被使用。

15

传动系统控制

通过第 14 章传动系统建模中对传动系统模型的建立，现在我们可以对传动系统的控制问题进行讨论。从第 13 章可知，传动系统控制的目的是为了掌控：

- （传动系统内部所有旋转部件的）转速；
- （传动系统内部所有旋转部件的）转矩。

即使各部件的输入驱动、初始状态以及受到的干扰情况并不相同。

根据第 13 章的叙述，当控制行为发生时，传动系统内部具有的扭转能量的多少以及是如何被释放的是最基本的两个要素。例如，当驾驶员踩下加速踏板，对传动系统产生激励时。如果此时传动系统能够被假定处于稳定状态，而不是因为之前驾驶员的操作或路面的颠簸及牵引车辆的冲击等外部影响而处于振动状态或储存了一定的扭转能量，对传动系统的处理就可以被极大地简化。

问题说明

传动系统的控制有着大量重要的应用，本文将选用车辆行为中的两个问题来解释传动系统控制的主要概念。它们是：

- 车辆跛行（vehicle shuffle）或车辆喘振（vehicle surge），参见 13.3.1；
- 换挡时的传动系统的自由振动，参见 13.3.3。

其一需要对转速进行控制，而其二需要对转矩进行控制。

解决方案说明

以上问题的解决方案分别为：

- 防喘振控制（anti-surge control）；
- 对于 AMT（机械式自动变速箱）换挡时的转矩控制。

对于以上两种应用的详细处理会在 15.3 节防喘振控制和 15.4 节至 15.6 节换挡时的转矩控制中进行详尽阐述。本章使用了两种不同的方法来对转矩控制进行说明，因此 15.5 节会对一种一般方法进行阐述，而 15.6 节会阐述另一种有效的简化方法。

15.1 传动系统控制的特征

传动系统的控制并不是一个孤立的控制问题。例如防喘振控制及换挡时的转矩控制解决方案，已经被集成和安装到第 3 章动力系统中所述的基于转矩的动力系统控制当中，参见 3.3 节及图 3.8。此外，传动系统管理和控制的解决方案取决于可用的传感器和执行器，并且有几种选择。当倾向于传动系统控制者时则有如下具体考量：

- 总体控制结构的集成化；
- 传感器及其位置；
- 转矩变化及其特点；
- 操作状态的限制。

以上主题将在下文各节中进行详尽阐述。除了以上特殊的控制需求，本文还将对一些普遍的问题进行阐述，如噪声的处理，控制目标的方程化以及控制方法的选择。

15.1.1 传动系统控制的集成

首先我们面对的问题是如何将传动系统控制集成于基于转矩的动力系统控制当中。在图 3.8 的下半部分中，代表传动系统传感器和执行机构的箭头表明了在转矩传递方案中加入反馈是可行的。此种传动系统控制的解决方案代表的是短期干预，如图 3.12 所示，图中代表速度控制的两种情况将在图 15.1 中被引用。

平滑滤波或主动反馈

图 15.1(a) 展示了使用防喘振滤波器对转矩需求进行平滑处理，以防止激发振动出现的情况。一种防喘振解决方案在图 3.11 中通过防喘振滤波器模块进行表示。在另一方面，图 15.1(b) 表示了使用反馈控制来代替滤波的情况，在此情况下，转矩会基于反馈对振动进行抵消。综合控制方案中的这些行为，需要对图 3.11 进行一些修改，修改完成的结果如图 15.2 所示，如该图中所示，防喘振控制基于对传动系统状态的测量或估计。

从图 15.1 中可以看出，主动反馈解决方案的响应情况要更好一些，这是自然的，因为平滑滤波的主要理念是减缓响应，而非激发振动。而主动反馈解决方案可以对扰动进行处理，更重要的是，它可以处理多样化的初始条件，如 13.3.3 中所述，在突然加速时出现的延迟及跛行（shunt and shuffle）问题，以及传动系统因之前的操作等原因而处于不稳定状态等。

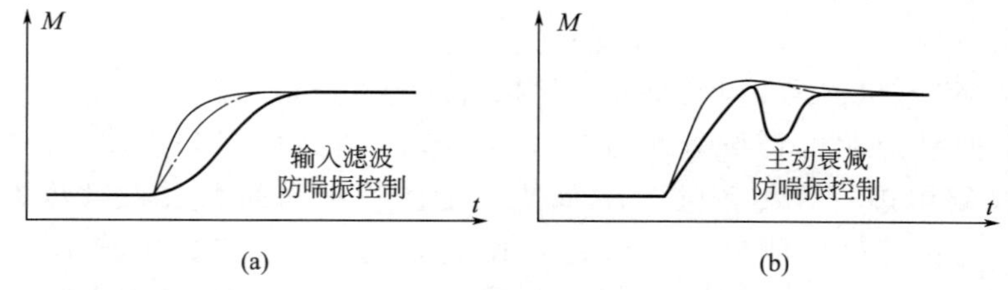

图 15.1 防喘振管理的两种可行方案，使用输入滤波［图 (a)］或反馈控制［图 (b)］
（细线表示转矩需求，点划线表示物理上可能的转矩，粗线表示实际传递转矩）

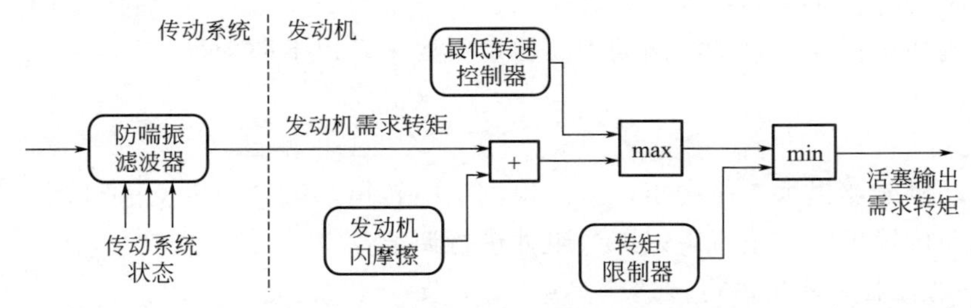

图 15.2 相对于图 3.11 使用的平滑滤波（该方案使用反馈进行防喘振控制，反馈可能由传动系统状态信息或路面颠簸等外部影响构成，并由“防喘振过滤器”框下方的箭头表示，这些问题如果不使用反馈控制将非常不便于处理）

15.1.2 关于传感器位置的结论

所使用的传感器主要为转速传感器，在第 14 章传动系统的建模中，已经分别对使用发动机转速传感器、变速箱转速传感器或轮速传感器建模的不同特性及不同建模结论进行了讨论，参见图 14.4 及式(14.39)～式(14.41)。如果传动系统是刚性的，传感器的选择将不会对结果产生任何影响，因为此时不同传感器的输出结果将是呈比例的。然而，由于传动系统扭转弹性的存在，意味着传感器的选择将会造成不同的控制问题。这些差异可在控制理论中被方程化表述，对反馈控制的结论将会在 15.2.8 和 15.2.6 中进行初步研究，并将对之后的设计工作产生影响。

15.1.3 转矩动作

转矩是控制传动系统的动力学行为（dynamic behavior）的主要变量，并且有许多方式可对传动系统中的转矩进行激励或调节。这些方式可参见图 15.3，即 3.1 节图 3.2。

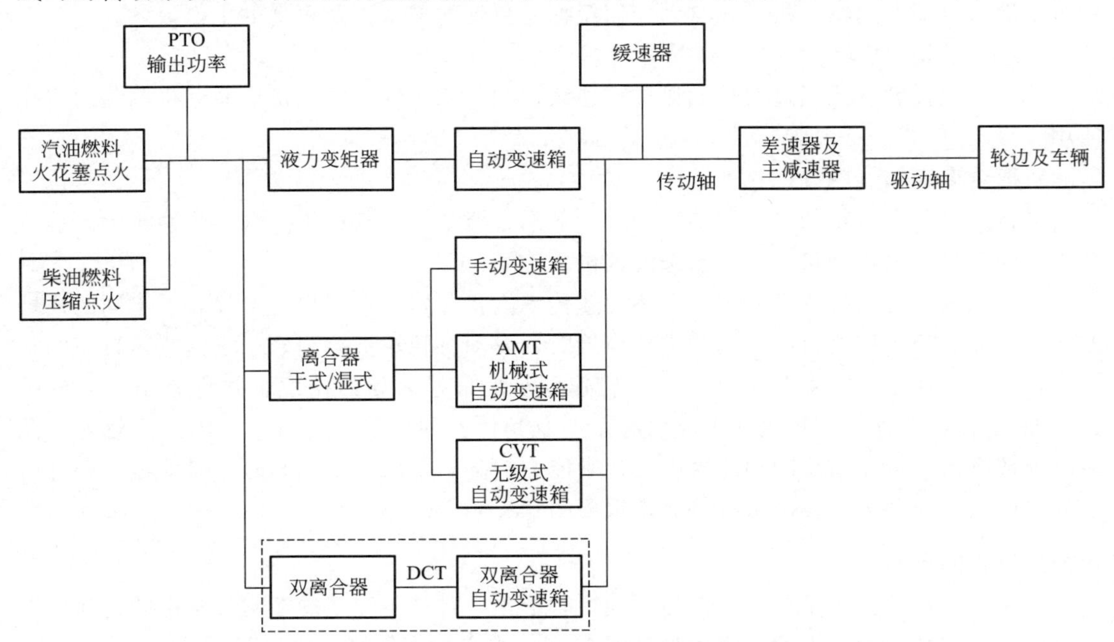

图 15.3 作为转矩影响因素的各组件在传动系统中的不同位置

除了与车辆驱动相关的组件，还有其他一些系统与之类似，可以对传动系统中的转矩进行调节，例如来自不同系统的制动力。转矩主要来自以下原动机：

- 内燃机；
- 电机。

这些原动机能够提供正向转矩，也能提供负向转矩，如发动机反拖制动。

这些原动机提供的转矩可由以下各组件进行调节：

- 通过离合器对转矩进行传递，参见 14.7 节；
- 液力变矩器，参见 14.8 节；
- 通过选定的传动比进行变速传动，包括连续可变的传动比（CVT）控制。

有一些系统可以通过提供制动力矩，从而实现迅速有效地控制：

- 缓速器；
- 主动差速器及其他转矩矢量控制功能；
- 其他执行器，包括 ABS 及类似电子稳定性控制系统（ESC）的稳定性功能。

15.1.4 变速箱

传统上，换挡动作的执行包括脱开离合器，挂入空挡，转换到新的挡位，并再次接合离合器。但是，如图 15.3 所示，今天我们有了更多的选择。

液力自动变速箱（AT）

自动变速经典的解决方案是使用液力变矩器，参见 14.8 节，与传统手动变速箱相比，液力自动变速箱存在着效率较低的缺点。

机械式自动变速箱（AMT）

在这种变速传动方式中，离合器的功能被发动机控制所替换，相当于一个虚拟离合器。此外，需要对标准的手动变速箱加入一个额外的执行机构，来实现对变速杆的操纵。相对于液力自动变速箱，机械式自动变速箱拥有更低的成本以及更高的工作效率。

无级变速箱（CVT）

此种变速传动方式通过对传动比进行连续控制，来实现对内燃机等原动机输出的优化使用。

双离合变速箱（DCT）

机械式自动变速箱的另一种结构形式。双离合器结构中其中一离合器将使用中的挡位分离，同时另一离合器接合已被预选的挡位。

从传动系统控制的角度来看，上述变速传动方式配置在不同程度上代表了不同的换挡方式。例如，当机械式自动变速箱进行换挡时，发动机转矩被控制处于零变速箱转矩的状态下，随后不使用离合器挂入空挡。在转速同步后，挂入新的挡位，并将控制返回驾驶员。如 13.3.3 所述，转矩突变可能引起振动及其他不期望发生的行为，因此，对此类共振的处理是保证传动系统的功能性以及行驶能力的基本要求，与此同时，对共振的处理对于减少机械应力和噪声控制也有着非常重要的意义。

对换挡过程的干预

在换挡过程中，转矩控制被作为一种短时干预，对基于转矩的控制结构中的传递转矩进行调节。这种行为的方程化表述参见图 15.4，真实的换挡情况可见图 15.20。

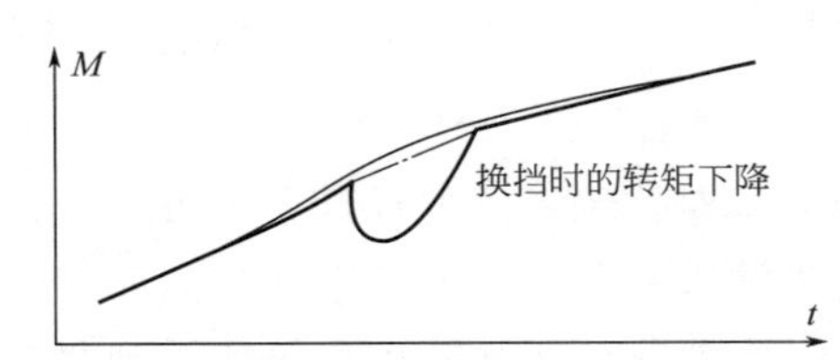

图 15.4 在该图中，细线表示换挡过程中的转矩需求，点划线表示物理上可能的转矩，粗线表示实际传输转矩（实际的换挡过程参见图 15.20）

15.1.5 发动机作为转矩提供装置的情况

当使用发动机作为转矩提供装置时，控制信号 u 代表发动机输出转矩 M_e，参见 7.9 节。该控制信号存在以下局限性：

• 发动机的转矩输出是不平顺的，因为在气缸内，燃烧做功的过程是不连续的，这就导致发动机的输出转矩存在有规律的脉动，气缸的单独脉动现象可参见图 7.26；

• 因为转矩模型存在不完全确定因素，因此发动机的输出转矩不能被准确地得出，燃烧、泵气损失、摩擦损失等不完全确定因素的影响的讨论可参见 7.9.1 至 7.9.3；

• 发动机输出转矩被不同的运行状态所限制，例如发动机的最大输出转矩被发动机转速所限制，而转矩平台同时也被较低的涡轮压力所限制。

首先，控制信号 $u=M_e$ 的等效关系是正常且无任何问题的。考虑到控制系统设计，可以将一定频率范围振动信号视为连续信号，这么做的原因是在任意瞬态时，都有足够多的冲程数使输出趋向平顺。例如，当一台 8 缸发动机的转速为 1200r/min 时，则该发动机的做功速度为 80 冲程/s。

15.1.6 控制方法

当对传动系统进行控制时，必须对之前章节涉及的问题进行全面考虑。首先，在第 14 章传动系统建模中，阐述了针对主要物理现象，特别是转矩的动态变化的传动系统模型。然后，如上文中所指出的，不同的控制的问题出现取决于执行器和传感器的选择，这意味着在该模型中，某些信号被用作控制信号 u，而另外一些信号将被用作输出信号 y。

在下文中，我们将做如下处理：将发动机转矩视为控制信号，$u=M_e$，而发动机转速及轮速信号将被视为传感器输出信号，$y=\dot{\theta}_e$ 或 $y=\dot{\theta}_w$。这对于描述现有条件下使用的一般方法将是很好的例子，但是需要注意的是，当某些新型传感器（例如某新型可靠、经济且易调节的转矩传感器）被引入到现有模型中时，可能会对现有图像产生改变。

在完成对模型及执行器/传感器的设置之后，控制目标就可以被方程化。控制问题应该被良好地方程化，以便可以使用成熟的技术来获取解决方案。显而易见的候选方案将是基于控制器的，如 PID，但由模型建立章节可以看出，良好的模型至少需要三个状态的支持，这就自然需要考虑状态估计及伴有对状态估计的反馈的观测器。实际上，方程化的控制目标受到模型、准则以及不同的（非线性）限制的相互作用，这些都将在 15.3.2、15.3.3 及 15.5.2 至 15.5.4 中表述。如果在对控制目标进行方程化时，传动系统没有处于稳定状态（例如处于换挡时的转矩非受控阶段），在这种特定的情况下对车辆进行观察，车辆将会出现失速状态，该现象将会对 15.5.3 中的方程化产生影响。

重点需求

在上文所述中，有两项需求对控制系统的设计尤为重要，评估设计时应给予特别的关注。在控制阶段中，这些要求被方程化，以保证在多样的初始条件下的鲁棒性及出现转矩限制时的良好行为。对于第一个要求，例如，由于可能受到之前的驾驶员指令或其他外部影响（如道路颠簸），用于处理突然加速时的车辆喘振及车辆跛行的控制器应经过处于不同初始状态传动系统的验证。其他的例子见图 15.36～图 15.39，其中虽然各传动系统的初始状态并不相同，但均表现出良好的行为。

对于转矩限制的处理方式对匹配基于转矩的控制结构至关重要。例如，柴油发动机在低涡轮压力下，可能对转矩进行限制来控制烟雾排放。这种排放控制方式在图 15.2 中通过模块“转矩限制器”进行表示。该模块在“防喘振滤波器”模块后被接入系统，作为控制信号被计算，因此该模块可能中断反馈路径。必须对控制器是否能在此种条件下良好工作进行验证，在图 15.18 中展示了一个运行良好的设计的例子，该实例对于控制器的设计是非常重要的。

下文中的展示主要是基于 Pettersson 和 Nielsen（1997，2000，2003），Pettersson 等（1997）及 Kiencke 和 Nielsen（2005）的研究。这些文章以研究为导向，包含了更多的细节。与以上研究不同，下文中的重点是基本的原则、结果和实际测试的效果展示。

15.2 传动系统控制基础

传动系统控制将在状态空间形式下进行讨论，状态空间作为一种标准形式被广泛应用于控制方法中，但是对于控制系统设计方法的选择现在不予提及。作为替代，我们将关注控制问题的方程化表达，以便获取重要的车辆特征，从而获得可行可靠的解决方案。此外，还会对传动控制系统进行观测，补充说明一些问题同时给出一些便于理解的简化说明。这些方程和观测值之后将会被作为 15.3 节至 15.6 节中实际设计的阐述基础。

15.2.1 驱动轴模型的状态空间方程

根据所选择的执行器和传感器，模型中的一些信号被作为控制信号 u，另外一些信号被测量作为输出信号 y。如上文所述，此处发动机转矩将被用作控制信号 $u=M_e$，发动机转速及轮速将作为传感器输出，$y=\dot{\theta}_e$ 或 $y=\dot{\theta}_w$。在第 14 章所述的模型中，可能的物理状态变量分别为转矩、角度差以及所有惯量的角速度。各个扭转弹性量的角度差及各个惯量的角速度被作为状态变量。

以下方程取决于行驶阻力模型。在此处使用了模型式(2.24)，其中包含了恒定的负载，同时使用了变化的斜率。驱动轴模型的状态空间表示如下：

$$\dot{x}=Ax+Bu+Hl \tag{15.1}$$

其中，用于驱动轴模型的参数 A、B、H、x 及 l（参见 14.3.2）如下：

$$x_1=\theta_e/(i_t i_f)-\theta_w$$

$$x_2=\dot{\theta}_e$$

$$x_3 = \dot{\theta}_w$$

$$l = r_w mg[f_0 + \sin(\alpha)] \tag{15.2}$$

由此可得

$$A = \begin{bmatrix} 0 & 1/i & -1 \\ -k/(iJ_1) & -(b_1 + c/i^2)/J_1 & c/(iJ_1) \\ k/J_2 & c/(iJ_2) & -(c+b_2)/J_2 \end{bmatrix} \tag{15.3}$$

$$B = \begin{bmatrix} 0 \\ 1/J_1 \\ 0 \end{bmatrix}, H = \begin{bmatrix} 0 \\ 0 \\ -1/J_2 \end{bmatrix} \tag{15.4}$$

式(14.42) 中有同样的参数设定：

$$i = i_t i_f$$

$$J_1 = J_e + J_t/i_t^2 + J_f/(i_t^2 i_f^2)$$

$$J_2 = J_w + mr_w^2$$

$$b_1 = b_t/i_t^2 + b_f/(i_t^2 i_f^2)$$

$$b_2 = b_w \tag{15.5}$$

15.2.2 对于干扰的描述

来自道路的影响假定可被缓慢改变的负载 l 以及附加干扰 v 所描述。第二干扰 n 为对系统输入的干扰。考虑第二干扰的原因是发动机点火造成的驱动转矩脉动可以被看作是对输入有影响的附加干扰。则状态空间描述变为：

$$\dot{x} = Ax + Bu + Hl + Hv \tag{15.6}$$

x，A，B，H 及 l 在式(15.2)～式(15.5) 中已作说明。

15.2.3 对于测量的描述

在控制器的整合过程中，首先关心的是哪些物理变量能够被测量。在车辆传动系统中，常用的传感器的一种选择是一种被安装在信号齿圈（cogwheel）上的感应式角度测量传感器，该传感器在上文中有过提及。测量转矩的传感器十分昂贵，并极少被应用于量产车上。

整合过程的输出被描述为由矩阵 C 所给出的状态的整合：

$$y = Cx + e \tag{15.7}$$

式中，e 为测量噪声。

此处只对角速度传感器进行了考虑，因此整合过程中的输出为一个或多个对角速度进行定义的状态变量。特别地，矩阵 C 定义如下（与驱动轴模型中使用的 $\dot{\theta}_e$ 和 $\dot{\theta}_w$ 传感器一致）。

$$C_m = (0 \quad 1 \quad 0) \tag{15.8}$$

$$C_w = (0 \quad 0 \quad 1) \tag{15.9}$$

15.2.4 性能输出

性能输出 z 是一种要求以特定的方式呈现的不同状态的整合。可用矩阵 M 及矩阵 D

将该整合表述如下：

$$z = Mx + Du \tag{15.10}$$

对于防喘振控制，性能变量为由轮速表达的车辆运动，即 $z = \dot{\theta}_w$：

$$M = (0 \quad 0 \quad 1) \tag{15.11}$$

$$D = 0 \tag{15.12}$$

另一个对换挡过程进行控制的例子，是使用某种方式使变速箱中的内部转矩作为控制目标，内部转矩即为性能输出 z，如式(15.73) 所述。

15.2.5 控制目标

一旦性能输出 z 被确定后，就可以根据参考信号 r 对期望行为进行描述。其中，z 和 r 的兼容程度可以使用很多方式进行方程化表达，最基本的方法是使用如下准则：

$$\lim_{T\to\infty}\int_0^T (z-r)^2 \tag{15.13}$$[1]

此准则可被用于性能评估，也可被用于应用控制设计方法进行直接设计。在汽车应用中，改编和修改该准则对于得到可行可靠的解决方法来说是至关重要的。在设计章节中，这将是一个重要的主题。15.3 节为防喘振控制相关内容，15.6 节为换挡时的转矩控制相关内容。

15.2.6 控制器结构

传统的控制方案，如 RQV 控制，将在稍后提及。而常用的 PID 结构，对于 RQV 实际上仅仅是 P 控制，即：

$$u = K(r - y) \tag{15.14}$$

观测器及状态反馈

上述方程已被应用于基于现代模型的控制方式中。如果使用了状态反馈控制器，则控制信号 u 即为状态的线性函数（如果所有状态均被测量），否则就需要从观测器中获取状态估计 $\hat{x}$，就需要使用 Kalman 滤波器，如果其顺序与需要被控制的系统顺序一致，其控制信号可被表述为：

$$u = l_0 r - K_c \hat{x} \tag{15.15}$$

式中，r 为伴随增益 l_0 的参考信号；K_c 为状态反馈矩阵。观测器可由方程表述如下：

$$\hat{x} = A\hat{x} + Bu + K_f(y - C\hat{x}) \tag{15.16}$$

式中，K_f 为观测器增益。

控制器结构形成了一个框架，其中得到 K_c 和 K_f 的方法有很多种。其中的一种方法是包含回路传函恢复（loop transfer recovery）的线性二次设计（linear quadratic design）(LQG/LTR)[2]，实例参见 Maciejowski (1989) 的相关研究。该设计方法将被用于设计章节的一些例子当中，但不会对其具体表述进行展示。作为替代，相关结论会通过图表的形式展示，以解释其概念。

---

[1]，[2] 原文如此（译者注）。

15.2.7 传递函数的符号

一般来说，用相应的传递函数来补充上述状态空间方程是很有意义的。用于标记传递函数从信号 u 到信号 y 的符号为：

$$G_{\mathrm{uy}} \tag{15.17}$$ [1]

15.2.8 反馈性能的某些特征

将传动系统控制到某个速度时的性能输出即为轮速，其表达如下：

$$z=\dot{\theta}_{\mathrm{w}}=C_{\mathrm{w}}x \tag{15.18}$$

当研究闭环控制问题时，根据使用的是 $\dot{\theta}_{\mathrm{e}}$ 或者 $\dot{\theta}_{\mathrm{w}}$ 传感器，开环传递函数为 $G_{\mathrm{u}\dot{\theta}_{\mathrm{e}}}$ 或 $G_{\mathrm{u}\dot{\theta}_{\mathrm{w}}}$，此处控制信号为发动机转矩，$u=M_{\mathrm{e}}$。这表明尽管控制目标是相同的，由于传感器选择的不同，在图 15.18 中对 z 的控制由于传感器位置的影响，仍是两个不同的控制问题。图 15.5 分别展示了在两个挡位下分别使用 $\dot{\theta}_{\mathrm{e}}$ 和 $\dot{\theta}_{\mathrm{w}}$ 传感器的 P 控制器考虑增益的根轨迹。从控制信号到发动机转速的开环传递函数 $G_{\mathrm{u}\dot{\theta}_{\mathrm{e}}}$ 有 3 个极点和 2 个零点，参见图 15.5。此外 $G_{\mathrm{u}\dot{\theta}_{\mathrm{w}}}$ 有同样的 3 个极点，但是只有一个零点。因此 $G_{\mathrm{u}\dot{\theta}_{\mathrm{e}}}$ 的相对阶（relative degree）[Kailath（1980）]是 1，而 $G_{\mathrm{u}\dot{\theta}_{\mathrm{w}}}$ 的相对阶是 2。当使用 $\dot{\theta}_{\mathrm{w}}$ 反馈时，增益增加，

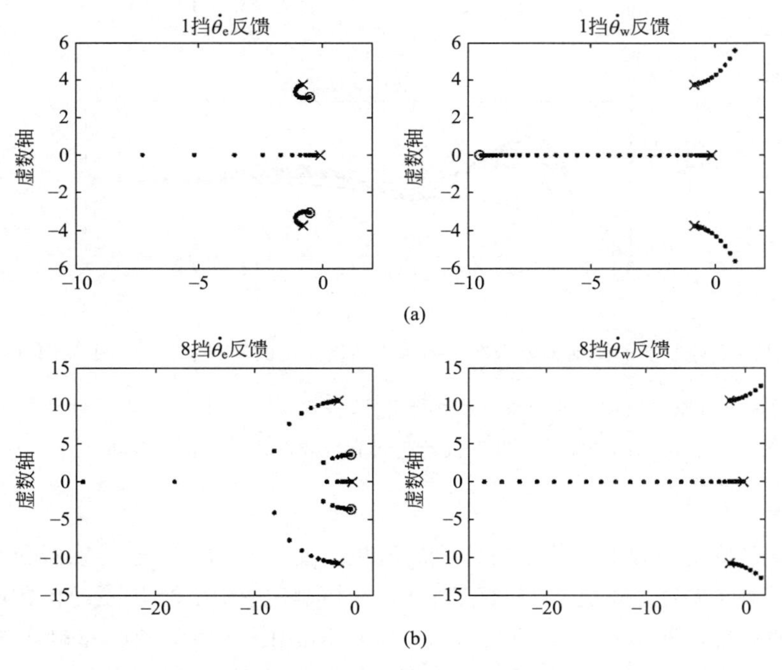

图 15.5 关于 1 挡［图（a)］和 8 挡［图（b)］及使用传感器 $\dot{\theta}_{\mathrm{e}}$（左侧图）和 $\dot{\theta}_{\mathrm{w}}$（右侧图）的 P 控制器考虑增益的根轨迹（叉代表开环极点，空心圆点代表开环零点。当 $\dot{\theta}_{\mathrm{w}}$ 增益增加时，系统变得不稳定，但对于全部 $\dot{\theta}_{\mathrm{e}}$ 增益表现稳定）

[1] 原文如此（译者注）。

两极一定会增到无穷大从而使系统不稳定，见图 15.5。当使用 $\dot{\theta}_e$ 速度传感器时，相对阶是 1，闭环对所有增益都比较稳定，见图 15.5（请注意 $\dot{\theta}_w$ 为性能输出，使用效果良好）。

当在阶跃响应试验中使用 P 控制器，也可见相同效果。图 15.6 展示了由两种反馈中的增益产生的共振问题。当使用发动机转速传感器时，增益增加时发动机转速会明显衰减，但是传动轴的共振会使轮速发生振动。当使用 $\dot{\theta}_w$ 反馈时带宽将很难提升，因为两极点向虚数轴移动靠近并形成共振系统。

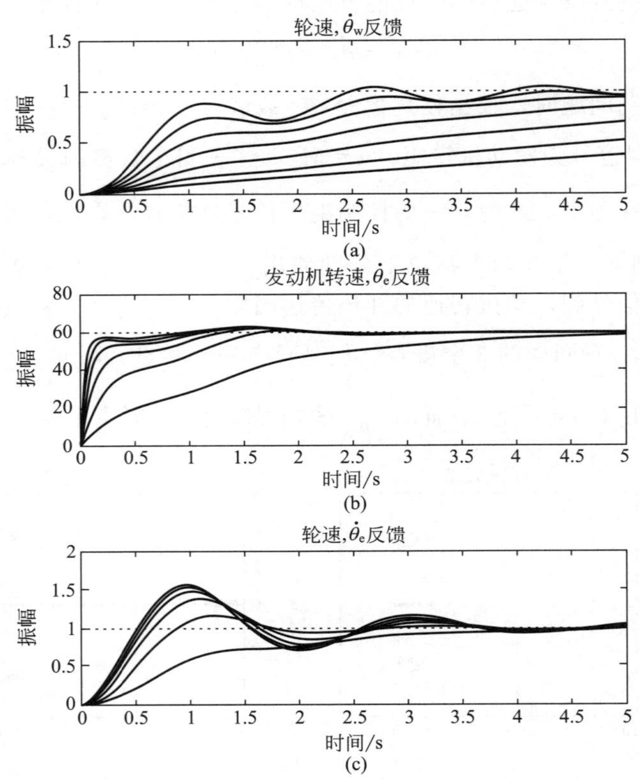

图 15.6 使用 P 控制器的驱动轴模型在 1 挡时不同增益下的阶跃响应［其中，图（a）使用 $\dot{\theta}_w$ 反馈，可以看出增加的增益导致不稳定性。图（c）使用 $\dot{\theta}_e$ 反馈，可以看出，增加的增益导致发动机转速明显衰减，并伴有轮速振动］

有价值的解析

上述的简单例子为我们提供了有价值的解析。使用发动机转速传感器会产生一个单纯的控制问题，但需要注意的是，当接触到真正的控制需求时，使用发动机转速传感器会使轮速有良好的表现，即不存在车辆跛行（vehicle shuffle）的平顺的车辆行为。另外，使用轮速传感器定位了真正的控制目标，但是控制设计要考虑到权衡。在下面两节的讨论中，这些观测结果将更加普遍适用。

传感器位置的主要结构特性

如之前章节所述，不同的传感器位置会导致不同的带有不同固有特性的控制问题。对于一个较常用的，由 $n-1$ 个转矩弹性量连接的 n 个惯量组成的传动系统模型，它有 $2n-$

1 个极点，并且不同传感器位置对应的极点位置相同。零点的数量取决于使用了哪种传感器。当使用 $\dot{\theta}_w$ 时没有零点，当使用 $\dot{\theta}_e$ 的反馈时，有 $2n-2$ 个零点。因此，$G_{u\dot{\theta}_e}$ 和 $G_{u\dot{\theta}_w}$ 的传递函数有相同的分母，相对阶分别为 1 和 $2n-1$。

当考虑到设计时，一个良好的备选方案需要有数值为 1 的相对阶，即无穷大的增益裕量（infinite gain margin）和高相位裕度（high phase margin）。若如此，当使用 $G_{u\dot{\theta}_e}$ 时，一个极点必须被调整至无限大。当使用 $G_{u\dot{\theta}_w}$ 时，$2n-1$ 个极点需要被调整至无限大，以使其比率与高频时的一阶系统相似。此外，当返回比（return ratio）表现与一阶系统相类似时，闭环传递函数也与一阶系统相类似。这一现象与为了降低测量噪声而使闭环系统拥有较高的下降率（roll-off rate）这一设计目标发生了冲突。因此，当使用 $\dot{\theta}_w$ 反馈时，需要对其进行权衡。当使用 $\dot{\theta}_e$ 反馈时，不需要对其进行权衡，因为 $G_{u\dot{\theta}_e}$ 的相对阶为 1。

额外内容：使用 LQG/LTR 控制方法时的观测结果

由图 15.5 及图 15.6 所得出的特性只取决于相对阶，因此其参数是独立的。然而，这个观测结果也可能取决于反馈结构。因此，观察带有观测器和状态反馈的控制器的结构性质是如何展现的将很有意义。在 Pettersson 和 Nielsen（2003）及 Kiencke 和 Nielsen（2005）的研究中，如 15.2.6 中所述，LQG/LTR 方法被用于与图 15.5 及图 15.6 所示相同的使用 P 控制器的例子当中。结果显示，参数值，即零点的实际位置，对于设计中的 LQG 阶段十分重要。在恢复阶段（recovery step）当中，LTR 根据传感器的不同存在两种情况。对于 $\dot{\theta}_w$ 反馈的恢复，需要在良好的噪声衰减和充足稳定裕量之间进行权衡。充足稳定裕量需要有一个增加的控制信号，该信号可以在更宽的频率范围上发出 20dB/十倍频程的下降率。在另一方面，对 $\dot{\theta}_e$ 反馈的恢复并没有被权衡。这会使在拥有合理的稳定裕量及控制信号且下降率较高的情况下，取得良好的恢复（recovery）效果成为可能。总之，这表明结构特性，即相对阶，在决定设计中的 LTR 阶段时发挥了主要作用，而在 LQG 阶段中，参数值的作用的则占有主要地位。

15.2.9 简化后的传递函数解析

15.2.1 中的状态空间模型，无论是作为仿真工具还是作为设计工具，都很容易在数学上被掌握。即便如此，引入一些简化的假设可以使该模型易于手动计算，并且可以增加额外的解析。此步骤将会分为两个阶段进行。第一阶段是将提供的传递函数线性化。在第二阶段中，假设损耗为零，这将会简化极点-零点（pole-zero）的解析，这会使观测数据对于 15.6.2 中的一种实用的汽车设计的开发十分有帮助。

相对简化的线性系统

在 15.2.1 小节中使用的驱动轴模型与其他模型主要差异在于，假设行驶阻力（参见 2.3 节）在车辆行驶速度中是线性的，因此与式(15.2）对比，其模型为：

$$l=\gamma x_3 \tag{15.19}$$

这就意味着通常取决于速度的平方的空气阻力，可被看作围绕着其实际作用点的线性建模。此外，行驶阻力中的常数项被包括在静态点（stationary point）（x_0，u_0）中。除了线性化之外，损耗参数 b_1、b_2 可被简化假设为零。

如之前所述，输入信号为 $u=M_e$。我们对于发动机转速 $\dot{\theta}_e$、轮速 $\dot{\theta}_w$ 以及驱动轴转矩 M_d 的传递函数十分关注，如式(14.36) 给出的定义，即

$$M_d=k[\theta_e/(i_t i_f)-\theta_w]+c[\dot{\theta}_e/(i_t i_f)-\dot{\theta}_w] \tag{15.20}$$

在关于 y 的方程中，这些数据被作为输出进行采集。因此，其状态为：

$$x=\begin{bmatrix}x_1\\x_2\\x_3\end{bmatrix}=\begin{bmatrix}\frac{1}{i}\dot{\theta}_e-\dot{\theta}_w\\ \dot{\theta}_e\\ \dot{\theta}_w\end{bmatrix} \tag{15.21}$$

其输出为：

$$y=\begin{bmatrix}M_d\\ \dot{\theta}_e\\ \dot{\theta}_w\end{bmatrix} \tag{15.22}$$

在式(15.2) 中使用式(15.19)，以及 15.5 节中的注释，所得出的状态空间形式为：

$$\dot{x}=\begin{bmatrix}0 & \frac{1}{i} & -1\\ -\frac{\alpha k}{i} & -\frac{\alpha c}{i^2} & \frac{\alpha c}{i}\\ \beta k & \frac{\beta c}{i} & -\beta(c+\gamma)\end{bmatrix}x+\begin{bmatrix}0\\ \alpha\\ 0\end{bmatrix}u \quad 其中\begin{cases}\alpha=\dfrac{1}{J_1}\\ \beta=\dfrac{1}{J_2}\end{cases} \tag{15.23}$$

$$y=\begin{bmatrix}k & \frac{c}{i} & -c\\ 0 & 1 & 0\\ 0 & 0 & 1\end{bmatrix}x \tag{15.24}$$

在该模型中，损耗模型的建立使用了以下参数：

c——驱动轴弹簧模型的阻尼；

γ——来自于简化的行驶阻力式(15.19)。

从线性状态空间形式转化为传递函数的表达为：

$$\begin{cases}\dot{x}=Ax+Bu\\ y=Cx\end{cases} \qquad G(s)=C(sI-A)^{-1}B \tag{15.25}$$

式(15.25) 所给出的传递函数为：

$$\begin{bmatrix}G_{uM_d}(s)\\ G_{u\dot{\theta}_e}(s)\\ G_{u\dot{\theta}_w}(s)\end{bmatrix}=\begin{bmatrix}\dfrac{\alpha c\left(s+\frac{k}{c}\right)(s+\beta\gamma)}{n(s)}\\ \dfrac{i^2\alpha[s^2+s\beta(c+\gamma)+k\beta]}{n(s)}\\ \dfrac{i\alpha\beta c\left(s+\frac{k}{c}\right)}{n(s)}\end{bmatrix} \tag{15.26}$$

$$n(s)=(k+cs)\alpha(s+\beta\gamma)+i^2 s[s^2+k\beta+s\beta(c+\gamma)] \tag{15.27}$$

零损耗（zero losses）

现在假设上述方程的损耗为零，即 $\gamma=0$ 且 $c=0$。需要注意的是，通过行驶阻力常数生成的系统与 $\gamma=0$ 生成的系统相同，因为行驶损耗常数被包含在静态点（x_0，u_0）中。现在，分子多项式 $n(s)$ 就很容易被因式分解，且极点-零点可以相消。

当 $\gamma=0$ 且 $c=0$ 时，传递函数为：

$$\begin{bmatrix} G_{uM_d}(s) \\ G_{u\dot{\theta}_e}(s) \\ G_{u\dot{\theta}_w}(s) \end{bmatrix} = \begin{bmatrix} \dfrac{\alpha k}{i^2}\times\dfrac{1}{s^2+k\left(\dfrac{\alpha}{i^2}+\beta\right)} \\ \alpha\dfrac{s^2+k\beta}{s\left[s^2+k\left(\dfrac{\alpha}{i^2}+\beta\right)\right]} \\ \dfrac{\alpha\beta k}{i}\times\dfrac{1}{s\left[s^2+k\left(\dfrac{\alpha}{i^2}+\beta\right)\right]} \end{bmatrix} \tag{15.28}$$

该模型的极点和零点如下所示，并将在下一节对其进行说明。

其中，复极点为：

$$\pm j\sqrt{k\left(\beta+\frac{\alpha}{i^2}\right)}$$

$G_{u\dot{\theta}_e}(s)$ 的零点为：

$$\pm j\sqrt{k\beta}\left[\text{其中极点满足 } k\beta<k\left(\beta+\frac{\alpha}{i^2}\right)\right]$$

有用的解析

以上处理方法解析了图 15.5 中的极点-零点结构，由于该图是完整模型，包含了完整的损耗系数，其位置并不精确，但是很容易对极点-零点结构的变化走向进行预测。例如当挡位变换到 i 时，就可以利用以上方程。

另一个重要的观测结果是在 $G_{uM_d}(s)$ 中的极点-零点相消。相消是由于在驱动轴上的阻尼 c 为零。在实际的汽车应用中，阻尼肯定不为零，但是通常小于弹性常量 k。这有可能会导致大部分的极点-零点相消。图 15.32 就是一个实例。对于转矩控制 M_d，这意味着系统会呈现为二阶系统。这就有可能使用 PID 控制器。这对于实际应用很有意义，参见 15.6 节。

15.3 传动系统速度控制

本章引言中提到，转速控制是传动系统控制的两个主要目标之一。现以防喘振控制作为这种控制类型的实例。13.3.1 中对车辆喘振（vehicle surge）及车辆跛行（vehicle shuffle）进行了介绍，如图 13.3 所示。在传动系统建模章节中，对系统振动的现象也进行了阐明，图 14.2 被作为模型开发的基础。基于 Pettersson 和 Nielsen（2003）的论述，在防喘振控制的设计过程中，使用了在 Pettersson 和 Nielsen（2003）论述中的用于获取测量值的同型卡车。

15.3.1 RQV 控制

传统的控制方法一般有两个目的，一方面是进一步描述要解决的问题，另外更重要的一方面是为驾驶员提供更好地驾驶感受。在控制方法中加入客户习惯的驾驶行为，这在汽车应用中并不罕见，这也为 15.9 节[1]的内容做了铺垫。

RQV 控制是指对传统柴油发动机的转速控制［Dietsche（2011）］，一般通过驾驶员对加速踏板位置的调节来实现对发动机转速的控制。RQV 控制本质上是一个通过驾驶员设定的期望速度和实际发动机转速测量值之间的速度差值函数计算喷油量的比例控制器，采用这一控制器结构的原因是仿照传统机械式离心调速器对发动机转速进行控制。由于在 RQV 调速器中不存在负载信息，因此当负载非零时（例如当上坡或下坡时）就会形成一个静态偏差。RQV 调速器可由下式描述：

$$\mu=\mu_0+K_p(ri-\dot{\theta}_e) \tag{15.29}$$

式中，i 是传动系统的传动比 $i=i_t i_f$；K_p 是控制器增益；r 是参考速度。常数 μ_0 是一个关于速度的函数，但它并不是负载，因为它是未知的。为了增加带宽，当提高控制增益时产生的车辆跛行的问题将通过接下来的例子说明。

例 15.1 使用在第 14 章中建立的卡车模型，以 2rad/s（3.6km/h）的速度，全负载 3000N·m（约为 2%路面坡度）以 1 挡前行，设置期望速度 r 为 2.3rad/s。图 15.7 展示了含有三种增益 K_p 的 RQV 控制方法在驱动轴模型中的应用。式(15.29) 中的 μ_0 是计算得出的，以此确保三个增益对应的转速静态值相等（否则三者对应的静态偏差将与各自增益有关）。

当控制器增益增加时，上升时间会减少而轮速的超调会增加。因此，在较短的上升时间和较小的超调之间需要做出权衡。由图 15.7 可知，发动机转速得到了良好的衰减，但由于传动系统的弹性，增益增加会使轮速振幅随之增大。

同样的行为如图 15.8 所示，它展示了 RQV 调速器工作时由负载 ν 和测量噪声 e 到性能输出 $z=\dot{\theta}_w$ 的传递函数。当控制器增益增加时，传递函数的谐振峰值（resonance peak）随之增加。

在图 15.7 中，u_0 的值是计算得出的，以此确保三个增益对应的转速静态值相等，否则三者对应的静态偏差将与各自增益有关。这就意味着 RQV 调速器可以按照驾驶员的要求保持速度，但其中存在一个静态偏差（速度滞后），静态偏差是一个关于控制器增益和负载（滚动阻力、空气阻力和路面坡度）的函数。因此，RQV 控制方法为驾驶感受赋予了独特的特性，比如当上坡或下坡时，问题在于这种特性如何能够保持，这将在 15.9 节[2]中进行探讨。

---

[1]，[2] 原文如此（译者注）。

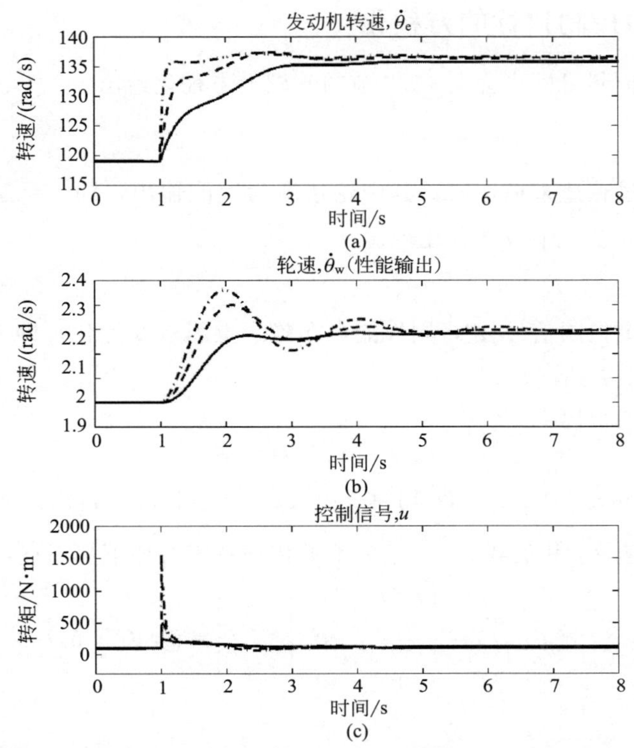

图 15.7 加速踏板行程在 $t=1$s 发生阶跃时，RQV 控制方法［式(15.29)］对于传动系统模型的控制响应（实线、虚线、点划线分别表示控制器增益 $K_p=8$、$K_p=25$、$K_p=85$。图中展示了增加增益对发动机转速的良好衰减及对轮速振动控制中的效果）

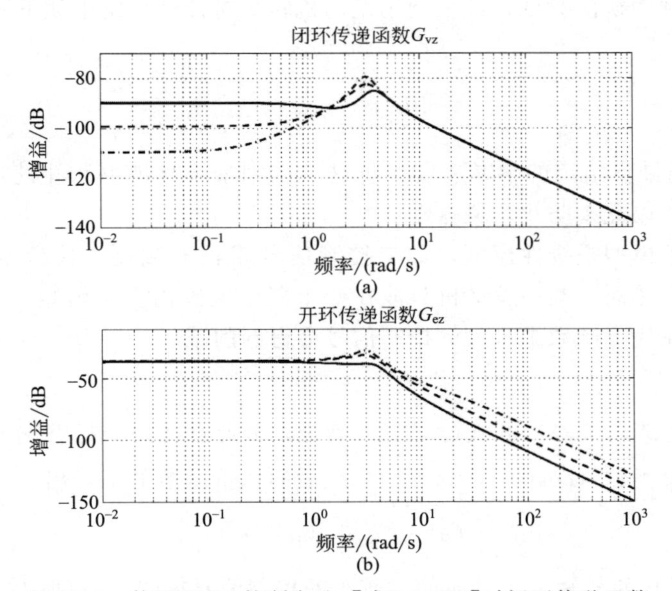

图 15.8 使用 RQV 控制方法［式(15.29)］时闭环传递函数 G_{vz} 和 G_{ez}［其中控制器增益 $K_p=8$（实线）、$K_p=25$（虚线）、$K_p=85$（点划线）。谐振峰值随着增益增加而增加］

15.3.2 防喘振控制目标的方程化

防喘振控制的控制目标将会在15.2节的基础上方程化给出。

系统性能变量

当车辆喘振通过轮速来描述时，其中轮速即为性能输出，即 $z=\dot{\theta}_{\mathrm{w}}$，以上内容已在式(15.11) 及式(15.12) 中被方程化表述。

静态点

如果使用到固定控制信号 μ_0，则性能点在静态点附近线性化，即 $z=r$。则转矩即为关于参考值 r 和负载 l 的函数。

静态点可由下式得出：

$$Ax+Bu+Hl=0 \tag{15.30}$$

式中，对于 x 和 u、A、B、H 均由式(15.2)~式(15.5) 得出。

对于给定的轮速 $\dot{\theta}_{\mathrm{w}}$和负载 l，对于如下的传动系统有如下静态点：

$$x_0(\dot{\theta}_{\mathrm{w}},l)=\begin{bmatrix} b_2/k & 1/k \\ i & 0 \\ 1 & 0 \end{bmatrix}\begin{bmatrix} \dot{\theta}_{\mathrm{w}} \\ l \end{bmatrix}=\delta_{\mathrm{X}}\dot{\theta}_{\mathrm{w}}+\delta_1 l \tag{15.31}$$

$$u_0(\dot{\theta}_{\mathrm{w}},l)=((b_1 i^2+b_2)/i \quad 1/i)\begin{bmatrix} \dot{\theta}_{\mathrm{w}} \\ l \end{bmatrix}=\lambda_{\mathrm{X}}\dot{\theta}_{\mathrm{w}}+\lambda_1 l \tag{15.32}$$

控制目标的初次尝试

对于速度控制的初次尝试，计划利用发动机转矩对传动系统中如下所示的代价函数最小化：

$$\lim_{T\to\infty}\int_0^T (z-r)^2 \tag{15.33}$$

式中，r 是驾驶员给定的参考速度。将这一准则最小化能够防止速度 $z=\dot{\theta}_{\mathrm{w}}$ 在期望速度 r 附近振动，以此来防止车辆振动。

因为被控对象模型是线性模型，如果控制信号 u 没有限制，代价函数［式(15.33)］可以实现任意小。然而，柴油发动机只能在一个限定范围内发出转矩，因此对式(15.33) 进行扩展，这样在代价函数中过大的控制信号会得到削减。

可行控制目标

代价函数通过式(15.31) 和式(15.32) 确定，因此存在一个静态偏差 $u_0(r, l)$ 的控制信号被加入代价函数（cost function)。扩展后的代价函数如下给出：

$$\lim_{T\to\infty}\int_0^T (z-r)^2+\eta[u-u_0(r,l)]^2 \tag{15.34}$$

式中，η 用来权衡较短的上升时间和较小的控制信号振幅。得到的结果将是一个带有可行的控制信号的防喘振速度控制器。

控制器对式(15.34) 的最小化，其中并不包含静态偏差，因为控制器中包括负载 l，可以对其进行补偿。然而如之前所述，在速度控制器中，保持 RQV 调速器的静态偏差特性是可行的。相比 RQV 调速器，静态偏差可以通过只使用准则［式(15.34)］中的负载的一部分达到控制效果，这部分将会在 15.3.3 中进行阐述。

15.3.3 包含主动衰减和 RQV 调速器特性的速度控制

我们现在准备取得防喘振速度控制器。这意味着需要对式(15.15）和式(15.16）中的 l_0、K_c 及 K_f 进行解算。设问方程式(15.34）将分成两阶段进行探讨。首先，当不存在 RQV 调速器特性时，在代价函数中使用全部负载，之后再对存在 RQV 调速器特性的情况进行扩展。第一阶段包括传动系统模型的线性化和根据线性化后的变量对式(15.34）进行改写。得出的反馈方法是关于 η 的函数，使用该函数可以获得可用（输入幅值得到限制）的控制信号及较高的带宽。

$$\dot{x}=Ax+Bu+Hl \tag{15.35}$$

以上模型属于仿射系统，因为其包含一个常数项 l。该模型在静态点（x_0，u_0）附近被线性化。线性模型如下：

$$\Delta\dot{x}=A\Delta x+B\Delta x \tag{15.36}$$

其中：

$$\begin{aligned}\Delta x&=x-x_0\\ \Delta u&=u-u_0\\ x_0&=x_0(x_{30},l)\\ u_0&=u_0(x_{30},l)\end{aligned} \tag{15.37}$$

其中静态点（x_0，u_0）是由式(15.31）和式(15.32）解算得出的（x_{30} 为 x_3 的初始值）。需要注意的是，该线性模型对所有静态点都是相同的。

引入：

$$\begin{aligned}r_1&=Mx_0-r\\ r_2&=u_0-u_0(r,l)\end{aligned} \tag{15.38}$$

在代价函数［式(15.34)］中，Δx 及 Δu 可由式(15.11)、式(15.37）及式(15.38）得出。

$$\lim_{T\to\infty}\int_0^T[M(x_0+\Delta x)-r]^2+\eta[u_0+\Delta u-u_0(r,l)]^2 \tag{15.39}$$

$$=\lim_{T\to\infty}\int_0^T(M\Delta x-r_1)^2+\eta(\Delta u+r_2)^2 \tag{15.40}$$

现在我们所面临的问题是如何找到一个反馈控制方法以使该代价函数最小化。

额外内容：控制器的解算

对控制方法的详述并不在本书的讨论范围之内，但是本书将会给出一种使用现有 LQG 技术对代价函数［式(15.34)］最小化的方法。此处选用 14 章和例 15.1[1] 中使用的卡

[1] 原文为例 15（译者注）。

车模型作为案例，作为结果的控制器将会以表格的形式在本章的其余部分中使用（值得注意是，使用 r_1、r_2 对于方程的解算十分有帮助）。为了使代价函数 [式(15.39)]最小化，需要使用到 Riccati 方程。之后常数项 r_1 和 r_2 必须依据状态变量来表示。这需要对包括常数项 r_1 和 r_2 在内的对象模型（A，B）进行增广来实现。因为这些模型是不可控的，因此它们必须足够稳定，以便解开 Riccati 方程 [Maciejowski (1989)]。

通过求解 Riccati 方程对代价函数 [式(15.34)]最小化会导出一个状态反馈矩阵。导出的反馈方法是一个关于 η 的函数，使用该函数可以得到带宽较高且可用的控制信号。因为极点在虚数轴上，故没有使用模型 $\dot{r}_1=\dot{r}_2=0$。相反，以下模型将被使用：

$$\dot{r}_1=-\sigma r_1 \tag{15.41}$$

$$\dot{r}_2=-\sigma r_2 \tag{15.42}$$

式中，较低的 σ 表明 r 是一个变化缓慢的常数。

增广模型如下给出：

$$A_r=\begin{bmatrix} & & & 0 & 0 \\ & A & & 0 & 0 \\ & & & 0 & 0 \\ 0 & 0 & 0 & -\sigma & 0 \\ 0 & 0 & 0 & 0 & -\sigma \end{bmatrix} \tag{15.43}$$

$$B_r=\begin{bmatrix} B \\ 0 \\ 0 \end{bmatrix}, x_r=(\Delta x^T \quad r_1 \quad r_2)^T \tag{15.44}$$

利用这些方程，代价函数 [式(15.39)]可由如下形式进行表示：

$$\lim_{T\to\infty}\int_0^T x_r^T Q x_r + R\Delta u^2 + 2x_r^T N\Delta u \tag{15.45}$$

其中：

$$Q=(M \quad 1 \quad 0)^T(M \quad 1 \quad 0)+\eta(0 \quad 0 \quad 0 \quad 0 \quad 1)^T(0 \quad 0 \quad 0 \quad 0 \quad 1)$$

$$N=\eta(0 \quad 0 \quad 0 \quad 0 \quad 1)^T$$

$$R=\eta \tag{15.46}$$

功效函数式(15.39) 通过以下方程最小化：

$$\Delta u=-K_c x_f \tag{15.47}$$

及

$$K_c=Q^{-1}(B_r^T P_c+N^T) \tag{15.48}$$

式中，P_c 是 Riccati 方程的稳定解。

$$A_r^T P_c+P_c A_r+R-(P_c B_r+N)Q^{-1}(P_c B_r+N)^T=0 \tag{15.49}$$

则控制方法式(15.47) 可被改写为：

$$\Delta u=-K_c x_r=-(K_{c1} \quad K_{c2} \quad K_{c3})\Delta x-K_{c4} r_1-K_{c5} r_2 \tag{15.50}$$

该控制器的相位裕度可以保证至少为 60°，且拥有无限的幅值裕度 [Maciejowski (1989)]。

主动衰减的获取

通过使用式(15.37) 和式(15.38)，速度控制器的控制方法可以被写为：

$$u=K_{0}x_{30}+K_{r}l+K_{r}r-(K_{c1}\quad K_{c2}\quad K_{c3})x \tag{15.51}$$

及

$$K_{0}=(K_{c1}\quad K_{c2}\quad K_{c3})\delta_{x}-K_{c4}M\delta_{x}+\lambda_{x}-K_{c5}\lambda_{x}$$
$$K_{r}=K_{c4}+K_{c5}\lambda_{x} \tag{15.52}$$
$$K_{1}=(K_{c1}\quad K_{c2}\quad K_{c3})\delta_{1}-K_{c4}M\delta_{1}+\lambda_{1}$$

式中，δ_{x}、δ_{1}、λ_{x}、λ_{1} 在式(15.31) 和式(15.32) 中有详细说明。

当控制方法式(15.51)与式(15.52) 被应用于例 15.1[1] 中时，控制器变为：

$$u=0.230x_{30}+4470r+0.125l-(7620\quad 0.0347\quad 2.36)x \tag{15.53}$$

其中 $\eta=5\times10^{-8}$，$\sigma=0.0001$。对速度控制器 [式(15.35)]的一个阶跃响应仿真如图 15.9 所示。

故相比 RQV 调速器，速度控制器拥有较短的上升时间。同样，在使用速度控制时，超调量也较少。因为驱动转矩得到控制，故轮速的振动得到了有效衰减。这表明通过使用控制器对发动机转矩进行控制，可使发动机惯性与振动力的作用方向相反。因此尽管发动机转速发生振动，但是轮速依然可以表现良好，如图 15.9 所示。这意味着即使是强烈的瞬时车辆跛行也是可以被避免的。

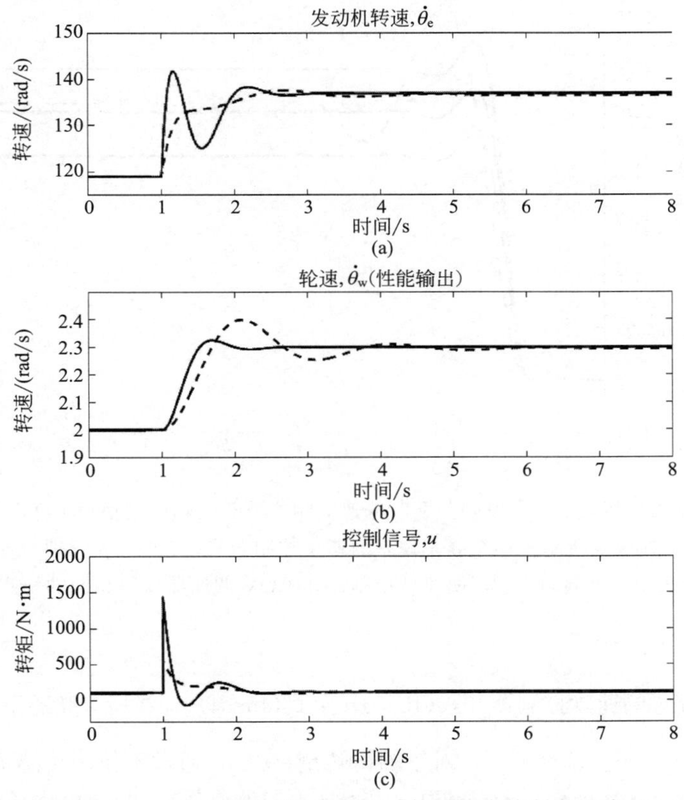

图 15.9　加速踏板位置在 $t=1$s 发生阶跃时的响应 [使用速度控制方法式(15.53) 控制的驱动轴模型，由实线表示。使用 RQV 控制式(15.29) 的模型由虚线表示，其中 $K_{p}=25$。由于主动衰减的存在，发动机转速发生振动时，轮速的振动得到了明显衰减]

[1] 原文为例 15（译者注）。

RQV 控制特性扩展

RQV 控制方法使车辆具有独特的驾驶特性，例如当车辆处于上坡或下坡情况时。当使用主动衰减扩展 RQV 控制特性时，这种驾驶特性是可以被保留的。传统 RQV 控制在 15.3.1 小节中有详细说明。由于在 RQV 调速器中没有关于负载 l 的信息，因此在负载不为零时会产生静态偏差。速度控制器 [式(15.51)]是一个关于负载的函数，因此如果对负载进行估计和补偿，则静态偏差为零。然而驾驶员需要对负载赋予一个静态偏差，且只有当使用巡航控制器时静态偏差才为零。

当不为零的负载产生静态偏差时速度控制器可以被修正。通过使用 βl 而不是使用式(15.51) 中的完全负载 l。常数项 β 从 $\beta=0$（意味着没有负载补偿）变化到 $\beta=1$（意味着完全的负载补偿并且没有静态偏差)。补偿后的速度控制方法变为：

$$u=K_0 x_{30}+K_r \beta l+K_r r-(K_{c1} \quad K_{c2} \quad K_{c3})x \tag{15.54}$$

图 15.10 中，对 RQV 调速器及其静态偏差（参考值 $r=2.3\text{rad/s}$）和应用于例 15.1 中用于补偿速度控制器 [式(15.54)]的三个 β 值进行了比较。通过调整 β，带有主动衰减扩展及静态偏差的速度控制器可以与 RQV 调速器性能相近。

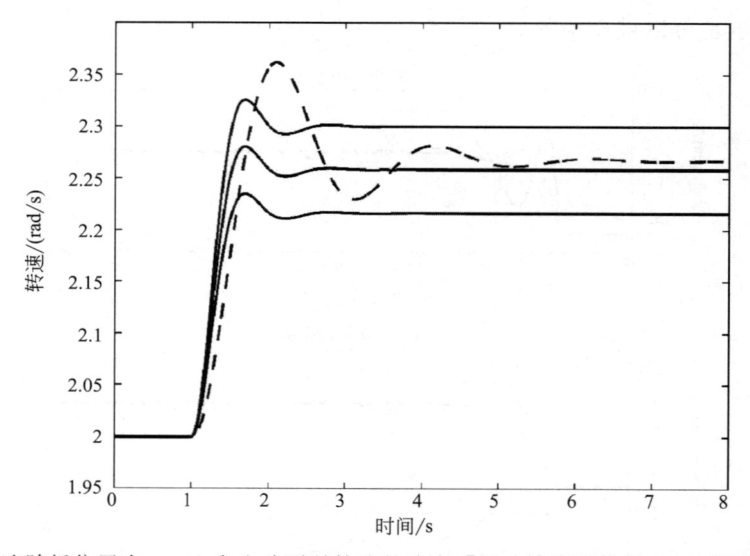

图 15.10 加速踏板位置在 $t=1\text{s}$ 发生阶跃时轮速的响应 [驱动轴模型使用 RQV 调速器式(15.29) 进行控制，如虚线所示。存在静态偏差的速度控制器式(15.54) β 分别为 0、0.5、1 由实线表示。通过调节 β，使速度控制器和 RQV 调速器取得相同的稳定水平]

观测器

对于之前研究过的速度控制器 [式(15.53) 及式(15.54)]，在所有状态下均使用反馈[$x_1=\dot{\theta}_e/(i_t i_f)-\theta_w, x_2=\dot{\theta}_e, x_3=\dot{\theta}_w$]。对于轴扭转量($x_1$)，通常不使用传感器进行测量，因此需要观测器对轴扭转量的未知状态进行估计。状态估计量 $\hat{x}$ 的观测器由下式给出：

$$\Delta\dot{\hat{x}}=A\Delta\hat{x}+B\Delta u+K_f(\Delta y-C_1\Delta\hat{x}) \tag{15.55}$$

在速度控制方法式(15.51) 中，变量 x 被其估计量 $\hat{x}$ 取代，之后控制方法变为：

$$u=K_0 x_{30}+K_r r+K_l l-(K_{c1} \quad K_{c2} \quad K_{c3})\hat{x}_1 \tag{15.56}$$

式中，K_0、K_r、K_1 由式(15.52) 得出。

15.3.4 传感器位置产生的影响

之前章节中所述的观测器和闭环系统的特性都取决于传感器位置。观测器的输入可以是发动机转速或轮速，与之前相同，这将会导致不同的控制问题。为了对该现象进行说明，我们再次引用 14 章和例 15.1 中载重卡车的案例。从负载干扰 v 以及测量噪声 e 的角度，观察其中由于传感器位置引起的干扰抑制的差异。

额外内容

得到观测器增益 K_f 的一种方法是使用 Kalman 滤波器：

$$K_f = P_f C^T V^{-1} \tag{15.57}$$

其中 P_f 由 Riccati 方程求解得出：

$$P_f A^T + A P_f - P_f C^T V^{-1} C P_f + W = 0 \tag{15.58}$$

之后使用回路传函恢复（LTR）[Maciejowski（1989）]解算得出观测器增益，使用参数 ρ 对其进行表示。结果显示 ρ_e 和 ρ_w 存在较大差异。这种差异应归因于两种不同传感器位置的结构差异，具体信息参见 Pettersson 和 Nielsen（2003）的研究。

对阶跃响应的影响

观测器的动态特性在由参考值到性能输出（$z=\dot{\theta}_w$）及控制信号（u）的传递函数中被抵消。因此这些传递函数没有被传感器位置所影响。然而，观测器的动态特性依然被包含在干扰 v、e、z 及 u 这些传递函数中，下文中将对其影响进行展示。

负载干扰的影响

图 15.11 展示的是负载干扰 v 是如何影响性能输出和控制信号的。当使用发动机转速传感器反馈时，G_{vz} 中出现了谐振峰值（resonance peak），而当使用轮速传感器反馈时却

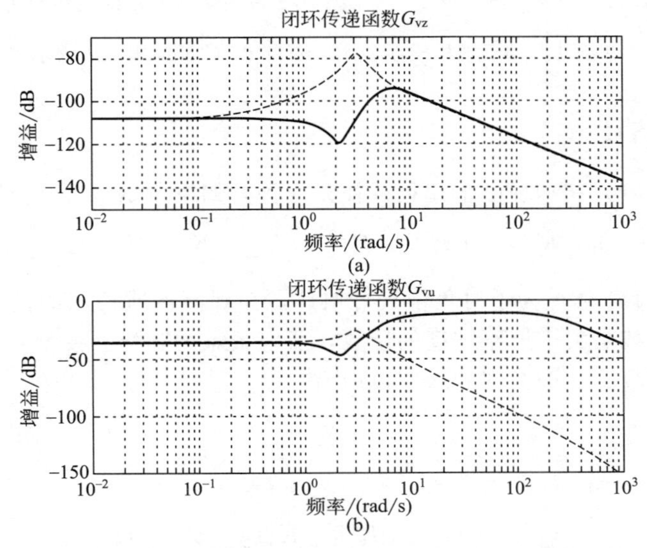

图 15.11 从负载干扰 v 到性能输出 z 及控制信号 u 闭环传递函数（来自 $\dot{\theta}_w$ 的反馈用实线表示。来自 $\dot{\theta}_e$ 的反馈用虚线表示。因为开环零点的存在，使用 $\dot{\theta}_e$ 反馈时传递函数存在谐振峰值）

并没有出现。原因就是当使用轮速传感器时，控制器在分子上被抵消，当使用发动机转速传感器时，控制器没有被抵消。当开环系统中的零点被控制器消去时，开环零点就会转变为控制器中的极点。这就意味着闭环系统使用发动机转速传感器时开环零点会变为极点。闭环极点变为−0.5187±3.0753j，这导致了图 15.11 中的谐振峰值的出现。

测量噪声的影响

测量噪声 e 的影响如图 15.12 所示。更高频率下的下降率在两种不同的反馈方法下表现不同。这是因为开环传递函数存在一个值为 1 的相对阶。因此来自于车轮反馈的下降率会更陡。在传动系统低频率水平下的差异与下降率相同。因此该影响在低挡位行驶时会有所增加。

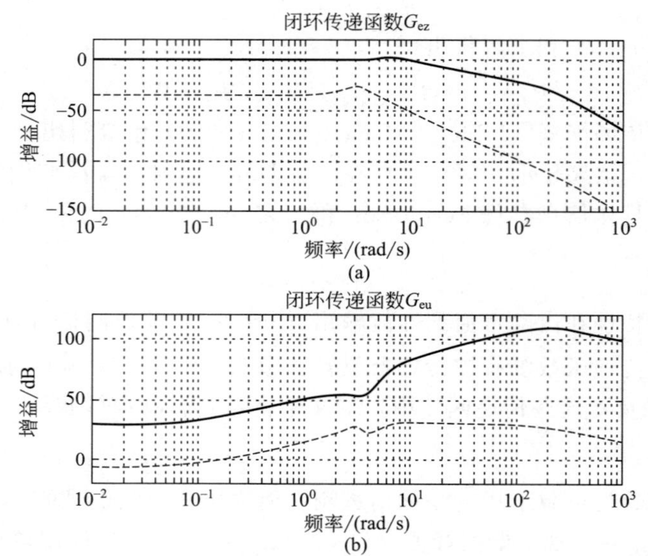

图 15.12 从噪声测量值 e 到性能输出 z 及控制信号 u 的闭环传递函数

（来自 $\dot{\theta}_w$ 的反馈用实线表示，来自 $\dot{\theta}_e$ 的反馈用虚线表示）

15.3.5 负载估计

反馈方法［式(15.56)］现由未知负载补充完整，如下所示：

$$u = K_0 x_{30} + K_r r + K_l \hat{l} - (K_{c1} \quad K_{c2} \quad K_{c3})\hat{x}_1 \tag{15.59}$$

式中，$\hat{l}$ 为估计负载。为了对负载进行估计，在观测器所使用的模型中对负载模型进行了增广。因为负载是关于道路坡度的函数，所以很难为其建立模型，但是可以把它当作一个缓慢改变的常数。一个合理的增广模型为：

$$x_4 = \hat{l} \quad 及 \quad \dot{x}_4 = 0 \tag{15.60}$$

其结果为：

$$\dot{\hat{x}} = A_1 \hat{x}_1 + B_1 u + K_f (y - C_1 \hat{x}_1) \tag{15.61}$$

其中：

$$\hat{x}_1 = (\hat{x} \quad \hat{l})^{\mathrm{T}} \tag{15.62}$$

$$A_1=\begin{bmatrix} A & & & 0 \\ & & & 0 \\ & & & -1/J_2 \\ 0 & 0 & 0 & 0 \end{bmatrix} \tag{15.63}$$

$$B_1=\begin{bmatrix} B \\ 0 \end{bmatrix},C_1=(C \quad 0) \tag{15.64}$$

则反馈方法为：

$$u=K_0x_{30}+K_rr-(K_{c1} \quad K_{c2} \quad K_{c3}-K_1)\hat{x}_1 \tag{15.65}$$

其与观测器组成了一个完整的防喘振控制器。

15.3.6 对防喘振控制器评估

我们现在有了一个完整的防喘振控制器设计，现在需要在实际条件下验证它的功能。从某种程度上来说，这可以通过仿真来完成。但是对于它的主要功能来说，试验验证是必需的。在以下章节中两种方法都会被使用。在不容易产生干扰的研究中，会使用仿真方法。在对控制器主要功能，即车辆喘振的主动衰减及控制器对于控制结构的其他分支（如转矩限制）的适应性进行论述时，会使用试验方法。

仿真

作为验证实际使用可行性的重要一步，是将控制器放在比其设计时所使用的更加复杂的车辆模型进行仿真时，控制器依然表现良好。这一点对于原理性研究工作更加重要，因为可用的干扰很难在实际试验中被系统地生成。一个这样的例子是来自牵引拖车脉冲干扰。

在 14.9.3 小节中，阐述了可以通过对更加完整的非线性模型进行仿真，对基于简化传动系统的控制方法进行验证。仿真的具体情况见图 15.13，如图中所示，之前所述的基于驱动轴模型设计的控制器与更加复杂的非线性离合器及驱动轴模型同时作为车辆模型进行了仿真。控制器的性能输出为轮速 $z=\dot{\theta}_w$，这是因为轮速相比发动机转速更能决定车辆的行为。图 15.14 展示了同时用于驱动轴模型和离合器及驱动轴模型的从控制信号（u）和负载（l）到轮速（z）的传递函数。离合器及驱动轴模型中增加了由离合器产生的第二谐振峰值。此外，离合器及驱动轴模型的高频下降率比驱动轴模型的更陡。需要注意的是，在两个模型中从负载到性能输出传递函数是完全相同的。

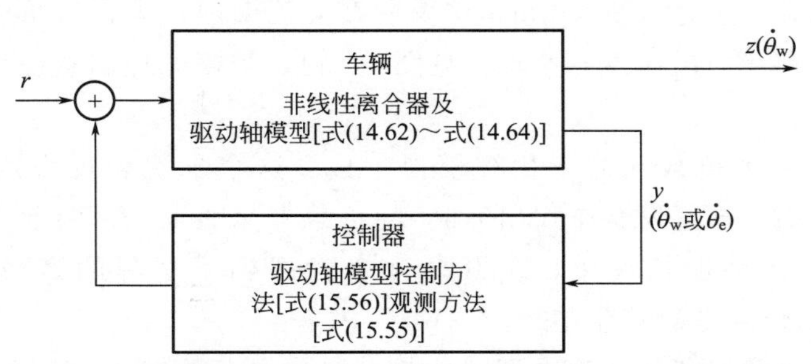

图 15.13 仿真结构框图（为了证明实际使用的可行性，使用基于驱动轴模型的控制器对非线性离合器及驱动轴模型进行了仿真）

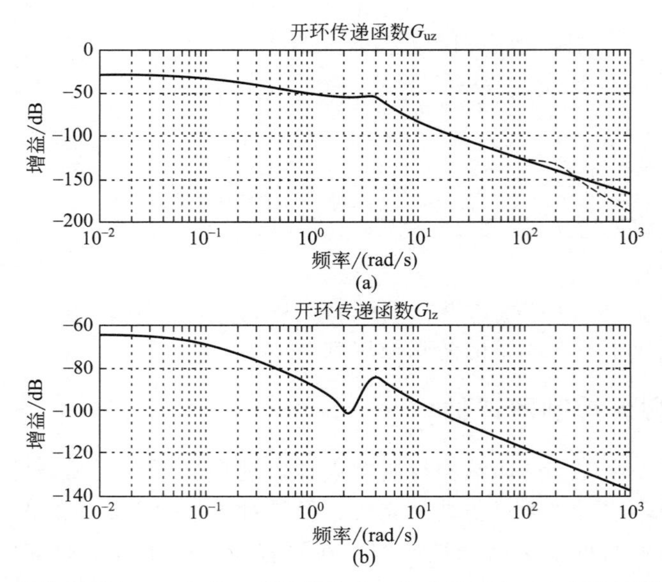

图 15.14 从控制信号 u、负载 l 到性能输出 z 的传递函数（实线表示驱动轴模型，虚线表示离合器及驱动轴模型。离合器模型给出了第二谐振峰值和更陡的下降率）

15.3.7 负载干扰抑制演示

在实际研究过程中，不需要对车辆进行重建，可以使用仿真方法进行研究。例如在 15.3.4 中对不同传感器位置产生的影响的研究进行讨论。可以使用图 15.13 中所示的结构，也就是式(14.62)～式(14.64) 中的非线性离合器及驱动轴模型作为车辆模型。当负载和速度已知时，对模型方程的平衡点（equilibrium point）进行求解，就可以得出非线性离合器及驱动轴模型的稳定状态水平。控制器通常是基于驱动轴模型的，如之前章节所推导得出。轮速或发动机转速是观测器［式(15.55)］的输入，同时也是 $\beta=0$ 时控制方法［式(15.56)］生成的控制信号。

这里展示的仿真实例和例 15.1 相同。展示了负载干扰的结果。其静态点为：

$$\dot{\theta}_w=2,\ l=3000 \Rightarrow x_0=(0.0482\quad 119\quad 2.00)^T,\ u_0=109 \tag{15.66}$$

此处使用式(15.31) 和式(15.32)，同时新的需求速度为 $\dot{\theta}_w=2.3$rad/s。在稳定状态下，离合器传递转矩为 $u_0=109$N・m。这说明在此范围内，离合器角度在离合器非线性特性中拥有更高的刚度（$\theta_{c1}<\theta_c\leqslant\theta_{c2}$），见图 14.11。当速度控制被使用时，这是一种典型的驾驶情况。

当 $t=6$s 时，一个负载脉冲干扰被模拟生成。这个干扰表现为矩形脉冲，宽度为 0.1s，高度为 1200N・m，附加在式(15.6) 的负载上。图 15.15 展示了仿真的结果。可见在有轮速传感器反馈的情况下，负载脉冲干扰得到了更好的衰减。这就证实了在 15.3.4 中所讨论的行为是确实存在的。

有观点认为，在该仿真中，离合器非线性特性中的低刚度区域（$\theta_c<\theta_{c1}$）是绝对不会被进入的。持此观点者认为应该对低离合器转矩（$\theta_c<\theta_{c1}$）区域进行观察，在此区域内，离合器非线性特性会引起存在极值的周期振动。例如，当卡车行驶在下坡过程中时，

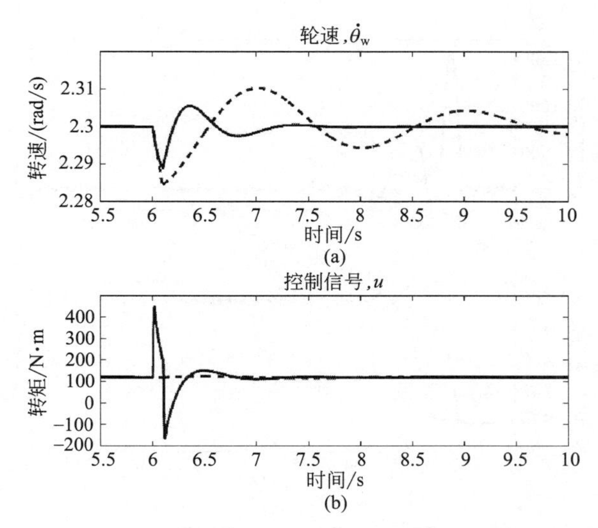

图 15.15 仿真负载在 $t=6$s 产生脉冲干扰（实线表示 $\dot{\theta}_w$ 反馈。$\dot{\theta}_e$ 反馈由虚线表示。当使用轮速传感器而不是发动机转速作为反馈时，负载脉冲会生成一个控制信号，对脉冲扰动进行衰减）

负载与传动系统中的摩擦力相等时，就会导致低离合器转矩现象的产生。

15.3.8 防喘振控制的试验验证

为证明此方法可以运用在实际操作当中，在一辆卡车上进行了实际测试。在测试中使用了在表 14.1 中所述的传感器。速度控制策略是对反馈方法和观测器离散化。算法的重复频率（repetition rate）和观测器输入变量的采样频率是相同的。这意味着使用发动机转速传感器反馈的采样频率是 50Hz。控制器的参数被调整到由测量信号给出的实际限制范围内。

所有试验都在同样的一条近乎平坦的道路上进行。试验中需要特别注意的是，车辆应保持低挡位、低速度，这样空气阻力的冲击就会很小。所有试验的参考值都是由计算机在同样的测试状况下计算生成的。在测试中只使用了道路的一个方向，因此道路坡度是没有差异的。在试验中进行了发动机转速的阶跃测试，其结果与使用了传统 RQV 调速器的速度控制进行了对比。这里展示的测试是在 1 挡下，从 2.1rad/s 到 3.6rad/s（约 1200r/min 到 2000r/min）的速度阶跃测试。在图 15.16 中，对速度控制器和传统 RQV 控制进行了比较，图中对试验过程中的发动机转矩、发动机转速和轮速进行了展示。

速度控制器利用发动机转速进行反馈，RQV 调速器的增益为 $K_p=50$。该增益下的两种控制器的峰值转矩输出和上升时间是相同的。

当使用 RQV 控制时，发动机转速可以达到预定的速度，但是轮速会发生振动，正如在较早的仿真试验中发生的那样。而在速度控制中，主动衰减大幅减少了轮速中的振动。这证实了控制发动机惯性和振动产生的力的作用方向相反的控制方法，可以应用在发动机转矩控制中。如图 15.16 所示，这会使发动机转速产生振动。因此可以说明对模型结构（驱动轴模型）简化的假设可以满足控制设计的需要。

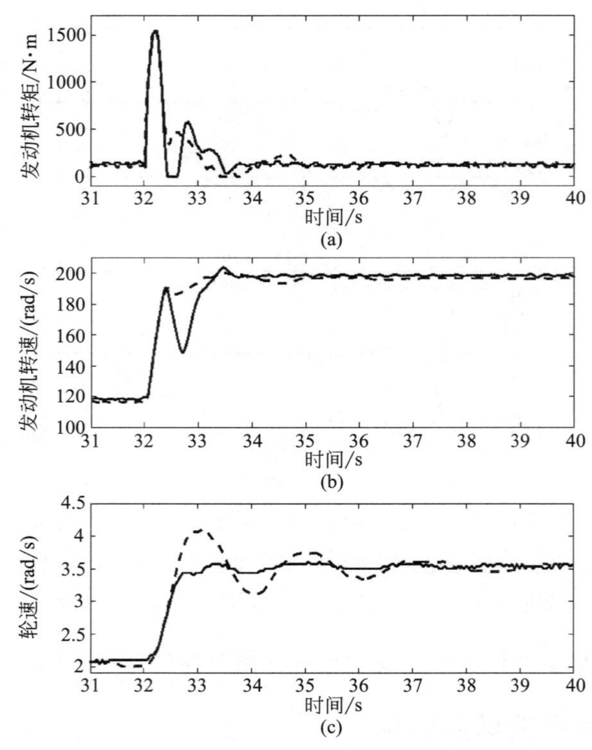

图 15.16 当速度阶跃出现在 $t=32\mathrm{s}$ 时，采用主动衰减和发动机转速反馈（实线）的控制效果与$K_{\mathrm{p}}=50$ 的传统 RQV 控制（虚线）控制效果的比较（试验在平坦道路上进行，32.5s 后控制信号根据不同控制方式产生差异。当使用速度控制时，发动机惯性和振动产生的力的作用方向相反，因此振动被大幅削减）

15.3.9 消除误解的试验

大部分的自动控制器必须要在其他结构更复杂的控制器中才能工作。在本章开头，15.1.6 中已经特别说明，一个重要的必需条件是对转矩限制的处理。原因有几点，其中一点就是控制器必须符合以转矩为基础的控制结构。

回顾图 15.2，在图 15.17 中也有重复。一个对柴油发动机中转矩进行限制的重要实例就是排放限制器，图 15.18 展示的即是当排放限制器启动时发动机的响应情况。在图 15.18(a) 中可见，转矩被大幅度地限制了。此处需要注意的重点是如果在控制设计时没有包括对转矩的限制，且在建模或其他设计方法中也没有考虑，有一种误解认为如果这种非线性特征在设计时没有被考虑到，在实际环境中会导致控制器的使用出现问题。根据驱动轴模型导出防喘振控制器，具体行为见图 15.16。此行为在图 15.18 的虚线部分再次出现。转矩限制的进入在图 15.17 中被标示出，其结果如图 15.18 中实线所示。图 15.18 (a) 展示的是转矩如何被限制，图 15.18 (c) 中展示的是轮速得到了很好的控制且仍然可以得到主动衰减的情况。只要观测器 [式(15.61)] 有正确的输入信号 u，反馈 [式(15.65)] 就会对振动进行抵消。这清楚地演示了在存在和不存在排放限制器时两种情况下对转速的主动衰减，并且进一步说明了反馈解决方案的优点。基于现有掌握的情况，传动系统在各种可预测和不可预测的状态下均可良好工作。

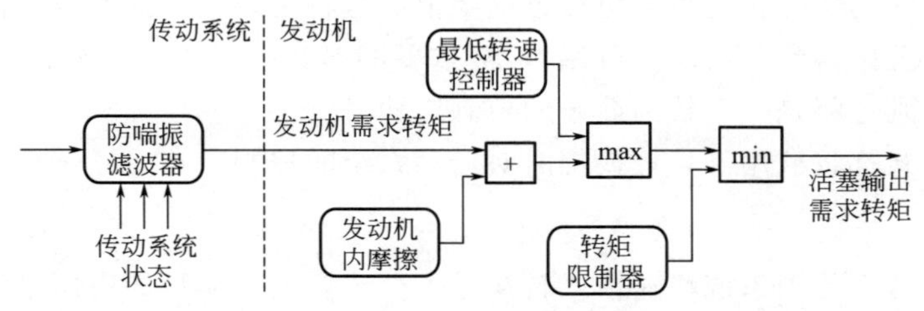

图 15.17 具有反馈输入的防喘振控制器［在“防喘振滤波器”框中，反馈由框下的箭头表示。防喘振控制器必须能够对转矩限制进行处理，例如排放限制器（smoke limitation）中对转矩进行的限制］

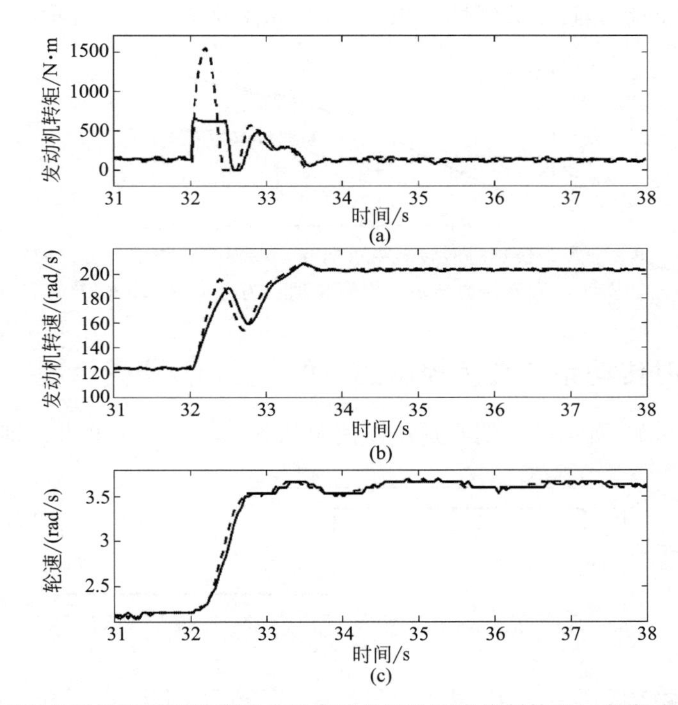

图 15.18 存在和不存在排放限制器时带有主动衰减的两种速度控制情况（虚线对应不使用排放限制器的试验。$t=32\text{s}$ 时，速度阶跃得到了控制。当使用排放限制器时，获得了较少的转矩水平，其产生的行为由实线标出。如图，在存在转矩限制的情况下，控制状态良好而且获得了主动衰减）

15.4 传动系统转矩的控制

除了对传动系统的转动状态进行控制，另一个需要重视的问题是对传动系统转矩的控制。对转矩的控制主要有两种方式。

• 常见的方式是通过直接建模对转矩进行控制。当控制准则制定完成后，如果该方案对转矩的控制表现良好，则可将其作为既定的控制方法。这种直接对转矩进行控制的方式从理论上来说是最优的解决方案，但是与另一种方式——扭转量控制方式相比，这种转矩控制方式有较多参数需要被估计或采集。

• 扭转量控制是一种基于物理角度的解决方案，如果传动系统中的主要扭转量是受控制的，我们关注的实际转矩将会更接近期望值。这将需要较少的参数，而且必需的观测器可以直接从装置中得到（或现成可用），最重要的是，一旦一个良好的扭转量控制器是可以被使用的，则这将是一个较为简单的控制结构。

以上两种方式都将被用于处理换挡时对传动系统的控制。

模式转换

转矩的控制对于传动系统快速模式转换是十分重要的。典型的应用是混合动力车辆的动力模式转换，例如主要动力源的切换，或者换挡。一个典型的目标是使模式转换迅速而平滑，以取得良好的性能和驾驶感受。因此，一个好的解决方案通常也能最大限度地减少噪声、磨损等其他副作用。如本章 15.1 节所述，这意味着可将模式转换行为看作对基于转矩的控制结构中的传递转矩的短期干预，如图 15.4 及图 15.19 所示。

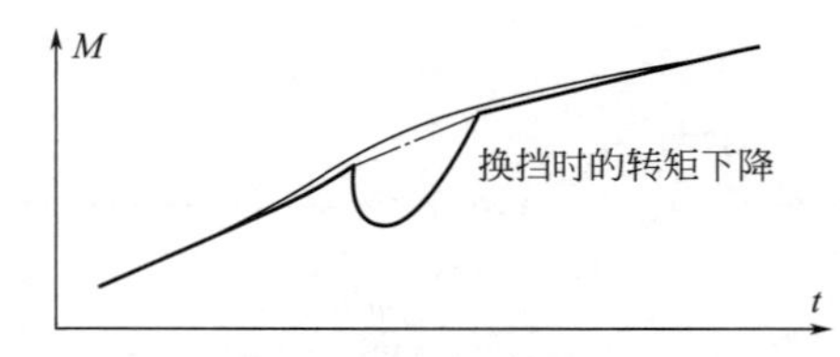

图 15.19　细线为换挡时的转矩需求曲线，点划线为物理上可行的转矩，实线为实际传递转矩（实际换挡行为可见图 15.20）[1]

15.4.1　换挡时传动系统转矩控制的目的

现在，如图 15.19 所示的短期干预可以使用如图 15.20 所示的更详细的实际换挡行为

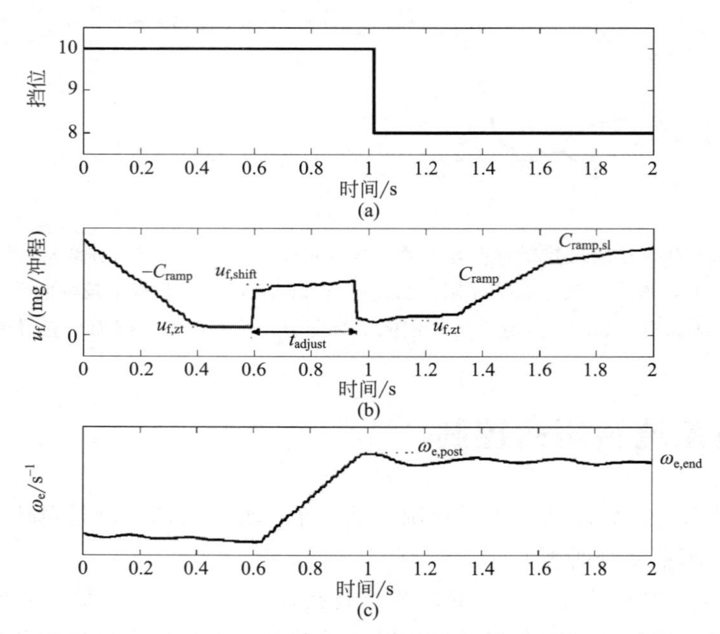

图 15.20　某型 37t 卡车在 6.5%坡度时，由第 8 挡转换为第 10 挡的换挡情况

[1] 个别图重，原文如此，不作删减（译者注）。

进行处理。15.1.4 及图 15.3 引入了可自动控制的手动变速箱的概念，即机械式自动变速箱（AMT），对于重型卡车来说这是一个普遍的概念。在 AMT 中，挡位的接合和分离能够通过发动机转矩进行控制，图 15.20 描述一个典型的 AMT 换挡过程中发动机转矩及转速的变化。因为该数据来源于真实的卡车，因此转矩没有被测得，而是使用喷油量控制信号 u_f 进行表示。

当使用发动机对换挡过程进行控制时，存在以下几个阶段。首先控制信号由驾驶员传导至控制单元，进入转矩控制阶段。对发动机的输出转矩水平进行控制，使相应的变速箱转矩为零（零转矩水平）。如图 15.20 所示，喷油量以斜率 C_{ramp} 下降至零转矩（z_t）水平，与喷油量水平 $u_{f,zt}$ 相一致。在挂入空挡后，则进入转速同步阶段，该阶段由 t_{adjust} 表示。之后喷油量提升至 $u_{f,shift}$，将发动机转速 $\omega_{e,post}$ 加速至与预定挂入挡位转速相一致。在这之后，在 1s 的时刻，控制喷油量回到 $u_{f,zt}$ 水平使转矩为零，随后挂入新挡位。最后，转矩水平转换到受到干预前的需求转矩水平（通常代表驾驶需求转矩）。在该例中，转矩控制行为通过逐渐以斜率 C_{ramp} 提升喷油量来实现，在过程即将结束时，减小斜率至较小的 $C_{ramp,sl}$ 平缓结束。

15.4.2 转矩控制的潜在问题示例

在车辆行驶中，我们一般会期望换挡时失去牵引力的总时间最小化。原理如图 15.20 所示，通过谨慎地以斜率 C_{ramp} 增加喷油量，使转矩平稳过渡。良好的转矩控制可以使转矩更快速地转换至零转矩水平。以上属于主动衰减转矩控制的范畴，并将作为背景，证明当没有适当的转矩控制时，如果转矩突然发生改变，会出现什么样问题。

在 13.3.3 中，图 13.5 展示了当不存在转矩控制阶段时，会以一个恒定的转速挂入空挡。这就表明会有一个驱动转矩传递到变速箱内，很明显这会导致变速箱转速出现振动，且振动的幅度随着转速的增加而增加。

没有进行适当控制的换挡过程

图 15.21 展示了在 12s 时发动机转矩减少至 46N·m 时的变速箱转速。在此之前，为使发动机的输出转矩达到 225N·m 的需求值，发动机一直保持着 2200r/min 的恒定转速。为了对这种转矩变化状况进行描述而进行了四次试验，在不同试验中，转矩出现阶跃变化与挂入空挡的时间差存在差异。在 12.4s 换挡后变速箱转速产生了一个较小的振动，而在 13.3s 和 14.8s 换挡产生的振动存在较大的振动幅度，在 13.8s 时换挡，变速箱转速并不存在振动。这清晰地表明了传动系统共振对变速箱转矩产生的影响，当 12.4s 及 13.8s 换挡时，基本没有受到共振的影响，而在 13.3s 及 14.8s 换挡时，明显存在影响。当变速箱转速出现平稳提升或当车辆加速时，变速箱转矩的振动幅度也会相应增加。

传动系统状态的重要性

在上一节及图 15.21 中，清楚地展示了我们需要面对的问题，但是你可能会有疑问，引起这些问题的主要原因是什么？可能存在的诱因包括非线性特征、噪声及其他可能性。图 15.22 和图 15.23 将会为我们展示这些问题。这些图像是对于 14.6.2 节中所述的传动系统解耦模型的仿真，仿真所使用的参数由图 14.17 验证。这些数据表明了初始条件对于传动系统的影响，其中初始条件即传动系统在干扰发生时所处的状态。如图 15.22 虚线所示，初始条件并不会造成任何振动，但是与虚线所述情况稍有不同，在实际情况下，在此工况下依然存在振动。图 15.23 展示了可能在试验或场地试验中出现的典型复杂行为。

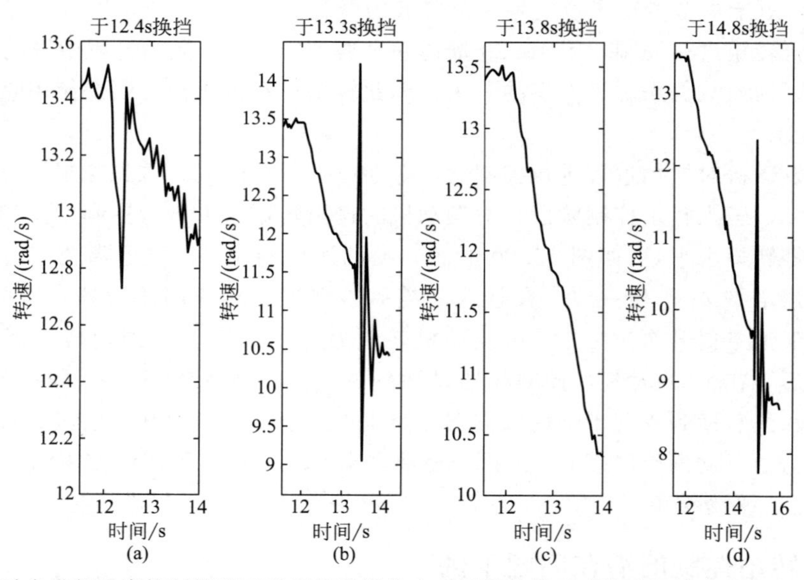

图 15.21 对未进行适当控制情况下进行换挡操作出现问题的展示［发动机转速稳定在 2200r/min，1 挡。在 12.0s 时，将发动机转矩按指令由 46N·m 降低至零变速箱转矩。由左至右分别为 12.4s、13.3s、13.8s 和 14.8s 时挂入空挡变速箱转速变化曲线（转矩外特性曲线相同）。不同的振动幅度表示了在转矩发生阶跃变化后，变速箱中传递转矩是如何发生振动的。其中，不同图像纵轴所表示的范围也是值得注意的］

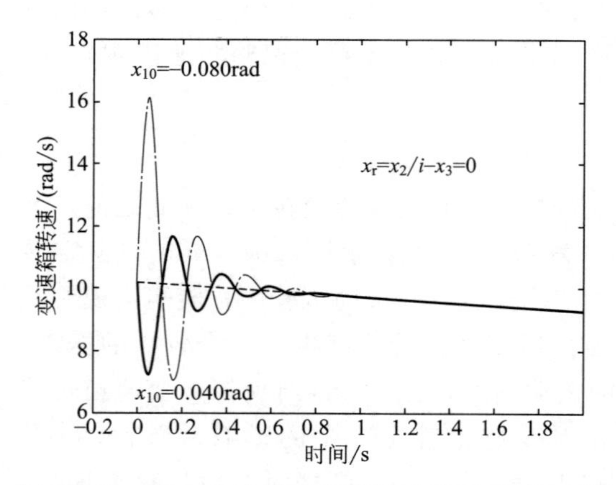

图 15.22 挂入空挡后变速箱转速振动情况（使用解耦模型对不同驱动轴扭转量的初始值 x_{10} 进行仿真。相对转速差 $x_r = x_2/i - x_3$ 为零。不存在振动的虚线的初始值 $x_{10} = -0.004$rad。随着驱动轴扭转量的提高，振动的幅度也随之升高）

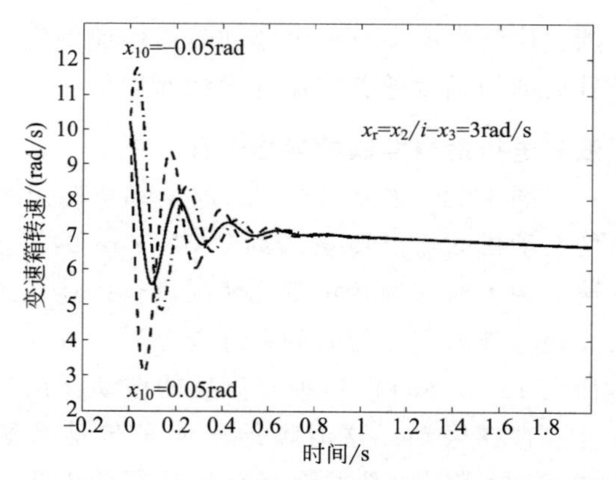

图 15.23 挂入空挡后变速箱转速振动情况［使用解耦模型对不同驱动轴扭转量的初始值 x_{10} 进行仿真。相对转速差 $x_r = x_2/i - x_3$ 为 3rad/s，其他三组不同的驱动轴扭转量初始值分别为 $x_{10} = -0.050$rad（点划线），$x_{10} = -0.004$rad（实线）以及 $x_{10} = 0.050$rad（虚线）］

负面影响

如果对传动系统的转矩缺乏适当的控制会导致以下问题。

- 产生噪声和速度突变，对驾驶员产生干扰。
- 增加了变速箱的磨损。
- 因为控制目标，即变速箱转速存在振动，所以增加了速度同步阶段的时间。对于发动机来说较难跟踪这种转速振动，因此必须等待其得到衰减才可挂入新挡位。

15.4.3 传动系统换挡时的转矩控制方法

对于换挡过程的具体相关问题在第15.4节开始就有过阐述，并给出了以下两种处理办法：

- 例如在换挡时对传动系统控制中，一般的方法需要使变速箱转矩为零，因此命名为变速箱转矩控制，参见15.5节；
- 例如在换挡时对传动系统控制中，使用驱动轴模型中的扭转量控制进行驱动轴扭转量控制，参见15.6节。

这两种方法将在下文中探讨。变速箱转矩控制将会被表述为逐步说明的一般方法，以使问题良好的方程化。

为了实现对变速箱转矩的控制，并对结果进行验证，对描述变速箱转矩的未知参数必须针对每一个挡位分别进行估计，这项任务并不轻松。从这个角度来看，驱动轴扭转量控制及其之后的处理都显得较为简单，并且在仿真及试验中都有着良好的表现。而变速箱转矩控制则是另一种较为有效地方式(显然，因为它更普遍化)，因此，主要的结论是，这两种方式均可以有效地对转矩进行控制并使其主动衰减，并且它们都可以解决换挡期间出现的不期望存在的振动问题。

15.5 变速箱转矩控制

本章旨在说明传动系统转矩控制的一般方法，其中，控制策略为基于转矩的受控模型。在这里我们使用变速箱的传递转矩作为示例，当挂入空挡时，其值应为零。因此，变速箱转矩控制器可在发动机运行中，控制发动机对传动系统共振进行主动衰减，同时使变速箱转矩估计值趋于零。通过这种方式，Pettersson 等（1997）对所有挡位的独特转矩传递行为进行了逐一描述和补充。

在15.5.1中，建立了变速箱的模型，其中变速箱中的转矩传递被建模为状态变量和驱动轴模型的控制信号的函数。在15.5.2至15.5.4中，控制器目标被数学术语方程化表述为换挡控制准则，重要的一点是，为了取得最好的结果，大量的观察是必要的。15.5.5中的控制方法可以使准则最小化。

15.5.1 变速箱转矩模型的建立

对换挡时变速箱转矩性能输出 z 的控制，即是对变速箱内啮合齿轮间的变速箱转矩的控制。转矩传递路径的简化模型如图15.24所示。其中，输出轴同轴承之间存在黏滞摩擦组件（viscous friction component）b_{t1}。主动齿轮安装在输入轴的末端，并与安装在输出轴末端的从动齿轮相啮合。主、从动齿轮间的变速比 i_t 在第14章中有过提及。输出轴同时与轴承之间存在黏滞摩擦组件 b_{t2}。通过使用牛顿第二定律，相应的转矩传递模型可以用以下两式表示：

$$J_{t1}\ddot{\theta}_c=M_t-b_{t1}\dot{\theta}_c-z \tag{15.67}$$

$$J_{t2}\ddot{\theta}_t=i_t z-b_{t2}\dot{\theta}_p-M_p \tag{15.68}$$

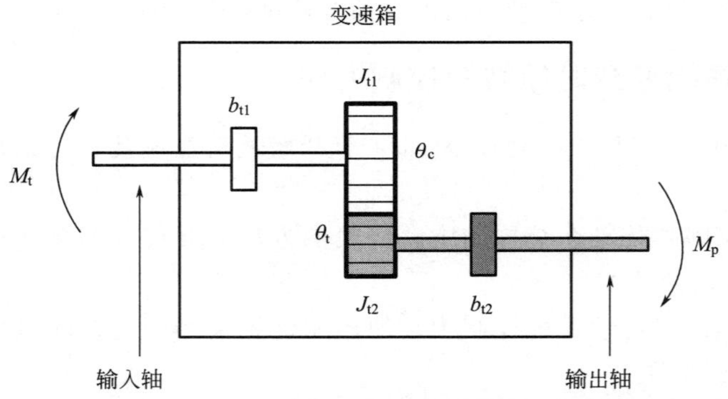

图 15.24 包含主、从动齿轮间的变速比i_t 的变速箱简化模型（主、从动齿轮分别经过轴承与输入轴和输出轴相连，两齿轮间的传递转矩为 z）

以上传递转矩的表达式可以推导出第 14 章中的任一传动系统模型，如驱动轴模型或离合器及驱动轴模型。本节中的推导步骤遵循 14.1 节中的方法，但在本节仅对驱动轴模型进行说明。

驱动轴的传递转矩模型

通过式(14.39) 和式(14.40) 完成了对驱动轴模型的定义。在这里对变速箱模型进行扩展，如图 15.24 所示，由此可以推导出变速箱转矩的表达式。通过使用式(14.1)，发动机惯性可描述为：

$$J_e\dot{\theta}_e=M_e-M_c \tag{15.69}$$

同时，由式(14.26) 可得：

$$M_c=M_t,\theta_e=\theta_c \tag{15.70}$$

将式(15.67) 由发动机转速表示：

$$(J_e+J_{t1})\dot{\theta}_e=M_e-b_{t1}\dot{\theta}_e-z \tag{15.71}$$

为了在表 15.10[❶] 中描述变速箱的性能输出，以下参数即为表中所使用的状态变量。在描述驱动轴模型的微分方程中，导数 $\dot{\theta}_e$ 使用式(14.39) 替代表示。与此同时，令 $u=M_e$，则：

$$u-b_{t1}\dot{\theta}_e-z=\frac{J_e+J_{t1}}{J_e+J_t/i_t^2+J_f/(i_t^2 i_f^2)}\left\{u-[b_t/i_t^2+b_f/(i_t^2 i_f^2)]\dot{\theta}_e-\frac{k[\theta_e/(i_t i_f)-\theta_w]}{i_t i_f}-\frac{c[\dot{\theta}_e/(i_t i_f)-\dot{\theta}_w]}{i_t i_f}\right\} \tag{15.72}$$

从式(15.72) 中可得出，性能输出即传递转矩 z，如状态空间表达式(15.2)～式(15.5) 所述，可以由控制信号 u 以及状态参数 x 的方程进行表述。表 15.10[❶] 将使用式(15.5) 中的符号进行表述。

❶ 原文如此（译者注）。

模型 15.1 驱动轴的传递转矩模型

$$z=Mx+Du$$

$$M^{\mathrm{T}}=\begin{bmatrix}\dfrac{(J_{\mathrm{e}}+J_{\mathrm{t1}})k}{J_{1}i}\\ \dfrac{J_{\mathrm{e}}+J_{\mathrm{t1}}}{J_{1}}(b_{1}+c/i^{2})-b_{\mathrm{t1}}\\ \dfrac{(J_{\mathrm{e}}+J_{\mathrm{t1}})c}{J_{1}i}\end{bmatrix} \tag{15.73}$$

$$D=1-\frac{J_{\mathrm{e}}+J_{\mathrm{t1}}}{J_{1}}$$

模型参数的取得

式(15.73) 中绝大部分的参数在第 14 章中已被估计，但存在着新的未知参数 $J_{\mathrm{e}}+J_{\mathrm{t1}}$ 及 b_{t1}。这些参数可以使用不同的参数估计方式进行估计，但是作为备选方案，我们可以找出一种基于近似分析（approximative analysis）的表达式，并将对其进行表述。

在第 14 章中导出了驱动轴模型，并对性能输出 z 进行了估计。如果对 z 使用式(15.67)、式(15.68) 及式(15.70) 进行估计，则对于变速箱有以下方程：

$$(J_{\mathrm{t1}}i_{\mathrm{t}}^{2}+J_{\mathrm{t2}})\dot{\theta}_{\mathrm{e}}=i_{\mathrm{t}}^{2}M_{\mathrm{c}}-(b_{\mathrm{t1}}i_{\mathrm{t}}^{2}+b_{\mathrm{t2}})\dot{\theta}_{\mathrm{e}} \tag{15.74}$$

将式(15.74) 与第 14 章中所述的变速箱方程式(14.29) 对比：

$$J_{\mathrm{t}}\dot{\theta}_{\mathrm{e}}=i_{\mathrm{t}}^{2}M_{\mathrm{c}}-b_{\mathrm{t}}\dot{\theta}_{\mathrm{e}}-i_{\mathrm{t}}M_{\mathrm{p}} \tag{15.75}$$

可得以下方程：

$$J_{\mathrm{t}}=i_{\mathrm{t}}^{2}J_{\mathrm{t1}}+J_{\mathrm{t2}} \tag{15.76}$$

$$b_{\mathrm{t}}=i_{\mathrm{t}}^{2}b_{\mathrm{t1}}+b_{\mathrm{t2}} \tag{15.77}$$

如果把变速齿轮简单地假定为两个相同的惯量及黏滞摩擦组件，则：

$$J_{\mathrm{t1}}=J_{\mathrm{t2}} \tag{15.78}$$
$$b_{\mathrm{t1}}=b_{\mathrm{t2}}$$

式(15.76) 及式(15.77) 将简化为：

$$J_{\mathrm{t1}}=\frac{J_{\mathrm{t}}}{1+i_{\mathrm{t}}^{2}} \tag{15.79}$$

$$b_{\mathrm{t1}}=\frac{b_{\mathrm{t}}}{1+i_{\mathrm{t}}^{2}} \tag{15.80}$$

以下的参数已在第 14 章驱动轴模型被估计：

$$J_{1}=J_{\mathrm{e}}+J_{\mathrm{t}}/i_{\mathrm{t}}^{2}+J_{\mathrm{f}}/(i_{\mathrm{t}}^{2}i_{\mathrm{f}}^{2}) \tag{15.81}$$

$$b_{1}=b_{\mathrm{t}}/i_{\mathrm{t}}^{2}+b_{\mathrm{f}}/(i_{\mathrm{t}}^{2}i_{\mathrm{f}}^{2}) \tag{15.82}$$

通过使用式(15.5) 中的符号，由式(15.79) 及式(15.81) $J_{\mathrm{e}}+J_{\mathrm{t1}}$ 可被推导为：

$$\begin{aligned}J_{\mathrm{e}}+J_{\mathrm{t1}}&=J_{\mathrm{e}}+\frac{J_{\mathrm{t}}}{1+i_{\mathrm{t}}^{2}}=J_{\mathrm{e}}+\frac{i_{\mathrm{t}}^{2}}{1+i_{\mathrm{t}}^{2}}[J_{1}-J_{\mathrm{e}}-J_{\mathrm{f}}/(i_{\mathrm{t}}^{2}i_{\mathrm{t}}^{2})]\\&=J_{\mathrm{e}}\frac{1}{1+i_{\mathrm{t}}^{2}}+J_{1}\frac{i_{\mathrm{t}}^{2}}{1+i_{\mathrm{t}}^{2}}-J_{\mathrm{f}}\frac{1}{i_{\mathrm{f}}^{2}(1+i_{\mathrm{t}}^{2})}\end{aligned} \tag{15.83}$$

综合式(15.80) 及式(15.82)，b_{t1} 可表示为：

$$b_{t1}=\frac{b_t}{1+i_t^2}=\frac{i_t^2}{1+i_t^2}[b_1-b_f/(i_t^2 i_f^2)] \tag{15.84}$$

对于低速挡齿轮，该值会较大。这对于实际上远远小于 J_1 及 b_1 的 J_f 及 b_f 给予了关于未知参数的近似：

$$J_e+J_{t1}\approx J_1\frac{i_t^2}{1+i_t^2} \tag{15.85}$$

$$b_{t1}\approx b_1\frac{i_t^2}{1+i_t^2} \tag{15.86}$$

虽然可以通过任意假设的方式获得较为接近的近似值，但是对于方程来说，正确的估计是十分必要的，同时这些量从根本上取决于 i_t。但是，使用这种近似方式，通常来说比使用较复杂的试验方法来获取实际参数要有效率得多。

15.5.2 变速箱转矩控制准则

如 15.2 节所述，控制目标已被作为准则而方程化，见式(15.13)。在对防喘振控制进行方程化的 15.3.2 中，这一准则的制定是至关重要的。

换挡时转矩控制所面对的问题即是如何使用控制信号 u 使变速箱转矩 z 最小化，这对柴油发动机来说是可以实现的。因此，该准则包括两项：第一项为描述零变速箱转矩的偏差量 z^2；第二项表述了控制信号由所需水平至获得 $z=0$ 的偏差。将换挡时控制信号的所需水平称为 u_{shift}，随后将基于速度对其进行表述。之后，该准则可以被表述为：

$$\lim_{T\to\infty}\int_0^T z^2+\eta(u-u_{shift})^2 \tag{15.87}$$

控制器通过使代价函数最小化，利用发动机控制对传动系统共振进行衰减（因为 z^2 最小化），以使 $z=0$。与此同时，还需要防止控制信号与 u_{shift} 水平存在较大偏差。这种权衡通过调整参数 η 来实现。

在以下几节当中，将对准则［式(15.87)］的两项产生的影响进行研究，并将探讨如何调整参数 η 来获得可用解。在第 14 章中建立的卡车模型将被作为量化的实例使用。

无约束条件下传动系统共振的主动衰减（unconstrained active damping）

准则［式(15.87)］的第一项为 z^2 的最小化。由式(15.73) 可得，性能输出 $z=Mx+Du$，而 $z=0$ 则通过求解 $Mx+Du=0$ 中的 u 来保证。其结果为：

$$u=-D^{-1}Mx \tag{15.88}$$

这种控制方式被称为无约束条件下共振的主动衰减，其原因见如下实例。

例 15.2 在第 14 章中建立的某 114L 卡车模型以转速 3rad/s（时速 5.4km/h），1 挡，总负载 3000N·m（道路坡度约 2%）进行行驶。

图 15.25 展示了在根据式(15.88) 选择的换挡命令控制信号发出 1s 后，变速箱转矩、控制信号、发动机转速、轮速的变化情况。无约束条件下共振的主动衰减在 $z=0$ 时立刻生效。使发动机在转速发生振动时，轮速线性降低。

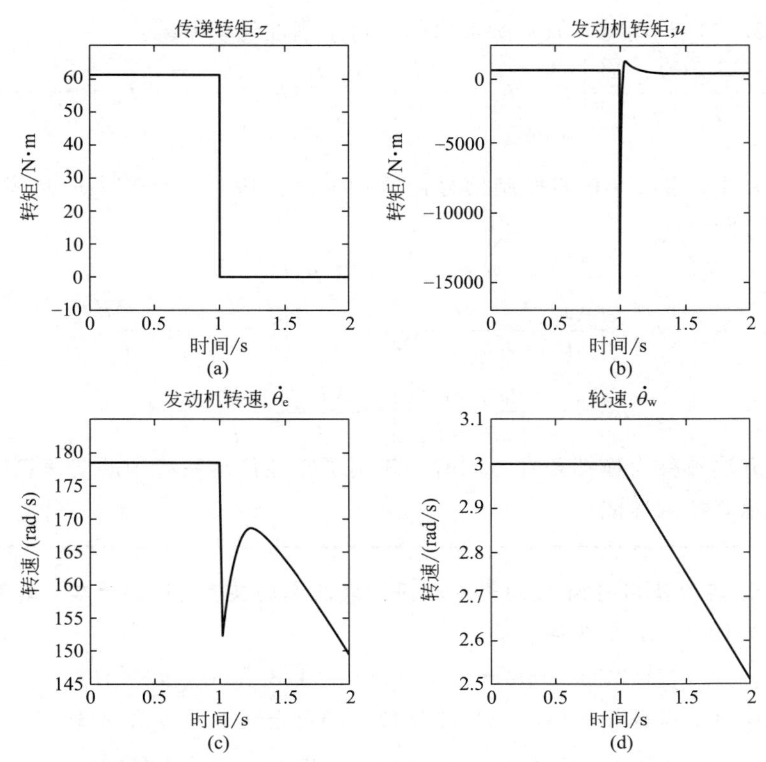

图 15.25 驱动轴模型中，无约束条件下共振的主动衰减［在 $t=1$s 时，发出换挡指令且在控制方法式(15.88)的作用下使发动机转矩即变速箱转矩立刻降为零。传动系统的共振得到主动衰减，但是控制信号过大而无法实现。此时轮速呈线性降低］

无约束条件下传动系统共振的主动衰减［式(15.88)］可以实现控制目标，但是其生成的控制信号相对于发动机产生的信号过于巨大。需要注意的是，尽管 $z=0$ 实现了在速度减少后其仍不为静态点。这意味着车辆处于滑行状态，如果这种状态持续较长时间将会是非常危险的。

15.5.3 换挡条件

准则［式(15.87)］的第二项为通过 $(u-u_{\text{shift}})^2$ 的最小化。由此可得控制方法：

$$u=u_{\text{shift}} \tag{15.89}$$

式中，转矩水平 u_{shift} 为在不对传动系统的共振进行主动衰减的情况下，获得零变速箱转矩所需的控制信号。因此，u_{shift} 可以来自于一个刚性的传动系统模型，通过以下方式对 $z=0$ 进行求解。

在利用微分方程描述了由式(14.39)和式(14.40)中所述的驱动轴模型推导得出的刚性传动系统的同时，通过驱动轴消除了传递的转矩，得到的结果为 $k\left(\frac{\theta_e}{i}-\theta_w\right)+c\left(\frac{\dot{\theta}_e}{i}-\dot{\theta}_w\right)$。之后，通过使用 $\dot{\theta}_e=\dot{\theta}_w i$（即传动系统为刚性），可得：

$$(J_1 i+J_2/i)\ddot{\theta}_w=u-(b_1 i+b_2/i)\dot{\theta}_w-l/i \tag{15.90}$$

式(15.71)根据轮速可表达为：

$$z=u-b_{t1} i\dot{\theta}_w-(J_e+J_{t1})i\ddot{\theta}_w \tag{15.91}$$

综合式(15.90) 及式(15.91) 所给出的，对于刚性传动系统：

$$z=\left[1-\frac{(J_{e}+J_{t1})i^{2}}{J_{1}i^{2}+J_{2}}\right]u-\left[b_{t1}i-\frac{(J_{e}+J_{t1})i}{J_{1}i^{2}+J_{2}}(b_{1}i^{2}+b_{2})\right]\dot{\theta}_{w}+\frac{(J_{e}+J_{t1})i}{J_{1}i^{2}+J_{2}}l \tag{15.92}$$

式(15.92) 中，使 $z=0$ 的控制信号由式(15.29) 中当 $z=0$ 时 u 的解给出。因此，转矩水平 u_{shift} 为：

$$u_{shift}(\dot{\theta}_{w},l)=\mu_{1}l \tag{15.93}$$

$$\mu_{x}=\left[b_{t1}i-\frac{(J_{e}+J_{t1})i}{J_{1}i^{2}+J_{2}}(b_{1}i^{2}+b_{2})\right]\left[1-\frac{(J_{e}+J_{t1})i^{2}}{J_{1}i^{2}+J_{2}}\right]^{-1}$$

$$\mu_{1}=-\frac{(J_{e}+J_{t1})i}{J_{1}i^{2}+J_{2}}\left[1-\frac{(J_{e}+J_{t1})i^{2}}{J_{1}i^{2}+J_{2}}\right]^{-1}$$

这种控制方法被称为换挡条件，同时也表明了刚性传动系统中的变速箱转矩为零。下面的实例将展示其控制性能。

例 15.3 该实例使用与例 15.1[1] 中相同行驶状态的某型 114L 卡车。其静态点通过使用式(15.31) 及式(15.32) 获得。

$$x_{30}=3,l=3000\rightarrow x_{0}=(0.0511\ 178\ 3.00),u_{0}=138 \tag{15.94}$$

图 15.26 展示了当根据式(15.93) 选择的换挡命令控制信号发出 1s 后，变速箱转矩、

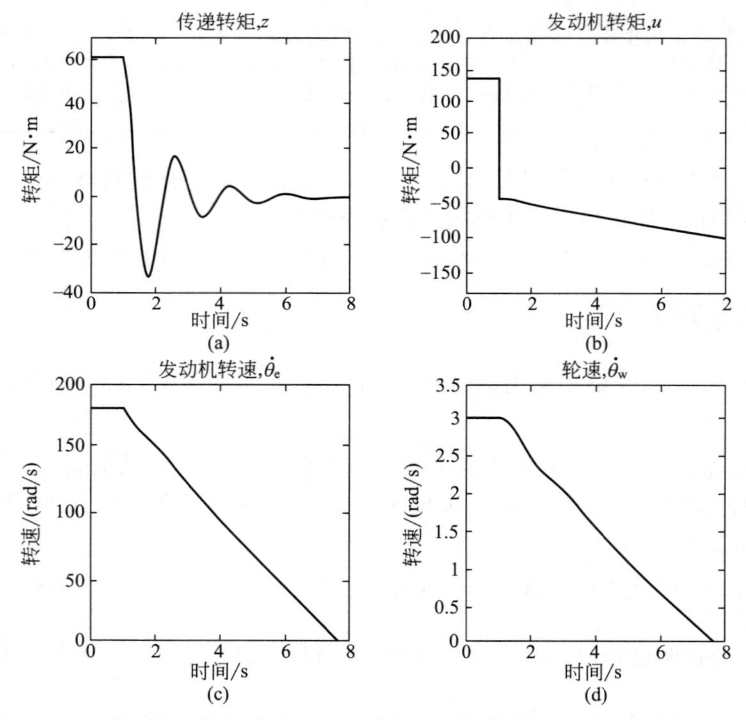

图 15.26 通过换挡条件 [式(15.93)]进行控制的驱动轴模型（在 $t=1$s 时发出换挡指令。转速依靠可实现的控制信号使传递转矩趋于零。传递转矩中没有被衰减的振动增加了完成控制传动转矩为零的目标所需要的时间）

---

[1] 原文为例 15（译者注）。

控制信号、发动机转速、轮速的变化情况。

这种控制方法可以通过可实现的控制信号实现 $z=0$，但是没有对振动的引入进行衰减。因此，获得零变速箱转矩的所需时间并没有被优化。如果此时传动系统正处于换挡时的振动中或存在其他干扰，这种方法的性能将会变得更糟。

15.5.4 最终控制准则

变速箱转矩控制器的最终控制准则可通过包括式(15.93) 在内的代价准则取得，所以式(15.87) 可转化为：

$$
\begin{aligned}
&\lim_{T\to\infty}\int_0^T z^2+\eta[u-u_{\text{shift}}(\dot{\theta}_{\text{w}},l)]^2 \\
&=\lim_{T\to\infty}\int_0^T (Mx+Du)^2+\eta(u-\mu_{\text{x}}\dot{\theta}_{\text{w}}-\mu_1 l)^2
\end{aligned}
\tag{15.95}
$$

如果传动系统是刚性的，则代价函数式(15.95) 中的两项之间将是没有区别的。此外，代价函数为零的条件是其不为静态点，因为车辆的速度将减少，这将导致 $z=0$ 及 $u=u_{\text{shift}}$，这表明车辆此时处于滑行状态。

15.5.5 可行主动衰减的生成

变速箱转矩的控制现在可以通过求解式(15.95) 以取得控制方法。由此推导出的反馈方法是一个关于 η 的方程，该方程取得高带宽且可行的控制信号。从根本上来说，我们面对的问题是如何调节 η，使响应足够快，且能够避免图 15.25 中的不可能实现的过高转矩。

其结论是，控制器的一般形式可表示为：

$$
u=K_0x_{30}+K_1l-(K_{c1}\quad K_{c2}\quad K_{c3})x \tag{15.96}
$$

因此，对于换挡准则 [式(15.95)]的解决方案是使用变速箱转矩控制器 [式(15.96)]，其可以通过使用可实现控制信号实现振动的主动衰减。在 Pettersson 等 (1997)、Kiencke 和 Nielsen (2005) 的研究中，使用 LQG 方法进行了详尽的推导。参数 η 被调节用于平衡无约束条件下共振主动衰减 [式(15.88)]、换挡条件 [式(15.93)]及变速箱转矩控制器，调节后的 η 见下例。

例 15.4 与例 15.1[1] 中处于相同驾驶条件下的 144L 卡车。变速箱转矩控制器 [式(15.96)]可被写作：

$$
u=2.37\times10^{-4}x_{30}-0.0327\quad l-(4.2123\quad 0.0207\quad -1.2521)x \tag{15.97}
$$

图 15.27 展示了在 $t=1\text{s}$ 时发出换挡指令所得到的变速箱转矩、控制信号、发动机转速及轮速，控制信号的选取参见式(15.97)。

变速箱转矩控制器通过可实现的控制信号使 $z=0$。因为控制器使发动机惯量与振动

---

[1] 原文为例 15 (译者注)。

反方向作用，使传动系统中的振动被衰减。这样，转矩控制阶段和速度同步阶段需要的时间将被最小化，因为共振被衰减且挂入空挡指令发出时处于转矩水平状态，故变速箱转速不会产生振动。

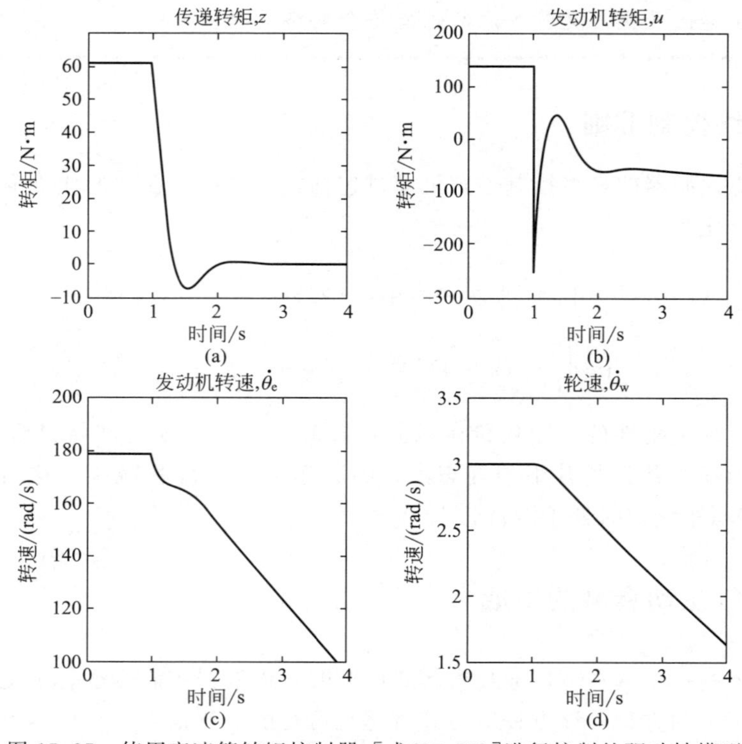

图 15.27 使用变速箱转矩控制器［式(15.97)］进行控制的驱动轴模型［用于求解换挡准则式(15.95)。当 $t=1\text{s}$ 时，发出换挡指令。一种可实现的控制信号被用于使变速箱转矩降至零，此时振动被主动衰减］

15.5.6 对于仿真和传感器位置影响的验证

对于 15.3.6 中所述的速度控制器，换挡控制器的可行性被通过将其放在比其设计时所使用的更加复杂的车辆模型进行模拟来研究。此外，干扰很难在实际试验中被系统地生成，特别是负载干扰和测量噪声的问题，可以在仿真中被解决。

仿真设置

对非线性离合器及驱动轴模型控制设计的仿真参见图 15.28。根据 15.3.4 中的讨论，

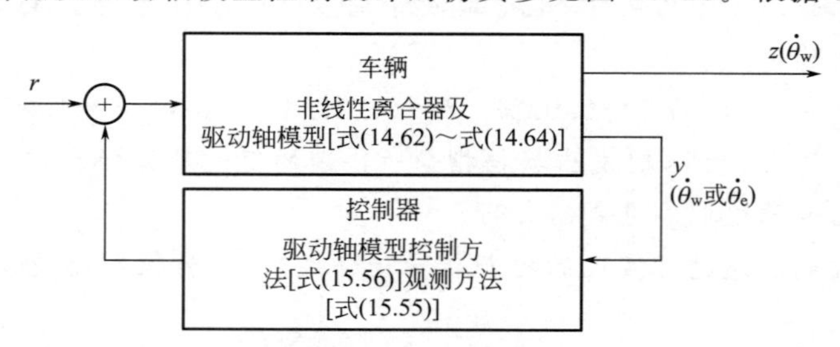

图 15.28 仿真过程结构框图（其中包含基于驱动轴模型的控制器的非线性离合器及驱动轴模型）

研究了不同的传感器位置可能产生的影响。所使用变速箱转矩控制器基于驱动轴模型，该模型由之前章节发展得出。轮速或发动机转速被输入到观测器［式(15.103)］中，通过控制方法［式(15.97)］生成控制信号。

方案

在例 15.4 中，对三种不同驾驶状况进行了仿真（即轮速 $\dot{\theta}_w=3\mathrm{rad/s}$，负载 $l=3000\mathrm{N\cdot m}$）。在仿真中，换挡指令在 $t=2\mathrm{s}$ 发出。在第一个仿真当中，不存在干扰。在第二个仿真当中，传动系统在换挡之前发生了振动。振动是正弦干扰作用于控制信号的结果。在第三个仿真当中，在 $t=3\mathrm{s}$ 产生了一个负载激励。干扰以一个宽 0.1s 高 1200N·m 方形脉冲的形式产生。

结果

图 15.29 展示了在没有任何干扰情况下的仿真结果。图 15.29 应与例 15.4 中的图 15.27 相对照，例 15.4 被设计用于对驱动轴模型进行测试。仿真结果显示，效果并没有因为设计时模型结构的简化而受到严重影响。如果增加额外的非线性离合器动力学特性，该设计仍然有效。在仿真当中，根据使用的传感器不同，所得到的结果也不相同。当使用轮速传感器时，驱动轴模型与非线性离合器及驱动轴模型之间的模型偏差更好处理。并没有任何一种传感器方案可以实现 $z=0$，这是因为与衰减系数有关的低频率建模偏差所导致的。图 15.30 中展示了传动系统振动先于换挡过程情况下的仿真。结果显示，控制器的控制效果没有受到振动的影响。图 15.31 展示了存在负载干扰的仿真。使用轮速传感器进行反馈，与使用发动机转速传感器进行反馈相比，对干扰的衰减效果更好。这验证了我们在 15.3.4 中的讨论。

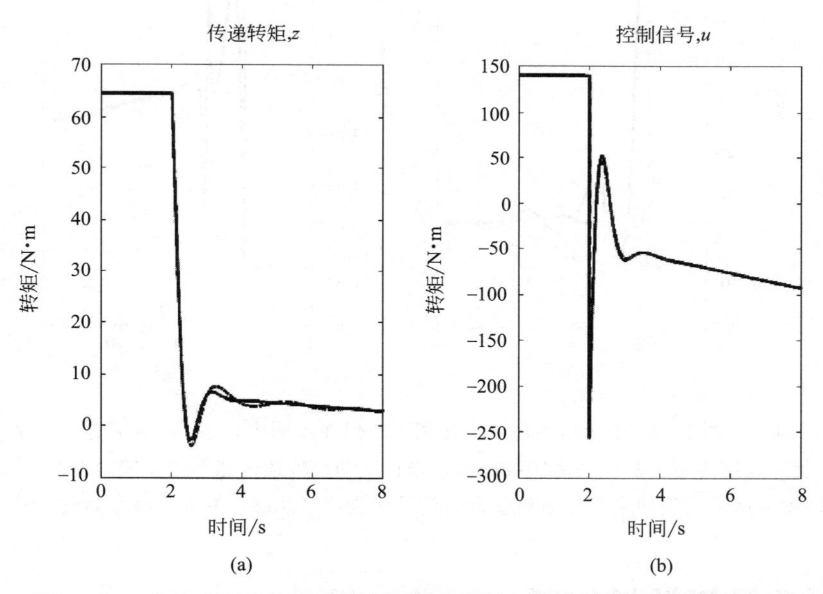

图 15.29 对基于驱动轴模型的观测器和控制方法的非线性离合器及驱动轴模型的仿真（在 $t=2\mathrm{s}$ 时发出换挡指令。轮速传感器的反馈由实线标出，来自发动机转速传感器的反馈由虚线标出。该设计在存在额外的离合器动力学特性时仍能正常工作）

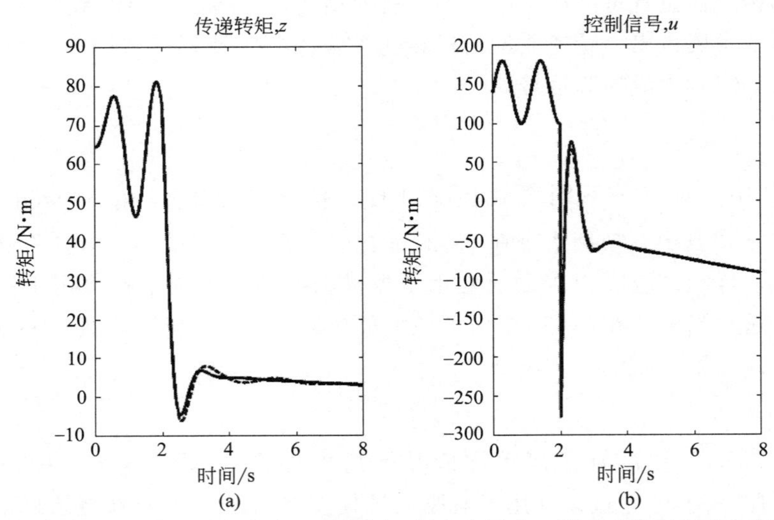

图 15.30 与图 15.29 中所示的仿真工况相同，但在本图中，传动系统的振动在变速箱转矩开始受到控制时就已经存在（轮速传感器的反馈由实线标出，来自发动机转速传感器的反馈由虚线标出。该图表明了尽管传动系统存在初始振动，控制方法依然能很好地发挥作用）

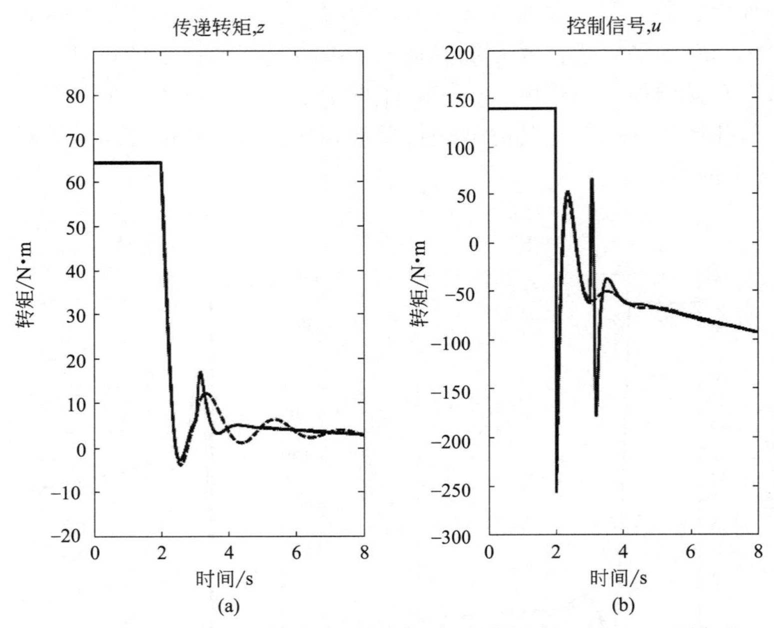

图 15.31 与图 15.29 中所示的仿真工况相同，但在本图中，在 $t=3$s 时存在一个负载干扰（轮速传感器的反馈由实线标出，来自发动机转速传感器的反馈由虚线标出。该图表明了当使用来自轮速传感器的信号作为反馈能够更好地衰减负载的干扰）

15.6 驱动轴扭转量控制

在之前章节中，解决了变速箱转矩的控制问题，现在我们可以对 15.4 节中给出的另一个控制问题，即扭转量控制进行解决。在第 14 章中展示了使用驱动轴模型通过非零的

驱动轴扭转量 x_1 可以解释绝大多数变速箱转速的振动。基于该理念，Pettersson 和 Nielsen（2000）展示了可以充分控制状态量 x_1 为零的研究。这进一步通过事实明确了驱动轴是传动系统的主要依从部分。如果其扭转量很小，就有理由相信，在变速箱中更高阶的动力学影响可以被忽略的前提下，其变速箱转矩同样很小。

对驱动轴扭转量的估计相比变速箱转矩的估计要容易执行。对驱动轴扭转量的估计不需要提供额外的参数，因为驱动轴扭转量是传动系统模型［式(15.1)～式(15.5)］中的一个状态量。相比对变速箱转矩的控制，控制驱动轴的扭转量是一种更有效的方法，此时不同挡位产生的差异可以被忽视，因此对于所有挡位来说驱动轴总是相同的。使用驱动轴扭转量控制的另一个优点是，利用始终不变的物理参数，对检测、管理以及自适应控制方面的扩展都会较为简单。

在本章的开始，首先假设驱动轴扭转量（x_1）是已知的，在此前提下对控制器进行讨论。对于场地试验，没有传感器可以用于直接测定驱动轴扭转量 x_1，因此观测器是必须使用的。在本章中，连同试验步骤给出了试验的依据，并在之后陈述了试验结果。

15.6.1 使用 PID 控制器进行衰减控制的回顾

结果证明，一个包含观测器和 PID 控制器的控制结构是能够满足控制需求的。因此，在开始时，一种小型回路被用于形成基本控制。之前所述的带宽为 ω_0 的二阶系统，衰减 ζ_0 可被传递函数表述为：

$$G(s)=\frac{1}{s^2+2\zeta_0\omega_0 s+\omega_0^2} \tag{15.98}$$

一个 PD 控制器可由下式进行表述：

$$G_{PD}(s)=K(1+T_D s) \tag{15.99}$$

对于系统 $y=G(s)$，控制器 $u=G_{PD}(s)(r-y)$ 形成闭环系统：

$$y=\frac{K(1+T_D s)}{s^2+2\zeta_0\omega_0 s+\omega_0^2+K(1+T_D s)}r=\frac{K(1+T_D s)}{s^2+(2\zeta_0\omega_0+KT_D)s+\omega_0^2+K}r \tag{15.100}$$

对于闭环控制系统的带宽 ω 和阻尼 ζ，可以通过以下方式取得 K 和 T_D：

$$2\zeta_0\omega_0+KT_D=2\zeta\omega \tag{15.101}$$

$${\omega_0}^2+K=\omega^2 \tag{15.102}$$

通过调节式(15.102) 中的第一调谐 K 获得需要的带宽是非常容易的。如果是场地试验，K 值可以直接被调节，用于获得需要的响应时间。之后调节式(15.101) 中的 T_D 来调整导数部分，直到获得需要的衰减。或者对于场地试验，可以调节 T_D 直到阶跃响应被很好地衰减，即转速表现良好。

15.6.2 控制器结构

现在的控制目标是控制驱动轴扭转量为零，以使传动系统共振得到衰减，并证实这样做可以获得足够的换挡品质。构造控制器的第一步是对传递函数进行研究，受 15.2.9 的启发，其中给出了在简化假设下的转矩传递函数 $G_{uM_d}(s)$，因为模型被转化为二阶系统，故其形式较为简单。

分析

传动系统模型［式(15.1)～式(15.5)］是三阶系统。如 15.3 节所示，对于轮速控制，有必

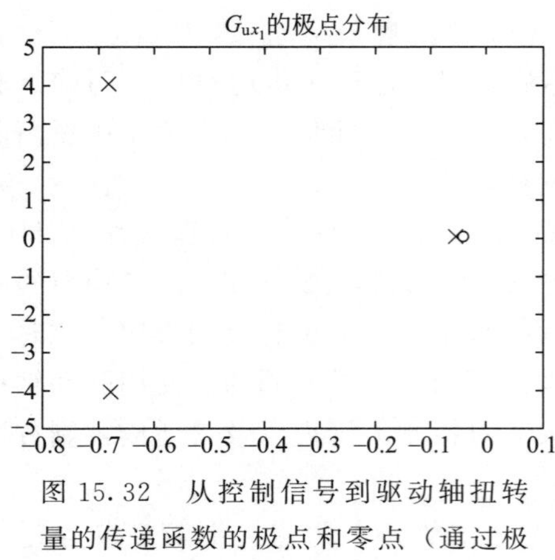

图 15.32 从控制信号到驱动轴扭转量的传递函数的极点和零点（通过极点和零点相互抵消，该三阶模型可以减少到二阶模型。在更高的档位下也有类似的结果出现）

要用基于模型的三阶控制器来获得主动衰减。为了研究转矩控制是否也存在这种情况，对从控制信号 u 到传动系统扭转量 x_1 的开环传递函数进行了研究。这些参数出自本章例 15.4 卡车的案例。传递函数的极点和零点如图 15.32 所示。可以看出，零点和极点几乎可以相互抵消。如果它们相互抵消，该三阶系统的作用将近似于不存在零点的二阶系统。同样的结果对于更高挡位仍然有效。当对不存在零点的二阶系统进行控制时，二阶控制器可以充分满足将极点移动到任何位置的目的。

PID-控制

控制驱动轴扭转量的 PID 控制器固定在 1 挡的 1900r/min 发送换挡指令的状态下进行仿真。图 15.33 展示了存在及不存在导数部分时取得的驱动轴扭转量。对于控制器参数的获得首先要调整比例参数，这有可能使发动机转矩产生负峰值（发动机依靠损失，如摩擦损失或泵气损失来产生负转矩）。积分项很容易被调节到足够慢，使其不会干扰动力性。最后，根据图 15.33，对导数参数进行调整，直到驱动轴扭转量被很好地衰减。

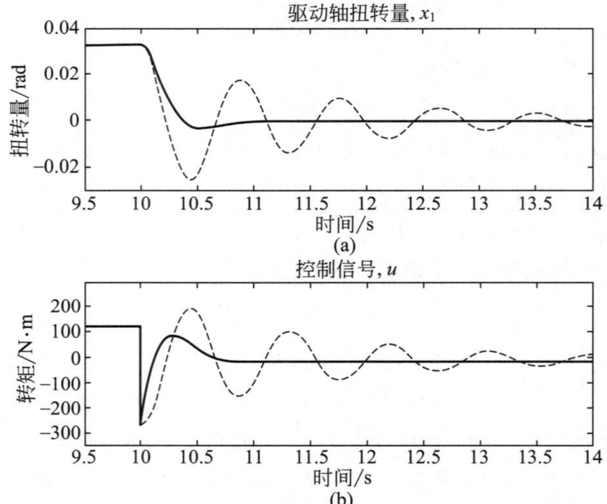

图 15.33 从 10.0s 开始 PID 控制器介入的驱动轴扭转量仿真控制（虚线表示使用了 PI 控制器以实现 $x_1=0$ 的曲线，但其中存在未被衰减的传动系统共振。实线表示控制器内部对导数部分扩展后的结果）

主动衰减

因此，主动衰减可以通过构造 PID 控制器获得。该控制器结构具有自身存在的参数调整特性，其导数部分决定了传动系统共振主动衰减的量值。

15.6.3 传动系统扭转量观测器

在一般情况下，试验使用的卡车不使用扭转量传感器，一个观测器被用作虚拟传动系统扭转量传感器。虚拟传感器是通过使用传动系统模型［式(15.1)～式(15.5)］，与发动机转速和轮速的测量值共同构建的。也就是说，估计的传动系统扭转量可由下式给出（使用标准符号）：

$$\Delta\dot{\hat{x}}=A\Delta\hat{x}+B\Delta u+K_{\mathrm{f}}(\Delta y-C\Delta\hat{x}) \tag{15.103}$$

其中，观测器增益 K_{f} 需要经过调整。

额外内容：用场地试验的观测器的设计

Kalman 滤波可被用于场地试验中。其存在干扰的线性化模型为：

$$\Delta\dot{x}=A\Delta x+B\Delta u+Gw \tag{15.104}$$

$$\Delta y=C\Delta x+v \tag{15.105}$$

其具体的输出矩阵为：

$$C=\begin{bmatrix}0 & 1 & 0\\0 & 0 & 1\end{bmatrix} \tag{15.106}$$

w 与 v 分别对应状态扰动和测量噪声。

观测增益由下式给出：

$$K_{\mathrm{f}}=P_{\mathrm{f}}C^{\mathrm{T}}V^{-1} \tag{15.107}$$

其中，P_{f} 的值通过求解 Riccati 方程获得：

$$P_{\mathrm{f}}A^{\mathrm{T}}+AP_{\mathrm{f}}-P_{\mathrm{f}}C^{\mathrm{T}}V^{-1}CP_{\mathrm{f}}+W=0 \tag{15.108}$$

协方差矩阵 W 和 V 分别对应 w 和 v。以下各值将被使用：

$$G=B,W=10^4 \tag{15.109}$$

$$V=\begin{bmatrix}1 & 0\\0 & 10^{-4}\end{bmatrix} \tag{15.110}$$

滤波器通过使用采样频率为 20Hz 的 Tustin 方法［Franklin 等（1990）］进行离散。图 15.34 用实例展示了观测器如何使用发动机转速和车轮转速作为输入量进行即时

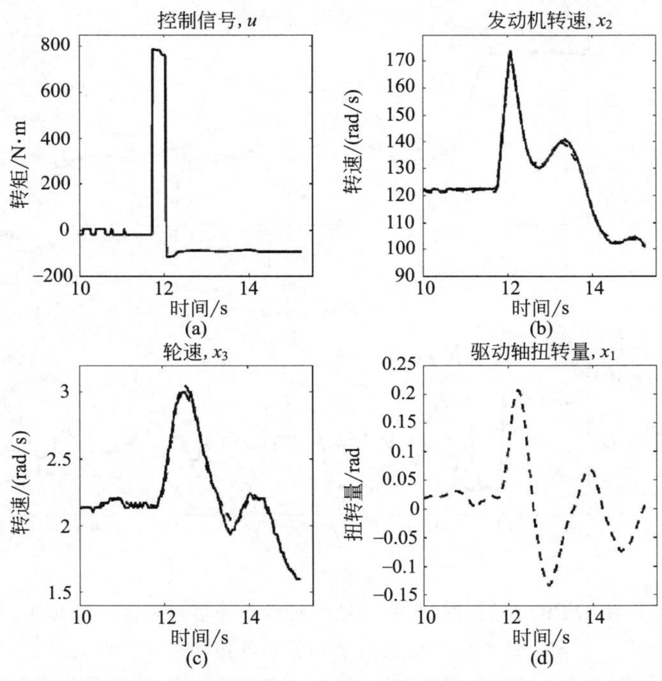

图 15.34 场地试验，传动系统的振动由发动机转矩脉冲（11.7s 时）激发（发动机转矩、发动机转速及轮速的测量值由实线表示。通过观测器对发动机转速、轮速及驱动轴扭转量进行的即时估计，由虚线表示）

观测。可以看到，信号的测量值与估计结果十分接近，这对驱动轴转矩的估计提供了支持。实际的驱动轴扭转量 $x_1=\theta_e/(i_t i_f)-\theta_w$ 是未知的，但是其通过模型解算得出的估计值可以通过测量在不同扭转下挂入空挡时的传动系统振动的试验进行验证，如第 14 章中所述。

15.6.4 控制器的场地试验验证

对于场地试验，观测器是一个虚拟的驱动轴扭转量传感器以及一个装在卡车上的应用了抗饱和措施的 PID 控制器。目的是控制虚拟传感器的输出量趋于零。图 15.35 展示了相应的结果（注意与图 15.33 较相似）。虚线显示了当只使用 PI 部分时的结果，其中对控制器的比例部分进行调整，以取得期望的响应时间。但仅存在这一单独作用对于传动系统中振动的衰减是不够的，这会导致如图 15.32 中所示的谐振极对（pole-pair），因此不能仅仅通过比例控制器对振动进行衰减。

图 15.35 中实线所示的结果包括对导数部分的调节。因此，在场地试验中，主动衰减可以通过 PID 控制器及虚拟传感器对驱动轴扭转量的测量取得。

15.6.5 换挡品质的验证

使用控制器的目的是控制驱动轴扭转量趋于零，并对传动系统共振进行衰减。然而，它还没有被证明在实际情况下足以使车辆在挂入空档时拥有良好的特性（较短的延迟时间同时不存在振动）。证明这一点的方法是在实际情况下使用该控制器，如图 15.35 所示，在挂入空挡的同时测量变速箱转速的振动。这将通过控制器在 12.0s 介入，变速箱接受指令在控制器介入的 0.25s 后即 12.25s 挂入空挡来实现，如图 15.36 及图 15.37 所示。在

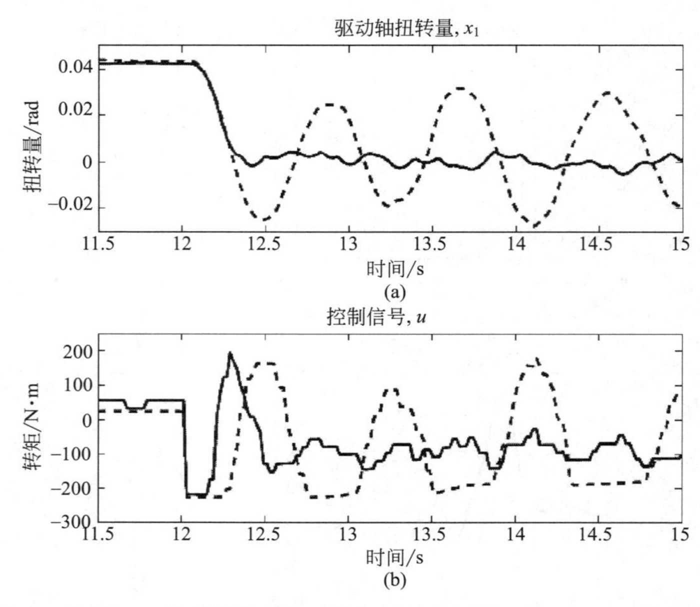

图 15.35 场地试验，使用 PID 控制器控制驱动轴扭转量趋于零（从 12.0s 时换挡控制器介入，控制目标为驱动轴扭转量趋于零，结果包括控制信号和驱动轴扭转量。在此之前，发动机稳定在转速 1900r/min，1 挡。使用 PI 控制器以期取得 $x_1=0$，但不对传动系统共振进行衰减的结果如虚线所示。实线展示了控制器导数部分的情况。从而通过 PID 控制器获得主动衰减）

试验中，车辆处于1挡，车速为6.7km/h。

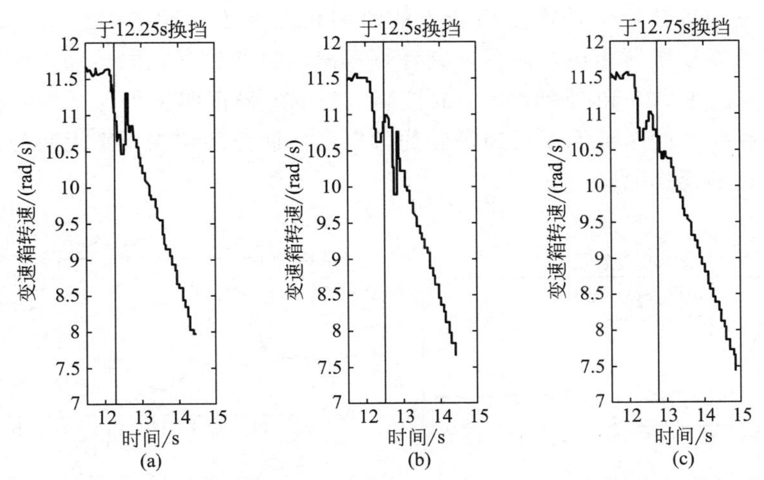

图15.36 场地试验，换挡过程控制器在12.0s时介入，使用相同的PID控制器控制驱动轴扭转量趋于零（变速箱接受指令在控制器介入后的0.25s后挂入空挡，由竖线表示。可以看出，变速箱转速在挂入空挡后存在一定延迟。在换挡结束后，变速箱转速振动的振幅在不同图像中均小于1rad/s，这是一个可以接受的水平）

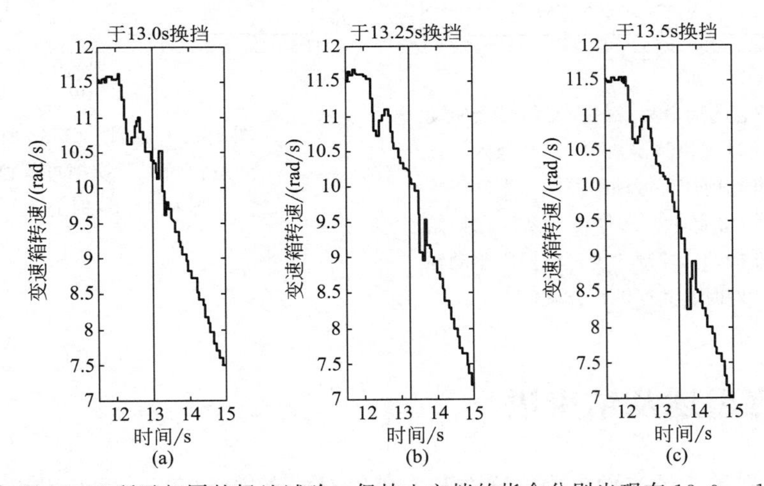

图15.37 与如图15.36所示相同的场地试验，但挂入空挡的指令分别出现在13.0s、13.25s及13.5s

从以上图中可以看出，很显然控制驱动轴扭转量趋于零对获得较短的换挡延迟时间有着充分的作用。变速箱转速的振动最小化至在不同图中振幅均小于1rad/s，这对驾驶员来说是没有干扰的良好范围。此外，由于变速箱转速只存在很小的振动，转速同步阶段可以很快地完成。这些结论均是在振动问题最严重的1挡时得出的。变速箱接受指令挂入空挡的时间对于更高挡位可以进一步减少。

15.6.6 传动系统存在初始振动的处理

当换挡指令没有出现在传动系统稳定状态下时，例如传动系统处于振动状态时，可能出现的问题是非常重要且必须要被解决的。为了验证该控制器同样可以在实际试验中处理该种状况，传动系统的共振在换挡命令发出前会相当激烈。根据图15.38，这些可以通过在 11.7s 产生的发动机输出转矩脉冲来实现。图 15.35 及图 15.39 展示了试验方式相同，但是控制器在发动机转矩脉冲产生后介入的时间延迟并不相同的两组试验。在两组试验中，最终所需的发动机转矩由控制器反馈计算得出，将初始存在的传动系统振动主动衰减并使 $x_1=0$。在图 15.38 和图 15.39 中的控制信号的差异证明了传动系统的初始状态对换挡性能的动态影响，同时证明了反馈控制的效果。然而开环控制方案无法处理这些初始振动，会导致较长的换挡时间。

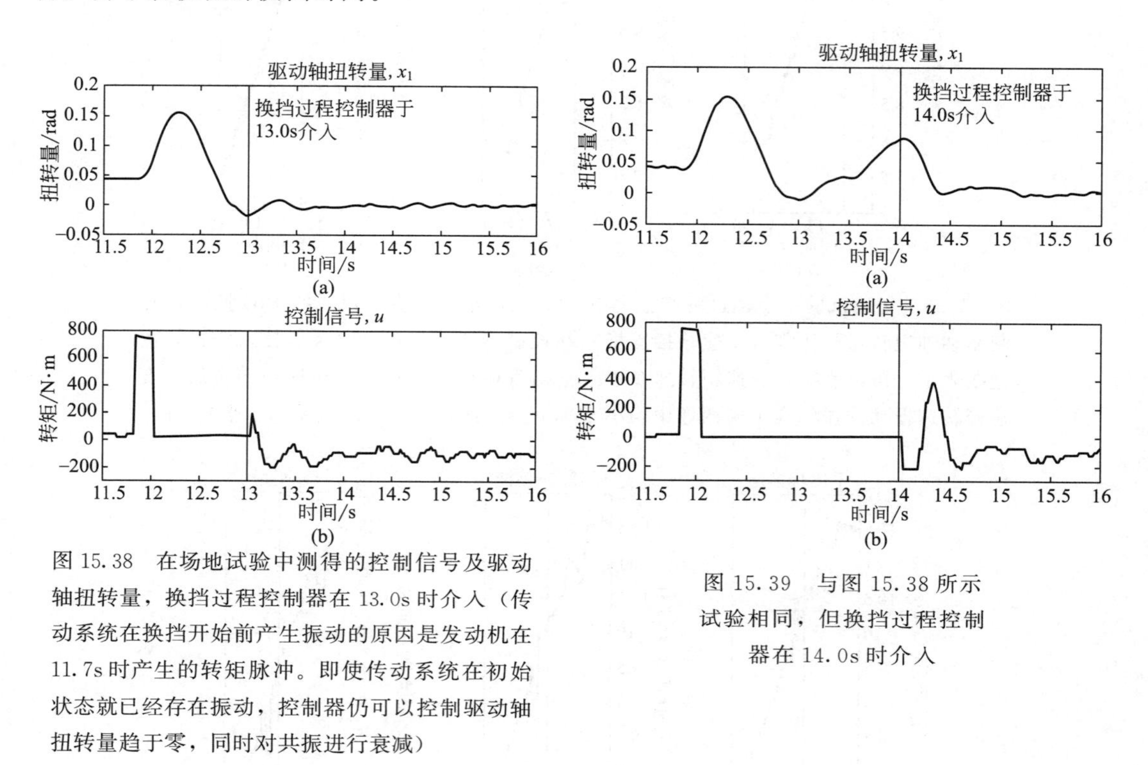

图 15.38 在场地试验中测得的控制信号及驱动轴扭转量，换挡过程控制器在 13.0s 时介入（传动系统在换挡开始前产生振动的原因是发动机在 11.7s 时产生的转矩脉冲。即使传动系统在初始状态就已经存在振动，控制器仍可以控制驱动轴扭转量趋于零，同时对共振进行衰减）

图 15.39 与图 15.38 所示试验相同，但换挡过程控制器在 14.0s 时介入

15.7 要点重述及结束语

通过一系列重要的实例应用，现在我们可以对本章进行概括，并给出相应的结论。从全局角度来看，对传动系统的控制是动力总成控制的最主要方面，进而也是车辆驱动控制的一部分。这就表明了传动系统控制的边界条件也是内燃机或电机等原动机性能的一方面，而另一方面则是车辆的纵向行驶动力学特性，通常由第 2 章所述的车辆行驶阻力所决定。除此之外，对于传动系统控制问题的解决应该融入如第 3 章所述的整个动力系统控制中去，现有的主要范例是基于转矩的动力系统控制，参见 3.3 节。

在第 13 章，传动系统的介绍中，给出了若干当未进行适当控制时，传动系统出现不良行为的实例，并给出了相应理论解释，指出不良行为出现的原因是传动系统自身存在的弹性。传动系统在运行当中存在着相当大能量储存和释放，且能量的储存和释放产生的影响随着发动机输出的增大而增大。以上这些问题共同决定了对传动系统的功能性、操纵性以及减少磨损等需求的提升，也提高了传动系统控制的重要性。

15.7.1 一般方法

在第14章传动系统建模及第15章传动系统控制中，给出解决传动系统控制问题的一般方法。第14章解释了模型建立的一般方法。第15章基于实例而非基于一般方法对控制方法进行了设计。所使用的实例基于发动机转矩控制，使用 $u=M_e$ 作为控制信号，但是作为假设，使用一个离合器控制问题作为替代实例。之后在模型建立阶段两者方程将是完全相同的，但是当问题结合为一体时，例如14.3.2，此时离合器转矩 M_c 不应被忽视。此后，在第15.2节所述的方法之后，将模型用状态空间形式进行表示，控制输入应选择使用 $u=M_c$。从而就可以对离合器控制问题进行研究和设计，其他传动系统的问题也可以用同样的方式来解决。

15.7.2 重要的见解

从数学形式讨论控制问题存在许多见解，这些见解都对获取最佳解决方案提供了有价值的指导。图15.5及图15.6中展示了传动系统的固有性能，并在这些性能的基础上揭示了更多的高阶设定。从中可获得一个重要的经验总结，对于防喘振控制器和换挡控制器来说，仅仅对控制信号的响应进行研究是远远不够的。某些重要的特性是从响应中无法得出的（原因是已被消除），但是由于负载干扰出现等原因，这对评价上述情况及其他不同初始条件下的传动系统设计是很重要的，特别是由于驾驶员指令或道路颠簸引起的负载干扰，使传动系统已经处于振动状态或者已存储大量能量时。

另一个见解是，由在15.2.9中介绍的对极点-零点附近的值的消除，有时可使转矩控制问题视为二阶问题，例如图15.32中出现的真实车辆实例，其驱动轴扭转量控制器的设计参见15.6节。

在式(15.65)中提到的使防喘振控制器最终完成的若干步骤是非常值得被重点阐述的。其基本结构参见式(15.15)及式(15.16)，并通过驾驶感受［式(15.53)］、状态观测以及负载估计对RQV调速器特性进行扩展，详情参见15.3.3。这对观测通过式(15.31)及式(15.32)取得静态点的方式以及通过式(15.52)作为设计方法获得控制器中使用的系数，是十分有意义的。

15.7.3 控制准则的制定

为了取得良好的受控行为，在式(15.13)中所述的基本控制准则需要根据车辆实际应用中的特点进行调整。对于速度控制器，其步骤为由式(15.34)～式(15.39)给出，其中静态点的作用应特别注意。

对于变速箱转矩的控制还存在着若干其他步骤。在式(15.87)中，应被注意的是，u_{shift} 并不代表一个静态点，而是代表零转矩时的换挡条件（对于刚性传动系统），这意味着车辆将会因为行驶阻力而失速。图15.25～图15.27及其推论可引导推出方程的最终形式［式(15.95)］。

15.7.4 功能性的验证

换挡时的转速控制及转矩控制的验证均在试验车辆上进行，并通过对驾驶员指令的响应进行评估。此外，仿真方法也被用于研究干扰和初始条件等在试验中不能轻易使用可控方式取得数据的问题。在这些仿真中，车辆会使用一种比设计用模型复杂得多的模型来表现。

15.7.5 转矩限制处理的试验验证

有一种误解认为，转矩的限制等非线性参数没有在模型中考虑到，这将会导致控制器在实际设定使用中产生问题。因此，理解图 15.16、图 15.17 及图 15.18 所展示的原因及评价是十分重要的。其中，防喘振速度控制器是基于简化的驱动轴模型推导得出的。

图 15.16 证明了，对于传感器及发动机的响应速度等基本功能的控制是足以对传动系统的共振进行抵消的。之后，对于图 15.17 及图 15.18 中的测试，展现了对没有包括在设计内的状况的控制，即由排放限制器产生的转矩限制。然而，控制器依然可以良好地工作，如图 15.18 所示。

15.7.6 收益

对传动系统共振的主动衰减为动力系统性能的优化提供了一种方式，例如通过优化转速指令的响应时间及转矩控制阶段的需求时间，使换挡时间最小化。因此，控制器通过提高操纵响应，提高了传动系统性能及驾驶性能，同时减少了车辆踱行现象的发生。其他主要的优势还有：更少的磨损，更好的舒适性以及驾驶员可以更好地处理复杂的行驶状况等。

第5部分

诊断和可靠性

目 录

16

诊断和可靠性

基于车辆现已成为计算机化的机器这一事实，前面的章节已经展示了其发展现状及趋势。如前所述，这一事实连同来自用户和社会方面的需求一起，促使了许多车辆功能的产生和蓬勃发展。车辆计算机处理功能的实现，也强烈影响到另一个领域，那就是诊断和可靠性。最初的研究主要由立法推动，据加州空气资源局（CARB）著名的车载诊断（OBD）规定，当故障使尾气排放增加50%时，就要对车辆的零部件及功能进行诊断监控（diagnostic supervision）。

一般来说，对于一个系统过程，都可以通过对变量或系统行为的观测，来判断系统是否在正常状态下运行。诊断的任务就是根据观测结果和相关知识做出故障决策，即判断是否存在故障并找出故障。一个诊断方法研制成功，将会有许多新的应用领域相继产生，因此在针对安全、机器保护、可用性、正常运行时间、可靠性、功能安全、健康监测和按需维护的研究中，都会用到相同的技术。提高可靠性，通过按需维护来降低成本，或通过最大化可用性来为车主增加收益，都是对用户价值的满足。

两大汽车应用领域为：

• 可靠性——发展迅猛的领域，其目的是监测所有可能影响车辆安全、可靠性和可用性的因素，因此该领域的研究主要针对用户安全保护和用户满意度；

• 诊断——传统的汽车应用，其目的是找出增加排放的故障零部件，因此该领域的研究主要针对法规要求。

由于都使用了基于决策支持理论的类似方法，这些领域在发展中会有所交叉，并且在考虑结构及控制的协同设计中，共同起重要作用。在下面章节还有一些重要的应用，从中可见诊断领域的范围之广。

本章的目的是了解这些新发展，并深入展示基础物理、模型以及设计可能性之间的相互作用。在一段对可靠性的综述后，会有部分章节来介绍基本概念、方法、重要的汽车案例和法律法规，其中OBD（车载诊断）就是主要的例子。

16.1 可靠性

可靠性的基本理念是使车主能够信赖车的各个方面，包括运行的可靠性、安全性和维护的经济性。因此为诊断和监控而开发的技术可以有很多用途，这也是这一领域包含的词汇如此广泛的一个原因。一些术语将在本节展示，然后会在16.1.6中结合图16.3讨论它们的相互关系。

采用车载诊断的原因主要包括：

• 安全——许多系统中的故障可能会造成严重的人身伤害，尤其是在车辆动态控制中，因此需配有高可靠性的诊断系统；

• 环境保护——在汽车排放控制系统中，故障可能会造成排放的增加，有结论称，排放控制系统故障是汽车总排放增加的主要原因；

• 机器保护——故障往往会导致机器损坏，因此需要及时发现故障；

• 可用性——许多技术系统的连续运行至关重要，如重卡的技术系统，要考虑经济和安全方面的因素，因此需要一个可靠的诊断系统，能在发生严重破坏之前获得警报，此处需要低虚警率；

• 正常运行时间——其与可用性相似，重点是运行时间内的可用性；

• 可修复性——与可用性紧密相连的是可修复性，好的诊断系统会快速识别应更换的故障零部件，这样费时的故障定位减少了，可以降低总的维修时间；

• 柔性维护（flexible maintenance）——与可修复性有关，并且还可以在该问题发展成为故障之前提早解决，相比传统的定期维护，灵活的按需维护意味着汽车在需要维护时自身发出信号，这将会降低维护成本和提高正常运行时间；

• 健康监测——监测范围进一步加宽，意味着所有零部件的健康状况将被连续监测；

• 高度自动化车辆的监控随着越来越多的驾驶员辅助系统或最优驾驶系统的引入，对它们的监控变得非常重要，例如队列行驶（platooning），更多例子参见1.1.4和2.2.3。

16.1.1 功能安全——意外转矩

功能安全是一个宽泛的概念，但涉及车辆推进系统时，通常是针对三大危险：

• 火灾；

• 电击，特别是在混合动力和电动汽车这些常有高压的地方；

• 意外转矩，突然产生推进力的同时丧失制动力。

对火灾和电击的预防非常重要，但这些领域所用的分析和方法在本书的范围之外。而另一面，意外转矩是动力系统管理的核心，并从许多方面影响设计依据。下面将介绍意外转矩的相关背景，并在16.5.2中给出解决方案。

意外转矩

常有媒体报道，一辆汽车从静止状态突然向前推进，撞到墙、车甚至是人。美国国家公路交通安全管理局（NHTSA）对这类“突然加速事故”（SAI）进行了研究，他们1989年的突然加速报告给出如下定义：突然加速事故是非故意、非预期、高功率的加速，从静止状态开始或初速度极低，并且明显丧失制动效力。可能导致SAI的因素包括：

- 驾驶错误，例如驾驶员要踩刹车时却踩了油门，可能是踏板的设计或摆放位置问题；
- 踏板故障，以至于响应错误甚至无响应，这可能是来自地垫或异物造成的堵塞，或者踩加速或制动踏板时其他的机械干扰；
- 线路故障，例如电子节气门控制或巡航控制中的故障；
- 节气门卡住；
- 节气门黏滞。节气门的某部分可能暂时被粘住了，而当驾驶员加大油门时，节气门突然大开。

前两项因素可以由汽车的内部设计解决，后两项则需从节气门的结构方面考虑，例如，添加溶剂喷雾以防止节气门黏滞。

SAI 事件在推进系统和制动系统同时故障时才会发生，但也有其他情况。20 世纪 90 年代发生的许多 SAI（通常在洗车处），都是在从“停车挡”到“前进挡”或“倒挡”的转换时发生的。事件发生时，油门会突然转至全开，此时即使刹车完全好用，驾驶员仍无法迅速做出反应来避免事故发生。经分析发现，其可能的原因是漏电线路引起了巡航控制伺服系统的响应。这就是为什么在 16.5.2 中提出的解决方案中，要将硬件复制路径用电接地（electrical ground）隔离。

刹车优先系统

所谓的智能油门现在越来越常见。它是一种保证制动踏板始终优先于加速踏板的联锁开关。这意味着仅仅踩刹车就可以防止转矩传递到车轮，并且它可以防止或减轻除驾驶员错误之外的任何 SAI 事件的影响。

16.1.2 功能安全标准

意外转矩的影响是很大的，并且它是用来说明如何处理安全功能的好例子。处理依据之一是 ISO 26262 标准，它对方法和过程都进行了描述，目的是确定汽车安全完整性等级，即 ASIL。

安全性分析包括危害分析和风险评估。危险一旦发生，就要对它的严重性进行分级，危险程度从可忽略的到灾难性的。进一步，需要确定危险所在工况的发生概率，按从低到高的比例表示。风险是这两者的结合，所以它是发生概率和危害严重性的乘积。对这些概念的解释见图 16.1，图中还有对可接受风险、可承受风险以及不可接受风险的解释。

安全工程的目标是创造一种用于危险和风险分析的程序，这样就可以通过安全评估来证实风险已降至可接受的水平。典型的步骤是：

- 找到所有的危险；
- 判定风险；
- 充分降低风险。

在这一过程中需要考虑系统和随机因素，当然主要的问题是如何降低风险。这里主要有两方面要求，即：

- 过程要求，通常指遵循相当严格的程序，例如软件开发；
- 技术要求，往往涉及系统复制或诊断监控功能。

工业中往往要对功能安全的全过程进行管理，并落实到一个可由多个工程队一起完成的有效流程，这更增加了其复杂性。

回到图 16.1，它示意性地阐释了达到可承受的剩余风险（residual risk）的过程。在

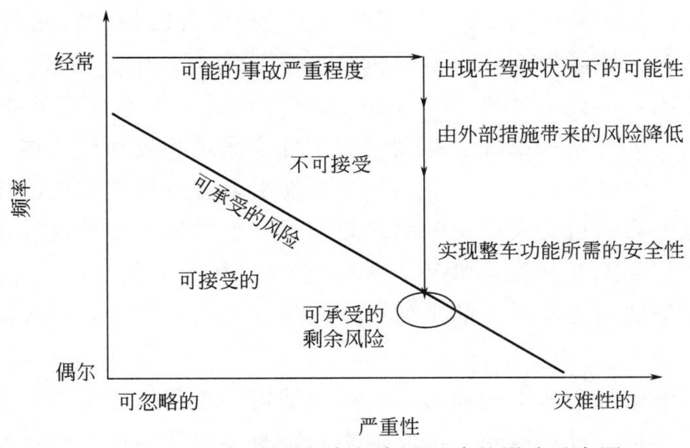

图 16.1 危害程度和危害频率对风险的影响示意图

图的顶部有一个箭头“可能的事故严重程度”，显示可能性事故的严重程度。在 ASIL 分析的第一步是确定事故发生频率“曝光概率”。下一步，“减少风险”，这是对减少风险的评估，例如基于驾驶员可能采取的行为。驾驶员可能会采取诸如刹车之类的行动，并且如果速度和其他驾驶条件允许，驾驶员有时间采取行动。最后，需要将剩余风险减少至可接受风险的范围，即由最后的箭头指出的“实现整车功能所需的安全性”。在该工程任务中，可以使用如冗余和监控之类技术作为解决方案。

以功能安全为核心的一个例子是节气门控制，将于 16.5.2 描述。针对意外转矩的功能安全也自然地引出了下一小节主题。

16.1.3 控制器的资格/条件/前提

控制器是主动元件，如果由于某种原因收到了错误的信息，可能产生错误或有害的行为。因此，对控制器的启动（active）通常有相当多的要求。

增压条件：对压力控制的描述出现在 10.8.2[1] 中。故障的增压压力传感器可以使系统产生过多的增压，可能产生过大的转矩或毁坏发动机。因此，在对增压传感器的监控中需加入诊断功能，下面的伪代码中 BoostSensor _ OK 的输出为真便是运行此控制器的一个条件。运行此控制器还有其他条件。首先看下面的伪代码，其主命令行将废气门（wastegate）控制 u _ WG 计为 u_WG=FF(…)+FB(…)，即控制器的正反馈和负反馈回路的联合，然后再来解释条件。

```
if(BoostSensor_OK & NOT(ExcessiveBoost_DET) & Throottle_OK &BoostNeeded)
then
  u_WG= FF(p_b_reg,N-e)+ FB(p_b_ref,p_b_sens);
  u_WG= CheckLimits_WG(u_WG);
else
  u_WG= OPEN_WG;
end
I= UpdateIwithAntiWindup_WG(u_WG);
```

[1] 原文为 10.9.3（译者注）。

必要条件 NOT（ExcessiveBoost _ DET）是判断是否已检测到过度增压的标志，表明已检测到增压系统（驱动器、气动执行机构、废气门等）中的故障，但没有将其隔离。节气门必须是工作的，因此有条件 Throttle _ OK。此外，只有在需要增压时才启动控制器，即要有 BoostNeeded 这一条件。此例中若条件全满足则启动控制器，否则仅由命令行 u _ WG=OPEN _ WG 打开废气门，从而防止可能引起意外加速的增压积聚。该实例进一步解释了对控制器的启动进行极限检验的必要，并且如果发生干涉可能还要调整控制器的状态，例如为避免积分饱和而做出调整，参见 10.2.3[❶] 中的例 10.2。最后要说的是，制定和调整运行控制器的条件所需要的工作量，与设计和校准它本身的控制计算相比，可能等量甚至更多。

同样，对任何采用基于转矩的动力系统控制结构的控制器，见 3.3 节，都需要从安全角度（特别是意外转矩）进行检测。由此带来的是对零部件的适当监控和一串（有时会很长）启动控制器所要满足的条件。

16.1.4 故障状况的调节

正如 10.9[❷] 节提到的，当车辆运行中的故障被车载系统检测到后，就产生了该怎么做的问题。

故障调节

重构系统，使系统即使在故障存在的情况下也能正常运行。

根据故障的严重程度可采取如下行动。

- 停车检修。继续行驶将有危险或严重损伤车辆时采用。简单的例子就是发动机里没有油。
- 跛行模式。如果诊断系统在检测到故障之后，可以排除故障组件并采用一个次优的控制策略，直至可以对车进行修理，则进入跛行模式。
- 重构系统，保证基本运行。
- 重构系统，保持在较高水平的运行。

跛行模式是围绕 OBD（车载诊断）系统的法规的一部分，见 16.6 节。最后一条的处理方式并非罕见；如果出现的状况不会对行驶安全造成威胁，可使用虚拟传感器以维持车辆的正常运行，故障可以在下次维护中处理。

容错控制

容错控制是前面提到的，通过重构来维持系统运行的一个广义说法。对于容错控制原理的解释将基于图 10.5 中的系统，见图 16.2。

16.1.5 展望

尽管可靠性和诊断已发展成为一个很大的领域，它仍有继续发展的趋势。1.1.4 中提到的用于信息和交流的新的基础设施，可用于对车辆的持续监测。一辆车可以从其他车辆处获取信息，或者在出现未预料的情况时打电话向制造商寻求意见。对于商用车辆，高可靠性/正常运行时间带来的收益增加，和按需维修带来的花费减少，是典型的经济诱因。

---

❶ 原文如此；❷ 原文为 10.10（译者注）。

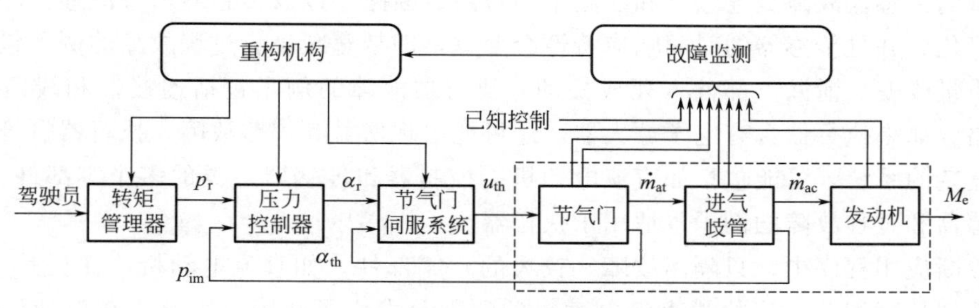

图 16.2 图 10.5 中系统的容错控制原理图

传统的先买车然后支付服务和备件费用，将转变为根据整体性能来购买车辆，因此以最优方式监控车辆的各个方面是双方共同的利益。

16.1.6 联系

本章引言中提到，可靠性与诊断的基础是对正常或预期的变量行为的观测。由观测结果和相关知识得出故障结论的方法是应用领域所共用的，因此它们之间都有内在联系，其主要的关系结构见图 16.3。

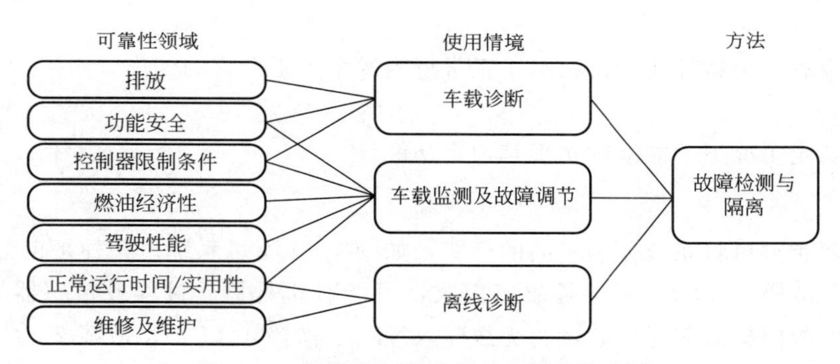

图 16.3 可靠性与安全概念之间的关系图

16.2 基本定义和概念

本节将基于 IFAC 技术委员会 SAFEPROCESS 提出的术语，介绍诊断领域核心的定义和概念，作为迈向统一术语的一步。

16.2.1 故障和失效

如图 16.4 所示，一个系统可以分为三个子系统：执行器（actuator）、过程（process）和传感器。根据是哪个子系统发生了故障，可分为执行器故障、过程故障和传感器故障。过程故障有时也称为系统故障或零部件故障。

图 16.4 一个由执行器和传感器组成的系统

典型的传感器故障是连接器和线路中的短路、断路，以及传感器信号漂移，即增益或偏差的变化。并且传感器的时间响应特性会变差，即带宽减小。过程故障的例子包括摩擦变大、质量改变、泄漏、部件卡死或松动。执行器故障的例子包括连接器和线路中的短路、断路。如果执行器含有电子放大器，还可能出现增益和偏差故障。执行器自身就是一个相对复杂的系统，可能包括如直流电动机、控制器和传感器之类的多个零部件。因此，所有传感器和过程故障的例子也适用于执行器。

在诊断应用程序中，只隔离故障（较大的）零部件，如直流电动机，往往是不够的。还需要获知故障细节，比如说直流电动机的哪部分发生了故障。因此，在设计诊断系统时，了解会发生或常发生什么故障，以及故障如何影响系统，是非常重要的。这是因为每一种故障往往都需要具体的诊断解决方案。

故障通常用三种基本类型来描述它们的时变特性：

- 突发的、阶跃型故障，例如元件突然失效；
- 初期（发展中的）故障，例如元件功能的逐渐衰退或传感器校准误差的逐渐增加；
- 间发故障，例如连接器松动。

失效

根据下面的定义，失效这个词通常有更强和更持久的意义。

故障

系统至少有一个特性或变量相对于正常行为发生了不允许的偏离。

失效

系统在特定工况下不能继续实现其预定功能。

故障模式

根据故障类型可将系统分为不同的模式，如图 16.4 所示系统。一种是正常运行模式，通常表示为无故障（NF）。另外是故障模式，可能有执行器、过程或传感器故障。通常是只给不同的故障模式编号，表示为无故障（NF）、故障 1（F_1）、故障 2（F_2）等。

16.2.2 检测、隔离、识别和诊断

以下定义对描述诊断系统的任务和性能十分重要。

故障检测

确定系统是否存在故障，并且给出检测时间。

故障隔离

确定故障位置，即找出失效零部件。

故障识别

确定故障大小和时变特性。

故障诊断

对于这个术语的定义，文献中有两种常见观点。第一种观点包括故障检测、隔离和识别，例如 Gertler（1991）的定义。第二种仅包括故障隔离和识别，例如 Isermann（1984）的定义。通常省略故障一词，只说诊断。

本书中的故障诊断指故障检测、隔离和识别的整个环节。这是依照文献中的一种常见观点。这里所说的诊断也是一切与诊断相关的领域的总称。如果像第二种观点那样，将故

障检测排除在外，则很难用一个词描述诊断的整个领域。对这一问题常常是通过引入缩写FDI（故障检测与隔离）来解决。还有论文指出，FDI不严格包含故障识别。于是又有了缩写FDII（故障检测、隔离与识别）。

16.2.3 虚警和漏检

以下概念是对诊断系统评估的核心。

虚警

无故障时启动警报。

漏警

发生故障时未能启动警报。

漏检

与漏报警一样。

当然，我们期望虚警率和漏检率尽可能低。许多情况下在两者之间需做权衡，因为在噪声存在的情况下，低检测阈值多导致虚警，而高阈值会导致漏警。

这些都是诊断系统的设计中非常重要的问题。虚警可能会产生不必要的修理，从而使可用性和正常运行时间相对减少。另外，漏检可能造成更大的维修费用。

16.2.4 被动与主动（介入）

根据是否需要采取具体行动，对诊断系统有如下分类。

主动诊断

通过对系统发出激励来执行诊断，以显示可能的故障。

介入性诊断

与主动诊断相同。

被动诊断

通过被动地检查系统而不影响其运行，来执行诊断。

被动诊断系统不会影响车辆的运行，而主动系统会影响，并可能产生弊端，例如打扰驾驶员。

16.2.5 离线与在线（车载）

在技术系统诊断中，最终的区别在于是离线还是在线执行。在汽车行业，典型的离线诊断环境是修理厂。技术员可以自行测试或读取存储在车辆中的故障码。在线诊断也常称作车载诊断。下面主要处理以车载诊断为主的自动诊断，尽管也可以离线诊断。

16.3 方法介绍

对系统功能和元件状态的推导同属于工程应用和理论发展领域，其范围非常广。如16.2.2中所述，诊断的任务是生成故障决策，即判断是否存在故障并识别故障。因此，要解决的基本问题是生成故障决策的过程应该是什么，有什么相关的参数或行为要研究，以及如何获得相关信息。

现在将简单介绍汽车应用领域常用的方法。从最简单的例子开始，然后由一系列寻找故障的例子扩展思路，如寻找传感器和执行器中的故障。诊断系统的输入主要是传感器信号，但也可以是来自系统模型的指令。

16.3.1 简单的传感器故障

图 16.5 展示了一种最简单的情况，故障 f 对单个传感器的观测结果造成影响。传统的诊断方法主要是极限检验（limit checking），即当传感器信号电平偏离其正常工作范围时，就启动警报。这个正常范围是预先用阈值设定的。例如，传感器的输出电压总是在一个工作范围内，一旦它的输出变为蓄电池电压或接地电压，便可以判定出错。有时根据工作条件来确定其正常范围，然后将不同工作点的阈值存储于一个表格中。这种用阈值作为其他变量函数的方法，即可看作是一种基于模型的诊断（model-based diagnosis）。除了检验信号电平，也常将信号趋势与阈值比较。

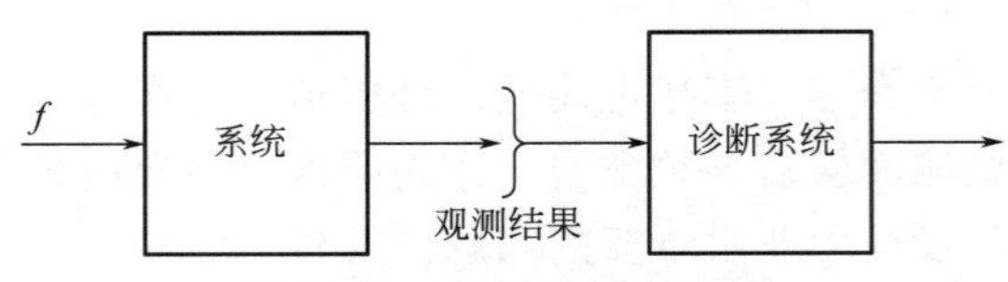

图 16.5 基本的诊断原理图

16.3.2 简单的执行器故障

正如大多数元器件那样，执行器通常会有一些自诊断功能，可以检查电压、电流和其他内部变量。系统层面上的执行器故障表现为对输入信号无响应，如图 16.6 所示，诊断系统通过分析执行器信号和观测值就可以做出正确的诊断。

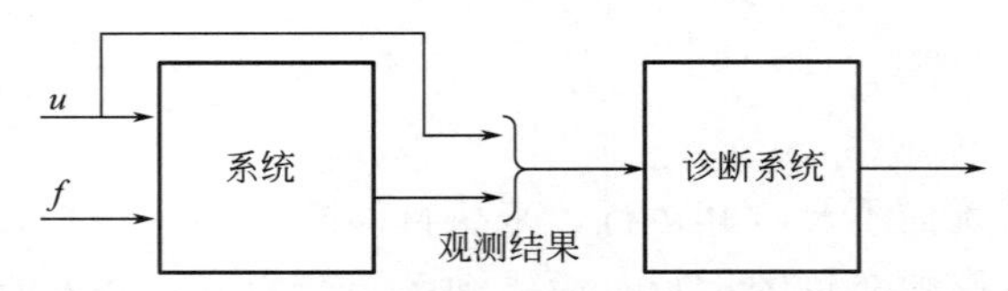

图 16.6 根据输入信号对系统的预期行为做出预测（例如执行器对输入信号无响应）

16.3.3 三重传感器冗余

以三重传感器冗余为例，对基本的诊断技术进行解释。三重传感器冗余是系统安全性鉴定中的经典技术，将系统中的变量 x 用三个独立的传感器测量，可能出现的传感器故障用 $f=(f_1,f_2,f_3)$表示，如图 16.7 所示。

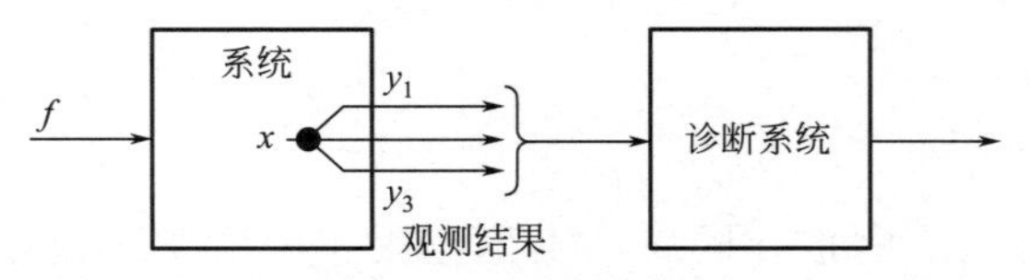

图 16.7 三重传感器冗余是系统安全性鉴定中的经典技术，变量 x 由三个独立的传感器测量

将三个传感器信号用 y_1、y_2、y_3 表示，无故障系统的方程为：

$$y_1=x$$

$$y_2=x \tag{16.1}$$
$$y_3=x$$

残差由这三个信号两两比较产生：

$$\begin{aligned} r_1&=y_1-y_2 \\ r_2&=y_1-y_3 \\ r_3&=y_2-y_3 \end{aligned} \tag{16.2}$$

无故障状况下所有残差都为零。当其中一个传感器发生故障时，残差就有变化。

将 16.2.1 小节所述的故障模式用 F_i 表示，即传感器 y_i 故障。下面的影响结构（influence structure）显示了故障对的残差影响。

	NF	F_1	F_2	F_3
r_1	0	X	X	0
r_2	0	X	0	X
r_3	0	0	X	X

在影响结构中，0 表示残差对该故障没有响应，而 X 表示有响应。假设存在传感器噪声，当残差 r_i 的绝对值大于给定阈值（即 $|r_i|>J_i$）时，试验 i 就会发出警报信号。

举例说明，假设试验 1 和 2 都激活了警报，则有如下结论：

$$|r_1|>J_1 \Rightarrow F_1 \quad 或 \quad F_2 \tag{16.3}$$
$$|r_2|>J_2 \Rightarrow F_1 \quad 或 \quad F_3 \tag{16.4}$$

若只有一个传感器发生故障，则唯一可能的故障模式为 F_1。这意味着已经对故障进行了检测与隔离，见 16.6.2[❶]，即唯一的诊断结果为 F_1。从而说明传感器 1 故障。

这种情况下诊断系统的内部结构见图 16.8。

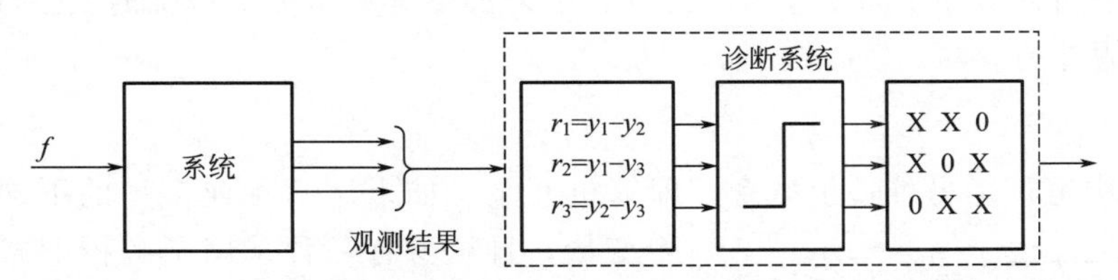

图 16.8　图 16.5 的特殊化，三重传感器冗余的诊断系统内部结构示意图

16.3.4 用虚拟传感器实现的三重冗余

将之前所用的传感器扩展至虚拟传感器，即变量 x 由一个传感器直接测量，并通过虚拟传感器（如观测器）建立模型来得到估计量 $\hat{x}_2$、$\hat{x}_3$。

用一个传感器 y_x 来测量 x。假设另有两个传感器测量变量 z、w；传感器信号为 y_z、y_w；并用模型 M_2、M_3 建立这些传感器信号与 x 的关系，于是有 $\hat{x}_2=M_2(y_z)$，$\hat{x}_3=M_3(y_w)$。则式(16.1) 中的等式变为：

$$y_1=x=y_x$$

❶ 原文如此（译者注）。

$$y_2=\hat{x}_2=M_2(y_z) \tag{16.5}$$
$$y_3=\hat{x}_3=M_3(y_w)$$

其残差与式(16.2) 相同，故障模式和影响结构与16.3.3中所示相同。

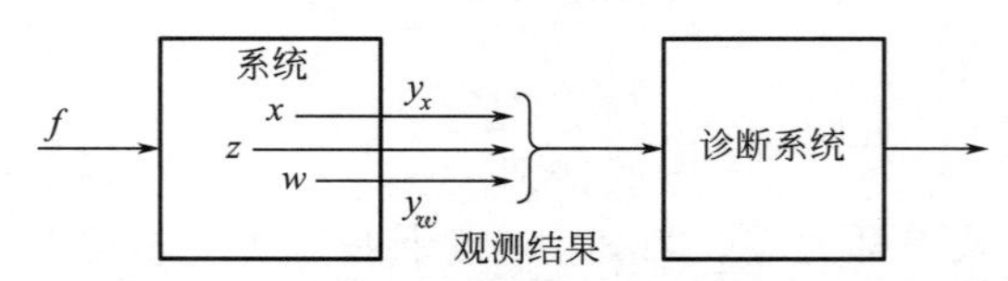

图16.9[1] 用虚拟传感器实现的三重冗余［变量 x 由一个传感器直接测量，并通过虚拟传感器（如观测器）建立模型来得到估计量 $\hat{x}_2$、$\hat{x}_3$］

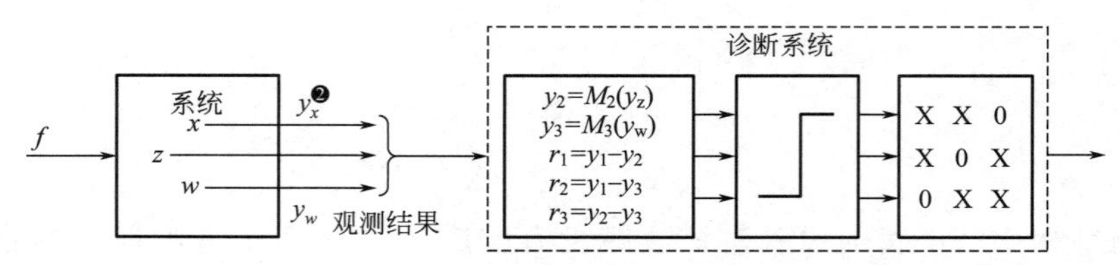

图16.10[1] 图16.8中的一些真实传感器同样可用虚拟传感器代替

16.3.5 冗余和基于模型的诊断

在之前的章节中，一个共同的主题就是利用冗余。下面将进一步讨论，并引出一种更普遍的表述形式——基于模型的诊断。

硬件冗余

16.3.3中的例子是传统的诊断方式，将硬件复制两次、三次或多次，这就是所谓的硬件冗余。从理论上讲该方法简单而稳定，但在实际应用中至少会有以下三个缺点：硬件昂贵、占有空间且增加了系统重量。此外，额外的零部件增加了系统的复杂性，反过来可能又要引入额外的诊断。

解析冗余

16.3.4中解释了另外一个概念，即解析冗余。如果用两种或多种的不同方式来确定一个变量，且至少有一种采用了解析形式的数学过程模型，就存在解析冗余。

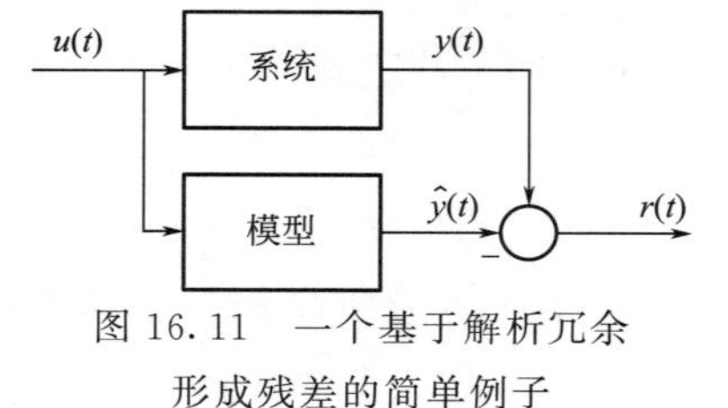

图16.11 一个基于解析冗余形成残差的简单例子

以一种简单的解析冗余为例，既对系统输出进行测量，又使用模型进行估计，如图16.11所示。

由测量输出 $y(t)$ 和估计输出 $\hat{y}(t)$，可得残差：

$$r(t)=y(t)-\hat{y}(t)$$

用于估计 $\hat{y}(t)$ 的模型可为线性或非线性。如果发生故障，则会影响测量输出，而不会影响估计输出。这样残差就会偏离零，从而检测到故障。

基于模型的诊断

基于模型的诊断是一个通用的表述形式，涵盖之前所说的所有情况。被诊断的系统通常会

---

[1] 图16.9与图16.10原文未引用，与原书保持一致，保留不删；[2] 原文为 y_e（译者注）。

受控制动作（已知输入）、干扰（未知输入）和故障的影响，情况如图 16.12 所示。诊断系统的任务就是在不受输入或干扰影响的情况下执行诊断，即诊断结论只取决于故障。

图 16.12 是基于模型诊断的一般结构，其中一种重要的情况如 16.3.3 和 16.3.4 中所述，其故障决策的产生基于残差和影响结构，详见图 16.13。

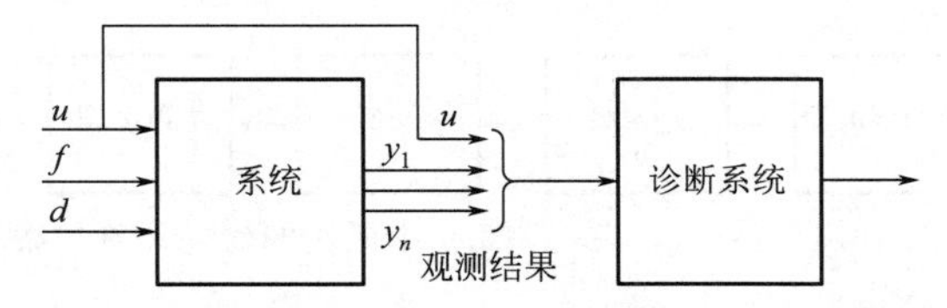

图 16.12　基于模型的诊断，即图 16.10 的一般形式（该结构还包含这样一种思想：诊断结论应仅取决于故障，不受其他输入或干扰的影响）

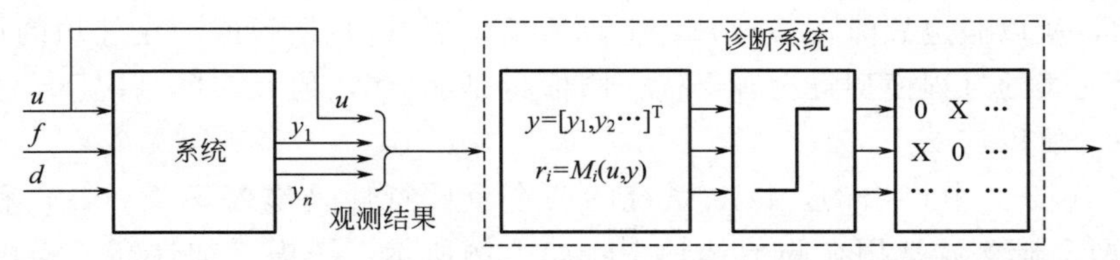

图 16.13　图 16.12 的特殊化，延续图 16.10 的理念，所做决策基于残差和影响结构

相比传统的极限检验，基于模型的诊断有很大的潜力，具有如下优点：

- 诊断性能更好，例如能检测到更小的故障，且检测时间更短；
- 能在更广的工作范围内运行；
- 可作为被动诊断；
- 可隔离不同的故障；
- 存在干扰补偿，即可以在干扰存在的情况下保持良好的诊断性能。

相比于硬件冗余，基于模型的诊断可能是一个更好的解决方案，原因如下：

- 适用于更多类别的零部件，有的硬件（如发动机），其本身无法复制；
- 不需要额外的硬件，从而节省了那部分成本。

基于模型的诊断是一个活跃的研究领域

模型诊断的巨大潜能，使它自然而然地成为一个活跃的研究领域。回顾从前，只要出现了技术系统就会有手动诊断，自动诊断只有在计算机变得可用后才开始出现。类似的发展在其他应用领域也有出现，如化工厂和航空应用。在 Harrisburg 事件中，核电厂的运营商并没有得到对事故根源的适当诊断，这更增加了人们的研究兴趣。对诊断的研究自那时起就加强了自动化的应用，成为主要的驱动力。如今它仍是一个继续发展的领域，有许多问题尚未解决。

原则上，使用的模型可以是任何类型，从逻辑模型到微分方程。根据模型类型，对基于模型的诊断可以使用不同的方法，如统计方法［Basseville 和 Nikiforov（1993）］、离散事件系统方法［Sampath 等（1995）］、基于 AI 的方案［Reiter（1987）］和控制理论框架之内的方法，参见如 Blanke 等（2006）。

16.3.6　形成决策——残差评价

残余评价的目的是通过对残差的处理做出故障决策，这里的决策包括故障检测、隔离和识别。若存在模型误差和测量噪声引起的干扰，残差评价则显得更为重要。

16.3.3 和 16.3.4 中的实例使用的残差评价方案见图 16.14，在图中，残差先通过低通滤波，然后将其绝对值与阈值对比。当残差的响应情况与影响结构中某一故障的残差特征相符时，则根据逻辑设定发出警报，这就是故障决策的产生。

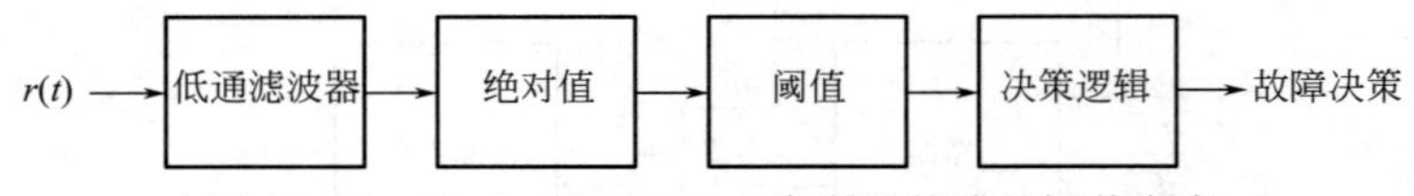

图 16.14　16.3.3 和 16.3.4 中所用的残差评价方案

阈值-P(FA)和 P(MD)

上述方案中设计阈值的步骤通常需做一些权衡。测试量，这里指残差，在无故障情况下是为零的，所以假定故障在 $|r(t)|>J$ 时存在，其中 J 是阈值。在理想的情况下，即当存在一个完美的过程模型且没有干扰，阈值将是 $J=0$，但在实际情况下，有模型误差与噪声存在，所以需要 $J>0$。

正如在 16.2.3 中指出的，诊断系统的两个重要特性是虚警率 P(FA) 和漏检率 P(MD)。这两个概念通常用在阈值选择中，如下例所示，考虑受加性高斯噪声（additive Gaussian noise）$n(t)$ 影响的残差，并令 $G_f(s)$ 为从故障到残差的传递函数，即：

$$r(t)=G_f(s)f(t)+n(t)$$

图 16.15 展示了无故障情况（实线）和有故障情况（虚线）下残差（滤波后）的概率密度函数。假定故障信号恒定，即 $f(t)\equiv c$，则概率密度函数集中于 $G_f(0)c=4$。选取的阈值为 $J=2$，在图 16.15 中由点线表示。由于限定的是残差的绝对值，这里有两行点线。将阈值范围内的实线下方区域从左至右积分，即得出虚警率 P(FA)。类似地，将阈值范围内的虚线下方区域从左至右积分，可得漏检率 P(MD)。这个例子清楚地展示了 P(FA) 和 P(MD) 是如何依赖于阈值 J 的选择。

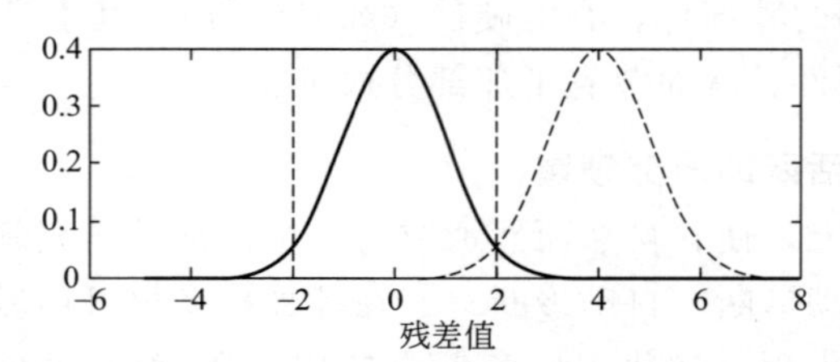

图 16.15　一个残差在无故障情况（实线）和恒定故障情况（虚线）下的概率密度函数[1]

这样算出的虚警率和漏检率取自一个标量残差。如果诊断系统包含多个残差，计算会更加复杂。进一步需要考虑的是，残差的概率分布通常是未知的，必须对其进行估计。

α-风险和 β-风险

有时，在统计假设的结构中，P(FA) 和 P(MD) 被称为 α-风险和 β-风险［Casella 和 Berger（2001）］。对两者的定义如下。

α-风险：原假设为真而被拒绝所产生的错误，也被称为Ⅰ类错误，风险大小 α 由 $\alpha=P$(FA) 定义。

[1] 图 16.15 纵坐标表示概率（译者注）。

β-风险：原假设为假而未被拒绝所产生的错误，也被称为Ⅱ类错误，风险大小 β 由 $\beta = P(\mathrm{MD})$ 定义。

自适应阈值

在前面小节的例子中，图 16.15 的概率密度函数被假设为常数，阈值 J 的取值应保证 $P(\mathrm{FA})$ 和 $P(\mathrm{MD})$ 均处于较低状态。然而在许多应用中，模型精度 $G_{\mathrm{f}}(s)$ 和噪声 $n(t)$ 的不确定性会随工况的变化而变化。在一些例子中，静止工作状态中的模型可能要远比瞬态中的精确，并且非线性系统的传输增益也会随工作点的不同而变化。这意味着图 16.15 中的分布会有形状和位置的变化。

在这些情况下，一个重要的技术是使用自适应阈值，其取值要保证所有时刻的 $P(\mathrm{FA})$ 和 $P(\mathrm{MD})$ 之间都有良好的平衡。图 16.16 给出了一个空气系统的例子。

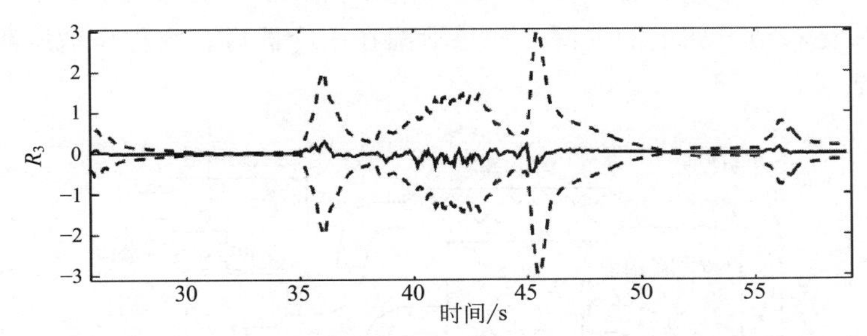

图 16.16 空气系统中一个阀的自适应阈值（残差用实线表示，阈值用虚线表示）

先进的方法

故障决策的信息应包含故障的发生与否，同时也要有如下信息：故障何时发生，哪个是故障零部件，并且可能还要有故障的大小。在某些情况下，需要有比阈值更先进的方法，并能够对突变使用统计试验（statistical tests）。为了说明这点，假设图 16.15 中的概率密度函数有很大的重叠，以致对于任何给定的阈值，两者的 $P(\mathrm{FA})$ 和 $P(\mathrm{MD})$ 都会非常大，不能令人满意。这样产生的信号会像图 16.17 中那样，其中图（a）显示了电平的阶跃，但由于噪声电平更大而难以看出，图（b）显示了另一种变化，即信号强度/方差

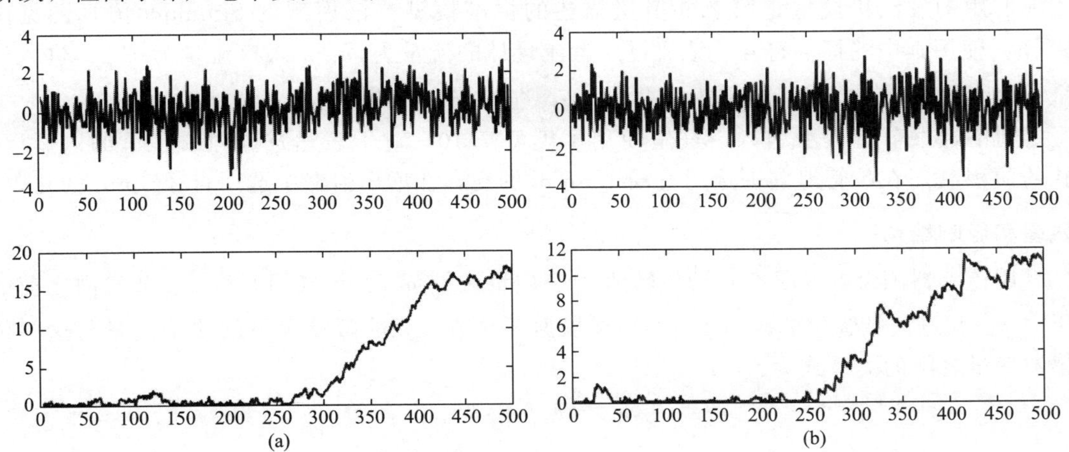

图 16.17 图（a）上图中信号电平发生了的变化，图（b）上图中信号强度/方差发生了的变化。由于图 16.15 中的分布重叠过多而难以看出哪里发生了变化。下方的图展示了使用 CUSUM 算法对两种情况的成功检测

的改变。虽然很难看到，但还是有可以捕捉这些变化的方法和算法。在图（c）和图（d）中使用了CUSUM算法［Basseville和Nikiforov（1993）］，其结果显示了对两种情况下的残差的成功估计。

有关这些主题的综合讨论，可参考Basseville和Nikiforov（1993）或Gustafsson（2000）。另一种方法是使用模糊阈值，参见Frank（1994），这种方法确定的阈值是模糊的，故障决策由模糊规则计算而得。以这种方式，故障决策的信息中还包含故障“可能”发生的程度。

16.3.7 涡轮增压发动机中的泄漏

以涡轮增压发动机的泄漏诊断为例对上述方法进行解释。使用图4.7中的发动机，它是涡轮增压汽油机的最常用装置。图16.18将它重新展示，但加入了两个可能的泄漏。诊断目标是找到发生在节气门前的泄漏，如果泄漏在中冷器后，则称作增压泄漏，而在节气门后称作歧管泄漏。

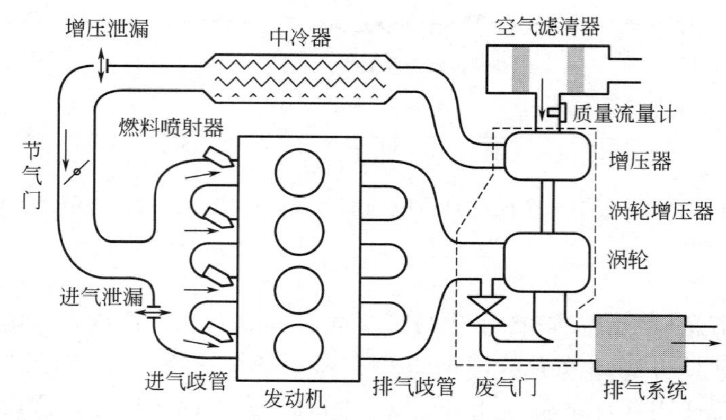

图16.18 带有增压泄漏和进气歧管泄漏的涡轮增压汽油机示意图

模型

所用的发动机模型是第8.9节里描述的标准模型，该模型的Simulink仿真图见图8.26。使用其中的标准符号，记流过质量流量计的流量为$\dot{m}_{af}$，入口流量为$\dot{m}_{at}$，进入气缸的流量为$\dot{m}_{ac}$，节气门之前的压力为p_{ic}，进气歧管中的压力为p_{im}。

泄漏通过节流模型引入，这里使用了模型7.10。对于表达式(7.10d)里的（循环）孔的面积A，在歧管泄漏中选用直径1.5mm的孔，在增压泄漏中选用直径5mm的孔。

残差和影响结构

用传感器测量的变量有发动机转速N、质量流量$\dot{m}_{af}$、节气门开度α、节气门之前的压力p_{ic}和进气歧管中的压力p_{im}。同样根据8.9节，无故障情况下的质量流量与这些传感器变量之间的关系式为：

$$\dot{m}_{ac}=f_1(N,p_{im})$$

$$\dot{m}_{at}=f_2(\alpha,p_{im},p_{ic})$$

这里忽略了歧管温度T_{im}之类的其他变量。

当系统正常工作时，流过质量流量计的流量$\dot{m}_{af}$、入口流量$\dot{m}_{at}$和进入气缸的流量$\dot{m}_{ac}$

均无明显变化。因此，在无故障情况下形成的如下残差，其值应为 0。

$$r_1=\dot{m}_{af}-\dot{m}_{at}=\dot{m}_{af}-f_2(\alpha,p_{im},p_{ic})$$

$$r_2=\dot{m}_{af}-\dot{m}_{ac}=\dot{m}_{af}-f_1(N,p_{im})$$

$$r_3=\dot{m}_{ac}-\dot{m}_{at}=f_1(N,p_{im})-f_2(\alpha,p_{im},p_{ic})$$

如此便有下面的影响结构，显示故障如何影响残差。

	NF	F_1	F_2
r_1	0	X	0
r_2	0	X	X
r_3	0	0	X

评价及结果

以上是系统在无故障、增压泄漏 F_1 和歧管泄漏 F_2 三种情况下的仿真。所有的情况都使用了行驶循环 NEDC，见第 2.8 节，特别是图 2.22。计算所得的残差，要先按照图 16.14 的前两步，对其进行低通滤波和取绝对值，然后方可使用。

结果由图 16.19 和图 16.20 给出。两图都包含了无故障情况，图 16.19 显示增压泄漏的结果，图 16.20 显示歧管泄漏的结果。两图中用于评价的行驶循环 NEDC 都绘于残差 r_1 所在的图（a）中。

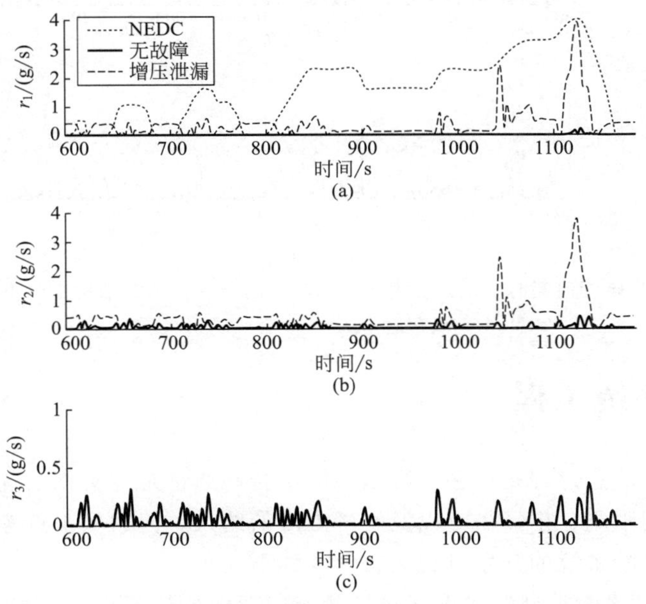

图 16.19　发生增压泄漏时的残差（示出 NEDC 作为参考）

第一种情况

首先看图 16.19 中的残差响应，在图（c）中，无故障情况和有泄漏情况下的曲线是完全相同的。与无故障情况相比，r_1 和 r_2 在有泄漏情况下都存在响应，但并不是一直都有。原因在于 NEDC 的加速非常平缓，以至于实际并不需要增压。然而，由于该系统预设了一些导致增压的瞬态，在 1040～1120s 之间有明显的响应。这种情况与 NEDC 的联系表明，需要有足够的激励才能取得结果，并且还要对 16.3.6 中提到的自适应阈值进行讨论。还要注意在 780～800s 间也存在响应。响应发生在 NEDC 的怠速期，原因是空气滤清器产生了微弱的真空，也就是说存在一股内泄漏流（残差为负，但这里呈现的是它的绝对值）。这意味着除了显著增压时期，怠速期也可用于检测增压泄漏。

总结起来，由于残差 r_1 和 r_2 响应，影响结构指向了 F_1，即为发生故障 1。因此它是增压泄漏，结论正确。

第二种情况

第二种情况下的残差响应见图 16.20。r_1 没有响应，但 r_2 和 r_3 有响应。这很容易被观察到，但可能还需要一些信号处理以实现自动化。同样，r_2 和 r_3 的响应，在影响结构中指向 F_2，即存在故障 2。因此它是歧管泄漏，结论正确。

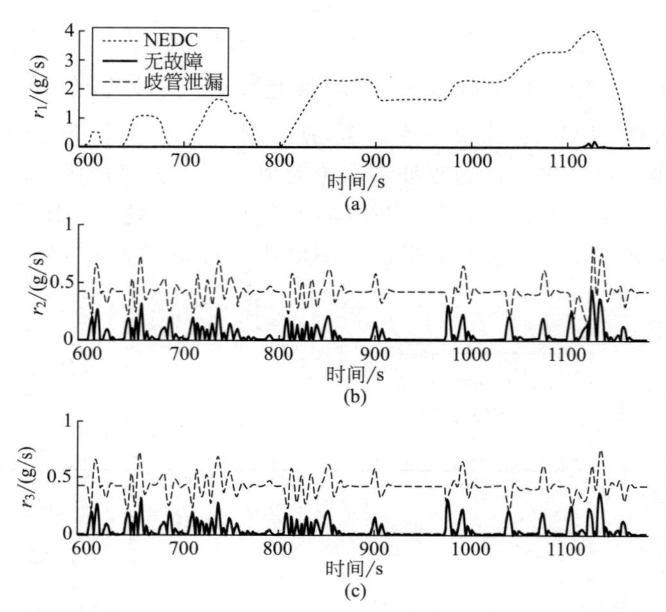

图 16.20 发生歧管泄漏时的残差（由于 r_2 和 r_3 的响应，影响结构正确指出了歧管泄漏）

16.4 诊断系统工程

设计诊断系统的总过程是许多工程措施的组合，通常是应对相当复杂的要求。要考虑的事项有开发时间限制、市场需求以及经济方面的约束，但这里重点考虑技术方面。因此从工程学角度，诊断系统的开发过程大致分为如下几步：

- 获取对故障诊断类型的要求，对检测与隔离时间限定的要求和任何与故障识别相关的要求；
- 建立无故障情况下的模型；
- 描述或建立故障及干扰影响下的模型；
- 通过使用模型，设计残差或其他测试量以及决策结构，来满足诊断要求；
- 在仿真和实际情况下测试诊断系统。

步骤 1 应基于法规、安全分析、可靠性分析和 16.1 节与 16.6 节中的任何要求，据实际应用而定。

步骤 2、3，即模型建立，是非常重要的，需要建立像本书 1～15 章中一样的主体构件模型。这里的工作通常以建模为主，可分为三个部分：

- 模型及其结构的选择；
- 模型的参数设置；
- 模型的验证。

步骤 4 是本章的主题，可细分为如下几步：

- 选择无故障情况下的模型；
- 定义故障模式；
- 定义故障模型；
- 解析冗余；
- 设计残差或其他测试量；
- 根据需要制定阈值、自适应阈值或选择其他评价方案；
- 确定影响结构或其他决策方案；
- 评价灵敏度和性能，例如使用 P(FA) 和 P(MD) 或其他的评价方式。

最后一步（步骤 5）的实现，会因应用情况的不同（如车载或离线应用）而有所差别。总之，设计诊断系统是一个历时相当长的工程。

16.5 选择的汽车应用实例

本章的目标如引言所述：深入了解诊断学，并深入展示基础物理、模型以及设计可能性之间的相互作用。有了这一目标，就不可能对这一领域做太广泛的展示，而要选择其中有代表性的部分进行讲述。这里选择的五个应用实例是三元催化转换器监控、节气门监控、吹扫蒸发系统的诊断、失火诊断以及发动机的进气诊断。选择这些例子当然是因为它们重要，但也是为了展示不同的诊断方法，其中既有主动诊断和被动诊断，又有硬件冗余和解析冗余。此外，它们也代表了主要的系统，包括空气系统、燃料系统和后处理系统。在这里介绍其技术原理，并在第 16.6 节里介绍相关法规。

16.5.1 催化转换器和氧传感器

在早期，人们就意识到三元催化转换器故障是汽油机排放有害物质的主要原因。通常，发动机的失火会导致未燃烧的燃料进入（热）催化器，它会在那里燃烧并损坏催化器。这推动了失火诊断（见 16.5.4）和对催化转换器性能的诊断。

在 OBDⅡ中，如果催化转换器效率低于 60%，诊断系统就要做出故障指示。现在的技术是使用两个 lambda（氧）传感器，一个在催化器上游，一个在催化器下游。这种位置已示于图 7.1，从中可看到前氧传感器 λ_{bc} 和后氧传感器 λ_{ac}。如 7.7.5 中所述，选用的氧传感器类型不同，使用的诊断技术就不同。这里将解释其中的原则，假设前、后氧传感器都是跃变式的。

如 6.5.1 中所述，工作状态下的催化器可以存储和释放氧气，从而充当缓冲器，并几乎完全过滤掉 λ 的振荡，如图 7.23(b) 所示。然而，尽管看起来如此，后氧传感器中的响应并没有被完全过滤。图 16.21 中的数据是图 7.23(b) 的放大，从图中可以看出，后氧传感器有同前氧传感器一样频率的响应，但稍有延迟，从图中还可以看出前、后氧传感器对空燃比从稀到浓和从浓到稀转换的典型响应。

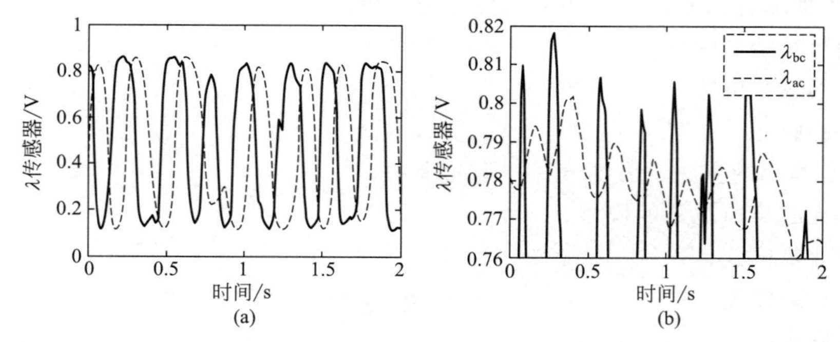

图 16.21 前、后氧传感器（跃变式）对非工作催化器［图（a）］和工作催化器［图（b）］的响应。由于催化器有储氧能力，当其正常工作时［图（b）］，进入气体的振荡几乎全被滤掉（变化非常明显）

在这里，对催化器的诊断测试利用了如下事实：由于控制系统限制了极限循环，上游氧传感器中的变化在下游氧传感器中应几乎完全消失（参考图 7.23）。

传感器诊断

关于这些氧传感器自身的诊断，诊断系统应能检测到其时间常数的改变或响应的延迟：这是通过研究频率，比较两传感器，并研究阶跃响应完成的。OBDⅡ规定，系统应在氧传感器的输出电压、响应速度、幅值或其他特征（包括由次级传感器校正的漂移或偏置）的劣化失效导致车辆排放超过 FTP 标准的 1.5 倍之前检测到故障。对于响应速度，OBDⅡ系统应能够检测到不对称故障（即故障主要影响的只是稀-浓的响应速度或浓-稀的响应速度）和对称故障（即故障同时影响稀-浓和浓-稀的响应速度）。例如，系统至少要能检测到燃料切断事件中浓-稀的响应故障（例如减速燃料切断事件）。总之要确保所有传感器的响应正常。

16.5.2 节气门监控

如 16.1.1 小节所述，意外转矩的产生是个很严重的问题。那里还提到，刹车优先系统是一种刹车总是优先于油门的系统。它也同样禁用所谓的脚趾脚跟操作，即同时踩下刹车和油门，使车辆在制动时仍保持发动机转速。

为了避免由线路故障引起的 SAI（突然加速事件），需要采取一些针对节气门的措施。回顾 7.13 节对节气门的描述。图 7.45 为该系统简图，这里将它在图 16.22 中重新展示。对基本控制的描述可见 10.3 节。

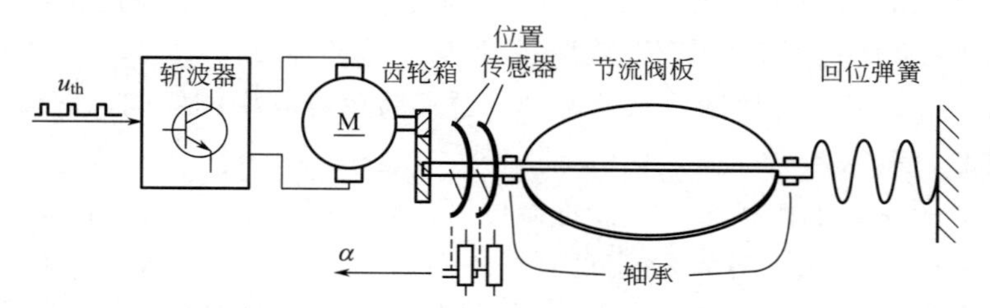

图 16.22 来自图 7.45 的节气门简图。出于安全考虑配置了双重位置传感器，并且使用两个完全独立的信号路径。另外，如果没有输入，回位弹簧会将节气门推回到预定（安全）位置

通过硬件冗余来确保安全运行。对于节气门位置传感器，使用两个不同方位的冗余电位器，它们有单独的供电线。为了增加安全等级，ECU 使用了两个单独的信道，一个是模拟信道，另一个是数字脉冲序列。如果两个信道都是模拟的，那么用于接收信号的 A/D 转换器应完全隔离。两种情况下的信号都输入到 ECU 中相应的 CPU 里。最终对系统所有可能的失效原因进行分析，包括线缆故障、电源故障、信号接地故障及其组合。在最近几年，处理这些故障的代码已大大扩展。

需要注意的是，这里对转矩计算的监控中也有两种不同的方式：一个基于转矩结构；另一个是外转矩监控。在诸多监控发动机执行器，以确保发动机输出转矩不偏离驾驶员请求的系统中，节气门监控只是其中一例。如果有明显的故障迹象，汽车将进入跛行模式。还应注意这里的加速踏板也有两个传感器和重复系统。

16.5.3 燃油蒸发回收系统的监测

私家车的燃油系统必须有泄漏监测，并且其车载诊断系统应对整个燃油蒸发回收系统的蒸气泄漏进行监测。这从诊断角度来看是很有趣的，由于目前还没有被动诊断的方法，所以只能用主动的诊断（介入性诊断）。

在第 10 章对燃油系统进行了讨论，并将其绘于图 10.19 中，这里由图 16.23 重复展示。在 10.4.3[1] 中已对排放系统的主要功能进行了解释，即处理从燃料箱排出的燃油蒸气。如其所述，该系统包含有一个炭罐（carbon canister），其一端连在燃料箱上，另一端通向环境空气。该系统具有一个诊断阀（diagnosis valve），它在发动机正常工作期间打开，执行诊断时关闭。用一个放气阀（purge valve）将炭罐与发动机的进气歧管相连，定期打开放气阀，将炭罐中的碳氢化合物吹入发动机的燃烧室参与燃烧。系统配备压力传感器，用于测量环境空气和燃料箱之间的压力差。

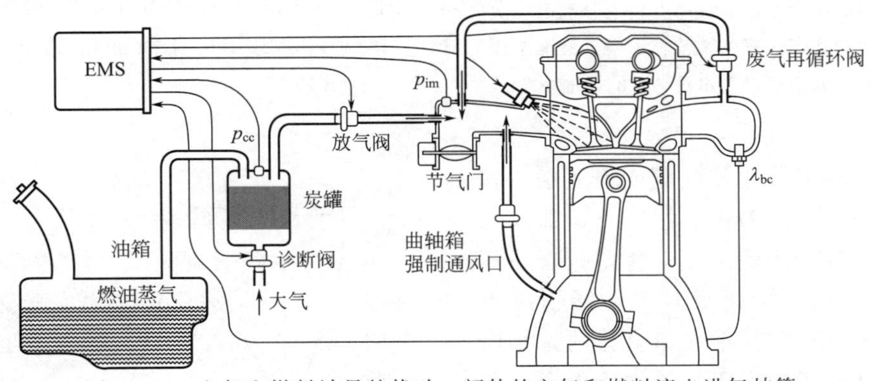

图 16.23　空气和燃料计量的扰动，额外的空气和燃料流入进气歧管

诊断目标

诊断系统必须能够检测出发生故障的阀门以及燃料箱中的泄漏。标准规定：“OBDⅡ系统应验证来自燃油蒸发系统的气流，并对整个燃油蒸发系统（除放气阀和进气歧管之间的管道与连接件）进行泄漏监测。”当整个燃油蒸发系统的泄漏累积起来大于或等于

---

[1] 原文为 10.5.3（译者注）。

0.020in[1] 孔口泄漏时，诊断系统应能指示燃油蒸发系统故障。

压力或真空

泄漏检测的两个主要原理为真空衰减（vacuum decay）和压力衰减（pressure decay）。真空衰减原理是在燃料箱中建立相对于周围压力的负压，并对压力差的衰减进行检测和分析。压力衰减原理是在燃料箱中创建超压并对压力差进行检测和分析。这两个原理都有各自的优缺点。压力衰减法的一个缺点是，如果发生泄漏，过高的压力会将燃油蒸气排放到大气中。而利用真空衰减法，气流将进入燃料箱，因此真空衰减法从环境角度讲更为安全。另外，压力衰减法需要额外地添加一个泵来对燃料箱加压。

系统运行

完全参照 Krysander 和 Frisk（2009）的论文，利用真空衰减原理进行诊断测试，该测试属于主动诊断。燃油蒸气排放控制系统正常工作时，诊断阀开启，放气阀关闭。这样燃油蒸气将储存于炭罐中，放气阀打开时即可排出。启动泄漏检测时，诊断阀关闭，放气阀开启。此时罐中压力下降，即图 16.24 中的 $t=0.5$s 和 $t=11$s。约 2s 后，将放气阀关闭，而此时的燃料箱系统，在无故障的情况下是密封的。之后就是要监视图 16.24 阴影部分的压力信号行为，以检测可能的泄漏。在燃料箱存在泄漏的情况下，空气会从外界进入箱内，压力将增大。图 16.25 展示了一种 1mm（0.020in）孔泄漏情况下，典型的压力信号行为。

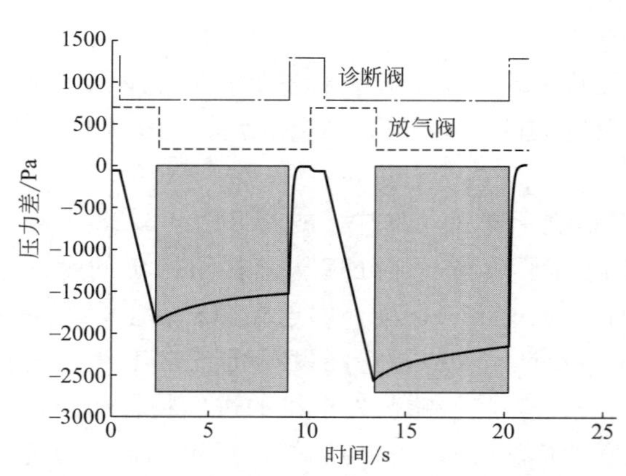

图 16.24　无故障情况下泄漏检测的典型循环（实线是测得的压力差，虚线和点划线分别表示放气阀和诊断阀的状态。灰色区域表示用于泄漏检测的那部分数据。数据取自工作发动机的燃油系统）

问题特性

燃油的蒸发作用使问题变得复杂。其影响可从图 16.24 看出，很明显，即使无泄漏，箱内压力也增大了。这意味着小孔泄漏情况下的压力迹线与无泄漏情况类似。这种相似性随泄漏孔口直径的减小而增加。在无故障情况下，箱内压力会逐渐增加直至饱和。由于饱和压力与温度有关，为了保证系统在不同温度下的鲁棒性，需在检测算法中做必要考虑。另一个问题是压力传感器的时变偏差，这也可以从图 16.24 和图 16.25 中看出。当诊断阀开启且放气阀关闭时，预计的箱内压力应

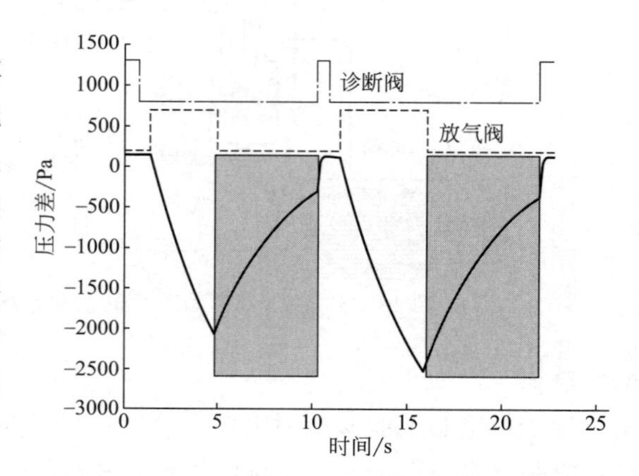

图 16.25　1mm 泄漏情况下的泄漏检测循环（实线是测得的压力差，虚线和点划线分别表示放气阀和诊断阀的状态。灰色区域表示用于泄漏检测的那部分数据）

[1] 1in=25.4mm（编者注）。

等于环境压力，即传感器示数为零。然而，$t=0$ 时图 16.24 和图 16.25 中的压力明显是非零的，这点在检测算法的设计中也要考虑。

建模

从前几部分的讨论可知，诊断的任务是检测图 16.24 和图 16.25 之间在真空衰减方面的差异，由图中试验数据可知，必须要考虑箱内的燃油蒸发和传感器偏差的影响。

当箱内产生负压且两阀均关闭时执行泄漏检测。在测试中，假定温度和燃料箱的容积恒定。这是个合理假设，因为只有约 3kPa 被抽空，且泄漏测试时间小于 10s。此时，可能造成燃料箱压力 p 增加的只有燃油蒸发和泄漏两种情况。为对这两个过程进行区分，可建立一种应用于图 16.24、图 16.25 阴影区域的燃料箱压力的物理模型。

对于给定的燃料箱内气体体积和温度，由理想气体定律可知，压力变化率 $\dot{p}$ 与燃油蒸发质量流量 $\dot{m}_f$ 以及燃油箱泄漏的质量流量 $\dot{m}_l$ 之和成比例，即：

$$\dot{p} \sim \dot{m}_f + \dot{m}_l \tag{16.6}$$

箱中的总压力 p，根据 Dalton 定律（Dalton's law），等于空气分压 p_a 和燃油蒸气分压 p_f 之和，即：

$$p = p_a + p_f \tag{16.7}$$

燃油蒸发质量流量 $\dot{m}_f$ 模型正比于饱和燃料压力 p_f^0 与燃油蒸气分压 p_f 之差：

$$\dot{m}_f \sim p_f^0 - p_f \tag{16.8}$$

其中饱和压力取决于温度与燃料成分。

为了建立小孔泄漏的空气质量流量模型 $\dot{m}_l$，假定气流不可压缩，则可利用标准模型[式(7.5)]：

$$\dot{m}_l \sim \sqrt{p_{amb} - p} \tag{16.9}$$

结合式(16.6)、式(16.8) 和式(16.9)，有：

$$\dot{p} = k_1 (p_f^0 - p_f) + k_2 \sqrt{p_{amb} - p} \tag{16.10}$$

式中，k_1、k_2 为依赖于温度和气体体积的比例常数。蒸发常数 k_1 取决于燃料成分，泄漏常数 k_2 正比于有效泄漏面积。

传感器方程

使用传感器测量罐中的超压。引入偏压 b，则传感器方程为：

$$y = p - p_{amb} + b \tag{16.11}$$

假设偏压 b 在一个 10s 的泄漏测试期间恒定。从图 16.24、图 16.25 所示循环可以看出，此假设与试验数据一致。又假设环境压力 p_{amb} 不变，于是有 $\dot{b}=0$ 且 $\dot{p}_{amb}=0$。再消除式(16.7)、式(16.10) 和式(16.11) 中的 p 和 p_f，得到一阶模型：

$$\dot{y} = -k_1 y + k_2 \sqrt{b - y} + k_1 (p_f^0 + p_a + p_{amb} + b) \tag{16.12}$$

在无泄漏情况下，有 $k_2=0$。

泄漏检测方法

式(16.12) 是泄漏检测的基础。在测试过程中，假设传感器偏压 b、环境压力 p_{amb}、温度、气体体积、燃料成分和泄漏面积是恒定参数。这意味着 b、p_{amb}、k_1、k_2 和 p_f^0 都是常数。然而，空气分压 p_a 只有在无泄漏时是恒定的，这在泄漏检测的方法中也要考虑。

随时间缓慢变化的偏压在测试期间假定为常数。需要注意，当诊断阀开启且放气阀关闭时，容器压力应迅速稳定在环境压力左右。也就是若不存在偏差，测量信号 y 应为 0。因此，在诊断阀开启且放气阀关闭的情况下，传感器偏压可以很容易地通过估算数据的平均值而得到。例如，在图 16.25 的第一秒明显存在一个 150Pa 的偏压。将估计偏压从测量信号中减去，便可假定测量信号不受偏压影响。

基于式(16.12) 就可以直接设计不同的泄漏检测方案，例如基于参数的估计。其中 $k_2 \neq 0$ 表示存在泄漏，且泄漏大小正比于 k_2。另外还可以对模型做进一步优化，例如 Krysander 和 Frisk（2009）对于 p_a 的处理。

16.5.4 失火

失火意味着进入（热）催化转换器里的未燃气体可能会继续燃烧，使催化器因高温而严重受损。发动机的失火检测可以减少废气排放，避免催化转换器损坏，是车载诊断（OBDⅡ）法规中的重要条例。法规规定，失火诊断系统应能够检测到单缸失火并确定失火发生的特定气缸。

从方法学角度来看，失火检测是非常有趣的，因为在相对复杂的情况下，建模都是相当简单的，关键是要有先进的决策方案。

曲轴转速变化

目前主要的技术是基于发动机转速 N 的信号处理。这种方法已经使用了很多年，但随着要求的加强，可能还会需要更复杂的方法。

曲轴转速变化分析的主要思想是失火气缸不产生转矩，这将表现为发动机曲轴转速的振荡，参见图 16.27(a) 的试验数据。9.1.2 中给出了获取转速信号的物理装置，见图 9.2，通过测量飞轮旋转时两缺齿之间的时间差，或由霍尔效应传感器测量脉冲环上两个孔之间的时间差，可算得角速度。图 16.26(a) 展示了通过记录缺齿的时间差来测量曲轴转速的原理，图 16.26(b) 展示了同时带有缺齿和脉冲环的发动机。

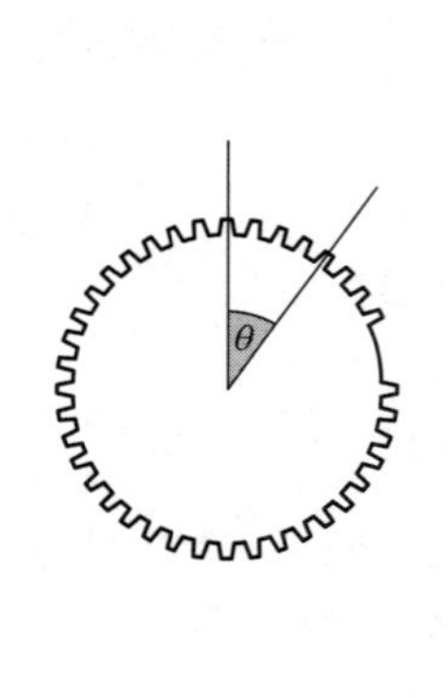

(a)

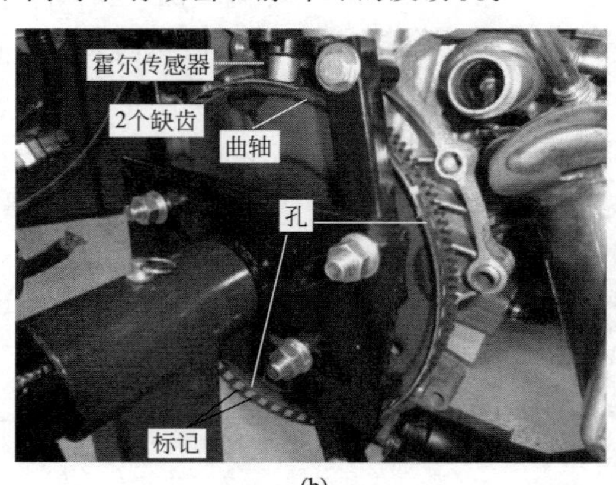

(b)

图 16.26 飞轮上的缺齿用于跟踪发动机位置以及失火检测［图 (a)］。失火检测需测量两缺齿之间的时间差，用此方法得到的测量结果见图 16.27。图 (b) 为飞轮和霍尔效应传感器的图片

建模

建模的基础是具有扭转弹性的曲轴模型。建模过程遵循第 14 章，特别是 14.1 节和图 14.1 提出的系统化步骤。只是这里的弹性部件是曲轴，而不是传动轴。

此类建模适用于如 Kiencke 和 Nielsen（2005）的模型，6.8[1] 节给出了详细的计算方法。Eriksson（2013）等的模型还进一步采用了 7.8 节中的解析气缸压力模型，见式(7.51)。图 16.27(b) 展示了使用该模型的模拟测量结果。

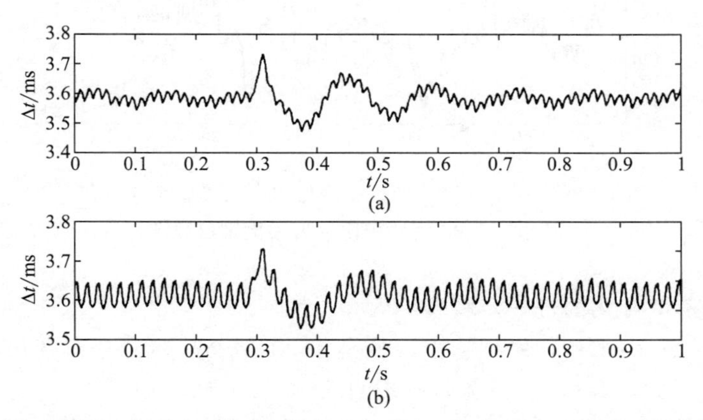

图 16.27　失火期间角速度的模拟测量［图（a)］及失火期间对角速度的实测［图（b)］

困难

如上述可见，这种基本方法在标准情况下有很好的效果。然而，有几种不同类型的干扰会使失火检验变得复杂。任何影响转速的因素都会造成干扰，例如：

- 负载和速度；
- 点火时间；
- 扭转量（来自道路、发动机等）；
- 飞轮测量误差；
- 燃料（不同的品质）；
- 附加负载（如 AC）；
- 爆震控制；
- 摩擦。

以冷启动为例展示更复杂的情况

比标准情况更复杂的是冷启动。图 16.28 展示了热机失火时的转速信号。冷机和低负载的情况示于图 16.29。很显然，后一种情况下的失火更难以检测。

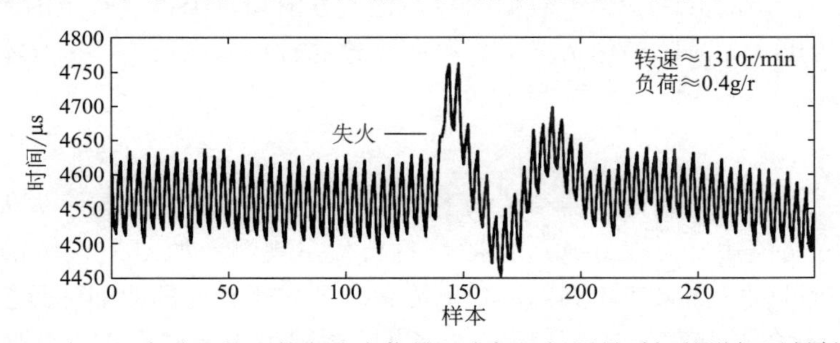

图 16.28　一个 6 缸发动机的飞轮角速度信号（由标记间测量时间的增加可判断出失火）

[1] 原文如此（译者注）。

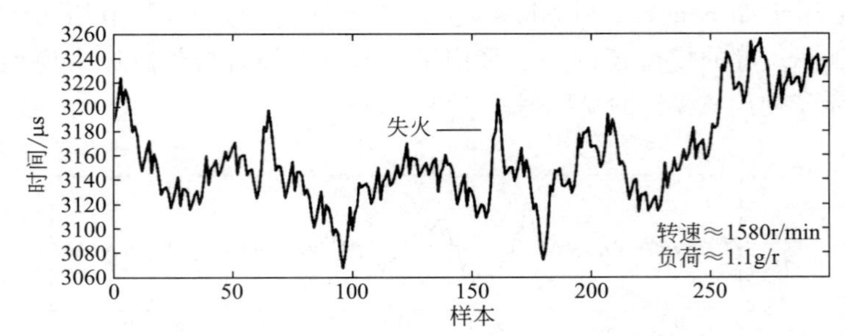

图 16.29 一个 6 缸发动机在冷启动中的飞轮角速度信号
（与图 16.28 信号相比，失火更难以检测）

对冷启动中曲轴速度变化的进一步解释

通过对图 16.29 的观察，发现它很可能是 16.3.6 中描述的分布变化和重叠情况。不同测试量的分布示于图 16.30，试验数据取自 Eriksson（2013）。

以上面提到的 Eriksson（2013）等的模型作为分析的基础。所有数据均来自对 Volvo 轿车的测量。飞轮角速度信号用于失火和曲柄计数器、负载、速度的检测，催化转换器暖标志（warming flag）用于识别发动机的工作点（在此点气缸中有燃烧发生），并判断是否为冷启动。采样时曲轴角度同步，并以相同的速率转动。由于整个测量系统的分辨率较低，每次燃烧只能获得四个样本。它们取自不同的曲柄计数位置，记为 1、2、3、4。

根据数据的采集结果，通过对不同发动机气缸燃烧中断现象的研究，已将失火现象考虑进模型中。基于这个模型，可以通过飞轮的信号对飞轮的转矩进行预测，在一个燃烧过程中需要对飞轮信号进行四次判断。针对四冲程发动机的每个曲柄位置，我们创建了无故障和失火情况下的归一化直方图。回顾对图 16.15 的讨论，将关于气缸 1 的结果讨论在图 16.30 中给出。

图 16.30(a) 给出了正常工作时在 1500r/min 和 1.2g/r 的情况下，气缸 1 在曲柄的四个位置时对于转矩的分配。关于数据的归一化直方图和每个位置转矩的大致贡献在每幅图上通过小图给出。无故障工作情况下失火所导致的转矩差在第二个样本中最大，在最后一个样本中最小。

图 16.30(b) 给出了正常工作时在 1500r/min 和 1.2g/r 的情况下，气缸 1 在曲柄的四个位置时对于转矩的分配。关于数据的归一化直方图和每个位置转矩的大致贡献在每幅图上通过小图给出。无故障工作情况下失火所导致的转矩差在最后一个样本中最大，在第一个样本中最小。

直方图研究结论

从直方图 16.30 中研究得出的结论如下。正常操作时，在失火与不失火之间的转矩的不同可以通过燃烧痕迹（combustion trace）进行提早观测。如图 16.30(a) 第二行所示。而冷启动则有所区别，如果使用相同的检测方案，即采用相同的曲柄计数位置，那么在图 16.30(b) 第二行会出现分布重叠的情况，难以观测到失火。操作者应该使用延时曲柄计数位置进行检测，结果如第四行所示。从物理上考虑，相关读数的显示延迟是可以接受的，因为在冷机中燃烧反应要进行得比暖机时慢。

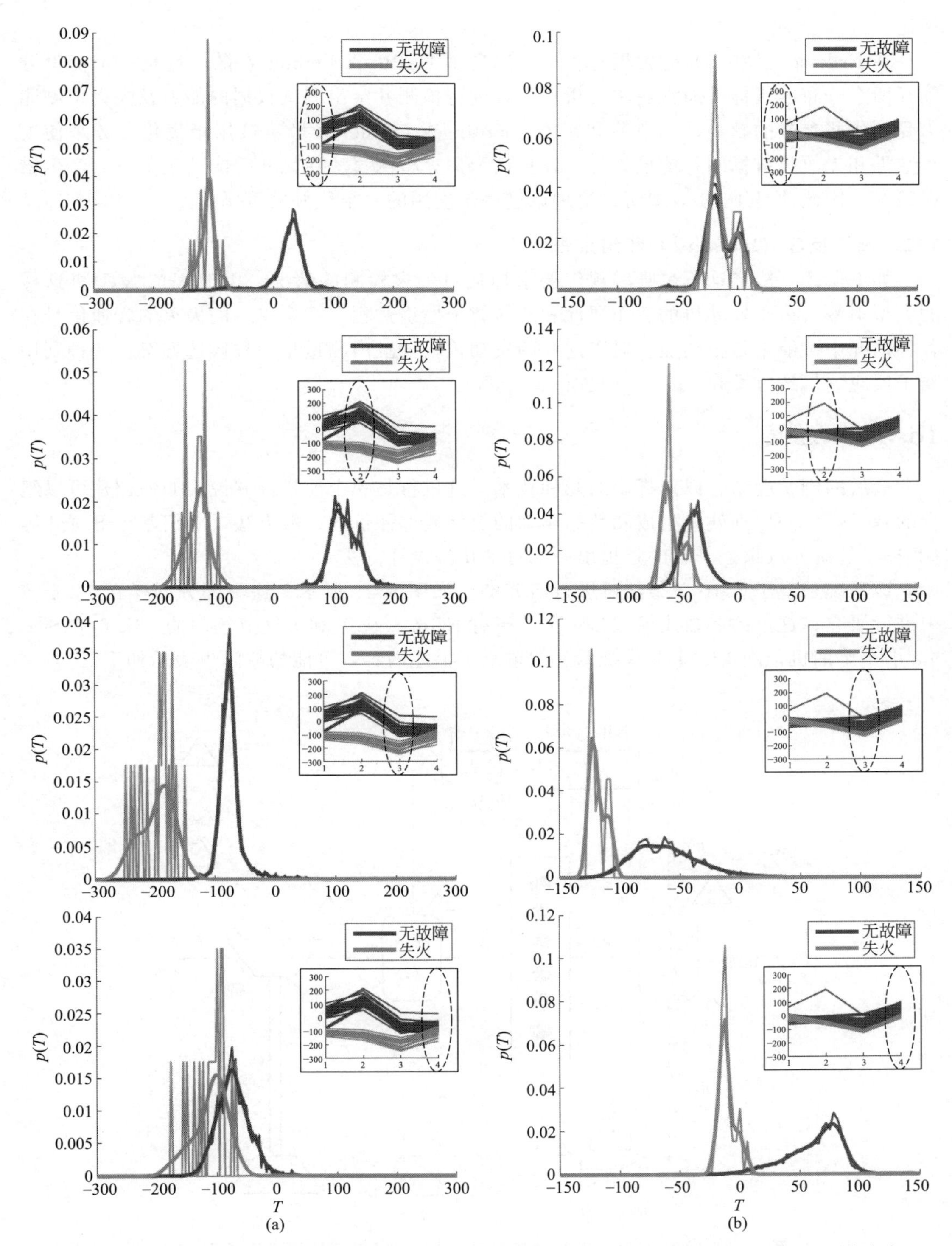

图 16.30 气缸 1 的标准化转矩直方图［图（a）是热机状况，图（b）是冷启动状况。图中各行表示一次燃烧中的四个不同位置，由图中插入框进行表示，框中将转矩以曲柄计数的函数形式展示］❶

❶ 图 16.30 横坐标单位为 N/m，纵坐标单位为个（译者注）。

评论

在 Eriksson（2013）的发展过程中，出现了 Kullback-Leibler 发散，这是一个衡量分隔开两个分布的指标，通常用来分析对失火进行检测并给出测试数据的能力及失火检测能力受到哪些参数的影响，如负荷和速度。Kullback-Leibler 发散也被用于优化参数来使失火数据和无故障数据间差值最大化。评价显示失火检测算法在无漏检的情况下不会产生错误警报。因此这是 16.3.6 中所讨论理论进一步应用的一个很好的范例。

V12、离子反应（Ion-sense）和结束语

如上所述，冷启动不是唯一规定要求加强对失火检测的情况。类似 V12 发动机这样的大型引擎，由于发动机的运作惯性和每转数个燃烧过程，一个单一的失火的转速信号在各种情况中可能不是很明显。对于这样的发动机，气缸内测量是一种候选方案，一种利用离子反应的候选方案在 12.3.1 中进行了讨论。

16.5.5 进气

最后的例子会结合以前提出的几种技术。这也将是一个前景，并说明如何创建可以组合的基于模型的序列残差生成和数据驱动的统计残差评价的一般方法。介绍基于 Svärd 等（2013）的研究成果，其目的是提出一个自动化的设计方法。

该系统是基于 8.10 节柴油机进行研究的，如图 8.27 所示，这一部分同样在 11.4 节中进行研究。这里的参数化模型为一个装备有 EGR、VGT 和进气节气门的 13L 6 缸 Scania 卡车柴油机。图 16.31 的系统示意图重复了上述内容，可能的故障也表示如下。

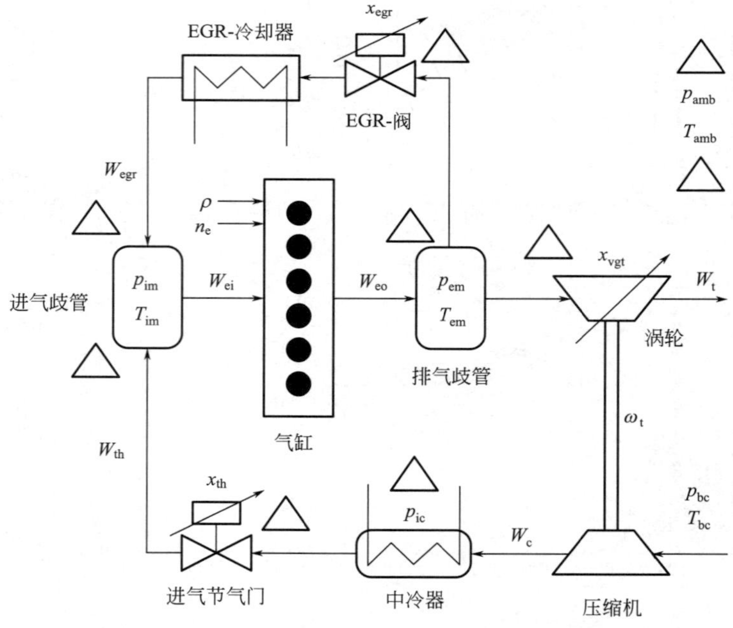

图 16.31　汽车柴油机系统示意图（所提及的故障位置用三角形示意）

传感器与执行器故障

该系统配备了四个执行器 $u_{x_{th}}$、$u_{x_{egr}}$、$u_{x_{vgt}}$、u_{ρ} 和七个传感器 $y_{p_{amb}}$、$y_{T_{amb}}$、$y_{p_{ic}}$、

$y_{p_{im}}$、$y_{T_{im}}$、$y_{p_{em}}$、y_{n_e}，见表 16.1。除了执行器 u_ρ 和传感器 y_{n_e} 外，在表 16.1 中其他传感器和执行器可能发生的故障都考虑了进去。具体故障以及描述，可以在表 16.2 中找到，而故障的大致位置在图 16.31 中用三角形进行了标记。从发动机考虑，在表 16.2 中发现的所有故障都是影响运行的关键，所以均需要进行检测和避免。如果没有及时处理，表 16.2 中的故障可能会加大燃料消耗、增加安全性隐患、降低发动机性能，甚至使发动机发生故障。

表 16.1 传感器与执行器

传感器	描述	执行器	描述
y_{n_e}	引擎速度传感器	$u_{x_{th}}$	节气门位置执行器
$y_{p_{amb}}$	环境压力传感器	$u_{x_{egr}}$	EGR 阀位置执行器
$y_{T_{amb}}$	环境温度传感器	$u_{x_{vgt}}$	VGT 阀位置执行器
$y_{p_{ic}}$	中冷器压力传感器	u_ρ	喷油器
$y_{p_{im}}$	进气歧管压力传感器		
$y_{T_{im}}$	进气歧管温度传感器		
$y_{p_{em}}$	排气歧管压力传感器		

表 16.2 可能存在的故障列表

故障	描述
$\Delta_{y_{p_{amb}}}$	环境压力传感器故障
$\Delta_{y_{T_{amb}}}$	环境温度传感器故障
$\Delta_{y_{p_{ic}}}$	中冷器压力传感器故障
$\Delta_{y_{p_{im}}}$	进气歧管压力传感器故障
$\Delta_{y_{T_{im}}}$	进气歧管温度传感器故障
$\Delta_{y_{p_{em}}}$	排气歧管压力传感器故障
$\Delta_{u_{x_{th}}}$	节气门位置执行器故障
$\Delta_{u_{x_{egr}}}$	EGR 阀位置执行器故障
$\Delta_{u_{x_{vgt}}}$	VGT 阀位置执行器故障

故障在模型中被作为附加信号。例如，故障 $\Delta_{y_{p_{im}}}$，代表进气歧管压力传感器 $y_{p_{im}}$ 故障，通过简单地添加 $\Delta_{y_{p_{im}}}$ 到描述传感器的值 $y_{p_{im}}$ 与实际进气歧管压力 p_{im} 之间关系的方程来确立模型，即 $y_{p_{im}}=p_{im}+\Delta_{y_{p_{im}}}$。

完整模型

汽车柴油机模型可以在 16.5.6 中找到。该模型包含 46 个方程、43 个未知变量、11 个已知变量（其中有 4 个执行器、7 个传感器）和 9 个故障。这 46 个方程中，有 5 个是微分方程，其余的都是代数方程。

FDI 系统的结构

正如所看到的这样，实际问题比图 16.14 所描述的情况更为苛刻，所以面对这种情况需要更先进的研究方法，如图 16.17 所示。而其结构如图 16.32 所示。

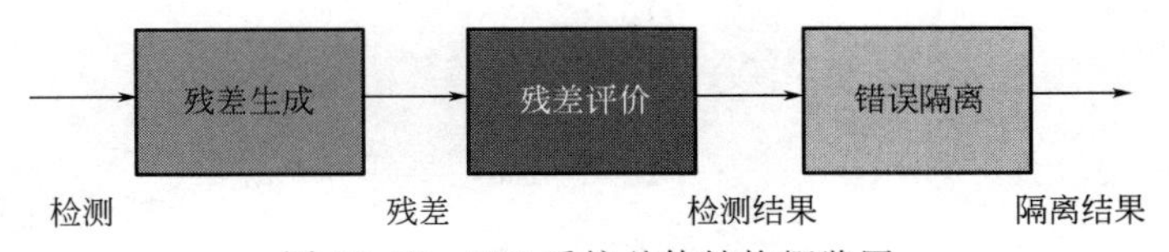

图 16.32 FDI 系统总体结构概览图

该小节中所给出的示例与 16.3.7 中的类似，表 16.1 中列出执行器和传感器的测量信号作为输入的残差生成块（resdual generation block）。这一块包含一组残差产生器（residual generators）R_1，R_2，…，R_n 和输出的残差剩余信号 r_1，r_2，…，r_n 与 $r_i=R_i(y)$。剩余的信号作为输入的残差评价块，包含一组残余的评估 T_1，T_2，…，T_n 及其输出测试量 λ_1，λ_2，…，λ_n 以及 $\lambda_i=T_i(r_i)$。剩余评价的目的是检测变化的残差信号行为中的模式，如图 16.17、图 16.35 所示。因此，该结构包含三个子系统：残差产生、残差评价和故障隔离。现在分别对这几部分进行说明。

残差产生器设计

一般情况下，很可能为了处理复杂模型而设置大量残差产生器。如前所述，该柴油机模型包含共 46 个方程，因此冗余分析可能会出现多种可能性，如同 16.3.5 中所述。使用解析冗余方法的第一步是找到超定方程组，这可以通过使用一个尽可能详细的、被称为 MSO 特定的超定方程组的方式进行算法求解，如 Krysander 等（2008）成果所示。对于一个 MSO 集，根据定义，方程至少比未知变量多一个，该算法发现包含有 270 个 MSO 集的发动机模型。给定一个 MSO，可以通过移除一个方程来创建残差产生器，接下来从刚刚设置的方程组中寻找未知变量的计算序列，接下来可以通过评估根据设置中求解变量除去的方程来求得残差。对于候选残差产生器，可以从单一的 MSO 集里生成，因此与 MSO 集的方程数相等。为了构建发动机模型，需要从 270 个 MSO 集中给出 14242 个候选残差产生器。

有了 14242 个候选残差产生器后，下一步是找到一个计算序列，来确认残差产生器，如 Svärd 和 Nyberg（2010）或 Sundström 等（2013）所完成的工作。这些方法被称为连续残差生成，并且通过不同的分化处理及整合计算序列来产生细节处不同的多种结果。

当模型并非处于最小相位状态时，稳定性也需要进行考虑，这部分内容在 11.4 节中指出。这意味着根据计算顺序，变量之间的解析关系将有一个不稳定的零点或极点。在这里为了简化模型，本文在稳定性分析的基础上，根据注入的燃料量和发动机转速的不同，在模型中完成了 20 个不同的平衡点的参数化及线性化，而计算结果已经经过了充分的试验评估及验证。

残差产生器选择的影响因素

通过对 Svärd 和 Nyberg（2010）所提出的算法和 Svärd（2013）所提出的理论进行应用，可以得到如下结果：有 8 个残差产生器 R_1，R_2，…，R_8 被考虑入内。这里给出一个例子，残差产生器 R_3 由以下方程给出：

$$\dot{\omega}=\frac{P_t\eta_m-P_c}{J_t\omega_t} \tag{16.13a}$$

$$\dot{T}_{em}=\frac{R_eT_{em}}{p_{em}V_{em}c_{Ve}}[W_{in}c_{Ve}(T_{em,in}-T_{em})+R_e(T_{em,in}W_{in}-T_{em}W_{out})] \tag{16.13b}$$

$$\dot{p}_{em}=\frac{R_eT_{em}}{V_{em}}(W_{eo}-W_{egr}-W_t+\Delta W_{em})+\frac{R_e}{V_{em}c_{Ve}}[W_{in}c_{Ve}(T_{em,in}-T_{em})+R_e(T_{em,in}W_{in}-T_{em}W_{out})] \tag{16.13c}$$

$$\begin{aligned}p_{amb}&=y_{p_{amb}}\\ p_{bc}&=p_{amb}\\ x_{vgt}&=u_{x_{vgt}}\\ &\vdots\end{aligned} \tag{16.13d, e, f}$$

$$T_{em,in}=T_{amb}+(T_e-T_{amb})\exp\left(-\frac{h_{tot}\pi d_{pipe}l_{pipe}n_{pipe}}{W_{eo}c_{pe}}\right) \tag{16.13g}$$

$$W_{egr}=\frac{(\dot{p}_{im}V_{im}-R_aT_{im}W_{th}+W_{ei}R_aT_{im})}{R_aT_{im}} \tag{16.13h}$$

$$\vdots$$

$$P_c=\frac{W_cc_{pa}T_{bc}}{\eta_c}(\Pi_c^{1-1/\gamma_a}-1) \tag{16.13i}$$

残差方程：

$$r=y_{p_{em}}-p_{em} \tag{16.14}$$

与 16.5.6 中的方程 e43 相对应。

选定的残差产生器的性能

八个选定的残差产生器的性能参数可以在表 16.3 中找到。表 16.3 中的第 1 列给出了对应的残差产生器所使用的残差方程。可以说，大部分残差产生器都使用方程 e41 或方程 e43 作为残差方程，分别对应于 $r=y_{p_{im}}-p_{im}$ 和 $r=y_{p_{em}}-p_{em}$。第 2 列表明计算序列中的方程数目是根据相应的残差发生器的个数所确定的，括号中为微分方程的个数。

表 16.3 选定的残差产生器的性能

残差产生器	残差	计算值	输出量
R_1	e43	42(5)	9
R_2	e7	43(5)	10
R_3	e43	43(4)	10
R_4	e41	44(4)	10
R_5	e41	44(4)	10
R_6	e43	44(4)	10
R_7	e43	41(3)	10
R_8	e41	43(5)	10

上述所提及的方程均为微分方程。该模型共包含有 46 个方程，其中 5 个是微分方程。从上述分析中可以得出结论，所有的残差产生器均使用了完整模型中的主要部分。表 16.3 中第 3 列显示了表 16.1 中残差产生器用来当作输入量的 11 个可用信号的数值大小。显然，绝大部分可用的信号均已被残差产生器所使用。

残差评价的设计

设计评价方案的第一步是分析该系统在无故障时的工作状态。使用了具有不同特性的数据集来捕捉柴油机系统在不同的操作模式中的残差状况。第一个数据集历时约半小时，是在发动机试验台上进行的包含有《城市车辆用柴油发动机排气污染物排放限值及测量方法》(WHTC) 的整个试验周期的测量。第二个数据集历时约 2 小时，包含有在瑞典南部进行的驱动测试的一部分，同时包含有在城市公路和高速公路的驾驶测试。为了减少过度拟合的风险，将数据集分成一个估计数据集和一个验证数据集，两者大小相等。我们所使用的样本的采样频率约为 100Hz，所以估计数据集和验证数据集分别包含有约 450000 个样本。这八个残差产生器以测量结果作为输入量，并在离线状态下进行运行来获取无误差残差样本。一组来自于残差 r_5 的样本如图 16.33 所示。这里需要注意由不确定性所导致的非理想残差主要是随时间变化的特性和幅值。

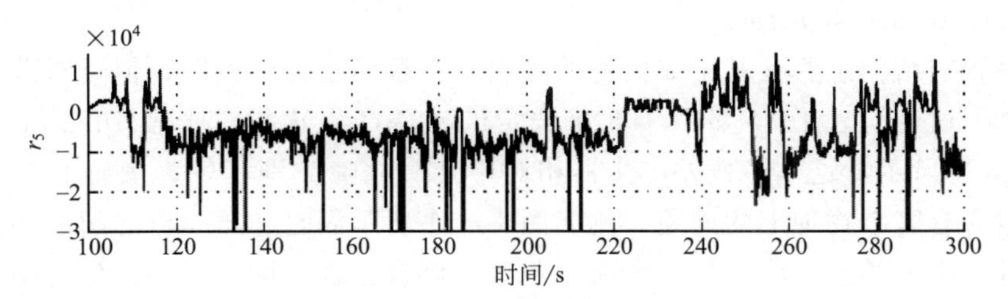

图 16.33 残差 r_5 的无故障样本的一个子集

下面为 Svärd（2011）等用于设计残差评价的方法，接下来要对不同工作点的无故障分布情况进行评价。这里有一个例子，图 16.34 给出了从残差发生器 R_5 所得到的关于残差 r_5 的 20 个预估无故障分布。它证明了每个残差 20 个无故障分布是在模型拟合和复杂性之间的一个很好的权衡结果，因为通过选取较高的数值在模型拟合中所产生的增益已经达到了与之相对应的计算量的增加极限。

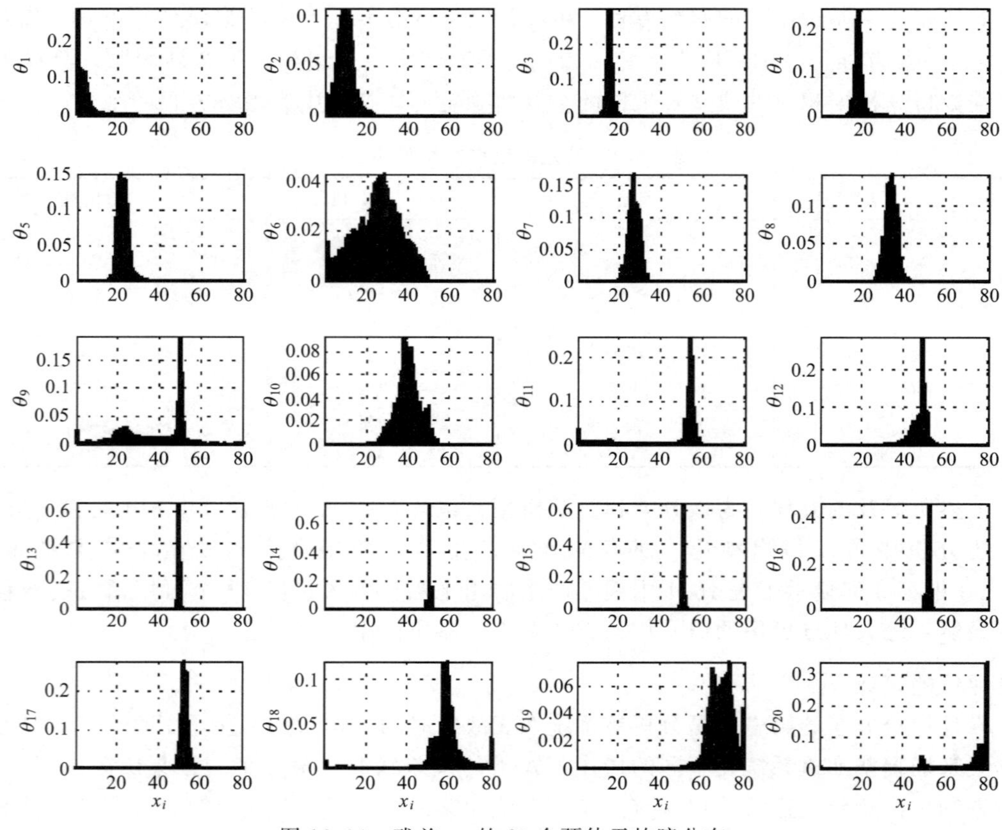

图 16.34　残差 r_5 的 20 个预估无故障分布

回顾本节关于自适应阈值（adaptive thresholding）和残差评价方面的讨论，可以从图 16.33 和图 16.34 中明显地看出仅有固定阈值是不够的。因此，每个残差的 R_1，R_2，…，R_8 都有基于广义似然比（GLR）测试所创建的残差评价 T_i，如图 16.35 所示。而残差值的采样则是通过滑动窗口的方式进行。每个滑动窗口中样本数的确定是一个基于检测性能和计算复杂度之间的权衡结果，在这里选择了 1024。

影响结构（Influence Structure）

这部分影响结构主要是基于如何将故障引入方程而进行的设置，但也对残差评价测试的响应进行了讨论。表 16.4 显示了 8 个选定的残差产生器相对于表 16.2 故障的影响结构。如表 16.4 所示，这 8 个残差产生器相对于几个故障类别是较为敏感的部分。发动机系统如果包含有多个物理上的连通，例如图 16.31 所示涡轮和压缩机之间的轴，将发动机的进气和排气部分相连，将导致一个模型包含有耦合方程，即存在一组包含相同的未知变量的方程组。这意味着对一个方程所产生影响的故障将同样对其余模型方程产生影响。这一特征在与一定量的传感器相结合之后，将使故障解耦不符合一般的解耦情况。

表 16.4 8 个残差产生器的故障特征矩阵 [x 的位置 (i, j) 指出故障 i 可能导致故障 j]

项目	$\Delta_{y_{p_{amb}}}$	$\Delta_{y_{T_{amb}}}$	$\Delta_{y_{p_{ic}}}$	$\Delta_{y_{p_{im}}}$	$\Delta_{y_{T_{im}}}$	$\Delta_{y_{p_{em}}}$	$\Delta_{u_{x_{th}}}$	$\Delta_{u_{x_{egr}}}$	$\Delta_{u_{x_{vgt}}}$
T_1		x		x	x	x		x	x
T_2	x	x	x	x		x	x		x
T_3	x	x	x	x	x	x	x		x
T_4			x	x			x		
T_5			x	x	x	x	x		
T_6	x	x	x		x	x	x	x	x
T_7		x		x	x	x		x	x
T_8	x	x		x	x	x	x	x	x

故障隔离

通常对于一套给定的残差产生器而言，如果这套残差产生器中的某一个对故障 Δ_x 敏感而对故障 Δ_y 不敏感，那么故障 Δ_x 便被称为从故障 Δ_y 中隔离，这是一个可以直接从影响矩阵中得出的属性。如上例，基于表 16.4 的影响结构，产生的隔离矩阵如表 16.5 所示。关于检测与隔离的更多定义与规范的细节可以参考 Krysander 和 Frisk（2008）以及 Frisk 等（2012）的论著。

表 16.5 发动机模型所能达到的最大可分离性 [x 的位置 (i, j) 指出故障 i 与 j 不能够相分离]

项目	$\Delta_{y_{p_{amb}}}$	$\Delta_{y_{T_{amb}}}$	$\Delta_{y_{p_{ic}}}$	$\Delta_{y_{p_{im}}}$	$\Delta_{y_{T_{im}}}$	$\Delta_{y_{p_{em}}}$	$\Delta_{u_{x_{th}}}$	$\Delta_{u_{x_{egr}}}$	$\Delta_{u_{x_{vgt}}}$
$\Delta_{y_{p_{amb}}}$	x	x				x	x		x
$\Delta_{y_{T_{amb}}}$		x				x			x
$\Delta_{y_{p_{ic}}}$			x				x		
$\Delta_{y_{p_{im}}}$				x					
$\Delta_{y_{T_{im}}}$					x	x			
$\Delta_{y_{p_{em}}}$						x			
$\Delta_{u_{x_{th}}}$							x		
$\Delta_{u_{x_{egr}}}$		x			x	x		x	x
$\Delta_{u_{x_{vgt}}}$		x				x			x

试验评价——故障检测性能

为了验证诊断系统的功能，需要进行试验评价。评价的第一部分重点在于残差产生器和残差评价的故障检测性能。在 Svärd 等（2013）的论文中，这是一种运用概率统计进行故障检测试验的方式，在表 16.2 中给出了按程度不同被定义的故障。为了确定测试概率，采用幂函数 [Casella 和 Berger（2001）]进行计算。在这里只给出一个案例的结果。而评价的第二部分，即对整个 FDI 系统的检测与隔离性能的评价，将在之后进行说明。

在使用 5 个数据集进行的评价中，其所使用的数据不同于搜寻无故障分布时所使用的数据。数据集包含有在瑞典西海岸的驱动测试中所获得的测量数据，包含约 2.5h 的驾驶过程测试数据，高速公路和城市驾驶状况均包含在内。所使用的故障类型为增益故障(gain fault)。例如传感器故障 $\Delta_{y_{p_{ic}}}$，这意味着传感器信号 $y_{p_{amb}}$ 与残差产生器的关系式为 $y_{p_{amb}}=\delta p_{amb}$，当 $\delta \neq 1$ 时表示存在故障。可以通过修改相应的传感器或执行器测试信号来实现增益故障测试的离线运行。

试验评价——个体残差行为与测试数量

下述范例的结果将给出残差属性和故障检测试验的一些参数。图 16.35 给出了当 $\delta=$

1.2、时间 $t=700\text{s}$ 时，故障 $\Delta_{y_{p_{ic}}}$ 发生时的残差 r_1，r_2，…，r_8 和测试量 λ_1，λ_2，…，λ_8 的测试值，值得注意的是，所有残差均表现出非稳定性。很显然，传统的残差评价方法，如恒定阈值已经不能够满足这些残差评价的需求。图 16.35 表明测试量 λ_5 在第 720s 时进行一个耗时 20s 之内的检测前便已经略微超出阀值了，在第 760s 时会有一个来自于 λ_2、λ_3、λ_4、λ_5、λ_6 中的信号来显示影响结构的比较结果，如表 16.4 所示，这将与故障 $\Delta_{y_{p_{ic}}}$ 产生联系。因此隔离时间通常在 60s 左右。

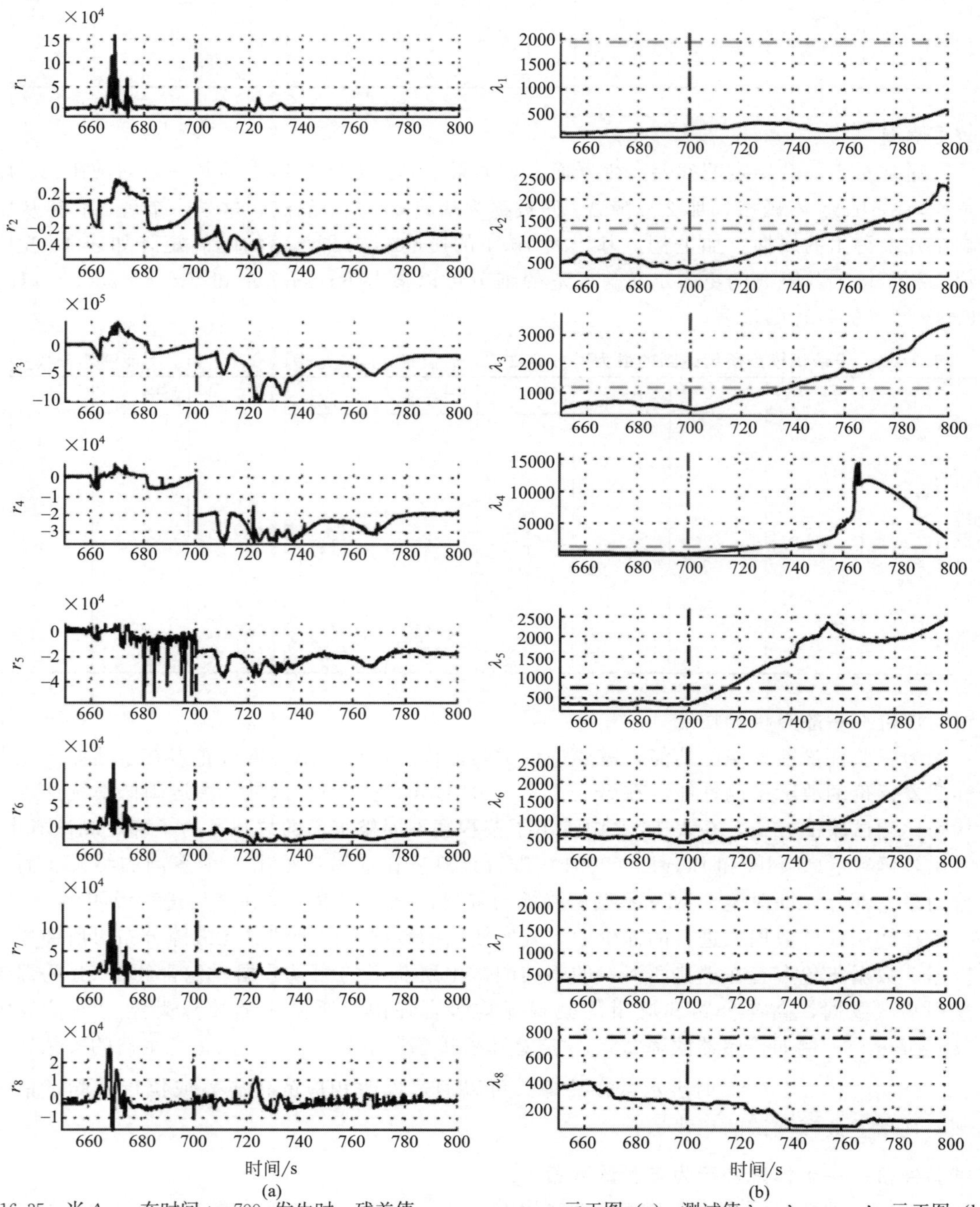

图 16.35 当 $\Delta_{y_{p_{ic}}}$ 在时间 $t=700\text{s}$ 发生时，残差值 r_1，r_2，…，r_8 示于图（a），测试值 λ_1，λ_2，…，λ_8 示于图（b）

试验评价——FDI 系统整体的性能指标

当前面的章节观察单独的响应时，一个响应的优化总是冒着另一个响应变坏的风险。因此，有必要对包含有图 16.32 内所有步骤的 FDI 系统进行整体评价。为了对 FDI 系统整体的检测与隔离性能进行评价，定义了下述性能指标。

检测时间（DT）：从故障发生到被任何可能的检测机制检测到的时间，如图 16.35 所示约为 20s。

隔离时间（IT）：从故障发生到被隔离的时间，如图 16.35 所示约为 60s。

漏检率（MDR）：所发生故障未被任何检测机制检测到的概率。

未隔离率（MIR）：所确认的故障未被隔离的概率。

误报率（FDR）：检测机制在无故障状态下误报的概率。

在这里需要注意所有的检测指标都是针对 FDI 系统而不是个别测试进行的定义。这意味着在一轮试验中仅有一个检测报错可能不被视为失效。而在另外的情况中仅有一个检测报错可能被视为失效。检测或是隔离失效均被计算在测试运行之内，而误报则基于样本基础进行计算。正确的故障隔离状态应与表 16.5 中的隔离矩阵相匹配。例如，当故障 $\Delta_{y_{p_{ic}}}$ 发生时，应进入 $\Delta_{y_{p_{ic}}}$ 或 $\Delta_{u_{x_{th}}}$ 发生时所需的正确的故障隔离状态。

试验评价——对于 FDI 系统评价的设置

要对 FDI 系统整体进行评价，需使用 12 个不同的数据集。数据集包含有在高速公路和城市公路上不同情况下的测试数据。表 16.6 中所指定的每个故障均为突发故障，一个标准检测时间为 12 个数据集上运行的固定时间的总和，这意味着对于每个故障都有着 12 个测试在同时运行。如表 16.6 中所指明的那样，这些故障的程度需要与经验丰富的工程师进行咨询，以便切合柴油发动机的实际情况。

表 16.6 试验评价使用的故障大小

故障	详述	故障	详述
$\Delta_{y_{p_{amb}}}$	$y_{p_{amb}}=0.5p_{amb}$	$\Delta_{y_{T_{amb}}}$	$y_{T_{amb}}=1.3T_{amb}$
$\Delta_{y_{p_{ic}}}$	$y_{p_{ic}}=1.2p_{ic}$	$\Delta_{y_{p_{im}}}$	$y_{p_{im}}=0.9p_{im}$
$\Delta_{y_{T_{im}}}$	$y_{T_{im}}=0.7T_{im}$	$\Delta_{y_{p_{em}}}$	$y_{p_{em}}=0.8p_{em}$
$\Delta_{u_{x_{th}}}$	$u_{x_{th}}=0.3u_{x_{th}}$	$\Delta_{u_{x_{egr}}}$	$u_{x_{egr}}=0.4u_{x_{egr}}$
$\Delta_{u_{x_{vgt}}}$	$u_{x_{vgt}}=0.5u_{x_{vgt}}$		

表 16.7 所有涉及故障的检测时间（DT）、隔离时间（IT）、漏检率（MDR）、未隔离率（MIR）和误报率（FDR） 单位：s

性能指标		$\Delta_{y_{p_{amb}}}$	$\Delta_{y_{T_{amb}}}$	$\Delta_{y_{p_{ic}}}$	$\Delta_{y_{p_{im}}}$	$\Delta_{y_{T_{im}}}$	$\Delta_{y_{p_{em}}}$	$\Delta_{u_{x_{th}}}$	$\Delta_{u_{x_{egr}}}$	$\Delta_{u_{x_{vgt}}}$
DT	平均值	48.1	35.9	33.2	41.1	87.0	39.2	66.5	77.8	90.7
	最小值	5.0	2.3	18.7	18.7	4.8	11.9	9.4	2.9	6.1
	最大值	83.6	82.9	72.5	115.0	290.5	61.3	166.8	116.9	144.3
IT	平均值	168.7	228.6	47.2	148.0	142.7	190.4	246.8	315.7	430.5
	最小值	45.5	173.3	28.5	96.6	142.7	57.1	62.0	5.3	129.8
	最大值	346.3	283.2	94.0	223.8	142.7	784.7	329.6	545.8	612.8
MDR		0	0	0	0	0	0	0	0	0
MIR		0.42	0.75	0	0.58	0.83	0.25	0.42	0.67	0.67
FDR		0.11	0.082	0.064	0.067	0.053	0.049	0.056	0.063	0.069

试验评价——FDI 系统整体的结果

表 16.7 给出了平均、最小、最大的检测时间（DT）、隔离时间（IT）、漏检率（MDR）、未隔离率（MIR）和误报率（FDR）。所有这些故障的检测时间和隔离时间均在若干秒内，主要结果如表 16.7 所示，所有故障都可以在一个较为合理的时间内被检测到，这意味着没有漏检发生。隔离性能是比较令人满意的，表 16.7 中的性能指标的绝对值主要取决于检测阈值。检测阈值越高，误报率越低、漏检率越高、检测和隔离时间越长，反之亦然。此外，如上所述，用于收集样本进行残差评价的滑动窗口的大小直接影响着检测和隔离时间的长短。

结束语

上文已经用空气进气诊断演示了如何应用先进分析方法，虽然有些说明较为简略，但已经客观地给出了一些前景和观点。除了前面已经介绍过的，如连续残差产生器的概念已经利用试验数据和性能指标进行了说明。现在有另外的方式使其可能获得一个可以长期应用的自动化的方法，可以自动生成 FDI 系统。模型的要求在 16.5.6 中出现，而验证模型在第 7 章和第 8 章中出现。

16.5.6 柴油机模型

总模型方程如下，前 37 个方程是从 8.10 节柴油机模型中引用的，并在 11.4 节中进行过研究。下面的 9 个方程，e_{38} 至 e_{46}，是对传感器和执行器的故障进行的考虑，分别如表 16.1 和表 16.2 所示。

$$e_1: \dot{p}_{ic}=\frac{R_a T_{im}}{V_{ic}}(W_c-W_{th})$$

$$e_2: \dot{p}_{im}=\frac{R_a T_{im}}{V_{ic}}(W_{th}-W_{egr}-W_t)$$

$$e_3: \dot{p}_{em}=\frac{R_e T_{em}}{V_{em}}(W_{eo}-W_{egr}-W_t)+\frac{R_e}{V_{em}c_{Ve}}[W_{in}c_{Ve}(T_{em,in}-T_{em})+R_e(T_{em,im}W_{in}-T_{em}W_{out})]$$

$$e_4: \dot{T}_{em}=\frac{R_e T_{em}}{P_{em}V_{em}c_{Ve}}[W_{in}c_{Ve}(T_{em,in}-T_{em})+R_e(T_{em,im}W_{in}-T_{em}W_{out})]$$

$$e_5: W_{in}=\max(W_{eo},0)+\max(-W_{egr},0)+\max(-W_t,0)$$

$$e_6: W_{out}=\max(-W_{eo},0)+\max(W_{egr},0)+\max(W_t,0)$$

$$e_7: W_{th}=\frac{p_{ic}A_{th,max}}{\sqrt{T_{im}R_a}}\Psi_{th}^{\gamma_{th}}(\Pi_{th})f_{th}(x_{th})$$

$$e_8: \Pi_{th}=f_{\Pi_{th}}(p_{im},p_{ic})$$

$$e_9: W_{ei}=\frac{\eta_{vol}p_{im}n_e V_d}{120R_a T_{im}}$$

$$e_{10}: \eta_{vol}=c_{vol1}\frac{r_c-\left(\frac{p_{em}}{p_{im}}\right)^{1/\gamma_e}}{r_c-1}+c_{vol2}W_f^2+c_{vol3}W_f+c_{vol4}$$

$$e_{11}: W_f=\frac{10^{-6}}{120}\delta n_e n_{cyl}$$

$$e_{12}: W_{eo}=W_f+W_{ei}$$

$$e_{13}: \quad T_e = T_{im} + \frac{q_{HV} f_{T_e W_f}(W_f) f_{T_e \eta_e}(n_e)}{c_{pe} W_{eo}}$$

$$e_{14}: \quad T_{em,in} = T_{amb} + (T_e - T_{amb}) \exp\left(-\frac{h_{tot} \pi d_{pipe} l_{pipe} n_{pipe}}{W_{eo} c_{pe}}\right)$$

$$e_{15}: \quad W_{egr} = f_{W_{egr}}(p_{im}, p_{em}, T_{em}, x_{egr})$$

$$e_{16}: \quad \dot{\omega}_t = \frac{p_t \eta_m - p_c}{J_t \omega_t}$$

$$e_{17}: \quad p_t \eta_m = \eta_m W_t c_{pe} T_{em} (1 - \Pi_t^{1-1/\gamma_e})$$

$$e_{18}: \quad \eta_{tm} = \eta_{tm, BSR}(BSR) \eta_{tm, \omega_t}(\omega_t) \eta_{tm, x_{vgt}}(x_{vgt})$$

$$e_{19}: \quad BSR = \frac{R_t \omega_t}{\sqrt{2 c_{p_e} T_{em} (1 - \Pi_t^{1-1/\gamma_e})}}$$

$$e_{20}: \quad \Pi_t = \frac{p_t}{p_{em}}$$

$$e_{21}: \quad W_t = \frac{A_{vgt, max} p_{em}}{\sqrt{T_{em} R_e}} f_{\Pi t}(\Pi_t) f_{\omega t}(\omega_{t, corr}) f_{vgt}(x_{vgt})$$

$$e_{22}: \quad \omega_{t, corr} = \frac{\omega_t}{100\sqrt{T_{em}}}$$

$$e_{23}: \quad p_c = \frac{W_c c_{pa} T_{bc}}{\eta_c} (\Pi_c^{1-1/\gamma_a} - 1)$$

$$e_{24}: \quad \Pi_c = \frac{p_{ic}}{p_{bc}}$$

$$e_{25}: \quad \eta_c = \eta_{c, W}(W_{c, corr}, \Pi_c) \eta_{c, \Pi}(\Pi_c)$$

$$e_{26}: \quad W_{c, corr} = \frac{\sqrt{T_{bc}/T_{ref}}}{\sqrt{p_{bc}/p_{ref}}} W_c$$

$$e_{27}: \quad W_c = \frac{p_{bc} \pi R_c^3 \omega_t}{R_a T_{bc}} \Phi_c$$

$$e_{28}: \quad \Phi_c = \frac{k_{c1} - k_{c3} \Psi_c}{k_{c2} - \Psi_c}$$

$$e_{29}: \quad k_{c1} = k_{c11} [\min(Ma, Ma_{max})]^2 + k_{c12} \min(Ma, Ma_{max}) + k_{c13}$$

$$e_{30}: \quad k_{c3} = k_{c21} [\min(Ma, Ma_{max})]^2 + k_{c22} \min(Ma, Ma_{max}) + k_{c23}$$

$$e_{31}: \quad k_{c3} = k_{c31} [\min(Ma, Ma_{max})]^2 + k_{c32} \min(Ma, Ma_{max}) + k_{c33}$$

$$e_{32}: \quad Ma = \frac{R_c \omega_t}{\sqrt{\gamma_a R_a T_{bc}}}$$

$$e_{33}: \quad \Psi_c = \frac{2 c_{pa} T_{bc} (\Pi_c^{1-1/\gamma_a} - 1)}{R_c^2 \omega_t^2}$$

$$e_{34}: \quad p_{bc} = p_{amb}$$

$$e_{35}: \quad T_{bc} = T_{amb}$$

$$e_{36}: \quad u_\delta = \delta$$

$$e_{37}: \quad y_{n_e} = n_e$$

$$e_{38}: \quad y_{p_{amb}} = p_{amb} + \Delta_{y_{p_{amb}}}$$

e_{39}：$y_{T_{amb}}=T_{amb}+\Delta_{y_{T_{amb}}}$

e_{40}：$y_{p_{ic}}=p_{ic}+\Delta_{y_{p_{ic}}}$

e_{41}：$y_{p_{im}}=p_{im}+\Delta_{y_{p_{im}}}$

e_{42}：$y_{T_{im}}=T_{im}+\Delta_{y_{T_{im}}}$

e_{43}：$y_{p_{em}}=p_{em}+\Delta_{y_{p_{em}}}$

e_{44}：$u_{x_{th}}=x_{th}+\Delta_{u_{x_{th}}}$

e_{45}：$u_{x_{egr}}=x_{egr}+\Delta_{u_{x_{egr}}}$

e_{46}：$u_{x_{vgt}}=x_{vgt}+\Delta_{u_{x_{vgt}}}$

16.6 历史、立法和 OBD

汽车故障诊断的立法情况在历史上曾随着科技的发展和保护环境的目的发生过多次的演变。从历史演变的结果来看，遵循着根据实际情况进行立法的原则。

汽车发动机诊断

汽车发动机的故障诊断具有悠久的历史，自从 19 世纪以来出现的第一个汽车发动机，在发动机上进行故障诊断便成为必要的举措。很长一段时间，故障诊断是手动进行的，诊断工具的应用开始出现在 20 世纪中期。用于确定点火时间的频闪仪在这一时期开始得到应用。在 20 世纪 60 年代，排气测量成为一种常见的燃料系统的诊断方法。直到 20 世纪 80 年代，所有诊断还均需在离线的手动状态下进行。由于在当时微电子处理器已经开始被引入汽车行业，这为在线车载诊断开辟了新的可能性，在线车载诊断比离线车载诊断要更适于进行故障分析。

1988 年，第一个立法规定的车载诊断（OBD）系统由加利福尼亚空气资源委员会（CARB）创立。在一开始这些规定只适用于加利福尼亚，但联邦环境保护局（美国环境保护局）采取了类似的规定，并将之向整个美国推广。由于 EPA 和 CARB 要求的 OBD 包含任何可能导致有害排放增加的故障，而这迫使制造商们将越来越多的车载诊断能力应用于他们的汽车。以 1990 年的情况为例，EPA 估计轻型车辆中碳氢化合物总排放量的 60％来自于 20％有严重排放控制系统故障的车辆。由上述内容可知，规范的故障检测是很重要的，可以使车辆及时地得到检测并修复。

在 1994 年，更严格的故障检测法规颁布，OBDⅡ法规开始引入加利福尼亚。接下来类似的法规开始向全世界推广。例如，车载诊断（EOBD）系统于 2000 年开始在欧洲推广。目前汽车发动机是故障诊断的主要应用领域之一，主要是因为这一领域与环境保护问题息息相关。但是汽车故障诊断系统在相当程度上受到经济条件的制约，因为即使是简单的传感器的安装，由于其生产量也会带来巨大的负担。现今 OBD 系统的附属软件系统已经成为汽车发动机系统的核心组成部分，现今至少有 50％的相关源代码已经公开。

提升用户价值

正如前面所提到过的，现在应用汽车故障诊断技术来提升用户价值已经成为一种趋势，这可以通过增加设备可靠性和降低维护成本来实现。而将车载诊断进行进一步推广的原因还有以下几点：

• 维修人员可以通过检查车辆的故障码来快速确定故障位置，这一特性可以为车辆提供一种新的快速维护机制；

• 如果驾驶时出现故障，诊断系统可以在检测到故障后，改变发动机的工作模式，以适应出问题的车辆，这意味着可以有效地避免损伤；

• 这一诊断系统可以提示驾驶员可能导致损伤的故障，这可以使车辆得到及时维护，提升了车辆的可靠性。

这三个项目可以概括为提高汽车的可用性。

16.7 立法

在 1.1.1 小节和 2.8 节已经介绍过，对环境问题的担忧间接促使了不同标准和法规的推行。实际上在国际清洁运输委员会（ICCT）、欧洲委员会、加利福尼亚空气资源委员会（CARB）都有过类似的举措。正如上面章节所提到的，企业用于车辆生产所导致的平均燃料开销（CAFE）和车辆 CO_2 排放公告已经成为环境法案及车辆排放税收法案的制定标准，其标准如图 1.1 和表 1.2 所示。

排放标准在汽车生命周期中的持续性

正如已经提到的，上述的排放要求不应仅是在新车的情况下满足要求。因此，诊断系统应有法律要求以便可以持续检测和隔离故障并降低排放量。排放法案的制定方提出这方面的要求是为了使监测车辆在其整体生命周期中表现良好，而这一目标便是汽车故障诊断立法的主要驱动力。1988 年由加利福尼亚空气资源委员会（CARB）所创立的 OBD 车载诊断系统现今已经成为所有车辆的主要性能要求，它促使了汽车制造商的在线车载诊断能力的持续发展。而今，OBDⅡ系统也已经开始推广，如欧洲的 OBD 系统（EOBD）和日本的 OBD 系统（JOBD）。

16.7.1 OBDⅡ系统

OBDⅡ系统是目前使用最广泛的车载诊断标准。自 1994 年起，OBDⅡ系统的标准正在陆续提升，并已经开始应用于所有轿车、轻型卡车和中型车辆。

MIL——故障指示灯

即被称为故障指示灯（MIL）的仪表板灯，指示灯需在实际排放超过排放限值 50% 以上的故障情况下开启。指示灯应在点亮时同时显示如“检查发动机”或“请稍后进行引擎维护”等说明。此外 OBDⅡ系统还应包含为检测仪、标准连接器、通信协议和与诊断系统之间进行数据交换的软件接口。OBDⅡ系统所指定的软件和数据必须进行加密，以防止未经授权的操作对发动机管理系统的更改。

驾驶循环（Driving Cycle）

正如在 2.8 节所述那样，车辆在测功机监测下按照排放法规所制定的极限值依据指定的驱动曲线进行的一个完整的车辆驱动的循环，称为测试周期。对如何良好地对试验过程中驱动周期进行跟踪做出限制。OBDⅡ是使用 FTP75 循环周期的，具体情况可参照图 16.36 和图 2.21。

制造商必须对监测条件进行指定以便诊断系统能够对故障进行检测。这些监控条件必

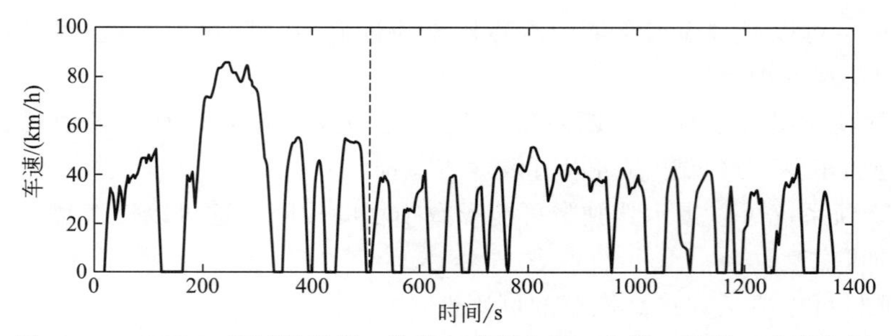

图 16.36　FTP75 测试循环第一阶段（虚线左侧）和第二阶段（虚线右侧）

须使诊断系统可以在运行的第一部分完成至少一次的 FTP75 测试循环。FTP 是在美国及一些其他国家所采用的标准化测试周期。它由三个阶段组成，并且定义车速为时间的函数。第一阶段和第二阶段如图 2.21 所示。第三阶段速度数据约等于第一阶段，在第二阶段运行后暂停 9～11min 后开始。

一般要求

检测到故障后，MIL 应亮起，然后故障代码应在下一个驱动周期开始前被保存到计算机中，发动机的一次启停被定义为一个驱动周期。计算机内存中所存储的信息为诊断故障代码（DTC）和静止帧数据，静止帧数据是当前发动机和控制系统中可用的所有信息。在三个连续无故障驱动周期后，应将 MIL 关闭。在 40 个无故障驱动周期后，应将诊断故障代码（DTC）和静止帧数据删除。

一般来说，OBDⅡ诊断组件都是作为执行器和传感器连接到发动机管理系统的，同时需要限制传感器和执行器的检查范围并且该值必须保持一致。此外，执行器必须进行必要的测试检查。

特定的监控要求

除了一般的要求，OBDⅡ中还包含发动机的许多零部件的特定要求和技术解决方案，例如：

- 油门和油门踏板的监控；
- 三效催化转换器；
- 失火监测；
- 蒸发系统监测；
- 再循环空气系统监测；
- 燃油系统监测；
- 废气传感器监测；
- 废气再循环系统（EGR）监测；
- 发动机冷却系统监测；
- 曲轴箱强制通风系统（PCV）监测；
- 空调系统（A/C）组件监测；
- 可变气门时控系统（VVT）监测；
- 发动机进气系统监测；

在本章前面介绍了几个主要的解决方案。其余部分将在 16.6.4[1] 中通过实际的

[1] 此处原文有误，并未出现该小节（译者注）。

OBDⅡ范例进行说明。

16.7.2 OBDⅡ标准的范例

这部分内容将在实际应用OBDⅡ时提供指导。第一个例子包括MIL规格和再循环空气监测系统，在这里已经经过编辑从而省略了不必要细节，但以下两个部分，燃料系统监测和废气再循环系统（EGR）监测，则为完整的实例。

注意，后者中的系统结构里面包含有上面所列的所有特定组件和系统的监测要求，如：

- 需求；
- 故障标准；
- 监测条件。

MIL规格

（2.1.1）MIL应安放在仪表板上明显的位置，并应采用在任何光照下都很醒目的琥珀色光亮。点亮时，MIL应显示“检查发动机”或“及时维护引擎”。可以用“动力”来取代“引擎”或是“发动机”。按照国际标准组织（ISO）的规定，发动机符号可以被替换为“发动机”或其余近似词语。

使用性能

针对实际情况进行追踪的计数软件的描述：

生产商应通过比较监测事件的数量（即有多少个监测在运行）和驾驶事件的数量（即有多少车辆在运行）来对监测性能进行跟踪。

使用性能比＝监测事件数/驾驶事件数

（3.2.1）制造商应明确监测条件，除满足（d)(3.1）部分中的标准外，还应确保监测可以得到一个使用性能比[详细定义见（d)(4)]，以便可以满足监控的最低使用车辆数。除了（d）（3.2.1）（D）中的规定外，使用性能比还应满足下述条件：

（A）0.260空气再循环系统监测和其余冷启动相关监测按照（d）（4.3.2）（E）中所指出的规律进行分母递增（denominator incremented)；

（B）蒸发系统监测；

（i）0.260用来监测（e）（4.2.2）（C）中的故障（即0.020in的泄漏检测)；

（ii）0.520用来监测（e）（4.2.2）（A）和（B）中的故障（即清洗气流和0.040in的泄漏检测)；

（C）0.336为催化剂、氧气传感器、EGR、VVT系统及所有（e）和（f）中所要求的满足（d）（3.2）监测条件的监测器。

（3.2.3）制造商不可以使用任何基于计算（或其他模拟分析）所推测出的监测频率来对监测器的监测条件进行设置（例如，通过诊断执行优先级来用低比例设置高频监测或是用高比例设置低频监测，又或是进行其余监测条件的修改)。

再循环空气系统监测

要求：对于任何基于OBDⅡ系统对再循环空气系统进行监测的车辆来说，再循环空气系统中的单独电子元件（例如执行器、阀门、传感器等)，根据综合元件要求进行监测。

故障准则：

参照（e）（5）部分中定义（注：前一段)，“气流”被定义为由空气再循环系统传送到排气系统的气流。对于使用具有多个气流路径/分配点的空气再循环系统的车辆，空气流通过的每个区域（如使用共同的排气歧管、催化剂和控制传感器的一组气缸）均应进行监测以便符合故障准则的要求，除非是气流输送在某一区域完全阻塞导致没有可检测到的排放增加。

燃油系统监控

（6.1）要求：

（6.1.1）OBDⅡ系统将对燃料输送系统进行监控以便确定其输送过程符合排放标准。

（6.2）故障准则：

（6.2.1）OBDⅡ系统对燃料输送系统故障的判断标准：（A）车辆尾气排放超过 FTP 标准的 1.5 倍；（B）二氧化碳或是排气传感器无法实时反馈汽车排气等于或是低于 FTP 标准的 1.5 倍［除了类似（e）（6.2.1）（C）部分中所指定的情况］。

（6.2.4）OBDⅡ系统在进行故障检测时，燃油控制系统未能在制造商指定的时间间隔内进入闭环运行。

（6.2.5）在海拔高度出现变化或是其余类似条件出现时，制造商可以对相应限制进行适当的放宽以便排空临时产生的大量蒸气。

废气再循环系统（EGR）监测

（8.1）要求：

OBDⅡ系统将对车辆配备的 EGR 系统的流量进行故障监测。EGR 系统中所使用的单独电子元件（例如执行器、阀门、传感器等）均应进行监测以便满足（e）（15）中所提出的复合部件要求。

（8.2）故障准则：

（8.2.1）OBDⅡ系统应在流量出现增减变化前便对可能导致排放超过适用 FTP 标准 1.5 倍的 EGR 系统故障进行检测。

（8.2.2）车辆 EGR 系统的失效或损坏均可能导致车辆排放超标 1.5 倍，因而 OBDⅡ系统进行故障检测时，应注意系统是否存在 EGR 流量的检测量。

（8.3）监测条件：

（8.3.1）制造商应确定（e）（8.2）中故障（例如流量）的监测条件符合（d）（3.1）和（d）（3.2）中的要求（即最低比例要求）。按照（d）（3.2.2）中所指出的要求，所有用来检测（e）（8.2）中所定义故障的监视器均应分别进行追踪记录，但追踪结果应按照（d）（5.2.2）的要求汇总成一组数据。

（8.3.2）制造商可能在特定的情况下要求停止对 EGR 系统的监测（例如当低温可能会对系统的性能造成影响时）。执行人员应在审核制造商所提交的数据和/或工程评估，确认在相关条件存在的前提下确实无法进行准确的监测后批准制造商的要求。

（8.4）MIL 提示和故障代码存储：MIL 提示和故障代码存储的常见要求在（d）（2）中给出。

热力学数据和传热公式

目　录

热力学、传热以及流体力学中的热力学数据和标准材料放在此处作为第 4～8 章的支持。

A.1 热力学数据和某些常数

空气由氧气、氮气、二氧化碳、氩气、水以及一些其他次要物质组成。干燥空气的摩尔质量 $M_{air}=29.05$g/mol，主要物质的相对浓度如下。

成分	符号	摩尔质量	体积/%	质量/%
氧气	O_2	31.999	20.95	23.14
氮气	N_2	28.013	78.09	75.53
氩气	Ar	39.948	0.93	1.28
二氧化碳	CO_2	44.010	0.03	0.05

大气压下干燥空气的热力学数据如下。

温度/K	ρ/(kg/m³)	c_p/[J/(kg·K)]	γ	c_V/[J/(kg·K)]	R/[J/(kg·K)]	μ/Pa·s
298.15	1.293	1000	1.4	714	286	1.7×10^{-5}

理想气体定律将被用于状态方程并在本书中以质量形式表示，即：

$$pV=mRT$$

式中，R 是理想气体常数。通用气体常数 $\widetilde{R}=8.3143$J/(mol·K)，与理想气体常数关系是 $\widetilde{R}=MR$，其中 M 是分子量。

A.2 燃料数据

下表简要给出了几种碳氢化合物的热力学数据［数据来自十六烷、汽油、轻柴油、重柴油和天然气，参考 Heywood（1988）］。

名称	分子式	M /(g/mol)	c_{pg} /[kJ/(kg·K)]	T_{ig} /℃	q_{HHV} /(MJ/kg)	q_{LHV} /(MJ/kg)	h_{fg} /(kJ/kg)	(A/F)	RON	MON
纯碳氢化合物										
甲烷	CH_4	16.04	2.21	537	55.536	50.048	510	17.2	120	120
乙烷	C_2H_6	30.07	1.75	472	51.902	47.511	489	16.1	115	99
丙烷	C_3H_8	44.1	1.62	470	50.322	46.33	432	15.7	112	97
正丁烷	C_4H_{10}	58.12	1.64	365	49.511	45.725	386	15.5	94	90
异丁烷	C_4H_{10}	58.12	1.62	460	49.363	45.577	366	15.5	102	98
正戊烷	C_5H_{12}	72.15	1.62	284	49.003	45.343	357	15.3	62	63
正己烷	C_6H_{14}	86.18	1.62	233	48.674	45.099	335	15.2	25	26
正庚烷	C_5H_{12}	100.2	1.61	215	48.438	44.925	317	15.2	0	0
正辛烷	C_8H_{18}	114.23	1.61	206	48.254	44.768	301	15.1	20	17
异辛烷	C_8H_{18}	114.23	1.59	418	48.119	44.651	283	15.1	100	100
十六烷	$C_{16}H_{32}$	226.44	1.60	—	47.3	44.0	—	14.8	—	—

续表

名称	分子式	M /(g/mol)	c_{pg} /[kJ/(kg·K)]	T_{ig} /℃	q_{HHV} /(MJ/kg)	q_{LHV} /(MJ/kg)	h_{fg} /(kJ/kg)	(A/F)	RON	MON
醇类										
甲醇	CH_3OH	32.04	1.37	385	22.663	19.915	1099	6.5	106	92
乙醇	C_2H_5OH	46.07	1.42	365	29.668	26.803	836	9	107	89
商业燃料										
汽油	$C_nH_{1.87n}$	110	1.7	—	47.3	44.0	—	14.6	91～99	82～89
轻柴油	$C_nH_{1.8n}$	170	1.7	—	46.1	43.2	—	14.5	—	—
重柴油	$C_nH_{1.7n}$	200	1.7	—	45.5	42.8	—	14.4	—	—
天然气	$C_nH_{3.8n}N_{0.1n}$	18	2	—	50	45	—	14.5	—	—

A.3 无量纲数

在流体力学中，无量纲数常作为研究条件。下面是一些用于流体力学特别是传热中的无量纲数。

Re（雷诺数）表示惯性力和黏性力之比：

$$Re=\frac{\rho vd}{\mu}=/管内流量/=\frac{\rho\frac{W}{\rho A}d}{\mu}=\frac{4W}{\pi d\mu} \tag{A.1}$$

式中，ρ 是密度；μ 是黏度；v 是流体速度。$\nu=\mu/\rho$ 是运动黏度。当湍流流过平面，雷诺数为 5×10^5，而当湍流流过管道，雷诺数为 [2×10^3，5×10^5]。

Pr（普朗特数）：

$$Pr=\frac{c_p\mu}{\lambda}$$

式中，λ 是热导率。对于所有实际情况下的气体，普朗特数在 0.7 左右。

Nu（努塞尔数）：

$$Nu=\frac{hl}{\lambda} \tag{A.2}$$

式中，h 是传热系数；l 是特征线性尺寸；λ 是流体的热导率。

Gr（格拉斯霍夫数）常用于自然对流下的情况：

$$Gr=\frac{\beta g\rho^2 l^3\Delta t}{\mu^2}=\frac{\beta gl^3\Delta t}{\nu^2}$$

下面的例子表现了雷诺数在测定流体特性时的用法。

例 A.1 （气体流速和雷诺数）假如两个不同速的理想气体在一个管道中流动。它们的质量流量为 3×10^{-3}kg/s 和 2×10^{-1}kg/s。管道直径为 10cm，温度为 20℃，压力为 70kPa。理想气体常数 $R=286$J/(kg·K)，动力黏度 $\mu=1.7\times10^{-5}$kg/(m·s)。

(a) 气体平均速度？

(b) 两种情况的雷诺数分别是多少？

(c) 层流还是湍流?

解

(a) 气体平均速度取决于式(7.1),而且密度可以根据理想气体定律 $\rho=\frac{1}{v}=\frac{p}{RT}$ 得出。因此:

$$U=\frac{\dot{m}}{\rho A}=\frac{\dot{m}RT}{p\,\frac{\pi d^2}{4}}$$

所以,$U_1=0.46\mathrm{m/s}$,$U_2=31\mathrm{m/s}$。它们低于声速,因此气流可认为是不可压缩的。

(b) 雷诺数可通过式(A.1)直接求出,因此 $Re=\frac{4\dot{m}}{\pi\times0.1\times1.7\times10^{-5}}$,雷诺数 $Re_1=2.2\times10^3$,$Re_2=150\times10^3$。

(c) 这些流量是管道流量,而且最高的流量明显处于湍流区中(高于5000),而最小的流量处于湍流区的边缘。这支持了在发动机管道中大多流量是湍流这一论断。在少数情况下,流量均衡地处于层流区中,例如在层流周围的空气质量流量测量。

A.4 传热基础

传热是一个广泛关注的研究课题,其资料也有很多,感兴趣的读者可以查阅例如Holman(2009)或Schmidt(1993)中对于这个课题的介绍。在下面的内容中会总结基本的传热模型、对流、传导以及辐射。参见图A.1的一些符号约定。三个模型和基础公式也会在图A.1中展示。在这个部分,传热率表示为 $\dot{Q}$,以 $W=\mathrm{J/s}$ 来衡量,热通量表示为单位面积的传热率 $\dot{q}=\dot{Q}/A$,其单位是 $\mathrm{W/m^2}$。

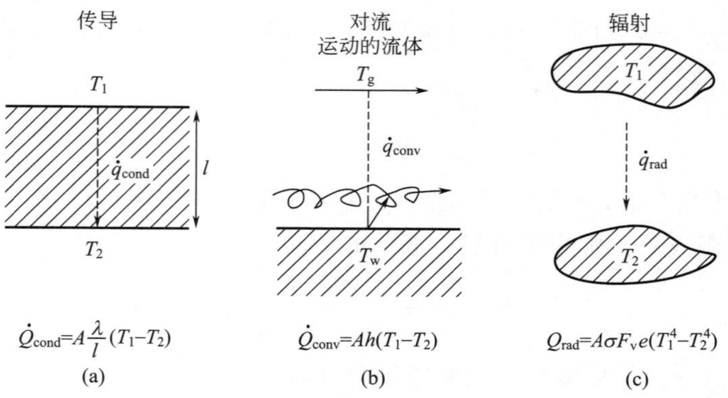

图A.1 发动机中常采用三种传热模型[图(a)为通过固体的热传导,表面温度 T_1、T_2 和厚度 l。图(b)为通过流体的对流,壁面温度 T_w 和总体温度 T_g。图(c)为某一温度为 T_1 的物体对另一温度为 T_2 的物体的辐射]

气体对于壁面传热

排气管的传热是一个广泛研究的课题,其中的一些研究已经在充分发展湍流的热传递标准关系式方面取得了进展。无论是流体还是壁面，它们都存在着辐射和对流，但是由于气体的高流速和低辐射率，所以仅对流项起到重要作用。在大多数热传导中，主要困难在于定义传热系数 h，这个系数在不同的文献中被提及或研究，其表述方式也不相同。

传热系数 *h*（常数）

最简单的表述是用一个常数 h，这在某些传热速率是定值的情况下才是可能的。然而，这种热传递要么过高估计了低流量，从而给出了过低的输出温度，要么就是低估了高流量，而给出了过高的温度。

h 的简单关系

关于传热系数的一些简单关系式已经在某些文献中推导出来。下列传热系数的关系式在 Inhelder（1996）已提到：

$$h_{cv}=\begin{cases}5.8+4v & v<5\\ 7.12v^{0.8} & v\geqslant 5\end{cases}$$

在 Eriksson（2003）对发动机的研究中，对于排气系统给出的值过低。一种可能的原因是为衡量标准关系式以至于他们认可了该系统的传热模型。

Nu、*Re*、*Pr* 与 *h* 的关系

大多数对流传热关系式表示为 Nusselt-Reynolds-Prandtl 关系式：

$$Nu=c_0Re^{c_1}Pr^{c_2}\left(\frac{\mu_{\text{bulk}}}{\mu_{\text{skin}}}\right)^{c_3} \tag{A.3}$$

h 由努塞尔数（定义为 $Nu=hl/\lambda$）解出。在从排放气体到壁面的强制对流传热方面，这些模型为表述热传递提供了更大的灵活性，并且，一些表示从废气到管壁的强制对流传热的 Nusselt-Reynolds 关系式已经在某些文献中被提及。总体来说，这些关系式在 Chen（1993）、Eriksson（2003）、Liu（1995）和 Shayler（1999）、Wendland（1993）、Zhao 和 Winterbone（1993）都出现过。表 A.1 中给出了一些以作者为序的传热学关系式，并且总结了标准教科书中没有提及的那些额外系数。这些系数在图 A.2 中也有显示，最大的数值显示了一个已发展的端口流量，而最小的来自完全发展的稳态流量。这个传热系数取决于流动条件，特别是到排气阀的距离。一些文献研究了在进气口和排气口处的热传递，在该处流体的自然脉动阻碍了边界层的完全发展，这导致传热系数比在某些标准传热文献中给出的更高。

表 A.1 标准教科书和一些针对排放系统的传热系数［表中的值即为式(A.3)中的常数］

常数	c_0	c_1	c_2	c_3
CatonHeywood	0.258	0.8	0	0
Shayler(1997a)	0.18	0.7	0	0
SiederTate	0.027	0.8	1/3	0.14
WendlandTakedown	0.081	0.8	1/3	0.14
WendlandTailpipe	0.0432	0.8	1/3	0.14
Malchowetal	0.0483	0.783	0	0
MeisnerSorenson	0.0774	0.769	0	0
DOHCDownpipe	0.26	0.6	0	0
ValenciaDownpipe	0.83	0.46	0	0
PROMEX	0.027	0.82	0	0

续表

常数	c_0	c_1	c_2	c_3
Woods	0.02948	0.8	0	0
Blair	0.02	0.8	0	0
Standard	0.01994	0.8	0	0
std_tu	0.023	0.8	0.3	0
Eriksson	0.48	0.5	0	0
std_lam1	1.86	1/3	1/3	0.14
Reynolds	0.00175	1	0	0

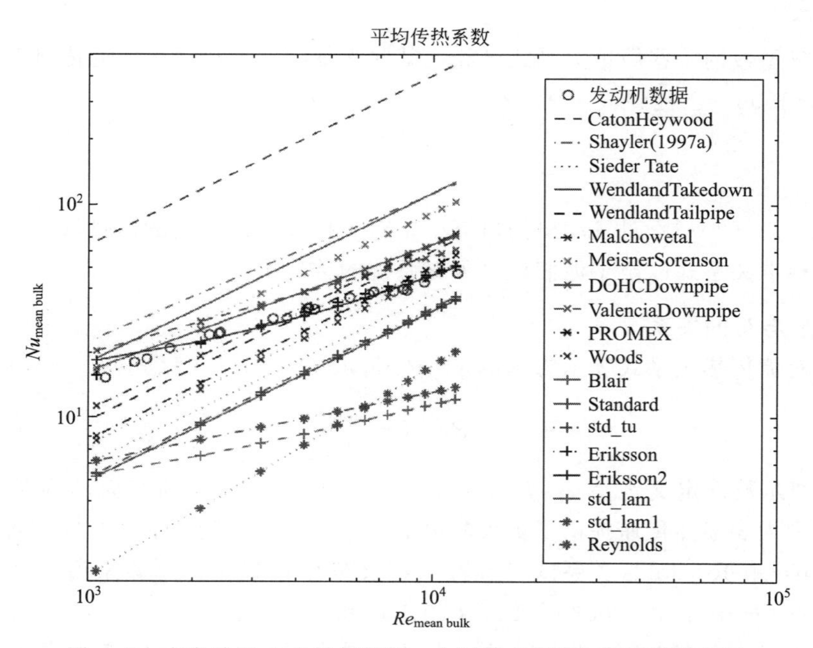

图 A.2　在发动机 A 的排气管第一个区域中努塞尔和雷诺数均值
（此图说明了多种相关性会导致数量级的变化）

气缸中接近排气口的位置，瞬时传热系数的瞬时值可达 2×10^4 W/(m^2·K)，参见 Wimmer（2000）和 Zapf（1969）。对于均值模型，仅仅存在循环平均传热系数，其值位于 4×10^4 W/(m^2·K) 附近。在发动机气缸内部，Wendland（1993）及 Meisner 和 Sorenson（1986）中的结果显示传热系数要比催化剂上游的高些，然而在 Malchowet 等（1979）和 Shayler 等（1995）则没有显示这种差异。Eriksson（2003）试验数据表明关系式(A.3）的平均传热系数要比标准文献中为湍流给出的低些，但是要比层流的高。符合试验数据的最佳关系式为 $Nu=0.48\times Re^{0.5}$。

总之，努塞尔数存在的巨大差异表明在排气传热系数上存在一个高可变性，并且着重要强调的是应该对每一个应用的传热系数进行验证。

管道壁面传导

本部分研究废气经管壁到外部环境的热传递路径。这种传导既与流体流动方向垂直并且还沿着管壁方向，例如，将发动机机体和涡轮视为一个散热器的情况。

某管道部分的径向热传导是由傅里叶传导定律来决定的，而且可得出一个等效传热系数［例如 Holman (2009)］，即：

$$h_{cd}=\frac{2\pi\lambda L}{A_o\ln\frac{r_o}{r_i}}=\frac{\lambda}{r_o\ln\frac{r_o}{r_i}}$$

式中，外部管道面积 A_o 被选作牛顿冷却定律的有效面积。

材料向外部环境的热导率非常高以至于当与热传导和热辐射对比时可以被忽略。根据 Choetal (1997)，不锈钢的热导率是 24.2W/(m·K)。如在发动机 A 中，某个管道的内径是 21.5mm，管壁厚 1.5mm，传热系数达到 16000W/(m^2·K)。但对于有相同内径的管壁但是壁厚为 5mm 时，传热系数就变成了 6400W/(m^2·K)，这是明显大于对流和辐射的。

热传导沿着管道方向是非常重要的，下面的举例说明，Shayler (1997) 团队的研究中描述了一个关于循环平均传热的模型，该模型由 Taylor 和 Toong (1957) 的研究成果拓展而来。他们声称研究最大的进展是考虑了热传递从排放系统返回到发动机冷却液时的能量平衡。

壁面到环境的传热

热量向周围环境传递主要有两种模式，对流和辐射，它们将在下面的部分进行研究。首先讨论在图 7.37 中画出了传导路径，这是在上面提及的发动机机体的传热情况。当研究均值模型时，这种热传导被简化成一种外部热传递模型，因为很难区分外部传热和发动机机体传热的影响。

外部对流

为了得到从管壁到外部环境的对流热传递的大小，我们以一个圆形管周围的自然和强制对流为例进行研究。

自然对流

在许多情况中，近似的传热系数作为近似值是合适的，Eastop 和 McConley (1993) 给出了一个在管道中关于自然对流的例子，即：

$$h_n=\begin{cases}1.32\left(\frac{\Delta T}{d}\right)^{1/4}, \text{当} 10^4<Gr<10^9 \text{ 时}\\ 1.25(\Delta T)^{1/3}, \text{当} 10^9<Gr<10^{12} \text{ 时}\end{cases}$$

作为一个传热系数大小的例子，我们可利用下面的数据，$\Delta T=300$K，$d=0.05$m，这就得出了低格拉斯霍夫数 $h_n=11.6$W/(m^2·K) 和高格拉斯霍夫数 $h_n=8.4$W/(m^2·K)。

强制对流

在 Wendland (1993) 中，给出了同时考虑辐射和对流的排气系统的外部传热系数，废气再循环系统的在 30 以内，可拆卸物的范围是 30～60，排气管部分的范围是 30～50。下面的相关内容是 Zhao 和 Winterbone (1993) 提出来用于研究外部对流的：

$$Nu=0.4Re^{0.6}Pr^{0.38}$$

在 Chen (1993) 中将一个常数 20W/(m^2·K) 用于外部对流。在 Shayler (1999) 中显示不同外部传热系数的偏差主要是由于装置的不同导致的，但也表明了这种偏差具有普遍性。对于实验室中的发动机 A，管道中空气速度在 1.5～4.4m/s 之间变化，管道直径是 25mm。相应的雷诺数为 $Re=1800$ 和 $Re=5400$。在这些条件下，在 Holman (2009)

中给出的对应传热系数为 $20W/(m^2 \cdot K)$ 和 $35W/(m^2 \cdot K)$。在试验测量中，测量不同位置的空气流速是有可能的，但是周围组件对流速影响很大，这导致不同位置的速度并不相同。在车辆发动机室中，空气速度可以视为车速的 1/3。

辐射

从管道壁到环境的热传递是通过对流和辐射完成的。这种情况下，辐射的影响要大于对流，因此必须考虑辐射的影响。这里的一个研究实例直接显示了相对于排气管周围的自然对流和强制对流，辐射对热传递的重要性。辐射的热传递满足一下关系：

$$\dot{Q}=F_v\varepsilon\sigma(T_w^4-T_a^4)$$

式中，F_v 是灰体角系数；ε 是辐射系数；σ 是 Stefan-Boltzmann 常数。对于辐射系数 ε 的值，通常情况下，抛光钢在 0.066 范围之内，抛光铁在 0.14～0.38 之间，铸铁在 0.4～0.7 之间，带有强氧化层的钢板要大于 0.8，Holman（2009）。根据 Shayler（1999），辐射系数和灰体角系数的乘积值设为 0.59。而且，乘积值 0.6 与发动机实测数据吻合得很好。

将辐射方程因式分解为：

$$\begin{aligned}\dot{Q}&=F_v\varepsilon\sigma(T_w^3+T_w^2T_a+T_wT_a^2+T_a^3)(T_w-T_a)\\&=\underbrace{F_v\varepsilon\sigma(T_w^2+T_a^2)(T_w+T_a)}_{H_{rad}(T_w,T_a)}(T_w-T_a)\end{aligned} \tag{A.4}$$

将式(A.4) 的非线性部分集成为一项 h_{rad}，则与对流和辐射方程形式相同，并且这个形式方便于比较对流传热系数。在图 A.3 中绘制了该项在环境温度 $T_a=298$[1] 时，在不同 $F_v\varepsilon$ 乘积下，与壁面温度之间的关系。图 A.3 表明在正常值为 $F_v\varepsilon\approx0.6$ 时，对于正常的排气管壁面温度，传热系数在 15～35 之间变化。

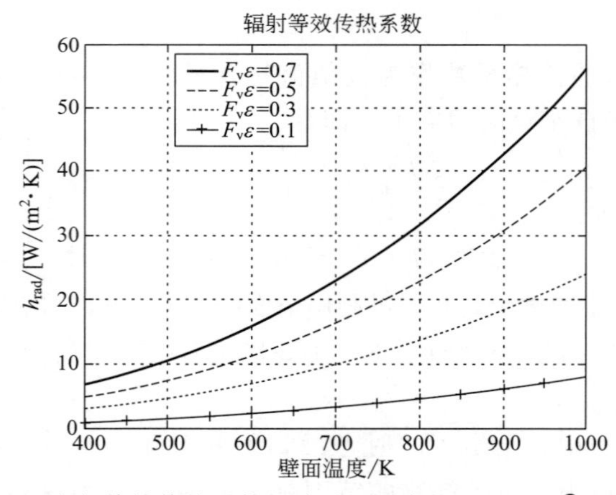

图 A.3 壁面温度与等效传热系数的关系（图中的 $T_a=298$[1] 和不同 $F_v\varepsilon$ 的乘积）

A.4.1 传导

传导指的是在材料中与温度梯度相反的热传递，表达式为：

[1] 单位为 K（编者注）。

$$\dot{Q}_{\text{cond}}=A\dot{Q}_{\text{cond}}=-A\lambda\frac{\mathrm{d}T}{\mathrm{d}x} \tag{A.5}$$

式中，λ 是材料的热导率。当考虑通过厚度为 l 的壁面，从热的一面（温度 T_1）到冷的一面（温度 T_2）传热，由于有限的温度差和距离，梯度发生的变化为：

$$\dot{Q}_{\text{cond}}=A\dot{Q}_{\text{cond}}=A\frac{\lambda}{l}(T_1-T_2) \tag{A.6}$$

从一般方程式的另一个表达式可以得到通过圆柱形管道的传热公式，如图 A.4 的横截面。这个管道的长度为 L，内直径和外直径分别 $d_i=2r_i$，$d_o=2r_o$，内部面积为 $A_i=2\pi r_i L$。如果壁面厚度很大，对于热传导的一般方程式可由式(A.5)利用圆柱体的对称性得到，即：

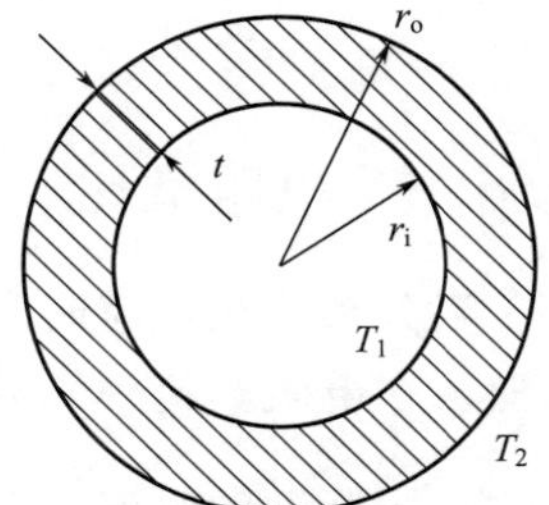

图 A.4 某管道的横截面并通过管壁进行热传导

$$\dot{Q}_{\text{cond}}=A_i\frac{\lambda}{r_i\ln\left(\frac{r_o}{r_i}\right)}(T_1-T_2)$$

如果壁面厚度 $t=r_o-r_i$ 相对于半径很小，可将表达式近似化，即通过一个薄壁圆柱形管道的热传导表达式为：

$$\dot{Q}_{\text{cond}}=A_i\frac{\lambda}{t}(T_1-T_2)$$

这与式(A.6)相似。因数$\frac{l}{t\lambda}$有时会与传热系数合并在一起，以至于它们在用于对流的传热系数中有相同的单位。

A.4.2 对流

从气体到固体的传热称为对流，这是由于气体的传热是通过气体分子运动实现的。传热可表示为：

$$\dot{Q}_{\text{cond}}=A\dot{q}_{\text{conv}}=Ah(T_1-T_2)$$

式中，主要的困难是确定传热系数 h。依据不同的情况，传热系数通常通过经验关系式确定，并取决于具体的应用和物体的几何结构。大多数以无量纲努塞尔数 $Nu=\frac{hl}{\lambda}$的形式表达传热系数，参见 A.3，即对流传热系数与流体热导率的商。努塞尔数由相关函数确定，此相关函数取决于传热是否是对流或依赖于传热模式和几何结构。

对流传热模式分为自然对流和强制对流。自然对流是由自然气体移动所引起的，例如，对于一个热表面，诱发气体运动传递的热量来自于该表面。对于自然对流，努塞尔数通常是格拉斯霍夫数和普朗特数的函数，即 $Nu=f(Gr,Pr)$。强制对流是指气体强制在热或冷的表面上流动的情况，例如，在发动机管道内部的或吹过热交换器的风，例如中间冷却器。热交换发生的表面伴随着气体分子的运动，这种运动取决于物体的几何结构，并且一般情况下很难描述。当强制对流时，最常用的努塞尔数的表达式是采用雷诺数和普朗特数的函数形式，$Nu=f(Re,Pr)$，常采用的形式是：

$$Nu=cRe^mPr^n$$

式中，参数 c、m 和 n 取决于几何结构和流动特性。当 Nu 未知时，用于式(A.6)的传热系数 h 可由式(A.2) Nu 的定义确定。

A.4.3 辐射

热也可通过辐射传递，这个模型的基础是黑体辐射，其发射功率的公式是 $\dot{Q}_{rad}=\sigma AT^4$，其中 σ 是 Stefan-Boltzmann 常数 $[5.669\times10^{-8}\mathrm{W/(m^2\cdot K^4)}]$。在考虑两个物体间通过辐射进行热传导时，也需要证明该物体不是黑体并且释放了少量热（需要增加一个辐射系数 ε），而且事实上它们之间不能完全可见（需要增加一个角系数 F_v）。于是，物体 1 和物体 2 的净辐射量常表示为：

$$\dot{Q}_{rad}=A\dot{q}_{rad}=\sigma F_v\varepsilon A(T_1^4-T_2^4)$$

A.4.4 电阻类比

当分析传热效应时常用到电阻类比，本文将之用于分析发动机排气过程中的不同传热模型。在电阻类比中，温度是推动力并表达成电压的形式，而热流动或热通量则类比成由上述电压驱动的电流；于是，电阻就是传热系数的倒数，$R=\frac{1}{h}$。

电阻类比和辐射

电阻类比可有效地分析不同传热模型。当仅仅通过对流和传导进行传热时，得出精确解很简单，但是当将辐射考虑进来时则需要求一个四阶方程的解。若电阻类比存在，就可以直接计算传递的全部热量和不同位置的温度，如图 A.5 所示。

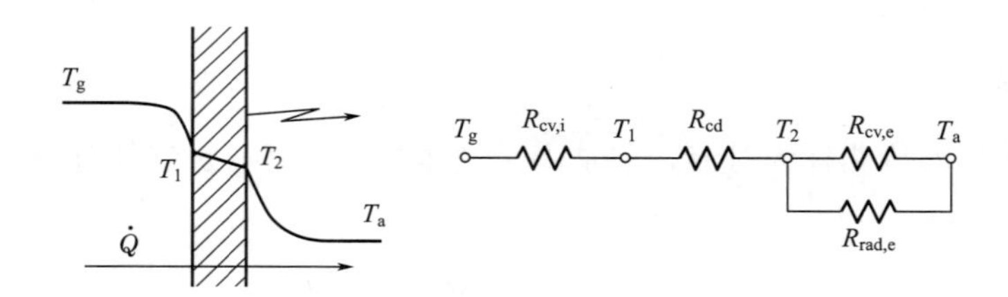

图 A.5 传热的电阻类比说明（在此设置中必须考虑四种不同的影响：内部对流、壁面传导、外部对流、辐射。电阻是传热系数的倒数，$R=\frac{1}{h}$）

辐射的近似解

如果我们忽略辐射的传热系数 h_{rad} 是非线性的而且仅取决于温度，则可将其视为一个常数，假设发动机温度等于环境温度，于是电阻类比可直接得出总热通量和壁面温度。总传热系数是：

$$\frac{1}{h_{tot}}=\frac{A_i}{A_o}\times\frac{1}{h_{cv,i}}+\frac{1}{h_{cd}}+\frac{1}{h_{cv,c}+h_{cv,e}+h_{rad}}$$

在这个公式中，外部区域作为参考区域。在排气系统中，内管壁到外管壁区域的变化可以被忽略。对于大多的排气系统来说传热系数可被忽略。导热系数 h_{cd} 要比对流和辐射系数大很多，所以也可以被忽略。在环境温度和气体温度已知的情况下，可计算出总热通量为：

$$\dot{q}=h_{tot}(T_g-T_a)$$

则该壁面温度（内表面）可以很容易由下列公式算出：

$$T_w=T_g-\frac{\dot{q}}{h_{cv,i}} \tag{A.7}$$

由于传热系数极大，外表面温度不会与内表面有太大变化。

辐射传热可通过式(A.7）和式(A.4）采用定点迭代法直接计算出来。其过程最先是假设 $h_{rad}(T_w, T_e)$ 的值并通过式(A.7）解出 T_w，再用来计算 $h_{rad}(T_w, T_e)$ 和重新开始计算式(A.7）来得到新的温度，迭代直到 T_w 和 h_{rad} 收敛。Nasser 和 Playfoot (1999）利用了类似的方法。

辐射精确解

上述迭代方法很简单，几步就能完成收敛，但是得到一个确定收敛的解的解析解也是可能的，这将会在下面给出。本节将推导在确实存在辐射时的一个显式解。

首先令 T_w 表示排气管的外表面温度。当这个温度已知时，管道内部的传热则可以计算出，即：

$$\dot{Q}_i=A_o\frac{1}{\frac{A_o}{A_i}\times\frac{1}{h_{cv,i}}+\frac{1}{h_{cd}}}(T_g-T_w)=A_o h_i(T_g-T_w) \tag{A.8}$$

式中，两个传热系数已经合并成一个内部管道传热系数 h_i。对于发动机，通过辐射、对流和传导与外部环境之间的传热可表示为：

$$\dot{Q}_e=A_o[h_{cv,e}(T_w-T_a)+h_{cd,e}(T_w-T_e)+F_v\varepsilon\sigma(T_w^4-T_a^4)] \tag{A.9}$$

稳态条件下，内部和外部的热流量是相同的，$Q_e=Q_i$。即可得出未知壁面温度下的四阶方程：

$$T_w^4+\frac{h_e+\frac{A_i}{A_o}h_i}{F_v\varepsilon\sigma}T_w=\frac{\frac{A_i}{A_o}h_iT_g+h_{cv,e}T_a+h_{cd,e}T_e+F_v\varepsilon\sigma T_a^4}{F_v\varepsilon\sigma}$$

对于外壁面温度方程的四个解将在 A. 4. 5 得出，其中的正实数解即是我们需要的解。通过外壁面温度，传热就很容易计算出来，例如可用式(A. 8）进行计算。

A. 4. 5 四阶方程的解

这里给出四阶方程的解：

$$x^4+ax=b$$

由于封闭形式的解太占地方，因此声明和使用下面的中间变量。

$$c_1=4\sqrt[3]{2/3}\,b$$

$$c_2=\sqrt[3]{9a^2+\sqrt{81a^4+768b^3}}$$

$$c_3=-\frac{c_1}{c_2}+\frac{c_2}{\sqrt[3]{18}}$$

定义完这些变量后，四个解可写为：

$$x=\begin{cases}\frac{1}{2}\left(-\sqrt{c_3}+\sqrt{-c_3+\frac{2a}{\sqrt{c_3}}}\right)\\\frac{1}{2}\left(-\sqrt{c_3}-\sqrt{-c_3+\frac{2a}{\sqrt{c_3}}}\right)\\\frac{1}{2}\left(\sqrt{c_3}+\sqrt{-c_3-\frac{2a}{\sqrt{c_3}}}\right)\\\frac{1}{2}\left(\sqrt{c_3}-\sqrt{-c_3-\frac{2a}{\sqrt{c_3}}}\right)\end{cases}$$

在 7.11.2 小节中提到的传热情况，即是上式中第一个正实数解。